KB189728

사회복지총서
사회복지개론
INTRODUCTION TO SOCIAL WELFARE
이봉주
김혜란
구인회
강상경
홍백의
안상훈
박정민
유조안
하정화
김수영
한윤선
공저
학지사

이 책의 발전과 함께한 서울대학교 사회복지학과 명예교수

김상균, 최일섭, 최성재, 조흥식

머리말

사회복지는 이제 우리 사회에서 누구에게나 친숙한 용어이다. 아마 사회복지라는 용어를 처음 접하는 사람을 찾기는 힘들 것이다. 많은 사람이 사회복지의 다양한 제도를 직·간접적으로 경험했거나, 적어도 언론 등을 통해 접해 봤을 것이다. 사회복지는 이렇듯 친숙한 단어인데, '사회복지는 무엇인가?' '사회복지는 왜 필요한가?' '사회복지는 어떻게 발전해 왔는가?' '사회복지는 구체적으로 무엇을 하는가?' 등의 질문을 받으면 답하기가 쉽지 않은 것도 사실이다. 이 책은 이런 문제에 착안하여 사회복지를 학문적 혹은 전문적으로 처음 접하는 사람에게 사회복지의 기본적인 개념과 기능을 소개하기 위해 쓰였다.

사회복지의 궁극적인 목적은 사회문제의 해결을 통한 사회구성원의 삶의 질의 향상이다. 사회복지학의 특징은 응용 사회과학이며, 실천성을 중시하는 것이다. 사회복지학은 사회구성원의 삶의 질을 향상하는 방안을 연구하기 위해 경제학·사회학·정치학·심리학 등 인접 순수 사회과학의 여러 이론과 개념을 가져와 융·복합하는 과정을 거친다. 이것이 응용 사회과학으로서의 특성이다. 사회복지는 삶의 질의 향상을 목적으로 하므로 변화를 위한 개입에 초점을 둔다. 사회복지학은 현실을 있는 그대로 설명하고 이해하는 데서 그치지 않는다. 현실을 더 바람직한 상태로 바꾸는 실천 활동을 중시한다.

응용 사회과학과 실천성의 성격을 가진 사회복지학의 개념은 매우 광범위하고 다양한 요소를 포함하고 있다. 그래서 사회복지는 친숙하지만 이해하기가 쉽지 않은 영역이다. 이 책은 사회복지에 대한 기초적인 이해를 돕기 위한 입문서이다. 이 책은 대학 교과과정에서는 사회복지를 전공으로 선택한 신입생이나, 전공은 아니지만 사회복지에 관심 있는 학생에게 사회복지의 기본적인 개념을 소개하는 개론서로 활용할 수 있다.

이 책은 모두 15개의 장으로 구성되어 있는데, 크게 두 분야로 나뉘어 있다. 제1부는 처음 10개의 장에 해당하고 사회복지학의 기초 지식을 소개한다. 제2부 '사회변화와 사회복지학'은 사회복지학을 최근 주요 사회변화에 적용해 보는 5개의 장으로 이루어져 있다.

제1장에서부터 제10장까지는 사회복지학의 기초를 다루는 제1부이다. 제1장은 사회복지의 개념과 필요성, 사회복지학의 학문적 특성, 전문직으로서의 사회복지를 다룬다. 제2장에서는 사회복지의 동기와 지향하는 가치를 살펴본다. 제3장에서는 사회복지와 인권과의 관계에 대해 학습한다. 제4장에서는 사회복지체계를 이루는 욕구, 자원, 전달체계의 3대 구성요소에 대해 알아본다. 제5장은 사회복지의 역사를 크게 서구의 역사와 한국의 역사로 나누어 살펴본다. 제6장에서는 복지국가의 개념과 발달사에 대해 학습한다. 제7장에서는 정부, 시장, NGO로 이루어지는 사회복지의 공급자에 대해 학습한다. 제8장에서는 사회복지의 기본 지식과 아울러 미시적 개입과 거시적 개입의 기술에 대해 알아본다. 제9장에서는 사회복지의 다양한 유형, 대상, 개입 분야에 대해 살펴본다. 제10장에서는 최근 사회복지실천과 관련된 다양한 쟁점에 대한 논의를 통해 사회복지에 대한 전반적 이해도를 높이고자 한다.

제11장에서부터 제15장까지는 사회변화와 사회복지학의 적용을 다루는 제2부이다. 제11장에서는 불평등과 빈곤의 개념과 현황을 사회복지학의 시각을 통해 알아본다. 제12장은 4차 산업혁명과 사회구조의 변화가 사회복지에 주는 함의를 살펴본다. 제13장에서는 저출산 · 고령화로 대표되는 인구변동과 사회복지에의 함의에 대해 학습한다. 제14장에서는 양성평등과 사회복지에 대해 알아본다. 제15장에서는 문화 다양성과 사회복지에 대해 학습한다.

각 장의 앞부분에는 그 장에서 학습할 내용에 대한 간단한 소개를 제공하여 독자의 편의를 돕고자 했다. 또 각 장의 마지막에는 그 장의 주요 내용을 요점정리 형식으로 요약하여 학습효과를 높이고자 하였다.

이 책의 가장 기본적인 활용 방안은 대학 학부과정 교육에서 사회복지개론 교과목의 교재로 사용하는 것이다. 이 책의 전체 15개의 장은 전체 내용을 통상 15~16주의 한 학기 과정의 강의에서 소화할 수 있게 구성하였다. 두 번째 활용 방안은 사회복지에 관심 있는 일반인에게 사회복지를 소개하는 용도로 사용하는 것이다.

이 책은 본격적인 연구서가 아니라 개론서이므로 대학 신입생 정도의 수준이면 누구나 이해할 수 있도록 쉽게 쓰려는 것이 집필진의 의도였다. 번역체의 문장이나 딱딱한 문체에서 탈피해 우리의 목소리로 알기 쉽게 풀어 쓰려고 노력하였다.

이 책은 서울대학교 사회복지학과 교수진이 집필에 참여했던 이전 형태의 사회복지개론서의 전통을 따르고 있다. 기존의 개론서 집필에 참여하셨던 김상균, 최일섭, 최성재, 조흥식 명예교수님의 기여에 다시 한번 감사드린다.

끝으로 이 책의 기획 의도를 이해하시고 흔쾌히 출판을 결정해 주신 학지사의 김진환 사장님께 깊은 감사를 드린다. 책이 나오는 과정에서 꼼꼼히 편집을 챙겨 주신 편집부의 이수연 씨께도 감사를 드린다.

2023년 8월

저자를 대표하여

이봉주

차례

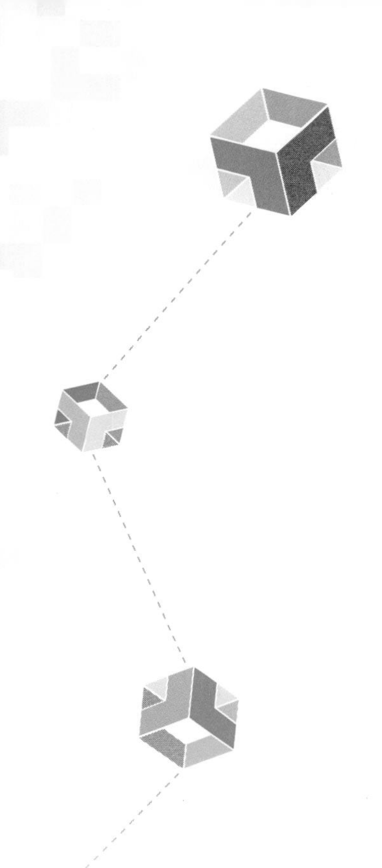

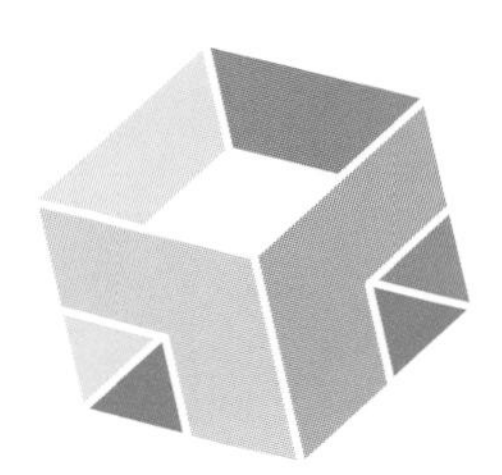

제1부

사회복지학의 기초 지식

제1장

사회복지의 개념과 필요성

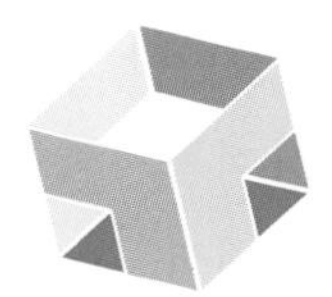

이 장에서는 사회복지가 출현하게 된 배경을 살펴보고 사회복지의 개념을 학습하고자 한다. 사회복지의 개념을 이해하기 위해서는 사회복지가 다루는 사회문제의 개념과 일종의 사회조직으로서 사회복지가 수행하는 사회기능에 대해 알아볼 필요가 있다. 이 장에서는 사회복지의 유형과 유사 용어, 자본주의와의 관계에 대해서 알아본 후 사회복지의 학문적 특성을 살펴본다. 사회복지는 응용 사회과학의 한 분야로 실천성을 중시한다. 이곳에서는 사회복지실천을 직업으로 하는 전문직 영역으로서의 사회복지에 대해서도 알아본다.

1. 사회복지의 개념

우리는 일상생활에서 많은 사회복지를 보고 경험한다. 여러분도 각종 사회복지에 대해 알고 있을 것이다. 올해 사회복지 예산의 규모는 얼마인지에 대한 신문기

사도 있고, 새해 달라지는 사회복지제도에 대한 안내도 있다. 경제 여건이 어려워 국민기초생활보장제도의 혜택을 받을 수도 있고 병원에 가면 건강보험의 혜택을 받는다. 은퇴 후 노후생활 대비를 하는 국민연금도 대표적인 사회복지이다.

사회복지는 이제 우리에게 아주 친숙한 것이지만, 사회복지가 무엇이냐는 질문을 받는다면 대답하기가 쉽지는 않다. 그 이유는 사회복지의 여러 종류에 대해서는 경험이나 학습을 통해 알고 있지만 사회복지의 공통적인 요소를 관통하는 특성을 알고 있지 못해서이다. 이런 문제를 해결하기 위해 사회과학에서는 일련의 현상을 요약해서 규정하기 위하여 개념을 사용한다.

국립국어원『표준국어대사전』은 사회복지의 개념을 ① 어떤 사물이나 현상에 대한 일반적인 지식, ② 사회과학 분야에서, 구체적인 사회적 사실들에서 귀납하여 일반화한 추상적인 사람들의 생각, ③ 여러 관념 속에서 공통적인 요소를 뽑아내어 통합하여 얻은 하나의 보편적인 관념으로 정의한다. 그렇다면 사회복지의 개념은 사회복지의 공통적인 요소를 정리하여 일반화한 추상적이고 보편적인 관념이다. 이곳에서는 사회복지가 무엇인지를 알아보기 위해 사회복지의 개념에 대해 학습한다.

1) 사회복지의 출현 배경

인간은 전 생애에 걸쳐 생존과 인간다운 삶의 질을 위협하는 여러 가지 위험(risks)을 경험하게 된다. 이런 위험들 중에서 사회구성원 대부분에게 보편적으로 발생할 가능성이 많고 위험의 발생과 그 결과에 대한 책임을 피해 당사자에게만 물을 수 없는 경우도 있다. 이러한 위험이 바로 사회적 위험(social risks)이다. 사회적 위험은 사회가 공동체 차원에서 공동으로 대처하는 것을 명시적 혹은 묵시적으로 승인한 위험이다. 사회복지는 이러한 사회적 위험으로부터 사회구성원을 보호하기 위해 탄생하였다. 인류의 역사를 사회적 위험에서 생존을 보장하기 위한 끊임없는 투쟁으로 파악한다면, 최일선에서 그런 투쟁의 역할을 해 온 것이 사회복지이다.

국제노동기구(ILO)는 1952년에 「사회보장의 최저기준에 관한 조약」을 통해 현

대 산업사회에서 사회복지가 대응해야 할 아홉 가지 사회적 위험을 열거하였다. 그리고 이어서 국가가 이러한 위험들로부터 시민들을 지키기 위하여 아홉 가지의 사회복지 급여를 제공할 것을 권고하였다. ILO 조약에서 열거된 사회적 위험의 목록은 ① 의료, ② 질병(휴양), ③ 실업, ④ 노령, ⑤ 산업재해, ⑥ 자녀양육, ⑦ 직업능력의 상실, ⑧ 임신과 분만, ⑨ 부양자(가장)의 사망 등이다. 이러한 사회위험에 대응하는 사회복지제도를 보면, 순서대로 의료보호(medical care), 상병급여(sickness benefit), 실업급여(unemployment benefit), 노령급여(old age benefit), 산재급여(industrial injuries benefit), 가족급여(family benefit), 장해급여(invalidity benefit), 모성급여(maternity benefit), 유족급여(survivors benefit) 등이 있다.

2) 사회문제와 사회복지의 정의

사회복지는 사회적 위험에 대응함으로써 개인과 사회 전체의 안녕을 증진하려는 모든 형태의 사회적 노력이다. 이렇게 사회복지를 정의하면 일단은 어느 정도 사회복지의 실체를 가늠할 수 있다. 하지만 이 정의의 문제는 정의가 너무 포괄적이고 일반적이어서 사회복지의 영역이 너무 커져 그 정체성을 규명하기가 쉽지 않다는 데 있다. 예를 들어, 외부의 침략도 중요한 사회적 위험이다. 그런 위험에 대응하기 위해 안보와 국방이 필요하다. 하지만 우리는 안보와 국방까지를 사회복지로 파악하지는 않는다. 마찬가지로 범죄도 중요한 사회적 위험이지만, 이에 대응하는 치안을 사회복지의 범주에 넣지는 않는다.

이런 문제를 해결하기 위해서는 조금 더 좁은 범위의 정의가 필요하다. 사회복지를 협의로 정의하면, 사회문제의 예방과 해결을 위한 사회적 노력으로 정의할 수 있다. 즉, 모든 문제에 대한 대응이 아니라 사회문제에 대한 대응이라는 개념이 필수적이다.

인간은 일생 동안 여러 가지 어려움과 문제에 맞닥트린다. 사회복지는 이런 모든 문제에 관여하는 것이 아니라 사회문제에 대응하는 것이다. 사회문제는 개인적 문제와는 차원이 다르다. 사회문제는 사회적 원인으로 생겨나기 때문에 사회적 차원에서 해법이 필요한 문제이다. 어떤 질병이 사회적 원인과는 무관하게 무작위로 발생한다면 그 질병의 치료는 의료적 차원에서 해결될 문제이다. 하지만 그 질병의 원인에 사회적으로 파생된 빈곤과 열악한 거주환경이 관여되어 있다면 그 질병의 치료는 이제 의료적 차원에서뿐만 아니라 사회복지 차원에서 대응해야 하는 문제가 되는 것이다. 사회문제를 정의하는 방식은 크게 기능주의적 접근과 구성주의적 접근으로 살펴볼 수 있다.

(1) 기능주의적 접근

기능주의적 접근에서는 사회문제를 정상적인 사회기능이 잘 작동되지 않는 부적응, 병리, 기능장애, 일탈, 혼란 등으로 정의한다. 기능주의적 접근에서 보면 이런 문제들은 객관적으로 존재하고 정의될 수 있는 것들이다. 전통적으로 사회문제의 정의는 주로 기능주의적 접근이 많이 사용되었다. 하지만 이런 기능주의적 접근에 대한 비판도 많다. 사회문제가 정말 객관적인 현상이라면 어떤 문제는 사회문제가 아니었다가 사회문제로 대두되는 현상을 설명할 수 없다는 비판이 있다.

예를 들면, 우리 사회에서도 노인 문제는 30~40년 전만 해도 개별 가정이 해결해야 할 문제였지 사회문제는 아니었다. 하지만 2020년대인 현재 노인 문제는 당연히 사회문제로 받아들여진다. 이런 비판 때문에 사회문제는 어떤 객관적인 상황이 아니라 한 사회에서 문제로 정의되는 과정이라는 시각이 대두되었다(Blumer, 1971). 기능주의적 접근으로 사회문제를 파악하게 되면 사회복지의 영역과 대상이 확대되고 발전하는 역동적인 현상을 잘 설명할 수 없다는 단점이 있다.

(2) 구성주의적 접근

사회문제의 정의에서 구성주의적 접근은 기능주의적인 접근을 비판하며, 사회문제는 객관적인 현상이 아니라 사회에서 문제로 정의되는 과정이라고 주장한다(Spector & Kitsuse, 1987). 사람들이 어떤 현상이 사회문제라고 생각하면 사회문제가 된다는 것이다. 구성주의적 접근에 의하면 사회문제는 하나의 현상이 아니라 사회문제로 형성되는 과정과 활동이다. 즉, 어떤 현상이 사회문제라는 주장이 한 사

회에서 받아들여질 때 이것이 사회문제가 된다. 이때 중요한 것은 사회문제의 원인이 사회에 있다고 받아들여지는 것이다(Stone, 1989). 자연적인 재해 그 자체는 사회문제가 아니다. 다만, 그 재해가 우연한 사고가 아니라 사람에 의해 생긴 것이고 사람과 사회가 책임을 져야 하는 것으로 인정되면 사회문제로 된다는 것이 구성주의적 접근의 견해이다.

구성주의적 접근의 장점은 어떤 문제가 사회문제로 대두되는 역동적인 과정을 설명할 수 있다는 것이다. 과거에 빈곤이 나태, 무지, 무능 등의 개인적인 문제로 치부될 때 빈곤은 사회복지가 대응해야 하는 문제는 아니었다. 실제 우리 사회의 경우도 수십 년 전에는 빈곤이 사회문제로 받아들여지지 않았던 시절이 있었다. 하지만 빈곤이 단순히 개인적인 문제가 아니라 실업, 기회의 불평등, 사회적 차별 등의 문제와 연관되어 있다고 인식되면서 빈곤이 사회문제로 설정된 것이다.

사회문제를 구성주의적 접근으로 파악하면, 사회복지의 발전 과정은 일련의 문제들이 개인적인 문제에서 사회문제의 범주로 들어오게 되고, 그런 문제들에 대한 대응의 역사로 파악할 수 있다. 노인 문제가 사회문제가 되면서 사회복지 차원에서 장기요양과 기초연금이라는 정책적 대응이 생겨난 것이다. 아동 양육 문제가 각 가정의 문제가 아니라 사회문제가 되면서 사회복지 차원에서 보육제도가 발전하게 된 것이다. 구성주의적 접근은 이런 역동적인 사회복지 발전의 과정을 이해할 수 있게 해 준다.

3) 제도적 관점에서의 사회복지

(1) 잔여적 개념과 제도적 개념

모든 인간사회는 사회의 유지와 발전에 필수적인 기능을 수행하는 제도를 가지고 있다. 길버트와 테렐(Gilbert & Terrell, 2002)은 그러한 사회제도를 가족, 종교, 직장, 시장, 상부상조, 정부로 구분하여 제시하였다. 가족은 생식, 사회화, 보호, 친밀감, 정서적 지지 등의 기능을 수행한다. 종교는 영적인 기능을 수행한다. 직장의 경우는 재화와 서비스를 생산하는 기능을 맡는다. 시장은 화폐를 사용하여 재화와 서비스를 교환하는 장을 제공한다. 상부상조는 자선과 부조의 기능을 담당한다. 정부는 공동의 목적을 위해서 자원을 모으고 배분하는 역할을 한다.

각 사회제도는 담당하는 주 사회기능을 수행하지만 동시에 그 안에서 사회복지 기능을 수행하기도 한다. 예를 들면, 가족은 대표적인 복지 기능인 노인이나 아동의 부양과 가족 내 경제적 지원 등의 역할을 한다. 종교 영역에서도 종교복지 활동을 활발히 수행한다. 직장에서는 다양한 사내 복지 프로그램을 운영한다. 시장에서도 상담과 간병 등 다양한 영리 사회서비스가 존재한다. 상부상조 영역에서는 자원봉사와 비영리 사회서비스 등의 중요한 사회복지 기능을 수행한다. 정부는 공공부조, 국민연금, 건강보험 등의 공적 사회복지 기능을 수행한다.

복지국가가 발전하면서 전통적인 사회제도가 담당하는 사회복지 기능은 확대되고 발전되었다. 이때 사회복지의 기능을 각 전통적인 사회제도가 부수적으로 담당하는 영역으로 볼 것인가, 아니면 사회복지 자체를 하나의 독립된 사회제도로 볼 것인가의 문제가 대두된다. 윌렌스키(Wilensky)와 르보(Lebeaux)는 이 두 가지 시각을 '잔여적(residual)'인 것과 '제도적(institutional)'인 것으로 구분한다(Wilensky & Lebeaux, 1965: 138-139). 잔여적 개념은 "사회복지는 사회기능의 정상적인 공급원으로서의 가족이나 시장경제가 제 기능을 원활히 수행치 못할 때 파생되는 문제를 보완 내지는 해소하기 위한 제도로서 필요하다."라고 본다. [그림 1-1]에서 보는 바와 같이 다른 주요 사회제도들의 잠정적 실패에 따른 사회복지의 기능은 잔여적이기 때문에 점선으로 표시된다.

제도적 개념은 현대 산업사회에서 사회복지가 사회를 유지하는 데 필수적인 기능을 수행할 수밖에 없다고 주장한다. 현대 산업사회에서는 가족기능의 약화로 아동의 양육과 노인, 장애인의 돌봄 및 그들의 사회화를 가족이 전적으로 책임지는 것은 불가능하며, 경제만으로 예상치 못한 실직과 빈곤을 제대로 막을 가능성은 크지 않다. 이러한 상황 속에서 개인과 가정의 경제적 안정을 도모하는 수단으로서 사회복지제도는 매우 중요한 기능을 할 수밖에 없다는 것이다. 제도적 개념의 사회복지는 [그림 1-1]에서 보는 바와 같이 다른 사회제도의 기능과 중복되는 기능과 함께 독자적 기능을 확보하고 있다.

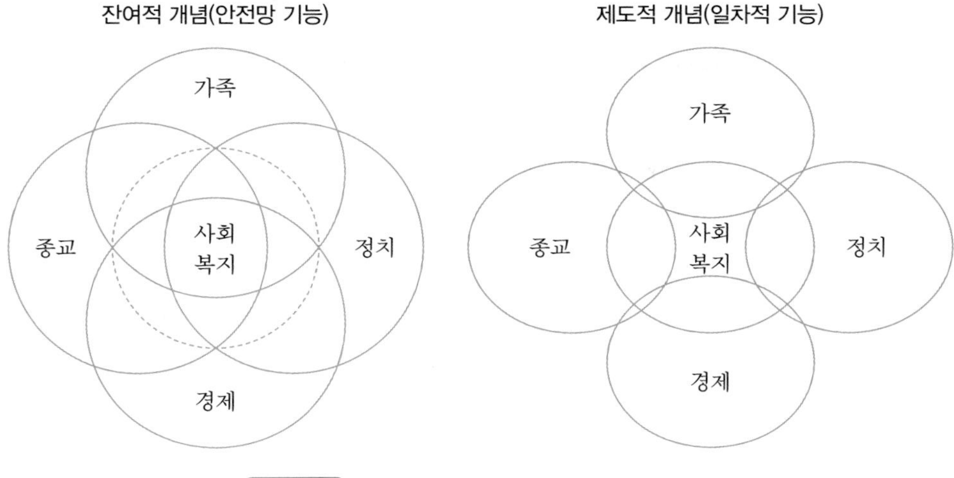

그림 1-1 사회복지의 잔여적 개념과 제도적 개념

사회문제의 발생 원인에서 잔여적 개념은 개인의 책임을 강조하는 반면, 제도적 개념은 사회구조적 책임을 강조한다. 잔여적 개념에서는 사회복지가 자선과 시혜로 여겨지고, 제도적 개념에서는 사회복지가 권리로 인정되는 경향을 보인다. 전통적으로 사회복지제도는 잔여적 성격이 강했으나, 산업화의 진전과 더불어 제도적 성격이 강조되었다.

(2) 선별적 복지와 보편적 복지

사회복지 개념에서 중요한 요소 중 하나는 사회복지의 대상을 누구로 하는가이다. 선별적 복지는 도움이 필요한 사람들을 따로 선정하여 사회복지의 수혜 대상자로 정하는 방식이다. 이 방식에서는 대부분 소득을 기준으로 수혜 대상자를 선정한다. 이런 방식의 대표적인 예가 빈곤층을 지원하는 국민기초생활보장제도 등의 공공부조 프로그램이다.

보편적 복지는 모든 사람을 수혜 대상자로 보며 사회복지의 수혜를 시민권의 하나로 인정한다. 즉, 시민이면 모두 공평하게 받을 수 있는 권리로서의 사회복지를 강조한다. 보편적 복지의 예는 한국에서 실시하고 있는 0~5세 아동을 대상으로 하는 무상보육 제도와 2018년부터 시행된 아동수당 정책이다. 아동수당은 2022년 기준으로 소득이나 가구 특성과 상관없이 만 7세까지의 모든 아동에게 월 10만 원씩을 지급하여 아동의 건강한 성장을 돕는 정책이다. 아동수당은 대부분의 OECD 국가들이 운용하고 있는 대표적인 보편적 복지이다.

선별적 복지는 욕구가 있는 사람들만을 선정해서 복지 급여를 지급하기 때문에 복지를 받는 사실이 뭔가 열등한 처지에 있는 것으로 보일 우려가 있어서 낙인감을 준다는 문제가 있다. 또 수급자격을 심사하기 위해서는 많은 행정적 비용과 노력이 따른다는 문제도 있다. 하지만 선별적 복지를 옹호하는 견해에서는 복지 비용을 줄이기 위해서는 도움이 필요한 사람을 잘 선정해 급여를 집중하는 것이 효율적이고, 도움이 필요 없는 사람들이 정부 지원을 받을 필요는 없다고 주장한다. 보편적 복지는 권리로서의 복지를 강조하고, 모든 시민이 평등하게 급여를 받기 때문에 사회통합에도 이바지한다고 주장한다. 또 보편적 복지는 수급자격 심사가 간단하므로 행정비용을 절감할 수 있는 측면도 있다.

사회복지가 대상으로 하는 욕구를 주로 개인의 문제로 보는 시각은 잔여적 복지와 선별적 복지를 옹호하는 경향이 있다. 반대로 욕구를 사회구조적인 문제로 보는 견해에서는 제도적 복지와 보편적 복지를 선호한다. 물론 세계 어느 나라도 선별적 복지제도만을 혹은 보편적 복지제도만을 운영하지는 않는다. 또 어느 방식이 옳고 그르다고도 말하기도 힘들다. 사회복지의 발전은 보편적 복지와 선별적 복지의 적절한 조합의 확대로 이루어져 왔다. 보편적 복지냐 선별적 복지냐의 논쟁에서는 복지정책의 목표를 명확히 하고 그 목표에 가장 적합한 방식을 찾는 노력이 중요하다.

4) 사회복지와 자본주의 그리고 유사한 개념들

(1) 사회복지와 자본주의

복지국가는 자본주의 체제의 한 형태이다. 즉, 복지국가라는 개념은 자본주의 자체를 부정하지 않는다. 오히려, 자본주의에서 파생되는 문제적 현상들에 대해 적극적으로 대응함으로써 자본주의가 지속 가능할 수 있도록 하는 보완책이 복지국가의 개념에 더 가깝다.

전통 마르크스주의는 복지국가 자체를 전면 부정했다는 사실을 통해서도 복지국가와 자본주의 간의 관계를 이해할 수 있다(김상균 외, 2011). 물론 그렇게 탄생한 복지국가들은 각 사회의 경제적 · 사회적 · 문화적 특성에 따라 자유지상주의 · 자유주의 · 집합주의 등의 이념적 경향을 가진 다양한 형태로 성장하게 되지만, 그 공통점은 모두 자본주의의 문제를 복지국가라는 방식을 통해서 해결하고자 했다는 데 있다(안상훈, 2013). 그렇다면 복지국가는 자본주의와 대립하는 개념이라기보다는 자본주의와의 타협의 산물로 이해할 수 있다.

복지국가가 자본주의와의 타협의 산물이라면, 복지국가를 이해하기 위해서는 자본주의 체제의 변화에 대한 이해가 필수적이다. 초기 자본주의는 애덤 스미스(Adam Smith)의 『국부론』이 출간된 1776년부터 대략 1929년 미국의 대공황까지의 시기로 지칭한다. 이 시기는 '보이지 않는 손'에 의해 작동되는 시장이 최선이라는 자유방임주의(laissez-faire)가 자본주의의 최고 원리였던 시기이다. 자본주의 1.0이라고도 지칭되는 이 시기는 시장에 대한 정부의 간섭이 최소화되었던 시기이기도 하다. 복지국가의 발전 형태로 보면, 이 시기에는 국가의 복지에 대한 직접적인 역할은 최소화하고 주로 민간부문이 자선사업 등의 형태로 복지를 부담하던 시기이다.

자본주의 2.0, 혹은 수정자본주의라고 불리는 그다음 시기는 대략 1930년대 초부터 1970년대 말까지의 기간이다. 이 시기는 자유방임주의의 문제를 해결하기 위해 기존 자본주의에 대한 대대적인 수정이 가해졌던 시기이다. 정부가 재정지출을 통해 유효수요를 창출하는 방식으로 시장에 적극적으로 개입했던 시기이다. 정부는 시장에의 개입만이 아니라 복지영역에서도 주도적인 역할을 담당해 국가가 직접 복지를 담당하고 복지에 대한 공적 자원의 확대가 급격히 늘어난 시기이다. 이 시기는 '복지국가의 황금시대'로 불리던 시기이기도 하다.

1970년대의 원유파동에 따른 국제 경제의 불황과 정부의 시장에 대한 과도한 개입이 민간부문의 자율적 역량을 침해하고 그에 따른 부작용의 문제가 부각되면서 자본주의는 또 한 차례 궤도를 수정하게 된다. 1970년대부터 악화되기 시작한 재정적자와 물가상승, 실업률 증가라는 문제에 대한 해결책은 정부의 개입 지양과 시장 역할의 복원에서 찾게 된다. 신자유주의 혹은 자본주의 3.0이라고 지칭되는 1970년대 말부터 2000년대 말까지의 이 시기는 영국에서는 1979년 대처 수상이 이끄는 보수당의 집권과 미국에서는 1980년 공화당 후보 로널드 레이건(Ronald Reagan)이 대통령으로 당선되면서 시작한다. 이 시기는 '복지국가의 위기론'이 부상된 시기로 정부 주도의 공적 자원의 확대만을 통한 복지의 확대는 지속 가능하지 않다는 반성이 확대되고 그에 따라 공적 복지의 축소가 나타난 시기이다. 경제부문에서는 흔히 시카고 학파라고 불리는 시카고대학교의 밀턴 프리드먼(Milton Friedman)을 정점으로 한 일군의 신고전학파 학자들의 주장이 대폭 반영되었던 시기이기도 하다.

특히 이 시기는 정보통신 산업의 발전으로 촉발된 정보 혁명과 세계화가 급격히 확대된 시기이다. 기존의 산업경제에서 소위 지식경제 사회로 경제적 · 사회적 패러다임이 변했던 시기이기도 하다. 정보통신 산업의 발전이 전 산업에 파급효과를 나타내고 자본주의는 다시 화려한 부활을 하게 된다(조동성, 2012). 정치적인 측면에서도 1989년 독일의 통일과 1991년 소련의 붕괴는 그동안 자본주의와 경쟁해 왔던 공산주의 체제의 실패가 가시화되고 체제경쟁에서 자본주의의 승리를 선언하게 되는 계기가 된다.

이 시기의 복지국가는 국가부문의 비중을 줄이고 민간부문의 역할을 증대시키는 형태로 변경된다. 즉, 복지의 총량은 국가, 시장, 가족, 비영리 민간복지기관 등 여러 부문에서 제공하는 복지혼합(welfare mix)으로 구성된다는 주장을 바탕으로 '복지혼합비'의 재조정이 진행된다(김상균 외, 2011). 이러한 구도에서 복지에서 민간부문의 역할이 강조되고 시장자본주의와 시너지 효과를 내는 복지국가의 유형이 영국 런던경제대학(London School of Economics) 교수인 앤서니 기든스(Anthony Giddens)에 의해 '제3의 길(The Third Way)'로 제시되기도 한다(조동성, 2012).

21세기에 들어오면서 세계화와 신자유주의로 대표되는 발전은 그 자체의 발전 양상이 내포한 '균형과 절제'의 상실로 다시 위기를 맞게 된다(조동성, 2012). 그 대표적인 문제는 사회경제적 양극화로 대두된다. 소득분배 차원에서는 빈부격차가 확대되고 이는 중산층의 축소로 귀결되었다. 산업적인 측면에서는 국제적인 경쟁력이 있는 대기업은 국경을 초월한 다국적 기업으로 성장해 나갔지만, 세계화에 동참하지 못한 중소기업은 위축의 길을 걷게 되었다. 대기업과 중소기업 간의 격차는 노동의 양극화로 연결되었고 근로빈곤층의 증가로 귀결된다.

이러한 일련의 문제들은 2008년 미국발 금융위기로 대분출되는 계기를 맞는다. 양육강식의 시장일변도 자본주의에 대한 반성과 가진 자들에 대한 분노는 급기야 '월스트리트를 점령하라(Occupy Wall Street)'는 시민운동의 형식으로 표출된다. 각 부문에서 새로운 변화를 요구하는 목소리가 거세지고, 신자유주의를 대체하는 새로운 경제 패러다임으로 대중 자본주의(mass capitalism)를 주창하는 자본주의 4.0이라는 개념이 제시되기도 했다(조동성, 2012).

(2) 사회복지의 유사 용어와 개념

사회복지와 그 성격이 유사하여 흔히 혼동되는 많은 용어와 개념들이 있다. 이 중에서 대표적인 사회사업, 사회개발, 사회보장, 사회서비스, 사회복지서비스, 사회안전망 등에 대해서 간략히 살펴보기로 한다.

① 사회사업

사회복지(social welfare)와 상당히 유사한 개념으로 사회사업(social work)이 있다. 두 개념은 중복되는 부분이 많아서 명확히 구분하기가 쉽지 않다. 사회사업은 대략 협의의 사회복지 개념으로 주로 사람을 직접 대상으로 하는 개별 사회사업(casework), 임상 사회사업(clinical social work), 대인 사회서비스 등을 지칭하는 개념이다. 그에 비해서 사회복지는 보다 광의의 개념으로 사회사업 영역에 더하여 거시적인 사회복지정책까지를 아우르는 개념이다. 하지만 이러한 개념 구분도 문제는 있다. 왜냐하면 사회사업의 영역에서도 정책 분야가 있기 때문이다.

어의적으로는 임상 사회복지가 상대적으로 많이 발달한 미국의 경우에는 사회사업이라는 용어를 많이 쓰는 것을 볼 수 있다. 실제로 미국의 대부분의 사회복지 대학과 학과는 사회사업(social work)이라는 명칭을 사용한다. 그에 비해서 정책적인 접근을 더 강조하는 유럽에서는 사회정책(social policy)이라는 용어를 더 많이 사용한다. 한국의 경우는 1970년대까지는 미국식 사회복지의 전통을 따라 사회사업이라는 표현을 썼으나 그 후 유럽의 사회정책학이 사회복지 부문에 가미되면서 명칭도 대부분 사회복지로 바뀌게 되었다.

② 사회개발

사회개발(social development)이라는 용어는 1950년대 유엔(UN)에서 경제개발(economic development)에 대칭되는 개념으로 처음 사용되기 시작했다. 사회의 전체 영역을 정치, 경제, 사회, 문화로 나눌 때 사회개발은 사회와 문화 부문의 개발을 위한 것으로서 그 내용은, 첫째, 인간의 보편적 욕구의 충족, 둘째, 사회문제의 해결, 셋째, 환경보존, 넷째, 공동체 형성 및 문화발전 등으로 범주화할 수 있다. 사회개발은 경제개발의 한계로 인해 나타나는 계급 · 계층 문제를 극복하기 위한 하나의 방편으로 등장했다고 할 수 있다(조흥식, 2008: 168).

③ 사회보장

사회보장(social security)이란 인간이 질병, 실업, 사망, 노령, 상해, 사고 등으로 인해 스스로의 문제를 감당할 수 없는 경우 사회입법을 통해 보호를 제공하는 조치를 말한다. 보호조치는 여러 가지 형태의 사회보험(social insurance), 공공부조(public assistance), 사회복지서비스(social welfare service)를 통해 이루어지는 것이 보통이다. 사실 사회보장이란 용어가 사용된 것은 1935년의 미국의 「사회보장법(Social Security Act)」에서부터이며, 일반적으로 널리 사용하게 된 것은 1942년에 영국의 베버리지(Beveridge) 보고서가 공표된 이후라 할 수 있다.

④ 사회서비스

일반적으로 사회복지 행위를 통해 생산, 분배, 소비되는 재화나 서비스를 사회서비스(social service)라 한다. 사회서비스는 인적 자원(human resources)의 보존, 보호, 개선을 직접적인 목적으로 하는 조직화된 활동이라 할 수 있다. 사회서비스는

사회적 맥락으로 조성되는 대인적 휴먼서비스이다(김영종, 2019). 한국의 「사회보장기본법」 제3조 제4항은 사회서비스를 "사회서비스란 국가 · 지방자치단체 및 민간부문의 도움이 필요한 모든 국민에게 복지, 보건의료, 교육, 고용, 주거, 문화, 환경 등의 분야에서 인간다운 생활을 보장하고 상담, 재활, 돌봄, 정보의 제공, 관련 시설의 이용, 역량 개발, 사회참여 지원 등을 통하여 국민의 삶의 질이 향상되도록 지원하는 제도를 말한다."라고 정의하고 있다.

⑤ 사회복지서비스

사회복지서비스(social welfare services)와 사회(복지)사업(social work)이라는 용어는 한국과 일본에서 흔히 사용된다. 앞에서 논의하였던 사회사업과 마찬가지로 주로 인간적 상호작용을 통해 사람을 직접 대상으로 하는 대인 사회복지활동을 지칭하는 개념이다.

한국에서 사회복지사업은 구체적인 법률용어이다. 「사회복지사업법」 제2조에서 "사회복지사업이란 다음 각 목의 법률에 따른 보호 · 선도 또는 복지에 관한 사업과 사회복지상담, 직업지원, 무료 숙박, 지역사회복지, 의료복지, 재가복지, 사회복지관 운영, 정신질환자 및 한센병력자의 사회복귀에 관한 사업 등 각종 복지사업과 이와 관련된 자원봉사활동 및 복지시설의 운영 또는 지원을 목적으로 하는 사업을 말한다."로 정의하고 있다. 이때 각 목의 법률은 빈곤, 아동복지, 노인복지, 장애인복지 등 각 영역을 규정하는 개별 법률 27개와 '그 밖에 대통령령으로 정하는 법률' 등으로 제시하고 있다.

⑥ 사회안전망

1997년 외환파동으로 시작된 경제위기를 극복하는 상황에서 국가적 관심을 끌었던 제도로 사회안전망(social safety net)이 있다. 이 단어는 세계은행(WB)이나 국제통화기금(IMF) 등의 국제기관이 즐겨 사용한다. 사회안전망이란 모든 국민을 실업 · 빈곤 · 재해 · 노령 · 질병 등의 사회적 위험에서 보호하기 위한 제도적 장치이다. 사회안전망은 보통 사회보험과 공공부조, 공공근로사업, 취업훈련과 긴급구호

등을 포괄한다. 사회안전망은 대량실업, 재해, 전시 등의 국가위기 상황에서 국가가 국민에게 기초생활을 보장해 줌으로써 이들이 안정된 사회생활을 할 수 있도록 하는 역할을 수행한다.

2. 사회복지의 학문적 특성

사회복지를 연구대상으로 하는 사회복지학은 어떠한 연구주제, 연구방법, 이론체계를 지녀야 하는가? 이에 관한 관심과 고민은 모든 사회복지학도에게 주어지는 공통과제이다. 이러한 고민은 구체적으로 두 가지 방향으로 수렴된다. 첫째는 근본적인 것으로서 사회복지학이 학문적 대상으로 삼는 사회복지 현상이란 무엇인가에 대한 고민이다. 이는 사회복지 대상에 대한 분석과 해석에 관한 연구이다. 둘째는 응용과학으로서의 사회복지학적 특성과 관련되는 것이다. 사회복지 현상을 학문적 개념과 이론으로 체계화시키는 과정에서 꼭 필요한 인접 학문의 활용에 관한 부분이다.

1) 사회복지학의 대상

사회과학은 하나의 과학 영역으로 사회현상과 인간관계 현상을 연구대상으로 삼는다. 사회과학 내에는 여러 학문분과가 존재하며 각 학문 분야에 따라 연구의 주 대상 사회현상이 달라진다. 예를 들면, 정치학의 핵심 주제는 권력(power)이며, 경제학에서는 시장(market), 심리학은 행위의 동기(motivation) 그리고 사회학에서는 계층화(stratification)가 주된 연구주제이다.

그렇다면 사회복지학은 인간의 행위 중에서 특히 어떤 부분을 주로 연구하고 있느냐는 질문이 나온다. 이에 대한 답은 지원(support) 또는 원조(assistance)라고 말할 수 있다. 인간은 왜 남을 돕게 되는가? 인간은 왜 남의 도움을 청하는가? 타인을 도울 때는 무엇을 어떻게 해야 하는가? 이와 같은 세부 질문들은 모두 인간 행동 중

지원 및 원조와 연관되는 것이다. 사회복지학은 바로 그런 것들을 다루게 된다.

사회복지학의 연구주제가 지원 및 원조라고 하지만 모든 종류의 지원 및 원조를 연구대상으로 삼는 것은 아니다. 우선, 사회복지활동은 인간의 구체적 욕구를 충족시키기 위해 과학적 지식을 사용하기 때문에 자선(charity)이나 사회공헌(philanthropy)과는 구별된다. 또한 사회복지는 사회문제의 해결을 위한 실제적 서비스를 담당하는 응용과학적 전문 영역이며 동시에 실천가가 활용하는 자원의 성격을 지닌다. 특히 이러한 실천적 성격이 다른 사회과학들과 구별되는 사회복지학의 독자적 영역이라 할 수 있다.

사회복지학의 특성을 파악하기 위해서는 사회과학의 발달 과정과 그 속에서 사회복지학의 등장과 전개를 검토하는 방법이 유용하다. 근대 시민사회의 지적 도구로서의 서양 사회과학은 19세기 이후 양적 · 질적으로 크게 발전하였다. 그럼에도 불구하고 기존 사회과학의 영역으로는 해결할 수 없는 인간 욕구(human needs)의 해결이라는 문제에 직면하게 되었다. 자본주의 사회가 성숙할수록 이러한 인간의 욕구와 관련되는 사회문제는 기본적 욕구의 미충족 문제를 넘어서서 불평등, 차별, 소외 영역까지 확대되었다. 사회복지학은 바로 이러한 인간 욕구의 해결과 충족에 관한 학문이라고 할 수 있다.

2) 사회복지학의 특성

지식의 활용 목적에 따라 과학은 순수과학과 응용과학으로 구분된다. 순수이론의 정립에 열중하면 순수과학이고 이론을 활용해서 현실적 문제를 해결하려고 노력하면 응용과학이 된다. 일반적으로 정치학 · 경제학 · 사회학 · 심리학 등의 학문이 순수사회과학으로 분류된다. 반면, 사회복지학 · 언론정보학 · 행정학 등은 응용사회과학에 속한다.

사회과학에 대한 문제해결의 요구가 점증하는 추세의 현대사회는 순수사회과학에게도 실사구시의 압력을 행사하고 있다. 따라서 최근에는 순수와 응용의 구분이 점차 모호해지는 경향이 나타나고 있다. 그러나 사회복지학의 응용과학성은 타 학문에 비해 더 강력하므로 사회복지학과 다른 순수사회과학과의 협력관계는 더욱 긴밀해야 한다.

다른 순수사회과학 분야에 비해서 사회복지학은 다음과 같은 네 가지 특징을 가지고 있다. 사회복지학의 첫 번째 특징은 틈새 과학적 성격이다. 사회복지학의 정립은 20세기에 비로소 가능했다. 그만큼 늦게 출발했기 때문에 기성 학문분과가 다루지 않는 영역을 탐구하는 것이 중요했다. 예를 들면, 자본주의의 발전에도 불구하고 왜 빈곤은 사라지지 않는가? 물질적 풍요에도 불구하고 왜 사회문제는 늘어만 가는가? 이런 질문들에 대해 다른 순수사회과학 분야가 답을 잘할 수 없을 때 사회복지학이 등장하여 해답을 시도한 것이다. 이러한 새로운 도전에서 사회복지학이 갖는 강점 중 하나는 그것이 문제해결을 최우선으로 하는 응용 또는 실천과학이란 사실이다.

두 번째 특징은 사회과학의 가치성과 관련된 것이다. 다른 순수사회과학 분야가 가치중립적 또는 탈가치적 입장을 고수한다면, 사회복지학은 가치중심적인 학문이다. 예를 들면, 사회학에서는 빈곤을 하나의 사회현상으로서 연구의 대상으로 삼지만 빈곤이라는 현상의 해소를 꾀하지는 않는다. 반면, 사회복지학에서 빈곤은 바람직하지 않은 상태이기 때문에 빈곤을 해소하는 방법을 찾는 것이 연구의 목적이 된다. 사회복지학에서는 피원조자의 존엄성, 자율성 그리고 발전 가능의 잠재력을 강조한다. 이와 같이 특정 가치를 중시하는 이유는 사회복지의 존재 이유를 약자 보호에서 찾기 때문이다.

세 번째 특징은 절충주의적 태도이다. 사회복지학은 문제해결을 위해서는 실사구시적인 입장을 취한다. 이상과 현실, 정신건강의학과 물질, 이기심과 이타심, 권리와 의무 등과 같은 상호충돌 가능성이 있는 양극단의 어느 하나를 선택하지 않는다. 두 가지 이상의 가치를 조화시키려고 노력하는 태도는 이론의 활용 측면에서도 그대로 나타난다. 그리하여 문제해결을 위해 여러 이론의 장점을 함께 극대화하려는 것이다(조흥식 외, 2000: 35).

네 번째 특징은 다학문적 성격이라는 점이다. 사회복지학은 사회과학의 여타 분과학문이 개발한 지식과 이론을 적극적으로 활용한다. 더욱이 문제해결을 최우선

목표로 삼기 때문에 여러 이론을 절충하여 활용하는 방법이 유리할 수 있다. 인간의 문제가 복합적이거나 중층적인 경우가 많아서 전체적인 접근을 요구하기 때문이다. 사회복지학의 다학문적 성격은 사회복지학도들로 하여금 '종합사회과학'을 하고 있다는 자긍심을 갖게 만든다. 그러나 그에 못지않게 어려움도 준다. 다양한 지식의 습득과 함께 비판 능력을 겸비하는 것이 쉽지 않기 때문이다. 그리고 여러 학문 분야가 제시하는 이론 간의 상호연계성을 파악하기도 어려운 과제이다.

3) 사회복지학의 발전 경로: 미국, 영국, 한국을 중심으로

(1) 미국의 사회복지학

미국의 사회복지는 1890년대 대공황의 여파로 발생한 다양한 사회문제에 대응하면서 대폭 성장하기 시작한다. 이때 사회복지학의 기본 틀도 마련되고 사회복지라는 전문 영역에 종사하는 인력들에 대한 교육도 본격화된다(Austin, 1983). 제인 애덤스(Jane Addams)는 1898년에 최초의 사회복지관(settlement house)인 헐 하우스(Hull House)를 시카고에 설립했다. 당시 사회복지관은 이민자들에 대한 지역사회 지원을 주 활동으로 하였다. 제인 애덤스는 사회복지의 주요 임무로 사회개혁을 강조하였고 초창기의 첫 번째 사회복지 전문교육기관인 시카고대학교에서 가르치기도 했다. 제인 애덤스는 사회복지와 세계평화에 대한 공로로 1931년에는 노벨평화상을 수상하기도 했다. 비슷한 시기에 미국 동부에서는 메리 리치몬드(Mary Richmond)가 1917년에 『사회진단(Social Diagnosis)』이라는 책을 출간하며 초기 개별 사회사업(casework)의 체계를 확립했다.

신생 전문 영역으로 막 발돋움하기 시작한 사회복지계에게는 하나의 전문직 영역으로 자리매김할 수 있는가가 중요한 과제였다. 그 당시 사회복지사와 주로 같이 일했던 의사나 간호사는 사회복지사를 따뜻한 마음을 가진 자원봉사자 정도로 대우하기 일쑤였고, 보수 수준도 생계를 꾸려 가기 힘들 정도로 낮은 수준이었다. 이러한 현실은 현장의 사회복지사들이 전문직으로 대우받기를 열망하게 만들었다. 또 신설되는 교육기관들과 그곳에서 가르치는 교수들에게도 학문적 정당성을 인정받기 위해서는 사회복지의 전문직화는 필수 조건이었다(Austin, 1983).

이런 이유로 당시 사회복지계의 대표적인 조직인 '전국 자선 · 교정사업 학회(National Conference of Charities and Correction)'는 1915년 학술대회 주제를 '사회복지는 전문직인가(Is Social Work a Profession)?'라는 주제를 내걸고 에이브러햄 플렉스너(Abraham Flexner)라는 인물을 기조강연자로 초청하게 된다.

학술대회 주최자들은 의학계 전문교육의 전문가인 에이브러햄 플렉스너로부터 사회복지가 전문직이라는 긍정적인 답변을 기대했지만, 결과는 참담했다. 에이브러햄 플렉스너는 전문직의 요건으로 상당한 수준의 개인적인 책임에 기반한 지적인 작업, 과학과 교육으로부터 도출된 실천기술, 실용적이고 분명한 목적을 위한 실천기술, 교육을 통해 이전될 수 있는 기술, 자기 조직화, 이타적인 성향의 여섯 가지를 제시하고 그러한 기준에서 볼 때 사회복지는 전문직이 아니라는 판정을 내렸다(Austin, 1983).

플렉스너의 판단이 옳으냐 그르냐를 떠나 그의 주장은 그 후 미국 사회복지의 발전 경로에 심대한 영향을 미쳤다(홍선미, 2011; Austin, 1983). 그중 가장 큰 영향을 미친 분야는 체계화된 과학적 이론을 찾는 것이었고 그렇게 발견된 이론은 프로이트(Freud)의 정신분석학이었다. 그 후 사회복지의 전문성을 확립하기 위한 노력은 프로이트의 정신분석 이론을 사회복지학의 대표적인 이론으로 받아들이게 된다(홍선미, 2011).

전문직으로 인정받기 위한 과도한 전문가주의에 대한 집착과 정신분석학으로의 경도된 학문적인 발달 경로는 미국의 사회복지가 심리치료 중심의 임상실천으로 발전하게 되는 역사적인 계기를 만들었던 것이다. 전문가주의에 대한 집착은 결국 미국 사회복지에서 사회변혁을 추구하는 사회정의적인 전통을 약화시키고 중산층을 대상으로 개인의 문제를 치료하기 위한 심리상담의 임상실천으로 경도되는 데 상당한 역할을 하게 되었다(Specht & Courtney, 1994).

(2) 영국의 사회복지학

영국에서 사회정책학의 시작은 1950년 영국 런던정경대학(London School of

Economics and Political Sciences)에 사회행정학과(Department of Social Science and Social Administration)가 창설된 것이 계기가 되었다. 사회정책학의 정립과 복지국가의 출범은 밀접히 연관되어 있었다. 제2차 세계대전 이후 1960년대 중반까지 서구자본주의는 경기호황을 지속할 수 있었다. 그리하여 대부분의 사람들은 빈곤이 퇴치되었고 복지국가의 이상은 실현된 것으로 인식하였다.

이러한 낙관론은 1970년대 후반부터 정면으로 도전받기 시작했으며 결국 부정되고 말았다. 이러한 변화의 결정적 계기는 이른바 '빈곤의 재발견(rediscovery of poverty)'론과 '복지국가 위기(crisis in the welfare state)'론에 의하여 마련되었다. 빈곤 재발견론은 사회적 불평등의 감소를 사회정책연구의 중심 주제로 부각하는 데 공헌하였다. 복지국가 위기론은 사회정책학에 이념논쟁을 촉발시켰다.[1]

(3) 한국의 사회복지학

한국에서 사회복지학은 1947년 이화여자대학교에 '기독교 사회사업학과'가 창설됨으로써 시작되었다. 한국전쟁 이후 대학에서의 사회복지학 교육은 미국의 원조프로그램에 의해 새로운 전기를 맞게 되었다(서울대학교 40년사 편찬위원회, 1986: 100-101). 그 프로그램에 따라, 1955년에 한국인 3명이 미국 미네소타대학교 사회사업대학원에 입학하여 2년 후 석사학위를 받을 수 있었기 때문이다. 이어서 1959년에는 서울대학교에 '사회사업학과'가 창설되었고, 세 사람은 교수 또는 강사로 활약하였다. 이와 같이 한국전쟁 전후 10여 년간이 사실상 한국 사회복지학의 초창기가 된다.

이혜경은 초기 한국 사회복지학의 역사적 특수성을 세 가지로 요약한 바 있다(이혜경, 1996: 43-44). 첫째, 사회복지학의 연구대상인 사회복지제도나 사회복지실천의 현장이 형성되기 전에 학문으로서 먼저 소개되었다. 둘째, 영국형 사회정책학보다 전문직업인 양성의 미국형 사회복지 교육이 소개되었다. 셋째, 선진국에서는 학문의 본산이라고 일컬어지는 대표 대학교에 사회복지학과가 없지만 우리는 있다.

1) 복지국가 위기론은 제6장 '사회복지와 복지국가'에서 자세히 알아본다.

한국 사회복지학 역사에서 1979년은 의미심장한 해였다. 서울대학교의 '사회사업학과'가 '사회복지학과'로 명칭을 변경하였고, 국내 최초로 박사과정을 동 대학원에 신설했기 때문이다. 이를 계기로 사회정책학 교육이 한국에 본격적으로 도입될 수 있었다. 그리하여 교과과정의 내용이 기존의 임상 사회복지 중심에서 벗어나 임상 사회복지와 사회정책학을 통합시키는 일대 변혁이 일어났다. 종전의 교과과정에다 사회정책학을 추가했기 때문에 학과 명칭을 '사회사업(social work)'과 '사회정책(social policy)'을 아우를 수 있는 사회복지(social welfare)로 변경한 것이다.

최근 한국에서 사회복지학은 양적으로 급속하게 확대되고 있다. 2021년 기준으로 4년제 대학 153개, 전문대(전문학사) 104개, 원격대학 17개에서 사회복지학과(혹은 유사학과)를 개설하여 관련 교육을 수행하고 있으며, 42개 학점은행 및 평생교육기관에서 사회복지 관련 교과목을 개설하여 자격양성업무를 수행하고 있다(한국사회복지교육협의회, 2022). 이런 교육 프로그램의 증가에 힘입어 입학정원 기준으로 사회복지 전공은 한국 대학의 인문·사회계열에서 가장 큰 전공 분야의 하나로 성장했다.

3. 전문직으로서의 사회복지

사회복지의 특성 중 하나는 전문직으로 존재한다는 것이다. 의학은 의사, 법학은 변호사, 약학은 약사, 간호학은 간호사와 같이 사회복지학은 사회복지를 전문적으로 수행하는 사회복지사를 배출한다.

1) 전문직의 개념

특정 직업이 전문직으로 널리 인정받는 현상을 설명하는 이론은 '속성론' '과정론' '권력론' 등 세 가지로 정리된다(김태성 외, 1998).

(1) 속성론

어떤 직업이 전문직(profession)인지를 판단하는 기준 가운데 가장 많이 알려진 것은 그 직업이 통상적 직업과 구분되는 일정한 속성을 지니고 있느냐는 점이다. 전문직이 가진 속성은 여러 가지가 있지만, 가장 많이 인용되는 것은 다음의 다섯 가지 속성이다(Greenwood, 1957: 김태성 외, 1998에서 재인용).

첫째, 전문직이 되기 위해서는 전문직이 수행하는 기술의 바탕이 되는 체계적인 이론을 갖추어야 한다. 그리고 이러한 체계적 이론을 갖추기 위한 훈련은 비교적 장기간의 공식적 학교교육을 통해서만 가능하다고 본다.

둘째, 전문적 권위가 있어야 한다. 전문직에 의한 서비스의 대상은 흔히 클라이언트라 하고, 비전문직의 대상은 흔히 소비자(customer)라 한다. 양자 간의 중요한 차이는, 전자의 경우 클라이언트에 대한 서비스의 내용과 양을 전문가가 결정하는 반면, 후자의 경우는 소비자(고객)가 스스로 결정하는 데 있다. 전문직과 비전문직의 차이는 서비스 공급의 결정이 전문적 권위에 의하여 이루어지느냐 아니냐에 있다.

셋째, 전문직은 공동체로부터 일정한 권한과 특권(sanction of community)을 인정받는다는 것이다. 이러한 권한과 특권 중에 가장 중요한 것은 전문직 인력에 대한 독점적 통제권을 인정받는다는 점이다. 예를 들면, 특정 전문가협회에 해당 전문가를 배출할 자격이 있는 학교를 결정하는 권한이나 일정한 자격시험을 관장하는 권한을 주는 것 등이다. 전문직에 주어지는 또 하나의 사회적 권한은 국가로부터 일정한 규제, 특히 면허제도에 따르지 않고 전문직의 업무를 수행했을 때는 형사처벌을 받게 하는 것이다.

넷째, 전문직은 전문직 자체의 윤리강령을 가지고 있다는 점이다. 전문직의 특권 남용의 위험을 막기 위하여 전문직은 자체 규범체계를 갖고 있는데, 이것이 전문직의 윤리강령(code of ethics)이다. 윤리강령을 어기는 전문가는 전문가단체로부터 전문직의 지위를 박탈당하게 된다.

다섯째, 전문직에는 고유의 전문직 문화가 존재한다는 점이다. 전문직에는 다른 전문직과 구별될 수 있는 고유한 가치, 규범, 상징들이 존재한다. 또한 전문직이 하는 일을 일종의 소명으로 보며, 그 자체가 수단이 아니고 목적이 되어야 함을 강조한다.

그러나 이와 같은 속성론(trait model)은 너무 이상적 형태의 전문직에 초점을 맞춤으로써 지나치게 전문직과 비전문직을 나누기에, 이분법적이라 비판받는다.

(2) 과정론

속성론의 한계를 극복하기 위하여 나온 것이 이른바 '과정론(process model)'이다. 이 관점에 따르면, 어떤 직업들의 전문직 여부는 이분법적으로 볼 것이 아니라 전문성 정도의 연속성 상태에서 판단해야 한다. 예를 들어, 전문화가 많이 진행된 직업 또는 적게 진행된 직업으로 직업들을 분류할 수 있다는 것이다. 기본적으로 이 관점은 직업의 생성 역사에 초점을 맞추었다는 특징을 갖고 있다. 특정 직업이 특정 시점에서 어떤 단계에 도달하였는가를 기준으로 전문직화의 정도를 판단하는 것이다.

과정론의 관점들은 다양하게 나타나는데, 가장 널리 알려진 것이 윌렌스키(Wilensky)의 주장이다. 그에 의하면 어떤 직업이 전문직화하는 과정에는 다음의 여덟 단계가 필요하다고 한다. 첫 번째 단계에서는 그 직업을 수행하는 데 유급의 전일제 활동이 필요하게 된다. 두 번째 단계에서는 그 직업을 수행하기 위해서 대학에서 전문교육을 받아야 한다. 세 번째 단계에서는 그 직업의 전문적 조직체(협회, 연합회 등)가 만들어진다. 네 번째 단계에서는 그 직업에서 수행하는 고유하고 핵심적인 임무가 명확히 드러난다. 다섯 번째 단계에서는 과거에 그 직업을 시작한 사람들과 최근에 새로운 교육을 받거나 자격증을 딴 사람들 사이에 갈등이 나타난다. 여섯 번째는 그 직업과 유사한 근처의 직업들 사이에 갈등이 첨예해진다. 일곱 번째는 그 직업에 대한 법적 보호장치(면허, 등록, 자격제도 등)를 만든다. 마지막으로 그 직업의 윤리강령이 제정된다(Wilensky, 1964: 김태성 외, 1998에서 재인용).

(3) 권력론

지금까지의 두 가지 관점에서는 그것이 속성을 따르든 과정을 따르든 간에 전문직에 대한 객관적 기준을 가지고 있다는 공통점이 있다. 그러나 권력론(power

model)에서는 전문직에 대한 일정한 사전 기준이 존재하지 않는다고 본다. 대신, 어떤 직업이든 특정 영역에서 특정한 일을 하는 것에 대해 독점적 지위를 부여받으면 전문직이 된다는 것이다(Wenocur & Reisch, 1989). 이 관점에 의하면 전문직화는 전문직이 되고자 하는 직업과 사회와의 상호관계에서 결정된다는 것이다. 그 경위를 보면, 먼저 사회가 복잡해질수록 사회에서 필요로 하는 일이 복잡해진다. 따라서 어떤 영역에서는 점차 전문직이 필요하게 된다는 주장이다. 전문직 등장의 초기 단계에서 많은 직업이 해당 영역의 독점권을 둘러싸고 치열한 권력투쟁(power struggle)을 하게 된다. 이어서 권력투쟁의 최종 승자가 그 영역을 독점하게 되어 전문직이 된다는 것이다.

이와 같이 권력론은 전문직 결정의 요소를 독점권을 배당받는 정치적 권력투쟁에서 찾는다. 그 결과, 전문직화의 결과를 설명함에 있어서는 앞선 두 관점이 보지 못한 측면을 부각시켰다는 장점이 있다. 그러나 특정 직업의 전문직화 가능성을 예측하기 어려운 약점도 지니고 있다.

2) 사회복지사 자격증 제도

한국의 사회복지사 자격제도는 1970년 '사회복지사업종사자' 자격 규정으로 시작되었고, 1983년에 현행 '사회복지사 1, 2, 3급' 자격증 제도로 변경되었다. 이후 사회복지사 자격제도는 사회복지학과 졸업자 자격 중심으로 운영되다가, 1997년 사회복지교과목 이수 중심으로 자격증 제도의 골격이 변화되었다. 2003년부터는 사회복지사 1급은 국가시험 체제로 개편되어 현재에 이르고 있다.

1990년대 말 대학교육정책의 변화와 평생교육정책의 활성화로 사회복지교육 프로그램의 수는 급속히 증가하였다. 사회복지교육 공급의 확대는 사회복지사 자격증 수의 급속한 증가로 이어지고 있다. 사회복지사 국가자격증 제도를 통해 배출된 사회복지사는 2022년 현재 약 130만 명에 이르고 있다. 최근 사회복지사 자격증 수의 급속한 증가는, 특히 국가시험 없이 교과목 이수만으로 자격증을 교부받을 수 있는 2급 자격증의 증가에 기인한다. 현재 사회복지사 자격 취득자 중에 2급 자격

중이 차지하는 비율이 약 85%에 이르고 있다.

사회복지사 자격 취득자의 급증은 사회복지사 노동시장의 수요와 공급의 불균형 문제를 초래하고 있다. 현재 사회복지사 노동시장은 수요 대비 공급 초과 상태에 놓여 있다. 사회복지사 노동시장에서의 극심한 공급 초과 문제는 전문직 국가 자격제도로서의 사회복지사 자격증의 위상에 대한 위기로 연결되고 있으며 사회복지사 처우개선의 궁극적인 걸림돌로 작용하고 있다. 사회복지교육 프로그램 수와 사회복지사 자격증의 급증은 교과목 이수만으로 취득할 수 있는 2급에 대한 자질 논란을 불러일으키고 있으며, 일부 사회복지사 교육과정의 부실화 문제로 대두되고 있다.

3) 사회복지사의 활동영역

「사회복지사업법 시행령」에서는 ① 사회복지 프로그램의 개발 및 운영 업무, ② 시설거주자의 생활지도 업무, ③ 사회복지를 필요로 하는 자에 대한 상담업무 등을 수행하는 자를 사회복지사로 채용하도록 하며, 사회복지전담공무원도 두도록 규정되어 있다.

공적 사회복지 영역으로는 시 · 군 · 구 및 읍 · 면 · 동과 같은 지방자치단체에 소속하여 주로 공공부조 관련 업무를 담당하는 사회복지전담공무원이 대종을 이룬다. 사회복지전담공무원의 정원은 지속적으로 늘고 있으나 아직 하는 일에 비해 인력이 부족한 실정이다. 이 외에도 아동복지지도원, 노인복지지도원, 장애복지상담원, 보육지도원, 여성복지상담원, 보훈복지사, 군 전문상담원 등의 다양한 명칭이 공적 부문에서 사용되고 있지만 그 숫자는 많지 않다.

민간 사회복지 영역에 종사하는 사회복지사의 다수는 사회복지관과 사회복지시설에서 종사한다. 그러나 소수의 사람들은 5대 사회보험(산재보험, 건강보험, 국민연금, 고용보험, 노인장기요양보험) 업무를 담당하고 있는 관련 공단에서 활동하고 있다. 민간영역에서 일하는 사회복지사들은 지신의 전공을 더욱더 특성화하는 경향이 있다. 예컨대, 정신보건 사회복지사, 의료 사회복지사, 학교 사회복지사 등 전문분야 사회복지사 자격증 제도의 도입이다.

이 외에도 사회복지 전공자들이 자신의 전공을 살릴 수 있는 활동 분야로서 대학교나 연구기관 또는 행정기관이 있으며, 최근에는 대기업들의 각종 사회공헌 활동이 증가함에 따라 기업의 사회복지 관련 전담부서에 채용되는 사람들이 늘어나고 있다.

요약

사회복지는 사회적 위험으로부터 사회구성원을 보호하기 위해 탄생했다. 사회복지는 사회문제의 예방과 해결을 통해 개인과 사회 전체의 안녕을 증진하려는 모든 형태의 사회적 노력으로 정의할 수 있다. 사회문제를 정의하는 방식은 크게 기능주의적 접근과 구성주의적 접근으로 나누어 볼 수 있다. 구성주의적 접근의 장점은 어떤 문제가 사회문제로 대두되는 역동적인 과정을 설명할 수 있다는 것이다. 제도적 관점에서 사회복지는 다양한 유형으로 구분해 그 개념을 파악할 수 있다. 대표적인 구분법은 잔여적 기능과 제도적 기능, 선별적 복지와 보편적 복지를 들 수 있다. 사회복지는 자본주의에서 파생하는 문제 현상들에 대해 적극적으로 대응함으로써 자본주의가 지속 가능할 수 있도록 하는 역할을 하며 발전해 왔다. 사회복지와 유사한 개념들로는 사회사업, 사회개발, 사회보장, 사회서비스, 사회복지서비스, 사회안전망 등을 들 수 있다. 사회복지는 응용 사회과학의 한 분야로 실천성을 중시한다. 사회복지학은 각 국가의 사회경제적 여건, 제도적 유산, 정치체제 등의 환경에 영향을 받으며 발전해 왔다. 최근 한국에서 사회복지학은 양적 · 질적으로 급속하게 확대되고 있다. 사회복지의 특성 중 하나는 전문직으로 존재한다는 것이다. 특정 직업이 전문직으로 널리 인정받는 현상을 설명하는 이론은 '속성론' '과정론' '권력론' 등을 들 수 있다. 한국의 사회복지사 자격제도는 1970년에 시작되었는데, 2022년 현재 사회복지사 국가자격증 제도를 통해 배출된 사회복지사는 약 130만 명에 이르고 있다.

참고문헌

김상균, 최일섭, 최성재, 조흥식, 김혜란, 이봉주, 구인회, 강상경, 안상훈(2011). **사회복지개론.** 나남.

김영종(2019). **한국의 사회서비스: 정책 및 실천.** 학지사.

김태성, 최일섭, 조흥식, 윤현숙, 김혜란(1998). **사회복지 전문직과 교육제도.** 소화.

서울대학교 40년사 편찬위원회(1986). **서울대학교 40년사.** 서울대학교.

안상훈(2013). 지속 가능한 공정 복지의 원칙. 국제전략연구원 정책토론회(2013. 3. 20.) 자료.

이혜경(1996). 한국사회복지학의 정체성. **연세사회복지연구, 3,** 41-57.

조동성(2012). 자본주의 5.0 시대의 경제민주화. **전문경영인연구, 15**(3), 23-47.

조흥식(2008). **인간생활과 사회복지.** 학지사.

조흥식, 오승환, 박현선, 공계순, 신영화, 우국희, 성정현, 오세란, 이상균, 황숙연, 이용표, 유채영, 김혜련, 조성희, 이현주, 김용득(2000). **사회복지실천 분야론.** 학지사.

한국사회복지교육협의회(2022). 사회복지교육체계의 실태분석 및 교육과정 연구.

홍선미(2011). 사회복지실천의 가치지향 분석: 미국의 사회복지역사를 중심으로. **상황과 복지, 31,** 193-223.

Austin, D. (1983). The Flexner myth and the history of social work. *Social Service Review, 57,* 357-77.

Blumer, H. (1971). Social Problems as Collective Behavior. *Social Problems, 18*(3), 298-306.

Gilbert, N., & Terrell, P. (2002). *Dimensions of social welfare policy.* Allyn and Bacon.

Greenwood, E. (1957). Attributes of a profession. *Social Work, 2,* 45-55.

Specht, H., & Courtney, M. (1994). *Unfaithful angels: how social work has abandoned its mission.* The Free Press.

Spector, M., & Kitsuse, J. (1987). *Constructing Social Problems.* Aldine de Gruyter.

Stone, D. (1989). Causal Stories and the Formation of Policy Agendas. *Political Science Quarterly, 104*(2), 281-300.

Wenocur, S., & Reisch, M. (1989). *From charity to enterprise: the Development of American social Work in a market economy.* University of Illinois Press.

Wilensky, H. L. (1964). Professionalization of everyone?. *American Journal of Sociology, 70*(2), 137–158.

Wilensky, H. L., & Lebeaux, C. N. (1965). *Industrial society and social welfare.* The Free Press.

국립국어원 표준국어대사전, 사회복지.

제2장

사회복지의 동기와 가치

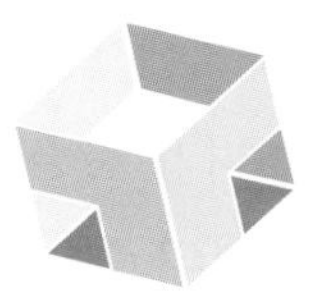

인간행위는 여러 가지 동기가 마치 연쇄사슬처럼 전후로 상호 연관되어 있기 때문에 어느 지점에서 동기를 파악하느냐에 따라 그 결과는 달라질 수 있다. 뿐만 아니라 특정 지점에서 출발했다 하더라도 얼마나 깊이 상호 연관성을 추구해 들어가느냐에 따라 다른 진술이 나올 수 있다.

일반적으로 사회복지는 인간의 욕구충족을 지원하려는 동기로부터 발전하였다. 그러나 인간의 욕구와 욕구에 대한 사회인식이 변화하기 때문에 사회복지의 동기 역시 다양하게 변화했다. 마카로프(Macarov, 1995)는 사회복지의 다양한 동기를 상부상조, 종교적 교리, 정치적 배려, 경제적 이득, 이데올로기 명분으로 구분한 후, 오늘날의 사회복지제도는 이런 여러 동기들이 복합적으로 작용한 결과라고 설명하였다. 이 밖에도 사회복지의 동기로서 반사회적 행동의 예방, 공리주의적 동기, 전문직업적 동기 등이 제시되고 있다.[1]

1) 학자에 따라 사회복지의 동기를 종교적(religious), 인도주의적(humanitarian), 반사회적(antisocial), 공리주의적(utilitarian), 전문직업적(professional) 동기로 구분하기도 한다(현외성 외, 2011).

한편, 사회복지학은 사회과학의 다른 학문 분야에 비해 가치(values)의 문제와 밀접하게 연관된다. 그만큼 특정의 가치 자체를 중요하게 다룬다는 뜻이다. 리머(Reamer, 1995)에 의하면, 미국 사회사업학의 경우, 특히 1940년대 후반부터 1970년대 중반까지 가치에 대한 관심이 고조되었다. 그 결과는 사회복지사 윤리강령(code of ethics)의 채택으로 이어졌다.

한국에서 사회복지사 윤리강령은 1982년에 제정된 이후 여러 차례 개정되어 오늘에 이르렀는데, 이는 가치의 중요성을 반영할 뿐 아니라 민주주의의 발전과 연관된다. 1987년의 '6월 항쟁' 이후 우리 사회에서는 장기간 방치되었던 인권침해, 차별, 불평등 문제의 시정을 요구하는 목소리가 분출되었다. 그 결과, 개인의 자유, 사회정의, 시민권과 같은 단어들이 사회개혁의 주요 발전 지표로 자리를 잡았을 뿐 아니라, 발전에 따른 사회복지 전문가들의 역할이 증대될수록 윤리 또는 이념과 관련된 이슈들이 강조되었다. 그러한 세태는 사회복지사 자격증 취득을 위한 시험과목에도 반영되었다. 1999년에 개정된 「사회복지사업법 시행령」에서 '사회복지윤리와 철학'이란 과목이 선택과목의 하나로 포함된 것이다.

이 장에서는 우선 여러 학자의 견해를 참고하여, 가장 보편적이고 기본적인 동기들을 발췌해서 차례로 살펴본 후, 사회복지실천윤리와 사회복지정책 이념을 소개한다.

1. 사회복지의 동기

사회복지의 주요 동기로 측은지심, 상부상조, 종교적 의무, 정치적 배려, 경제적 이득, 이데올로기 명분, 전문직업적 동기 등을 들 수 있다. 다음에서는 각각의 동기에 대해 살펴본다.

1) 측은지심

맹자(孟子)는 사람이 태어날 때 다른 사람을 불쌍히 여기는 측은지심(惻隱之心)을 가지고 태어난다고 주장했다. 측은지심은 맹자가 인간의 본성을 네 가지로 요약한 4단(측은지심, 수오지심, 사양지심, 시비지심) 중 하나인데, 성선설의 주창자답게 그는 인간 본성의 사회적 실현 욕구를 강조했다. 측은지심의 유사어로는 동정심이 있으며, 역지사지(易地思之)나 이심전심(以心傳心)은 측은지심과 연관성이 높은 말이다.

사회복지의 동기로서 측은지심이나 동정심은 성금 기탁자, 의연금 출연자, 기부자, 독지가, 자선사업가, 사회복지사, 자원봉사자 등으로 호칭되는 사람들에게서 비교적 쉽게 볼 수 있다. 인정 많기로 유명한 한국 민족은『심청전』에서 볼 수 있듯이 일찍부터 측은지심을 일상생활에서 실천했다. 그런 전통에 힘입어 오늘날에는 자동응답장치(ARS), 기부 키오스크 등의 모금방식을 개발하여 활용하고 있다.

측은지심의 동기가 갖는 최대 장점은 사회복지 행위자의 순수성과 자발성이다. 즉, 숨겨진 목적이 있거나 다른 사람에게 강요당함으로써 자선에 임한 것이 아니라 순전히 다른 사람의 고통을 안타깝게 느낀 나머지 그를 도와주게 되는 것이다. 이때 안타깝다는 생각만이 원조행위의 동기로 작용했다면, 그 행위는 도덕적으로 매우 높은 경지에 도달한 것으로 평가될 수 있다.

측은지심이 갖는 한계는 자선이나 기부행위를 보편화하지 않는다는 점이다. 이와 같은 자선행위의 희소성은 도움이 필요한 사람의 수가 많은 경우, 문제해결의 손길이 부족하다는 약점을 안고 있다. 예컨대, 대량실업 사태나 대규모의 천재지변이 발생했을 경우, 자선에 의존한 구호활동의 효과는 제한적일 수밖에 없다. 측은지심에 의해 행해지는 사회복지의 또 다른 약점은 설사 그런 행위가 나타나더라도 측은지심이 아닌 다른 동기에서 나올 수 있다는 비판이 제기된다는 것이다. 자원봉사자들의 주요 동기 가운데 하나는 다른 사람을 돕기 위한 측은지심으로 볼 수 있다. 하지만 자원봉사를 통해 사회 지위를 얻거나, 사회적으로 인정받거나, 혹은 자신에게 도움이 된다는 유용함을 생각하는 경우도 흔히 발생한다. 그래서 한국 중·고등학생 자원봉사가 상급학교 진학을 위한 수단으로 인식될 수 있다는 비판이 제기된다.

에이즈 환자를 돕는 미국 사람들의 자원봉사 이유에 대해 조사한 연구(Omoto & Snyder, 1995)에 의하면, 자원봉사자들은 상황에 대한 이해, 자부심 획득, 어려움에

의 도전을 통한 자기수양, 공동체에 대한 관심, 자신의 가치관 실천 등 다양한 동기로부터 봉사활동에 참여하는 것으로 나타났다. 더욱이 이 연구에서는 자기수양과 가치관 실천이라는 이기적 목적을 가진 사람이 이타적 목적을 가진 사람보다 오히려 자원봉사를 더 오랜 기간 지속하는 것으로 나타났다.

미국식 복지재단의 모델이라 할 수 있는 록펠러(Rockefeller) 재단의 역사를 보면, 측은지심의 또 다른 특징을 발견할 수 있다. 석유왕 록펠러(1839~1937)는 독점적 유전사업을 통해 갑부가 되었으나 사회적 평판이 좋지 않았다. 록펠러 2세는 가문의 명예를 회복하기 위한 목적으로 그의 부친이 사업 일선에서 물러난 1913년에 복지재단을 설립했다(조성표 외, 2003). 그러나 정작 록펠러 가문에 대한 미국민들의 인식이 호의적으로 바뀌는 데는 100년이란 긴 시간이 걸리게 되었다. 동기의 순수성과 자발성을 사회적으로 인정받는 데는 오랜 세월이 소요된다는 사실이 측은지심의 또 다른 특징임을 알 수 있다.

개인 차원의 비공식적 자선행위는 문자 그대로 자선(charity) 차원에서 끝난다. 이것이 사회복지의 차원으로 한 단계 올라서려면 집단 차원의 공식적 원조행위와 연결되어야 한다. 따라서 지하철의 걸인에게 돈을 주면 자선으로 끝나지만, 그 돈을 사회복지공동모금회와 같은 공식적 복지기관에 기부하면 사회복지 행위가 된다.

측은지심에서 우러나온 원조행위는 자선이란 단어의 의미에서 볼 수 있듯이, 주는 자의 일방적 행동에 가깝다. 그 결과, 주는 자는 우월감을, 받는 자는 수치심을 갖게 될 가능성이 크다. 결국 다른 형태의 원조행위와 비교하면, 단순 차원의 자선은 순수성과 자발성에서 상대적 우위를 점하고 있지만, 효과성 측면에서는 떨어진다는 특징을 보인다.

2) 상부상조

인간사회에는 일방적 원조행위 외에도 주는 자와 받는 자가 쌍방향의 원조행위를 하는 경우가 많다. 이를 두고 우리는 서로가 서로를 돕는 상부상조 또는 상호부조(mutual aid)의 형태라고 부른다. 일찍이 크로포트킨(Kropotkin, 2017)은 만물은

서로 돕는다고 주장하였고, 다윈(Darwin)이나 스펜서(Spencer)의 적자생존설은 인간 본성의 한 측면만을 편향적으로 강조했다고 비판하였다.

사실 상부상조는 사회적으로 가장 오래되고 보편적인 사회복지의 동기이다. 삼국시대에 이미 존재했던 것으로 알려진 두레나 계와 같은 조직은 전형적인 상부상조의 목적을 띠고 있었다. 서양의 경우에는 길드(guilds), 우애조합(friendly societies), 노동조합(trade unions) 등이 일찍부터 상부상조의 기능을 수행하였다. 상부상조의 전통은 오늘날에도 가족, 이웃, 노동조합, 공동체(community), 다양한 사회복지제도 등을 통해 여전히 중요한 사회복지의 동기로 작용한다. 인간은 예나 지금이나 상호부조를 통해 경제적 지원뿐 아니라 정서적 지지, 사회관계, 정보, 활동 등의 자원을 가족, 이웃 등과 공유하고 있다.

한국은 물론이고 대부분의 국가에서 사회정책은 가족의 상부상조 기능을 지원하는 목적을 나타낸다(Macarov, 1995). 구체적으로, 가족이 강한 구조를 유지함으로써 가족의 기능을 수행하도록 지원한다. 또한 가족의 건강한 성장과 생활환경을 지원함으로써 성원들의 정신적 문제와 대인관계 문제를 최소화하려 하며, 가족성원들의 상호부조를 증가시켜 사회복지 비용과 활동을 줄이고자 한다. 이에 따라 많은 국가는 가족을 강화하기 위한 제도로서 가족수당 혹은 아동수당,[2] 부양가족에 대한 세금공제, 가족지원 프로그램과 서비스 등을 발전시켰다.

가족 외의 상호부조 조직으로는 비공식 부문에서 동창회, 향우회, 문중, 친밀한 사람들끼리 운영하는 계모임 등이 여전히 잔존하고 있다(홍경준, 1999). 공식 부문에서는 새마을운동단체, 자활공동체, 노동조합, 자원봉사자 조직, 자조집단 등을 들 수 있다. 새마을운동은 사업규모와 정책의지, 열기의 측면에서 한국 역사상 최대의 지역사회복지 운동이었다는 평가를 받을 정도로 1970년대와 1980년대에 활성화된 적이 있다(최일섭, 이현주, 2006). 자활공동체는 「국민기초생활보장법」(1999에 제정)에 근거하며 구성원의 3분의 1 이상이 국민기초생활보장수급자로 조성되는 인

2) 부모의 소득에 상관없이 자녀양육비의 일부를 국가가 지급하는 가족에 대한 소득지원제도로 프랑스, 영국, 독일 등의 유럽 국가들이 시행하고 있다.

위적 집단이다. 동법 제18조에 의하면, 수급자 또는 이와 생활수준이 유사한 자는 상호 협력하여 자활공동체를 설립하고 운영할 수 있다. 자활공동체의 설립은 수급자의 자체 노력이나 지역자활센터를 통해 이루어지는데, 지역자활센터는 사회복지법인 등 비영리 법인과 단체 또는 개인이 신청하고 보건복지부가 지정하고 관리한다.

상부상조에 의한 공동체 활동과 관련하여 드러커(Drucker, 2000)는 현대사회에서 전통적 농촌사회의 유기적 공동체는 더 이상 가능하지 않으며, 오늘날의 과제는 대안적 도시공동체를 창조하는 것이라고 주장하였다. 그는 정부도 기업도 아닌 제3섹터로서 비영리 사회조직이 현대인에게 필요한 공동체를 창출할 수 있다고 강조하였다. 또한 그는 현대인은 공동체 활동을 통해 개인이 주도권을 잡고 무엇인가를 행할 수 있는 터전과 남다른 성과를 발휘할 수 있는 터전을 제공받을 수 있다는 점과, 자유로운 활동과 자원봉사를 통해 성취감과 공헌의 기회 및 중요한 사람으로 대우받을 기회를 제공받을 수 있다는 점을 강조하였다.

3) 종교적 의무

종교는 절대적 신념체계를 가지며 특정의 가치와 규범을 정당화하고 사회구성원들 사이에 공통의 집단의식을 형성시킨다. 종교는 사회질서의 유지와 사회통합이라는 사회기능을 수행하는 것으로 알려져 있다.

대한민국은 종교에 관한 한 세계적으로 그 유례를 찾기 힘들 정도로 다(多)종교 사회의 특성을 지녔다(김종서, 2010). 유교, 불교 그리고 기독교가 공존하며 국교가 따로 정해져 있지 않다. 다종교 사회 상황은 절대기준이 여러 개 존재한다는 것을 의미함과 동시에 가치관 혼돈이 야기될 가능성을 제기한다. 그럼에도 대부분의 종교가 교리로서 어려움에 처한 사람들에 대한 사회책임을 공통적으로 강조한다. 유교의 인(仁), 불교의 자비(慈悲), 기독교의 사랑은 종교가 자선, 인도주의(humanitarianism) 그리고 이타주의(altruism) 교리를 포함하고 있음을 보여 준다.

칸트(Kant) 윤리학에 따르면, 의무는 도덕률 중에 으뜸이다. 즉, 최고 수준의 양심은 의무를 따르는 것이며, 선한 행동의 원인이 의무가 될 때 그 행동은 가장 도덕적이라는 것이다(백종현, 2003). 그러한 맥락에서 보면, 종교인들에게 종교적 의무는 도덕적 의무로 다가오는 것이다. 그리하여 많은 종교인은 도덕적 의무를 이행하기 위해 개별적으로 혹은 자선 조직이나 기관을 통해 자신의 시간과 금전을 헌신한다.

『논어』에서 인(仁)에 관해 말하는 구절은 150군데가 넘을 정도로 인은 『논어』의 가장 주된 가르침이다. 송복(2003)은 인의 개념을 너른 사랑(凡愛衆), 사람을 통한 사랑(斯人主義), 닦는 사랑(修己愛人)으로 요약하였다. 유교의 종교적 의무를 구체화한 대표적인 학자는 맹자이다. 그는 유교의 인 관념에 따라 사회가 공동으로 보살펴야 할 사람들을 구체적으로 언급하였다. 즉, "환과고독(鰥寡孤獨) 4자(者)는 천하의 궁한 백성으로서 호소할 곳이 없는 자이기 때문에, 문왕이 정치를 행함에 있어 이 넷에게 인을 베푸는 일부터 했다."(孟子, "梁惠王章句 下"; 유병용 외, 2002: 53에서 재인용)라고 하면서 정치인이 인을 실천하는 모범을 예시하였다. 이와 같이 유교의 교리는 민본주의와 민생안정에 기반을 둔 왕도정치, 즉 도덕정치의 이상으로 자리 잡게 되었다.

불교는 인간 구제의 종교로서 인간을 행복하게 하고 사회를 평안하게 하고자 하므로 불교에서 중생제도를 근간으로 하는 서원 활동을 중요시하지 않을 수 없다. 이와 같은 불교의 세속적 활동에 기본이 되는 사상은 자비, 보시, 복전, 보은, 생명존중의 다섯 가지로 요약된다(이혜숙 편, 2003).

기독교의 근본 정신인 이웃사랑은 사회봉사의 실천을 일상생활화하는 의미를 지니고 있다. 『구약성경』에 나타난 가장 가련하고 불쌍한 사람은 고아와 과부였으며, 하나님은 이들을 해롭게 하지 말라고 명령하였다(출애굽기, 22:22~23). 또한 십일조를 거론하는 대목에서는 십일조가 복지 사상의 근본임을 천명하였다(신명기, 14:22~29: 최무열, 2004에서 재인용). 『신약성경』에도 이웃의 고통을 돌보지 않으면 헛된 믿음(야고보서, 2:14~26)이라고 하면서 가난의 문제를 성도들이 살피고 구제해야 함을 강조하였다(디모데전서, 6:18: 손병덕, 2005에서 재인용).

종교의 자선활동은 대부분 기관 혹은 조직을 통해 제도화되었다. 가톨릭의 경우, 1854년에 '영애회'라는 아동 위탁사업을 실시하였고, 그 이듬해에는 '천주교 고아원'을 설립하였다. 이어 1950년대에는 나환우 사업과 농촌개발사업을, 1970년대에는 도시근로자를 위한 사회운동을 전개하였다. 1980년대에는 장애인복지와 노인복지, 미혼모복지와 모자복지를 전개하였으며, 1990년대에는 요보호대상자들의 자립재활사업에 주력하였다(손병덕, 2005). 2020년 말 현재 전국 천주교 사회복지시설은 장애인복지시설 345개소, 아동 · 청소년복지시설 286개소, 노인복지시설 267개소, 지역복지시설 97개소, 여성복지시설 71개소, 노숙인복지시설 49개소 등을 포함하여 거의 1,300개소에 이른다(한국천주교 주교회의, 2021).

개신교는 1885년 선교사 앨런(Allen)을 통해 최초의 근대식 병원인 광혜원을 설립하였고, 1905년에는 평양 맹아학교를 세웠다. 이어 근대교육을 위해 경신, 배재, 이화, 광성, 숭덕, 정의, 숭실을 설립하였다(유장춘, 2004: 손병덕, 2005에서 재인용). 이후 1960년대에 들어오면서 개신교의 사회복지는 교회별로 법인 형태의 민간조직으로 변형되었다. 현재 개신교는 노회와 개별 교회에서 운영하는 법인, 해외와 연결된 법인, 개신교인들로 구성된 법인, 개신교 기업에서 운영하는 법인 등 다양한 복지재단들이 있어 전체적인 통계나 구조를 파악하기 어렵다(이준우, 2012). 그럼에도 불구하고 사회복지법인이나 단체의 수는 개신교가 다른 종교에 앞서는 것으로 나타나고 있다(문화체육관광부, 2018).

불교는 승가대학과 포교사들에게 사회복지 교육을 실시하는 등 종단적 노력을 기울이고 있다. 대한불교조계종, 대한불교천태종, 대한불교진각종 산하 사회복지시설은 수적으로 빠르게 증가하고 있으며 다양성 측면에서도 점차 넓혀 가고 있다(윤용복, 2020). 아동 · 청소년복지와 노인복지가 중심을 이루었던 복지사업은 현재 지역사회복지, 장애인복지, 다문화가족복지 등으로 영역을 확장해 가고 있다.

서구 기독교의 역사를 보면, 자선활동이 제도화됨에 따라 자선의 방법과 양, 수혜자의 적격여부(eligibility) 등의 개념이 형성되었다. 예를 들어, '고아나 과부, 부랑인은 원조를 받을 자격이 있는 반면, 위선자나 게으른 사람은 자격이 없다는 것과 자격이 없는 사람을 도와주는 것은 자격이 있는 사람들에게 불이익을 주는 것'이라는 등의 기준이 형성되었다(Constantelos, 1968).

오늘날 지구촌의 각종 종교단체는 종교활동의 일환으로 비영리 혹은 시민 활동에 적극적으로 관여하고 있다. 미국에서 흑인교회의 인권활동, 가톨릭교회의 산아제한과 낙태 반대운동이 이에 해당하며, 브라질, 가나, 인도에서는 많은 종교단체가 영세 농부들에 대한 사회복지서비스를 제공하는 역할을 수행하고 있다(강상욱, 2001). 한국에서도 많은 종교단체가 사회복지법인을 설립하고 다양한 계층에게 사회복지서비스를 활발히 제공하고 있다.

4) 정치적 배려

현대사회의 민주주의 정치체제에서 사회복지정책은 정치적 목적으로 활용된다. 서민들의 표심을 잡는 데는 사회복지 공약이 효과적이기 때문이다. 국가 혹은 정부는 첫째, 정치적 권력을 획득하거나 유지하기 위해, 둘째, 사회 불안을 회피하기 위해, 셋째, 정치적 부산물로서 사회복지제도에 영향을 미친다(Macarov, 1995). 다음에서는 각각의 정치적 목적에 대해 살펴본다.

첫째, 정치적 권력을 유지하기 위한 사회복지 동기의 대표적인 예로는 미국의 사회보장제도를 들 수 있다. 1930년대 대공황으로 대규모 실업과 이로 인한 사회경제적 문제가 발생하자 정부는 정치적 권력을 유지하기 위해 사회보장제도를 고안하였다. 또 다른 예로, 미국은 1996년의 복지개혁에서 빈곤층을 위한 소득보장 프로그램인 '부양아동가족원조(Aid to Families with Dependent Children: AFDC)'를 폐지한 반면, 객관적으로 볼 때 정부의 재정적자에 더 많은 부담이 되어 개혁 대상이 되어야 하는 노령연금은 그대로 유지하였다. 이는 AFDC 수급자들의 정치적 힘이 약한 반면, 노령연금 수급자들의 정치적 힘은 강하기 때문으로 이해할 수 있다(김태성, 2000). 독일의 경우, 비스마르크(Bismarck)는 사회보험을 주장한 야당의 사회민주주의가 노동자들에게 매력적으로 보이지 않기 위한 목적으로 사회보험제도를 세계 최초로 도입하였다.

사회복지의 동기를 정치적 배려 차원으로 이해할 수 있는 한국의 사례는 적지 않다. 군사정변으로 정권을 쟁탈한 박정희 대통령의 제3공화국은 정통성의 약점을 민심수습용 사회복지 입법을 통해 일부 만회하려고 노력했다. 이런 영향으로 1960년대 초기 사회복지의 대량 입법시대가 있었다. 예를 들면, 군사정변이 성공한 후 6개월이 지난 1961년 12월에 「생활보호법」과 「아동복리법」을 제정하였다. 그러나 「생활보호법 시행령」은 1969년에야 마련되었고 동법 시행규칙은 1984년에 만들어졌다. 이는 법을 서둘러 제정했지만 그것을 제대로 시행하려는 의지가 부족했음을 보여 주는 증거가 된다. 또한 「아동복리법」은 정부의 재정투입이 없고 졸속으로 입법되었다는 이유로 명분입법이란 오명을 남겼다(김근조, 1999).

민주주의 정치체제에서 사회복지의 정치적 동기는 노골적으로 드러나기도 한다. 자기 정당의 복지정책은 '민주주의 산물'이라고 말하면서 다른 정당의 복지정책은 대중 영합주의(populism)라고 폄하하는 경우가 흔하다. 다시 말해, 투표에서 자기에게 유리한 방향으로 사회복지를 이용하려는 움직임이 두드러지게 나타난다. 그 결과, 복지 경쟁을 부추기는 긍정적 효과도 있는 반면, 특정 정당에는 유리할지 모르지만 국민들에게 불리할 수 있는 사례가 나타나거나, 단기적으로는 국익에 도움이 되지만 장기적으로 해악을 끼치는 사례가 등장하기도 한다.

둘째, 사회 불안을 회피하기 위한 동기는 정치적 권력을 유지하기 위한 동기와 확연히 구분된다. 사회복지에 대한 국가의 책임을 처음으로 분명하게 명시한 영국의 빈민통제법(Poor Laws)의 주요 동기 가운데 하나는 간혹 강도들로 변하는 부랑걸인들의 위협을 줄이기 위한 것이었다. 다른 예로서, 미국의 1960년대 시민권운동에 참여한 사람들은 오히려 정치적 견지에서 볼 때 무력하고 조직화되지 못한 학생들, 반전주의자들, 게토의 거주자들로서 간혹 정치적 과정과 투표권을 거부하는 사람들이었다. 따라서 이들의 정치적 영향력을 고려하기보다는 이들의 활동이 사회안정을 위협할 수 있었기 때문에 이들의 주장을 받아들여 인종과 종교로 인한 사회적 차별을 제도적으로 방지하기 위한 법과 제도들을 정비한 것으로 볼 수 있다. 한국 현행 「건강보험법」의 전신인 1977년의 「의료보험법」의 입법과정을 분석한 연구(손준규, 1999)에서도 사회적 불안 해소론이 「의료보험법」 제정에 어느 정도 영향을 미친 것으로 분석하고 있다.

셋째, 사회복지는 의도적 의사결정에 의하기보다는 다른 정책의 부산물로서 개

발되기도 한다. 예를 들어, 1988년에 제정된 미국의 「가족지원법(Family Support Act)」은 복지수급자들이 공공복지에 대한 의존에서 벗어날 수 있도록 직업훈련을 받거나 취업하도록 규정하였다. 이런 규정은 공공부조가 국민 대다수에게 손해를 끼치고 소수의 사람만 이득을 본다는 사회인식을 정치적으로 반영한 것으로 이해할 수 있다. 하지만 이런 규정에 따른 부산물로서 보육프로그램이 확대되었으며 직업훈련을 지원하는 보조금이나 장학금 프로그램이 확립되었다.

사회복지가 다른 정책의 부산물로 개발되는 한국의 사례로서 「국민기초생활보장법」의 제정을 들 수 있다. 이 법은 기존의 「생활보호법」을 한 단계 현대화한 성과를 기록했지만, 정부가 처음부터 그러한 목적을 가지고 접근한 것은 아니었다. 1997년 말에 발생한 외환위기의 결과, 별다른 실업대책을 가지고 있지 않던 당시의 정부로서는 우선적으로 실업자에 대한 응급구호를 위한 실업부조(unemployment assistance) 제도를 고려하였다. 그러나 실업부조의 금액이 기존의 생활보호 수준보다 급격하게 인상되는 상황이 발생하게 되자 생활보호제도의 개혁이 불가피해졌다. 결국 실업자가 야기할 수 있는 사회적 불안문제를 해결하려는 정치적 의도가 근로능력이 없는 생활보호대상자의 처우개선으로 옮겨졌던 것이다.

5) 경제적 이득

경제적 동기와 정치적 동기는 간혹 서로 맞물린다. 미국 대공황기에 나타난 사회복지제도의 주요 변화는 권력을 유지하려는 정치적 동기뿐 아니라, 대공황으로 인한 실업문제를 해결하기 위한 경제적 동기도 중요하게 작용하였다. 사회복지의 정치적 동기와 경제적 동기는 둘 다 감춰지기도 하지만, 정치적 동기에 비해 경제적 동기가 사회적으로 인정받기 쉬운 경향을 보인다.

국가 혹은 정부가 경제적인 이유를 우선적으로 고려하면서 사회복지제도를 시행하면, 그것의 사회복지제도에 미치는 효과는 긍정적일 수도 있고 부정적일 수도 있다. 경제적 이익을 염두에 둔 동기가 사회복지와 연계되면서 사회복지제도의 발전에 부정적 효과를 초래하는 경우, 흔히 인용되는 동기는 세 가지로 요약된다. 첫째, 희소한 자원을 사회복지에 사용하면 자원의 효율성이 떨어진다는 논리가 배후에 작용한다. 둘째, 사회복지제도는 나태와 기만과 같은 인간의 도덕적 해이(moral hazards)를 조장한다는 주장에 근거한다. 셋째, 남을 돕기 위한 이타적 동기의 자선사업은 좋은 상품을 만들어 더 많은 이윤을 내려는 이기적 동기의 기업활동과 상생, 공존할 수 없다는 신념으로부터 나온다.

한국에서 경제개발 5개년 계획이 시작된 1962년 이후 45여 년간 도입된 주요 사회안전망의 실시 당위성이 '안보 논리' '정치적 정당성 논리' 그리고 '간접적 경제성장론'에 기반을 두었다는 분석이 제기되었다(김광억, 황익주 편, 2006). 이와 같은 분석은 한국 사회복지제도의 실시 동기를 정치적 배려 또는 경제적 이익으로 설명하는 방법의 타당성을 높여 준다. 즉, 경제성장을 위해 사회복지는 되도록 억제하거나 연기해야 하며, 불가피하다면 정부 재정을 최소화하는 범위 내로 한정해야 한다는 주장이 지지를 받는다는 뜻이다.

정부가 사회복지를 통해 경제적 이익을 도모하려고 시도한 예도 있다. 현행 「국민연금법」의 전신이라 할 수 있는 1973년의 「국민복지연금법」은 입법화 이후 시행을 15년 연기하여 1988년부터 실시되었다. 「국민복지연금법」 제정의 숨은 의도가 중화학공업 육성에 필요한 국내 자금의 조달이었으며, 법 제정의 목적이 노후복지보다는 경제성장에 더 큰 비중을 두고 있었다는 주장이 지지를 받고 있다(전남진, 1987).

사회복지제도가 갖는 경제적 이득과 관련된 동기는 세 가지로 세분화할 수 있다. 첫째, 사회문제를 경감 또는 해결하는 데 드는 비용을 줄이거나 비용의 효율성을 높이려는 동기가 작용한다. 둘째, 사회문제가 경제에 미치는 부정적 결과를 감소하려는 동기가 있다. 셋째, 경제적 이득의 부산물로 사회복지제도 발전에 기여할 수 있다는 기대가 작용한다(Macarov, 1995).

다음에서는 각각의 동기를 자세히 살펴본다.

첫째, 국가 혹은 정부는 사회복지 프로그램을 통해 사회문제를 경감하거나 제거함으로써 사회비용을 줄일 수 있다. 예를 들어, 실업자의 직업훈련에 투자함으로써 공공복지에의 의존을 줄인다거나, 상담서비스를 통해 가족갈등을 줄이고 가족해

체를 미연에 방지함으로써 가족해체에 따른 사회비용을 경감할 수 있다.

2000년부터 시행된 국민기초생활보장제도는 앞에서 언급한 정치적 동기 외에도 경제위기로 인한 사회문제의 비용을 경감시키기 위해 발전한 제도라 할 수 있다. 1997년 말 경제위기 이후 저성장 · 고실업의 경제구조가 장기화되면서 실업가구를 포함한 저소득층의 생계유지 문제가 심각한 수준에 이르게 되었고, 저소득층의 기초생계가 유지되도록 기존의 사회복지제도를 개혁할 필요성이 제기되었다(문진영, 1999; 이인재 외, 2010). 이에 따라 기존의 빈민통제법적 성격인 생활보호제도를 폐지하고 모든 저소득층에게 최저생계를 보장하기 위한 국민기초생활보장제도로 전환하게 되었다.

둘째, 사회문제가 경제에 미치는 부정적 결과를 감소하려는 동기와 관련하여 사람들의 생산적 고용을 증진하기 위한 목적으로 사회복지 프로그램을 고안하게 되었다. 이런 경우 사회복지는 투자로 이해되며 생산성의 향상으로 정당화된다.

사회문제는 소비 측면에서도 부정적이다. 미국의 대공황이 과잉생산의 결과라는 주장이 있듯이, 생산물을 소비하지 못하거나 잉여생산물을 수출하지 못하는 사회는 고통을 겪게 된다. 따라서 빈곤문제로 인해 많은 사람들의 구매력이 떨어지게 되면, 사회는 빈곤계층의 구매력을 증진하기 위한 사회복지 프로그램을 발전시킨다. 미국의 푸드스탬프(Food Stamps)는 저소득층의 잉여농산물 구매력을 증진함으로써 농경제를 활성화하는 방법으로 널리 알려져 있다.

셋째, 정치적 과정의 부산물로서 사회복지제도가 발전하는 것과 마찬가지로 경제적 과정 역시 부산물로서 사회복지제도에 영향을 미친다. 예를 들어, 실업자의 직업훈련에 투자하는 과정에서 부산물로 보육프로그램을 확대할 수 있다. 그런데 사회복지제도는 일단 형성되면 소멸되기보다는 확대되는 경향이 있다. 즉, 사회복지 프로그램은 그 지속기간이 늘어날수록 프로그램에 드는 비용과 적용범위, 수급자의 수가 자동적으로 증가한다(Wilensky, 1975).

이러한 세 가지 경제적 이득 동기는 비단 국가만이 갖는 것은 아니고, 기업도 당연히 갖고 있다. 기업의 임무는 경제적 효율성에 있으며, 기업은 사회에서 요구하는 법과 윤리의 테두리 안에서 이윤을 추구하는 것을 목표로 한다. 따라서 한때는 기업이 직원들과 그 가족들을 대상으로 전개하는 기업복지(occupational welfare)마저 그것의 주된 동기는 여전히 이윤의 극대화라고 해석되었다(Titmuss, 1969). 그와 같은 기업의 행태가 세계화의 바람을 타고 20세기 말부터 전 세계적으로 변화하기 시작하였다. 정보통신 혁명으로 창출된 신부(新富)를 기업이 기부하거나 재단을 설립하는 등 새로운 차원의 기업활동 또는 사회공헌활동이 급증한 것이다. 한국에서는 1999년 하반기부터 그러한 현상이 현저하게 감지되기 시작하였다(정구현, 2000).

기업의 사회복지활동과 연관되는 핵심용어로 사회공헌 외에 기업의 사회적 책임(Corporate Social Responsibility: CSR)과 기업시민정신(corporate citizenship)이 있다. 정무성(2004)에 의하면, CSR은 기업활동의 의무와 책임을 강조하고 기업시민정신은 기업의 성과에 따른 결과를 강조한다는 차이가 있다.

국제사회에는 또 하나의 국제표준을 둘러싸고 국가 간 신경전이 전개되고 있다. 기업이 CSR을 어느 정도로 완수하는가를 수치화하는 것이다. 국제 비정부기구(NGO)인 국제표준화기구(International Organization for Standardization: ISO)는 환경, 노동, 인권, 지역사회 기부 등 재무제표상에서 파악할 수 없는 CSR을 지수화한 「ISO 26000」을 2010년 11월에 제정, 공포하였다. ISO의 표준은 자발적 실천을 요구하는 윤리적 성격이 강하다. 하지만 해외로 진출하는 대기업이 해외에서의 사회공헌활동을 게을리하여 표준에 미치지 못하면 글로벌 시장에서 낙오될 위험에 처하게 된다.

기업의 사회적 책임 범위에 관한 주장은 네 가지 모형으로 분류된다. 첫째 모형은 경제가치의 생산으로 사회적 책임을 다했다는 생산성 우선주의(productivism)이다. 둘째 모형인 사회공헌(philanthropy)은 경제적 이윤을 넘어 사회 전체의 장기적이고 넓은 의미의 계몽적 사리(enlightened self-interest)를 도모하는 것이 기업의 사회적 책임이라고 주장한다. 셋째 모형은 주주(share-holder) 이외의 다양한 이해당사자(stakeholder)의 이익까지 고려해야 한다는 진보주의(progressivism)이다. 넷째 모형인 윤리적 이상주의(ethical idealism)는 기업이 협소한 이기적 이윤추구보다 이타주의와 사회봉사 그리고 사회개혁을 선도해야 한다고 주장한다(Buono et al., 1990: 정구현, 2000에서 재인용). 이 네 가지 모형 중 두 번째인 '사회공헌'은 경제적

목적을 뒤에 숨긴 채 겉으로는 사회복지를 강력하게 표방하는 이중성이 가장 많이 내포된 모형임을 알 수 있다.

외국 기업은 물론이고 국내의 대기업들이 사회공헌에 적극 참여하는 논리적 배경에는 앞에서 언급한 기업시민론적 관점이 자리하고 있다. 기업시민론적 관점에서는 사회공헌활동이 기업에 즉각적 이익이 되지 않을지라도 이를 통해 전체 사회가 나아짐으로써 기업이 발전할 수 있는 환경이 조성되는 것으로 이해한다. 결국 기업은 비생산적 공헌활동에 적극적이어야 하고, 이는 장기적이고 간접적인 의미에서 기업의 이익에 긍정적 영향을 미친다는 점을 강조한다.

6) 이데올로기 명분

이념 혹은 이데올로기(ideology)란 개인, 집단 및 문화의 특성을 규정짓는 사고방식이나 사고내용을 의미한다. 예컨대, 사람들이 가지고 있는 자신과 세상에 대한 관점, 옳거나 바람직하다고 생각하는 것들, 선호하는 세상의 모습 등을 포함한다. 이렇게 다양한 생각을 몇 개의 범주로 묶어 놓은 것을 이념모형(models of ideology)이라고 한다. 따라서 사회복지의 이념모형은 사회복지와 관련되는 어떤 주제에 대해 사람들이 갖고 있는 다양한 생각들을 분류한 것이다. 사회복지에서 중요하게 다루어지는 대표적 가치는 자유(freedom), 평등(equality), 우애(fraternity)이다. 모든 사회복지활동의 바탕에는 이러한 3대 가치가 최소한 어느 정도 연결되어 있다. 그러나 3대 가치 중 어느 부분을 특히 더 강조하느냐에 따라 차이가 난다.

이러한 3대 가치에 초점을 맞추어서 세 가지의 이데올로기가 나올 수 있다. 첫째, 제3자의 간섭이나 강제가 없는 자유상태에서 타인을 이롭게 하는 행위를 가치있게 생각하는 이타주의가 있다. 둘째, 결과로서의 평등을 상대적으로 더 강조하는 평등주의가 있다. 셋째, 인간의 존엄성과 박애를 중시하는 인도주의가 있다. 다음에서는 각각의 이데올로기를 자세히 살펴본다.

첫째, 이타주의(altruism)란 이기주의(egoism)와 반대되는 개념으로서 외부로부터 어떤 보상도 기대하지 않고 다른 사람을 이롭게 하는 행동을 수행하는 것을 의미한다. 이타주의는 외부로부터 어떤 보상도 기대하지 않는다는 특성 때문에 서로 도와주기도 하고 또 도움을 받기도 하는 상호부조와는 다르다.

볼딩(Boulding, 1967: Watson, 1980에서 재인용)은 교환의 종류를 일방적 이전과 쌍방적 이전으로 양분한 뒤에 일방적 이전을 사회적 교환으로, 쌍방적 이전을 경제적 교환이라 칭했다. 그의 관점에 따르면, 앞서 설명한 자선은 사회적 교환이 되는 반면, 상부상조는 경제적 교환이 된다. 따라서 쌍방적 이전은 사회복지 동기의 순수성에서 멀어지는 것 같은 느낌을 준다. 그러나 볼딩의 분류는 매우 고전적이고 보수적인 것으로서 현대적 의미의 사회복지와는 맞지 않는 부분이 있다.

이타주의적 동기와 관련해서 어떤 사람이 과연 순수하게 이타적 동기에 의해 타인을 도울 수 있는지에 관한 의문이 제기되기도 한다. 하지만 앞에서 살펴보았듯이 맹자는 '불쌍히 여기는 마음이 없으면 사람이 아니요……, 불쌍히 여기는 마음이 인(仁)의 바탕'이라고 하였으며 이런 특징 때문에 인간은 동물과 구분된다고 여겼다(조긍호, 1999).

이타주의적 동기에 의해 행해지는 사회복지활동은 인간의 자발성과 도덕성을 높일 수 있는 장점을 지녔다. 그러나 실제 인간사회의 일상생활에서 이타심이 발로되는 경우는 그리 흔하지 않다. 특히 인간의 이기심에 대한 정당화 정도가 상대적으로 강력한 자본주의와 공리주의(utilitarianism) 사상이 지배하고 있는 현대사회에서는 이타적 행위가 더욱 희소하다. 따라서 이타주의적 사회복지 동기는 현대사회의 사회복지 문제를 해결하는 효과성 측면에서 상대적으로 허약하다는 약점을 안고 있다.

둘째, 평등(equality)에 반대되는 개념은 차별(discrimination)이다. 평등주의(equalitarianism)란 무언가를 분배할 때, 모든 사람이 어떤 종류의 차별도 받지 않도록 해야 한다는 선언이다. 따라서 법 앞에서의 평등이나 '동일노동과 동일임금'의 예에서 볼 수 있듯이, 경우에 따라 평등이 동일(sameness)과 동의어가 된다. 하지만 남녀평등이나 아리스토텔레스의 '같은 것은 같게, 다른 것은 다르게'라는 평등원칙은 평등이 동일이 아니라 차이(difference)와 유사해진다. 평등이 무엇인가에 대한 논란이 계속되고 있으며 그것의 정답은 존재하지 않는다.

평등 개념을 사용하는 경우는 강도의 차이에 따라 수량적(numerical) 평등, 비례적(proportional) 평등 그리고 기회(opportunity)의 평등과 같이 크게 세 가지로 분류된다(송근원, 김태성, 2015). 이들 중 수량적 평등은 가장 적극적 평등 개념으로서 결과의 평등이라고도 일컬으며, 이 개념을 지지하는 사람을 평등주의자(egalitarian)라고 부른다. 정치적으로 분류하면, 진보주의 정당이나 사회주의 좌파정당에 가까울수록 평등주의에 접근하게 된다. 그러나 절대적 평등에 가까운 의미를 지닌 수량적 평등이 현실 세계에서 지속되는 예는 찾을 수 없다. 다만, 사회복지의 동기로서 또는 목표로서 수량적 평등을 강조하는 경우는 매우 많다.

비례적 평등은 어떤 기준(예컨대, 욕구, 노력, 능력, 기여도, 연령 등)에 따라서 상이하게 분배하는 방식인데, 흔히 형평(equity)이라고 부른다. 형평의 개념은 차이를 인정함과 동시에 그 차이가 관련자들 사이에 공평(fairness)하다고 인정받는 것을 의미한다. 정치적으로 분류하면, 개량주의 또는 중도 개혁파에 속하는 정당들이 주로 비례적 평등을 강조한다.

기회의 평등은 3대 평등 중 가장 소극적 개념에 속한다. 즉, 결과가 얼마나 다른가에 대해서는 묻지 않는 대신, 결과에 이르는 과정상의 기회가 얼마나 똑같이 제공되었는가를 추궁한다. 정치적으로는, 보수주의나 자유주의를 신봉하는 우파정당들이 기회의 평등을 강조한다.

차이가 차별로 악화되는 상황을 원천적으로 차단하기 위해 모든 종류의 차이를 부인하는 방법을 생각할 수 있다. 그런 상황을 절대적 평등이라고 부르는데, 인류사회에서 절대적 평등에 대한 다양한 실험이 실패로 끝난 사례는 많다. 결국, 차이의 이상적 범위는 특정 사회구성원들의 다수가 인정할 수 있는 범위 내로 한정된다. 그것이 정당성(legitimacy)의 문제 혹은 사회정의의 문제이다.

특정 체제가 정당성을 확보하고 유지하려면, 차이가 허용범위를 벗어나는 경우를 대비해서 일정 정도의 재분배(redistribution) 기제를 작동시켜야 한다. 재분배 기제의 대표적 예가 조세제도인데, 조세제도만으로 사회정의가 유지될 수 있으면 좋겠지만 현실은 그렇지 못하다. 따라서 추가적 재분배 장치가 필요한데, 사회복지제도가 바로 그런 역할을 하게 된다. 자본주의 사회에서 발견되는 차이 또는 불평등이 모두 좋거나 모두 나쁘다고 볼 수 없다. 가장 바람직한 것은 악성 불평등을 최대한 제거하려는 노력을 지속하는 것이다. 이 과정에서 항상 그림자처럼 따라다니는 문제가 '성장과 분배의 조화' 문제이다. 아무리 평등주의적 동기에 의한 사회복지가 불가피하더라도 분배 문제를 성장과 분리시킨 채 논할 수는 없다. 왜냐하면 분배는 성장 없이 지속적으로 반복할 수 없기 때문이다.

셋째, 인도주의(humanitarianism)의 출발은 인간의 존엄성(dignity)이다. 즉, 인간은 만물의 영장이기 때문에 이유 여하를 막론하고 인간이 고통에 빠질 정도로 방치되어서는 안 된다는 것이 존엄성의 기본 의미이다. 인간의 존엄성을 강조하는 측면에서는 인본주의(humanism)와 다를 바 없다. 그러나 인본주의가 인간과 자연의 관계나 인간과 생물과의 관계에서 인간의 우월성을 과신함으로써 환경파괴나 동물학대와 같은 부작용을 유발하지만, 인도주의는 그렇지 않다. 토니(Tawney)는 노동자 착취와 같이 인간을 돈벌이의 도구 혹은 수단으로 취급하는 태도를 반(反)인도주의의 핵심으로 보았다(Winter & Joslin, 1972: George & Wilding, 1976에서 재인용). 인도주의자들은 인간의 고통을 참을 수 없는 죄악으로 보면서 그것은 개인의 고통이 아니라 사회적 고통이라고 정의한다.

티트머스(Titmuss, 1969)는 사회적 고통에 무관심한 사회를 무책임한 사회라고 규정하였다. 반대로 사회적 고통의 완화에 적극적인 사회에서는 진정한 발전이 나타나는데, 그것을 그는 '사회적 성장'이라고 정의하였다(Titmuss, 1968: George & Wilding, 1976에서 재인용). 티트머스가 주창한 사회적 성장은 한마디로 가난한 사람이나 낙후지역에 상대적으로 더 많은 자원이 흘러 들어가도록 하는 것이다. 결국, 사회적 성장을 위한 사회복지의 주된 동기가 인도주의임을 알 수 있다.

인도주의에서 출발한 사회복지활동과 관련이 깊은 단어가 의연금, 성금, 긴급구호 등이다. 이와 같이 인도주의적 사회복지는 인간의 생명을 위협하는 긴급한 상황에 대해 한시적으로 반응하는 특징을 갖고 있다. 이를 통틀어서 인도주의적 지원(humanitarian aids)이라고 부른다. 인도주의적 지원은 경제개발을 목적으로 지원하는 개발원조(development assistance)와는 동기와 목적 그리고 방법에서 차이가 난다. 인도주의적 지원은 박애(humanity)로부터 출발하며, 생명의 위협과 같은 긴박한

상황을 완화하기 위한 목적에서 한시적이고 무상으로 지원하는 것이다. 한국에는 북한 주민에 대한 인도적 구호를 전개하고 있는 비정부 기관들이 있으며, 월드비전(World Vision)과 같이 전 세계를 대상으로 긴급구호 활동을 하는 기관도 다수 있다.

서양의 경우, 인도주의 이데올로기는 사회복지가 전문직으로 자리 잡기 이전부터 사회복지사들이 사회복지활동에 관여하는 주요 동기로 작용하였다. 오늘날에도 전문직업적 동기와 함께 인도주의 이데올로기는 여전히 사회복지사들의 사회복지실천을 위한 주요 동기 가운데 하나로 이해할 수 있다.

7) 전문직업적 동기

현대사회의 직업분화 특성 중 하나는 전통사회에서 직업이 아니었던 이타적 행위가 다수의 전문직업으로 세분화되었다는 것이다. 대표적 사례가 의사, 변호사 그리고 교육자이다. 사회복지사는 비교적 최근에야 전문직업인으로 인정되기 시작했다. 이들과 같은 원조 전문가(helping professional)는 원조행위에 있어 전문가 자신이 핵심적 도구가 되어 인간의 안녕을 유지하고 증진하기 위한 인간서비스(human service)를 제공한다. 인간서비스는 박애를 필수요소로 삼는다. 즉, 타인을 존엄성의 소유자로 확인하는 동시에 그들의 고통에 대해 동정심(compassion)과 배려를 보여야 한다.

모든 사회는 전문가들에게 전문적 활동을 할 수 있는 독점적 권한을 부여하는 대신, 그들의 행위가 이기적으로 변질되지 않도록 감시와 통제를 하게 된다. 그런 과정에서 나타난 현상이 전문가주의(professionalism)이다. 전문가들로 구성되는 배타적 집단은 인간서비스의 독점권을 부여받는 조건으로서, 윤리선언을 해야 하고, 고도의 지식과 기술을 습득해야 하며, 면허 또는 자격증제도를 실시해야 한다. 그럼에도 전문적 행위 과정에서 이기적 특성을 완전히 배제할 수 없는 것이 인간사회의 현실이다. 따라서 전문가주의는 '두 개의 얼굴'과 같은 형상으로 묘사된다. 하나의 얼굴은 공익에 이바지하는 자비와 기술 및 지식의 얼굴이고, 또 다른 얼굴은 공익을 핑계로 남을 제한하고 통제하는 이기적 얼굴이다(Jones et al., 1983).

전문가라는 호칭은 당사자들에게 여러 가지의 특혜를 부가하기 때문에 유망 직종이라는 평판을 받기 쉽다. 한국노동연구원이 수집한 자료에 의하면, 미국과 일본에서 예상되는 21세기 초반의 유망 직종에는 사회복지 관련 직종이 다수 포함되어 있다(한국노동연구원, 1998). 한국에서도 사회복지 관련 직종들에 대한 일반 대중의 관심이 증가하는 추세이다. 한국에서 사회복지 관련 전문 직종에 대한 국민적 관심이 고조된 계기는 국민의 생활수준 향상이나 사회변동과 같은 외생적 원인에 의해 마련되었다. 하지만 국가고시에 의한 사회복지사 자격증 부여제도의 실시와 같은 내생적 원인도 작용하였다. 사회복지사 자격증은 「사회복지사업법」에 의해 1985년부터 교부되기 시작했지만, 국가고시제도가 도입된 것은 2003년부터이다.

전문직업적 동기만을 고려할 때, 우리 사회에서 사회복지사의 직무 만족도는 그리 높지 않다. 한국 사회복지사는 사회공헌, 소속감, 직장에 대한 자부심 등에서는 상당히 만족하는 반면, 사회적 인정, 승진, 임금, 개인생활 등에 만족하는 정도는 상대적으로 낮은 것으로 나타나고 있다(한국사회복지사협회, 2001). 외국의 경우 사회복지사의 이직률은 한국보다 낮은데, 이는 사회복지실천의 전문성이 견고히 확립된 데 기인하는 것으로 볼 수 있다.

2. 사회복지실천윤리

1) 사회복지실천윤리의 필요성

전문가가 전문직을 수행하며 전문가 윤리를 따라야 할 필요성은 대부분의 전문가협회나 조직이 윤리강령을 채택하고 있다는 사실에서 쉽게 알 수 있다. 사회복지사도 예외는 아니다. 여기서는 리머(Reamer, 1995)가 미국의 사회복지사를 염두에 두고 제시했던 사회복지실천윤리의 필요성을 살펴본다.

첫째, 전문가 자신의 가치관과 다른 사람들(클라이언트, 지역주민, 동료 전문가, 직장 상사 등)의 가치관 사이에 어떤 공통점과 차이점이 있는가를 체계적으로 확인하기 위해 필요하다. 따라서 사회복지사는 사회적 공인(公人)으로서 필요에 따라 자신의 가치관을 공개할 수 있어야 한다.

둘째, 윤리적 딜레마(ethical dilemma)의 실상을 이해하고 이에 대처할 수 있는 능력을 갖추기 위해 실천윤리가 필요하다. 전문가는 딜레마 상황을 적절하게 타개할 수 있는 사람이어야 한다.

셋째, 다수의 상이한 가치들 사이에서 관계 정립 또는 위계 설정을 위해 필요하다. 윤리를 뒷받침하는 가치나 덕목은 여러 가지 종류가 존재할 뿐 아니라 두 개 이상의 가치가 상충할 수도 있다. 따라서 일단의 가치군집 내에 질서를 수립할 필요가 생기는 것이다.

넷째, 사회복지실천의 현행 주류가치가 얼마나 정당한가를 고찰하고, 나아가 시대적 조류에 맞는 가치를 정립하기 위해 실천윤리가 필요하다. 이 말은 사회복지실천의 핵심 가치가 자리 잡는 과정에서 어느 정도의 정치적 고려가 불가피하다는 사실을 뜻한다.

다섯째, 사회복지실천방법을 개발하거나 사회복지사의 전문경력을 발전시키기 위해 실천윤리가 필요하다. 사회복지학은 전문 지식과 기술을 지속적으로 개발해야 하며, 사회복지사는 그것들을 꾸준히 습득하고 연마해야 한다. 윤리는 근본에 관한 학문이므로, 사회복지실천윤리를 알면 사회복지실천지식과 기술이 보이게 되는 것이다.

2) 사회복지실천윤리의 원칙

돌고프 등(Dolgoff et al., 2011)은 그들의 저서에서 '전문가 윤리는 교육될 수 있는가?'라는 질문을 던졌다. 그들은 자신들이 제기한 질문에 대해 완결된 답변을 제시하진 못했지만, 교과과정에 윤리 관련 과목을 설치하는 것에 대해서는 긍정적이었다. 그 근거로 다음과 같은 효과를 제시하였다. 첫째, 윤리강의를 통해 학생들은 윤리문제에 대한 인지도가 높아지고 민감성이 향상된다. 둘째, 다양한 학설의 강점과 약점에 대한 검토를 통해 학설에 관한 이해력을 증진한다. 셋째, 실천 상황에서 어떤 윤리원칙들이 관련되는가를 확인하는 능력을 기른다. 넷째, 윤리적 결정의 복합성에 대한 이해력을 개발한다. 다섯째, 이유가 합당한 결론을 도출하는 능력과 윤리원칙을 전문적 활동에 응용할 수 있는 능력을 습득한다. 여섯째, 도덕적 염원(aspirations)과 기준(standards)을 명료화하고 전문직 상황에서 내린 윤리적 결정을 평가할 수 있는 능력을 배양한다.

사회복지실천윤리를 잘 보여 주는 미국사회복지사협회(NASW)의 윤리강령은 전문, 윤리강령의 목적, 윤리의 원칙, 윤리의 기준 등으로 이루어져 있다. 이 중에서 윤리의 원칙을 소개하면 다음과 같다.

- 인간의 존엄성과 가치(dignity and worth): 사회복지사는 인간의 천부적 존엄성과 가치를 존중한다. 아울러 개인적 차이와 문화적 · 인종적 차이를 존중한다. 사회복지사는 클라이언트의 책임 있는 의사결정을 증진하고 욕구충족을 위한 그들 자신의 능력과 기회를 향상하기 위해 노력한다. 또한 사회복지사는 사회에 대한 책임도 인식하여 클라이언트의 이익과 사회이익 간의 갈등을 해결하기 위해 노력해야 한다.
- 사회 정의(social justice): 사회복지사는 특히 사회적으로 취약한 위치의 사람들을 위해 그들과 함께 활동하고 나아가 사회적 변화를 추구한다. 사회복지사의 사회변화 노력은 빈곤, 실업, 차별, 기타 사회적 불의의 문제에 초점을 둔다.
- 서비스(service): 사회복지사의 일차적 목표는 욕구를 갖고 있는 사람들을 원조하고 사회문제를 해결하는 것이다. 사회복지사는 자신의 이익을 초월하여 자신이 지닌 지식, 가치, 기술을 활용하여 다른 사람들과 사회문제의 해결을 위하여 서비스를 제공한다.
- 인간관계(human relationships): 사회복지실천은 인간의 안녕을 증진하기 위한 활동이며, 이에 종사하는 사회복지사는 인간관계의 중요성을 인식해야 한다. 사람들 간의 관계는 변화를 위한 중요한 수단이며 원조 과정에서 사람들을 동반자(partner)로 관여시킨다.
- 충실성(integrity): 사회복지사는 전문직의 사명, 가치와 윤리적 기준을 인식하

고 이에 부합하는 실천을 수행한다. 사회복지사는 정직하고 책임 있게 행동하고 자신이 소속된 조직의 입장에서 윤리적 실천을 수행한다.

- 능력(competence): 사회복지사는 자신의 능력범위 내에서 실천한다. 그리고 전문적 지식과 기술을 향상하고 이를 실천에 적용하기 위하여 끊임없이 노력해야 한다.

한국 사회복지사 윤리강령은 한국사회복지사협회(KASW)에 의해 1982년에 제정되었으며, 여러 차례 개정을 거쳐 사회복지실천성을 한층 강화한 윤리강령이 오늘에 이르고 있다. 그럼에도 불구하고 사회복지사 윤리강령이 우리 사회의 윤리를 충분히 반영하고 있는지의 문제가 제기되고 있다. 서양 사회복지실천윤리가 일반적 서양 윤리에 기초하고 있듯이, 한국 사회복지실천윤리가 우리 사회의 일반적 윤리와 부합되어야 한다. 그러나 현실은 그렇지 못한데, 동양 윤리와 서양 윤리가 크게 다름에도 불구하고 한국 사회복지사들은 주로 서양의 사회복지실천윤리를 훈련받고 있는 실정이다.

백종현(2003)은 20세기를 지나오면서 우리 사회의 가치관 형성에 결정적 요소가 된 것은 국가주의와 권위주의 그리고 서양의 공리주의와 물리주의라고 분석하였다. 이어 공리주의는 선의 가치를 이익의 가치에 종속시켜 도덕의 문제를 이익(분배)의 문제로 전환시킨다고 비판하였다. 한편, 이영찬(2001)은 한국인은 공적 · 제도적 영역에서는 서구적 합리성에 따라 행동하지만, 사적 · 일상적 생활에서는 주로 전통적 유교 규범을 따른다고 주장했다. 이에 따르면, 우리 사회는 서양에서 유래한 사회복지의 기본 가치와 유교 중심의 가치 사이에서 정면충돌의 가능성이 상존하고 있다. 동양 윤리가 상대 기준을 중시한다면, 서양 윤리는 절대 기준을 되도록 기계적으로 적용할 것을 요구한다고 볼 수 있다. 이 양자 사이에서 한국 사회복지학도들은 절충주의적 입장을 참고하여 양자의 균형과 조화를 만들어 내는 지혜를 터득하도록 훈련받고 있는 것이 오늘의 현실이다.

우리 사회에서 동서양 윤리 절충주의의 구체적 내용에 대한 연구는 아직 이루어지지 못하고 있다. 이에 따라 사회복지 윤리교육의 목표, 내용, 방법 등을 해결하는 것이 선결과제로 남아 있다. 희망적인 부분은, 앞서 언급했듯이, 우리 민족의 종교적 특성은 '중층 다원성'을 십분 활용한다는 것이다(김종서, 2010). 이념이나 사상을 결정하는 주요 요인인 종교의 특성이 그렇다면, 동서양을 융합할 수 있는 능력을 소유하고 있는 사회가 바로 우리 사회라고 볼 수 있다. 이런 점에서 동서양 윤리의 융합을 통해 우리 사회에 적합한 사회복지실천윤리의 원칙과 기준을 확립할 수 있으리라 예상할 수 있다.

3) 윤리적 딜레마와 윤리적 결정

윤리적 딜레마(ethical dilemmas)는 주요 가치에 기반을 둔 전문직의 의무와 임무들이 상충하는 상황에서 발생한다. 즉, 가치가 구체적 행위로 나타나는 다양한 의무와 임무들 중에서 무엇이 우선되어야 할지를 결정해야 하는 경우가 이에 해당한다. 예를 들어, 혼자 사는 노인이 자립생활에 한계가 있지만 시설입소를 거부한다면, 클라이언트의 자기결정을 존중하는 의무와 클라이언트의 안녕을 우선시해야 하는 의무 사이에서 갈등이 일어날 수 있다. 윤리적 문제는 주로 현대사회의 특징인 가치의 중복성과 모순성에 기인한다. 문제 발생의 영역은 매우 다양하다. 즉, 사회복지사와 클라이언트의 원조관계를 중심으로 하는 직접(direct) 실천에서뿐만 아니라 사회복지 자원의 부족과 같은 간접(indirect) 실천의 영역에서도 발생한다. 또한 새로운 과학기술의 발달은 전통적 윤리문제를 보다 악화시키는가 하면, 새로운 윤리적 쟁점을 제기한다.

사람마다 각자가 중시하는 가치의 내용들이 일치하지 않는 상황에서 '가치 위계(hierarchy of values)'의 개념은 가치들 간의 우선순위를 판단하는 데 도움이 된다. 미국에서 발간되는 『사회사업 백과사전(Encyclopedia of Social Work)』에서 사회복지실천의 궁극적 가치가 제시되는데, 이것은 널리 인정받는 가치로서 사회복지사들에게 일반적 지침이 된다(Mizrahi & Davis, 2010). 일찍이 펌프리(Pumphrey, 1959: Reamer, 1995에서 재인용)는 〈표 2-1〉과 같은 여덟 가지를 사회복지실천의 궁극적 가치로 예시한 바 있다. 또한 루이스(Lewis, 1972: Reamer, 1995에서 재인용)는 사회복

표 2-1 펌프리의 사회복지실천의 궁극적 가치

- 모든 인간은 무한한 가치를 지닌 대상으로 인정받아야 한다.
- 인간은 자신의 내적 조화와 타인의 발전에 외적 공헌을 할 수 있는 능력을 가지고 있다.
- 자신의 잠재력을 실현하기 위해 타인과 인간관계를 교환해야 하며, 그런 기회에 대한 평등한 권리를 가지고 있다.
- 인간의 개선은 가능하므로 변화, 성장, 운동, 진보, 개선과 같은 단어가 유의미하다.
- 긍정적 변화는 타인의 도움에 의해 촉진될 수 있는 반면, 부정적 변화는 타인의 도움에 의해 억제될 수 있다.
- 가장 효과적인 변화는 주입되는 것이 아니라 자신의 운명을 자신이 발견하고 자신이 결정하는 능력을 인정하는 것이다.
- 인간의 욕구와 잠재력에 대한 이해를 넓히기 위한 노력을 지속해야 한다.
- 사회복지전문직은 위와 같은 가치를 보존하고 실현시키는 것을 공약으로 삼는 집단이다.

지실천의 핵심 가치를 둘로 나누었는데, 제1의 핵심 가치는 신뢰(trust)이며, 제2의 핵심 가치는 분배정의(distributive justice)라고 주장하였다. 그에 따르면 사회복지실천의 가치와 실천원리 사이에는 직접적 연계가 존재하는데, 그것은 전자로부터 후자가 도출된다는 것이다.

사회복지사는 윤리적 딜레마에 부딪혔을 때 윤리적 결정을 내리게 된다. 사회복지사는 직관에 의존하기보다는 사회복지전문직에서 강조하는 윤리원칙의 우선순위에 따라 윤리적 결정을 내려야 한다. 돌고프 등(2005)은 사회복지실천 윤리원칙의 우선순위를 다음과 같이 제시하였다. ① 생명보호의 원칙, ② 평등과 불평등의 원칙, ③ 자율성과 자유의 원칙, ④ 최소한의 해악 원칙, ⑤ 삶의 질 원칙, ⑥ 사생활 보호와 비밀보장의 원칙, ⑦ 진실성과 개방의 원칙이다. 사회복지사는 이와 같은 원칙에 따라 윤리적 결정을 내릴 때, 먼저 윤리적 쟁점을 확인하고, 가능한 행동 방침들과 정당성을 검토한 후, 윤리적 결정을 내리고 실행하며, 마지막으로 실행결과에 대해 확인하는 과정을 거쳐야 한다.

3. 사회복지정책의 이념

1) 서구의 사회복지이념

조지와 와일딩(George & Wilding, 1994)의 분류에 기초하여, 다음에서는 복지국가를 둘러싼 논쟁과 관련된 정치 이데올로기를 신우파, 중도노선, 민주적 사회주의, 마르크스주의, 페미니즘, 녹색주의 등의 여섯 가지로 제시한다.[3)]

(1) 신우파

신우파(the new right)는 원유위기 이후의 경제불황을 빌미로 확장일로에 있던 공공복지를 공격하면서 등장했다. 즉, 1970년대 후반부터 서구의 지식계와 정치계에는 국가 활동을 비난하는 고전 자유주의가 부활하기 시작했다.

반집합주의(anti-collectivism)의 성향을 지닌 신우파의 3대 가치는 자유, 개인주의 그리고 불평등이다. 그중에서도 자유는 으뜸가는 가치이다. 이들은 자유를 소극적(negative) 개념, 즉 강제가 없는 상태로 파악한다. 자유는 인간의 자연권으로서 보장되어야 하며, 더욱이 공리적 차원에서 자유는 지식의 개발, 진보와 사회의 바람직한 상태를 창출하는 수단적 가치로 간주한다.

개인주의는 자유와 상호 보완적 개념을 지닌 가치로서, 특히 '국가 개입'에 대한 개인의 자율성을 주장한다. 개인주의에 의하면, 어느 누구도 사회 전체를 조망하거나 총괄하는 계획을 수립할 수 없다. 따라서 문제가 발생할 때, 개인들 사이에 발생하는 자발적 상호관계 속에서 자연적으로 조절되도록 하는 것이 바람직하다고 주

3) 조지와 와일딩은 『이념과 사회복지(Ideology and Social Welfare)』(1976)에서 사회복지 이념체계를 반집합주의, 소극적 집합주의, 페이비언 사회주의, 마르크스주의의 네 가지로 분류하였다. 이들은 각각 여기서 언급할 신우파, 중도노선, 민주적 사회주의, 마르크스주의로 연결된다. 여기에 페미니즘, 녹색주의 등의 이념을 추가하여 여섯 가지로 분류한 것이다.

장한다. 개인은 자신의 이익을 최대한 자유롭게 추구해야 하고, 그 결과에 대해 책임을 져야 한다는 것이 개인주의의 핵심 사상이다. 서구 정치사상사에서 그러한 입장은 보수주의와 연합하였다.

신우파는 명백히 평등보다는 자유를 우선시하기 때문에 결과적으로 불평등을 옹호하는 입장이다. 이들은 상이한 직업에 부가되는 상이한 사회적 평가를 철폐한다면 근로의욕이 상실된다고 주장한다. 평등을 이루려면 국가가 강제적으로 개입해야 하는데, 이는 개인의 자유를 침해하는 것으로 본다. 유산의 상속도 소득처분의 자유와 공리주의라는 명분 아래 정당화된다.

(2) 중도노선

중도노선(the middle way)은 국가 차원의 복지정책을 통해 자본주의의 사회적 폐해를 완화할 필요가 있고, 또한 그것이 가능하다는 생각에 기초한다. 실용적(pragmatic) 성격을 지닌 중도노선은 신우파와 유사하게 자유, 개인주의 그리고 경쟁적 사기업을 신봉한다. 그러나 신우파와의 차이는 중심 가치에 대한 신뢰의 강도이다. 중도노선은 중심 가치들을 절대적 가치로 믿지 않으며, 조건부로 신봉한다. 즉, 가치에 대한 믿음의 정도는 지적 실용주의(intellectual pragmatism)에 의해 제한받는다.

지적 실용주의에 의하면, 자본주의는 최선의 경제체제이다. 그러나 그것은 자동적으로 조절되지 않는다. 따라서 그것의 효율적이고도 공평한 운용을 위해서는 적절한 규정과 통제를 필요로 한다는 것이다. 자본주의의 결점이 이성적 실험에 의해 시정될 수 있다고 본다. 결국 국가개입의 성격과 한계는 추상적 원칙에 의해 규정되는 것이 아니라 특정 상황을 고려하여 장단점을 비교하는 방법에 의해 결정된다고 주장한다.

불평등이 감소되어야 하고 또 감소될 수 있다고 보는 관점이지만, 이는 평등주의와는 구별된다. 즉, 소득의 불평등은 현재보다 완화되어야 한다고 보면서도 노력에 대한 반대급부의 차이를 폐지해서는 안 된다고 보는 것이다. 이들의 입장에서는 공상적 평등의 추구보다 빈곤의 퇴치가 더 중요하다.

(3) 민주적 사회주의

민주적 사회주의(democratic socialism)는 중도노선과 마르크스주의와의 중간적 성격을 띠고 있지만, 구분이 모호한 경우가 많고 이념상의 좌우이동도 빈번하다. 민주적 사회주의의 중심적 사회가치는 평등, 자유, 우애(fraternity)이다. 그리고 중심 가치로부터 파생된 가치로서 민주주의와 인도주의가 있다.

먼저, 민주적 사회주의의 평등 개념은 과도한 불평등의 감소를 의미한다. 그리고 그것은 국민최저선(national minimum)의 설정, 기회평등의 촉진, 취약자에 대한 적극적 차별의 시행을 통해 이루어질 수 있다고 본다. 수용 가능한 불평등의 수준은 논자에 따라 다르다. 따라서 불평등 기준 설정은 민주주의 정치과정에 의해 결정된다고 믿는다.

다음으로, 이들이 보는 자유의 개념은 세 가지 특성을 지니고 있다. 첫째, 자유는 개인의 삶에 영향을 미치는 제반 조건의 통제능력을 소유하는 상태, 즉 적극적(positive) 자유를 뜻한다. 따라서 민주적 사회주의의 입장은 자유 소유와 평등 소유를 동일시한다. 둘째, 자유의 이념을 정치적 영역뿐만 아니라 경제적 영역까지 확대시킨다. 셋째, 자유는 정부의 무활동(inaction)보다는 입법, 경제정책, 사회정책, 조세정책 등의 활동(action)에 의해 신장된다.

마지막으로, 우애는 이웃에 대한 애정, 이방인에 대한 무상의 베풂, 자기 이익과 동시에 이타주의의 추구, 공동의 선을 강조하는 것 등을 의미한다.

민주적 사회주의자는 이와 같은 가치를 바탕으로 민주주의와 참여를 강조한다. 그리고 인간의 잠재력을 발휘함에 있어 걸림돌이 되는 사회적 곤경을 제거하려는 관심 때문에 인도주의도 중시한다.

(4) 마르크스주의

마르크스주의(Marxism) 시각에 의하면, 복지국가라는 용어는 일종의 신화에 지나지 않는다. 즉, 복지국가는 자본주의도 인간미를 가질 수 있다는 식으로 여론을 오도하거나 국가복지 기능을 자비로운 것으로 곡해시킨다는 주장이다.

마르크스주의자들은 민주적 사회주의자들과 마찬가지로 자유, 평등, 우애를 중

시한다. 먼저, 그들이 사용하는 자유는 광의적이며 적극적인 개념이다. 따라서 노동자와 빈민들에게 평등은 허구에 불과하다고 주장한다. 왜냐하면 빈곤과 실업의 공포에서 해방되는 경제적 자유와 기회의 실존이 뒷받침되지 않기 때문이다.

신우파에게 자유의 개념이 불평등과 동의어라면, 마르크스주의자에게 경제적 평등 없는 자유는 기만이다. 그들이 말하는 평등은 특권의 부재, 기회의 평등을 의미하는 것으로서, 마르크스주의 안에서도 차이는 존재한다.

우애는 개인주의와 반대되는 개념으로서, 인간이 사회적 존재이며 상호 협동적이라는 점을 강조한다. 정부의 개입은 사회적 인간이라는 개념 때문에 정당하고 필요하며 이로운 것으로 인식된다.

(5) 페미니즘

오랜 기간 동안 서유럽 복지국가의 발달은 자본과 노동 간의 투쟁과 타협으로 이해되었다. 그러나 페미니즘(feminism)은 성차별적 정치권력의 결과에 초점을 맞춘 관점을 새롭게 추가하였다.

페미니즘적 시각은 여성의 불평등한 지위의 원인, 개선 전략 그리고 여성 종속성의 정도와 속성의 견지에서 세 가지 입장으로 크게 구분된다. 첫째, 자유주의적 페미니즘(liberal feminism)이다. 이 입장은 교육, 직업, 사회적 위치 등에서 남성과의 동등한 권리획득에 주된 관심을 보인다. 국가를 중립적 · 몰이해적 · 중재적 존재로 간주한다. 둘째, 사회주의적 페미니즘(socialist feminism)이다. 이 이념은 현 사회를 가부장 중심의 자본주의 사회라고 본다. 따라서 여성의 무임금 가사노동은 차세대 노동자를 재생산하고 남성 가구주에게 무급의 서비스를 제공한다고 해석한다. 셋째, 급진적 페미니즘(radical feminism)이다. 이 견해에 따르면, 여성집단은 결혼, 가사노동, 육아 등에서 남성집단에 의해 억압받는 존재이다. 억압의 뿌리는 생물학에 근거하거나 고용과 피고용의 관계라고 보며, 특히 강간이나 가정폭력 등에 주목한다.

(6) 녹색주의

환경에 대한 관심은 전 세계적으로 다양하며 긴 역사를 기록하고 있지만, 이데올로기로서 녹색주의(greenism)의 기원은 최근에 발생한 것이다.[4] 앞에 나온 페미니즘이 여성 배려가 가능한 풍요사회에서 나타났듯이, 녹색주의도 지구의 미래를 배려할 수 있는 탈산업사회에서 등장했다.

녹색주의는 환경을 무질서한 착취로부터 보호하고 방어해야 한다는 자각과 연관되지만, 상반되는 두 가지 유형이 공존하고 있다. 밝고 약한(light and weak) 녹색주의와 어둡고 강한(dark and strong) 녹색주의가 그것이다. 먼저, 밝고 약한 녹색주의는 높은 경제성장과 소비율을 지속시키려 하는 세계질서를 일단 인정하는 가운데 환경친화적 경제성장과 소비를 주장한다. 반대로 어둡고 강한 녹색주의는 과학기술로는 현재의 환경문제를 해결할 수 없고 오직 경제성장과 소비의 축소만이 유일한 해결책이라고 본다. 더구나 인간이 다른 생명체에 비해 우월하지 않다는 종의 평등주의(species egalitarianism)를 주장한다.

2) 한국의 사회복지이념

앞에서 제시한 이념모형은 서구 복지국가를 중심으로 이루어진 것들이다. 따라서 역사와 문화가 다른 한국에 서양 모형을 그대로 적용할 수 없다. 서구에서는 자유와 평등, 개인주의와 집합주의, 자본주의와 복지국가, 선별주의와 보편주의 등에 대해 열띤 이데올로기 논쟁이 존재하였다. 반면, 한국에서 복지논쟁은 주로 사회복지의 책임이 가족이나 민간, 국가 중 어디에 놓여 있는가, 경제성장을 우선할 것인가 혹은 경제와 복지의 균형적 성장을 추구할 것인가, 복지제도를 통합적으로 운영할 것인가 아니면 분립적으로 운영할 것인가 등의 문제에 집중되었다(김상균 외, 1999). 다시 말해, 서구와 달리 보다 근본적인 가치나 복지원칙에 대한 이데올로기적 논쟁은 부재했다.

4) 녹색주의는 1970년대의 산물이고, 엄밀히 말하면 「로마클럽 보고서(the Club of Rome Report)」「국제연합 인간환경연맹 보고서(the Report for the United Nations Conference on the Human Environment)」, 특정 쟁점을 다루는 잡지인 『생태학자(The Ecologist)』 등을 출간했던 1972년부터 시작된 것으로 본다.

한국에서 나타난 복지이념들을 어떻게 분류할 수 있는지를 보기 위해 한국 복지이념모형에 관한 연구들 가운데 두 가지를 소개한다.

(1) 3분법 모형

이 모형은 한국의 현실에 적합한 복지이념모형을 개발하기 위해 복지논쟁의 전개 과정과 관련 집단의 사회복지에 대한 가치관과 입장을 분석한 결과이다. 1970년대 이후 역대 대통령과 주요 정당을 대상으로 정치권의 복지이념적 특성과 변화 양상을 3분법으로 분류하였다.

〈표 2-2〉에서 볼 수 있듯이, 일차적으로 경제발전과 사회복지의 관계 그리고 사회복지에 대한 국가의 책임인식 측면에서 '경제성장우선 모형'과 '국가복지확대 모형'으로 양분되었다. 그다음으로 국가복지확대 모형을 복지제도 운영방식을 기준으로 '분립복지 모형'과 '통합복지 모형'으로 세분화하였다. 그 결과, 3분법 모형이 도출되었다.

'경제성장우선 모형'에서는 경제성장을 국가정책의 최우선으로 한다. 개인의 욕구는 일차적으로 시장과 가족 차원에서 해결할 수 있고, 또 그렇게 해야 한다고 주

표 2-2 3분법 복지모형

경제성장우선 모형	국가복지확대 모형	
	분립복지 모형	통합복지 모형
• 국가정책의 최우선: 경제성장 • 개인의 욕구충족: 가족단위, 일차적으로 시장에서 해결 • 국가복지는 근로동기를 약화시키므로 극빈자에 한정 • 경제성장에 순기능적 복지서비스만 허용 • 분배정책은 시기상조 • 사회보험의 정책결정권은 노사가 행사	• 사회정책의 재분배기능: 저평가 • 국가복지예산 확보: 소극적 • 사회보험에 비해 공공부조에 대한 관심 미약 • 사회보험 행정과 재정: 통합반대, 조합분리운영 • 국가복지의 확대시행 연기 • 자영자 소득파악 가능성: 부정	• 사회정책을 통한 재분배: 적극적 • 국가복지예산 확보: 적극적 • 총체적 사회안전망에 대한 관심 • 사회보험의 통합 주장: 사회정의, 행정효율성 증대 • 국가복지확대의 조기 실시 • 자영자 소득파악 가능성: 인정

출처: 김상균 외(1999).

장한다. 한편, 국가복지를 확대하는 것은 근로동기를 약화시키기 때문에 경제성장에 도움이 될 수 있는 순기능적 복지정책만을 허용하고자 한다. 이에 비해 '국가복지확대 모형'은 복지와 경제의 균형적 발전을 지지하고, 복지를 제공할 책임이 국가에 있다는 점을 강조한다. 국가복지확대 모형 중에서 통합복지 모형은 분립복지 모형에 비해 사회정책을 통한 재분배를 더 중시하며, 국가복지를 위한 예산 확보에도 더 적극적이다. 두 모형 간의 차이는 사회보험의 행정과 재정을 통합할 것인가, 분립하여 운영할 것인가 등에 관한 것이다.

이데올로기 스펙트럼의 측면에서, 이와 같은 3분법 모형을 앞서 고찰한 조지와 와일딩(1994)의 모형과 비교해 보면 다음과 같은 사실들을 발견할 수 있다. 첫째, 우리의 '경제성장우선 모형'과 조지와 와일딩의 신우파 모형과의 상호유사성이 매우 높다는 점이다. 둘째, 우리의 '국가복지확대 모형'은 내용상으로는 조지와 와일딩의 중도노선과 민주적 사회주의 모형을 섞어 놓은 것 같은 느낌을 받는다.

그러나 우리에게는 사회주의적 색채가 없다는 점이 큰 차이를 보이는 부분이다. 즉, 한국에서는 친복지적이라 할지라도 반드시 좌파 성향의 이데올로기라고 할 수 없다는 것이다. 셋째, '분립복지 모형'과 '통합복지 모형'의 차별성은 주로 제도의 운영체제와 관련된 것이다. 따라서 조지와 와일딩이 제시한 중도노선과 민주적 사회주의 모형 간의 차이를 우리의 분립모형과 통합모형 간의 차이로 확대 해석하기는 힘들다.

(2) 4분법 모형

이 연구에서는 복지책임주체에 대한 인식과 복지실천의지에 따라 복지이념모형을 구분하였다. 〈표 2-3〉과 같이 복지이념을 네 가지 유형으로 나눈 뒤, 조사결과에 근거해서 우리 국민의 복지의식 경향과 특정을 규명하고자 하였다.

첫째, '국가주도 연대형'은 복지의 책임주체 면에서 공공기관인 국가에 대해 우선적으로 책임을 부여하고, 복지실천의지도 높은 유형을 말한다. 이 유형의 특징은 집합주의적 가치관에 입각하여 평등지향적이고 사회연대성의 원리에 대한 지지가 강하며 복지비용부담의 수용도가 높다.

표 2-3 4분법 복지모형

		복지책임주체에 대한 인식	
		개인책임	국가책임
복지실천의지	높음	민간주도 연대형	국가주도 연대형
	낮음	민간의존 소극책임형	국가의존 소극책임형

출처: 최균, 류진석(2000).

둘째, '민간주도 연대형'은 복지의 책임주체 면에서 개인과 가족, 시장 영역을 선호함과 동시에, 복지실천에 대한 개인적 책임도 높은 유형이다. 공적 책임보다는 민간 책임을 강조하고 복지비용을 각자 개인이 부담하려는 의지가 강하다. 따라서 국가주도보다는 민간주도적 연대성 원리를 강조하는 유형이다.

셋째, '국가의존 소극책임형'은 복지책임 면에서는 국가의 주도적 역할을 강조하지만, 복지실천의지는 낮은 경우이다. 이 유형은 복지 의식의 양면성을 보여 주는 특성을 지닌다. 즉, 생각으로는 평등을 지향하고 사회연대성 원리를 적극 지지하지만, 막상 이를 뒷받침하기 위한 비용부담에는 소극적 태도를 보인다.

넷째, '민간의존 소극책임형'은 민간영역의 역할을 중시하기 때문에 국가복지비용을 부담할 의사는 약한 유형이다. 이 유형은 사회적 위험과 욕구에 대한 집합적 책임의식보다는 개인 책임에 입각하여 문제해결을 선호한다. 따라서 복지비용을 사회가 공동으로 부담하는 것을 반대하고, 개별적 시장구매력에 입각한 복지서비스의 활용을 원한다.

앞서 살펴본 네 가지 유형을 기준으로 복지의식 조사를 실시한 결과는 다음과 같이 분석되었다. 첫째, 빈곤 원인에 대해서는 개인 책임의 노동윤리에 입각한 개인주의적 신념이 지배적이었다. 반면, 평등에 관해서는 현 상황이 불평등하다고 인식하는 입장이 강하게 나타났다. 둘째, 복지제도의 실시목적에 대해서는 전 국민의 적정생활보장을 통해 사회연대성과 사회통합 증진이라는 보편성 추구를 선호하는 태도를 보였다. 그리고 복지의 사회적 효과에 대해서는 긍정적 태도가 높은 비율을 보였다. 셋째, 복지예산 확충의 필요성을 강하게 인식하면서도, 그에 따른 비용

부담에 대해서는 적극적으로 받아들이지 않는 이중적 태도를 보였다. 한편, 복지책임주체에 대한 의식은 대체로 국가책임 지향적이라는 특성을 띠고 있었다. 결과적으로, 한국 국민의 복지 의식은 복지책임 면에서는 국가의 주도적 역할을 강조하지만, 복지실천과 관련된 개인의 실천의지는 낮아서 복지 의식의 이중성을 보여 준다. 따라서 한국인의 복지 의식은 '국가의존 소극책임형'으로 분류할 수 있다.

한국 국민들의 복지 의식이 이중성을 띠고 있다는 연구결과는 다른 연구에서 재확인되었다. 국민들은 복지지출 확대를 원하면서도 재원조달의 방법으로 부담이 증가하는 것에 대해서는 소극적이다. 증세보다 다른 분야의 지출 축소와 기부금 확대를 선호하며, 증세가 필요한 경우에도 자신보다 소득이 높은 계층의 부담이 우선적으로 늘어나야 한다고 생각한다. 그러나 동시에 복지수혜 당사자의 부담이 증가하는 것에 대해서는 선호하지 않는 것으로 나타났으며, 정부지출의 재배분 방법을 일차적으로 선호하고 있어 여전히 복지 의식의 이중성을 보여 주고 있다. 그러나 복지혜택이 자신에게도 미칠 것이라고 생각하는 경우 복지재원의 부담의사는 증가하며, 수혜 대상이 자신보다 상대적 약자임이 제시된다면 복지재원의 부담에 대해 더욱 적극적인 의사를 표현하고 있다(강신욱 외, 2011). 따라서 향후 복지의 확장을 위한 국민들의 부담 증가가 궁극적으로 혜택의 증가로 귀결될 것을 인식시키고, 어떤 계층의 어떤 문제(욕구)를 해결하는 데 사용될지를 분명히 제시한다면 복지 의식의 이중성 문제를 깨뜨릴 가능성은 클 것으로 보인다.

요약

사회복지의 동기는 측은지심, 상부상조, 종교적 의무, 정치적 배려, 경제적 이득, 이데올로기 명분, 전문직업적 동기 등을 포함한다. 오늘날 사회복지체계는 이런 여러 동기가 복합적으로 결합된 결과로 이해할 수 있다.

사회복지학의 가치 논의는 사회복지실천윤리와 정책이념으로 크게 양분된다. 전자는 주로 사회사업학과 관련되고 후자는 사회복지정책학과 많이 관련된다. 사회복지학은 다른 학문 분야에 비해 특정 가치의 중요성을 인정하고 수용하는 강도가 높다. 따라서 사회복지 전문가가 윤리적 딜레마에 빠질 위험성도 함께 높아진다. 사회복지실천윤리에서는 일찍부터 가치의 위계를 정립해 놓고 있다. 즉, 가치 위계에서 제일 높은 위치를 차지하는 것이 궁극적 가치이다.

한편, 사회복지정책 이념에 관한 연구는 이념의 스펙트럼에 따라 여섯 가지의 이념모형을 개발하는 방법이 주종을 이루고 있다. 극우, 중도우, 중도좌, 극좌로 통칭되는 전통적 모형들과 전통적 이념의 스펙트럼과는 무관하게 페미니즘과 녹색주의가 이에 속한다. 복지이념의 모형 연구는 지금까지 주로 서구 사회에서 일어나는 사회, 정치, 경제 현상을 분석 대상으로 진행되었다. 이에 따라 문화적 배경과 사회적 전통이 서구와는 많이 다른 한국에 그대로 적용하기에는 어려움이 있었다. 그런 이유로 인해 최근 우리 학계에도 한국의 복지이념모형에 관한 연구들이 나타나기 시작했다.

참고문헌

강상욱(2001). 한국 NGO의 성장에 관한 연구: 시민단체를 중심으로. 서울대학교 행정대학원 박사학위논문.

강신욱, 김호기, 김석호, 우선희, 박수진(2011). 한국의 사회통합 및 복지의식에 대한 연구. 사회통합위원회 보고서.

김광억, 황익주 편(2006). **광복 60년: 우리는 어디에 와 있는가**. 서울대학교출판부.

김근조(1999). **사회복지법론**. 광은기획.

김상균, 주은선, 최유석, 이정호(1999). 한국 복지이념모형 구축을 위한 기초연구. **사회복지연구, 14**, 43-70.

김종서(2010). 서양인의 한국 종교 연구. 서울대학교출판문화원.

김태성(2000). 정치적 민주주의와 사회복지. 사회복지연구, 15, 19-40.

문진영(1999). 국민기초생활보장법 제정의 쟁점과 운영방안에 관한 연구. 한국사회복지학, 38, 100-125.

문화체육관광부(2018). 한국의 종교현황.

백종현(2003). 윤리개념의 형성. 철학과현실사.

손병덕(2005). 기독교 사회복지. 대한예수교장로회총회.

손준규(1999). 현대복지 정책론. 대학출판사.

송근원, 김태성(2015). 사회복지정책론. 나남.

송복(2003). 동양적 가치란 무엇인가. 지식마당.

유병용, 신광영, 김현철(2002). 유교와 복지. 백산서당.

윤용복(2020). 종교 사회복지의 과제와 전망. 종교문화비평, 37, 13-43.

이영찬(2001). 유교 사회학. 예문서원.

이인재, 류진석, 권문일, 김진구(2010). 사회보장론. 나남.

이준우(2012). 한국 기독교사회복지재단의 현황과 방향성. 교회와 사회복지, 19, 73-121.

이혜숙 편(2003). 종교 사회복지. 동국대학교출판부.

임해영(2006). 불교사회복지기관 실태조사 분석. 대한불교조계종사회복지재단.

전남진(1987). 사회정책학강론. 서울대학교출판부.

정구현(2000). 정보지식시대의 기업과 사회. 1999년 기업 · 기업재단 사회공헌 백서. 전국경제인연합회.

정무성(2004). 기업 사회적 책임의 본질과 범위. 2003년 기업 · 기업재단 사회공헌 백서. 전국경제인연합회.

조긍호(1999). 문화유형에 따른 동기의 차이. 한국심리학회지: 사회 및 성격, 13, 233-273.

조성표, 조성한, 김진상(2003). 재단독립. 예영커뮤니케이션.

최균, 류진석(2000). 복지의식의 경향과 특징: 이중성. 사회복지연구, 16, 223-254.

최무열(2004). 한국교회와 사회복지. 나눔의집.

최일섭, 이현주(2006). 지역사회복지론. 서울대학교출판부.

한국노동연구원(1998). 21세기의 화이트칼라 유망직종 50선.

한국사회복지사협회(2001). 한국 사회복지사 기초실태 조사보고서.

한국천주교 주교회의(2021). 한국천주교회 통계 2020.

현외성, 최무열, 정재욱, 정인영, 김현주, 김원배, 강환세, 최금주, 마은경, 김용환, 박선애, 하정미, 이은정(2011). **사회복지학의 이해**. 양서원.

홍경준(1999). **한국의 사회복지체제 연구**. 나남.

Constantelos, D. (1968). *Byzantine Philanthropy and Social Welfare*. Rutgers University Press.

Dolgoff, R., Harrington, D., & Loewenberg, F. M. (2011). *Ethical Decisions for Social Work Practice* (9th ed.). Cengage Learning.

Drucker, P. F. (2000). *Community of the future*. 이재규 역(2001). **미래의 공동체**. 21세기북스.

George, V., & Wilding, P. (1976). *Ideology and Social Welfare*. R. K. P.

Jones, K., Brown, J., & Bradshaw, J. (1983). *Issues in Social Policy*. Routledge & Kegan Paul.

Kropotkin, P. (2017). *Mutual Aid: A Factor in Evolution*. Independently published.

Macarov, D. (1995). *Social Welfare: Structure and Practice*. Sage.

Mizrahi, T., & Davis, L. E. (Eds.) (2010). *Encyclopedia of Social Work* (20th ed.). Oxford University Press.

Omoto, A. M., & Snyder, M. (1995). Sustained Helping without Obligation: Motivation, Longevity of Service, and Perceived Attitude Change among AIDS Volunteers. *Journal of Personality and Social Psychology, 68*, 671-686.

Reamer, F. G. (1995). *Social work values and ethics*. 고미영, 최경원, 황숙연 역(2002). **사회복지실천의 가치와 윤리**. 사회복지실천 연구소.

Roemer, J. E. (1998). *Equality of Opportunity*. Harvard University Press.

Titmuss, R. M. (1969). *Essays on the Welfare State*. Beacon Press.

Watson, D. (1980). *Caring for Strangers*. Routledge & Kegan Paul.

Wilensky, H. L. (1975). *The Welfare State and Equality: Structural and Ideological Roots of Public Expenditures*. University of California Press.

제3장

사회복지와 인권

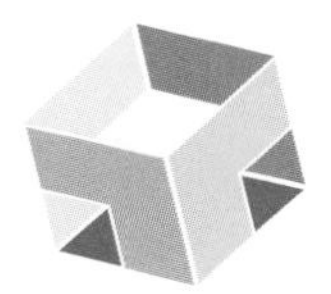

사회복지는 인간이 인간다운 삶을 영위하는 것, 그리고 그를 이루기 위한 사회적 노력을 가리킨다. 사회복지의 가치는 모든 인간이 타고난 존엄과 가치를 지닌다는 것을 전제로 한다. 사회복지는 인권의 개념 및 실현과 매우 밀접한 관계를 가진다. 인권은 사람이 사람답게 살기 위해 보장되어야 하는 권리로서 모든 인간의 존엄을 보장하는 것을 목표로 하기 때문이다. 이 장에서는 인권의 개념과 사회복지의 관계, 사회복지 분야와 밀접한 관련이 있는 사회권의 내용, 사회복지의 인권론적 접근에 대한 다양한 시각들, 사회복지와 인권 보장에 대한 전망을 살펴본다.

1. 인권의 개념과 사회복지의 관계

인간이 인간다움을 유지하며 존재하기 위해서는 기본적으로 충족되어야 할 욕구가 있다. 시대와 사회에 따라 그 구성이 달라질 수 있으나, 그것은 생존의 욕구와 스스로 의사결정을 할 수 있는 자율성의 욕구 등으로 이루어진다. 이러한 욕구들을 충족하기 위한 제도와 실천이 사회복지이며, 이러한 욕구의 충족을 규범적으로 표현하는 것이 인권이다. 즉, 인권이 인간의 존엄과 가치를 유지해야 하는 것의 당위성과 규범성을 표현한 것이라면, 사회복지는 인간의 존엄과 가치를 유지하기 위한 사회제도와 공동체의 노력이라 할 수 있다.

1) 인권의 개념

인권이란 사람이 사람답게 살기 위해 필요하고 보장되어야 할 권리를 말한다. 인권은 모든 사람이 가지는, 인간의 존엄을 보장하기 위한 권리이다. 즉, 인권이 추구하는 것은 인간의 존엄과 가치이다. 대표적인 인권 문서들인 '유엔헌장'(전문), '세계인권선언'(제1조), '시민적 · 정치적 권리에 관한 국제규약'과 '경제적 · 사회적 · 문화적 권리에 관한 국제규약'(전문) 모두 인권은 인간의 고유한 존엄성으로부터 유래한다는 것을 명시한다. 대한민국 「헌법」 제10조 역시 인간으로서의 존엄과 가치를 핵심 가치로 선언하고 있다. 인권의 개념에 따르면 모든 인간은 다른 어떤 조건의 필요 없이 단지 인간이기 때문에 존엄하고 가치 있다.

20세기에 두 차례의 세계대전에서 대량 학살과 파괴로 대규모 인권 유린의 비극을 겪은 인류는 인권에 대한 보편적 합의를 추구하였다. 그 결과, 1945년 발효된 유엔헌장(UN Charter)은 전문에서 '기본적 인권, 인간의 존엄과 가치, 남녀 및 대소 각국의 평등한 권리'에 대한 신념을 확인하고, '인권과 기본적 자유의 존중'이 유엔 설립 목적의 하나임을 명시하였다. "경제적 · 사회적 · 문화적 또는 인도적 성격의 국제문제들을 해결하고, 인종 · 성별 · 언어 또는 종교에 따른 차별 없이, 모든 사람의 인권 및 기본적 자유에 대한 존중을 촉진하고 장려함에 있어 국제적 협력을 달성한다."(유엔헌장, 제1조) 유엔헌장을 통해 인권은 개별 국가 차원의 문제가 아니라 보편적 관심의 대상이라는 것 그리고 모든 국가가 인권을 존중하고 준수하기 위한 조치를 취할 것이 선언되었다.

유엔총회에서 한 나라의 반대도 없이 채택된 '세계인권선언'(1948)은 인권 존중

에 관한 유엔헌장의 취지를 구체화한 문서로 인권 발전과 그를 위해 인류가 기울인 노력의 이정표이다. 그 전문은 "모든 인류 구성원이 존엄하고 평등하며 양도할 수 없는 권리가 있으며, 이를 인정하는 것이 전 세계의 자유와 정의와 평화의 기초"라고 선언한다. 세계인권선언은 생명, 자유 및 신체의 안전(제3조), 법 앞에 평등(제7조), 사생활의 보장(제12조), 거주의 자유(제13조), 사유재산권(제17조), 사상 · 양심 · 종교의 자유(제18조), 의견과 표현의 자유(제19조), 집회 · 결사의 자유(제20조), 투표권과 참정권(제21조), 사회보장을 받을 권리(제22조), 직업 선택의 자유와 노동조건 보호(제23조), 노동시간의 합리적 제한과 휴식 · 여가(제24조), 건강과 안녕에 적합한 생활수준(제25조), 교육을 받을 권리(제26조), 문화생활 참여(제27조) 등 다양한 권리에 대해 기술하고 있다.

인권을 인류의 보편적 가치로 선포한 세계인권선언 이후 많은 인권 관련 국제규약이 탄생하였다. 대표적으로 '시민적 · 정치적 권리에 관한 국제규약' 및 '경제적 · 사회적 · 문화적 권리에 관한 국제규약'이 있다. 이들은 세계인권선언과 더불어 국제인권장전(International Bill of Rights)으로 불린다. 그 외에도 '인종차별 철폐에 관한 국제협약' '여성에 대한 모든 형태의 차별 철폐에 관한 협약' '고문과 그 밖의 잔혹한 비인도적 또는 굴욕적인 대우나 처벌 방지에 관한 협약' '아동의 권리에 관한 협약' '장애인의 권리에 관한 협약' '이주노동자와 그 가족의 보호에 관한 국제협약' 등이 있다.

인권의 국제적 보장을 위한 인류의 노력은 다음과 같이 발전하였다(김태천, 2000). 첫째, 1948년 유엔총회에서 채택된 세계인권선언을 구체적이고 구속력을 가지는 국제협약으로 발전시키는 노력이 있었다. 이러한 노력은 60개가 넘는 인권 관련 국제협약의 성립으로 이어졌다. 둘째, 인종차별 철폐, 고문방지, 여성차별 철폐, 강제실종방지 등과 같이 인권의 보장과 대립하는 구체적인 문제들을 해결하기 위한 노력과 아동권리, 장애인권리, 이주노동자권리 등 사회적 취약계층의 권리를 보호하기 위한 협약의 마련이다.

인권의 중요성에 대해서는 이론의 여지가 적지만 인권의 내용과 범위에 대해서는 논쟁이 계속되고 있다. 첫째, 인권의 보편성과 특수성의 문제이다. 인권은 어느 곳에서나 보편적으로 실현되어야 한다는 주장이 있다. 반면에 문화적 · 역사적 · 사회적 상황이 인권의 실현 조건을 제한할 뿐 아니라 사회와 구성원의 인권 개념을 규정한다고 보는 특수성 주장이 있다. 인권의 개념과 그 제도화는 역사적으로 끊임없이 변화된 것이 사실이며, 그 변화 과정에서 타 문화의 영향은 변화의 중요한 요인이 되었다. 따라서 인권의 보편성과 특수성은 '필요한 긴장'이라는 지적(Donnelly, 1989)은 타당하다. 한편, 문화도 고정불변한 것이 아니라 본질적 변화를 겪는다(Donnelly, 1989). 따라서 인권이 국제적으로 보편성을 인정받게 된 것은 인권이 천부적인 어떤 것이기 때문이라기보다 사회와 문화가 지속적으로 발전하고 있기 때문이다.

둘째, 기본적 인권을 구성하는 구체적인 권리의 내용은 역사적이고 역동적이라는 점이다. 과거에는 관심의 대상이 아니었지만 오늘날에는 인권의 문제로 제기되고 인정받는 것들이 많이 있다. 사생활과 통신 보호에 대한 권리, 이주노동자와 그 가족의 권리, 강제실종을 당하지 않을 권리 등을 사례로 들 수 있다.

셋째, 인권의 내용으로 흔히 시민적 · 정치적 권리와 경제적 · 사회적 · 문화적 권리를 구분하고 비교적 최근에는 발전 · 평화 · 환경에 대한 권리 등에 대한 논의도 계속되고 있다. 체코 출신 프랑스 법학자 바샤크(Vasak)는 진화론적 세대 모형을 적용하여 자유권 · 사회권 · 연대권을 각각 1세대, 2세대, 3세대 인권에 부합하는 것으로 분류하였다(권혜령, 2018). 이러한 논의는 시대의 변화를 반영하는 인권 개념의 발전을 보여 주지만, 이들 구체적인 권리가 위 순서로 발전한다거나 앞 세대의 권리가 우선한다고 볼 수는 없다.

한편, 아이프(Ife, 2008)는 인권의 특성과 관련하여 고려해야 할 점들을 다음과 같이 지적하였다. 첫째, 인권을 서구만의 개념인 것처럼 말하기 어렵다. 인권사상의 출발점으로 근대 서구의 자연법 사상가들의 업적을 부각시키지만, 실제로 인권에 대한 개념은 다양한 지역의 종교와 학문적 사상들 속에서 오래전부터 존재하고 있었다.

둘째, 인권은 계몽주의 사상에서 기원하고 지난 2세기 동안 발전한 개념이지만, 인권이라는 용어를 사용하지 않았어도 인간의 존엄성과 관련된 인권사상은 지역

에 따라 그보다 한참 오래전부터 존재하였다.

셋째, 인권은 단순히 자기만족이나 소비자 주권만을 중심으로 두는 것이 아니고 더 광범위하고 근본적인 인간 존엄성에 대한 기본권을 중시하는 것이다.

넷째, 인권 개념은 상호 충돌할 수밖에 없으며 조정하기가 힘들다는 것에 동의하기 어렵다는 점이다. 인권과 관련하여 상호 갈등할 수밖에 없는 경우는 많지만 그렇다고 갈등을 조정할 수 없는 것은 아니라는 것이다.

2) 인권과 사회복지

사회복지와 인권은 공통적으로 모든 사람은 인간다운 생활을 영위할 권리를 갖고 있다는 점을 강조한다. 국가와 사회는 그러한 권리를 보장할 의무가 있고, 국가와 사회의 구성원은 인간다운 생활을 영위하고 존엄을 실현할 수 있는 권리를 가진다는 것이다. 따라서 사회복지와 인권은 개념적 · 실천적으로 매우 밀접하게 연관된다.

(1) 세계인권선언과 인권 관련 국제협약

1948년의 세계인권선언은 인권의 보편성과 중요성을 선포한 기념비적인 문서이지만 규범적 · 도덕적 선언으로 실행을 위한 구속력이 없다는 한계를 가졌다. 실행의 구속력을 갖기 위해서는 회원국의 비준이 필요한 협약이나 조약 형식이 필요하기 때문이다. 그래서 세계인권선언은 실질적으로 법적 지위를 확보하는 방향으로 발전되었다. 첫째, 1948년 이후 「헌법」에 기초한 많은 국가가 세계인권선언을 수용하여 그 내용을 기본권으로 받아들인 점, 둘째, 지역 차원의 정부 간 조직들이 채택한 각종 인권 관련 규약과 결의문 등에 세계인권선언의 내용과 정신이 반영된 점, 셋째, 유엔총회 또는 산하 전문기구들의 선언과 규약 및 결의문 등에 세계인권선언의 정신이 인용되고 수용되었다는 점에서 그렇다. 〈표 3-1〉은 사회복지 관련 주요 국제인권협약과 한국의 협약 가입현황을 보여 주고 있다.

표 3-1 주요 국제인권협약문

협약명	협약 채택/발효	가입서/비준서 기탁	발효
시민적 · 정치적 권리규약(B규약)	1966. 12. 16./1976. 3. 23.	1990. 4. 10.	1990. 7. 10.
–제1선택의정서(개인진정)	1966. 12. 16./1976. 3. 23.	1990. 4. 10.	1990. 7. 10.
–제2선택의정서(사형제 폐지)	1989. 12. 15./1991. 7. 11.	미가입	–
경제적 · 사회적 · 문화적 권리규약(A규약)	1966. 12. 16./1976. 1. 3.	1990. 4. 10.	1990. 7. 10.
–선택의정서	2008. 12. 10./2013. 5. 5.	미가입	–
인종차별철폐협약	1965. 12. 21./1969. 1. 4.	1978. 12. 5.	1979. 1. 4.
여성차별철폐협약	1979. 12. 18./1981. 9. 3.	1984. 12. 27.	1985. 1. 26.
–선택의정서	1999. 10. 6./2000. 12. 22.	2006. 10. 18.	2007. 1. 18.
고문방지협약	1984. 12. 10./1987. 6. 26.	1995. 1. 9.	1995. 2. 8.
–선택의정서	2002. 12. 18./2006. 6. 22.	미가입	–
아동권리협약	1989. 11. 20./1990. 9. 2.	1991. 11. 20.	1991. 12. 20.
–제1선택의정서(아동의 무력충돌 참여)	2000. 5. 25./2002. 2. 12.	2004. 9. 24.	2004. 10. 24.
–제2선택의정서(아동매매 · 성매매 · 음란물)	2000. 5. 25./2002. 1. 18.	2004. 9. 24.	2004. 10. 24.
–제3선택의정서(개인진정)	2011. 12. 19./2014. 4. 14.	미가입	–
장애인권리협약	2006. 12. 13./2008. 5. 3.	2008. 12. 11.	2009. 1. 10.
–선택의정서	2006. 12. 13./2008. 5. 3.	2022. 12. 15.	2023. 1. 14.
이주노동자권리협약	1990. 12. 18./2003. 7. 1.	미가입	–
강제실종방지협약	2006. 12. 20./2010. 12. 23.	2023. 1. 4.	2023. 2. 3.

출처: 외교부 홈페이지(https://www.mofa.go.kr/www/wpge/m_3996/contents.do).

1993년에 열린 세계인권회의(The World Conference on Human Rights)는 인권 증진과 보호가 국제사회의 정당한 관심사임을 확인하였다. 여기에서 채택된 비엔나 인권선언 및 행동계획(Vienna Declaration and Programme of Action)은 각국 정부에

인권의 법제화, 인권 보장을 위한 제도와 기관의 강화를 목표로 하는 범국가적 종합계획인 국가인권정책기본계획(National Human Rights Plans of Action)을 수립할 것을 권고하였다. 한국은 제1차 기본계획(2007~2011), 제2차 기본계획(2012~2016), 제3차 기본계획(2017~2022)을 통해 인권 향상을 위한 범국가적 종합계획을 수립 · 시행해 오고 있다.

(2) 경제적 · 사회적 · 문화적 권리에 관한 국제협약

경제적 · 사회적 · 문화적 권리에 관한 국제협약(International Covenant on Economic Social and Cultural Rights, A규약)은 대표적인 인권규약의 하나이다. 사회권 규약으로도 불리며 1966년에 체결되고 1976년에 발효되었다. 또 하나 대표적인 것은 시민적 · 정치적 권리에 관한 국제협약(International Covenant on Civil and Political Rights, B규약)으로 자유권 규약으로도 불린다. 두 협약은 각 회원국의 비준을 요구하며 전 세계적으로 법률적 효력이 인정된다. 이 두 문서는 앞에 나온 세계인권선언을 합하여 '국제권리장전'이라 일컬어진다.

인권 B규약은 자유권과 정치적 권리를 규정하고 있다. 인권 A규약은 사회복지와 밀접히 관련된 사회권에 관한 포괄적인 규정을 담고 있는데, 남녀평등(제3조), 노동의 권리(제6조), 공정하며 유리한 노동조건(제7조), 노동기본권(제8조), 사회보장권(제9조), 가정의 보호(제10조), 의식주 권리와 기아로부터의 해방(제11조), 건강권(제12조), 교육권(제13, 14조), 과학과 문화적 권리(제15조) 등을 포함한다.

각국 정부는 인권보장을 위해 국가별 사정에 맞게 최선의 노력을 다해야 하며, 이를 위해 국내 인권 상황과 정부의 노력에 대한 최초의 보고서를 가입 직후 제출한 후 매 5년마다 정기보고서를 제출해야 한다. 유엔 경제사회이사회 산하에서 사회권 규약과 자유권 규약을 담당하는 소위원회는 각국 정부가 제출한 보고서를 심의하며, 심의결과를 권고 형식으로 발표한다(이혜영, 2020). 사회권 규약과 관련하여 한국 정부는 1994년에 최초 보고서를 유엔에 제출하였고, 2016년에 제4차 국가보고서를 제출하였다. 자유권 규약은 매 5년마다 보고서를 제출해야 하는데, 1991년에 제1차 보고서를 시작으로 2021년에 제5차 국가보고서를 제출하였다.

(3) 한국「헌법」에서 인권과 사회복지 관련 권리

〈표 3-2〉는 대한민국「헌법」과 세계인권선언이 규정하는 다양한 기본권을 보여 준다. 영국의 사회학자 마샬(Marshall)의 시민권 논의를 중심으로 자유권 · 참정권 · 사회권을 구분한 후 한국「헌법」조항의 내용과 연결하여 분류한 것이다(이영

표 3-2 한국「헌법」과 세계인권선언의 기본권 조항

<table>
<tr><td>총론</td><td colspan="3">第10조: 모든 국민은 인간으로서의 존엄과 가치를 가지며, 행복을 추구할 권리를 가진다. 국가는 개인이 가지는 불가침의 기본적 인권을 확인하고 이를 보장할 의무를 진다.</td></tr>
<tr><td rowspan="6">자유권</td><td>第11조(법 앞의 평등)</td><td>第12조(신체의 자유)</td><td>第14조(거주 이전의 자유)</td></tr>
<tr><td>第15조(직업선택의 자유)</td><td>第16조(주거의 자유)</td><td>第17조(사생활의 비밀과 자유)</td></tr>
<tr><td>第18조(통신의 비밀보장)</td><td>第19조(양심의 자유)</td><td>第20조(종교의 자유)</td></tr>
<tr><td colspan="2">第21조(언론, 출판, 집회, 결사의 자유)</td><td>第22조(학문과 예술의 자유)</td></tr>
<tr><td colspan="3">第23조(재산권 행사의 자유)</td></tr>
<tr><td colspan="3">※세계인권선언의 3~20조</td></tr>
<tr><td rowspan="4">참정권</td><td>第24조(선거권)</td><td>第25조(공무담임권)</td><td>第26조(청원권)</td></tr>
<tr><td>第27조(재판청구권)</td><td>第28조(형사보상청구권)</td><td>第29조(국가배상청구권)</td></tr>
<tr><td colspan="3">第30조(범죄피해자구조)</td></tr>
<tr><td colspan="3">※세계인권선언의 21조</td></tr>
<tr><td rowspan="4">사회권</td><td>第31조(교육의 권리와 의무)</td><td>第32조(노동의 권리와 의무)</td><td>第33조(노동3권)</td></tr>
<tr><td colspan="3">第34조(생존권적 기본권)
① 모든 국민은 인간다운 생활을 할 권리를 가진다.
② 국가는 사회보장 · 사회복지의 증진에 노력할 의무를 진다.
③ 국가는 여자의 복지와 권익의 향상을 위하여 노력하여야 한다.
④ 국가는 노인과 청소년의 복지 향상을 위한 정책을 실시할 의무를 진다.
⑤ 신체장애자 및 질병 · 노령 기타의 사유로 생활능력이 없는 국민은 법률이 정하는 바에 의하여 국가의 보호를 받는다.
⑥ 국가는 재해를 예방하고 그 위험으로부터 국민을 보호하기 위하여 노력하여야 한다.</td></tr>
<tr><td>第35조(환경, 주거권)</td><td colspan="2">第36조(혼인의 양성평등과 모성보호, 건강권)</td></tr>
<tr><td colspan="3">※세계인권선언의 22~27조</td></tr>
</table>

출처: 이영환(2004), p. 395.

환, 2004). 표의 내용은 세계인권선언에서 제시된 인권이 국가 차원에서 구체적으로 적용되는 실례이기도 하다.

총론은 한국「헌법」제10조를 통해 모든 국민이 인간의 존엄과 가치를 가지며 또한 행복을 추구할 권리가 있다는 점, 국가는 개인이 가지는 불가침의 기본적 인권을 보장할 의무를 가진다는 점을 기술하고 있다. 행복추구권은 사회권, 인간다운 생활을 할 권리, 사회보장의 권리, 복지권 등의 기반이 된다. 구체적으로, 교육을 받을 권리(제31조), 근로의 권리(제32조), 인간다운 생활을 할 권리(제34조), 환경 및 주거권(제35조), 모성보호(제36조), 건강권(제36조) 등이 포함되어 있다. 또한 한국「헌법」은 제10조에서 "국가는 개인이 가지는 불가침의 인권을 확인하고 이를 확인할 의무를 진다.", 제34조에서 "국가는 사회보장·사회복지의 증진에 노력할 의무를 진다."라고 명시하고 있어, 기본적인 인권 그리고 사회권의 보장을 위한 국가의 책임을 분명하게 보여 주고 있다.

'인간다운 생활을 할 권리'(제34조)는 사회권으로 구분되는 구체적인 권리들 일반을 가리키기도 하고, 또는 사회권의 일부로 여겨지기도 한다(국가인권위원회, 2019). 전자의 경우 인간다운 삶에 필수적인 요소들, 즉 노동, 식량, 주택, 교육, 의료 및 기타 사회서비스와 사회적 위험으로 인한 소득상실 상황에서의 사회보장 등 전반에 대한 권리를 가리킨다. 후자의 경우 의식주, 의료 및 필요한 사회복지를 포함하여 자신과 가족의 건강과 안녕에 적합한 생활수준을 누릴 권리(세계인권선언 제25조, 사회권 규약 제11조)로 표현할 수 있다.

2. 시민권 이론

1) 시민권의 개념

시민권은 인간의 권리에 대한 사상가들의 인식에서 출발하였으므로 이와 관련된 논의를 우선 살펴본다. 대표적인 학자로 시민권 이론(citizenship theory)을 철학의 영역에서 사회과학의 영역으로 확장시킨 마샬(T. H. Marshall)을 들 수 있다. 마샬은 '평등한 권리'를 주창하는 시민권과 '불평등한 원리'에 기초하는 자본주의 체제가 어떻게 근대에 나란히 발전할 수 있었는지를 탐구하였다. 그는 시민권(citizenship)이 자유권(civil rights), 정치권(political rights), 사회권(social rights)의 세 요소로 구성되며, 영국사회 발전에 대한 분석에 기반하여 18세기에는 자유권, 19세기에서 20세기 초까지는 정치권, 20세기에 사회권의 순으로 발전하면서 시민권이 완성되었다고 보았다.

자유권은 개인의 자유를 위해 필요한 권리로서, 신체의 자유(liberty of the person), 사상 · 종교의 자유(freedom of thought, faith), 사유재산권(right to own property), 계약의 자유(right to conclude valid contracts), 법 앞의 평등(right to justice) 등을 포함하는 개념이고 이를 보장하기 위한 중요한 제도적 장치는 법원이다(Marshall, 1981).

정치권은 언론 · 출판 · 집회 · 결사의 자유, 노동조합 결성의 권리, 정치권력에 참여할 수 있는 권리인 참정권과 피선거권을 포함한다. 이를 보장하기 위한 대표적인 제도적 장치로 의회가 있다(Marshall, 1981). 정치권의 발달은 서구 복지국가의 발달을 설명하는 중요한 요소이다. 민주주의 체제에서 주기적으로 실시되는 선거를 통해 유권자들은 자신들의 기본적 욕구가 충족되고 그것의 최저수준이 향상될 수 있는 방향으로 참정권을 행사하고, 각 정당들은 유권자들의 요구에 주의를 기울이면서 복지국가의 발전이 이루어질 수 있다는 것이다.

사회권은 자유권과 정치권의 확보를 기반으로 하며, 경제적 보장에 대한 권리부터 사회적 유산을 공유할 수 있는 권리, 한 사회의 기준에서 문명화된 삶을 누릴 수 있는 권리를 포함한다. 사회권을 보장하기 위한 주요 제도적 장치로는 교육제도와 사회서비스가 있다(Marshall, 1981). 자유권 및 정치권과 비교하여 마샬의 사회권 개념은 다소 포괄적이고 모호하다. 왜냐하면 사회적 유산과 문명화된 삶이 무엇인가에 대한 해석이 시공간에 따라 달라질 수 있기 때문이다. 바로 이런 특성 때문에 사회권은 국가마다 그리고 시기마다 의미하는 바가 달라지게 된다. 하지만 사회권은 현대사회에서 국가가 국민 또는 시민을 위해 적절한 수준의 생활수준을 보장할 것에 대한 지침을 제시하고 있다는 점에서 큰 의미가 있다.

마샬의 시민권에 관한 논의를 종합하면, 첫째, 자유주의 또는 공리주의적 권리관은 계급이익의 표현이며 본질적으로 개인주의적인 것으로, 자본주의와 양립할 수 있을 뿐만 아니라 자본주의 시장구조는 이러한 권리들을 요구한다. 둘째, 사회권은 대표자 선출과 정치적 · 사회적 참여를 위한 노동계급의 투쟁으로 말미암아 새로운 형태의 권리로 등장하였다. 사회권은 사회복지제도의 기초이며 명목적 평등원칙에 기반한 자유권 및 참정권과 구분된다.

시민권은 공동체의 완전한 성원이라는 개념과 결부된 인간의 기본적인 권리를 강조한다. 또한 국민이 인간다운 생활을 할 수 있도록 국가에 요구할 수 있는 권리가 보장되는 것과 국가의 책임을 강조하는 논리를 제공한다. 이는 복지권이라는 개념이 발전하는 토대가 된다.

한국 현행 「헌법」은 제34조 제1항의 인간다운 생활을 할 권리를 정점으로 교육을 받을 권리, 근로의 권리, 사회복지와 사회보장에 대한 권리, 환경과 주거의 권리, 건강권, 범죄피해자구조에 관한 권리 등 여러 가지 사회적 기본권을 수용하고 있다. 그런데 이러한 권리가 국민들이 국가를 상대로 주장할 수 있고 국가에 이행의 책임을 부과할 수 있는 권리인가 아니면 입법부와 행정부에 대한 행위의 지침, 즉 행위규범인가는 논란의 대상이다.

다음 헌법재판소의 판례는 사회권에 대한 국가의 의무를 어떻게 해석할 것인가에 관한 유용한 정보를 제공한다. 청구인은 1994년 생활보호사업 지침상의 '1994년 생계보호기준'에 의하여 생계보호급여를 받고 있는데, 이 보호급여 수준이 최저생계비에도 미치지 못하여 「헌법」상 보장된 청구인들의 행복추구권과 인간다운 생활을 할 권리를 침해하고 있다는 이유로 '1994년 생계보호기준'에 대한 헌법소원심판을 청구하였다.

> 모든 국민은 인간다운 생활을 할 권리를 가지며 국가는 생활능력 없는 국민을 보호할 의무가 있다는 「헌법」의 규정은 모든 국가기관을 기속하지만…… 위와 같은 「헌법」의 규정이, 입법부나 행정부에 대하여는 국민소득, 국가의 재정능력과 정책 등을 고려하여 가능한 범위 안에서 최대한으로 모든 국민이 물질적인 최저생활을 넘어서 인간의 존엄성에 맞는 건강하

고 문화적인 생활을 누릴 수 있도록 하여야 한다는 행위의 지침, 즉 행위규범으로서 작용하지만, 헌법재판에 있어서는 다른 국가기관, 즉 입법부나 행정부가 국민으로 하여금 인간다운 생활을 영위하도록 하기 위하여 객관적으로 필요한 최소한의 조치를 취할 의무를 다하였는지를 기준으로 국가기관의 행위의 합헌성을 심사하여야 한다는 통제규범으로 작용하는 것이다…….

'인간다운 생활'이란 그 자체가 추상적이고 상대적인 개념으로서 그 나라의 문화의 발달, 역사적 · 사회적 · 경제적 여건에 따라 어느 정도는 달라질 수 있는 것일 뿐만 아니라, 국가가 이를 보장하기 위한 생계보호 수준을 구체적으로 결정함에 있어서는 국민 전체의 소득수준과 생활수준, 국가의 재정규모와 정책, 국민 각 계층의 상충하는 갖가지 이해관계 등 복잡하고도 다양한 요소를 함께 고려하여야 한다. 따라서 생계보호의 구체적 수준을 결정하는 것은 입법부 또는 입법에 의하여 다시 위임을 받은 행정부 등 해당 기관의 광범위한 재량에 맡겨져 있다고 보아야 한다.

그러므로 국가가 인간다운 생활을 보장하기 위한 헌법적 의무를 다하였는지의 여부가 사법적 심사의 대상이 된 경우에는, 국가가 생계보호에 관한 입법을 전혀 하지 아니하였다든가 그 내용이 현저히 불합리하여 헌법상 용인될 수 있는 재량의 범위를 명백히 일탈한 경우에 한하여 헌법에 위반된다고 할 수 있다.

(헌법재판소 1997. 5. 29. 선고 94헌마33 全員裁判部 [1994년 생계보호기준 위헌 확인] [헌집9-1, 543])

이와 같이 인간다운 생활을 영위하도록 하기 위한 조치를 취하는 데 있어 국가 기관의 의무에 대한 입법부와 행정부 등의 광범위한 재량을 인정하는 판례는 2002년도 국민기초생활보장최저생계비 위헌 소송에서도 반복되었다(헌재 2004. 10. 28. 2002헌마328). 이 판례들은 한국 「헌법」이 인간의 존엄과 가치 및 행복추구권, 인간다운 생활을 할 권리 등 사회권을 명시하고 있지만, 그를 보장할 국가의 책임과 의무는 관련 기관의 재량에 맡겨지고 있음을 보여 준다.

2) 사회권과 사회복지

사회권은 현대 사회복지의 중요한 특징인 국가에 의한 사회보장 제공의 근거를 제시했다는 평가를 받는다. 마샬의 사회권 개념은 사회서비스를 통한 자원의 재분배, 삶의 질 확보, 사회복지 공급 주체로서 국가의 의무와 책임 등의 내용을 담고 있다. 그의 논의에서 사회서비스나 사회보장은 시민권이 완성되는 과정에서 얻어진 성과이다.

미슈라(Ramesh Mishra)는 자본주의 경제체제를 근간으로 정치적 민주주의 체제를 선택한 국가들에서의 복지국가 발달을 설명하는 데 사회권이 매우 유용한 틀임을 강조하였다(강철희, 홍현미라, 2003). 시민권 개념 덕분에 사회복지에 대한 '자유방임적' 또는 '잔여적' 접근으로부터 탈피하고 '제도적' 접근을 취하는 것이 타당하게 받아들여질 수 있었기 때문이다.

사회권에 기반하는 사회복지 또는 사회보장은 자립할 수 없거나 스스로를 책임질 수 없는 이들에게만 선별적으로 제공되기보다는 그 대상을 포괄적으로 상정하며 인간다운 생활을 하기 위하여 국민 또는 시민에게 무엇이 필요한가에 초점을 맞춘다. 따라서 사회권은 사회복지제도와 사회서비스의 보편화와 제도화의 철학적 · 이론적 기반이 되고 나아가 그러한 접근에 정당성을 부여한다.

마샬의 시민권 이론은 여러 장점과 함께 한계도 있다. 첫째, 마샬은 영국사회의 발전을 분석하면서 시민권의 발전을 단선적인 과정으로 제시하였다는 점이다. 상이한 역사적 · 사회경제적 · 정치적 특성을 가진 사회는 시민권의 발달 순서가 다르거나 중첩되어 나타날 수도 있다. 둘째, 구체적 권리에 대한 분류가 명확하지 않아 혼동의 여지가 있다. 예를 들어, 노동조합을 결성할 권리는 자유권인지 또는 사회권으로 분류할 수 있는지 논란의 여지가 있는데, 이는 유엔에서 세계인권선언을 채택할 때도 쟁점 중 하나였다고 한다.

이러한 한계들을 극복하면서 인권 개념을 발전시키기 위한 대안들이 등장하였다. 대표적인 것으로 우선, 바샤크(1982)가 프랑스 혁명의 3대 기치인 자유, 평등, 박애를 바탕으로 전개한 인간권리의 3차원(혹은 세대)론을 들 수 있다. 바샤크는 자유를 1세대 권리인 자유권과 참정권, 평등은 2세대 권리인 경제적 · 사회적 · 문화적 권리와 결부하였다. 그리고 이들과 구별되는 3세대 권리로 우애 개념에 입각한 연대와 단결의 권리 혹은 집단권을 주창하였다. 3세대 권리는 공동체 차원에서 성취할 수 있는 권리로서 신선한 공기와 청결한 물, 무공해식품에 대한 권리와 같은 환경권과 전쟁에 반대하고 평화를 누릴 권리, 정치적 안정, 민족자결권, 세계문화유산에 대한 권리, 우주개발의 권리, 프라이버시의 권리, 개발과 개발이익에 참여할 발전권 등을 포함한다.

둘째, 유엔 인권위에서 활동한 테오 반 보벤(Theo van Boven)의 세 가지 인권 분류축 이론이 있다. 그는 인권을 기본적 인권 대 기타 인권, 시민적 · 정치적 권리 대 경제적 · 사회적 · 문화적 권리, 개인적 권리 대 집단적 권리 등 세 가지 축으로 나눈다. 기본적 인권과 기타 인권을 구별하는 것은 기본적 권리를 근본적 권리로 볼 수 있기 때문이라고 그는 주장한다. 그리고 국제인권협약에서도 구분하고 있듯이 시민적 · 정치적 권리와 경제적 · 사회적 · 문화적 권리는 별개의 집단이라고 주장한다. 마지막으로 개인적 권리와 집단적 권리의 구분은 단정적일 수는 없으나 독자적 인격체로서의 개인, 또는 여러 사회관계의 일부를 이루고 있는 인간으로서의 개인적 권리와는 별도로 이제 집단이나 공동체의 권리에 주목해야 한다는 점을 강조한다.

앞에서 언급한 바샤크와 반 보벤에서 볼 수 있듯이, 근래 인권에 대한 접근에서 두드러지는 발전은 개인주의적 접근에서 집단주의적 접근으로의 변화이다(Vasak, 1982). 집단주의적 접근은 사회통합의 핵심이 되는 공동체의 가치를 강조하고 있다는 점에서 사회복지의 원리와 밀접하게 연결된다. 공동체의 가치와 역할, 사회통합, 사회적 포용성은 사회복지를 발전시키고 유지시키는 중요한 원리이기 때문이다.

3. 사회복지의 인권론적 접근에 대한 비판과 옹호

마샬의 시민권 이론이나 바샤크의 인간권리의 3차원(혹은 세대)론, 반 보벤의 세 가지 인권 분류축 이론은 모두 복지권을 강력하게 옹호한다. 그런데 그와 같은 옹호론만 있는 것이 아니고 반대론도 있다. 이 절에서는 사회복지의 인권론적 접근에 대한 반대론을 먼저 살펴보고 이어서 옹호론을 정리한다.

1) 사회복지의 인권론적 접근에 대한 비판

(1) 기준상의 문제

사회복지의 인권론적 접근을 반대하거나 복지권을 인권으로 보지 않는 주장의 근거는 다음과 같이 세 가지 점에서 기준이 모호하다는 것이다(Timms & Watson, 1976: 김상균, 1998: 398-399에서 재인용). 첫째, 복지권은 실천성의 기준을 갖추고 있지 못하다. 인권은 보편적인 권리로서 그 권리를 충족시키기 위해서는 권리와 함께 의무가 있어야 함을 강조한다. 의무를 수행하는 실체가 있어야 하고 또한 의무를 수행할 수 있는 능력을 갖추어야 하는데 복지의 대상자들이 의무를 수행할 능력이 없다면 권리에 대한 주장만으로 복지권이 보편적 권리로 인정될 수 없다. 둘째, 특정한 권리가 인권이 되기 위해서는 그 권리가 인간성을 유지하는 데 매우 중요해야 하는데, 복지권은 그러한 필수적 중요성(paramount importance)의 조건을 갖고 있지 못하다. 셋째, 인권은 사회구성원 누구에게나 보편타당해야 한다. 그러나 복지권은 특정 개인이나 집단에게만 해당되는 경우가 많기 때문에 인권으로 인정받기 어렵다.

(2) 시민권 전반에 대한 비판

인권이 국적과 상관없이 모든 개개인의 권리를 나타내는 반면, 시민권은 특정 국가의 국적을 가진 시민에게만 부여되는 권리이다(국가인권위원회, 2019). 시민권의 경우 권리를 가지는 주체와 권리 수행의 의무를 가진 주체가 국민국가 단위라는 점은 장단점을 가진다. 시민권의 대상이 '모든 사람을 위한 모든 인권'보다 협소하다는 점은 한계이고, 한편으로 권리의 주체와 의무자가 더 분명하다는 점은 장점이다.

시민권론 전반에 대한 비판을 미슈라의 견해를 중심으로 요약하면 다음과 같다(김형식 편, 1998).

첫째, 시민권은 법제에 의한 사회복지에 초점을 맞추므로 민간영역에서의 활동은 고려되지 않는다. 인간의 기본적 욕구를 충족시켜 주는 다양한 주체들 및 그들의 상호관계를 고려할 필요가 있다. 이러한 측면에서 사회권은 범위가 제한적이다.

둘째, 시민권의 범위는 서구 민주주의 사회에 국한된 것으로 보인다. 민주주의가 제대로 발달하지 않은 국가에서 사회권은 자유권과 참정권의 충분한 보장을 유보하기 위한 수단으로 이용되기도 한다.

셋째, 사회권의 성격과 내용이 불분명하다. 마샬은 사회권이 최소한의 경제적 보장과 사회적 유산을 충분히 누릴 수 있는 권리와 사회적 기준에 따른 시민적 존재로서 생활할 수 있는 권리까지 모두 포함하는 것으로 보았다. 그렇다면 최소한의 경제적 보장은 무엇을 의미하고, 사회적 유산을 충분히 누릴 수 있는 권리는 무엇이며, 사회적 기준에 따른 시민적 존재로서의 삶은 어떤 것인지, 이러한 기준들을 누가 결정할 것인가 등은 해결되어야 할 숙제이다.

마지막으로, 시민권 이론은 시민권의 발전을 사회구조의 변화와 연관시켜 보는 데 한계가 있다. 사회집단 간 힘의 균형의 변화, 사회계층의 본질적 변화 및 이러한 변화와 시민권의 발전과의 관계가 부재하다는 것이다. 시민권과 사회변화에 대한 진화론적 접근은 집단행동과 집단 간 갈등의 영향을 반영하지 못하고, 또한 상이한 시기와 상이한 국가에서의 사회권 변화를 설명하는 데 제한적이라는 것이다.

기든스(Giddens, 1996)도 시민권 이론의 한계를 특히 사회권과 관련하여 다음과 같이 언급하였다.

첫째, 사회적 기본권은 아직 모든 나라의 시민이 향유하지 못하며, 심지어 선진국에서조차 다양한 형태의 불이익을 받는 집단이 존재한다.

둘째, 세계화와 국제협력 및 경쟁의 시대에서는 복지국가의 전통적인 한 국가 중심의 재분배 기능을 어렵게 하는 요소가 많다.

셋째, 복지국가는 시민권 향상을 통해 시민들이 경제적 독립을 지향하기보다 시민들을 복지제도에 의존하게 만들 수 있다.

넷째, 복지국가는 양성평등과 여성의 사회참여 권리 향상에 더 관심을 기울일 필요가 있다.

다섯째, 논란의 여지는 있지만 복지국가는 빈곤해결에 만족할 만큼 성공하지 못한 반면, 사회구성원으로 하여금 너무 경제문제에 집착하게 함으로써 오히려 비인간화의 문제를 발생시킨다.

2) 사회복지의 인권론적 접근의 옹호

사회복지의 인권론적 접근과 마샬의 시민권 이론에 대한 비판적 접근에 이어 다음에서는 시민권 이론이 사회복지의 발달에 끼친 긍정적 영향들과 사회복지에 대한 인권 기반 접근의 유용성에 대해 살펴본다.

(1) 시민권 이론의 긍정적인 영향

첫째, 무엇보다도 인간 개개인의 존엄과 가치에 대한 의식을 고양시켜 준 점이다. 오늘날 세계 많은 국가에서 자유권과 참정권이 엄연하게 법으로 보장되어 있지만 사회권의 보장이 부실하여 유명무실해지는 경우가 허다하다. 인권의 일환으로 사회권을 강조하는 시민권론은 사회권의 확대는 물론 자유권과 참정권의 내실 있는 발전에도 영향을 미친다.

둘째, 우리 사회에 있는 여러 유형의 차별을 철폐하고 시정하려는 노력의 기반이 된다. 현대사회에서도 사회구조와 계층 간 격차, 문화 등 여러 요인으로 인하여 집단 간 불평등과 특정 집단에 대한 차별이 지속되고 있다. 시민권 이론은 인권의 관점에서 그와 같은 문제를 시정하기 위한 제도와 정책을 추구한다. 시민권 개념은 인종, 성, 계층, 신분, 종교 등의 기준에 관계없이 모든 인간을 동등하고 평등한 존재로 대우하는 것을 의미하기 때문이다. 국제사회의 인권 담론과 정책이 갈수록 집단별·이슈별로 세분화되고 구체화되는 추세는 이런 배경에서 기인하다. 여성 차별의 개선, 아동학대에의 대응, 장애인에 대한 편견과 불평등의 시정, 외국인이나 이주민의 인권 존중 등이 그 예이다.

셋째, 더불어 살아가는 공동체주의를 강화시킨다. 개인의 권리와 타자의 권리 존중을 어떻게 조화롭게 할 것인가라는 문제와 관련하여 시민권 이론은 인류에게 '열린 공동체'라는 개념을 제시하였다. 자본주의의 자기이익 추구 속성과 개인주의가 결합할 경우, 인류사회는 공존이 아닌 공멸의 길을 걸을 수 있다. 이런 상황에서 시민권 이론은 타자의 인권에 대한 존중을 강조함으로써 건강한 공동체를 유지할 수 있게 만든다. 인권의 보편성은 단순히 개인의 권리에 대한 주장만이 아니라 타자의 권리의 존중 그리고 다른 사람들과의 차이를 그들의 입장에서 이해하고 배려하는 열린 다원성을 포용하는 데 있다. 이것은 개인적으로 알지 못하는 제삼자를 배려하는 공동체 문화를 전제한다(Watson, 1980).

넷째, 시민권 이론은 인권 존중의 국제적 보편성을 지적한다. 국가별로 인권 존중을 위한 실행의 수준이 상이하고, 때로 심각한 인권 유린의 문제가 발생하기도 하는데, 유엔은 경고조치 내지 경제적 제재를 가하거나 때로 유엔군을 파견하기도 한다. 시민권론과 인권의 보편성 논리는 이러한 조치에 정당성을 부여한다.

다섯째, 시민권 이론은 인간의 기본적 욕구를 충족시키기 위한 사회의 자원배분 기준을 결정하는 제도들의 발전에 기여하였다. 복지국가의 발전은 사회권의 확립과 병행하는데, 시민권 이론은 국가가 모든 사회구성원이 동등한 대우를 받고 인간다운 생활을 할 최소한의 권리를 보장할 필요성을 제시하였기 때문이다.

시민권론은 시민의 자유권과 참정권이 보장되고 사회권이 실현되어 개개인의 시민적·정치적 권리와 경제적·사회적·문화적 권리가 확보되고, 이를 통해 다양한 형태의 사회적 불평등이 완화되고 인간의 존엄을 유지할 수 있는 기본적 욕구가 충족될 수 있는 사회제도와 환경의 마련을 위한 사회적 노력의 토대가 된다.

(2) 사회복지에 대한 인권 기반 접근의 유용성

현대사회에서는 개인의 생존과 인간다운 삶을 영위하는 것을 위협하는 여러 가지 위험이 존재한다. 사회구성원 대부분에게 발생할 가능성이 높고 그 위험의 원인과 결과에 대한 책임을 개인에게 묻기 어려운 경우를 사회적 위험(social risk)이라 하는데, 사회복지는 이들 사회적 위험과 그로 인해 초래되는 사회문제를 해결하기 위해 사회적 노력을 기울인다. 이러한 집합적 노력은 「헌법」 제34조의 인간다운 생활을 할 권리에 대한 국가의 의무를 구체화한 「사회보장기본법」에 명시되어 있듯, 출산, 양육, 실업, 노령, 장애, 질병, 빈곤 및 사망 등의 사회적 위험으로부터 모든 국민을 보호하고 개개인의 삶의 질을 향상시키는 데 필요한 소득과 서비스를 제공하는 것으로 나타난다.

인권 기반 접근은 사회복지의 가치 및 목표와 중첩되는 부분이 많고 사회복지의 필요성과 중요성을 이해하는 데 유용하다. 인권 기반 접근은 인간의 존엄성을 보장하기 위해 욕구(needs)와 문제(problems)와 잠재력(potentials)에 초점을 두고 사람들의 상황을 개선하고자 한다. 인권 기반 접근의 핵심 전제는 모든 인간은 불가침의 권리를 가지며, 기본적 욕구가 충족되지 않는 상황은 그러한 권리가 부정되는 것으로 볼 수 있다는 것이다(Boesen & Martin, 2007). 인권의 보장을 위해 기본적 욕구가 충족되는 것은 필요하지만 욕구 중심 접근법과 권리 중심 접근법 사이에는 차이도 있다. 첫째, 인권은 물리적 욕구의 범위를 넘어 인간의 정치적 · 사회적 · 경제적 · 문화적 역할을 아우른다. 둘째, 권리는 늘 의무와 책임을 수반한다. 즉, 인권으로 여겨지는 어떤 권리가 있다면 그것을 충족할 조건을 만들어야 하는 책임은 누구에게 있으며 어떤 조치를 취해야 하는가라는 문제가 함께 제기된다. 셋째, 인권 기반 접근에서는 취약계층이 사회보장제도 등을 통해 욕구가 충족될 때 이것을 수혜라기보다 그들의 권리를 행사하고 충족하는 것으로 바라보며, 시혜가 아니라 동등한 인간으로서의 관계에 기반한 것으로 바라본다. 예를 들어, 인권 또는 권리 기반 접근을 취하면 빈곤이 단지 물질적 자원의 부족이 아니라 자원이 풍부하더라도 차별이나 불평등으로 인해 그에 대한 접근성이 제한되어 발생할 수 있다. 〈표 3-3〉은 자선 기반 및 욕구 기반 접근과 대비되는 인권 기반 접근의 특징을 보여 준다.

표 3-3 자선, 욕구, 인권 기반 접근의 비교

자선 기반 접근	욕구 기반 접근	인권 기반 접근
결과보다는 투입(input)에 초점	투입과 결과에 초점	과정과 결과에 초점
자선의 증가를 강조	욕구(needs)의 충족을 강조	권리의 실현을 강조
부유층의 빈곤층에 대한 도덕적 책임	욕구는 타당한 주장	개인과 집단의 권리는 법적·도덕적 수행 의무를 가진 주체를 향한 주장
개인은 희생자	개인은 개입의 대상	개인과 집단은 자신의 권리를 주장할 수 있게 역량을 갖춤
개인들은 도움받을 자격 있음	개인들은 도움받을 자격 있음	개인들은 도움받을 권리 있음
문제를 드러내는 것에 집중	문제의 직접적 원인에 집중	문제의 구조적 원인과 그것의 발현에 집중

출처: Boesen & Martin (2007).

4. 사회복지와 인권 보장에 대한 전망

인권은 '모든 사람은 태어나면서부터 자유롭고 존엄성과 가치에 있어 평등하다'(세계인권선언 제1조)는 원리에 기초한다. 인권은 인종, 성별, 국적, 종교, 장애, 나이, 계급 등의 조건과 관계없이 사람이라면 누구나 인정되는 보편적인 권리이다.

인간의 존엄과 가치는 그에 필요한, 즉 인간다운 생활을 영위할 수 있는 일정한 수준의 보장이 필요하다. 이에 따라 현대사회에서 인권은 물질적 측면만이 아니라 시민적·정치적 권리와 경제적·사회적·문화적 권리의 다양한 속성을 포괄한다. 자유권이나 사회권 등 인권의 구체적인 권리가 흔히 구분되어 제시되지만, 인권은 분리할 수 없고 모든 권리는 동등하며 인권의 실현을 위해 서로 의존하고 있다(국가인권위원회, 2019).

인간의 존엄성, 자유, 평등 그리고 사회정의는 사회복지가 일관되게 추구하는 가치이다. 사회복지의 법과 제도는 이들 가치를 성취하고 사회권이 표방하는 인간다

운 삶을 추구하는 유용한 수단들이며 사회적 노력의 징표이기도 하다. 한국 사회에서도 모든 사람의 존엄을 위한 삶의 질 향상, 차별에 대한 사회적 인식 확산과 시정, 사회권 보장을 통한 실질적인 자유의 보장을 위한 문제제기와 노력이 심화되고 있다.

오늘날 모든 사회구성원의 모든 인권을 충족해 주는 국가와 사회는 지구상에 없다. 따라서 인권은 그것의 가치가 인정된다면 필연적으로 현실에 비판적이 되고 사회의 변화를 이끄는 수단이 된다(이준일 외, 2015). 현대사회에서 존엄을 가진 인간의 대상범위를 확대하고 인간의 존엄과 가치를 보장할 수 있는 수준에 대한 기준을 향상하기 위해 많은 노력과 희생이 있었다. 노예해방 운동, 차티스트 운동, 「헌법」에 사회권의 반영, 제2차 세계대전 이후 세계인권선언 등이 좋은 예이다.

우리가 유의해야 할 점은 인권과 사회복지 향상을 위한 인류의 노력 과정에서 인권의식과 제도의 강화가 노력 없이 우연히 성취된 것이 아니라는 사실이다. 다시 말해, 인권은 저절로 주어진 것이 아니라 만들어 가는 것이라는 점이 중요하다. 현재 한국 「헌법」과 법률에 보장된 권리라고 하는 것도 역사적 배경에는 그들 권리를 쟁취하기 위한 많은 노력이 있었다.

앞으로 사회권에 기반한 사회복지와 인권 향상이 이루어지려면 「헌법」상의 기본적 사회권에 대한 재해석이 필요하다. 추상적 권리에서 구체적 권리로 나아가기 위한 법적 장치가 필요한 것이다. 그리하여 사회복지와 인권에 대한 국가 책임을 선언적 차원이 아닌 보다 구체적이고 직접적인 개입의 차원으로 전환시켜야 한다. 이를 위해서는 시민의 권리에 대한 의식 향상, 시민사회의 활성화, 투명한 정책결정 거버넌스, 국가기관 외 시민의 정책 결정 참여 등 인간의 평등하고 양도할 수 없는 존엄과 권리를 확보하기 위한 각계각층의 지속적인 노력이 요구된다.

요약

인권은 사람으로 태어났기에 모든 사람이 가지는 권리이다. 인권은 모든 사람의 고유한 가치와 존엄성을 옹호한다. 모든 인간이 존엄하므로 인종, 성, 국적, 종교, 계급 등에 관계없이 존중받아야 하고, 누구나 존엄성을 지키는 삶을 유지할 수 있어야 한다. 인권은 태어나면서 자연스럽게 주어지는 권리, 양도불가능하고 신성불가침한 권리이다. 사회는 모든 사람의 기본권리인 인권을 존중하고 지지하는 것이 요구된다.

인권이 현실에서 구현되고 사람이 존엄성을 지키려면 우선 생존할 수 있어야 하고, 나아가 사회에서 유효한 '사회적 존재'로서 생활을 영위할 수 있어야 한다. 이는 사회복지의 주요 기능인 기본적 욕구(basic needs)의 충족 그리고 자신의 삶에 대한 의사결정에서의 자율성(autonomy)과 자신이 가치 있다고 여기는 삶을 누릴 수 있는 역량(capabilities)의 확보를 필요로 한다.

인권의 개념은 1948년 '세계인권선언'에 국제사회가 합의한 내용이 집대성되었고, 이 선언에서 인권은 정치적 · 시민적 권리와 경제적 · 사회적 · 문화적 권리를 포괄한다. 사회복지는 흔히 사회권이라고 불리는 경제적 · 사회적 · 문화적 권리를 규정하고 구체적으로 실현하는 데 기여해 왔다.

한국의 「헌법」은 모든 국민이 가지는 인권 그리고 인권의 추구와 관련된 사회복지에 관한 규정을 포함한다. "모든 국민은 인간으로서의 존엄과 가치를 가지며, 행복을 추구할 권리를 가진다. 국가는 개인이 가지는 불가침의 기본적 인권을 확인하고 이를 보장할 의무를 진다."(제10조) 그리고 "모든 국민은 인간다운 생활을 할 권리를 가진다. 국가는 사회보장 · 사회복지의 증진에 노력할 의무를 진다."(제34조).

시민권 이론은 자유권, 정치권, 사회권을 구분한다. 사회권은 국가에 의한 사회보장 제공의 근거를 제시하였다. 마샬의 사회권 개념은 사회보장을 통한 자원의 재분배, 삶의 질 확보 그리고 사회복지 공급 주체로서 국가의 의무와 책임 등의 내용을 담고 있다. 사회서비스나 사회보장은 시민권이 완성되는 과정에서 얻어진 성과이다.

인권 기반 접근은 인간의 존엄성을 보장하기 위해 욕구와 문제와 잠재력에 초점을 두고 사람들의 상황을 개선하고자 한다. 인권 기반 접근의 전제는 모든 인간은 불가침의 권리를 가지며, 기본적 욕구가 충족되지 않는 상황은 그러한 권리가 부정되는 것으로 볼 수 있다는 것이다.

사회권에 기반한 사회복지와 인권 향상이 이루어지려면 「헌법」상의 기본적 사회권에 대한 재해석이 필요하다. 추상적 권리에서 구체적 권리로 나아가기 위한 법적 장치가 필요한 것이다. 그리하여 사회복지와 인권에 대한 국가 책임을 선언적 차원이 아닌 보다 구체적인 직접적인 개입의 차원으로 전환시켜야 한다.

참고문헌

강철희, 홍현미라(2003). 복지권에 관한 비교연구: 영국과 미국을 중심으로. 사회보장연구, 19(1), 135-160.

국가인권위원회(2019). 사회권의 눈으로 본 인권.

권혜령(2018). 인권 개념의 '세대'적 접근에 대한 비판적 고찰. 법학연구, 56, 87-113.

김상균(1998). 복지권: 허상인가, 이상인가?. 한상진 편. 현대사회와 인권. 나남.

김태천(2000). 국제적 인권보장제도의 개관. 한국인권재단 편. 21세기의 인권. 한길사.

김형식 편(1998). 시민적 권리와 사회정책. 중앙대학교출판부.

이영환(2004). 한국사회와 복지정책: 역사와 이슈. 나눔의집.

이준일, 김정혜, 유승익, 박진아, 이승택, 노진석(2015). 인권 행정 길라잡이-국가 기관 편. 국가인권위원회.

이혜영(2020). 법원의 국제인권조약 적용 현황과 과제. 사법정책연구원.

Boesen, J. K., & Martin, T. (2007). *Applying a rights-based approach.* Danish Institute for Human Rights.

Donnelly, J. (1989). *Universal human rights in theory and practice.* Cornell University Press.

Giddens, A. (1996). *Beyond left and right: The future of radical politics.* Stanford University Press.

Ife, J. (2008). *Human rights and social work: Towards rights-based practice* (Revised Edition). Cambridge University Press.

Marshall, T. H. (1981). *The right to welfare and other essays.* Heinemann Educational Publish.

Vasak, K. (1982). *International dimensions of human rights.* 박홍규 역(1986). **인권론**. 실천문학사.

Watson, D. (1980). *Caring for strangers.* Routledge & Kegan Paul.

외교부 홈페이지. https://www.mofa.go.kr/www/wpge/m_3996/contents.do

제4장

사회복지의 구성요소

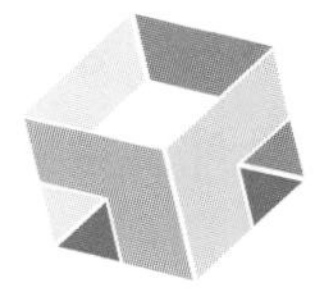

사회복지는 실업자, 노인, 장애인 및 아동과 같은 사회적 취약계층뿐만 아니라 넓게는 전 국민의 삶의 질을 높이고자 하는 정책, 제도 및 서비스 등을 포함한 제반 활동이다. 이런 목표를 달성하기 위해, 먼저, 사회복지 대상자가 가진 욕구를 파악하고, 다음으로 이러한 욕구를 충족시키기 위해 가용한 자원을 파악해야 한다. 그리고 대상자의 욕구와 자원을 효율적으로 연계시킬 수 있는 전달체계가 필요하다.

사회복지는 이러한 세 가지 요소, 즉 대상자의 욕구, 자원 그리고 전달체계를 핵심적인 구성요소로 하는 사회체계(social system)이다. 사회체계의 효율적이고 안정적인 작동을 위해 각 구성요소는 매우 중요하므로, 여기서는 3대 구성요소를 차례대로 살펴본다. 제1절에서는 욕구의 의미와 종류, 제2절에서는 자원의 종류와 역할, 제3절에서는 전달체계의 개념과 원칙에 대해 살펴볼 것이다.

1. 욕구

사회복지는 인간의 기본적인 욕구를 충족하기 위한 사회적 대응체계이다. 인간은 스스로 자신의 욕구(needs)를 충족시킬 수 없을 때, 외부로부터 도움을 필요로 한다. 이러한 외적 도움을 사회적으로 체계화, 제도화한 것이 사회복지이므로, 사회복지를 이해하기 위해서는 먼저 욕구에 대한 이해가 있어야 한다(남세진, 조홍식, 1995: 33). 욕구는 범위, 강도(彈度), 지속성 등에 따라 여러 유형으로 분류될 수 있으며, 여기서는 욕구의 의미와 분류 방식을 살펴본다.

1) 욕구의 의미

욕구란 어떠한 목적을 위해 좋은 것, 필요한 것, 필수적인 것이 결여된 것을 지칭한다. 즉, 욕구는 필요한 무엇인가가 결핍되어 불편하므로 이에 대한 충족을 필요로 하는 상태를 의미한다.

욕구는 다양한 학자가 다음과 같은 목적을 갖는다고 제시하였다. 플랜트, 레서와 테일러 구비(Plant, Lesser, & Taylor-Gooby, 1980: 25-33)는 욕구의 목적을 생존(survival)과 자율(autonomy)이라고 보며, 밀러(Miller, 1979: 130-132)는 삶의 계획(plan of life)을 욕구의 목적으로 보았다. 한편, 웨일(Weale, 1983: 28-38)은 사회적 최저선(social minimum)에 대한 사회적 행위자의 의무를 욕구의 목적으로 보았다. 즉, 욕구는 인간의 생존, 자율, 삶의 계획 및 사회적 행위자의 의무를 다하기 위해 필요하다.

한편, 욕구의 구성요소는 다음과 같이 제시되고 있다.

웨일(1983: 32-33)은 인간의 욕구는 네 가지 요소, 즉 인간이 갖고 있는 목적, 목적의 소유자인 인간, 목적에 수단이 되는 조건, 목적이 생기는 상황이 항상 함축되어 있다고 본다. 예를 들어, ‘A는 C를 위하여 B를 욕구한다. 단, D가 없는 상황 때문에 B를 욕구한다.’는 문장에서 B를 펜이라 하고 D를 타자기라고 한다면, 처음부터 펜을 욕구한 것이 아니라 타자기가 없다는 상황 때문에 어쩔 수 없이 펜을 욕구하지 않을 수 없다는 것이다. 따라서 욕구 개념에는 다양한 상황적 요소가 영향을 미치고 있음을 충분히 고려해야 한다.

사회복지학은 욕구 충족의 여러 방안들 중 사회구성원들의 집합적 도움(원조) 행위를 연구주제로 삼는 학문분과이다. 따라서 욕구에 대한 연구는 사회복지학의 출발에 해당된다고 할 수 있으며, 이런 점에서 사회복지학은 욕구학(needology)이라고 명명되기도 하였다(Williams, 1978: 3).

2) 욕구의 분류

다양하고 무한한 인간의 욕구를 분류하기란 그리 쉬운 일이 아니다. 여기서는 사회복지에서 중요하게 고려되는 인간욕구(human needs)와 기본욕구(basic needs) 그리고 사회적 욕구(social needs)로 나누어 설명한다.

(1) 인간욕구

인간이 어떠한 목적을 위하여 필요하거나 필수적인 것이 결핍될 때 갖는 공통적 욕구를 인간욕구라고 부른다. 인간욕구의 유형화는 여러 학자에 의해 제시된 바 있으며, 그중 대표적인 것들을 소개한다.

① 매슬로의 욕구이론

매슬로(Maslow)는 인간의 욕구를 다섯 가지 단계로 분류하고 있다. ① 생리적 욕구(physiological need), ② 안전의 욕구(safety need), ③ 애정 · 소속의 욕구(love/belonging need), ④ 존중의 욕구(esteem need), ⑤ 자아실현의 욕구(self-actualization need) 등이 그것이다(Maslow, 1954: 80-93).

첫째, 생리적 욕구는 인간의 욕구 중에서 가장 기본적이고 강한 생물학적 생존의 욕구이다. 예컨대, 배고픔, 갈증, 수면, 성욕, 피로 등 감각적 자극과 연관된 욕구를 말하며, 이러한 생리적 충동들은 유기체의 생물학적 유지와 직접적으로 관련된 기본적 욕구가 될 수 있다.

둘째, 안전의 욕구는 개인이 환경 내에서 안전성, 안락함, 평정, 평온 등을 적절히 보장받고자 하는 욕구이다. 이는 일단 생리적 욕구가 만족된 후에 새롭게 등장하는 것이다.

셋째, 애정 · 소속의 욕구는 주로 생리적 욕구 및 안전의 욕구가 충족되었을 때 정서적인 만족을 얻고 싶어 하는 욕구이다. 즉, 개인은 한 집단 내에서 타인과의 애정적 관계 형성, 준거집단에 대한 애정, 사회적 소속감과 선호 등을 갈망하는 욕구를 가지게 된다는 것이다.

넷째, 존중의 욕구는 사회적으로 인정받고 나아가 남을 사랑하려는 욕구, 즉 자아존중과 타인으로부터의 존경을 받고자 하는 욕구이다. 이러한 욕구는 개인의 능력, 신뢰감, 자신감, 자기계발, 긍정적 자아관 등을 통해 나타나게 된다.

마지막으로, 자아실현의 욕구는 자신이 성취할 수 있는 모든 것을 이루려는 욕구를 말한다. 예컨대, 자아를 실현한다는 것은 자신의 재능, 능력, 잠재력을 충분히 발휘하여 자기가 원하는 유형의 사람이 된다는 것이다.

② 벤과 피터스의 욕구이론

벤과 피터스(Benn & Peters, 1959)는 생물학적(biological) 욕구, 기본적(basic) 욕구, 기능적(functional) 욕구와 같이 세 가지 유형으로 욕구를 구분한 바 있다. 생물학적 욕구란 인간의 생명유지와 관련된 욕구이고, 기본적 욕구는 문화적 생활수준(decent level of life)의 유지와 관련된 욕구이다. 기능적 욕구는 개인의 사회적 역할 및 기능수행의 당면한 목적을 추구할 때 요구되는 욕구를 의미한다(Benn & Peters, 1959: 제6장).

③ 밀러의 욕구이론

밀러(Miller, 1976: 127-130)는 삼분법을 사용하여 인간욕구를 ① 도구적(instrumental) 욕구, ② 기능적(functional) 욕구, ③ 본질적(intrinsic) 욕구로 구분했다. 도구적 욕구란 '그는 운전기사가 되기 위해 면허를 필요로 한다.'의 경우와 같이 특정 목적을 달성하는 데 필요한 수단적 욕구이다. 기능적 욕구는 '요리사는 고도의 미각을 필요로 한다.'라는 말에서 볼 수 있듯이 특정한 기능을 수행하는 데 요구되는 기능상 욕구이다. 본질적 욕구는 '인간은 음식을 필요로 한다.'라는 말과 같이 인간이 정상적 생활을 유지하기 위하여 필요한 의 · 식 · 주 · 의료 등의 욕구라고 설명한다.

④ 브레이브룩의 욕구이론

그런가 하면, 브레이브룩(Braybrooke)은 인간의 욕구를 일상생활(course of life) 욕구와 우발적(adventitious) 욕구로 나누는 이분법을 사용하고 있다. 전자는 인간으로서의 정상적 기능(여기에는 사회적 기능도 포함됨)의 유지에 필요한 욕구를 말한다. 반면, 후자는 전자와 비교할 때 절박성에서는 그 정도가 덜하지만 특정 시점에서 당장 필요한 욕구, 즉 당면한 과업수행 과정에서 충족되어야 할 욕구를 의미한다(Braybrooke, 1968: 90).

(2) 기본욕구

앞에서 소개한 인간욕구의 분류모형은 결국 어떤 욕구가 인간에게 더 기본적인가를 설명해 주고 있다. 그런데 사회복지와 관련된 욕구는 다양한 욕구 중에서 보다 더 기본적 성질을 가진 것과 관련된다. 즉, 앞서 예시한 매슬로의 초기 단계의 욕구나 벤과 피터스의 생물학적 욕구와 기본적 욕구, 밀러의 본질적 욕구, 브레이브룩의 일상생활 욕구 등이 사회복지의 일차적 대상이 된다.

사회복지의 주요 대상인 기본욕구는 다음과 같은 세 가지 특성을 지닌다(김상균, 1987: 17-19). 첫째, 기본욕구는 모든 인간에게 공통적이다. 둘째, 기본욕구는 인간성 유지에 필수적이다. 셋째, 기본욕구는 해결을 목적으로 하는 사회적 서비스의 양과 질에서 일정한 수준이 정해진다. 이렇게 볼 때 기본욕구의 의미는 인간이면 누구나 그 수준 이하로 떨어져서 생활해서는 안 된다는 일종의 규범적 선언이 내포되어 있다.

욕구를 어떻게 바라보며, 또 어떻게 정의하는가는 이데올로기에 따라 달라진다(Hewitt, 1992). 개인주의 사상은 욕구를 도덕적 부담 또는 필요악적 비용으로 간주하며, 마르크스주의 이념은 욕구를 노동자계급의 전리품 또는 자본가계급이 노동자계급에게 지불하는 몸값으로 인식한다. 반면, 오늘날 사회복지학의 주류를 이루는 페이비언주의(Fabian Socialism) 사상은 시민권으로 인식한다. 특히 페이비언주의는 사회복지의 목적을 사회정의와 사회통합의 실현으로 설정하고 이러한 목적을 달성하기 위한 수단으로서 기본욕구의 충족을 상정하였다.

페이비언주의의 욕구 개념 개발의 시초는 시드니 웹(Sidney Webb)이 1911년 자신의 저서 『사회의 필수기반(The Necessary Basis of Society)』에서 소개한 국민 최저선(national minimum) 개념이다. 이것은 국민 모두가 생존 가능하고 빈곤이 제거되는 수준으로서, 이에 대해 국가가 충족시킬 책임을 져야 함을 강조하였다. 이러한 국민 최저선 개념은 오늘날 국가행정의 기본이 되며, 한국에서도 널리 사용되고 있다. 최저임금, 최저생계비, 국민주택 최저기준, 의무교육연한, 갑근세 면세점 등은 모두 국민 최저선 개념에서 연유한 것이다.

(3) 사회적 욕구

개인의 기본욕구 충족이 개인 차원에서 여의치 못할 때 등장하게 되는 집단적 원조체계가 사회복지이다. 즉, 사회가 복잡하고 다원화된 산업사회로 바뀌면서 개인, 가족 또는 소규모 집단을 통한 상부상조형 기본욕구 충족 방식은 부적절해진다. 헤클로(Heclo)는 이러한 사회변동을 사회적 욕구 개념으로 연결하였다. 즉, 현대인들은 옛날과 달리 더 많은 자율성을 갖게 되는 한편, 삶의 위기에 빠질 위험성이 더 높아지며 더욱더 상호 의존적이 되는 역설적 상황에 놓인다는 것이다(Heclo, 1974: 286). 이런 현상들은 개인의 잘못보다는 현대사회의 구조적 특성에 기인하는 바가 크다. 예컨대, 대량실업, 경기침체, 직업병, 환경오염, 교통사고, 이혼증가, 성인병, 노인빈곤 등이 사회적 욕구의 형태라고 할 수 있다. 이처럼 개인의 복지를 저해하면서도 그 원인이 개인이기보다는 사회 전체에게 있을 때, 그러한 요인들을 티트머스(Titmuss)는 비복지(非福祉, diswelfare)라고 명명하였다(Titmuss, 1976: 62-63).

비복지와 같은 새로운 사회적 위험들 때문에 개인의 기본욕구를 충족시키지 못하는 사람들의 숫자가 많아지면, 그러한 기본욕구는 사회적 욕구가 된다. 즉, 개인 차원의 기본욕구들 중 사회문제로 인식되는 것이 있다면, 그것은 기본욕구인 동시에 사회적 욕구이다.

개인적 욕구와 달리 사회적 욕구는 다음 두 가지의 중요한 의미를 갖는다. 첫째, 그것의 해결 방법이 사회적 · 공동적이다. 사회적 위험은 그 원인을 찾아 추궁할 대상을 찾기 어렵다. 예를 들어, 1997년 외환위기로 인해 가정이 붕괴된 경우를 생각해 보자. 이 경우에 가정파탄의 책임을 실업자 개인에게 돌릴 것인가? 그를 해고한 고용주에게 손해배상을 청구할 것인가? 아니면, 정부에게 책임을 물을 것인가? 그 어느 방안도 쉽게 실행하기 어려우며, 결국 사회가 공동으로 책임져야 할 가능성이 높다. 즉, 원인을 찾기 힘들다 보니 해결의 책임을 물을 데가 마땅치 않아 사회의 공동책임으로 결론이 나는 것이 사회적 욕구의 해결 방법이다.

둘째, 욕구 해결의 주 동기를 이윤추구로 삼아서는 안 된다는 점이다. 사회적 욕구의 충족은 인간성 상실이라는 중대한 위기에 처해 있는 사람들을 겨냥하기 때문에, 제삼자의 이윤추구가 끼어들면 안 된다. 따라서 사회적 욕구 해결에는 시장에서 상품을 매매하는 행위와는 달리 기본욕구의 충족이 일차 목표가 되어야 한다.

① 브래드쇼의 욕구이론

브래드쇼(Bradshaw, 1972: 640-643)는 사회적 욕구의 종류를 다음과 같이 네 가지로 나누었다. 이는 ① 규범적 욕구(normative need), ② 감지적 욕구(felt need), ③ 표현적 욕구(expressed need), ④ 비교적 욕구(comparative need)이다.

첫째, 규범적 욕구는 전문가, 행정가, 사회과학자들이 욕구의 상태를 규정하는 것이다. 미리 바람직한 욕구 충족의 수준을 정해 놓고 이 수준과 실제 상태와의 차이에 의하여 욕구의 정도를 규정하거나, 최고의 욕구 수준을 정해 놓고 실제 상태와의 차이에 의하여 욕구의 정도를 규정하는 것이다. 초기 빈곤연구에서 사용된 최저생계비의 계측은 주로 규범적 욕구의 개념을 이용하였다.

둘째, 감지적 욕구는 욕구 상태에 있는 당사자에 의해 인식되는 것이다. 이것은 어떤 욕구 상태에 있는지 혹은 어떤 서비스를 필요로 하고 있는지 물어서 파악하는 욕구이다. 따라서 이것은 실제적 욕구 측정이 되지 못하고 개인의 인식 정도에 의해 달라질 수 있으며 허위(false) 욕구로 판명되는 위험을 안고 있다.

셋째, 표현적 욕구는 감지적 욕구가 실제 상황에서 욕구 충족의 추구행위로 나타난 것이며, 수요(demand)라고도 할 수 있다. 이것은 의료 및 보건의 욕구 파악에 많이 이용되며 실제로 서비스 받기를 원하는 사람의 수로 파악된다.

넷째, 비교적 욕구는 특정 집단 구성원들의 욕구를 그 집단과 유사하다고 인식되는 다른 집단 구성원들의 욕구와 비교할 때 나타나는 욕구이다. 예를 들면, 인접하고 있지만, 경제 사정이 다른 두 동네의 욕구 수준을 비교하는 것이다.

이와 같은 네 가지의 욕구는 각각 다른 인식기준에 의하여 정의한 것이므로 서로 일치하지 않는 경우가 많다. 따라서 이에 대한 각각의 정확한 욕구 측정이 반드시 필요하다.

이렇게 인간욕구는 다양하지만 사회복지를 논할 때의 욕구는 인간이 원하는 어떤 것이나, 혹은 모든 것을 뜻하는 것이 아니다. 사회복지에서 논하는 인간욕구는 두 개의 과정을 거치게 된다. 첫 번째 과정은 인간욕구들 중에서 기본욕구를 걸러 내는 과정이다. 두 번째 과정은 기본욕구들 중에서 사회적 욕구를 뽑아내는 것이다.

특정의 구체적 욕구가 사회적 욕구로 규정될 수 있느냐 혹은 없느냐에 관한 결정은 생각만큼 간단하지 않다. 궁극적으로는 특정 사회의 정치, 경제, 사회 및 문화적 특성과 시대적 변화에 따라 그리고 개인의 가치판단에 따라 차이가 난다. 그럼에도 불구하고 대략 다음과 같은 범주에 속하는 욕구들은 사회적 욕구로 인정받을 수 있는 가능성이 높다. 예를 들면, 하비(Harvey)는 음식, 주택, 의료, 교육, 신뢰 및 환경, 소비재, 레크리에이션, 이웃 분위기, 대중교통 등과 같은 아홉 가지 영역에 관한 욕구를 사회적 욕구로 제시한 바 있다(Harvey, 1973: 102).

사회적 욕구의 실체를 이해하기 위한 또 다른 방법은 사회서비스(social services)의 개념을 이용하는 것이다. 사회서비스의 개념과 내용은 사회적 욕구의 개념 및 내용에 따라 마련되기 때문이다. 다시 말해, 사회적 욕구에 기초하여 구성된 사회서비스의 의미를 역으로 거슬러 올라가면, 사회적 욕구의 본질을 어느 정도 알 수 있게 된다.

사회서비스를 통한 욕구의 파악에서 지적되어야 할 중요한 사실은, 사회적 욕구는 시장을 통한 재화의 교환 방식으로는 해결이 어렵다는 점이다. 자본주의 사회에서는 대부분의 기본욕구가 시장에서의 매매행위를 통해 충족된다. 만약 모든 사람의 기본욕구가 시장에서 해결된다면 사회서비스의 존재는 필요 없게 된다. 그러나 현실은 그렇지 못하다.

그리하여 시장에서 해결되지 못한 기본욕구의 해결이 사회문제로 비화되어 사회적 욕구가 된다. 결국, 사회서비스의 대상이 되는 욕구는 기본적 욕구들 중에서

표 4-1 사회서비스 수요 · 공급실태조사 (단위: 개, 가구, %)

유형	항목	비중
평균 필요 서비스 개수	소계	1.74
가구 수	소계	4000
성인 돌봄	노인 돌봄 서비스	8
	장애인 돌봄 서비스	2.5
	일상생활지원 서비스	6.5
아동 돌봄	출산지원 서비스	4.3
	보육 서비스	10.3
	방과 후 돌봄 서비스	7
	기타 아동 돌봄 서비스	2.1
건강	신체건강 서비스	68.9
	정신건강 서비스	3
	재활 서비스	3.4
교육	교육지원/평생교육 서비스	9.1
	정보제공 서비스	3.1
고용 및 취업	취 · 창업 지원 서비스	7.1
	일자리 지원 서비스	11.2
사회참여 지원	사회참여 지원 서비스	5.8
문화 및 여가	문화 및 여가 서비스	10.2
주거 및 환경	주거 및 환경 서비스	11.5

출처: 보건복지부(2019).

도 시장 메커니즘이 적절히 해결할 수 없는 욕구들로 제한되는 것이다. 이와 같이 인간의 욕구들 중에서 기본적 욕구로 1차 제한을 한 뒤 사회서비스의 개념으로 2차 제한을 가한 결과가 사회적 욕구이다.

〈표 4-1〉은 한국의 사회서비스 욕구의 비중을 조사한 것이다.

2. 자원

일반적으로 자원(resource)은 사회복지대상자인 개인, 가족, 공동체 구성원 그리고 국민 전체의 사회적 욕구를 충족시키기 위한 수단을 의미한다. 사회적 욕구를 충족하기 위해서는 충분한 수준의 자원이 확보되어야 한다. 사회복지에 필요한 자원은 다양한 방식으로 구분될 수 있다. 먼저, 자원을 부담하는 주체의 성격에 따라 크게 공공(정부)자원과 민간자원으로 구분할 수 있다. 두 번째로, 자원의 성격에 따라 유형자원(현금, 현물)과 무형자원(서비스) 혹은 인적 자원과 물적 자원 등으로 구분할 수 있다. 여기서는 먼저 공공자원과 민간자원의 다양한 형태를 살펴본 후에 사회복지가 그러한 자원을 공급하는 역할의 형태를 살펴보고자 한다.

1) 자원의 종류

(1) 공공자원

현대 복지국가의 복지자원 측면에서 공공자원의 역할은 매우 중요하다. 실제로, 복지 선진국들에서는 공공자원이 사회복지 자원의 거의 대부분을 차지한다(김태성, 성경륭, 1993). 한국의 경우도 복지자원 중 공공부문이 차지하는 비율이 최근 급격히 증가하고 있다. 공공부문이 제공하는 공공자원은 크게 일반예산, 사회보험을 위한 기여금, 조세비용으로 나눌 수 있다.

① 일반예산

일반예산은 정부가 다양한 조세제도를 통하여 거두어들인 세금으로 이루어진다. 조세를 통해서 이루어지는 일반예산은 안정성과 지속성이 높으며, 조세제도에 누진적 성격을 가미함으로써 소득재분배의 효과도 거둘 수 있기 때문에 복지자원 중 그 중요성이 매우 크다(송근원, 김태성, 1995).

② 사회보험을 위한 기여금

또 다른 공공자원으로는 사회보험제도를 운용하기 위하여 사회보험 가입자와 가입자의 피고용자에게 부과하는 기여금이 있다. 기여금은 국가에 의하여 강제로 징수되기 때문에 사회보험을 위한 특수목적세의 성격을 가진다. 현재 한국은 국민연금, 건강보험(장기요양보험 포함), 고용보험, 산재보험의 4대 보험에서 기여금을 부과하여 자원을 마련하고 있다.

③ 조세비용

조세비용은 실제로 정부가 비용을 지출하지는 않지만 사회적 욕구에 해당하는 부분에 대하여 세금을 감해 줌으로써 비용 지출 효과를 갖는 자원이다. 예를 들면, 조세제도에서도 자녀 수에 따라 자녀양육비에 대한 일정 금액의 소득을 징수 대상에서 감면해 주고 있다. 이 경우 직접 자녀양육비를 제공하지는 않았지만, 감세된 금액만큼을 자녀양육의 욕구를 가진 가구가 자녀양육에 대한 자원으로 사용할 수 있게 하는 효과를 거둔다.

(2) 민간자원

공공자원이 현대 복지국가의 복지자원으로서는 중요성이나 비중이 가장 크지만, 민간자원도 무시할 수 없는 중요한 복지자원이다. 특히 현대 복지국가에서는 늘어나는 복지욕구를 충당하기 위해서 공공자원을 보충해 줄 수 있는 민간자원의 역할이 강조된다. 이러한 민간자원은 이용자사용료, 기부금, 기업복지, 비공식 자원(가족, 이웃, 친지 등을 통해 얻을 수 있는 자원) 등으로 나뉜다.

① 이용자사용료

이용자사용료는 말 그대로 복지서비스를 이용하는 사람들이 부담하는 비용이다. 가령 건강보험 이용 시 내는 자기부담(out of pocket)이나 사회서비스 이용 가격의 일정분을 부담하는 비용 등이다.

② 기부금

기부금은 기업이나 개인이 자발적으로 사회복지를 위해 쓰도록 내는 자원이다. 이러한 자원은 현금일 수도 있고 현물일 수도 있다. 가령 사회복지공동모금회가 모금한 돈이나 어느 기업에서 지역사회 푸드뱅크를 위해서 식품을 무상으로 제공하는 것은 기부금의 유형이다.

③ 기업복지

사회복지의 자원 중에는 기업이 그 종사자들을 위해 지출하는 것들이 있다. 예를 들면, 기업에서 제공하는 자녀학비보조, 사원주택, 직장보육시설, 퇴직연금 등은 기업복지를 통한 자원확보의 대표적 유형이다.

④ 비공식 자원

비공식 자원은 비공식적 관계망을 통하여 사회복지를 위하여 사용되는 자원이다. 비공식 자원 중 가장 대표적인 유형은 가족 내에서 이루어지는 자원의 교환이다. 예를 들어, 어르신의 부양을 위하여 자녀가 부담하는 부양비는 복지를 위해 쓰이는 비공식 자원이다. 이러한 비공식 자원은 가족 내에만 국한되는 것이 아니다. 이웃끼리 어려운 경우에 서로 돕는 것도 비공식 자원의 일종이다. 현대 복지국가에서는 공식 자원이 과거에 비공식 자원이 담당하던 많은 부분을 대체해서 해결하고 있지만, 비공식 자원은 여전히 복지자원으로서 중요한 역할을 한다.

2) 자원공급의 역할

사회복지에서 정부와 민간부문의 역할은 욕구와 문제를 가진 대상자에게 필요한 서비스를 공급하는 것이라 할 수 있다. 자원이나 서비스를 공급하는 역할은 크게 중개 역할(brokering role), 옹호 역할(advocating role) 그리고 자원동원 역할(mobilizing role) 등으로 나눌 수 있다(Halley, Kopp, & Austin, 1998). 이상의 세 가지 역할을 보다 상세하게 설명하면 다음과 같다.

(1) 자원중개의 역할

중개 역할은 서비스를 필요로 하는 대상자를 찾아내고, 그들에게 서비스에 대한 정보를 제공해 주며, 서비스가 제대로 전달되는가를 확인하는 활동이다. 사회복지제도와 분야가 확대되고 복잡해짐에 따라, 사람들은 그들의 욕구 충족에 필요한 자원을 발견하고 활용하는 일을 어렵게 생각한다. 사회복지사는 클라이언트가 필요로 하는 자원을 발견하고 활용할 수 있도록 도와주는 중개자의 역할을 수행한다. 중개자의 역할을 수행하기 위한 과업은 두 가지로 요약할 수 있다. 첫 번째는 클라이언트들이 활용할 수 있는 공식적 · 비공식적 자원을 사정(assess)하는 것이고, 두 번째는 주민들을 현존 서비스에 연결(link)시켜 주는 것이다.

사회복지기관과 인력이 중개 역할을 성공적으로 수행하기 위해서는 공동체 내에 존재하는 자원에 대한 지식을 갖고 있지 않으면 안 된다. 또한 클라이언트의 욕구, 그들의 자원에 대한 접근능력, 자원 활용의 능력 등을 정확하게 파악하는 것도 매우 중요하다. 따라서 공동체의 자원체계(resource system)를 파악하여 활용하는 것이 대단히 중요하다.

(2) 클라이언트 옹호 역할

사회복지사는 종종 클라이언트들이 서비스를 받을 수 있도록 개입해야 하는 상황에 직면하게 된다. 클라이언트가 수급 자격이 있음에도 불구하고, 서비스를 거부당할 때 이들의 권리를 옹호하기 위해 투쟁하는 것이 사회복지사의 책임이다. 옹호

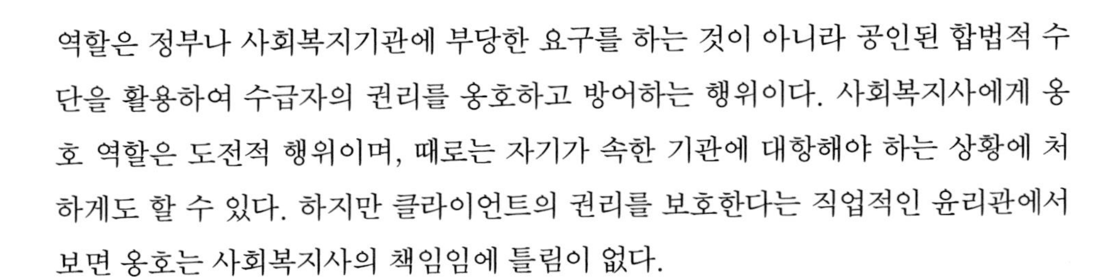
역할은 정부나 사회복지기관에 부당한 요구를 하는 것이 아니라 공인된 합법적 수단을 활용하여 수급자의 권리를 옹호하고 방어하는 행위이다. 사회복지사에게 옹호 역할은 도전적 행위이며, 때로는 자기가 속한 기관에 대항해야 하는 상황에 처하게도 할 수 있다. 하지만 클라이언트의 권리를 보호한다는 직업적인 윤리관에서 보면 옹호는 사회복지사의 책임임에 틀림이 없다.

(3) 자원동원 역할

자원동원 역할이란 공동체 내에 있는 구성원이나 조직들이 공동체의 조건을 개선시키고 싶은 동기에서 출발하여 구성원들을 조직화하는 활동을 말한다. 이는 지역사회 개발과 사회계획(social planning)을 포함한 전통적 사회사업 방법의 하나인 지역사회조직(community organization)의 핵심 영역이다.

지역사회에는 많은 자원과 서비스가 존재함에도 불구하고, 욕구와 문제를 해결하기에는 미흡한 것이 일반적 상황이다. 따라서 현존하는 사회복지기관과 단체들이 협력하여 지역사회 문제를 해결하고 구성원의 욕구에 부합한 새로운 자원을 창출해 내는 활동은 매우 중요한 과제이다.

3. 전달체계

사회적 욕구를 파악하고 나아가 그것을 해결하는 데 소요될 자원을 확보하는 일은 따로따로 진행되는 것이 일반적 현상이다. 한편, 사회복지의 궁극적 성과는 욕구와 자원이 적재적소에서 적시에 연결되는 것에 달려 있으므로, 전달체계(delivery system)는 매우 중요한 구성요소이다.

1) 전달체계의 개념

전달체계는 사회복지서비스의 공급자와 수급자 사이를 원활하게 연계시켜 궁극적으로 수급자의 삶의 질을 높이기 위한 조직적 체계이다. 수급자는 다양한 기관으로부터 동시에 여러 가지 도움을 받아야 할 복합적 문제를 지닌 경우가 많다. 예를 들어, 기초생활보장수급자는 저소득에 의한 생계유지의 어려움뿐만 아니라 주택불량, 가구원의 탈선, 교육기회 상실, 건강결핍, 가족성원 간의 불화, 사회부적응 등 다양한 문제로 어려움을 겪는다. 그러므로 정부의 공공서비스뿐만 아니라, 다른 공 · 사 기관으로부터의 다양한 추가적 서비스를 필요로 한다. 클라이언트 개인이나 가족에 초점을 두고 서비스 효과를 극대화하려면, 서비스 전달체계가 서비스 내용 및 제공 절차 등에서 유기적 연관성을 갖고 효율적으로 작동되어야 한다. 그와 같은 일체의 공 · 사 사회복지기관과 이들 기관의 서비스가 전달되는 전체의 연결망을 우리는 인간서비스 전달체계(human services delivery system)라고 부른다(Friedlander & Apte, 1980: 181).

인간서비스 전달체계가 그 기능을 온전히 발휘하기 위해서는 그것의 하위체계 기관들이 적절한 기능을 수행해야 한다. 단위조직(units)이나 몇 개의 단위조직으로 구성된 협력체(연합체)가 맡은 바 기능을 제대로 수행하지 못하면 여러 가지 부작용이 나타나기 때문이다. 예를 들면, 자원의 낭비, 서비스의 중복 및 누락이 발생할 수 있으며, 때로는 클라이언트의 치료와 재활에 역기능적으로 작동할 수 있다.

2) 전달체계의 구분

사회복지 전달체계는 기능과 운영 주체 및 대상에 따라 다양한 형태로 구분될 수 있는데, 여기서는 기능과 운영주체에 따른 구분을 살펴본다.

(1) 기능적 구분

전달체계는 서비스를 기획, 개발, 관리 및 집행하는 일련의 과정에서 수행하는 기능적 측면에서 행정체계와 집행체계로 구분될 수 있다.

① 행정체계

행정체계란 욕구를 가진 다양한 대상자에게 필요한 서비스의 개발 및 기획, 기존 서비스의 지원 및 관리를 위한 간접적 전달체계를 의미한다. 한국 사회복지서비스의 경우, 보건복지부 → 광역자치단체 → 시 · 군 · 구 → 읍 · 면 · 동의 순으로 전달체계가 이어져 있으며, 보건복지부에서 시 · 군 · 구에 이르기까지 서비스의 개발 및 기획 그리고 지원 및 관리를 통해 간접적으로 서비스 전달에 관여하는 행정체계를 이루고 있다.

② 집행체계

집행체계는 서비스를 수급자에게 직접 전달하는 체계로 한국 공적 사회복지서비스의 경우에는 읍 · 면 · 동 행정복지센터에서 근무하는 사회복지 공무원들이 대표적 집행체계이다. 이 외에도 사회서비스를 수급자에게 직접적으로 제공하는 다양한 집행체계가 있다.

(2) 운영주체별 구분

전달체계는 운영주체의 성격에 따라 크게 공공 전달체계와 민간 전달체계로 구분될 수 있다.

① 공공 전달체계

공공 전달체계는 정부나 공공기관이 서비스를 직접 관리 · 운영하는 것이다. 한국의 경우, 4대 사회보험제도인 국민건강보험(장기요양보험 포함), 국민연금, 산재보험 및 고용보험과 공공부조제도인 국민기초생활보장제도 등의 서비스가 공공 전달체계에 의해 관리 · 운영되고 있다. 공공 전달체계는 제도의 일관성과 서비스

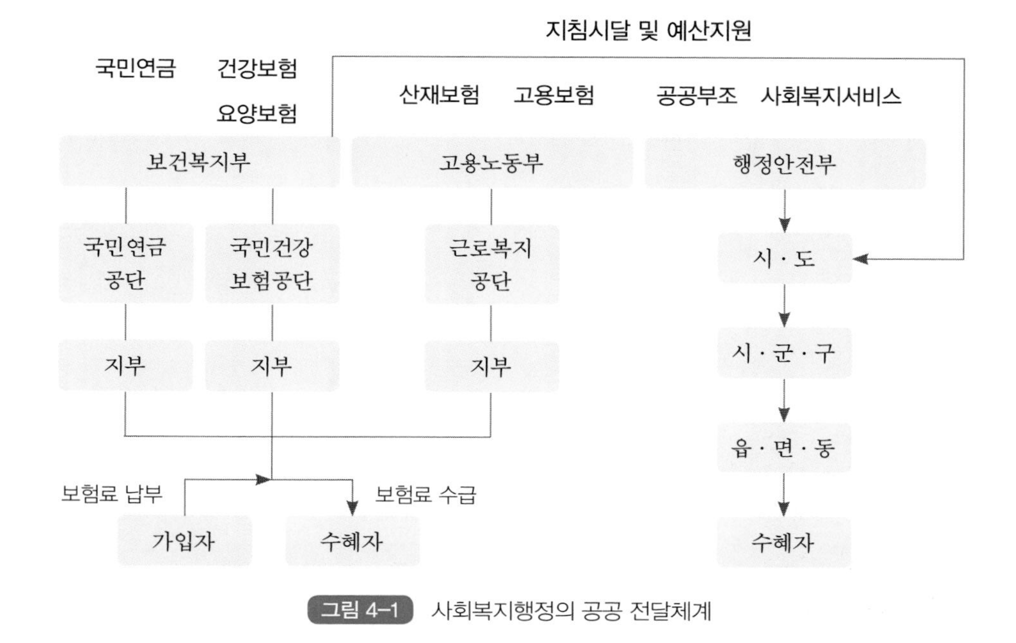

그림 4-1 사회복지행정의 공공 전달체계

제공의 안정성이 높다는 장점이 있으나, 다양한 서비스 욕구에 긴밀하게 대응하기 어렵다는 한계가 있다.

② 민간 전달체계

민간 전달체계는 개인이나 민간이 사회서비스를 직접 관리 · 운영하는 사적 전달체계이다. 한국의 경우, 사회복지 법인이 운영하는 종합사회복지관을 비롯한 다양한 기관들과 복지재단 및 자원봉사단체 등이 여기에 속한다. 민간 전달체계는 다양한 서비스를 개발하여 수급자에게 선택의 기회를 제공할 수 있는 장점이 있으나, 예산의 안정성이 낮고 지역과 대상에 따른 서비스 편중이 심하게 나타날 수 있는 문제점이 있다.

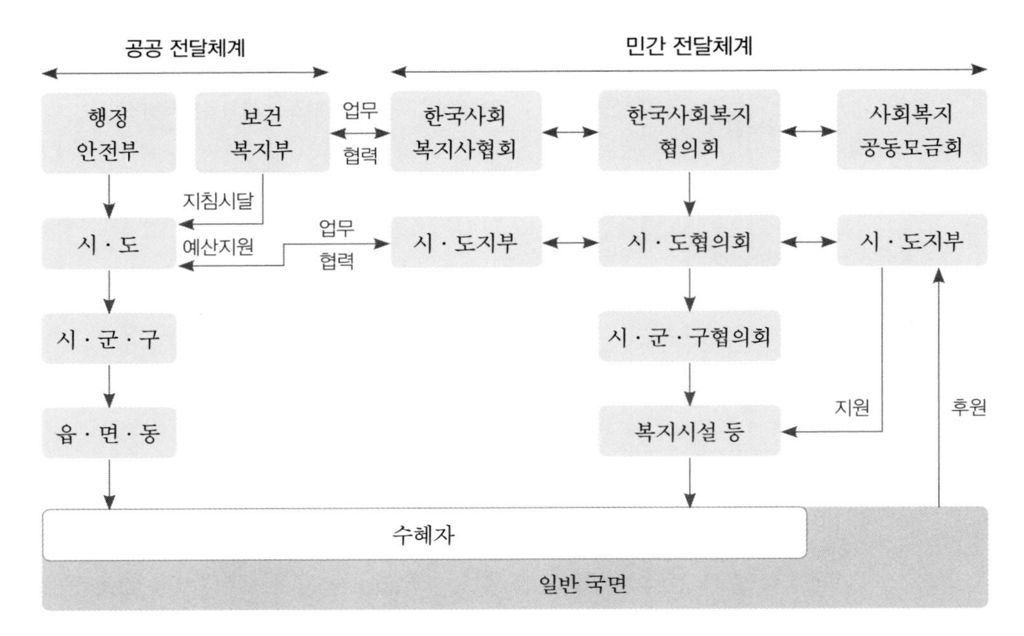

그림 4-2 사회복지행정의 민간 전달체계

3) 전달체계의 주요 원칙

효과적 사회복지서비스의 전달체계 구축에서 고려해야 할 기본원칙을 사회복지기관의 행정구조적 측면과 서비스 공급자 측면으로 나눌 수 있다(서상목, 최일섭, 김상균, 1988: 23-31). 행정구조적 측면이란 수급자의 욕구가 최선의 행정적 지원 조건하에서 처리될 수 있도록 배려함을 의미한다. 반면, 서비스 공급자 측면은 클라이언트에게 서비스를 제공하는 전문가들이 지켜야 할 수칙들을 최대한 실천할 수 있도록 하는 여건 조성을 말한다.

(1) 행정구조적 측면

기관이 수행하는 기능의 효과성과 효율성을 극대화시키는 데 필요한 행정구조적 원칙은 다음의 일곱 가지가 있다.

① 기능분담의 체계성(systematic functions distribution) 원칙

행정의 효율성을 고려한다면 개별 사회복지 기관의 행정상 위치에 따라 각각의 주요 기능이 명확하고 체계적이어야 한다. 예컨대, 전달체계를 상부와 하부체계, 그리고 이를 연결시켜 주는 중간체계로 구분할 수 있다. 보건복지부와 같은 상부체계의 주 기능은 정책결정과 관련된 계획 및 통제기능이다. 그리고 기획, 감독 및 지도를 맡게 될 중간체계인 시 · 도 단위에서는 책임 및 서비스 제공기능에 초점을 맞춘다. 시 · 군 · 구 및 읍 · 면 · 동 단위의 하부체계는 클라이언트와의 접촉을 가장 빈번하게 가져야 하는 면접 및 서비스 제공기능을 주로 맡게 되는 것이다. 따라서 이상적 전달체계는 상부로부터 하부 또는 하부에서 상부로 연결되는 기능상의 분담이 체계성과 일관성을 유지해야 한다.

② 전문성에 따른 업무분담(job distribution)의 원칙

사회복지서비스의 제공과 관련된 제반 업무는 그 특성에 따라 반드시 전문가가 해야 할 일과 그렇지 않은 것으로 구별될 수 있다. 예컨대, 클라이언트의 욕구 파악이나 진단, 필요로 하는 서비스에 대한 평가 그리고 자원봉사자의 관리 등과 같은 업무는 전문적 성질의 것이다. 그러나 기록, 보고서의 정리 및 보관, 현금 및 물품의 전달, 수급자의 소재 파악 그리고 타 기관의 위치 파악 및 업무 소개 등은 전문가의 감독하에 비전문가도 할 수 있는 것이다. 따라서 전문가의 채용에 수반되는 높은 인건비를 절약하려면, 우선 해당 기관의 업무를 전문적인 것과 비전문적인 것으로 구분하는 업무분담이 요구된다. 그리하여 전문가의 필요성이 낮은 업무는 최대한 비전문가에게 맡김으로써 행정비용을 절감할 수 있다.

③ 책임성(accountability)의 원칙

서비스 공급자는 반드시 규정에 맞는 절차를 따라야 할 의무가 있는데, 이것이 전달체계의 책임성이다. 책임성의 문제는 서비스의 효과성과 밀접히 관련되며, 구체적으로 누구에 대해 책임을 지는가는 ① 사회에 대한 책임, ② 클라이언트에 대한 책임, ③ 전문가협회에 대한 책임 등 세 가지로 나누어 생각할 수 있다.

사회에 대한 책임이란 사회로부터 사회복지기관이 위임받은 소정의 기능을 적절히 수행해야 하는 책임을 의미한다. 예를 들면, 실적평가 또는 감사 결과, 업무태만과 같은 사실이 발견되었을 때, 해당 기관에 대해 명확하고 신속하게 책임을 물을 수 있는 행정체계가 되어야 한다는 뜻이다.

클라이언트에 대한 책임은 그의 욕구를 최대한으로 해결해야 할 책임을 의미한다. 이러한 책임을 완수하려면, 전문가의 능력 또는 근무태도 등에 대한 클라이언트의 불만이나 비판이 자유롭게 표현될 수 있어야 한다. 그리고 이후 적절한 후속조치가 뒤따를 수 있는 행정체계를 갖추어야 한다.

마지막으로, 전문가협회에 대한 책임은 전문가로서의 윤리강령을 준수하고 전문가다운 지식과 기술을 지속적으로 연마하고 발전시킬 책임을 의미한다.

④ 접근용이성(accessibility)의 원칙

서비스가 필요한 사람이 편리한 곳에서 필요할 때 해당 서비스를 받을 수 있는가 하는 문제는 매우 중요하다. 서비스 공급의 시기가 늦어진다면 클라이언트의 문제가 그만큼 더 심각해져 서비스의 효과가 떨어질 뿐만 아니라, 그 문제의 악영향이 크게 파급될 수 있기 때문이다. 서비스가 제공되는 위치와 장소도 마찬가지이다. 도움을 받고자 하지만 어디로 찾아가야 좋을지 모를 수도 있으며, 때로는 알고 있다 하더라도 그 장소가 원거리에 위치할 수도 있다. 사회복지서비스와 욕구의 상호연결 상태를 접근용이성이라고 하며, 접근용이성을 ① 클라이언트 측면, ② 서비스 공급자 측면으로 나누어 생각해 볼 수 있다. 먼저 클라이언트 측면에서 사회복지서비스에 대한 필요성을 느낄 때 쉽고 편안하게 접근할 수 있는 전달체계가 만들어져야 한다. 이는 지리적인 편의성뿐만 아니라 심리적으로도 소외 의식이나 차별적 대우를 주지 않는 곳이어야 한다. 또한 서비스 공급자 측면에서는 문제를 갖고 있으나 서비스 이용을 기피하거나, 무지로 인해 서비스 이용을 못하는 잠재적 수급자를 적극적으로 발견해 낼 수 있는 전달체계를 갖추어야 한다.

⑤ 통합조정(coordination)의 원칙

대부분 클라이언트의 문제는 한 가지 서비스로 해결될 수 없고, 다양한 서비스가 동시에 투입되어야 하는 복잡한 특성을 가진다. 반면에, 사회복지서비스는 행정의 편의성과 전문성 문제 때문에 다양하게 분산된 것이 현실이다. 따라서 여러 개의 서비스 기관이 각기 독립적으로 동일 클라이언트에게 서비스를 중복적으로 제공함으로써 서비스 효과의 저하와 자원 낭비의 문제를 초래할 수 있다. 이와 같은 부작용을 없애려면, 다양한 서비스를 통합하여 관리할 수 있는 책임기관을 선정하거나 책임전문가를 선정할 필요가 있다. 그리고 사회복지 계획 및 지원의 배분과 업무수행 시, 관계 기관 및 관계자 간의 협조 · 조정이 원활하게 이루어질 수 있도록 세심한 배려를 해야 한다.

⑥ 공동체참여(community participation)의 원칙

현대사회의 사회문제는 공식적 사회복지체계만으로 해결하기에는 서비스의 양과 질이 모두 부족한 것이 사실이며, 비공식적 사회복지체계의 복지기능을 결코 과소평가할 수 없다. 그러므로 공식적 체계와 비공식적 체계를 최대한으로 수용, 활용하는 것이 바람직하다.

⑦ 조사 및 연구의 원칙

사회복지기관의 주요 기능 중 하나인 계획 및 통제기능을 수행하기 위해서 조사 및 연구의 필요성이 매우 중요하다. 조사 및 연구는 표출된 욕구 해결을 위한 프로그램 개발, 잠재된 욕구의 발견, 서비스의 효과성과 효율성 평가, 전문적 기술의 개발 및 서비스의 관리 및 운영기법의 개발 등 여러 영역에서 필요하다. 사회복지서비스의 전문화는 이러한 조사 및 연구 활동의 성패에 따라 좌우된다고 해도 과언이 아니므로, 전달체계는 조사 및 연구기능을 극대화할 수 있도록 구성되어야 한다.

(2) 서비스 공급자 측면

앞서 언급한 행정구조적 측면이 다소 포괄적인 데 반해 서비스 공급자의 측면은

주로 직접 서비스 제공기능과 관련된다. 특히 하부 전달체계에서 지켜야 할 원칙들이 주로 포함되며, 다음의 다섯 가지 원칙이 있다.

① 평등성(equality)의 원칙

이 원칙은 모든 국민이 사회복지서비스를 신청 또는 이용할 수 있는 권리를 부여받을 수 있음을 규정하는 것이다. 즉, 클라이언트들은 성, 연령, 지역, 종교, 인종, 지위 및 소득에 관계없이 필요로 하는 서비스를 받을 수 있어야 한다는 것이다. 다만, 복지자원의 희소성을 고려하여 사전에 공개적으로 규정된 수급 자격(eligibility)과 전문가의 전문적 진단에 따라 서비스 제공이 제한될 수도 있다. 그러나 이러한 경우에도 서비스의 신청자 또는 당사자가 그 제한의 배경을 충분히 납득할 수 있어야 한다. 따라서 사회복지서비스의 전달체계는 평등성을 최대한 유지할 수 있도록 구성되어야 한다.

② 재활 및 자활(self-support) 목표의 원칙

사회복지서비스의 궁극적 목표는 클라이언트로 하여금 사회복지서비스의 필요성을 줄여 주거나 해소시킴으로써 자립 또는 정상적 사회복귀를 가능하게 해 주는 것이다. 따라서 자립능력을 완전히 상실한 상태에 있는 클라이언트를 제외한다면, 대부분의 수급자들은 일시적 클라이언트에서 서비스가 종료될 수 있도록 해야 한다.

③ 적절성(appropriateness)의 원칙

클라이언트는 서비스의 궁극적 목표인 자활 및 재활을 성취하는 과정에서 필요로 하는 충분한 서비스의 양과 질을 공급받을 수 있어야 한다. 사회적 욕구에 대한 객관적 측정이 어려우므로, 클라이언트가 바라는 감지된 욕구와 전문가의 규범적 욕구 간에는 불일치 현상이 종종 발생하게 된다. 하지만 이상적 전달체계는 자원이 허용하는 한 감지된 욕구와 규범적 욕구를 최대한으로 조화시킬 수 있도록 하여야 한다.

④ 포괄성(comprehensiveness)의 원칙

클라이언트들이 필요로 하는 서비스는 매우 다양하며, 여기에는 교육, 의료, 주택, 소득, 사회적응 등 여러 가지가 존재한다. 한편, 예방을 목적으로 하는 서비스가 있는가 하면 치료를 목적으로 하는 서비스가 존재하는 등 서비스의 성격도 다양하다. 따라서 이상적 전달체계는 클라이언트의 다양한 욕구를 처리할 수 있게 구성되어야 한다. 즉, 한 사람의 클라이언트가 유사한 시점에서 다양한 서비스 공급자와 접촉할 때, 전체 서비스가 서로 연계되지 않고 단편적으로 제공된다면 서비스의 효과는 반감되고 만다.

⑤ 지속성(continuity)의 원칙

재활 및 자활 목표의 원칙을 완수하기 위한 전문적 과정은 오랜 기간을 요하는 어려운 과정이다. 클라이언트가 다양한 서비스를 이용함으로써 점차 정상화에 접근해 가는 발전 과정에서, 특정 기간별로 필요한 서비스의 종류와 양은 달라진다. 서비스 공급자인 사회복지사가 클라이언트의 변화 과정을 면밀히 분석 · 평가하는 인내심을 가져야 한다. 즉, 클라이언트의 재활 및 자활 목표가 성취될 때까지 모든 서비스는 자활이라는 목표를 중심으로 통합되고 지속되어야 한다는 것이다. 따라서 지속성의 원칙은 앞에서 설명한 포괄성의 원칙이나 통합조정의 원칙 그리고 적절성의 원칙과도 밀접히 관련된다.

요약

사회복지제도는 그 주요 대상자인 개인, 가족, 집단, 공동체의 구성원들이 필요로 하는 서비스를 제공하기 위해 존재한다. 그리하여 서비스의 공급자인 정부나 민간기관은 우선적으로 서비스의 수급자가 지닌 욕구나 문제를 찾아내려고 노력한다. 이어서, 이를 충족하고 해결해 줄 수 있는 자원을 동원하려고 애쓴다. 그러나 자원이 아무리 풍부하더라도 전달 과정이 좋지 않으면 소용없다. 그러한 자원이 가장 효율적으로 전달되도록 하기 위해 서비스 전달체계를 잘 구축해야 하는 것이다. 그래서 욕구체계, 자원체계 그리고 전달체계를 사회복지의 3대 구성요소라고 부른다.

인간의 욕구를 분류하는 방법은 다양하다. 사회복지가 욕구 충족을 존재 이유로 삼고 있지만, 모든 종류의 욕구를 다 취급하는 것은 아니다. 우선, 개인적 차원에서 기본욕구를 먼저 고려한다. 그다음으로, 사회적 욕구로 다시 한번 제한을 가하게 된다. 사회적 욕구를 측정하는 방법은 다양하지만, 가장 흔히 사용하는 방법은 전문가가 규정하는 규범적 욕구이다.

사회복지에서 자원이란 사회복지 대상자의 사회적 욕구를 충족시켜 주거나 그들이 당면한 문제를 해결해 주기 위한 수단을 의미한다. 사회복지에서 정부나 민간부문의 역할은 수급자에게 필요한 자원이나 서비스를 공급해 주는 것인데, 여기에는 중개 역할, 옹호 역할, 자원동원 역할 등이 있다.

클라이언트의 욕구와 문제해결에 필요한 서비스를 원활하게 공급하려면 서비스 전달체계가 과학적으로 구축되어야 한다. 과학적 전달체계의 기본원칙은 여러 가지가 있는데, 크게 행정구조적 측면과 서비스 공급자 측면으로 양분된다.

사회복지라는 하나의 상위체계가 원만하게 작동하려면 하위체계인 욕구, 자원 그리고 전달의 3대 체계가 삼위일체의 상태를 유지해야 한다. 그러나 많은 경우에 있어 자원의 양이 욕구의 양을 따라가지 못한다. 그래서 사회복지실천은 일정 기간에 한해, 자원과 욕구 사이에 억지로라도 균형을 맞추어야 한다.

참고문헌

김상균(1987). 현대사회와 사회정책. 서울대학교출판부.

김태성, 성경륭(1993). 복지국가론. 나남.

남세진, 조홍식(1995). 한국사회복지론. 나남.

보건복지부(2019). 사회서비스 수요 · 공급 실태 조사. 국가통계포털 주제별 통계.

서상목, 최일섭, 김상균(1988). 사회복지 전달체계의 개선과 전문인력 활용방안. 한국개발연구원.

송근원, 김태성(1995). 사회복지정책론. 나남.

Benn, S. I., & Peters, R. S. (1959). *Social Principle and the Democratic State*. Allen & Unwin.

Bradshaw, J. (1972). The Concept of Need. *New Society, 30,* March, 640-643.

Braybrooke, D. (1968). Let Needs Diminish That Preference May Prosper. *American Philosophical Quarterly,* Monograph Series, 90.

Friedlander, W. A., & Apte, R. Z. (1980). *Introduction to Social Welfare* (5th ed.). Prentice-Hall.

Halley, A. A., Kopp, J., & Austin, M. (1998). *Deliverling Human Service* (4th ed.). Longman.

Harvey, D. (1973). *Social Justice and the City*. Edward Arnold.

Heclo, H. (1974). *Social Politics in Britain and Sweden*. Yale University Press.

Hewitt, M. (1992). *Welfare, Ideology and Need*. Havester Wheatsheaf.

Maslow, A. H. (1954). *Motivation and Personality*. Harper & Row.

Miller, D. (1976). *Social Justice*. Clarendon press.

Miller, D. (1979). *Social Justice*. Oxford University press.

Plant, R., Lesser, H., & Taylor-Gooby, P. (1980). *Political Philosophy and Social Welfare Essays on the Normative Basis of Social Provision*. Routledge & Kegan Paul.

Titmuss, R. M. (1976). *Commitment to Welfare* (2nd ed.). George Allen & Unwin.

Weale, A. (1983). *Political Theory and Social Policy*. Macmillan.

Williams, A. (1978). *Issues in Social Policy*. Macmillan.

제 5 장

사회복지의 역사

이 장에서는 사회복지의 역사를 학습한다. 서구의 사회복지는 고대사회의 상부상조 활동과 중세사회의 자선사업으로 시작하여 인도주의적 사상의 성장에 따라 발전하였다. 근대로 들어서면서 빈곤의 책임을 개인에게 돌리기보다는 사회에 돌리는 사회연대성 인식의 확산으로 발전하였다. 자선조직협회의 활동 이후에는 인간의 존엄성을 바탕으로 다 같이 생존할 권리가 있다는 생존권 사상의 발전에 힘입어 더욱 발전해 왔다. 한국의 사회복지는 크게 ① 책기시대, ② 일본 식민주의 도구화시대, ③ 외국원조 의존시대, ④ 사회복지제도 도입시대, ⑤ 복지국가 진입시대의 5단계를 거쳐 발전한 것으로 파악할 수 있다.

1. 서양 사회복지의 역사적 전개

서양 사회복지의 역사적 전개 과정은 크게 공동체 생활단계, 빈민통제법 단계, 자선조직협회 단계, 사회보험 단계, 복지국가의 발전과 재편 단계로 나누어 살펴볼 수 있다(조홍식 외, 2015).

1) 공동체 생활단계

종족이나 씨족에 의해 형성된 고대사회에서는 왕에 의한 구휼사업이나, 공동체 내의 자선 그리고 상부상조를 통해 빈곤에 대처하였다.

(1) 왕에 의한 구휼사업

고대국가에서는 농민과 농업의 보호를 위해 왕이 공공복지를 제공하였다. 이집트와 중국 등의 사례가 이를 잘 보여 준다. 기원전 6000년에서 기원전 3000년경에 역사 기록이 시작되었고 문명이 발생하였다. 정착농업이 발생할 수 있는 여건이 잘 갖춰진 메소포타미아 지방, 인도평원, 이집트, 중국 등에서 문명이 발생하였다. 여기서 말하는 문명이란 국가권력의 체계화를 포함한 것이다. 국가권력은 홍수통제를 위한 대규모 관개 사업과 외적의 침입에 대비한 공동방위 등의 기능적 필요로부터 출현하였다(Day, 1997: 조홍식 외, 2015에서 재인용).

고대국가의 구휼사업을 보여 주는 가장 오래된 기록은 기원전 2500년경으로 추정되는 피라미드 내의 파피루스에 적혀 있는 이른바 『죽은 자의 책(The Books of the Dead)』에 기록된 것이다. 여기에는 환자와 가난한 자를 보호하고 노숙자를 구제하는 것이 왕의 책무로 기록되어 있다(Barker, 1995).

(2) 자선

자선은 궁핍하거나 의존적인 자에 대한 개인적 차원의 소규모 도움 행위를 의미

한다. 자선의 기원은 종교에서 찾을 수 있는데, 서구 사회에서는 대표적으로 기독교가, 동양 사회에서는 불교가 그에 해당한다.

서기 361년에 기독교가 공인된 이후 교회는 궁핍자에 대한 공식적 자선기관이 되었다. 그 후 6세기경부터는 성직자들이 세운 수도원이 중세의 다목적 보호시설(hospital)의 기능을 수행하였다. 8세기경에는 교인의 십일조가 의무화되었다.

그 후 기독교 자선활동의 체계화 노력이 나타났다. 13세기에 와서 부자는 빈자를 도와야 한다는 내용이 교회법으로 설파되어 기독교 교리에 사회복지에 관한 제도적 관점이 어느 정도 정립되었다. 중세교회가 자선을 강조한 것은 빈자를 돕는 것이 구원에 이르는 길로 믿었기 때문이다.

동양에서의 자선은 '자비'로 표현되는 불교의 보시를 통해 이루어져 왔다. 보시란 자비심에서 나오는 행위로 널리 남에게 재물을 베푸는 일이다. 극단적 보시 행위의 예를 보면, 중국 남북조시대 북향의 법진 스님은 흉년에 굶주린 백성들에게 자기의 살을 베어 먹여 구조하였던 것이다(임송산, 1983).

(3) 상부상조

상부상조란 도움을 주는 자와 도움을 받는 자 간의 입장이 서로 바뀔 수 있다는 점에서 자선, 공공복지, 사회서비스와 같은 다른 사회복지의 유형과 구분된다(Handel, 1982). 이는 호혜성의 원리에 입각한 원조 방식인데, 한국의 품앗이나 두레의 예에서 보듯 오랜 역사를 갖고 있다.

고대 이집트의 경우 장의단체와 소금 · 석고 상인들의 협회와 같은 존재가 확인되었다. 그리고 로마시대의 협회나 중세의 길드에서 그 형태를 찾아볼 수 있다. 길드의 여러 기능 가운데 사회복지와 관련된 것은 네 종류가 있다. 첫째, 빈곤한 회원에 대한 장례비와 유족의 생계를 지원하는 것이다. 둘째, 빈곤한 회원의 딸을 위한 결혼지참금을 지급하는 기능이다. 셋째, 일종의 건강보험으로 회원 모두를 포괄하여 환자에게 보호를 제공하는 기능이다. 넷째, 교회당 건축 등 지역사회 공익을 위한 활동 수행이다(백종만 외, 2001).

2) 빈민통제법 단계

(1) 「엘리자베스 구빈법」

빈자에 대한 지원과 동시에 빈곤의 사회적 통제를 위하여 영국에서는 중세시기부터 다양한 구빈법(Poor Law)이 만들어졌고, 그러한 법률들을 통칭하여 빈민통제법이라 부른다. 영국 최초의 빈민통제법은 국가적 대재해로 인해 제도화되었다. 1348년 흑사병의 만연으로 2년 동안 영국 국민의 30~40%가 사망함에 따라 노동력 부족 현상이 심각해졌다. 그 결과, 임금이 급격하게 상승하였다. 이에 에드워드 3세(Edward III)는 토지를 소유한 귀족의 요청에 따라 1349년 노동자 칙령을 제정함으로써 빈민통제법의 원조가 되었다(백종만 외, 2001). 노동자 칙령의 주요 내용은 노동력 보호에 있었는데, 노동력이 있는 자는 일을 해야 한다는 강제 규정 그리고 걸인과 유랑민의 이동을 금지시킨 것이 주요 내용이다.

1601년에 제정된 「엘리자베스 구빈법(The Elizabethan Poor Law)」은 빈민구제를 위해 제정된 기존의 모든 법령을 집대성함으로써 영국 빈민통제법의 기본 토대가 되었다. 이 법령은 빈민구호의 국가책임을 인정하였으며, 국가 개입으로 징수하는 구빈세를 신설하였고 빈민 관리에 대한 국가행정을 공식화하였다.

「엘리자베스 구빈법」은 빈곤의 사회적 통제를 위하여 빈곤층을 구제할 가치가 있는 빈민(deserving poor)과 구제할 가치가 없는 빈민(undeserving poor)으로 나누어 관리하였다. 구제할 가치가 있는 빈민은 노동능력이 없는 성인과 빈곤아동으로 원외구제(outdoor relief)와 구빈원(alms house)에의 수용을 통해 지원하였다. 구제할 가치가 없는 빈민은 강제노역장(workhouse)에 보내져 노동을 해야 했고 거부할 경우에는 교정시설(house of correction)에 감금되었다.

「엘리자베스 구빈법」의 중요한 특징은 일곱 가지로 요약된다. 첫째, 빈민구제를 정부책임으로 인식하였다. 둘째, 빈민구호를 담당하는 행정기관을 수립하였다. 셋째, 빈곤자에 대한 지원의 재원은 조세를 통해 조달하였다. 넷째, 빈민을 노동능력의 유무에 따라 구분하여 차등적으로 처우하였다. 다섯째, 요부양 아동을 보호함과 동시에 도제제도를 도입하였다. 여섯째, 강제노역장과 구빈원을 활용하였다. 일곱

째, 친족 부양의 책임을 강조하였다.

「엘리자베스 구빈법」이 갖는 현대적 의의는 여덟 가지로 정리된다. 첫째, 세계 최초로 구빈을 법으로 규정했다. 둘째, 현대 사회보장제도 중 공공부조의 시초가 되었다. 셋째, 빈민구제에 대한 정부의 책임을 인정함으로써 구빈 원리를 확립했다. 넷째, 빈민구제담당 행정기관을 설립하고 구빈세(poor tax)를 부과했다. 다섯째, 요보호아동을 공적으로 보호하였다. 여섯째, 노동능력 유무에 따라 강제노역장과 구빈원을 활용했다. 일곱째, 친족 부양의 책임을 강조했다. 여덟째, 부랑자의 발생 방지에 주력했다.

(2) 빈민통제법의 변화

1601년의 「엘리자베스 구빈법」은 산업혁명 등 사회경제적 변화에 따라 다음과 같이 수차례의 변천 과정을 밟아 1834년의 개정까지 이르렀다(권오구, 1996).

① 「이주금지법」

「주소법」 또는 「거주지법」이라고도 하며 빈민의 자유로운 이동을 금지한 법령이다. 빈민들이 일자리를 찾아서 부유한 교구로 이동해 다녔기 때문에 많은 부랑자 집단이 생겨났고, 구빈 비용은 계속 증가하게 되었다. 그 결과, 빈민의 자유로운 이동을 금지하는 법령을 제정하게 되었다. 그러나 이 법령은 빈민의 주거선택의 자유에 대한 뚜렷한 침해라는 비판을 받게 되었다.

② 「강제노역장법」

「강제노역장법」의 주목적은 노동능력이 있는 걸인과 유랑민을 관리하는 것이었다. 또 이 법은 노동이 가능한 빈민을 고용하여 국부의 증진을 기하기 위하여 제정되었다. 1696년 영국 브리스톨에서는 여러 교구가 모여 하나의 연합체를 구성하였다. 그 연합체는 공동작업장을 설치하여 빈민들에게 수입을 줄 수 있는 일자리를 마련해 주었다. 강제노역으로 인하여 거리에는 상습적 걸인이나 난폭한 부랑자가 자취를 감추게 되었다.

③ 「길버트법」

1782년 하원의원인 길버트(Gilbert)가 제안하여 통과된 법으로 강제노역장 빈민의 비참한 생활과 착취를 개선할 것을 목적으로 제정하였다. 노동은 가능하나 자활능력이 없는 빈민을 강제노역장에 보내는 대신에 자기 가정 내에서 또는 인근의 적당한 직장에서 취업하도록 알선해 주는 법이다. 이는 시설 외 구조 혹은 원외구조(outdoor relief), 즉 거택보호를 처음으로 인정한 의미 있는 법이다.

④ 「스핀햄랜드법」

1795년 버크셔주 스핀햄랜드(Speenhamland) 지역의 치안판사 회의에서 제정된 법령으로서 빈민에 대한 처우개선책인 임금보조제도(Relief Allowance System)가 주 내용을 이룬다. 최저생활기준에 미달되는 임금의 부족분을 보조해 주는 것을 목적으로 했으며, 오늘날의 가족수당 또는 최저생활보장의 기반이 되었다. '버크셔 빵법(Berkshire Bread Act)'이라고도 불리는 이 법률은 선의의 입법 취지에도 불구하고, 구빈세 부담을 증가시키고 임금을 저하시켰을 뿐 아니라 빈민의 독립심과 근로동기를 저하시키는 부작용을 초래했다(정종우, 권을식, 1991).

⑤ 「개정 구빈법」

1832년 발족한 왕립위원회의 조사를 토대로 1834년 「개정 구빈법(Poor laws Reform of 1834)」이 제정되었다. 이 법의 제정 원인은 구빈 비용의 계속되는 증가와 사회적 변동으로 인한 기존 구빈법의 비효율성이었다. 따라서 신 구빈법의 주목적은 구빈 비용의 절감에 있었다.

신 구빈법은 빈곤의 사회적 통제에 초점을 두었고 빈곤은 일종의 질병으로 간주되었다. 빈곤의 치료는 노동능력자와 그들의 피부양자에 대한 원조를 제한하는 것이라고 믿었던 왕립위원회는 다음과 같은 여섯 가지 기본원칙을 권고했다.

- 「스핀햄랜드법」의 임금보조제도를 철폐한다.
- 노동이 가능한 자는 강제노역장에 배치한다(강제노역장 활용의 원칙).

- 병자, 노인, 허약자, 아동을 거느린 과부에게만 원외구호를 준다.
- 교구단위의 구호행정을 빈민통제법연맹(Poor Laws Union)으로 통합한다.
- 구빈수급자의 생활조건은 자활하는 최하급 노동자의 생활조건보다 높지 않아야 한다(열등처우의 원칙).
- 왕명에 의하여 중앙 통제위원회를 설립한다(균일처우의 원칙).

이 법률의 제정은 균일처우의 원칙(the principle of national uniformity), 열등처우의 원칙(the principle of less eligibility), 강제노역장 활용의 원칙(the principle of workhouse system)과 같은 구빈 행정체제의 원칙을 마련하는 계기가 되었다.

빈민통제법 시대의 사회복지는 빈곤층에 대한 인도적인 지원과 빈곤층의 사회적 통제라는 두 가지 목적이 충돌하는 양상을 보였다. 빈곤의 구제는 사회질서를 위협하는 거리의 걸인과 유랑민을 통제하는 정책 목적에서 시작되었다. 빈곤층의 사회적 통제는 강제노역과 처벌 등 반인권적 요소도 다분히 포함되어 있었다.

그 이후의 사회복지에서도 논쟁이 계속되는 소위 구제할 가치가 있는 빈민과 구제할 가치가 없는 빈민을 어떻게 다룰 것인지에 대한 사회적 고민이 본격적으로 시작된 시기가 빈민통제법 시대이다.

3) 자선조직협회 단계

산업혁명과 더불어 근대 자본주의 시대가 시작되면서 계층 간 격차나 소득의 편중 현상과 같은 사회문제가 대두되었다. 그 결과, 빈곤문제에 대한 사회적 책임을 정당화하는 사상과 함께 사회사업(social work)이란 말이 등장했다.

19세기 영국에서 빈민처우에 대한 사회적 철학과 실천에 영향을 준 활동들은 사회개량 운동, 자선조직 운동, 인보관 운동 그리고 사회조사 활동을 들 수 있다(권오구, 1996; 장인협, 이해경, 오정수, 1999).

(1) 사회개량 운동

산업혁명과 때를 같이하여 일어난 사회개량(social reform) 운동 중에서 가장 중요한 것은 차티스트(the chartists) 운동이다.

차티스트 운동은 1830년경 노동자들이 보통선거권과 무기명 투표의 실시 등의 정치적 요구를 관철시키기 위해 벌인 급진적 운동이다. 그들의 요구는 관철되지 못했지만, 노동대중은 이를 계기로 그들의 관심을 정치적 목적에서 경제적 조건의 개선 쪽으로 방향 전환을 시도하였다. 그리하여 1844년 차티스트 운동에 의해 노동자 자신들 소유로 최초의 소비조합 매점을 개설하였다. 그 아이디어는 사회개량주의자였던 로버트 오웬(Robert Owen)에 의해 제안되었다. 직물공장 주인이었던 오웬은 적절한 임금과 위생적 노동조건이야말로 우수한 노동자를 끌어들이며 이윤도 증대시켜 주는 확실한 방법이라고 인식하였다.

(2) 자선조직 운동

자선조직협회(The Charity Organization Society: COS)는 19세기 말 영국의 자유주의자들이 결성한 빈곤문제를 해결하기 위한 단체였다. 그들은 정부가 개입하지 않고도 빈곤문제를 해결할 수 있다고 믿었으며, 빈민에 대한 중산층 여론을 형성하는데 영향력을 행사하였다. 자선조직협회의 활동은 독일에서 먼저 시작되어 영국에 소개되었고 다시 미국에 전파되었다.

1788년 독일 함부르크에서 구빈사업 조직이 생겨났는데, 이를 '함부르크(Hamburg) 구빈제도'라 한다. 초기에는 문전구걸 금지, 빈민직업학교설립, 병원 건립, 요보호자 구제, 갱생의 통합적 제도 설립 등의 효과를 보았다. 그러나 인구 집중과 요보호자 증대에 따른 상담원과 재원의 부족 및 활동 부진 때문에 붕괴되었다. 그 후 함부르크 구빈제도의 미비점을 수정 · 보완하여 전적으로 공공의 조세에 의해 운영되는 '엘버펠트(Elberfeld) 제도'가 생겨나기도 하였다.

비슷한 시기 영국에는 빈민구제를 위한 모든 형태의 방법과 기관이 동시다발적으로 활동하고 있었다. 빈민구제 서비스의 효과적 제공을 촉진하기 위해서 자선조직협회가 창설되었다. 자선조직협회의 대표적인 활동은 자원봉사자인 우호적 방문자(friendly visitor)를 통해 실시한 빈곤상황에 대한 가구별 조사였다. 우호적 방문자는 가구방문을 통해 적절한 도움을 주었고, 구호신청자들로 하여금 협회에 등록케 하여 구호의 중복을 방지하고자 하였다. 이러한 우호적 방문자는 이후 단기간의 공식적 교육과 훈련을 통해 사회사업가(social worker)가 되었다. 자선조직 운동은 사회복지의 실천방법인 개별사회사업(casework)과 지역사회조직(Community Organization: CO)의 발전에 기틀이 되었다.

(3) 인보관 운동

자선조직 운동과 더불어 새로운 사회운동으로 나타난 것이 인보관 운동(settlement house movement)이었다. 인보관 운동은 1884년 바네트(Barnett) 목사가 런던의 빈민가에 최초로 토인비 홀(Toynbee Hall)을 설립하면서 시작되었다. 빈곤이 개인적 문제라고 여긴 기존의 의식에서 벗어나 산업화 · 도시화로 인해 나타나는 각종 사회문제를 빈곤의 원인으로 보면서 빈곤층 주민들의 거주지에 인보관을 세워, 중상류층의 활동가들이 함께 생활하며 활동하였다.

이 운동의 참여자들은 빈민 지역에 상주하면서 지역조사를 통해 지역주민의 생활 실태를 파악하고 구호가 필요한 사람들을 도와주었다. 그들은 인도주의 정신을 실천하려는 중상류계층인들로, 빈민 지역에 이주하여 자선활동을 한 것이다. 19세기 말엽에 이르면, 인도주의적 인보관 운동과 함께 옥스퍼드 및 케임브리지 대학생들이 빈민의 생활개선과 교육을 위해 빈민촌에서 활동하였다. 런던의 토인비 홀과 시카고의 헐 하우스(Hull House, 1889년 설립)가 대표적인 인보관이었다.

인보관 운동의 사회적 기능은 네 가지로 요약된다. 첫째, 사회조사를 통해 다수의 통계자료를 법률 제정에 활용토록 하였다. 둘째, 지역주민들에 대한 아동위생, 보건교육, 소년 · 소녀들에 대한 기술교육, 문맹퇴치 및 성인교육 등의 교육적 사업을 전개하였다. 셋째, 운동시설을 설치하여 옥외활동을 장려하고 오락 · 예술활동을 권장하였다. 넷째, 후일 지역사회복지관의 모형인 인보관을 설립하여 주택, 도서관, 시민회관 등으로 활용케 하였다.

(4) 사회조사 활동

빈곤에 대한 과학적인 사회조사를 통해서 빈곤은 개인적 속성에 의해 결정되는 것이 아니고 사회적 · 구조적 결함 때문에 발생한다는 것이 입증되기 시작하였다. 1880년대 찰스 부스(Charles Booth)의 런던 빈민촌 조사와 시봄 라운트리(Seebohm Rowntree)에 의한 요크시 조사를 대표적으로 들 수 있다. 이와 같은 조사 결과는 사회개혁을 위한 효과적 대책의 필요성을 부각시켰다. 사회조사 활동은 효과적인 사회복지정책이나 계획을 실시하기 위해서는 과학적이고 합리적인 사회조사가 선행되어야 함을 알려 주는 계기가 되었다.

4) 사회보험 단계

서구 각국에서 사회보험제도가 도입되기 시작한 것은 대개 19세기 중반에서 20세기 초반까지의 시기이다. 이 시기는 산업화의 진척에 따라 자본의 독점화가 진행되는 가운데 자본주의의 구조적 특성에서 비롯되는 문제들이 사회문제로 주목받던 때이다. 특히 노령, 질병, 재해, 실업 등과 같은 근로자의 최저생활을 위협하는 각종 사회적 위험에 대한 사회적 인식이 높아졌다. 그 결과, 강제적 사회보험제도의 도입을 통한 국가 개입이 본격화되었다.

(1) 비스마르크 사회보험

사회보험제도가 등장하게 된 구체적 배경과 시기는 나라마다 다양하다. 일반적으로, ① 산업화 이후의 자본주의 발전과 병행한 각종 사회문제의 심화, ② 사회문제의 해결에 대한 가족 및 시장기능의 한계에 대한 인식, ③ 노동운동의 정치세력화를 통한 정치적 압력, ④ 근대국가의 성장과 국가 개입의 확대 등이 배경으로 거론된다. 사회보험은 산업화의 진전이 빨랐던 영국이 아닌 후발산업국인 독일에서 19세기 후반에 먼저 출현하였다(백종만 외, 2001).

독일의 비스마르크는 당시의 경제 불안과 노동자의 빈곤 그리고 사회주의의 확산을 막기 위해 채찍과 당근의 양면 정책을 펼쳤다. 채찍인 「사회주의자 진압법」과

함께 당근인 1883년의 질병보험, 1884년의 노동재해보험, 1889년의 노령폐질보험을 제정하였다. 이러한 사회보험제도는 제1차 세계대전 이전까지 거의 모든 유럽 국가에 전파되었다.

(2) 미국의 사회보장법 제정

미국에서는 1929년 10월 경제공황이 일어나자 사회복지의 원칙과 실천방법에 큰 변화가 일어났다. 그때까지의 공적 구호(public relief)는 주로 시나 주 당국에 의해 소극적으로 다루어졌다. 일반인들의 인식과 같이 구호 담당자들은 빈곤을 게으름이나 악덕과 동일시했으므로 구호는 다만 기아를 겨우 벗어나게 하는 수준에 그쳤다. 1930~1932년 동안 실업자 수가 400만~1,500만 명에 이르자, 사회복지기관들은 이들을 구제하기 위해 자금 및 자원 동원에 온갖 힘을 다했으나 실효를 거두지 못했다.

1933년 3월에 제32대 대통령으로 취임한 루스벨트(Franklin D. Roosevelt)는 경제회복, 구제 및 개혁을 골자로 하는 뉴딜(New Deal) 정책을 선포하였다. 경제회복 정책은 은행, 산업, 농업의 부흥을 위한 일련의 정책이며, 구제정책은 실업구제를 위한 것이었다. 그리고 개혁정책은 실업과 빈곤의 책임이 개인의 책임이라는 자유방임주의 사상을 탈피하고 통제경제, 사회보장, 노동문제 개혁을 성취하는 데 집중하였다.

1933년 5월에는 「연방긴급구호법(Federal Emergency Relief Act)」을 제정하였고, 대통령직속기관인 연방긴급구호청(Federal Emergency Relief Administration)을 창설하였다. 불요불급한 자금을 반환받아서 각 주에 배분한 후 구빈의 목적에 지출하도록 지시하였다. 이러한 정책으로 인하여 1934년 말경에는 전 인구의 6분의 1이 구제받기에 이르렀다.

뉴딜 정책의 일환으로 경제보장위원회(Committee on Economic Security)는 세계 최초로 「사회보장법(Social Security Act)」을 제정하였다. 1934년 6월 루스벨트 대통령은 국민생활보장제도의 연구를 주 임무로 하는 위원회를 설치하였다. 1935년 1월 이 위원회는 노동 · 농무 · 재무 장관과 검찰총장 및 긴급구호청 장관을 위원으로 하여 연구보고서를 대통령에게 제출했다.

이 보고서에 따라 대통령은 관련 입법안을 의회에 넘겼고 의회는 몇 곳에 수정과 변경을 가한 후 1935년 8월 14일 「사회보장법」을 제정 · 공포했다. 이로써 미국은 사회복지정책으로서의 공적 부조제도(public assistance)와 사회보험제도(social insurance)의 기틀을 마련하게 되었다. 「사회보장법」은 사회보험, 공공부조, 보건 및 복지서비스 등 세 가지 프로그램으로 구성되었다.

(3) 베버리지 보고서와 사회보장제도의 확립

1941년 6월 영국 정부는 당시 사회서비스의 구조와 효율성을 조사하고 필요한 개혁을 시행하기 위해서 사회보험 및 관련 사업에 관한 정부 부처 간 조사위원회를 설치하였다. 위원회의 수장으로 베버리지(William Beveridge)가 임명되었다. 위원회는 1942년 11월 '사회보험 및 관련서비스(Social Insurance and Allied Services)'라는 제목의 보고서를 복지부장관에게 제출하였다.

이 보고서는 모든 사회구성원이 어떤 경우에도 빈곤에서 빠져나갈 수 있도록 보장하기 위한 종합적 계획을 담고 있다. 강조된 주요 원칙은 ① 통합적 행정, ② 적용범위의 포괄화, ③ 기여의 균일화, ④ 급여의 균일화, ⑤ 수급자의 기본적 욕구를 충족할 수 있는 급여의 적절화, ⑥ 대상의 분류화 등이다.

베버리지 보고서에 의한 사회보장이란 실업 · 질병 및 재해로 인한 소득의 중단 또는 노령, 은퇴, 부양자의 사망, 출산, 결혼 및 사망 등의 예외적 지출의 경우에 대비할 수 있는 일정 소득의 보장을 의미한다. 베버리지 사회보장은 모든 국민이 궁핍, 질병, 무지, 불결, 나태의 5대 사회악에서 벗어나게 하는 것을 목적으로 하였다. 이러한 베버리지 보고서의 권고사항이 입법화됨으로써 350년 이상의 긴 역사를 지닌 빈민통제법 체계는 소멸되었다. 베버리지 보고서로 인하여 이른바 '요람에서 무덤까지'의 사회보장체계가 구성되었다.

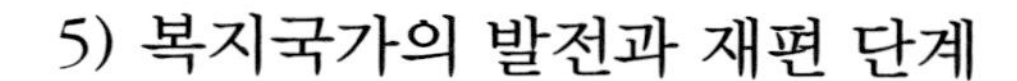

5) 복지국가의 발전과 재편 단계

본격적인 복지국가의 출현은 제2차 세계대전이 끝난 뒤부터라고 할 수 있다. 서구에서 복지국가가 출현하게 된 배경은 국가마다 다소 상이하나, 대체로 다음과 같은 두 가지 상황이 중요하게 작용하였다. 첫째, 자본주의 경제체제의 모순이 누적되면서 발생하였던 대공황과 둘째, 세계대전의 영향을 들 수 있다. 전쟁은 대공황의 영향과 마찬가지로 기존의 모든 공적 · 사적 복지제도를 파산시키거나 작동불능의 상태로 만들어 버렸기 때문이다(김태성, 성경륭, 2000).

(1) 복지국가의 발전

영국 복지국가 입법화의 주요 내용은 「가족수당법」(1945), 「국민보험법」(1946), 「산업재해법」(1946), 「국민보건서비스법」(1946), 「국민부조법」(1948), 「아동법」(1948) 등이며, 1948년 7월 5일을 기점으로 「사회보장법」이 전면 실시되었다.

미국에서는 1946년에 사회보장의 단일 행정기구로 사회보장청(Social Security Administration)이 창설되었다. 「사회보장법」은 여러 차례 수정되었고(1950, 1952, 1954, 1956, 1958, 1963), 특히 1965년의 수정을 통해 노령수급적격자, 유족보험 및 실업보상의 대상 수를 늘렸다. 또 공적 부조 프로그램이나 보건복지서비스의 운영을 강화해 나갔다.

(2) 복지국가의 위기와 신자유주의의 영향

1960년대까지 전 지구적 자본주의의 호황과 합의의 정치 구도에서 안정적으로 팽창하던 서구 복지국가들은 1970년대 중반에 이르러 위기를 맞이하게 된다. 1973년 10월 중동전쟁으로 인하여, 석유 생산량이 줄고 가격이 폭등하는 이른바 원유파동(oil shock)이 발생하였다. 이후 복지국가는 위기에 빠지게 된다. 위기의 배경에는 혼합경제와 포드주의(Fordism) 생산체계의 붕괴, 전후 합의정치의 붕괴, 노동연대의 약화와 같은 좀 더 근본적 변화가 있었다.

1980년대에 들어서면서 영국과 미국에서 신자유주의 이념을 신봉하는 신우파

정당이 집권하게 되었다. 영국의 대처(Thatcher) 정부와 미국의 레이건(Reagan) 행정부가 바로 그것이다. 이들 신우파 정권들은 복지국가의 해체를 공약으로 제시한 공통점이 있었다. 그들의 사상은 과도한 사회복지지출이 경제성장을 둔화시키고 정부의 재정위기를 불러왔다는 신념체계를 굳건히 갖고 있었다. 이들 신우파 정권은 복지비용의 삭감 및 지출 구성의 변화, 공공서비스를 포함한 공공부문의 민영화 및 기업에 대한 규제의 완화, 중앙정부의 역할 축소, 노조를 포함한 사회세력의 약화 등의 정책기조를 견지하였다. 영국과 미국에서 진행된 이러한 정책이념은 각각 대처리즘(Thatcherism)과 레이거노믹스(Reaganomics)라는 별칭을 얻게 되었다(백종만 외, 2001).

신우파가 득세한 1980년대의 복지국가는 복지제도의 내용과 양적 측면에서 모두 축소되는 경향을 띠게 되었다. 특히 종전의 공공급여에 의한 복지보다는 복지제공의 전제조건으로 노동할 것을 요구하는 노동연계복지(workfare)를 선호하게 되었다. 그러나 복지국가가 해체된 것은 아니다. 신우파의 공약과는 달리 급격한 복지지출의 감소가 나타나지 않았으며, 경우에 따라서는 완만한 증가세가 이어졌기 때문이다.

전형적으로 신자유주의적 전략을 추진했던 미국이나 영국의 경험을 보면 경제가 성장하고 실업률이 낮아진 이후에도 여전히 장기실업의 문제는 해결되지 않고 있다. 그리고 임금수준의 하락으로 '근로빈곤층(working poor)'이 증가하고 소득불평등 문제가 심화되고 있다. 이러한 사실은 복지국가의 필요성이 절대로 감소하지 않았음을 말해 준다.

(3) 복지국가의 재편

21세기를 앞둔 시점부터 많은 국가는 경제성장에 주력하던 기존 국가 운영 시스템으로는 다양한 변화를 감당할 수 없는 상황에 직면하였다. 자본주의의 세계화에 따른 사회운용 체제의 전환, 경제위기로 인한 고실업의 증가, 핵가족화, 인구고령화 등 사회적 여건이 변했기 때문이다. 특히 서구 복지국가들도 1990년대 이후 경제체제가 '지구경제화(global economy)' 또는 '탈산업화'되면서, 노동시장의 유연화,

정치구조의 균열 조짐, 이혼 증가와 낮은 출산율 등 가족체계의 불안정, 노동자의 동질성 약화, 인구의 고령화 · 고실업 등은 새로운 변화로서 복지국가 재편 요인이 되었다.

대량생산과 소비, 근대적 문화규범과 국가 복지급여 등을 특징으로 하는 포드주의적 축적체제가 위기에 처하게 되자, 성장과 고용, 복지를 동시에 추구해 온 케인스주의적 복지국가(Keynesian welfare state)의 기반은 동요되었다. 그 결과, 복지국가의 재편이 일어났는데, 제솝(Jessop)은 재편의 방향이 국제경쟁력 강화를 최우선의 목표로 하는 슘페터주의적 근로연계 복지국가(Schumpeterian workfare state)로 향할 것이라고 예상하였다(Jessop, 1993).

제솝은 슘페터주의적 근로연계 복지국가로의 이행도 국가 사정에 따라 다음과 같은 세 가지 전략으로 달라질 수 있음을 밝히고 있다. ① 사회보장 프로그램의 축소를 지향하는 신자유주의적 전략, ② 기업과 지방정부 연계를 중심으로 하는 지역단위 복지 프로그램을 강조하는 신조합주의적 전략, ③ 시장발전을 위한 탈상품화를 강조하는 신국가주의 전략 등이 그것이다(Jessop, 1993).

이처럼 복지국가의 재편은 내부적 투쟁 과정을 경험하기 때문에 다양한 방식으로 전개된다. 특히 글로벌 경제화에 대한 복지국가의 적응양식과 관련하여, 에스핑-안데르센(Esping-Andersen)은 세 가지 유형을 제시한 바 있다(Esping-Andersen, 1996).

첫째, 이미 성공적으로 달성한 소득유지 프로그램을 밑바탕으로 하여 적극적 노동시장정책, 사회서비스의 확대, 남녀평등을 중심으로 하는 '생산주의적' 복지정책 또는 사회투자 전략을 통한 '스칸디나비아의 길(the Scandinavian route)'(스웨덴, 노르웨이 등 스칸디나비아 국가들)이 있다.

둘째, 시장원칙에 대한 강조와 긴축재정, 국가복지 축소, 탈규제화의 활성화를 통한 '신자유주의의 길(the neo-liberal route)'(미국, 영국, 뉴질랜드 등)이 있다.

셋째, 사회보장 수준을 유지하면서 노동공급 감축을 유도하는 '노동감축의 길(the labor reduction route)'(독일, 프랑스, 이탈리아 등 유럽대륙 국가들)이 있다.

재편의 길이 다양한 이유는 개별 국가의 사회복지제도의 유산이 다르기 때문이다. 그리고 계급적 기반의 차이에 따른 복지 의지의 차이와 정치구조적 특성에서 이유를 찾을 수 있다(김영순, 1995). 또한 최근 남미국가들의 복지개혁과 동아시아 국가들의 복지국가에 대한 담론은 복지국가 재편의 길이 다양할 수 있음을 잘 보여준다.

2. 한국 사회복지의 역사적 전개

앞에서 살펴본 서구의 사회복지 발달 과정은 제도적 관점에서 볼 때, 단계적 발달의 특성이 비교적 잘 나타났다. 한국의 경우는 서구와 상당히 다른 발전 과정을 보인다.

1) 제1단계: 책기시대

우리 사회복지 사상의 근원은 고대, 삼국시대, 고려시대, 조선시대에 이르기까지 약 2천 년간 이어져 온 왕가에 의한 민생구호에서 찾아볼 수 있다. 그리고 민간 차원에서 행해진 두레, 품앗이, 향약, 계 등의 상부상조 활동도 사회복지의 전사로서 의의를 지니는 활동이다. 이 시기의 사회복지는 주로 왕의 책무를 중시하는 책기론[1]으로 설명할 수 있다.

(1) 고대

기자조선 문혜왕 원년(BC 843)에 윤환법을 세워 빈민을 구제하였다는 기록이 있다. 그리고 정경왕 13년(BC 710)에 큰 흉년이 들어 조정에서 중국의 제나라와 노나라에 가서 양곡을 구입하여 굶주리는 백성을 구제하였다고 한다. 또 효숭왕 9년

1) 책기란 동양적 자연관인 천인합일의 사상과 유교의 측은지심, 덕치의 정신 등이 결합한 한국 고대국가의 복지 사상이다(김상균, 1989).

(BC 675)에는 제양원을 설립하여 환과고독(홀아비, 과부, 고아, 무자녀 노인)의 취약계층을 지원하였다.

(2) 삼국시대

삼국시대에 와서 신라, 백제, 고구려는 여러 종류의 구빈 정책을 시행하였다. 대표적으로는 정부에서 비축하고 있는 곡식을 각종 재해로 인해 빈곤한 백성들에게 배급하여 구제하는 것과 환과고독의 취약계층 빈민을 군주가 친히 방문하여 위로하고 의류, 곡물, 관재 등을 급여하는 것 등을 들 수 있다. 그 외에 재해로 인하여 심한 피해를 입은 지역의 주민들에게 재해 정도에 따라 조세를 감면해 주었다든지 부채의 원본 및 이자를 감면해 주었다는 기록이 있다.

삼국시대 때 획기적 사회복지의 제도화는 고구려 고국천왕 16년(194년)에 고구려의 재상인 을파소가 만든 진대법이다.『삼국사기』에 따르면 그 내용은 춘궁기(3~7월)에 관곡을 빈곤한 사람에게 가구 수의 다소에 따라 필요한 양을 대여하였다가 추수기인 10월에 납입케 하는 제도로서 후세 고려의 의창과 조선의 환곡, 사창 등의 제도로 계승되었다.

진대법의 목적은 ① 춘궁기에 빈민을 구제하는 것이며, ② 영농자본을 대여함으로써 농민의 실농을 방지하고, ③ 일반 국민의 생활을 안정시키며, ④ 관곡을 적절하게 활용함으로써 그 낭비와 사장을 없애는 데 있었다.

(3) 고려시대

정인지의『고려사』에 의하면 고려시대 사회복지의 내용은 다음과 같이 크게 다섯 가지 종목으로 분류되고 있다.

- 은면지제: 각종 기념일에 왕이 베푸는 은전을 말한다.
- 재면지제: 천재지변, 전쟁, 질병 등으로 인한 이재민의 조세, 부역 및 형벌 등을 전부 혹은 일부를 감면해 주는 것이다.
- 환과고독: 홀아비, 과부, 고아, 무자녀 노인 등을 우선적으로 보호받아야 할 대

상자로 지정한 것이다.

- 수한질여진대지제: 이재민에게 쌀, 잡곡, 소금, 간장, 의류 등 각종 물품과 의료, 주택 등을 지급하는 사업이다.
- 납속보관지제: 이는 원래 중국 원나라의 제도였으며 고려 충렬왕 원년(1275년)에 국가 재정의 부족을 보충하기 위하여 일정한 금품을 납입한 자에게 일정한 관직을 주었던 것으로 구휼과는 무관한 것이었다. 그러나 그 후 충목왕 4년(1348년)에 이 제도를 모방하여 흉년 재해 때 백성을 구휼하기 위한 재원 조달의 한 방편으로 이용한 것이다.

고려의 공적 구제기관을 보면, 우선 상설기관으로서 고구려의 진대법을 모방하여 만든 태조 2년(919년)의 흑창과 제위보(953년)가 있었다. 그 후 성종 5년(986년)에는 흑창을 의창으로 개칭하였으며, 이와 함께 성종 12년(993년)에 곡식의 매매를 통한 물가 조절기능과 구빈사업 등을 함께 하는 상평창을 만들었다. 그리고 성종 때 만든 것으로 추정되는 환자의 치료와 빈민구제를 담당한 동서대비원, 혜민국(1112년), 유비창(1310년), 연호미법(충선왕)이 있다.

(4) 조선시대

조선시대의 사회복지활동을 보면, 곡물 저장을 통한 구제를 목적으로 하는 비황제도와 직접적 구빈대책으로서의 구황제도가 있었다.

① 비황제도

상평창, 의창(환곡), 사창(1백 가구를 단위로 하여 사민의 공동 저축으로 자치운영함)을 두어 백성의 복지를 도모하였으나 조선 말기에는 부정부패의 온상이 되었다. 이 세 가지 창과 함께 숙종부터 영조에 이르는 60~70년간 중앙 직속으로 교제창(북부지방), 제민창(남부지방)을 두어 백성을 구제하였다. 이러한 다양한 창들은 고종 32년(1895년)에 사환조례가 공포됨에 따라 통합되었으나, 수년 못 가서 한일합방이 되어 모든 창제도는 폐지되었다.

② 구황제도

사궁(四窮; 늙은 홀아비, 늙은 홀어미, 부모 없는 아이, 자식 없는 늙은이)에 대한 보호, 노인보호사업, 음식제공, 진휼 및 진대사업, 관곡의 염가매출과 방곡사업, 혼례나 장례를 치르지 못하는 자에게 비용을 조달해 주는 고조 제도가 있었다. 그리고 흉년 또는 재해를 당한 백성에게 지세, 호세, 부역 등을 감면하거나 대부된 환곡을 면제 또는 감해 주는 것으로 구제하는 견감제도와, 관곡의 부족을 충당하기 위해 관직을 제공하는 원납제도도 있었다. 더불어 향약 및 계제도, 식용식물을 조사 · 연구하여 제시한 구황방 제도 등이 있었다. 특히 향약은 덕업상권, 과실상규, 예속상교, 환난상휼 등 4개 덕목의 실천을 근본 목적으로 하고 있었고, 그중에서도 환난상휼은 복지의 제공에 중점을 두었다. 또한 계와 두레 등도 구휼사업을 하는 민간조직의 활동으로서 일종의 사회복지적 의미를 내포하고 있었다.

③ 구료제도

태조 원년(1392년)에 궁내 의료담당의 전의감과 일반백성의 의료기관인 혜민서 및 동서대비원을 설치하였고 태조 6년(1397년)에는 의학연구소인 제생원을 설치하였다. 고종 31년(1894년)에는 광제원을 비롯해 의학교 및 대한의원 등을 설치하여 신식 의료사업을 보급하였으며, 지방에는 융희 3년(1909년)에 자혜의원을 개설하여 현대 의료를 시작하고 전염병 예방을 위한 종두예방 규정도 제정하였다.

④ 기타

유기아 입양법으로 자휼전칙(1783년)을 반포 · 시행하였다.

2) 제2단계: 일본 식민주의 도구화시대(1905~1944년)

왕조 중심의 시혜적 제도로서의 민생구휼 정책은 1905년 을사늑약에 의해 일본의 식민지화가 시작됨으로써 그 막을 내렸다. 이후부터는 일본의 강제에 의한 정치적 목적을 가진 사회복지사업이 전개되기 시작했다. 주로 조선총독부에 의해 이루어진 조선에 대한 구제사업은 천황의 인정을 강조하고 식민지 국민들의 불만을 희석시키려는 목적을 갖고 있었다. 아울러, 교화 구제사업(조선총독부에서 행한 무위도식하는 일반 민중의 풍조를 교화하고 근검절약의 정신건강의학과 근면정신을 고취케 하는 교화사업)을 적극적으로 전개하였다. 이 역시 일본 자본주의 목적을 달성하고 조선 민중의 반일행동을 억제시키려는 정치적 목적에서 나왔다.

한국에서 사회복지와 관련하여 사회사업(social work)이라는 새로운 용어가 공식적으로 처음 등장한 것은 1921년 당시 조선총독부 내무국 사회과를 독립시켜 사회사업의 지도 · 통제를 담당하게 한 때부터이다. 이때부터 관계자 간의 '사회사업연구회'가 조직되었다. 이 연구회는 1929년에 '재단법인 조선사회사업협회'로 개칭되었다.

그렇게 등장한 근대적 사회사업은 1944년 3월 1일 '조선구호령'이 공포 · 실시됨으로써 보다 본격화하기에 이르렀다. 이 조선구호령은 일반적 구호에 관한 것으로 일본의 구호법을 기본으로 한 것이었다. 주된 내용은 65세 이상의 노약자, 13세 이하의 유아, 임산부, 불구 · 폐질 · 질병 기타 정신 또는 신체의 장애에 의하여 노동을 할 수 없는 경우 생활부조와 의료부조를 제공하는 것이었다.

3) 제3단계: 외국원조 의존시대(1945~1960년)

이 단계는 미군정시대, 정부 수립 이후로부터 1961년 5 · 16 군사정변 이전까지의 시기이다. 정부수립 및 한국전쟁으로 인해 혼란스럽고 국가 전체가 절대적으로 빈곤하던 시기였다.

사실 고대로부터 조선 말엽에 이르기까지의 근대 이전의 시기에서는 인간의 빈곤, 질병 및 고통 같은 문제에 대해서는 민생구휼의 동양적 구빈사상으로 대처하였다. 그런데 오늘날에도 지난날의 뿌리 깊은 민생구휼의 사상이나 관습이 남아 있다. 아울러, 일제 식민지시대의 잔재와 한국전쟁 이후의 미국식 원조 방법이 사회복지에 작용하며 영향을 미친다는 사실에 주목하여야 한다.

(1) 미군정시대

미군정시대의 사회복지사업은 일제강점기의 제반 법규와 시설이 형식상으로 계승되었다. 1945년 10월 27일에 공포된 「미군정법령」 제18호에 의하여 정부 조직에 보건후생국을 두어 사변재해의 구제, 일반 빈곤한 자의 공공구제, 아동의 후생 및 기타 필요한 보호, 노무자의 후생 및 은급제, 주택문제 등과 같은 업무를 하였다.

군정 3년은 자선활동에 의한 사회복지사업은 늘었으나 정부의 지원이 미약하여 임시 구빈적 성격을 벗어나지 못했다. 미군정은 이외에도 아동노동법규를 공포하여 아동노동 착취를 금지하였다.

(2) 한국 정부 수립과 한국전쟁

한국에서 근대적 사회복지사업이 전개된 것은 1950년대에서 비롯된다. 특히 1950년대 후반에서 1960년대 초반에 이르는 기간은 한국전쟁의 영향으로 사회경제적 상황이 매우 피폐하였다. 1953년 대한민국의 1인당 명목국민총소득은 약 66USD로 전세계에서 최빈국 중 하나였다.[2)]

한국전쟁은 수많은 전쟁고아, 전쟁으로 남편을 잃은 여성, 부랑인 등의 문제를 발생시켰지만, 절대빈곤의 상황에서 국가의 대처 능력은 극히 미비했다. 이 시기의 사회복지는 주로 전쟁으로 파생된 문제에 대한 응급구호적 성격의 사업이 주를 이루었다. 고아와 기아, 미아의 수용과 보호를 위한 아동생활복지시설(고아원, 현재의 아동양육시설)이 사회복지서비스의 주를 이루었던 시기가 이 시기이다. 그리고 그러한 시설에 대한 지원은 주로 외국 민간원조기관들이 담당했다.[3)]

아동복지시설의 수는 급속히 증가하여 1960년에는 약 500개에 이르게 된다. 이 시기의 한국의 사회복지는 아동복지시설이 주를 이루었다고도 할 수 있다. 실제로,

2) 2021년 기준 대한민국의 1인당 명목국민총소득은 약 35,000USD로 1953년과 비교하면 약 530배 증가하였다.

3) 대표적인 외국 민간원조기관으로는 기독교아동복리회(CCF: 현재의 한국어린이재단)와 양친회, 선명회(현재의 월드비전) 등을 들 수 있다.

1960년에 전체 사회복지시설의 수가 약 600개였으므로, 아동복지시설은 전체 사회복지시설의 약 80%를 차지하고 있었다. 당시 이러한 아동복지시설의 운영재원 구성을 살펴보면 사회복지사업의 민간시설과 외원에 대한 의존도를 알 수 있다. 한 연구에 따르면 1959년 아동복지시설 재정의 약 23%만이 국가보조에 의하여 이루어졌고 나머지 41.5%는 외원에, 21.5%는 시설의 자체수입에 의존하고 있었다(이혜경, 1993).

이 시기는 또한 사회복지서비스의 제공을 담당하는 전문인력에 대한 교육체계가 처음으로 도입된 시기이기도 하다. 주로 외원기관의 지원으로 운용되던 민간기관에서 실무를 담당할 전문인력의 양성이 필요했던 것이다. 1947년에 한국 최초로 이화여자대학교에 기독교사회사업학과가 설치되었다. 1953년에 YMCA연맹 후원으로 중앙신학교(현재 강남대학교의 전신)에 사회사업학과가 개설되었다. 국립대학으로서는 1958년에 최초로 서울대학교 대학원에 사회사업학과가 설치되었다. 1959년에는 서울대학교 문리과대학 학사과정에도 사회사업학과가 설치되었다.

외원기관의 상당수가 미국을 기반으로 한 기관이었기 때문에 그러한 전문인력의 교육체계도 미국의 체계를 수입하게 된다. 당시 한국의 사회복지교육 커리큘럼은 미국의 사회복지전문석사(Master of Social Work: MSW) 커리큘럼을 학부과정에 도입하면서 출발했다(김태성 외, 1997). 미국식 임상실천 위주의 사회복지전문직 교육시스템을 도입한 것이다. 현재의 사회복지교육 커리큘럼에서도, 특히 사회복지서비스 실천 교육의 커리큘럼은 큰 틀에서 보면 미국에서 직수입한 커리큘럼을 그대로 유지하고 있게 된 배경이 그 당시 조성된 것이다(이봉주, 2011).

4) 제4단계: 사회복지제도 도입시대(1961~1999년)

(1) 현대식 제도 도입기(1961~1986년)

이 시기는 정치적으로는 5·16 군사정변에 의해 성립된 제3공화국으로부터 제5공화국까지의 기간이다. 경제적으로는 수출주도형 공업화정책이 추진되고, 경제개발계획이라는 장기적 경제발전계획이 국가정책의 핵심 논리로 대두된 시기이

다. 그리하여 경제발전지향 논리가 전반적 사회 분위기로 자리를 잡은 시기이다.

1960년대 초반에는 여러 가지 입법을 통해 사회보험, 공공부조 그리고 사회복지서비스의 제도적 기반을 구축하기 시작했다. 주요 법률은 다음과 같다. 「공무원연금법」(1960), 「생활보호법」(1961), 「아동복리법」(1961), 「고아입양특례법」(1961), 「윤락행위 등 방지법」(1961), 「군사원호 보호법」(1961), 「재해구호법」(1961), 「사회보장에 관한 법률」(1963), 「산업재해보상보험」(1963) 등이다.

이 당시 많은 법률을 제정하였지만, 사회복지의 실제는 입법 취지인 건강하고 문화적인 수준의 보호에 이르지는 못했다. 국가재정이 빈약했기 때문이다. 사회복지정책은 자활지도사업 위주로 이루어졌고, 생활시설 보호사업은 외국 민간원조기관의 후원 아래 유지되고 있었다.

1970년대 들어 「사회복지사업법」(1970), 「의료보험법」(1977) 등이 제정되고, 1960년대에 입법화된 각종 제도가 본격적으로 시행되기 시작하였다. 그러나 경제개발 우선 정책에 밀려, 사회복지정책은 괄목할 만한 발전을 보지 못했다. 1980년대에 들어서서는 「아동복리법」이 「아동복지법」으로 확대 개정되고(1981), 「노인복지법」(1981), 「장애인복지법」(1981) 등이 제정되었다.

이 기간에 제정된 사회복지 관계 법령은 상당히 많은 편이다. 그러나 이것이 곧바로 국가복지의 대폭적 형성을 의미하지는 않는다. 대부분의 법이 선언적이고 형식적이어서 실질적 사회복지의 증대는 이루어지지 않았기 때문이다.

(2) 현대식 제도 확대기(1987~1999년)

1987년의 민주화 운동을 기점으로 하여, 1988년 제6공화국 출범 후 사회복지와 관계되는 새로운 법률이 입법되었다. 기존의 제도를 개선하는 작업도 계속되었다. 노태우 정부 동안 「노인복지법」(1989), 「장애인복지법」(1989) 등이 개정되었으며, 국민연금(1988)과 의료보험(1989)이 실시되었다. 김영삼 대통령의 문민정부에서도 일련의 입법조치를 통해 복지행정의 확대가 이루어졌다. 「고용보험법」(1995)이 실시되었고 「사회보장기본법」(1995)이 제정되었다.

이 시기 전과 이 시기를 구별하는 가장 큰 변화는 사회복지서비스의 내용 면에서 그동안 생활시설 위주에 머물던 것에서 이용시설의 도입과 확대가 이루어졌다는 것이다. 이용시설의 본격적인 도입은 1989년 당시 보건사회부가 사회복지관 설치 · 운영규정을 도입하면서 지역주민들의 이용시설인 사회복지관을 지방정부가 설치하여 위탁 운영할 수 있도록 규정하면서 시작되었다.

이 시기 이전의 생활시설 위주의 사회복지서비스가 주로 최소한의 의식주조차 불가능한 절대빈곤층이나 사회적 격리를 요하는 부랑인 대상이었다면, 이 시기는 지역사회에 거주하는 일반 저소득층 인구까지 서비스 대상으로 확대되었다는 점에서 의미를 가진다(김영종, 2012). 1980년대 후반 사회복지관을 확충하고 1990년대 후반부터 장애인복지관, 노인복지회관, 청소년 시설 등의 지역사회 이용기관의 확충은 지역에 거주하는 지역주민을 대상으로 의식주 제공, 상담, 교육, 자활, 케어 등에 초점을 둔 이용서비스를 확대하는 계기가 된다.

5) 제5단계: 복지국가 진입시대(2000년~현재)

한국 복지국가의 발달 경로는 1997년의 아시아 경제위기를 기준으로 구분될 수 있다. 1960년대부터 1990년대 중반까지의 시기는 수출주도 성장전략을 기반으로 시장과 노동에 대한 국가의 적극적 개입이 이루어진 시기였다. 이러한 수출주도 성장전략은 높은 경제성장률을 이루었고 높은 경제성장률은 일자리와 소득을 창출하였다. 이 시기의 한국은 1990년 이전까지는 연평균 8~9%, 그리고 1990년대까지만 해도 연평균 6% 이상의 경제성장을 이룬 고속 경제성장의 모범사례였다.

이 기간 동안에는 빠른 경제성장과 실질적인 완전고용을 통해 성장의 과실이 국민 모두에게 미칠 수 있었다. 즉, 특단의 사회복지적 대책이 없이도 경제성장이 분배의 개선으로 이어졌던 것이다. 즉, 증가하는 고용 자체가 복지(분배) 효과를 내는 구조였던 것이다. 이 기간 동안 한국은 세계은행으로부터 높은 1인당 소득증가와 양호한 수준의 소득분배라는 두 마리 토끼를 잡은 대표적 국가로 평가받기도 했다. 즉, 성장 자체가 재분배의 역할을 수행했던 시기로 재분배(즉, 복지)를 위한 별도의 '복지'에 대한 사회적 요구가 낮았던 시기였다.

인구 및 가족구조 면에서도 비교적 높은 출산율(1990년대 중반까지 1.64)과 젊은 인구구조하에서는 복지에 대한 욕구가 낮았고, 가족이 아동양육이나 노인부양 등 사회복지의 기능을 주로 제공하였던 시기이기도 하다. 사회복지서비스 제공의 책임이 주로 국가보다는 가족의 책임으로 남아 있었다.

이러한 '산업화' 시기의 복지는 주로 사회보험제도를 통해 발달하였다. 사회보험은 대량의 임금노동자를 기반으로 성장하였고, 이 기간의 복지는 주로 근로자의 '보호'에 초점을 두게 된다. 이 시기에 기반을 구축한 산재보험(1960년대 초), 건강보험(1977), 국민연금(1988), 고용보험(1995)의 4대 사회보험체계가 한국 사회복지제도의 바탕을 이루게 된다(해밀을 찾는 소망, 2012).

1990년대 말의 아시아 경제위기와 그 위기상황에 대한 대처 과정은 한국 복지국가 발달의 일대 분수령을 이룬다. 이 시기는 정보통신산업의 성장과 세계화로 제4차 산업혁명이 본격적으로 진행된 시기이다. 이 시기의 특징은 한국에서의 자본주의의 발전 양상이 신자유주의 체제와 빠른 속도로 동기화되었고 그에 따른 문제점도 본격적으로 나타났다는 것이다.

본격적인 지식기반 경제로 진입한 2000년대 이후에는 경제성장도 둔화되었을 뿐 아니라 경제성장만으로 분배의 효과를 거둘 수 없게 되었다. 소위 사회양극화의 심화 현상이 한국에서도 본격적으로 나타난 것이다. 절대빈곤층은 2003년에 11.7% 수준이었던 것이 계속 증가하여 2008년에는 14.9%에 이르렀다. 소득불평등의 수준도 높아져, 2003년과 2008년 사이에 최상위계층 10%가 가진 소득과 최하위계층 10%가 가진 소득 간의 배율이 약 17에서 28로 증가하였다. 즉, 최근에는 상위 10%가 가진 총소득이 하위 10%가 가진 총소득의 약 28배에 육박하게 된 것이다. 이러한 양극화는 중산층의 축소로 귀결되어 사회적 위험으로 대두되게 된다. 중산층이 언제 빈곤층으로 전락하게 될지 모르는 위험에 직면하게 되고, 한번 빈곤층으로 떨어지면 다시 스스로 설 수 있는 통로를 찾기 힘든 사회는 사회통합이 떨어지고 지속가능한 성장을 하기 힘든 사회이다. 이러한 위기의식은 사회복지의 확대를 요구하는 시민들의 요구로 연결되었다.

한국에서 복지에 대한 시민들의 요구가 확대되는 또 다른 이유는 2000년대 들어 본격적으로 진행되고 있는 사회적인 변화 때문이다. 저출산 · 고령화는 우리 사회의 지속가능한 발전을 위협하는 중요한 문제이다. 2021년 기준으로 전 세계에서 가장 낮은 0.8대의 합계출산율은 단순히 아이를 적게 낳는 정도의 문제가 아니라 출산에 대한 여성들의 사회적 파업으로 파악되어야 한다.

가구에서 한 사람의 수입만으로는 중산층의 삶을 유지하기 힘든 시대에 맞벌이 가구는 대세이다. 그런데도 여성이 일과 가정을 양립할 수 있는 여건이 마련되지 못한 상태에서 '출산파업'은 어찌 보면 당연한 선택일 수 있다. 또한, 고령화도 주요한 문제이다. 2022년 기준 65세 이상 인구가 전체 인구의 약 17%를 차지하여 이미 한국은 고령사회(노인인구 14% 이상)에 진입하였다. 2036년에는 노인인구 비중이 약 33%에 이를 것으로 전망된다.

낮은 출산율과 노인인구의 급격한 증가는 노년부양비의 증가로 이어져 우리 사회의 노인부양에 대한 부담을 빠르게 가중할 것이다. 2022년 기준 노년부양비[4]가 약 25명인데 2040년에는 그 두 배가 훨씬 넘는 약 63명 수준으로 증가하리라는 것이 현재의 예측이다. 저출산 · 고령화는 이제 국민 개개인이 알아서 대처할 수 있는 문제가 아니라 사회적인 대책이 필요한 문제이다. 저출산 · 고령화의 사회적 위기에서 그에 대한 대책인 사회복지가 국민적 의제로 대두된 것이다.

이 시기의 뚜렷한 변화 양상은 사회복지의 대폭 확대이다. OECD 통계에 의하면 한국의 공적 사회지출은 2000년에 국민총생산의 4.4% 수준이었던 것이 2019년에는 12.2%로 약 3배 증가하였다(OECD, 2023). 2023년 정부 총예산 약 640조 원 중 사회복지예산(보건 · 복지 · 노동)은 226조 원으로 전체 예산의 약 35%를 차지하고 있어 부분별로는 예산 비중이 가장 높은 영역이 사회복지 영역이다. 이 시기는 보편적 복지의 확대로도 특징지어질 수 있다. 대표적인 보편적 복지정책으로는 0~5세 영유아 무상보육(2013년 실시), 아동수당(2018년 실시), 기초연금(소득 하위 70%의 모든 65세 이상 노인에게 지급, 2014년 실시), 부모급여(0~1세 부모 대상, 2023년 실시) 등을 들 수 있다.

4) 생산가능인구(15~64세) 100명에 대한 고령(65세 이상)인구의 비를 말한다.

요약

서구의 사회복지는 고대사회의 상부상조 활동과 중세사회의 자선사업으로 시작하여 인도주의적 사상의 성장에 따라 발전하였다. 1601년에 제정된 「엘리자베스 구빈법」은 빈민구제를 위해 제정된 기존의 모든 법령을 집대성함으로써 영국 빈민통제법의 기본 토대가 되었다. 빈민통제법 시대의 사회복지는 빈곤층에 대한 인도적인 지원과 빈곤층의 사회적 통제라는 두 가지 목적이 충돌하는 양상을 보였다. 그 이후의 사회복지에서도 논쟁이 계속되는 소위 구제할 가치가 있는 빈민과 구제할 가치가 없는 빈민을 어떻게 다룰 것인지에 대한 사회적 고민이 본격적으로 시작한 시기가 빈민통제법 시대이다. 산업혁명과 더불어 근대 자본주의 시대가 시작되면서 계층 간 격차나 소득의 편중 현상과 같은 사회문제가 대두되었다. 9세기 영국에서 빈민처우에 대한 사회적 철학과 실천에 영향을 준 활동들은 사회개량 운동, 자선조직 운동, 인보관 운동 그리고 사회조사 활동을 들 수 있다. 자선조직협회의 활동 이후에는 인간의 존엄성을 바탕으로 다 같이 생존할 권리가 있다는 생존권 사상의 발전에 힘입어 더욱 발전해 왔다. 서구의 사회복지역사는 그 이후 사회보험제도의 확립, 포괄적인 사회보장제도의 확대, 복지국가의 재편 등의 과정을 거쳐 발전해 왔다. 한국의 사회복지는 크게, ① 책기시대, ② 일본 식민주의 도구화 시대, ③ 외국원조 의존시대, ④ 사회복지제도 도입시대, ⑤ 복지국가 진입시대의 5단계를 거쳐 발전한 것으로 파악할 수 있다. 근대적 의미의 사회복지는 1945년 정부 수립 이후에 시작되었고, 2000년 이후 본격적으로 복지국가에 진입하였다. 이 시기의 뚜렷한 변화 양상은 사회복지의 대폭 확대이다. OECD 통계에 의하면 한국의 공적 사회지출은 2000년에 국민총생산의 4.4% 수준이었던 것이 2019년에는 12.2%로 약 3배 증가하였다. 2023년 정부 총예산 약 640조 원 중 사회복지예산(보건 · 복지 · 노동)은 226조 원으로 전체 예산의 약 35%를 차지하고 있어 부분별로는 예산 비중이 가장 높은 영역이 사회복지 영역이다.

참고문헌

권오구(1996). **사회복지발달사**. 홍익재.

김상균(1989). 사회복지사 연구와 사회복지학의 이론. 하상락 편. **한국사회복지사론**. 박영사.

김영순(1995). 복지국가재편의 두 가지 길: 1980년대 영국과 스웨덴에 관한 연구. 서울대학교 대학원 박사학위논문.

김영종(2012). 한국 사회서비스 공급체계의 역사적 경로와 쟁점, 개선 방향. **사회보장기본법 개정에 따른 사회(복지)서비스 정책토론회 자료집**. 한국사회복지학회 · 한국사회서비스학회.

김태성, 성경륭(2000). **복지국가론**. 나남.

김태성, 최일섭, 조홍식, 윤현숙, 김혜란(1997). **사회복지전문직과 교육제도**. 도서출판 소화.

백종만 외(2001). **사회와 복지**. 나눔의집.

이봉주(2011). 전문직 교육의 관점에서 본 사회복지교육, 과연 이대로 괜찮은가?. 이화사회복지연구회 제2회 학술대회 논문집. 이화사회복지연구회.

이혜경(1993). 경제성장과 아동복지정책의 변용. **한국아동복지학**, 1, 199-223.

임송산(1983). **불교복지: 사상과 사례 1**. 법수출판사.

장인협, 이혜경, 오정수(1999). **사회복지학**. 서울대학교출판부.

정종우, 권을식(1991). **사회복지학 개론**. 법종사.

조홍식, 김상균, 최일섭, 최성재, 김혜란, 이봉주, 구인회, 홍백의, 강상경, 안상훈(2015). **사회복지개론**. 나남.

해밀을 찾는 소망(2012). **키다리아저씨의 약속**. 미다스북스.

Barker, R. L. (1995). *The social work dictionary* (4th ed.). NASW.

Esping-Andersen, G. (1996). After the golden age? welfare state dilemmas in a global economy, in G. Esping-Andersen (Ed.), *Welfare state in transition*. Sage Publications.

Handel, G. (1982). *Social welfare in Western society*. Random House.

Jessop, B. (1993). Towards a Schumpeterian workfare state? preliminary remarks on post-fordist political economy. *Studies in Political Economy, 40*(1), 7-39.

OECD (2023). Social Expenditure Database.

제6장

사회복지와 복지국가

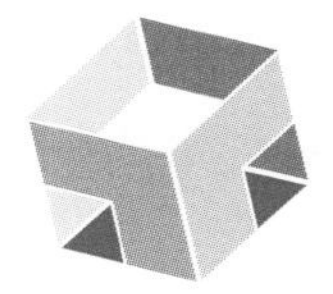

복지국가가 어떤 나라인가에 대해서는 사람에 따라 각양각색의 의견이 존재한다. 복지국가에 관한 제각각의 해석은 일반인뿐만 아니라 사회정책에 관여하는 관료들이나 학자의 경우에도 크게 다르지 않다. 실로, 복지국가는 현대 자본주의 사회에서 나타나는 특이한 현상들과 직접적으로 연결되어 있다(Esping-Andersen, 1990: 1). 때문에 복지국가는 특정 단계의 자본주의 그 자체이기도 하다. 그리고 복지국가를 이해하는 것은 자본주의의 변화를 이해하는 것과 매한가지이기도 하다.

어떤 나라를 복지국가라고 부르는가 또는 복지국가는 다른 형태의 국가와 어떻게 다른가라는 질문에 대한 하나의 답은 존재하지 않는다. 왜냐하면 복지국가는 수많은 세월 동안 여러 요소가 축적된 결과로 형성된 것이고, 나라마다 그 수준이나 내용이 다르기 때문이다(Ashford, 1986: 4; Bruce, 1968: 1). 이에 따라 복지국가에 관한 정의는 학자들 사이에도 매우 다양한 방식으로 이루어지고 있다.

하지만 이러한 복잡성에도 불구하고 복지국가를 정의하는 몇 가지 방식을 대별할 수는 있다. 가장 대표적인 것이 복지국가를 좁은 의미(협의)에서 파악하는 경우와 넓은 의미(광의)로 파악하는 경우로 나누는 것이다. 에스핑-안데르센(Esping-Andersen)에 의하면, 복지국가에 관한 좁은 개념은 '주로 빈곤문제 해결과 관련된 국가정책'으로 설명된다. 반면, 넓은 개념은 '고용, 임금 그리고 거시경제 운용과 관련된 문제 전반에 대한 국가의 역할'로 해석된다(Esping-Andersen, 1990: 1-2).

요컨대, 광의의 정의는 복지국가와 자본주의 사이의 유기적 관계에 관심을 두면서 중산층 이상까지 포괄하는 매우 확장된 국가의 역할을 강조한다. 반면, 협의의 정의는 주로 사회적 취약계층에 대한 복지국가의 제한적 역할만을 강조한다. 이 책의 제1장에서 설명된 바와 같이, 윌렌스키와 르보(Wilensky & Lebeaux, 1965)가 제안한 잔여적 복지국가는 협의의 정의에, 제도적 복지국가는 광의의 정의에 속하는 대표적 개념정의 방식이다.

또 다른 방식은 복지국가의 발전 경로를 기준으로 개념정의를 시도하는 것이다. 예컨대, 복지국가를 어떤 발전된 국가양식으로 상정하고, 모든 나라가 일정 방향으로 수렴되는 형태로 발전한다고 보는 견해가 있다. 그런가 하면, 질적으로 다른 형태의 상이한 발전 경로가 있는 것으로 보는 견해도 존재한다. 전자를 수렴론으로, 후자를 유형론으로 부른다. 전자의 대표적 이론에는 윌렌스키 등이 제안한 산업화이론과 신마르크스주의 이론이 있고, 후자의 대표주자에는 에스핑-안데르센 등이 제안한 복지국가 체제론이 포함된다. 수렴론과 유형론의 인식 차이는 복지국가의 발전뿐만 아니라 그것의 위기나 재편에 관한 문제에서도 동일하게 적용된다.

복지국가 개념정의의 세 번째 구분법은 복지국가를 경제적으로 파악하는가 아니면 정치적으로 파악하는가의 차이와 관련된다. 경제적 측면에서 파악하는 이론으로는 신마르크스주의가 대표적이며, 권력자원론이 정치적 측면을 강조하는 대표적 이론분파이다. 물론 양자를 모두 포괄하여야 제대로 된 복지국가 분석이 가능할 것이지만, 지금까지의 경험적 연구결과는 정치적 측면이 상대적으로 더 중요하다는 데 모아진다.

복지국가의 정의와 관련되어서는 개별 학자들이 전개하는 이론적 내용에 따라 다르므로, 다양한 개념정의는 복지국가의 발전에 관한 여러 이론을 살펴보면서 따져보기로 하자. 과학적 의사소통(scientific communication)을 위해서는 본격적 논의에 들어가기 전에 자신이 말하고자 하는 중심 개념을 분명하게 정의(define)할 필요가 있다. 특히, '복지국가'와 같이 아직까지 하나의 정의로 표준화되지 않은 개념의 경우에는 사전적(事前的)인 정의의 명확화가 더욱 절실하다. 이 장에서 소개하는 여러 복지국가 이론에서도 자본주의와 복지국가의 어떤 측면에 초점을 두는가에 따라, 명시적이건 그렇지 않건 복지국가에 관한 개념정의가 달라진다. 따라서 앞으로 소개되는 여러 이론에서 복지국가가 어떻게 정의되고 있는지를 살펴보는 것이 이 장을 학습하는 주요 과제의 하나가 된다. 달리 말하면, 현대 복지국가론은 복지국가 정의에 관한 논쟁이라고 표현할 수도 있다.

개념정의의 문제를 조금 뒤로 미룬다면, 왜 모든 사회복지학도가 복지국가에 대해 공부해야 하는지 그 이유가 궁금해질 것이다. 가장 중요한 이유는 복지국가에 관한 체계적 연구가 현대 사회복지학 여러 분야의 기초지식을 제공하고 있다는 사실이다. 일례로, 수정자본주의의 사회복지제도에 관한 연구를 주제로 하는 사회정책이나 사회보장에 관한 연구에서 복지국가는 그 자체가 핵심 연구주제일 뿐 아니라 다른 연구주제로 옮겨 갈 때 필요한 기반지식이다.

사회복지학도 모두에게 이처럼 중요한 연구주제가 되는 이 장은 네 개의 절로 구성된다. 먼저, 복지국가 발전론을 다룬다. 이어서, 두 번째 절에서는 복지국가 유형론을, 세 번째 절에서는 복지국가 위기론을 고찰한다. 끝으로, 네 번째 절에서는 복지국가 재편론을 설명한다.

1. 복지국가 발전론

복지국가는 어떤 요인에 의해 등장하고 발전하는가? 복지국가의 등장과 발전을 설명하는 것은 사회학·정치학·경제학 등 20세기 사회과학의 거의 모든 분과학문이 관심을 가진 연구주제였다. 20세기 자본주의의 발전을 경험한 선진국이 당면한 많은 변화들이 복지국가라는 현상과 직·간접적으로 관계되기 때문이었다. 이러한 이론들은 가장 먼저 제기된 산업화이론을 필두로 다양한 이론분파들 사이의 비판과 반비판의 논쟁 과정을 통해 꼬리를 물고 등장하였다. 이제 그러한 논쟁의 전개 과정에 맞추어 복지국가의 형성과 발전에 관한 이론들을 차례로 살펴보도록 하자.

1) 산업화이론

복지국가란 산업화 과정에서 발생하는 새로운 욕구(needs)를 산업화를 통해 새로이 확보한 자원(resources)으로 해결하는 과정에서 생성되었다고 주장하는 것이 산업화이론이다.

먼저, 산업화이론에서 말하는 새로운 욕구란 무엇인가? 산업화는 사회적 측면과 경제적 측면에서의 변화를 모두 포괄한다. 산업화가 야기하는 새로운 종류의 사회적 변화로는 핵가족화, 인구의 고령화와 같이 가족구조 및 인구구조의 변화, 노인단독세대 증가, 아동교육비 증가, 이혼 증가, 여성세대주 증가, 여성경제활동 증가 등이 주로 거론된다. 경제적 측면에서의 변화로는 노동자의 소득감소 또는 중단의 위험성 증가, 잘 훈련되고 건강한 노동력의 지속적 공급 필요성 증가, 불경기 시 구매력 조절의 필요성 증가, 노사관계 및 계층 간 이해관계 대립의 증가 등을 들 수 있다.

이러한 사회적 · 경제적 변화들은 산업화 이전의 사회와는 다른 종류의 새로운 욕구를 만들어 냄과 동시에 산업화 이전 사회에서 인간의 기본적 욕구를 충족하던 방식이 더 이상 작동하지 못하도록 만든다. 예컨대, 농경사회에서는 주로 가족관계 속에서 복지와 관련된 다양한 욕구의 충족이 이루어졌지만, 젊은 사람들만 상경한 산업화사회에서는 세대 간 도움이라는 기존의 욕구해결기제가 작동하지 못한다. 기존의 농경사회에서는 젊은 사람들이 일하러 나간 사이에 아동을 돌보는 일을 대가족 구조 속에서 노인세대가 담당할 수 있었다면, 산업사회에서는 더 이상 이러한 일이 가능하지 않은 것이다. 산업화사회에서의 핵가족화는 아동을 누가 돌볼 것인가에 관한 새로운 사회문제를 잉태하고, 이는 곧 다른 방식으로 해결해야 하는 새로운 욕구를 등장시킨다.

만약 산업화가 새로운 종류의 욕구를 만들어 내기만 하고 새로운 종류의 욕구해결기제를 준비하지 못한다면, 산업화된 사회는 온갖 사회문제로 가득 차서 결국 파국을 맞게 될 것이다. 하지만 그러한 파국은 복지국가의 등장으로 방지될 수 있었다. 여기서 산업화이론이 강조하는 산업화 과정의 또 다른 변화에 주목할 필요가 있다. 그것은 바로 산업화가 촉진한 엄청난 규모의 경제성장이 사회복지의 재원을 대폭 증가시켰다는 사실이다. 산업화에 의한 대량생산은 대규모의 물질적 자원을 만들어 내고, 이러한 자원 증가에서의 일정부분은 복지국가의 재원으로 비교적 손쉽게 사용될 수 있었다.

새로운 욕구와 새로운 자원의 결합으로 복지국가의 등장과 발전을 설명하는 산업화이론은 흔히 수렴(收斂)이론이라고 불린다. 특정 수준의 산업화 단계에서 특정 수준의 복지국가가 나타난다고 보기 때문이다. 즉, 산업화이론에 의하면, 모든 나라가 산업화를 통해 궁극적으로는 동일한 수준의 복지국가에 도달할 것이라고 예측할 수 있다. 산업화이론은 구조기능주의적 이론이라고 불리기도 한다. '유기체의 항상성(homeostasis) 유지'라는 관점에서 사회를 보기 때문이다. 이 관점에 따르면, 욕구가 있고 자원이 있으면 욕구가 자동적으로 해결된다고 보는 유기체적 조절론과 유사해진다.

한편, 산업화이론은 복지국가의 등장에 영향을 미치는 정치적 합의에 관해서는 아무런 언급이 없다. 대신, 사회경제적 변화에만 주목하기 때문에 경제결정론이라고 비판받기도 한다. 산업화가 어느 정도 이루어지면 사회유지를 위한 최소한의 복지가 자동적으로 제공될 것이라고 본다는 면에서 주로 복지국가에 관한 협의의 개념정의를 취하는 이론분파이기도 하다.

2) 신마르크스주의 이론

전통 마르크스주의는 복지국가를 전면 부정했다. 그러나 20세기 중반 이후의 실제 상황을 보면 복지국가의 개혁이 실제로 노동계급의 삶을 개선한 것으로 나타났다. 그 결과, 마르크스주의의 입장에서는 더 이상 복지국가를 무의미한 것으로 비난할 수 없게 되었다. 변화된 시대 상황을 통해 복지국가에 관한 마르크스주의의 이론적 수정을 시도한 것이 신마르크스주의자들의 관점이다. 이 이론은 양차 세계대전 이후에 나타난 독점적 자본주의 사회의 현상에 대한 분석을 통해 복지국가가 등장하고 발전하는 메커니즘을 규명하고자 한다. 독점자본이론에 관한 신마르크스주의 이론은 생산양식, 계급관계, 자본축적, 노동력 재생산 등과 같은 자본주의의 특성들에 주목한다.

신마르크스주의 이론은 크게 도구주의(instrumentalism)적 관점과 구조주의(structuralism)적 관점으로 나누어진다. 전자가 복지국가를 현명한 자본의 지휘하에 놓여 있는 단순한 도구로 파악하는 반면, 후자는 자본의 장기적 축적을 위해서 복지국가의 현명한 관료들이 필요하다고 본다. 도구주의와 구조주의의 가장 큰 차이는 결국, 자본계급이 장기적 판단을 할 수 있는 능력이 있다고 보는가에 자리하는 것이다.

(1) 도구주의적 독점자본분석

밀리밴드(Miliband)를 필두로 한 도구주의 학자들은 복지정책을 자본축적의 위기에 대한 필수불가결한 대응으로 파악한다. 장기적 자본축적을 가로막는 것으로는 자본주의 축적양식에 본질적으로 내재된 결함들, 즉 경기불황이나 대공황, 노사분규나 민란과 같은 사회적 혼란 및 정치적 도전 등을 들 수 있다. 이러한 자본주의 자체의 결함으로 인한 위기상황은 자본주의를 일정 정도 수정하되, 장기적으로는 자본축적에 부응하는 '복지국가'를 통해서 극복될 수 있다. 이 이론에 따르면, 이러한 사실을 잘 아는 현명한 자본엘리트는 자신들의 휘하에 있는 국가를 통해 복지국가를 발전시키게 된다고 한다. 도구주의 이론에 의하면, 자본주의 사회에서는 자본가들이 경제적 조직을 독점할 뿐만 아니라 정치적 조직, 즉 국가에까지 영향력을 행사한다. 그리하여 그들은 독점자본시대의 국가형식인 복지국가도 결국엔 자본가들의 장기적 이익을 반영하는 '도구'에 불과하다고 주장한다.

(2) 구조주의적 독점자본분석

마르크스주의적 분석틀로 독점자본을 분석한다는 면에서는 풀란차스(Poulantzas)

를 비롯한 구조주의 이론가들도 신마르크스주의의 한 갈래이다. 이들은 독점자본의 구조상 명백한 한계를 지니는 자본가들의 속성에 관심을 보인다. 이들이 주목하는 독점자본은 주로 주식시장을 반영하는 자본주의이다. 주식시장에서는 주주들의 입김이 세고, 주주들은 단기적 주가상승이나 배당에만 관심을 가진다. 이러한 독점자본의 구조적 속성으로는, 자본가들이 철저한 계급의식하에 연대한다는 것은 불가능하다. 요컨대, 독점자본구조하에서의 자본가들은 가시적 · 단기적 이익에만 몰두할 뿐 자본의 장기적 축적에는 관심을 두지 않는다.

결국, 이러한 구조적 한계를 지닌 자본주의 사회는 자본가들의 장기적 이익에 이바지할 수 없고 궁극적 위기에 맞닥뜨릴 수밖에 없다. 따라서 이를 해결하기 위한 새로운 안전장치가 구조적으로 마련되어야 하는데, 새로운 안전장치가 바로 상대적 자율성(relative autonomy)을 가진 국가엘리트의 장기적 전략이다. 국가엘리트들은 자본으로부터 상대적 자율성을 확보한 채, 자본의 장기적 축적을 극대화하기 위한 독점자본구조의 수정을 도모한다. 그 결과, 국가가 복지정책의 실시를 통해 노동자계급을 통제하거나 분열시킴으로써 자본가의 장기적 이익을 보장하게 되는 것이다.

도구주의나 구조주의 모두 독점단계 자본주의의 특유한 현상으로서 복지국가의 등장과 발전을 설명한다. 국가를 자본의 단순한 도구로 보건 상대적 자율성을 가진 전략적 지휘본부로 보건, 신마르크스주의 이론에 의하면 복지국가는 결국 자본의 장기적 이익을 위한 것에 지나지 않는다. 이러한 분석은 경제결정론의 하나이다. 그리고 동일한 자본주의 단계에서 동일한 복지국가가 등장할 것이라고 예측한다는 면에서 또 하나의 수렴이론이다. 또한 자본주의의 유지를 위한 약간의 수정기제로서 최소한의 복지국가를 한정한다는 면에서, 이들이 상정하는 복지국가의 개념정의는 협의의 개념에 가깝다.

3) 권력자원이론

권력자원이론은 복지국가의 발전을 노동자계급의 정치적 권력이 확대된 결과로 본다. 앞에서 설명한 산업화이론과 신마르크스주의 이론 사이의 가장 큰 차이는 전자가 복지국가 발전을 설명함에 있어 계급갈등의 문제를 경시한 반면, 후자는 중시했다는 것이다. 그럼에도 불구하고 양자는 복지국가를 자본주의 사회의 기능적 필요성에 기인하는 필연적 대응으로 해석한다는 공통점을 가진다. 즉, 양자 모두 경제성장 혹은 경제구조 변화라는 경제적 변수를 중시한다는 점에서 경제결정론이었다.

그러나 현상적으로 관찰되는 복지국가는 경제적인 것에 의해서만 발전하지는 않는다는 비판이 제기되었다. 특히 북유럽의 복지국가가 다른 나라와 크게 다른 수준의 복지국가를 일구어 냈다는 사실은 이 지역 복지국가에 관심을 둔 학자들로 하여금, 경제적 수렴이론에 회의를 갖도록 만들었다. 그 결과로 등장한 것이 권력자원이론이다.

권력자원이론이 자본주의 사회에서의 계급갈등에 초점을 맞춘 점에서는 신마르크스주의 이론과 입장을 같이한다. 그것이 사회민주주의적 인식론에 기초하고 있지만, 실은 사민주의의 태생도 넓은 의미의 마르크스주의에서 찾을 수 있기 때문이다. 그러나 양대 이론분파 사이의 인식론적 차이는 극명하다. 권력자원이론이 노동계급의 주도적 역할을 강조한 반면, 신마르크스주의의 노동계급은 수동적 객체이자 대상으로서만 파악된다.

그렇다면 권력자원이론에서 노동계급의 정치적 역할에 주목하는 맥락은 무엇인가? 신마르크스주의에서는 경제적 권력을 중심으로 세상을 이해하지만, 권력자원이론가들은 권력의 원천 혹은 자원을 경제적인 것과 정치적인 것으로 나누어 파악한다. 자본주의 사회에서 권력의 근본은 물론 경제적 권력자원에서 나온다. 하지만 현대 자본주의는 정치적으로 민주주의를 표방하기 때문에 보편적 참정권에 따른 정치적 권력자원도 무시되어서는 안 된다고 본다.

정치적 권력자원은 동일한 이해관계를 공유하는 사람의 수(number)가 많을수록 큰 힘을 얻는다. 자본계급에 비해 노동계급의 수는 월등히 많고, 노동계급이 계급의식에 따른 투표행위를 하게 되면 노동계급이 의회진출을 통한 정치적 권력을 확보할 수 있게 된다. 예컨대, 노동조합이 지지하는 사회민주당이 의회의 다수를 점하게 되면 노동계급에 의한 국가권력의 점유가 가능한 것이다. 이렇게 되면, 국가정책을 통해서, 주로 복지국가의 확장을 통해서 자본계급의 경제적 권력까지 넘볼 수 있게 될 것이다. 이런 맥락에서, 권력자원이론은 복지국가의 등장과 발전의 요인을 노동자 투표권, 좌익정당, 강한 노동조합 등 정치적 변수에서 찾는다.

권력자원이론은 노동계급의 적극적 역할을 강조하는 정치이론이다. 하지만 경제성장을 복지국가 발전의 필요조건(necessary condition)으로 본다는 면에서 '정치결정론'이라고 하기에는 무리가 있다. 또한 노동계급정치가 복지국가를 통해 자본주의의 근본적 변혁(의회 내 개혁을 통한 사회주의로의 전환)을 성취할 것이라고 본다는 점에서 광의의 복지국가 개념에서 출발한다. 명시적이지는 않지만, 탈수렴론적 인식을 가진 이론이기도 하다. 왜냐하면 복지국가 발전의 가장 중요한 원인으로 꼽는 노동계급의 정치적 동원(mobilization)이 모든 나라에서 가능하지는 않기 때문이다. 실제로, 탈수렴론의 대표주자이면서 1990년대 이후 복지국가이론화의 주류로 부상한 복지국가 체제유형화론의 뿌리를 권력자원이론에서 찾을 수 있다. 권력자원이론가의 한 사람인 에스핑-안데르센이 1990년 저작 『복지자본주의의 세 가지 세계(The Three Worlds of Welfare Capitalism)』를 통해 기존의 복지국가에 관한 수렴론적 인식에 종언을 선포한 것은 유명한 사실이다(Esping-Andersen, 1990).

4) 이익집단이론

이익집단이론은 복지국가의 발전 원인을 국가의 정치적 역할에서 찾는 이론이다. 즉, 희소자원의 배분을 둘러싼 집단 간 경쟁과정에서 갈등이 발생하면, 그것을 국가가 중재하게 되는데 그 결과가 복지국가의 발전이라는 견해이다. 하지만 선거민주주의하에서 국가의 중재는 목소리가 큰 집단에게 유리하게 작용할 수밖에 없다. 다시 말해, 힘센 집단일수록 더 큰 몫을 분배받게 되는 것이다.

현대 복지국가 발전 과정에서 가장 막강한 입김을 행사한 집단은 대개 퇴직자 혹은 노인 관련 이익집단들이었다. 그 결과, 연금이라는 퇴직 후 노후소득보장 프로그램이 복지국가의 가장 큰 부분을 차지하고 있는 것이 현실이다. 반면, 투표권이 없는 아동은 관련 이익집단이 없거나 힘이 약해서, 아동을 위한 국가복지가 상대적으로 발전하지 못한 것으로 본다.

이익집단이론은 복지국가의 변천 요인을 정치적 변수에서 찾고 있는 점에서 권력자원이론과 유사하며, 기본적으로 정치이론이다. 그러나 양자의 차이점은 이익집단이론이 다양한 이익집단에 주목하는 반면, 권력자원이론은 자본과 노동이라는 양대 계급 간의 권력투쟁에 집중한다는 점이다. 이는 양 이론분파가 상정하고 있는 정치체제가 다르기 때문에 나타나는 현상이다.

이익집단 정치론은 주로 미국식의 로비민주주의를 상정하는 반면, 권력자원이론은 북유럽식의 민주조합주의(democratic corporatism)를 상정하고 있다. 이런 점에서, 이익집단 정치론은 권력자원이론과 달리, 어느 나라에나 적용될 수 있다는 수렴론적 인식을 갖고 있다. 그리고 이 이론은 정치상황에 따라 상당한 정도의 복지국가 확장이 가능하다고 본다. 왜냐하면 복지국가의 범위와 내용의 확장이 이익집단의 요구에 대한 반응으로 나타나기 때문이다. 따라서 이 이론이 상정하는 복지국가의 개념정의는 광의의 정의에 가깝다.

5) 국가중심이론

국가중심이론은 복지국가의 발전을 설명함에 있어 국가구조적 변수들을 중시한다. 예를 들면, 국가조직의 형태(중앙집권적/지방분권적 또는 조합주의적/다원주의적), 정치인 및 전문관료들의 개혁성, 국가발전의 장기적 안목성, 사회복지정책의 형성과정 그리고 사회복지정책을 담당하는 정부부처와 같은 것들이다. 앞에서 소개한 네 가지 이론은 사회복지에 대한 수요(demand) 증대를 복지국가 발전의 출발점으로 삼았다. 그러나 국가중심이론은 사회복지를 제공하는 공급(supply)의 측면에서 시작한다는 차이점이 있다.

국가중심이론은 기본적으로 국가구조의 차이에 따른 복지국가의 상이성에 주목한다는 점에서 탈수렴론이라고 할 수 있다. 동시에, 유사한 종류의 복지국가에 관심을 가지기 때문에 일종의 유형화론적 시도를 하는 경향이 있기도 하다. 주로 국가구조와 관료들을 중심으로 복지국가의 발전을 설명한다는 면에서는 정치론에 가깝다고 평가할 수 있다. 그리고 국가중심이론에서 제기하는 복지국가의 개념정의는 확장된 형태의 복지국가, 즉 광의의 복지국가를 포함하는 것으로 이해할 수 있다.

2. 복지국가 유형론

유형화(typology, taxonomy)란 일반적 사실(facts)이나 개념(concepts)을 분석대상으로 포착하여, 이를 질적으로 분석하는 일종의 자료분석기법이다(Mayer & Greenwood, 1980: 이성기, 1996: 5에서 재인용). 에스핑-안데르센에 의하면, 유형화는 세 가지의 유용성을 지니고 있다(Esping-Andersen, 1999: 73). 첫째, 분석에 대한 시간과 노력을 절약시켜 주고, 나무 대신 숲을 조망할 수 있게 한다. 둘째, 운동의 관련 논리 또는 인과관계를 용이하게 발견할 수 있게 한다. 셋째, 가설을 만들어 내고 검증할 수 있게 한다.

이와 같이 유형화는 학문적 유용성을 지니고 있는 반면에 취약점도 지니고 있다. 첫째, 간결성을 중시하다 보니 미묘한 차이가 무시될 수 있다. 둘째, 분석시점이 정태적(static)이어서 변이(mutations)나 신종(新種)의 출현을 적절히 포착할 수 없다는 것이다(Esping-Andersen, 1999: 73). 따라서 우리는 유형화의 장단점을 적절히 활용할 줄 아는 지혜를 발휘해야 한다.

사회복지학에서 유형화 연구의 선구자 중에는 미국의 윌렌스키와 르보(Wilensky & Lebeaux)가 있다. 이들은 1958년에 출판된 『산업사회와 사회복지(Industrial Society and Social Welfare)』를 통해 2분법적 사회복지모형(social welfare models)을 고안해 냈다. 그들의 선도적 역할에 힘입어, 사회복지모형 또는 복지이념모형에 관한 후속연구들이 줄을 이었다(김상균, 1987: 113-120). 그리고 유형화 연구는 오늘날 사회정책학에서 중심적 위치를 차지하게 되었다.

복지국가들 내에서도 여러 가지 유형이 구분될 수 있음을 최초로 제시한 사람 역시 윌렌스키였다. 그는 그의 1975년 저서인 『복지국가와 평등(The Welfare State and Equality)』에서 당시 22개국을 복지국가로 규정한 후, 복지국가들을 다시 세 부류로 나눈 바 있다. 이후 복지국가 유형화 연구도 양과 질, 양 측면에서 많은 발전을 거듭하고 있다. 김태성과 성경륭은 이러한 유형화 연구의 결과를 유형화 기준에 따라 다섯 가지로 정리하였다(김태성, 성경륭, 1993: 164-187). 그가 분류한 다섯 가지 범주는, ① GDP에서 차지하는 사회복지지출비, ② 사회복지 프로그램의 도입시기, ③ 복지국가 성격, ④ 복지국가정책의 결정요인, ⑤ 복지국가 프로그램 내용분석과 같다. 이제 김태성과 성경륭의 분류를 좇아 한 범주씩 차례대로 살펴보도록 한다.

1) GDP 대비 사회복지지출의 비율에 근거한 유형화

앞서 소개된 윌렌스키의 1975년 연구가 대표적 사례이다. 그는 1966년의 국제자료를 이용하여 당시의 22개국을 복지국가로 규정하였다. 이어서 각국의 국민총생산에 대한 사회보장비의 비율을 비교하는 방법을 사용하였다. 그 비율이 15% 이상이면 선진복지국가(the welfare-state leaders)로 판정하고, 10~15%면 중위 지출국(middle-rank spenders), 10%가 안 되면 후진복지국가(the welfare-state laggards)라고 불렀다. 선진복지국가에는 서독, 스웨덴 등 9개국이 포함되었고, 중위 지출국에는 영국, 소련 등 8개국이 속했다. 미국 및 일본 등 5개국은 후진복지국가로 분류되었다.

사회복지지출 비율에 기초한 유형화의 장점은 자료 확보가 쉽고 비교방법이 단순하다는 것이다. 그러나 약점으로 지적되는 것으로는, 첫째, 국가마다 사회복지비 산출방식이 다르다는 사실을 반영할 수 없다. 둘째, 국가마다 사회복지비 지출의 성격이 다르다는 사실을 포착할 수 없다. 셋째, 국가마다 사회복지지출의 분야별 편차가 존재한다는 사실을 무시한다. 넷째, 정치적 자유가 심하게 제한되어 있지만 사회복지지출 비율만 높으면 복지국가로 판정받는 것은 문제가 된다(김상균, 1987: 121-122; 김태성, 성경륭, 1993: 166-168).

여기에서 우리가 주목해야 할 부분은 세 가지 복지국가의 명칭이다. '선진' '중위' 그리고 '후진'이란 명칭은 각각 그 뒤에 이어지는 복지국가의 어떤 성질을 나타내는 것이 아니라 단순한 순위를 의미하는 것에 지나지 않는다. 다시 말해 '상, 중, 하' 또는 '1, 2, 3'과 같은 서열개념 이상의 의미는 없다. 이는 이 유형화방식에 의존하는 한 복지국가의 질적 비교는 불가능함을 뜻한다.

2) 사회복지 프로그램의 도입시기에 근거한 유형화

이 방법은 복지국가들에서 발견되는 가장 보편적인 다섯 가지 사회복지 프로그램의 도입시기를 연대별로 분류한 것이다. 다섯 가지 프로그램은 ① 산재보험, ② 의료보험, ③ 국민연금, ④ 실업보험, ⑤ 아동수당이다. 이 방법을 채택한 배경에는 어떤 제도를 일찍 시작하면 그만큼 성숙도가 높을 것이라는 가정이 함축되어 있다. 커들(Kudrle)과 말모르(Marmor)의 1981년 연구와 피어슨(Pierson)의 1991년 연구가 사회복지 프로그램의 도입시기를 근거로 행한 대표적 작품들이다.

조금 다른 맥락에서, 피어슨은 국가의 총 재정지출에서 차지하는 복지비가 3%와 5%를 넘으면 국가기능의 재구조화가 일어난다고 해석하였다. 이어서 각국별로 각각 3%와 5%를 상회한 시점을 비교한 바 있다(Pierson, 1991: 111: 김태성, 성경륭, 1993: 109-110에서 재인용). 이와 같은 연구방법은 앞서 나온 GDP 대비 사회복지지출 비율방식과 복지실시 연도방식을 연합시킨 것이라 할 수 있다.

바로 앞에서 소개한 GDP 대비 사회복지지출 비율을 산출하는 연구의 간편성은 프로그램 도입시기를 비교하는 방법에서도 동일하게 적용될 수 있다. 그러나 단점으로 지적될 수 있는 것은 첫째, 프로그램 도입시기를 통일시킬 수 없다는 점이다. 왜냐하면 분석대상의 프로그램에는 공적인 것도 있고 사적인 것도 있기 때문이다. 그리고 도입시기를 최초 실시 시점으로 잡을 수 있는가 하면, 전 국민에게 적용이 확대된 시점으로 잡을 수도 있기 때문이다. 둘째, 도입시기가 빨라도 발전속도가 느릴 수 있으며, 반대로 도입은 늦어도 빠른 기간 내에 크게 성숙할 수 있다. 따라서 도입시기만으로 복지국가의 우수성을 판단하기 어렵다는 것이다(김태성, 성경륭, 1993: 169-170).

주요 복지 프로그램의 도입시기에 따른 국가 간 비교연구 방법이 안고 있는 또 다른 문제점은 복지국가의 질적 비교가 어렵다는 것이다. 이 점은 앞서 소개한 사회복지비 비교방법의 경우와 대동소이하다.

커들과 말모르는 그들의 연구에서, 복지 프로그램의 도입시기가 이른 국가들과 늦은 국가들에 대한 특별한 명칭을 사용하지 않았다. 'laggard'라는 단어로 상대적으로 도입시기가 늦은 국가들이 있음을 표현했을 뿐이다(Kudrle & Marmor, 1981: 82). 피어슨은 먼저 시작한 나라들에 대해서는 '한 세대 앞선(a generation early)'이라는 표현을 사용하고 그에 대한 대칭되는 나라들을 '제2세대(second generation)'라고 불렀다(Pierson, 1991: 108-109). 특별 명칭을 고안할 수 없었던 근본 이유는 이 연구방법이 질적 유형화에는 부적합했기 때문이다. 두 연구의 결과를 보면, 프랑스나 독일은 제1군이나 제1세대에 속하는 반면, 스웨덴이나 미국은 제2군이나 제2세대로 분류되었다.

3) 복지국가 성격의 개념적 분석에 근거한 유형화

앞에서 소개된 두 가지 유형화에 대한 고찰을 통해 양자 모두 질적 분석을 결여하고 있다는 공통점을 발견할 수 있었다. 그러한 약점을 보완하기 위한 연구가 1977년 퍼니스(Furniss)와 틸턴(Tilton)에 의해 촉발되었다. 그들은 서구 선진국가들에서 행해지는 정치적 선택을 설명해 줄 수 있는 규범적 기준을 설정하고자 했다. 그들이 중요한 변수라고 결론 내린 것은 국가정책의 목적, 국가정책의 방향 그리고 사회정책의 방향과 같이 세 가지였다. 이어서 세 가지 형태의 국가유형이 제시되었는데, ① 조합지향의 적극국가(the corporate-oriented positive state), ② 최소수준 보장의 사회보장국가(the social security state), ③ 철저한 민주주의와 평등주의를 지향하는 사회복지국가(the social welfare state) 등이다(Furniss & Tilton, 1977: 15-20).

적극국가에서는 국가와 기업 간의 협동이 중시되며, 복지체계는 시장체계의 기능을 강화하기 위한 사회통제적 성격이 강하다. 그들은 대표적 나라로 미국을 손꼽았다. 두 번째 유형의 사회보장국가에는 영국이 속하며, 여기에서는 국민들의 최저생활보장이 중요한 목표이고 기회의 평등이 강조된다. 끝으로, 사회복지국가의 대표적 사례가 스웨덴이다. 이 유형에서는 정부와 노동조합 사이의 협력이 강조되며, 최저수준을 넘어 삶의 질의 평등을 추구하는 복지체계를 운영한다는 것이다. 퍼니스와 틸턴은 이와 같이 서구 선진국들을 3등분했지만, 제일 먼저 언급한 적극국가는 복지국가가 아니라고 못박았다. 따라서 그들의 모형은 국가유형에서는 3분법이지만, 복지국가 유형에서는 2분법이 되는 셈이다.

앞서 소개한 윌렌스키, 퍼니스와 틸턴에 이어 세 번째로 복지국가 유형론을 제시한 사람이 미슈라(Mishra)이다. 미슈라가 복지국가 유형론을 개발하게 된 동기는 복지국가의 위기를 타개할 수 있는 진정한 대안을 모색하는 것이었다. 그의 주장에 의하면, 복지국가는 분화(pluralist or differentiated)복지국가와 통합(corporatist or integrated)복지국가로 구분될 수 있다. 그런데 통합복지국가만이 혼합경제와 복지국가의 근본정신에 위배되지 않으면서, 복지국가의 위기를 동시에 막아낼 수 있다는 것이다(Mishra, 1984: 101-102).

분화복지국가와 통합복지국가 간의 차이는 경제, 사회복지 및 정치의 세 가지 영역에서 뚜렷이 구별된다는 것이 미슈라의 주장이다. 즉, 통합복지국가의 경제는 수요 및 공급 측면이 조화를 이루게 되고, 사회복지는 제도화되면서 경제정책과의 상호 보완적 기능을 할 수 있다. 그리고 정치는 사회적 합의에 기초하여 주요 사회세력들 간에 균형을 유지한다. 그러나 분화복지국가는 그 반대의 특성을 나타낸다고 주장하였다. 이어서, 그는 미국과 영국을 비롯한 영어사용권 나라들이 분화복지국가에 속하는 반면, 오스트리아, 스웨덴, 서독, 네덜란드는 통합복지국가에 속한다고 예시했다(Mishra, 1984: 107-109).

복지국가들을 대상으로 실질적 비교연구를 행했던 또 다른 학자로서 테르보른(Therborn)이 있다. 그는 1987년에 발표한 한 논문에서 네 가지의 복지국가 유형을 제시하였다(Therborn, 1987: 김태성, 성경륭, 1993: 177에서 재인용). 네 가지가 도출된 배경은 사회복지정책과 노동시장정책에 대한 국가의 개입정도라는 두 가지 변수를 조합시킨 결과이다.

첫 번째 유형은 사회복지와 완전고용정책에 대한 국가개입이 양 측면 모두 강력한 국가로서 강성개입주의적(strong interventionist) 복지국가이다. 스웨덴, 노르웨이, 오스트리아가 여기에 속한다.

두 번째 유형은 사회복지정책은 크게 확대되었지만 노동시장정책은 약한 형태이다. 여기에는 벨기에, 덴마크, 네덜란드, 프랑스, 독일, 이탈리아 등이 있으며 이름은 연성보상적(soft compensatory) 복지국가라고 명명되었다.

세 번째 유형은 완전고용정책을 강조하지만 사회복지의 확대는 주저하는 완전고용지향 소형(full employment-orientated small) 복지국가이다. 스위스와 일본이 이 유형에 속하는 것으로 분류되었다.

마지막 네 번째 유형은 시장지향적(market-orientated) 복지국가라고 불리는 미국, 영국, 캐나다, 호주, 뉴질랜드가 소속된 형태이다. 이들 나라에서는 노동시장정책도 약하고 사회복지의 확대도 주저하는 특징이 나타난다.

복지국가의 성격을 분석하는 질적 복지국가 유형론을 한 단계 끌어올린 학자가 에스핑-안데르센이다. 그는 복지자본주의에 관한 제도주의적 분석을 통해 세 가지 유형의 복지국가를 제시하였다(Esping-Andersen, 1990). 그가 사용한 유형화 기준은 체제유형별로 사뭇 다른 역사적 유산으로서 사회 · 경제 · 정치적 제도이다. 복지자본주의의 상이한 경로를 추적하는 연구로서, 자본주의의 전반적 역사가 체제 구분의 기준이 되는 것이다. 하지만 그의 연구는 계량화된 두 가지 기준 지표에 의해 간결하게 요약되고 있다. 두 가지 양적 기준지수는 개인의 복지가 시장에 의존하지 않고도 충족될 수 있는 이른바 탈상품화 지수(decommodification index)와 복지국가정책에 의해 파생되는 사회계층화 지수(social stratification index)이다.

첫 번째 유형은 자유주의(liberal) 복지국가라고 명명되었다. 미국, 캐나다, 호주 등이 이에 해당되는데, 노동윤리가 강조되며 소득조사에 기초한 공공부조가 중시된다. 그리고 국가복지는 시장 또는 민간자원단체들의 복지활동에 대한 보조 역할의 수준 이상으로 확대되기 어렵다. 그 결과, 사회권(social rights)이 제한받고, 사회계층은 납세자와 수혜자로 양분되면서 계층 간에 대립적 관계가 형성되기 쉽다.

두 번째 유형은 보수주의 혹은 조합주의(conservative or corporatist) 복지국가이다. 국가복지의 제공과 사회적 지위의 격차 유지는 밀접하게 연관되어 있어, 국가의 역할이 확대된다. 그러나 국가복지의 재분배 효과는 크지 않다. 앞에서 나온 자유주의형에 비해 민간보험이나 기업복지의 역할에 대한 강조가 상대적으로 약하다. 그럼에도 불구하고 탈상품화 효과에는 한계가 있다. 이 유형에 속하는 나라들로는 오스트리아, 프랑스, 독일, 이탈리아가 손꼽힌다. 이 유형에서는 기존의 사회계층이 그대로 유지되는 경향이 발견된다.

세 번째 유형의 명칭은 사회민주주의(social democratic) 복지국가이다. 보편주의(universalism) 원칙과 사회권을 통한 탈상품화 효과가 가장 크다. 국가 대 시장, 노동계급 대 중간계급 사이의 갈등을 최소화하면서 동시에 평등의 확대를 추구한다. 국가복지는 되도록 하나의 보편적이고 포괄적인 체계로 통합된다. 복지와 노동을 적절히 배합시키기 위해 완전고용정책을 강력하게 유지하려 한다. 스웨덴을 비롯한 스칸디나비아 국가들이 이러한 유형에 속하는 나라들이다. 이 체제유형에서의 사회계층화는 상당한 수준의 평등과 정치적 사회통합이 달성되는 방향으로 이루어지는 경향이 있다.

4) 복지국가정책의 결정요인에 근거한 유형화

사회보험은 복지국가를 상징하는 대표적 프로그램이다. 그런데 나라마다 사회보험의 실시시기가 다를 뿐 아니라 어떤 경우에는 그 차이가 수십 년이 되기도 한다. 지금 설명하려고 하는 결정요인에 근거한 유형화는 앞서 나온 도입시기에 근거한 유형론에서 한걸음 더 나아가려는 시도이다. 즉, 단순한 연대 구분에 따른 분류가 아니라 연대 차이를 일으킨 요인들을 찾아서 유사한 요인들을 보여 준 나라들을 한데 묶어 보려는 것이다.

플로라(Flora)와 앨버(Alber)에 의하면, ① 노동자계급의 정치적 압력이 강했기 때문에 비교적 일찍 사회보험을 도입했던 국가군, ② 산업화의 정도가 높았기 때문에 사회보험을 도입했던 국가군, ③ 입헌군주제의 정치체계와 발달된 관료체계가 있었기 때문에 사회보험의 도입이 용이했던 국가군, ④ 정권불안정(잦은 정권교체) 때문에 사회보험의 도입이 늦었던 국가군, ⑤ 사회구성원들 사이의 큰 문화적 차이 때문에 사회보험이 늦게 시작된 국가군 등으로 구분될 수 있다는 것이다.

이어서 그들이 예시한 복지국가의 ①군에는 스웨덴, 핀란드, 이탈리아, ②군에는 영국, 네덜란드, 벨기에, ③군에는 오스트리아, 덴마크, 독일, ④군에는 프랑스 그리고 ⑤군에는 벨기에(일부 프로그램)가 속한다(Flora & Alber, 1981: 김태성, 성경륭, 1993: 180-181에서 재인용).

비슷한 맥락에서 윌렌스키는 1981년과 1987년 두 차례에 걸쳐 결정요인에 관한 연구결과를 발표한 바 있다. 그의 1981년 연구에서는 사회복지지출에 영향을 주는 주요 요인을 ① 조합주의(corporatism) 정도, ② 가톨릭정당의 세력 정도, ③ 좌익정당의 세력 정도와 같이 세 가지로 추출했다.

그 결과, ①과 ②가 동시에 강한 나라들의 사회복지지출이 높았는데, 여기에는 벨기에, 네덜란드, 이탈리아, 오스트리아가 속하는 것으로 나타났다. 한편, ①과 ②가 동시에 약한 나라들은 사회복지지출이 낮았는데, 미국, 스위스, 영국, 호주, 뉴질랜드가 그 부류이다. 그리고 ①은 강하지만 ②가 약한 핀란드, 프랑스, 노르웨이와 ①은 약하지만 ②가 강한 독일과 같은 나라들은 중간 정도의 지출을 했다. 그리고 전반적으로 좌익정당 세력이 클수록 지출수준이 높아지는 경향이 있는 것으로 나타났다(Wilensky, 1981: 김태성, 성경륭, 1993: 181에서 재인용).

윌렌스키의 1987년 연구는 1981년과 달리 유형화의 기준을 사회경제적 구조상의 차이로 잡고 ① 민주적 조합주의(democratic corporatist), ② 노동자계급을 배제한 조합주의(corporatist without labour), ③ 최소조합주의(least corporatist)와 같이 세 가지 유형을 제시했다(Wilensky & Turner, 1987: 김태성, 성경륭, 1993: 181-182에서 재인용). 민주적 조합주의를 대표하는 국가는 오스트리아, 스웨덴, 노르웨이, 프랑스, 벨기에, 네덜란드였다. 한편, 노동자 없는 조합주의의 예로서는 일본, 프랑스, 스위스가 손꼽혔고, 최소조합주의에는 미국, 영국과 캐나다가 소속했다.

3. 복지국가 위기론

서구 복지국가들은 제2차 세계대전의 종결 이후 확대일로의 역사를 거듭한 끝에 1960년대 말에 이르러서는 황금기를 구가할 수 있었다. 그러나 1970년대의 원유파동을 계기로 가세가 기울기 시작하더니, 1970년대 말이 되면서부터는 현상유지에도 힘겨운 모습을 보이기 시작하였다. 그러한 분위기는 지금도 변함이 없어서 복지국가 찬성론자들의 가슴을 애타게 하고 있다. 복지국가를 20세기 최고의 개혁 성공으로 자부하는 에스핑-안데르센은 "우리는 지금 황금기 자본주의(Golden Age Capitalism)를 무거운 향수(nostalgia)를 가지고 회고하고 있다. …… 복지국가는 하나씩 새롭게 펼쳐지는 경제질서 속에서 어쩌면 더 이상 지속하지 못할지도 모른다."라고 불안감을 표시했다(Esping-Andersen, 1990: 1).

복지국가 위기에 관한 이런저런 논의들을 소개하는 이 절은 크게 두 부분으로 나누어진다. 복지국가 위기 여부론(與否論)과 복지국가 위기 원인론이 그것이다. 전자는 복지국가가 과연 위기에 빠졌는가 혹은 무엇을 보고 위기라고 판단 내릴 수 있는가라는 질문과 관련된 토론들이다. 이는 앞에서 고찰했던 복지국가 찬성론자들 중 일부가 복지국가 위기론을 인정하지 않고 있다는 의미를 시사하는 것이기도 하다. 후자의 복지국가 위기 원인론은 일단 위기를 인정한 후 위기의 원인을 여러 측면에서 찾아내려는 노력들의 산물이다.

1) 복지국가 위기 여부론

미슈라는 복지국가 위기의 징후를 다섯 가지로 정리한 바 있다(Mishra, 1984: 제12장). ① 스태그플레이션의 시작과 경제성장의 종말, ② 완전고용의 붕괴와 대량실업, ③ 국가재정의 적자확대, ④ 사회적 서비스의 의도적 삭감, ⑤ 복지국가 시스템에 대한 국민신뢰의 상실 등이다. 문제는 '방금 제시한 다섯 가지의 징후가 과연 현실에서 나타났는가?' '만약 나타났다면 증상의 심각성이 과연 위기라고 할 만큼 심각한가?'라는 질문과 관련된다.

복지국가가 위기에 빠졌다고 인식하는 사람들의 주장은 다음 항에서 고찰하게 될 복지국가 위기 원인론에서 다루기로 한다. 따라서 복지국가 위기설을 수용하지 않는 세 가지 견해를 차례대로 먼저 설명한다.

(1) 복지국가 불가역성설

복지국가 불가역성설(the irreversibility thesis)에 의하면 경제위기 이후 사회적 지출이 감소된 것은 사실이지만, 삭감액은 미미하다는 것이다. 특히 사회적 지출 성장률의 둔화된 폭이 경제성장률의 둔화폭보다 더 크지 않다는 사실을 강조한다(Alber, 1988: 김영순, 1996: 32에서 재인용; Mishra, 1990: 32-34). 복지국가 시스템의 정당성이 위기에 처해 있다는 주장도 과대포장되었다고 반론한다. 좌파정당에 대한 지지율의 하락현상은, 서구 사회에서 확산되고 있는 전반적 정치무관심을 생각하면, 특별히 위험한 것이 아니라는 주장이다. 여론조사에서 나타난 복지국가 지지도의 하락현상도 복지국가 전성기에 비하면 못하지만, 다른 대안의 지지도와 비교하면 상대적으로 양호하다는 것이 이들의 분석이다(George & Wilding, 1984: 222-230; Taylor-Gooby, 1989: 김태성, 성경륭, 1993: 262에서 재인용).

이와 같은 주장의 논리적 근거는 복지 프로그램이 자본가들에게도 이익을 보장해 주고 또 자본주의 체제의 정당성을 확보해 준다는 점에 있다. 뿐만 아니라 각종 이익집단들의 국가복지에 대한 요구가 있기 때문에, 민주주의 체제하에서는 단기간 내에 복지국가의 기본틀을 뒤집을 수 없다는 것이다.

(2) 복지국가 숙성설

복지국가 숙성설(the maturity thesis)은 1980년대의 복지국가가 축소된 것이 아니라 안정기에 접어들면서 숨고르기 또는 현상유지를 하고 있다고 주장한다(Heclo, 1981: 403; Klein & O'Higgins, 1988: 204: Mishra, 1990: 106-108에서 재인용). 이렇게 복지국가가 더 이상 확대되지 않는 것은 성장의 종언(an end to growth)에 도달했기 때문이라고 본다. 그런데 그들에게 성장의 종언은 극히 자연스런 현상이지 위기현상은 아니라는 것이다. 그리하여 복지국가가 숙성기에 접어들면, 기술적 조정을 통해 효율성과 유연성을 높이게 될 것으로 기대한다.

(3) 복지다원주의

"복지국가의 위기가 곧 그 사회에서의 복지위기는 아니다."(Rose, 1986: 36: Mishra, 1990: 110에서 재인용)라는 말이 복지다원주의(welfare pluralism)의 실체를 잘 말해주고 있다. 복지다원주의에 의하면 복지총량은 국가, 시장, 가족 그리고 비영리 민간복지기관 등 여러 부문에서 제공하는 복지의 혼합(welfare mix)으로 구성된다. 이들에 의하면, 1980년대의 복지국가는 위기에 따른 축소가 아니라 복지혼합비의 재조정, 즉 국가부문의 비중을 줄이고 민간부문의 역할을 증대시키는 과정이다(Rein & Rainwater, 1987; 김영순, 1996: 38-39에서 재인용). 그와 같은 복지혼합비의 재조정이 발생했던 시대적 배경은, 앞서 복지국가 숙성론에서 나온 효율성과 유연성을 제고시키기 위한 구조조정의 압력이라고 해석된다.

2) 복지국가 위기 원인론

복지국가 위기설을 인정하지 않는 논리와 달리 복지국가 위기 원인론은 복지국가의 위기를 일단 인정한다는 점에서는 공동보조를 취한다. 그러나 원인의 내용은 앞서 설명한 바 있는 복지국가 찬반론의 상반된 입장에 따라 다음의 세 가지 가설로 대별된다(김영순, 1996: 18-32). 복지이념의 스펙트럼에서 우파에 속하는 국가실패론, 좌파에 속하는 복지국가 모순론 그리고 중도파에 속하는 복지국가 기반약화론이다.

(1) 국가실패론

미슈라에 의하면, 자유시장원리와 국가권위의 회복을 강조하는 신우파는 정부의 과부하(overload)로 인한 민간경제의 약화를 국가실패의 주원인으로 보고 있다(Mishra, 1984: 36-42). 브리턴(Brittan)과 같이 공공선택이론(public choice theory)을 신봉하는 사람들은 정부의 과부하가 발생하는 원인을 민주주의와 자본주의를 동시에 실시하고 있는 사회의 정치시장(political market)의 성격에서 찾는다. 즉, 정치시장에서는 경제시장과 달리 비용절감의 원칙이나 가격경쟁이 존재하지 않기 때문에 정부재정의 팽창이 야기된다는 것이다(Brittan, 1975: 김영순, 1996: 19에서 재인용).

프리드먼(Friedman) 부부는 정부의 과부하 경향의 원인을 관료제에서 찾고 있다. 즉, 관료기구의 팽창을 통해 권력확대와 임금 및 지위를 상승시키고자 하는 관료들의 이기적 욕구가 공공부문의 팽창을 가져온다는 것이다(Friedman & Friedman, 1980: 김영순, 1996: 19-20에서 재인용).

그런가 하면 크로지어(Crozier)는 기대상승의 혁명(revolution of the rising expectation)—즉, 일상생활에서 개인과 가족의 책임을 국가에 전가하는 풍토—을 과부하의 주범이라고 보았다. 이어서 그들은 그와 같은 통치불능상태(ungovernability)는 전통적 권위의 붕괴와 개인욕망에 대한 제재의 단절 때문에 발생한다고 주장한다(Crozier et al., 1975: 김영순, 1996: 20에서 재인용).

(2) 복지국가 모순론

미슈라는 복지국가 위기의 원인을 복지국가의 모순적 성격으로부터 도출하는 사람들을 신마르크스주의자라고 명명한 바 있다(Mishra, 1984: 69-80). 그들이 말하는 모순이란 독점자본주의 단계의 국가가 수행해야 하는 두 기능인 축적(accumulation)과 정당화(legitimation)가 상호 간에 상충될 수밖에 없다는 뜻을 지닌다(O'Connor, 1973: 김영순, 1996: 24에서 재인용). 고프(Gough)에 의하면 복지국가는 본질적으로 모순이다. 왜냐하면 노동자계급을 순치시키는 기능과 노동자계급을 강화시키는 기능을 동시에 하기 때문이다(Gough, 1979: Mishra, 1984: 70-71에서 재인용). 복지국가 모순론에 따르면, 모순된 두 가지 기능은 불가피하게 세출이 세입을 능가하는 재정위기(fiscal crisis)를 초래하게 된다. 그 과정을 보면 다음과 같다.

독점자본의 축적을 보장하기 위한 각종 사회적 투자가 계속 증가해야 하듯이, 독점의 심화에 따른 폐해를 완화시키기 위한 사회적 지출도 계속 증대되어야 한다. 그런데 문제는 잉여가치가 사유화되는 것이다. 즉, 사회적 투자와 사회적 지출에 필요한 재원은 조세의 형태로 대중에 전가되지만, 조세저항 때문에 재원 마련이 난관에 부딪히게 된다는 것이다. 덧붙여서 복지국가의 유지에 필요한 방대한 관료제와 그것의 비효율성 역시 재정위기를 가중시키고 있다(O'Connor, 1973; Offe, 1984: 김영순, 1996: 26에서 재인용).

(3) 복지국가 기반약화론

기반약화론은 1970년대를 분기점으로 복지국가의 자본축적구조와 계급구조상에 중대한 변화가 일어났다고 주장한다. 즉, 1950~1960년대의 복지국가 황금기에는 대량생산과 대량소비가 호순환적(virtuous circle) 관계를 이루면서 경제가 고도성장을 유지했다. 그 과정에서 사회적 임금(social wage)의 성격으로 제공되었던 국가복지는 호순환의 한 축으로서 기능할 수 있었다. 그러나 포드주의(Fordism)적 생산방식의 비효율성이 증대되었고, 내수가 포화상태에 도달했다. 더욱이 생활수준 향상에 따른 소비자들의 욕구변화와 국제시장에서의 경쟁심화 등의 이유로, 1960년대 말부터 복지국가는 흔들리기 시작했다는 것이다(Boyer, 1988: 199-203: 김영순, 1996: 29에서 재인용).

제솝(Jessop)에 의하면, 복지자본주의의 위기를 모면하기 위해 자본가들은 자본의 국제화(또는 세계화)와 유연한 생산방식을 도입하여 확산시켰다. 그런데 바로 그러한 확산이 케인스주의적 복지국가(Keynesian welfare state)의 기반을 잠식하기 시작했다고 본다. 즉, 세계화로 인해 한 나라의 수요관리정책이 무력화되었으며, 성장과 분배의 동시 성취가 곤란해졌다는 것이다. 그 결과, 개방경제하에서 국제경쟁력의 강화를 최우선 목표로 하는 슘페터주의적 근로연계 복지국가(Schumpeterian workfare state)가 궁여지책으로 등장했다고 주장한다(Jessop, 1993: 김영순, 1996: 29-30에서 재인용).

방금 설명한 기반약화론의 이론적 근거는 조절이론(regulation theory) 또는 분열자본주의론(disorganized capitalism theory)이다. 이 이론은 신고전파(neo-classic) 경제학이 금과옥조로 신봉하는 일반적 균형(general equilibrium) 개념에 대한 정면도전으로부터 시작한다(Aglietta, 1979: 10-13). 즉, 기반약화론에 의하면, 시장경제는 본래 자기조절적이지 않으며 불안정하다고 주장한다. 그리하여 정부정책에 의해 시장경제를 안정시킬 수 있다고 믿는 케인스주의도 배격한다.

부아예(Boyer)는 조절이론가들이 연구하려는 핵심 문제를 ① 주어진 '경제구성체'에서 성장으로부터 정체로 이행하려는 이유가 무엇인가, ② 동시대에 속하면서도 성장과 위기가 나타나는 방식이 나라마다 다른 이유가 무엇인가, ③ 위기가 시대에 따라 나타나는 방식을 달리하는 이유가 무엇인가와 같이 세 가지로 집약한 바 있다(Boyer, 1986).

4. 복지국가 재편론

앞에서 고찰한 복지국가 위기론은 복지국가가 왜 어려운 지경으로 빠져들었는가라는 질문에 대한 해답의 모색을 일차적 목적으로 했다. 그러나 김영순도 지적하듯이, "실제로 위기에 대한 대부분의 연구들이 재편의 전망을 덧붙이고 있는 것은 위기 논의와 재편 논의가 서로 밀접히 연관될 수밖에 없음을 보여 준다."(김영순, 1996: 17).

복지국가 위기론의 핵심적 단어가 재정위기라고 한다면 복지국가 재편론의 핵심 화두는 지속가능성(sustainability)이다. 즉, 어떻게 하면 복지국가를 안정적 기초에서 장기간 지속시킬 수 있겠는가라는 질문에 대한 묘책을 찾는 것이라 할 수 있다. 다시 말해, 복지국가 재편론은 또 다른 형태의 이상국가론이기 때문에, 많건 적건 간에 연구자의 주관적 규범과 복지이념의 영향을 받을 수밖에 없다. 따라서 복지국가 재편론, 원인론 그리고 유형론 모두가 일맥상통하는 논리들에 기초하는 것이다.

복지국가 재편론은 복지국가 재편유형론과 복지국가 재편유형의 결정요인론으로 대별될 수 있다. 전자는 위기의 원인이 유사하더라도 위기에 대응하는 방식은 나라마다 다르게 나타난다는 사실을 전제로 한다. 이어서, 그러한 차이를 몇 가지 유형으로 구분하는 것이다. 앞에서 잠깐 언급한 바와 같이 복지국가 재편양상의 차이는 복지국가를 형성시킨 요인의 차이인 복지국가 유형론과 궤를 같이하고 있다. 복지국가 재편유형의 결정요인론은 특정 유형의 복지국가 재편양상을 결정하는 요인이 무엇인가를 발견하려는 연구이다. 이 절에서는 이미 소개된 각종 복지국가 유형론과 위기론 외에 복지국가 발전의 결과로서 형성된 계급적 균열과 탈계급적 정치균열에 따른 재편론을 추가로 제시하고자 한다.

1) 복지국가 재편유형론

복지국가 위기에 대한 전 세계적 대응의 하나로 유엔(UN)은 1995년 3월 코펜하겐에서 사회개발을 위한 세계정상회담(World Summit)을 개최했다. 이 회담을 준비하는 과정의 하나로서 국가 간 비교연구가 진행되어, 그 결과가 『전환기의 복지국가: 지구적 경제 속의 국가별 적응(Welfare States in Transition: National Adaptations in Global Economics)』이라는 이름으로 1996년에 발간되었다. 그 책의 편집을 맡았던 에스핑-안데르센이 정리한 복지국가 재편양상을 요약하면 다음과 같다(Esping-Andersen, 1996: 1-27).

첫째, 복지국가 황금기에 쌍방이익(positive-sum)의 비법으로 인식되었던 케인스(Keynes) 방식의 약효는 다 떨어지고 말았다. 그리하여 인플레이션 없는 수요창출 전략은 더 이상 실현불가능하며, 완전고용정책의 실시는 제조업의 쇠락을 각오할 때만이 가능할 뿐이다. 더불어 남성가구주(breadwinner)의 전통은 약화되었고, 출산율은 저하되었으며, 인생경로(life course)의 비표준화(non-standardization) 현상이 심화되었다. 그 결과, 세 가지의 상쇄(trade-off) 현상이 복지국가들에서 보편화되었다고 한다. 평등과 고용, 사회보장과 경제성장 그리고 평등과 효율 사이에는 과거의 쌍방이익이 사라졌다. 대신, 영합(零合, zero-sum) 또는 심한 경우 쌍방손실(negative-sum)이 발생하게 되었다는 것이 보편화의 내용이다.

둘째, 유럽, 북미, 남미, 동아시아 국가들에 대한 광범위한 분석을 바탕으로 복지국가의 미래를 진단한 결과, 네 가지의 결론을 얻어 낼 수 있었다.

- 복지국가 재편의 주요 원인이 새로운 세계질서(global order)로부터 제공되었지만, 그것에 대처하는 반응은 나라에 따라 각양각색이다.
- 대부분의 나라에서 복지국가의 모습(landscape)은 규제완화와 시장지향 전략으로 무장한 신자유주의(neo-liberal)로의 급격한 변화로 나타나지 않았다. 오히려 신자유주의에 대한 저항으로부터 파생된 동결(frozen) 상태를 보인다.
- 복지국가 황금기의 케인스 비법에 버금가는 새로운 비법이 나올 수 있다는 낙관론은 열세이다. 따라서 대부분의 국가는 상쇄효과를 완화시키는 데 주력하고 있는 실정이다.
- 급여감축과 유연화(flexibilization) 전략은 모든 나라에서 발견된다. 그리고 유연화 전략에는 민영화(privatization)와 확정기여(defined contribution) 방식의 연금제도가 포함된다.

셋째, 복지국가의 동결정도는 국가정책의 제도화 역사 및 기득권의 강도 그리고 주요 이익집단의 태도 여하에 따라 결정된다. 그리하여 오스트리아나 스웨덴이 대표하는 유럽대륙은 협상(negotiation)을 통한 변화의 형태를 띠고 있다. 특히 노르딕(Nordic) 복지국가로 일컬어지는 스칸디나비아 국가들은 복지국가 전통을 이어 가려고 노력한다. 그들의 주된 전략은 사회적 투자(social investment), 즉 직업훈련 및 알선과 임금보조로 상징되는 적극적 노동시장(active labour market) 프로그램을 주축으로 한다. 반면에, 현존 복지구조를 파괴시킨 칠레나 과거 공산주의 국가들에서는 전면적 변화가 일어났다. 이에 비해 미국과 영국은 노동조합주의(unionism)의 약화와 더불어 복지국가의 점진적 침식이 진행되고 있다.

바로 앞에서 정리된 내용들이 복지국가 재편의 양상들이라면 그러한 양상들 중 유사점과 상이점을 따로 묶어서 나라별로 정리한 것이 복지국가 재편양상 유형론이다. 에스핑-안데르센은 그의 3분법 복지국가 유형론을 복지국가 재편양상의 유형에도 그대로 적용하였다. 결과는, 그가 예상했던 대로 복지국가 유형론과 복지국가 재편유형론 사이에 높은 상관관계가 존재하고 있음을 입증하였다(Esping-Andersen, 1999: 제5장).

자유주의 복지체제(welfare regime)에서는 수급 자격을 극도로 제한하고, 사회적(social)이란 의미를 최대한 협의로 해석한다. 그 결과, 시장의 역할을 극대화한다는 의미의 잔여주의(residualism)가 강화된 것으로 나타났다. 여기에 속하는 나라는 주로 앵글로-색슨(Anglo-Saxon) 계열의 국가들로서 미국, 캐나다, 호주, 아일랜드, 뉴질랜드, 영국 등이다.

사회민주주의 복지체제에서는 원래 수급 자격을 극도로 넓히려는 보편주의(universalism)가 실천되며, 사회적 위험의 범위도 광범하다. 반면, 급여수준을 가능하면 높일 뿐 아니라 평등주의(egalitarianism) 정책도 추구하였다. 특히 복지를 되도록이면 시장에서 조달하지 않는, 이른바 탈상품화하는 노력이 노골적으로 나타나는 특징을 갖고 있었다. 그러나 스웨덴에서 볼 수 있듯이, 예산부족을 이유로 정부는 각종 사회적 급여(social benefits)의 수준을 낮추었다. 특히 연금개혁에서 보편주의의 상징이었던 기본연금에 소득조사(means test)를 도입함으로써 보편주의와 연대(solidarity) 의식에 오점을 남기게 되었다. 그럼에도 불구하고 사회민주주의 체제의 핵심은 별로 타격을 받지 않았다. 여기에 소속한 나라는 주로 노르딕 국가들로서 덴마크, 노르웨이, 스웨덴, 핀란드가 손꼽혔다.

보수주의 체제는 제국주의, 권위주의 그리고 가톨릭교리의 영향을 많이 받는 형태이다. 복지운영은 조합주의(corporatism), 군주제 국가주의(monarchical etatism) 그리고 가족주의(familialism)와 같은 세 가지 특징을 갖고 있었다. 사회보험제도가 직종이나 계통에 따라 수백, 수천 개의 기금으로 분리되고 각기 독립재정으로 관리되는 것은 신분분할적(status segmentation) 조합주의를 잘 말해 준다. 국가주의 특징은 공무원을 특권계층으로 분리시켜 각종 사회보장제도를 따로 운영하는 데서 잘 나타난다. 뿐만 아니라 그들의 수급 자격이나 급여수준이 파격적으로 유리하게 되어 있는 사실에도 잘 반영되어 있다. 가족주의 특징의 실제 사례로서는 각종 복지제도가 남성 가구주 중심으로 되어 있다는 것이다. 다시 말해, 가족을 서비스 제공자로 간주할 뿐 아니라 가족구성원의 복지에 대한 궁극적 책임소재지로 삼는다. 이와 같은 세 가지 보수주의 특징은, 복지국가 재편 과정에서도 다른 두 유형에 비해 여전히 뚜렷하게 차별되어 나타났다. 예컨대, 높은 사회보험료에 따른 높은 노동비용으로 민간부문 일자리 창출이 어려웠기 때문에 젊은 층의 실업률을 완화하기 위한 전략으로 조기 퇴직이 적극적으로 장려되었다. 하지만 이는 다시 연금재정 부담으로 이어져 성공적인 재편 전략은 되지 못했다(Barr, 2012: 21). 보수주의 체제에 속한 나라는 독일, 오스트리아, 프랑스, 일본, 벨기에, 이탈리아, 스페인, 네덜란드 등이었다.

복지국가 재편유형론과 관련하여 미슈라는 1999년에 출간한 『세계화와 복지국가(Globalization and the Welfare State)』에서 세계화의 영향이 사회정책에는 어떤 변화로 나타났는가에 관한 국가 간 비교를 시도한 바 있다. 그가 비교대상으로 삼은 국가는 스웨덴, 독일 그리고 일본이었다. 스웨덴과 독일은 에스핑-안데르센을 좇아 각각 사회민주주의형과 비스마르크식(Bismarckian) 사회보험을 대표하는 국가로 선발되었다(Mishra, 1999: 74).

우리가 이미 고찰한 바 있는 복지국가 유형론에서 미슈라는 자신의 2분법 모형을 제시한 바 있었다. 그럼에도 불구하고 이번 연구에서 에스핑-안데르센의 유형론을 이용함으로써 그것의 우수성을 인정한 것으로 해석할 수 있다. 미슈라가 일본을 제3의 비교대상국으로 선택한 이유는 일본이 산업국가의 선두주자이지만, 복지관행이 서구의 것과 판이하게 다르다는 것이었다. 그의 비교연구 결과를 요약하면 다음과 같다(Mishra, 1999: 제5장).

스웨덴의 경우 노동시장과 소득분배상의 변동이 앵글로색슨 국가들에 비해 상대적으로 덜한 것은 사실이다. 그러나 완전고용시대의 종언, 누진조세제도의 완화, 세율인하 등의 현상은 세계화의 압력을 받은 흔적들이다. 사회정책 분야에서는 보편주의 구조의 부분붕괴나 급여수준의 저하가 역시 세계화의 후유증이다. 한마디로 세계화는 스웨덴의 사회민주주의적 합의도출의 전제조건들을 심각하게 약화시켰다. 지난 시기 동안의 변화를 볼 때 스웨덴식 복지국가의 미래를 낙관적으로 전망할 수 없다.

독일에 대한 세계화의 악영향은 스웨덴보다 상대적으로 훨씬 약하다. 사회보험제도에 기반을 둔 재정방식은 아직까지 노동자와 사용자 양측으로부터 지지를 받는다. 뿐만 아니라 경제엘리트와 우파정당들도 여전히 수용한다. 그래서 당분간

제도적 개혁은 일어나지 않을 것이며 약간의 부분적 수정은 예측가능하다.

일본경제는 1990년대 내내 저성장 또는 경기불황에 시달리고 있다. 특히 은행과 금융부문에 심각한 문제가 도사리고 있다. 어떤 형태의 개혁조치가 단행된다 하더라도, 일본 복지제도의 요체라고 말할 수 있는 사부문 중심의 완전고용과 종신고용 그리고 기업복지에 큰 타격이 가해질 수밖에 없다. 다시 말해, 완전고용과 직장안정은 사라지고 기업복지는 심각하게 감축될 것이다.

이와 같은 미슈라의 관찰을 세월이 지난 현시점에서 재검토해 보면, 독일과 스웨덴의 경우를 주목할 만하다. 즉, 미슈라는 독일 사회복지제도의 보수성을 강조한 나머지 세계화의 영향을 덜 받을 것으로 예측하였다. 그러나 현실은 반대로 나타났다. 2003년 3월 13일 독일의 슈뢰더(Schröder)가 이끄는 사민당 정부는 사회보장에 관한 광범위한 개혁을 골자로 하는 'Agenda 2010'을 발표하였다. 그것에 따라 독일 정부는 2004년부터 2010년에 걸쳐 장기적 사회보장시스템의 개혁에 착수했던 것이다(대통령자문 고령화 및 미래사회위원회, 2004). 그리고 2005년 9월 18일 총선에서 사회민주당은 재집권에 실패했고 이후 기독교민주당, 기독교사회당 및 사회민주당으로 구성된 우파와 좌파의 대연정이 시작되었다. 사민당은 2009년 9월 27일에 있었던 총선에서 참패함으로써 우파연합시대가 열렸다.

한편, 1994년부터 12년간 장기집권 중에 있던 스웨덴의 사민당 역시 2006년 9월 17일 총선에 이어 2010년 9월 19일의 총선에서 연거푸 패배하였다. 선거 패배의 주원인은 국가경제 운영능력 측면에서 좌파정당이 우파정당보다 낮은 점수를 받았던 데에 있다. 즉, 시민 여론은 복지국가 재편의 적임자로서 중도좌파연합(사민당, 녹색당, 좌파당)보다 중도우파연합(자유당, 온건당, 중도당, 기민당)을 선택하였다. 이와 같이 독일과 스웨덴에서 과거에 나타났던 복지국가 기류의 변화 양상은 미슈라가 예견했던 것보다 더 비관적인 것으로 보인다.

2) 복지국가 재편유형의 결정요인론

복지국가 위기 이후 복지국가들에서 상이하게 나타난 재편양상의 결정요인을 찾아내려는 연구는 최근 복지국가 연구의 대표 주자이다. 앞서 소개된 다른 복지국가론과 달리 복지국가 재편유형의 결정요인론은 주로 정치적 측면에 관한 분석을 중심으로 진행되고 있다. 이러한 분석들은 계급문제를 처리하는 상반된 입장에 따라 두 부류로 구분된다. 즉, 계급관계에 따른 재편론이 첫 번째 분석유형이고, 탈계급적 이해관계를 중심으로 설명하는 신정치론이 두 번째 유형이다.

(1) 계급적 재편요인론

김영순에 의하면 계급관계에 따른 재편론은 "계급관계가 복지국가의 재편에서 결정적 역할을 하며 복지국가의 재편은 다시 각 계급들에게 중요한 영향을 미친다는 전제에서 출발한다."(김영순, 1996: 41). 이 주장의 대표적 주자로는 코르피(Korpi), 스티븐스(Stephens), 에스핑-안데르센, 올슨(Olsson) 등이다. 그들의 주장은 권력자원이론(the power resources theory), 민주적 계급투쟁론(the democratic class struggle perspective), 노동자주의적 접근법(the laborist approach) 등으로 불린다. 그들의 초기 연구가 주로 복지국가의 발전요인을 분석하는 데 집중되었던 반면, 복지국가 재편요인에 대한 최근 연구는 별로 없다. 민주적 계급투쟁론을 복지국가 재편과 연관시키는 연구에는 오히려 미슈라가 더 열심이다.

미슈라는 복지국가 재편의 유형을 영국과 미국의 신보수주의(neo-conservative) 체제와, 스웨덴과 오스트리아로 대표되는 사회조합주의적(social-corporatist) 체제로 양분하였다. 이어서, 사회조합주의를 사회제도로 정착시킬 수 있는 노동자계급의 역량에 따라 사뭇 다른 결과가 도출된다고 주장하였다. 즉, 노동자계급의 정치적 힘이 강할수록 신자유주의적 공세를 견딜 수 있는 가능성이 높아진다는 주장을 폈다(Mishra, 1990: 116-119). 이후에 발간된 후속 연구에서 그는 서구의 경우, 조직적 노동운동이 1980년대 이후 현저하게 쇠퇴했다는 관찰결과를 내놓았다. 뿐만 아니라, 설사 사회민주주의 정부가 집권하더라도 복지국가를 방어할 만한 묘수를 갖고 있지 못하다고 하는 비관적 분석결과를 제시하였다(Mishra, 1999: 59-61).

계급관계에 따른 재편론은 복지국가의 재편이 정치적으로 결정된다는 명제를 충실히 따르고 있음을 알 수 있다. 그러한 명제를 좀더 확대한 연구결과가 한국 연

구자에 의해 제시된 바 있다. 김영순은 먼저 복지국가에 대한 노동자계급과 중간계급의 연대적 지지를 복지동맹(welfare coalition)이란 용어로 개념화했다. 이어서, 그는 복지국가 위기 이후에도 복지동맹의 유지여부가 복지국가 재편에 결정적 영향을 미친다는 주장을 내놓았다(김영순, 1996: 65-69).

(2) 탈계급적 재편요인론

20세기에는 복지정치의 토대로서 계급이 중요했으나 21세기에는 더 이상 그렇지 못하다는 견해가 정설로 굳어지고 있다. 복지국가의 정치적 재편과 관련된 중심적 균열이 무엇인가에 관한 논의에서도 계급론에 대한 다음과 같은 비판들이 제기되었다.

그 첫 번째는, 권력자원이론과 같은 계급정치론이 시민권 이론(citizenship theory)을 잘못 이해하고 있다고 비판한다(Giddens, 1982; Mann, 1987). 이들은 사회권 발전의 결과로 노동계급의 사회경제적 지위가 고양되었기 때문에 계급갈등이 완화되었고, 노동운동과 같은 계급적 균열이 복지국가 재편의 주요한 정치적 균열이 될 수 없다고 주장한다.

비판의 두 번째 초점은 후기산업사회의 도래에 따른 계급정치의 쇠퇴이다. 이는 최근 유럽 사회과학의 새로운 사조인 신정치학자들이 권력자원이론을 비판하고 비계급적 균열들을 제안하면서 종종 채택하는 견해이다(Hall & Jaques, 1989). 벡(Beck)이나 테일러(Taylor) 같은 유럽의 사회과학자들이 이 부류에 속한다(Beck, 1994; Taylor, 1998). 이들 신정치론자는 계급정치의 쇠퇴를 분명한 사실로 받아들이는데, 포스트포드주의에 따라 대량생산이 줄어들고, 동시에 노동력에 대한 대량수요가 희소해지기 때문에, 노동계급의 정치적 의미가 감소한다고 주장한다.

마지막 종류의 계급론 비판은, 경제적 범세계화로 요약되는 신자유주의의 득세에 따라 계급정치가 희석될 것인가의 여부를 중심으로 전개되었다(Mishra, 1999). 계급정치의 희석이 경제적 범세계화에서 촉발될 수밖에 없는 이유는 경제적 범세계화가 자본계급에 일방적으로 유리한 환경을 제공하기 때문이다. 무엇보다, 자본이 한 국가를 언제라도 '탈출(exit)'할 수 있는 환경을 조성하기 때문에, 자본계급은 '게임의 장(battlefield)'을 마음대로 선택할 수 있게 된다. 그리고 이러한 선택사양(option)이 주어지는 한, 노동계급이 자본계급에 대항하는 것은 불가능해진다(Pontusson, 1992).

비교사회정책학의 분야에서 제기된 이러한 논쟁들은 여러 가지 경험적 연구들에 의해 검증된 바 있는데, 다수 연구의 결과들은 계급정치의 쇠퇴를 지지한다. 북유럽과 같이 계급정치의 위력이 상대적으로 강한 나라들에서도 노동운동에 근거한 사민당정권의 힘이 예전에 비해 약화되는 것이 사실이기 때문이다(Ahn, 2000; Evans, 1993; Gilljam & Holmberg, 1993; Huber & Stephens, 2001; Pierson, 1994).

계급 외적 균열의 실체적 구현방식과 관련하여, 사회정책학계에서는 다음과 같은 다양화된 연구결과가 나왔다. ① 손더스(Saunders, 1986, 1990)나 케메니(Kemeny, 1995)의 복지국가에서의 소비균열에 관한 제안이 있다. ② 워커(Walker, 1993), 허드슨(Hudson, 1995), 안상훈(Ahn, 2000) 등은 세대 간 갈등에 관한 연구들을 제시하였다. ③ 윌렌스키(1976), 마크룬드(Marklund, 1988), 스타인모(Steinmo, 1993) 등은 세금과 기여금의 정치적 균열에 관해 논의한 바 있다. ④ 던리비(Dunleavy, 1980a, 1986)나 제터버그(Zetterberg, 1985)는 공·사부문의 균열에 관해 제안하였다. ⑤ 세인즈버리(Sainsbury, 1996) 등 페미니스트 진영은 복지국가에서의 성적 균열에 관한 연구들을 진행하였다.

그러나 신정치론에서 제기하고 있는 탈계급적 균열에 관한 다양한 제안은 구조적으로 어떤 균열이 복지정치에서 중요한가에 관한 논의를 지나치게 복잡하게 만드는 경향이 있다. 이런 점에서 안상훈이 제안한 통합모형은 하나의 유용한 분석틀로 받아들여지고 있다(Ahn, 2000). '복지서비스제공자로서의 지위' '복지납세자로서의 지위' 그리고 '복지수급자로서의 지위'로 구성되는 '복지지위모형'은 탈계급의 현실에서 복지국가 방어의 대안이 될 수 있는 친복지정치동맹의 전선을 확인하는 목적의 연구들을 위해 하나의 틀에서 신정치론의 논의들을 통합하고 있다.

요약

복지국가는 현대 자본주의 사회에서 나타나는 현상들과 직접 연결된 것으로, 긴 시간 동안 여러 요소가 축적된 결과로 형성되었고, 나라마다 수준과 내용이 다르다. 그렇기에 복지국가의 개념을 규정하는 하나의 답은 정해져 있지 않다. 다만 복지국가를 정의하는 방식을 ① 협의와 광의의 복지국가, ② 복지국가 발전경로에 대한 수렴론과 유형론, ③ 복지국가를 파악하는 경제적 측면과 정치적 측면 등 몇 가지로 대별할 수는 있다. 이 방식들은 각 이론들에서 다양하게 결합되어 나타난다. 복지국가의 정의는 복지국가의 변동에 관한 이론마다 달리 제시되므로, 복지국가 발전론, 유형론, 위기론, 재편론 범주 내의 각 이론을 살핌으로써 복지국가의 정의를 구체적으로 이해할 수 있다.

20세기 자본주의 선진국에서 나타난 복지국가의 발전을 설명하는 것은 사회과학의 주요 연구주제였다. 복지국가 발전론에는 크게 다섯 부류의 이론이 포함된다. 산업화이론은 산업화 과정에서 새로운 욕구가 나타났고 경제성장으로 인해 확보된 재원으로 이를 해결하는 과정에서 복지국가가 등장했다고 주장한다. 신마르크스주의 이론은 독점단계 자본주의에서 자본의 장기적 이익을 위해 복지국가가 등장하고 발전했다고 설명한다. 권력자원이론은 권력의 원천을 경제적인 것과 정치적인 것으로 나누어 파악하면서, 복지국가의 발전을 노동자계급의 정치적 권력이 확대된 결과로 본다. 이익집단이론은 희소자원의 배분을 둘러싸고 집단 간 경쟁에서 발생한 갈등을 국가가 정치적으로 중재하면서 복지국가가 발전한다고 설명한다. 마지막으로 국가중심이론은 사회복지를 제공하는 공급자인 국가에 주목해 복지국가의 발전을 설명할 때 국가구조적 변수들을 중시한다.

그런데 현실에 존재하는 여러 복지국가들을 개별적으로 파악하기보다 유형화해서 연구할 경우, 분석에 드는 시간과 노력을 절약할 수 있고, 논리를 구성하고 인과관계를 발견하는 것이 용이해지며, 가설 설정과 검증이 가능해진다. 복지국가 유형론은 유형화 기준에 따라 크게 네 가지 범주로 구분할 수 있다. GDP 대비 사회복지지출의 비율에 따른 유형화나, 복지국가들에서 발견되는 보편적 사회복지 프로그램의 도입시기에 따른 유형화는 서열이나 순서를 구분하는 것으로 유형 간 질적 비교를 결여하고 있다. 이러한 약점을 보완하기 위해 복지국가 성격의 개념적 분석에 따른 유형화 연구들이 활발하게 진행되었고, 그 대표 사례로 복지자본주의에 관한 제도주의적 분석을 통해 세 가지 복지국가 유형을 제시한 에스핑-안데르센의 연구가 있다. 마지막으로 복지국가정책의 도입시기나 복지지출 수준에 영향을 주는 결정요인에 따른 유형화 연구들이 있다.

제2차 세계대전 이후부터 1970년대까지 서구 복지국가는 황금기를 구가했다. 하지만 1970년대 원유파동 이후 복지국가는 기울어 가는 모습을 보였다. 이와 관련해 복지국가가 위기에 빠졌는지의 여부에 대한 논의들과, 복지국가가 위기라면 그 위기의 원인이 무엇인가에 대한 논의들이 있었다. 복지국가가 위기에 빠지지 않았다는 견해에는 ① 복지 프로그램이 자본가들에게도 이익이 되고 민주주의 체제하에서는 단기간에 복지국가가 뒤집힐 수 없다는 불가역성설, ② 복지국가가 안정기에 접어들면서 기술적 조정을 통해 효율성과 유연성을 높일 것이라는 숙성론, ③ 국가, 시장, 가족, 비영리 민간부문이 제공하는 복지혼합비의 조정이 일어나는 것이라는 복지다원주의가 포함된다. 반면 복지국가의 위기를 인정하고 그 원인을 제시하는 논의에는 ① 민주주의 사회에서의 선거경쟁이나 관료제로 인한 정부의 과부하가 민간경제를 약화시켜 국가실패가 발생했다는 우파의 국가실패론, ② 복지국가가 축적과 정당화라는 상충되는 기능을 동시에 수행한 결과, 세출이 세입을 능가하는 재정위기가 초래된다는 좌파의 복지국가 모순론, ③ 1970년대를 분기점으로 복지국가의 자본축적구조와 계급구조에 중대한 변화가 나타나 기존 복지국가의 기반이 잠식되었다는 중도파의 복지국가 기반약화론이 있다.

복지국가의 위기에 대한 논의와 함께, 복지국가를 안정적 기초에서 장기간 지속시킬 수 있는 방식에 초점을 맞춘 복지국가 재편론이 전개되었다. 이는 다시 복지국가 재편유형론과 복지국가 재편유형의 결정요인론이라는 두 가지로 구분된다. 우선, 복지국가 재편유형론은 위기의 원인이 유사하더라도 각 국가가 다른 방식으로 대응한다는 전제 하에 복지국가 재편양상을 유형화한다. 재편유형론에서 제시하는 복지국가 재편양상의 차이는 복지국가를 형성시킨 요인의 차이인 복지국가 유형론과 궤를 같이한다. 한편, 복지국가 재편유형의 결정요인론은 최근 복지국가 연구의 대표주자로서 주로 정치적 측면에 대한 분석을 중심으로 진행되어 왔다. 이는 다시 계급관계에 따른 복지국가 재편을 주장하는 이론과, 소비균열, 세대 간 갈등, 세금과 기여금의 정치적 균열, 공·사부문의 균열, 젠더 균열과 같은 탈계급적 이해관계를 중심으로 복지국가 재편을 설명하는 신정치론으로 구분된다.

이 장에서 다루는 복지국가에 관한 연구는 현대사회복지학 내 여러 분야의 기초지식을 제공하고, 복지국가는 사회복지실천의 배경이자 기반이 된다. 따라서 사회복지학도 모두에게 복지국가는 중요한 주제이다.

참고문헌

김상균(1987). 현대사회와사회정책. 서울대학교출판부.

김영순(1996). 복지국가의 위기와 재편: 영국과 스웨덴의 경험. 서울대학교출판부.

김태성, 성경륭(1993). 복지국가론. 나남출판.

대통령자문 고령화 및 미래사회위원회(2004). 독일의 개혁: Agenda 2010-현안과 해법(Vol. 2). 대통령자문 고령화 및 미래사회위원회.

이성기(1996). 사회부조의 유형화에 관한 연구. 서울대학교 대학원 박사학위논문.

Aglietta, M. (1979). *A Theory of Capitalist Regulation: the U.S. Experience*. New Left Books.

Ahn, S. -H. (2000). *Pro-welfare politics: A model for changes in European welfare states*. Uppsala University Press.

Alber, J. (1988). Is there a crisis of the welfare state? Crossnational evidence from Europe, North America, and Japan. *European Sociological Review, 4*(3), 181-205.

Ashford, D. E. (1986). *The emergence of the welfare states*. Blackwell Oxford.

Barr, N. (2012). *The Economics of the Welfare State*. Oxford University Press.

Beck, U. (1994). The Reinvention of Politics: Towards a Theory of Reflexive Modernization. In U. Beck, A. Giddens, & S. Lash (Eds.), *Reflexive Modernization: Politics, Tradition and Aesthetics in the Modern Social Order* (pp. 1-55). Polity Press.

Boyer, R. (1986). *La theorie de la regulation: une analyse critique*. La decouverte. 정신동 역(1991). 조절이론: 위기에 도전하는 경제학. 학민사.

Boyer, R. (1988). *The Search for Labour Market Flexibility: The European Economies in Transition*. Clarendon Press.

Brittan, S. (1975). The economic contradictions of democracy. *British Journal of Political Science, 5*(2), 129-159.

Bruce, M. (1968). *The coming of the welfare state*. BT Batsford Limited.

Crozier, M., Huntington, S. P., & Watanuki, J. (1975). *The crisis of democracy*. New York University Press.

Dunleavy, P. (1980a). The political implications of sectoral cleavages and the growth of state employment: Part 1, the analysis of production cleavages. *Political Studies, 28*(3), 364-383.

Dunleavy, P. (1980b). The political implications of sectoral cleavages and the growth of state employment: part 2, cleavage structures and political alignment. *Political Studies, 28*(4), 527-549.

Dunleavy, P. (1986). The growth of sectoral cleavages and the stabilization of state expenditures. *Environment and Planning D: Society and Space, 4*(2), 129-144.

Esping-Andersen, G. (1990). *The three worlds of welfare capitalism.* Princeton University Press.

Esping-Andersen, G. (1996). After the golden age? Welfare state dilemmas in a global economy. In G. Esping-Andersen (Ed.), *Welfare states in transition: National adaptations in global economies* (pp. 1-31). SAGE Publications Ltd.

Esping-Andersen, G. (1999). *Social foundations of postindustrial economies.* OUP Oxford.

Evans, G. (1993). The decline of class divisions in Britain? Class and ideological preferences in the 1960s and the 1980s. *British Journal of Sociology, 44*(3), 449-471.

Flora, P., & Alber, J. (1981). Modernization, democratization, and the development of welfare states in Western Europe. In P. Flora & A. J. Heidenheimer (Eds.), *The development of welfare states in Europe and America* (pp. 37-80). Transaction Books.

Furniss, N., & Tilton, T. A. (1977). *The case for the welfare state: from social security to social equality.* Indiana University Press Bloomington.

George, V., & Wilding, P. (1984). *The impact of social policy.* Routledge & K. Paul.

Giddens, A. (1982). Class Division, Class Conflict and Citizenship Rights. In A. Giddens (Ed.), *Profiles and Critiques in Social Theory* (pp. 164-180). University of California Press.

Gilljam, M., & Holmberg, S. (1993). *Valjarna infor 90-talet.* Norstedts juridik.

Gough, I. (1979). *The political economy of the welfare state*. Macmillan.

Hall, S., & Jacques, M. (1989). *New Times: The Changing Face of Politics in the 1990s.* Lawrence and Wishart.

Heclo, H. (1981). Toward a new welfare state?. In P. Flora & A. J. Heidenheimer (Eds.), *The development of welfare states in Europe and America* (pp. 383-406). Transaction

Books.

Huber, E., & Stephens, J. D. (2001). *Development and crisis of the welfare state: Parties and policies in global markets.* The University of Chicago Press.

Hudson, R. B. (1995). The evolution of the welfare state: Shifting rights and responsibilities for the old. In M. Minkler & C. L. Estes (Eds.), *Critical Gerontology: Perspectives from Political and Moral Economy.* Baywood Publishing Company.

Jessop, B. (1993). Towards a Schumpeterian workfare state? Preliminary remarks on post-Fordist political economy. *Studies in political economy, 40*(1), 7-39.

Kemeny, J. (1995). *From Public Housing to the Social Market: Rental Policy Strategies in Comparative Perspective.* Routledge.

Klein, R., & O'Higgins, M. (1988). Defusing the Crisis of the Welfare State: A New Interpretation. In T. R. Marmor & J. L. Mashaw (Eds.), *Social Security: Beyond the Rhetoric of Crisis* (pp. 203-226). Princeton University Press.

Kudrle, R. T., & Marmor, T. R. (1981). The development of welfare states in North America. In P. Flora & A. J. Heidenheimer (Eds.), *The development of welfare states in Europe and America* (pp. 81-121). Transaction Books.

Mann, M. (1987). Ruling class strategies and citizenship. *Sociology, 21*(3), 339-354.

Marklund, S. (1988). *Paradise Lost?: The Nordic Welfare States and the Recession, 1975-1985.* Arkiv forlag.

Mayer, R. R., & Greenwood, E. (1980). *The design of social policy research.* Prentice-Hall.

Milton, F., & Rose, F. (1980). *Free to Choose: A Personal Statement.* Secker & Warburg.

Mishra, R. (1984). *The welfare state in crisis: social thought and social change.* Wheatsheaf Books.

Mishra, R. (1990). *The Welfare State in Capitalist Society: Policies of Retrenchment and Maintenance in Europe, North America and Australia.* Harvester Wheatsheaf.

Mishra, R. (1999). *Globalization and the welfare state.* Edward Elgar Publishing.

O'Connor, J. (1973). *The Fiscal Crisis of the State.* St. Martin's Press.

Offe, C. (1984). *Contradictions of the welfare state* (J. Keane Ed.). MIT Press.

Pierson, C. (1991). *Beyond the welfare state?.* Polity Press.

Pierson, P. (1994). *Dismantling the welfare state?: Reagan, Thatcher and the politics of retrenchment*. Cambridge Cambridge University Press.

Pontusson, J. (1992). At the end of the third road: Swedish social democracy in crisis. *Politics & Society, 20*(3), 305-332.

Rein, M., & Rainwater, L. (1987). From Welfare State to Welfare Society. In M. Rein, G. Esping-Andersen, & L. Rainwater (Eds.), *Stagnation and Renewal in Social Policy: The Rise and Fall of Policy Regimes*. M. E. Sharpe.

Rose, R. (1986). Common Goals but Different Roles: The State's Contribution to the Welfare Mix. In R. Rose & R. Shiratori (Eds.), *The welfare state East and West* (pp. 13-39). Oxford University Press.

Sainsbury, D. (1996). *Gender, equality and welfare states*. Cambridge University Press.

Saunders, P. (1986). *Social theory and the urban question* (2nd ed.). Unwin Hyman Ltd.

Saunders, P. (1990). *A Nation of Home Owners*. Unwin Hyman Ltd.

Steinmo, S. (1993). *Taxation and Democracy: Swedish, British, and American Approaches to Financing the Modern State*. Yale University Press.

Taylor, D. (1998). Social identity and social policy: engagements with postmodern theory. *Journal of social policy, 27*(3), 329-350.

Taylor-Gooby, P. (1989). The role of the state. In R. Jowell, S. Witherspoon, & L. Brook (Eds.), *British Social Attitudes: Special International Report, 6th Report* (pp. 35-58). Gower Publishing Company.

Thane, P. (1982). *The Foundations of the Welfare State*. Longman.

Therborn, G. (1987). Welfare states and capitalist markets. *Acta sociologica, 30*(3-4), 237-254.

Walker, A. (1993). Intergenerational relations and welfare restructuring: The social construction of an intergenerational problem. In V. L. Bengtson & W. A. Achenbaum (Eds.), *The changing contract across generations* (pp. 141-165). De Gruyter.

Wilensky, H. L. (1975). *The welfare state and equality: structural and ideological roots of public expenditures*. University of California Press.

Wilensky, H. L. (1976). *The 'New Corporatism', Centralization, and the Welfare State*. SAGE Publications.

Wilensky, H. L. (1981). Leftism, Catholicism, and Democratic Corporatism: The Role of

Political Parties in Recent Welfare State Development. In P. Flora & A. J. Heidenheimer (Eds.), *The development of welfare states in Europe and America* (pp. 345-382). Transaction Books.

Wilensky, H. L., & Lebeaux, C. N. (1958). *Industrial society and social welfare*. Russell Sage Foundation.

Wilensky, H. L., & Lebeaux, C. N. (1965). *Industrial society and social welfare: the impact of industrialization on the supply and organization of social welfare in the United States*. Free Press.

Wilensky, H. L., & Turner, L. (1987). *Democratic corporatism and policy linkages: the interdependence of industrial, labor-market, incomes, and social policies in eight countries. Berkeley: Institute of International Studies*. University of California.

Zetterberg, H. (1985). *An Electorate in the Grips of the Welfare State*. Swedish Institute for Opinion Polls.

제7장

사회복지의 공급자: 정부, 시장, NGO의 협력관계

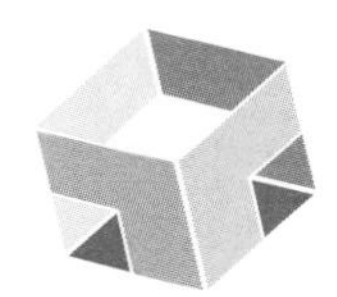

수급자에게 사회복지 급여를 제공하는 조직이나 조직체계를 사회복지 공급자라고 부른다. 이 장에서는 사회복지 공급자로서 정부, 시장, NGO의 특성을 살펴보고 세 부문 간의 역할 관계에 대해 알아본다.

1. 사회복지 공급자의 유형

1) 공공부문과 민간부문

이 분류는 공급자의 공공성과 사회복지 재원의 공공성 여부에 따른 것이다. 사회복지 공급자는 사회복지 프로그램을 계획하고 실천하는 주체가 사회의 공공조직(정부의 행정기관 또는 이에 준하는 기관)인가 아닌가에 따라 공공부문(public sector)과 민간부문(civilian sector)으로 구분할 수 있다. 이러한 분류는 때로는 공적 부문(public sector)과 사적 부문(private sector)이라는 말로 표현하기도 한다.

공공부문에는 정부기관, 이에 준하는 공공조직(특별법에 의한 기관, 공단 등) 또는 민간기관이면서 정부기관의 서비스 위탁이나 구입 등으로 공공기관과 같은 역할을 하는 주체가 속한다. 공공부문은 그 운영재원이 국가 또는 지방자치단체의 조세(일반조세, 목적세 또는 사회보험료)로 충당된다. 공공부문에 해당하는 서비스의 예는 한국의 4대 사회보험(국민연금, 국민건강보험, 고용보험, 산업재해보상보험), 국민기초생활보장과 같은 공공부조 서비스, 아동, 노인 또는 장애인을 입주시켜 보호하는 국공립 시설보호서비스, 시립아동상담소 같은 공공 상담기관 등이다. 이른바 법률에 의해 정부가 제공하는 서비스인 법정서비스는 모두 공공서비스에 해당한다. 그리고 정부(중앙 또는 지방)에서 서비스시설을 건립하여 민간기관에 운영을 위탁하는 경우(사회복지관 등)도 공공부문 공급자에 해당한다.

사회복지 공급자가 반드시 정부로 한정되는 것은 아니다. 민간단체나 조직도 사회복지 공급자가 될 수 있다. 현재 대부분의 복지국가에서는 정부가 복지서비스의 핵심적 주체가 되지만, 민간도 여전히 주요한 공급자이다. 민간부문의 특성은 공급자가 민간단체나 법인이고, 서비스 재원도 상당 부분 지역사회나 공동체의 개인, 가족, 사회단체 및 기업 등에서 조달한다는 것이다. 민간부문 재원의 일정 부분은 민간의 자발적 기부금이라 할 수 있다. 그러나 정부의 재정지원을 받는 경우도 상당히 많다.

2) 제1부문, 제2부문, 제3부문

(1) 정의

전통적으로 사회복지의 기능은 시장과 정부가 맡아 수행하였다. 하지만 시장도 아니고 정부도 아닌 NGO 부문이 사회복지의 공급자로 대두되면서 그 부문을 제3부문(the third sector)이라고 지칭하게 되었다. 통상적인 시장(market) 부문을 제1부문이라고 한다면 정부로 대표되는 공공부문은 제2부문이라 칭한다. 서구의 사회복지 발전 역사에서 사회복지 공급자는 처음에는 제1부문이 주공급자가 되었으나, 수정자본주의 이후에는 주로 제2부문(공공부문)의 참여와 역할이 증대되었다. 하지만 제2부문의 문제점이 나타남에 따라 제3부문(NGO)의 역할이 비약적으로 확대되었다.

제1부문은 인간사회의 전통적이고 기본적이고 자연적인 공급체계인 시장부문이다. 사회복지에서 정부의 역할이 강화되기 전까지는 인간의 욕구는 주로 시장에서의 거래를 통해 해결되었다. 인간이 가진 전통적인 의 · 식 · 주의 욕구는 시장에서의 교환을 통해 해결되었다. 제2부문은 당연하게도 정부로 대표되는 공공부문이다. 현대 복지국가의 가장 중요한 공급자는 정부이기 때문에 이 부문에 대한 설명은 따로 필요치 않을 정도이다. 법률에 의거하여 서비스를 제공하는 정부기관이나 공공기관이 제2부문을 담당한다.

제3부문 공급자는 비영리 자발단체 부문이다. 특히 제3부문인 비영리부문은 보건의료, 교육, 사회서비스, 예술 문화 및 레크리에이션, 시민권리 옹호, 법률구조서비스 및 국제구호, 종교활동 등을 포함하고 있다. 이러한 비영리 자발단체 부문은 비영리조직(nonprofit organization: NPO) 또는 자발부문(voluntary sector)과 같은 의미로 사용되기도 한다. 제3부문을 지칭하는 용어는 그 외에도 많이 있는데, 최근에는 '사회적 경제(social economy)'라는 단어가 등장하였다(Moulaert & Ailenei, 2005).

(2) 시장실패와 정부실패 이론

① 시장실패 이론

시장실패 이론은 제3부문인 NGO가 시장의 원천적 한계에서 비롯되었다는 견해를 취한다. 전통적으로 시장에서의 소비자의 선택은 수요와 공급의 함수의 역학에 따라 결정된 가격에 의해 이루어진다. 이러한 원리의 바탕에는 '소비자는 관련된 정보를 모두 알고 있고 합리적으로 선택한다는 전제'가 깔려 있다. 하지만 시장은 도로, 국방, 치안과 같은 공공적 소비재를 취급하는 데 문제점을 드러내는데, 이를 시장실패라 부른다.

비배타성과 비경합성의 특징을 지니는 공공재는 시장에서 자율적으로 생산되지 못한다. 콜록(Kollock, 1998)은 '공공재 딜레마'를 소개하면서 공공재는 비배타성으로 인해 서비스 소비자가 재화의 생산과 유지에 기여하지 않고 즐기고자 하는 유혹을 불러일으킨다고 하였다. 따라서 자연스럽게 무임승차 문제가 발생하게 되고, 개인적으로 합리적일 수 있는 무임승차 현상으로 인해 사회적으로는 공공재의 불충분한 공급 문제를 낳게 되어 궁극적으로는 사회 전체의 효용이 떨어지게 되는 상황이 발생한다.

또한 공공재의 속성으로 다른 사람이 쓴다고 나의 몫이 줄어들지는 않는 비경합성을 들 수 있다. 정도의 차이는 있지만 모든 공공재는 비배타성과 비경합성의 일부를 지녔다. 따라서 공공재는 대다수의 사람이 원하는 양보다 훨씬 적게 생산되는 결과가 초래되는 것이다.

또한 시장에서 해결할 수 없는 딜레마로 '공공의 딜레마'를 들 수 있다. 이 개념은 하딘(Hardin)의 '공유지의 비극' 연구로 분명해졌다. 그는 일군의 목축업자에게 공유지를 주고 자기 소를 자유롭게 먹이도록 하였다. 각 목축업자의 이해는 많은 소를 그곳에 데려다 놓는 것이었지만, 그렇게 하자 얼마 가지 않아 공유지가 황폐화되어 모두의 손해가 발생하고 말았다. 여기서 다시 공공자원의 비배타성 문제가 나온다. 공공재와는 달리 공공의 딜레마의 주된 요소는 이득의 감소가능성(subtractability)이다. 이는 비경합성의 반대 개념으로, 내가 나무를 자르고, 물고기를 잡고, 물을 쓰면, 다른 사람의 것이 남지 않는다는 것이다.

따라서 시장이 채우지 못했던 사회의 욕구를 충족시키려는 활동을 하는 부문이 필요하게 된다. 그중 하나가 '정부'이다. 정부는 세금을 부담하여 공공재의 부족을 보충하고, 각종 규제 등을 통하여 공공의 자산을 보호한다. 이러한 공공재의 공급은 정부가 필요한 중요한 이유가 된다. 하지만 후술하는 바와 같이, 정부가 모든 국민이 원하는 공공재를 생산하고 공공자원을 보호하지는 못한다. 국민의 이해는 매우 다양하여서 상충될 수밖에 없어서 합의에 이르기 힘들고, 재원도 부족하기 때문이다.

② 정부실패 이론

앞에서 설명한 '시장실패'를 교정하기 위해 정부 개입을 생각해 볼 수 있다. 그러나 정부 역시 그 역할을 하지 못한다는 점이 바로 '정부실패'이다. 민주주의 사회에서는 대다수 성원의 동의를 통해 정책이 집행된다. 그러한 상황에서는 소수의 정당한 요구가 무시될 수 있다. 이런 상황에서 소수의 정당한 요구를 충족시키는 서비스와 재화를 공급하라고 주장하는 비영리조직이 생성될 수 있다. 한국에도 민주화의 진전에 따라 다양한 형태의 시민사회단체들이 발생하면서 그동안 간과했던 소수자의 권익 옹호를 꾀하는 상황도 앞에서 언급했던 '시장실패'와 함께 '정부실패'의 결과로 설명할 수 있다.

정부실패의 또 하나의 요인은 관료제로 인한 경직성과 비효율성의 문제이다. 정부실패를 보완하기 위해 NGO가 역할을 늘리게 되었다. NGO는 민간의 자율성과 창의성을 바탕으로 비효율적인 정부를 대신해 사회복지를 수행하는 대행자로 부상하게 된 것이다. 살라몬(Salamon, 1995)은 비영리조직을 사람들이 선호하는 이유는 정부운영상의 번거로움과 관성, 관료적 성격에 기인한다고 설명한다. 정부를 통해서 일을 처리할 경우에 세금을 집행하기 위하여 거쳐야 하는 복잡한 절차들과 관성들로 인해 사람들이 비정부적 기구, 즉 NGO를 선호하게 된다.

(3) NGO의 특성과 활동

NGO는 '대다수의 사람이 영리를 목적으로 하지 않으면서 특정 목적을 중심으로 모여 활동하는 비정부 결사체'라고 정의할 수 있다. 살라몬(1995)은 NGO가 지니는 중요한 특징으로 제시한 다음의 여섯 가지 기준에 따라 NGO의 특성을 강조한다.

첫째, 공식조직(formal organization)의 성격을 갖고 있다. 사람들에게 중요한 것이더라도 임시적이고 비공식적인 모임은 NGO로 간주하지 않는다.

둘째, 민간부문에 속한다. NGO는 제도적으로 정부로부터 독립되어 있다.

셋째, 이익무분배(non-profit distribution)를 한다. NGO는 소유주, 조직원, 이사, 설립자, 기부자들에게 이익을 돌려주지 않는다.

넷째, 자치성(self-governing)을 갖는다. NGO는 자신의 활동을 스스로 통제하고 조절한다.

다섯째, 자발성(voluntary)을 갖는다. NGO는 조직의 활동과 운영이 구성원들의 참여에 의해 자발적으로 이루어진다.

여섯째, 공공부문을 갖는다. NGO는 공공의 목적에 이바지하며 공익에 기여한다.

사회복지의 역사를 살펴보면 NGO는 언제나 사회복지 영역에 활발하게 참여했음을 알 수 있다. 서구 사회의 경우, 공익을 위한 시민사회의 직접 참여가 1960년대 학생운동 이후 환경운동, 여성운동, 생명운동 등의 영역으로 확산되었지만, 사회복지 현장에서는 훨씬 이전부터 성행하고 있었다. 예컨대, 1860년대 영국의 자선조직 운동(Charity Organization Movement: COS), 1880년대 영국의 빈민촌계몽운동의 일환인 인보관 운동(Settlement Movement)은 사회복지학에서 일찍부터 자발부문(voluntary sector)으로 명명되었으며, 이 부문의 활동에서 당시에는 자원봉사자의 상대적 비중은 국가부문에 비해 훨씬 높은 특징을 지녔다(감정기 외, 2002: 175-180).

이후 사회복지 분야에서 이러한 NGO는 더욱 비약적인 발전을 거듭해 왔다. 그 발전의 배경으로는 여러 가지를 손꼽을 수 있겠는데, 요약하면 앞에서 설명된 '시장실패'와 '정부실패'이다. 즉, 복지국가의 위기와 신자유주의 확산 이후에 급속히 약해진 정부의 역할, 민영화를 중심으로 한 사회복지 행정체계의 변화, 지방분권화와 지방정부사업의 민간위탁 움직임, 국제문제에 대한 관심과 관여 확대 등이 NGO 발전의 원동력이 되었다.

한국의 경우는 1970년대 이후의 압축 경제성장과 민주화의 확산, 핵가족화, 소득계층의 심각한 괴리현상 등이 NGO의 생성과 연관된다. 다시 말하자면, 경제적 · 정치적 · 사회적 여건이 변화됨에 따라 시민들의 사회복지에 대한 욕구가 급속히 증폭하였지만, 시장과 정부가 적절하게 대응하지 못했던 것이다. NGO는 그러한 허점을 보완하기 위한 노력이다.

3) 영리부문과 비영리부문

이 분류는 공급자의 영리성 여부에 따른 분류이다. 사회복지 공급자를 크게 비영리부문(nonprofit or not-for-profit sector)과 영리부문(profit sector)으로 나누어 볼 수 있다. 비영리부문 공급자는 사회복지활동으로 이윤을 추구하지 않는 공급자를 말한다. 여기에는 공공부문과 민간 비영리부문이 포함된다. 영리부문 공급자는 사

회복지활동을 통해 이윤을 추구하는 공급자를 말한다.

영리부문 공급자를 사회복지 공급자에 포함시킬 것인가에 대한 전반적 합의가 없는 상황에서, 사회복지를 영리부문과 비영리부문으로 양분하는 것은 적합하지 못하다는 비판이 있을 수 있다. 그러나 영리부문이 사회복지 공급자의 대열에 참여하는 경향은 점차 확대되고 있다.

전통적 의미의 사회복지에서는 영리사업 부문 공급자를 사회복지서비스 체계의 일부로 포함하지 않았다. 그러나 사회복지의 대상이 빈곤자 또는 저소득층에서 중산층을 거쳐 전 인구까지 점차 확대되자, 영리부문이 포함되었다. 이는 사회복지에서 다루는 욕구가 단순히 생존의 욕구(생리적 욕구와 안전의 욕구)뿐만 아니라 자기 발전의 욕구(애정 · 소속의 욕구, 존중의 욕구, 자아실현의 욕구 등)까지 확대되었음을 의미한다.

최근에는 사회적 기업 등을 포함하는 사회적 경제 영역이 확대됨에 따라 사회복지에서 비영리와 영리의 경계가 엷어지고 있다. 사회적 기업은 공익을 실현하면서 동시에 수익을 창출하는 기업이다. 사회적 기업은 사회문제 해결을 위한 재원을 스스로 벌어서 쓰는 기업으로 이해할 수 있다. 「사회적기업 육성법」에서는 사회적 기업을 '취약계층에게 사회서비스 또는 일자리를 제공하거나 지역사회에 공헌함으로써 지역주민의 삶의 질을 높이는 등의 사회적 목적을 추구하면서 재화 및 서비스의 생산 · 판매 등 영업활동을 하는 기업'으로 정의하고 있다. 사회적 기업은 영리를 추구하면서 사회문제의 해결을 위한 노력을 하는 기업이다.

4) 공식부문과 비공식부문

이 분류는 공급자 활동조직의 공식성 여부에 따른 분류라 할 수 있다. 비공식부문 공급자는 가족, 친척, 친구 및 이웃 등과 같이 특별한 조직체계나 관리체계를 거치지 않고 서비스를 제공하는 사람들이다. 비공식부문의 대표적 사례는 가족 간의 경제적 도움과 아동과 노인을 대상으로 한 돌봄서비스이다. 비공식부문이 제공하는 서비스는 거의 대부분의 경우 무료로 제공된다. 공식부문 공급자는 특별한 조직체계 또는 관리체계에 소속된다. 그리고 이와 연계된 유급 전문가 또는 자원봉사자가 체계적으로 서비스를 제공하며 무료 또는 유료로 서비스를 제공한다.

사회복지 확대의 역사는 사회복지의 공급이 비공식부문에서 공식부문으로 이전하는 과정으로도 이해할 수 있다. 과거에 가족 내에서 이루어졌던 아동양육 지원이나 노인돌봄 지원이 현대 복지국가에서는 보육서비스와 장기요양서비스로 대체된 것이 그 예이다. 과거에 노인의 노후생활 보장이 가족 내의 자식의 부양으로 이루어진 것이 현대는 국민연금이라는 사회보험 방식으로 해결하고 있는 것도 같은 맥락이다.

5) 사회시장 부문과 경제시장 부문

사회시장 부문(social market sector)과 경제시장 부문(economic market sector)의 분류는 제공하는 급여의 배분조건에 따른 분류이다. 일반적으로 경제시장은 사회의 구성원에게 물질적 · 정신적 생활에 필요한 재화와 서비스를 공급하는 전통적 · 기본적 · 자연적 통로로 인식된다. 경제적 능력이 있는 개인이나 가족은 필요한 재화와 서비스를 경제시장에서 구입할 수 있다는 뜻이다.

그러나 경제시장 상황이 누구에게나 그리고 언제나 가능한 것은 아니다. 다음과 같은 상황이 발생하면 사정은 달라진다. 첫째, 개인이나 가족의 경제적 능력이 약화하거나 상실되었을 때, 둘째, 경제시장체계 자체의 구조적 결함이나 공급의 불평등이 야기될 때가 그것이다. 이러한 상황에서 국가는 먼저 개인이나 가족 및 시장체계의 기능을 정상화하기 위해 개입한다. 그리하여 국가개입이 사회복지활동 또는 사회복지제도로 발전하는 것이다.

사회복지는 경제시장 밖에서 경제적 원칙(구매능력, 자유경쟁, 이윤추구의 원칙 등)이 아닌 다른 원칙(생활상의 욕구, 결과의 평등성, 이타적 원칙 등)에 의하여 재화와 서비스를 배분하는 활동이다(Gilbert & Terrell, 2002). 사회복지는 일차적으로 사회적 목표(사회적 통합과 사회연대의 보장)를 달성하기 위하여 존재한다. 그러한 목적을 달성하기 위해 재화와 서비스를 경제시장 밖으로 끄집어내어 경제시장과 다른 원

칙으로 배분하거나, 아니면 경제시장의 운영을 통제 또는 수정하는 역할을 한다. 그러므로 사회복지활동의 가상적 현장을 경제시장과 대조적으로 사회시장이라고도 부른다(Gilbert & Terrell, 2002).

2. 공공과 민간의 협력체계

1) 공공과 민간의 협력체계 모형

사회복지의 기능을 크게 재정 공급과 서비스 제공으로 본다면 정부와 민간의 협력체계를 설명하는 대표적인 모형은 기드론 등(Gidron et al., 1992)이 제시한 대행자(vendor) 모형과 동반자(partner) 모형이다. 동반자 모형은 민간이 자율성을 최대한 유지하면서 정부와 협력자적 관계에서 지역사회 사회복지 공급의 책임을 분담하는 방식이다. 동반자 모형이 가능하기 위해서는 민간이 스스로의 활동을 담보할 수 있는 충분한 자원동원 능력을 가지고 있어야 한다. 근대 이후의 사회복지체계에서는 동반자 모형에서 대행자 모형으로의 이전이 많이 나타나게 된다. 복지에 투입되는 자원에서 정부 자원의 중요성이 더욱 커지게 됨에 따라 민간은 주로 서비스를 제공하는 역할을 담당하는 '대행자'로서의 역할을 담당하게 된 것이다.

기드론의 대행자–동반자 모형이 주로 공공과 민간의 관계를 일종의 수평적 혹은 수직적 위계관계로 파악했다면 영(Young, 1999)과 나잠(Najam, 2000)은 기능적인 관계에 초점을 두어 공공과 민간의 협력체계 모형을 제시하고 있다. 영은 공공과 민간의 관계를 크게 보충적(supplementary), 보완적(complementary) 그리고 적대적(adversaries) 관계로 구분하여 제시하고 있다.

보충적 관계에서는 민간이 정부가 하는 일을 보충적으로 돕는 기능을 수행한다. 이러한 관계에서는 정부의 복지지출의 정도가 낮거나 혹은 복지서비스가 충분하게 제공되지 못하는 상황에서 민간이 그러한 격차를 메우는 역할을 한다. 이러한 관계는 두 가지 형식으로 나타날 수 있다. 첫 번째는 정부의 복지지출이 낮은 상태에서 민간이 부족한 부분을 충당하는 형식이다. 이러한 현상은 주로 공공복지의 발달수준이 낮은 국가들에서 나타난다. 두 번째는 민간의 역할이 정부가 하는 일을 돕는 차원이 아니라 정부가 잘할 수 없는 부분이나 아직 미발달된 부분에서 혁신적인 시범사업 형태의 사업을 수행하는 것으로 나타난다. 이러한 상태에서는 민간이 모든 사회문제의 해결을 자임하는 것이 아니라 혁신적인 방법을 개발하여 궁극적으로는 정부가 그 혁신적인 방법을 채택하여 확산하는 것을 목표로 한다.

보완적 관계는 공공은 재정지원자의 역할을, 민간은 서비스 제공자의 역할을 담당하는 일종의 역할분담 관계이다. 이때 공공과 민간은 적어도 이론적으로는 서로의 필요에 의해 대등한 입장에서 동반자적 관계에서 계약에 의해 보완적 관계를 맺게 된다. 하지만 기드론이 지적하고 있듯이 이러한 관계는 민간이 재정지원을 하는 공공에 종속되는 대행자 모형으로 나타날 수도 있다.

적대적 관계는 민간이 정부의 정책을 변화시키기 위해서 압력을 가하고, 필요하다면 때에 따라서는 정부에 대해 비판적 태도를 견지할 수도 있는 상태를 나타낸다. 정부도 이러한 민간을 통제하기 위해서 규제하는 태도를 취하기도 한다. 적대적 관계에서는 민간기관의 옹호의 기능이 중요하다. 민간기관이 상대적으로 목소리가 작을 수밖에 없는 소수자나 소외집단의 이익을 대변하고 그들의 권리를 옹호하는 역할을 통해 정부의 관심을 유도하고 궁극적으로는 정부정책의 변화를 꾀하게 된다.

나잠(2000)은 공공과 민간의 관계 모형을 4개의 C로 요약해서 제시하고 있다. 나잠의 4C 모형은 공공과 민간 간에 정책 목적과 수단이 어떤 식으로 합치 혹은 불합치하는가에 따라 그 관계를 구분한 것이다.

협력(cooperation) 관계는 목적과 전략이 유사하여 상호 협력하는 관계를 말한다. 이와 관련한 예는 무수히 많은데, 대인서비스 전달이나 응급구호에서 정부의 계약 파트너로서 활동하는 민간의 활동이 가장 두드러진 협력의 예라고 볼 수 있다.

대립(confrontation) 관계는 목적과 전략이 둘 다 상이하여 대립하는 관계이다. 정부는 종종 그들의 위협적인 힘을 사용하고자 해서 그리고 민간은 특정 정부 정책에 대항하는 상황에 놓이게 되기 때문에 이런 관계가 발생할 수 있다. 이 관계를 결정

짓는 중요한 요인은 대립의 모양이 아니라 둘 간에 선호하는 목적과 수단이 상이하다는 전제이다. 이 때문에 이 둘은 서로의 의도와 행위를 위협적으로 느끼게 되고, 더욱 대립적인 행위를 취하게 된다.

보완(complementarity) 관계는 목적은 유사하고 수단은 다를 때 나타나는 관계이다. 앞에서 논의한 영의 보완 관계는 정부의 공공서비스에 대한 재정지원과 민간서비스 전달의 파트너십을 지칭한다. 영의 보완 관계가 '정부의 지불'과 '민간의 수행'의 예로 제한하고 그 관계를 비교우위와 자원흐름 이론에 따른 관계로 설명하고 있다면, 나잠의 보완 관계는 정부에서 민간으로의 자원의 흐름만 말하는 것이 아니라 영의 보완 관계까지를 포함하는 개념이다. 즉, 나잠의 보완 관계에서는 자원이 정부로부터 나오는 것만이 아닌 민간에서 나오는 것도 고려하고 있다. 서비스 제공이라는 목적이 양자에서 유사하면 그들은 독립적으로든 계약을 통해서든 합의를 하도록 이끌어질 것이고, 비록 수단이 상이하더라도 공유된 목적의 달성을 위해 보완적인 관계를 유지하게 된다는 것이다.

호선(co-optation) 관계는 수단은 유사하지만, 목적이 상이할 때 나타날 수 있는 관계이다. 이런 상황에서는 수단에 대한 선호는 유사하나 목적이 다른 양자가 아직 확신이 있지 못한 상태에서 한쪽이 다른 쪽에게 목적을 바꾸도록 시도하는 상황을 말한다. 이 관계는 지속해서 갈등이 생길 수 있고 힘의 불균형 상태가 발생하기 쉬운 불안정한 상태의 관계이다. 호선 관계는 힘의 작용인데, 그 힘은 재정적 · 정치적 · 위협적 힘으로 매우 다양한 형태로 나타날 수 있다. 드물게 어느 한쪽이 그들의 목적을 바꾸어 의미 있는 '협력'의 관계로 변화하기도 한다. 그러나 관계가 깨지면 '대립'의 국면으로 전환되기도 하는 불안정한 상태의 관계를 지칭한다.

앞에서 살펴본 바와 같이 공공과 민간의 관계는 항상 단선적이거나 평면적이지만은 않다. 때로는 공동의 목적을 위해서 협력적이고 동반자적 관계를 유지할 수도 있지만, 때로는 서로 다른 목적 추구를 위해서 대립적인 관계를 형성할 수도 있다. 또 자원과 힘의 균형에 따라 보충적, 보완적 혹은 호선적 관계를 형성할 수도 있다. 이러한 관계는 결국 사회복지 공급체계에서 정부-민간-사회복지 대상자의 3자 관계가 어떻게 형성되어 있는가, 지역사회 내 자원의 양의 수준과 자원배분의 방식에 따라 결정된다.

2) 사회복지 공급체계의 3자 관계

현대 사회복지 공급 구조는 흔히 복지혼합(welfare mix)으로 표현된다. 복지혼합의 주요 개념은 정부는 사회복지의 공급과 관련된 정책 결정과 재정을 담당하고 사회복지의 생산과 전달은 민간 공급자가 담당한다는 일종의 역할분담론이다. 이러한 역할분담론하에서 사회복지 전달의 기능을 정부에서 민간기관으로 이전하는 민영화(privatization)의 개념이 대두되었다. 이러한 공사 역할분담은 1970년대 소위 전통적인 복지국가에 대한 비판이 '복지국가의 위기'라는 기치 아래 대두되면서 특히 사회복지서비스 분야에서의 효율성을 제고하기 위하여 민간부문의 시장원리에서의 장점들, 즉 경쟁성, 선택의 자유, 접근성, 대응성, 융통성 등을 사회복지 제공에 도입한다는 목적으로 제기되었다(송근원, 김태성, 1995).

공사 역할분담은 실제로 1980년대 이후 영미권과 유럽권의 국가 대부분에서 정도의 차이는 있지만 사회복지 공급체계의 중요한 축으로 자리 잡은 것이 사실이다. 한국도 크게 보면 사회복지 공급체계는 일종의 복지혼합체계인 것이 확실하다. 사회복지의 효율성을 높이기 위하여 국가가 재정은 담당하되 실제 사회복지서비스

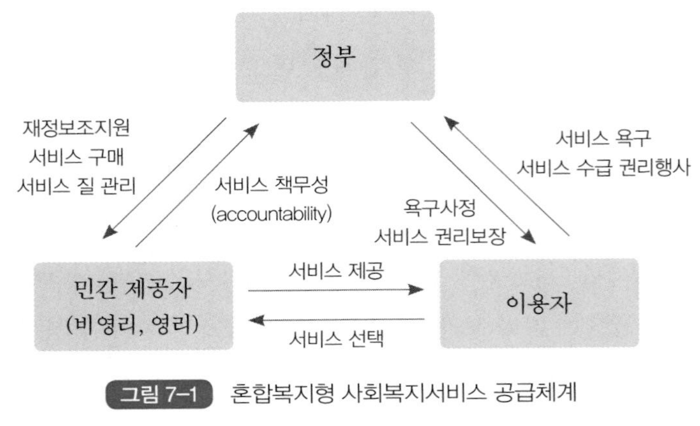

그림 7-1 혼합복지형 사회복지서비스 공급체계

출처: 이봉주(2007).

의 공급은 민간기관을 통하여서 하게 되는 '민영화'를 통해 나타나는 혼합복지체계의 구도는 [그림 7-1]로 나타낼 수 있다.

[그림 7-1]로 표시된 혼합복지형 사회복지서비스 공급체계의 특징은 민간 제공자는 과거의 자선적 차원에서의 서비스 공급을 비공식으로 담당하는 것이 아니라 정부의 서비스 생산 및 직접 제공 기능을 위탁받아 수행하게 된다. 정부는 이용자에 대하여 서비스 수급권리를 보장하고 이용자는 정부에 대하여 서비스 수급권을 행사한다.

이때 일반적으로 정부가 표출된 서비스 욕구에 대한 사정 기능을 담당하고 서비스 수급 자격이 인정되면 이용자는 민간 서비스 제공자를 선택하여 서비스를 제공받게 된다. 민간 서비스 제공자를 통하여 제공되는 서비스는 정부가 서비스를 구매하는 방식(purchase of service)을 택하거나, 이용자에게 서비스 비용을 직접지불(direct pay)하는 방식, 혹은 서비스이용권(voucher)을 이용한 방식을 택하게 된다.

중요한 점은 어떤 방식을 통하건 서비스 비용의 지불을 정부가 담당하고, 이용자는 서비스 수급권을 행사하며 민영화를 통하여 지역사회에서 다양한 민간 서비스 제공자 중 서비스를 선택할 수 있는 권리를 보장받는다는 것이다.

3. 공공과 민간 자원 간의 관계

1) 공적 사회복지지출과 민간기부 간의 이론적 관계

사회복지의 공급이라는 차원에서 정부-민간-이용자의 3자 관계를 살펴볼 수 있다면, 서비스 공급에 필요한 자원 동원이라는 측면에서도 정부-시장(기업)-시민사회의 3자 관계는 중요한 의미를 가진다. 혼합복지의 개념은 국가 전담의 복지국가 형태가 불가능하다는 의미를 가진다. 최근에는 혼합복지에서 한 걸음 더 나아가 국가, 기업 그리고 시민사회가 협력하고 상호 조정되는 새로운 형태의 복지체제가 필요하다는 주장도 제기되고 있다. 이러한 체제는 각 부문의 책임과 또 부문들 간의 협력과 동반관계가 더 요구되는 복지다원주의로 설명될 수 있다(이혜경, 2005).

복지다원주의에 기반한 복지체제는 국가가 전담하는 복지국가의 개념을 넘어 복지사회의 개념으로 설명될 수 있다. 복지사회의 개념은 정부의 복지 부담을 민간부문에 전가하는 형태의 복지혼합이 아니라 정부, 기업, 시민들이 적극적으로 동참하고 협력과 조정을 통하여 지속가능한 복지체제를 추구한다는 의미를 내포하고 있다.

복지사회의 개념에서 문제는 과연 정부, 기업, 시민사회 간의 관계가 상생적일 수 있는가이다. 정부, 기업, 시민사회가 하나의 복지체제의 형성에서 담당하는 역할 간의 관계에 대한 이론적 검토는 꽤 긴 역사를 가지고 있다. 여기서 항상 문제가 되었던 질문은 공적 사회복지지출과 시민사회 기부와의 관계가 대체적인가이다.

대체적인 관계에서는 공적 사회복지지출이 늘게 되면, 시민들은 기부의 필요성을 별로 느끼지 못하게 되어 기부의 수준이 줄어들게 된다. 만약 그렇다면, 정부는 기부의 수준을 적정 수준으로 높이거나 적어도 현 수준으로 유지하기 위하여 사회복지지출을 늘리지 않을 것이다. 반대의 경우에도, 기부의 수준이 높아지면 정부는 복지지출의 수준을 줄이려 할 것이다.

정부의 사회복지지출과 민간기부(혹은 모금) 간의 관계는 기부자의 동기가 무엇이냐에 따라 달라진다(Garrett & Rhine, 2010). 완전 이타주의(perfect altruism) 이론에서는 기부자의 주요 관심사는 수혜자가 받는 총액이라고 가정한다. 만약 수혜자가 정부를 포함한 다른 곳에서 기부를 받는다면, 기부자는 그 금액만큼 자신의 기부액을 줄인다는 기대가 그래서 성립한다. 이 이론에 따르면 기부자가 수혜자가 받는 기부의 수준이 적절하다고 판단하는 한, 정부의 사회복지지출은 민간기부를 완전히 대체하게 된다. 즉, 정부의 사회복지지출이 늘면 민간 기부자는 그만큼 기부액을 줄이고 정부의 사회복지지출이 수혜자의 적절한 수준의 복지를 완전히 보장한다면, 기부자는 더 이상 기부하지 않는다는 것이다(Eckel et al., 2005).

따뜻한 불빛(warm glow) 이론은 기부자는 기부행위 그 자체에서 효용을 얻는다고 본다(Andreoni, 1990). 따뜻한 불빛 이론 아래에서 기부자는 다른 사람의 기부보

다는 자기 자신의 기부를 더 선호한다. 즉, 기부자는 자신의 1원 기부를 정부의 사회복지지출이 1원 느는 것과는 다르게 본다는 것이다. 이 이론에 따르면 정부의 사회복지지출은 시민들의 기부에 전혀 영향을 주지 않거나 영향이 있다 하더라도 부분적이다.

기부자의 기부 동기는 명예로도 설명된다. 명예 이론은 기부자의 이름과 기부액이 알려지는 것은 곧 기부자의 부와 명예를 상징한다고 설명한다. 이 이론에 따르면 기부자의 이름과 기부액을 공개하는 것이 기부를 늘리는 방법이다. 명예 이론에서는 정부의 사회복지지출이 민간의 기부에 영향을 미치지 않는다.

정부의 사회복지지출과 민간기부 간의 관계를 대체효과의 관점에서 파악할 수 있지만, 역으로 정부의 사회복지지출이 민간기부를 증가시키는 상승효과를 상정해 볼 수도 있다. 첫 번째 예는, 정부의 사회복지지출이 대응투자 형식일 때이다. 이때는 민간기부가 늘어나는 만큼 정부의 지출도 증가하는 형식이므로 둘 사이의 상승효과를 기대할 수 있다. 두 번째 예는 기부자가 기관에 대한 정부의 지원을 그 기관의 품질이나 위상으로 해석하는 경우이다. 이 경우에 기부자는 정부 지원을 받는 기관은 기부를 받을 만한 가치가 있는 곳이라는 판단을 하게 돼 기부액을 늘리게 된다.

정부의 사회복지지출과 민간기부 간의 관계에 대한 실증 연구의 결과는 아직 명확하지 않다(Bonke, Massarrat-Mashhadi, & Sielaff, 2011). 둘 사이에 명확한 대체 관계를 보여 주는 연구도 있지만, 대부분의 연구는 대체효과가 없거나 효과가 있을 때도 부분적임을 보여 준다. 1965년부터 2003년까지 미국에서의 시계열 자료를 사용한 최근의 한 연구는 장단기적인 관점에서 볼 때 둘 사이의 대체효과를 보여 주는 증거는 상당히 제한적이며, 그 효과도 사회복지의 영역에 따라 상당히 다른 것으로 보고하고 있다(Garrett & Rhine, 2010). 이 연구에서는 둘 사이의 대체효과가 특히 교육 부분에서 높은 것으로 밝혀졌다.

독일의 조세 자료를 이용한 또 다른 연구에서도 대체효과는 상당히 제한적인 것으로 보고하고 있다(Bonke, Massarrat-Mashhadi, & Sielaff, 2011). 이 연구는 더 나아가서 기부에 적용하는 세금감면 혜택이 그로 말미암은 세수 감소 효과를 상쇄하는 기부 증가의 효과가 있음도 밝히고 있다.

정부의 사회복지지출과 민간기부 간의 관계에 대한 이론과 실증 연구의 결과를 요약하자면, 둘 사이의 대체효과는 매우 적으며 또 분야에 따라 달라질 수 있다는 것이다. 그리고 기부에 대한 세금감면 혜택은 세수 감소 효과를 상쇄하는 기부의 증가 효과를 기대할 수 있다는 것이다. 이런 연구결과들을 종합해 보면, 정부, 기업, 시민사회 기부 사이의 상관관계는 제도의 설계와 환경의 조성에 따라 공조와 협력관계를 구축할 방법이 가능하다는 것이다. 분야의 특성을 고려한 정부의 체계화된 지출 정책, 기부의 대상인 민간기관들의 투명하고 효율적인 운영, 기부자의 기부 사용처에 대한 신뢰, 효과적인 기부 세금감면 혜택 등을 통하여 정부, 기업, 기부 사이의 동반자적 관계를 통해 지역사회 총 복지자원의 수준을 높이는 방법을 찾을 수 있다는 것이다.

2) 공적 지출과 민간지출

어느 사회에서나 복지의 공급은 공적 자원과 민간자원의 결합을 통해 이루어진다(이봉주, 2013). 그리고 두 자원 간의 결합의 형태는 그 사회의 복지체제의 특성을 결정하는 주요한 요소이다. 한 국가의 복지국가 발전 정도의 지표로 쓰이는 대표적인 자료는 국민총생산 대비 사회복지지출의 비율이다. 이때 사회복지지출은 크게 공적 지출[1]과 민간지출[2]로 나눌 수 있다. [그림 7-2]는 OECD 국가들의 사회복지지출을 공적 지출과 민간지출로 구분하여 보여 준다.

[그림 7-2]에서 볼 수 있듯이 각 국가의 복지지출 수준도 다르지만 공적 지출과 민간지출의 구성비도 상당한 차이가 있음을 알 수 있다. 우선, 공적 지출 부분이 높은 나라로는 대부분 북반구의 사민주의 복지국가들이다. 프랑스, 덴마크, 핀란드

1) 공적 지출은 정부에 의한 사회복지 관련 지출이다.

2) 민간지출은 정부를 제외한 기업, NGO 등의 사회복지 관련 지출이다. 대표적으로는 기업이 제공하는 연금, 의료보장 등이 있다.

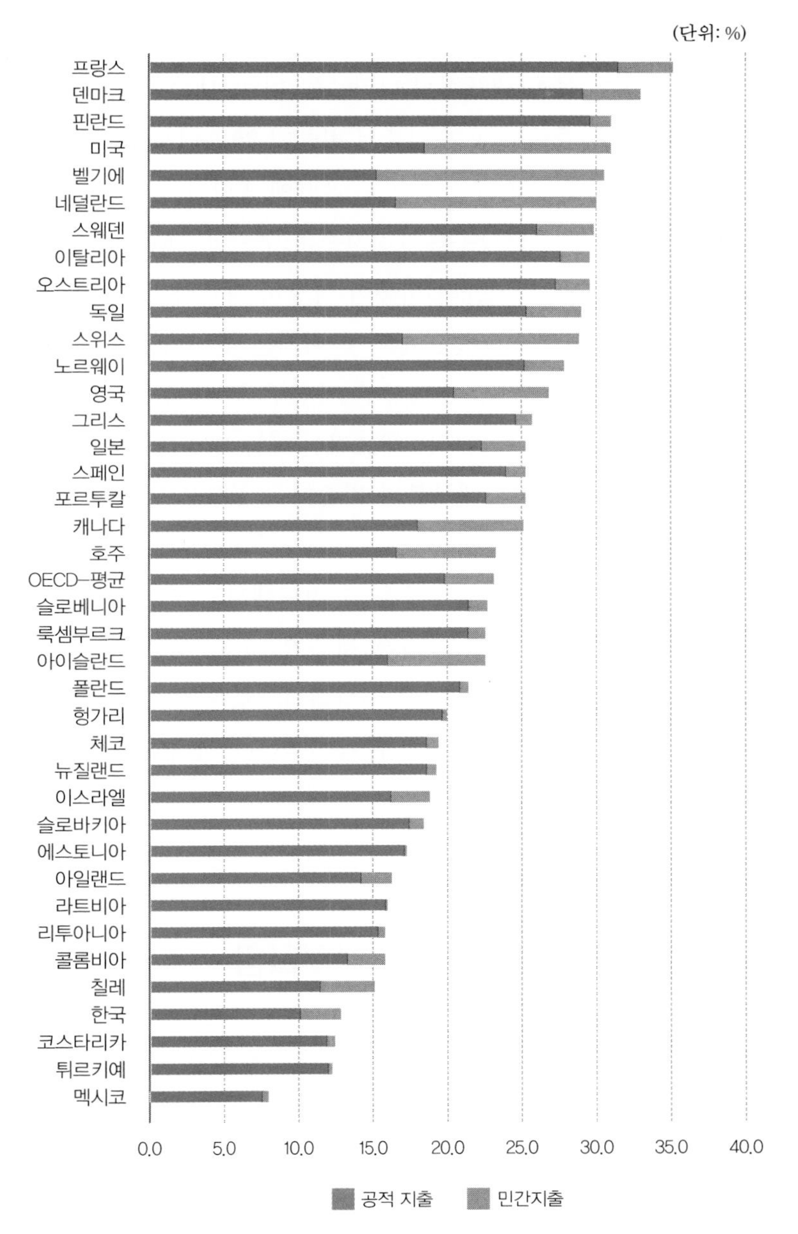

그림 7-2 2017년 OECD 국가의 GDP 대비 공적 지출과 민간지출 현황

출처: OECD Social Expenditure Database(SOCX, www.oecd.org/els/social/expenditure).

등이 대표적인 예이다. 공적 지출의 수준은 사민주의 국가들보다는 낮지만, 상대적으로 민간지출의 비중이 높은 대표적인 나라로는 미국, 네덜란드, 스위스 등이다. 한국의 경우는 2017년 기준으로 공적 지출의 비율이 약 10.1%, 그리고 민간지출이 2.7%로 전체적인 복지지출 수준이 가장 낮은 국가에 속한다.

여기서 한 가지 흥미로운 사실은 총 복지지출의 수준이 30%대를 상회하는 국가들 중에서도 공적 지출과 민간지출의 비중이 상당히 다르다는 점이다. 가령 미국의 예를 보면, 공적 지출은 OECD 평균에도 못 미치는 낮은 수준이지만, 높은 민간지출의 비중을 더하면 총 복지지출의 수준은 사민주의 국가들의 수준에 근접하는 30%대로 진입하고 있다. 그와 대비되는 대표적인 예는 핀란드인데, 총 복지지출은 미국과 비슷한 수준이지만, 거의 대부분의 지출이 공공부문에서 이루어지고 있는 것을 알 수 있다.

이와 같이 각 국가의 총 복지지출 수준은 그 정도에서도 차이가 있지만, 공적 지출과 민간지출의 조합 양상도 상당히 다른 것을 알 수 있다. 한국의 경우는 아직 총 복지지출 수준도 낮고 특히 공적 지출이 상대적으로 낮은 수준이다. 앞으로 총 복지지출 수준과 함께 공적 지출의 수준도 높아질 수밖에 없을 것이라는 예측이 가능하다.

4. 사회복지 공급체계의 새로운 패러다임

보편적 사회복지의 확대와 혼합복지 구도의 정착은 그동안 점진적으로 변화해 온 한국 사회복지 공급체계의 기본 구도를 획기적으로 재편할 계기가 되고 있다. 이곳에서는 이러한 변화가 가져오게 될 사회복지 공급체계 패러다임의 변화를 살펴보고 그러한 변화가 미치게 될 파급효과에 대해서 살펴본다(이봉주, 2014).

1) 공급자 중심에서 이용자 중심으로

이용자 직접지원 방식인 바우처 제도가 도입되면서 본격적으로 시작된 사회복지서비스에서의 이용자에 대한 강조는 앞으로 강화될 것이다. 이용자의 자기결정과 선택이 강화되는 이용자 중심적인 패러다임하에서는 기존의 공급자 중심적인 시각으로는 생존하기 힘들다는 인식이 사회복지 분야에서 확대될 것이다.

김용득과 황인매(2013)는 이러한 추세에 대해 이용자의 선택권은 계속 강화될 것이고, 이용자의 자립과 함께 시설 입소보다는 지역사회 기반 서비스가 강조될 것으로 예상하고 있다. 특히 정치적인 목소리가 약한 저소득층만을 대상으로 하던 사회복지서비스가 그 대상 인구를 정치적 영향력이 큰 중산층까지 포함하는 보편화의 길에 들어섰기 때문에 이용자의 목소리는 더욱 확대될 것이다.

공급자 중심의 전달체계는 사회복지서비스에 투입되는 자원이 얼마나 서비스 수요자의 복지증진, 즉 서비스를 통한 문제해결, 삶의 질 증진과 서비스 수요자 상태의 긍정적인 변화에 기여하는지에 대한 의문을 초래한다. 공공부조와 사회보험에서 공급되는 현금이나 현물 급여는 그 급여의 수준으로 비교적 명확하게 그 적절성을 평가할 수 있다. 하지만 주로 대인서비스로 이루어지는 사회복지서비스는 투입의 수준만으로는 그 성과를 제대로 알 수 없다.

사회복지서비스의 궁극적인 목적은 서비스 대상자의 삶의 질의 증진에 있으므로 그 성과는 투입을 통하여 과연 얼마나 서비스 대상자의 삶의 질이 향상되었느냐를 통해서 평가되어야 한다(Kettner et al., 2008). 즉, 사회복지서비스의 책무성(accountability)은 대상자의 욕구에 민감하게 반응하여 그 성과를 보장하여야 하는 서비스 공급체계의 국민에 대한 책임을 의미한다(한국개발연구원, 2007). 앞으로의 한국 사회복지사업에서는 공급자 위주의 접근에서 대상자의 욕구와 대상자의 삶의 질 변화를 중심에 놓는 수요자 중심의 공급체계로의 패러다임 변화가 가속화될 것이다.

수요자 중심의 패러다임에서 중요한 것은 수요자의 욕구에 민감하게 반응하는 맞춤형 서비스의 제공이다. 공급자 위주의 서비스 제공방식에서는 공급자와 수요자의 관계가 서비스를 제공하는 것이 혜택을 베푸는 것이고 서비스를 제공받는 것은 은혜를 입는 것으로 인식된다. 하지만 수요자 중심의 사회복지서비스 체계에서는 수요자의 욕구에 민감하게 반응하지 못하는 공급자는 설 자리를 잃게 되는 수요자 우선의 법칙이 적용된다.

수요자 욕구에 민감하게 반응하는 공급체계는 수요자의 서비스 선택권이 확대 보장되는 체계이기도 하다. 즉, 주어진 공급자가 아니면 서비스를 받을 수 없는 공급자 위주의 방식에서 수요자가 질 좋은 서비스를 복수의 공급자 중에서 선택할 수 있는 체계로의 전환을 의미한다. 이러한 변화는 서비스를 제공하는 복지재단이나 시설이 시설운영비 보조를 받기 위하여 정부에 종속되는 현재의 구도에서 시설의 주 관심이 질 좋은 서비스를 통해 수요자의 선택을 받는 것으로 이동하는 것을 뜻한다.

수요자 중심의 공급체계에서는 서비스 제공기관의 성과를 평가하는 방식도 보다 수요자 위주로 바뀌게 된다. 기존에 기관의 투입과 산출 위주의 평가에서 서비스 이용자의 욕구 충족 혹은 삶의 질의 변화를 반영하는 성과지표(performance indicator)를 통한 평가방식으로 바뀌게 될 것이다.

2) 사회복지 재정지원 방식의 다원화

바우처 사업을 계기로 시작된 사회복지 재정지원 방식의 변화는 더욱 가속화될 전망이다. 기존의 보조금과 민간위탁 방식의 공급자 재정지원 방식에서는 이용자가 서비스 이용에 대한 지불수단을 보유하지 않아 공급자를 선택하거나 서비스를 선택하는 데도 한계가 있다. 이런 여건을 고려할 때 사회복지서비스 이용자의 서비스에 대한 권리와 선택권을 보다 강화하기 위해서는 현재 바우처 서비스 분야에서 부분적으로 실시되고 있는 바우처 제도가 다른 분야에도 대폭 확대하고 직접지불제도(Direct Payment)와 같은 이용자에 대한 서비스이용금 직접 지원방식의 도입도 이루어질 것이다.

바우처는 다원화된 주체들이 서비스 제공에 참여할 수 있는 기회를 제공하기 위해 시장기제를 도입하여 서비스의 책임성과 이용자의 선택권을 강조하는 서비스 제공방식이다. 다시 말해, 사회복지서비스의 패러다임이 공급자 중심에서 수요자 중심으로 전환됨에 따라 강화될 수밖에 없는 제도이다.

바우처 제도는 사회적 재화를 국가가 직접 공급하는 것이 아니라 이를 경쟁시장에서 구입토록 하기 위해 수요자에게 공공재정으로 보조금을 지급하는 것으로 정의 내려진다(남찬섭, 2007; Friedman, 1962). 바우처란 수요자에게 공공재정으로 만든 재화 및 서비스 구매권인 바우처를 제공하고 특정 범주 내에서 수요자가 원하는 재화 및 서비스 내용과 서비스 공급자를 선택하여 재화 및 사회서비스를 구매하도록 함으로써 소비자의 선택권을 향상시킬 수 있는 급여형태를 의미한다(석재은, 2008). 따라서 바우처 방식은 현물의 높은 정책목표 효율성과 현금의 높은 소비자의 자율적 선택권이라는 상반된 두 가지 급여형태의 특징적 장점만을 결합한 제3의 급여형태로도 불린다(Gilbert & Terrell, 2002).

이러한 바우처를 통한 수요자 지원방식으로의 변화는 지역사회 내에서 사회복지기관들 간의 경쟁을 유발하게 될 것이다. 기관의 입장에서는 보다 효율적인 서비스 제공을 통하여 이용자로부터 선택을 받아야만 생존이 가능한 환경에 진입하게 된 것이다(이봉주, 황경란, 2011).

이용자 지원방식이 확대돼도 일정 부분의 사회복지서비스 영역은 여전히 공급자 지원방식을 유지할 것이다. 하지만 공급자 지원방식도 기존의 보조금이나 민간위탁 방식이 아니라 서비스 구매계약제도(Purchase of Service Contract) 형태의 새로운 재정지원 방식이 도입될 것이다. 서비스 구매계약제도는 지금과 같이 시설에 대한 일괄적인 보조금 지원이나 민간위탁 방식이 아니라 각 서비스별로 제공되는 서비스의 규격, 양, 품질 등이 계약에 따라 정해지고 서비스 비용은 계약에 따라 지불되는 방식이다.

서비스 구매계약제도의 도입과 더불어 사회복지서비스 공급시설 운영의 효율성을 제고하기 위해서 사회복지서비스의 성과관리(performance management) 체계가 도입되고 그러한 체계에 근거한 성과기반 서비스 계약 시스템(performance-based contract system)이 확대될 것이다. 성과기반 서비스 계약 시스템은 "산출물, 질, 서비스 이용자 복지상태 변화결과에 초점을 두어 적어도 서비스 지원 예산의 일정부분을 그러한 지표에 근거하여 배정하는 방식"으로 정의된다(Kettner et al., 2008).

이러한 성과기반 서비스 계약 시스템은 기존의 복지예산 배정이 주로 투입과 서비스 활동에 근거하여 이루어졌다면 예산 배정 원칙을 산출물, 질, 서비스 결과에 근거를 둔 성과 위주로 바꾸는 패러다임의 변화를 의미한다. 즉, 성과 위주의 패러다임 변화를 통하여 투입 위주의 공급자 중심의 인센티브 시스템에서 산출과 결과 위주의 수요자 중심의 인센티브 시스템으로의 변화를 추구하는 것이다(이봉주, 황경란, 2011).

3) 사후대처형의 소극적 개입에서 예방형의 적극적 개입 모형으로

21세기형 복지에서는 종래의 소극적 복지체제를 통하여 위험에 빠진 사람들의 보호와 구원을 기본으로 하되, 보다 예방적이고 투자적인 접근이 강조될 것이다. 예방형의 적극적 개입체제에서 가장 강조되는 것은 사람에 대한 투자이다. 적극적 복지의 핵심은 예방적이고 투자적인 접근을 통하여 시민들의 인적 역량(human capital)을 증진시키는 것이다(이봉주, 2006).

사회의 발전과 경제성장을 위해서는 인적 자본(human capital), 즉 인적 역량이 가장 중요한 성장동력이라는 것은 잘 알려진 사실이다. 지속가능한 발전을 위한 인적 역량에 대한 사회투자적 접근이 적극적 사회복지정책의 핵심적 가치이다. 인적 자본에 대한 투자에 초점을 두는 적극적 복지의 핵심적인 내용은 미래세대 아동에 대한 투자이다. 21세기 지식기반경제에서의 아동정책은 아동에 대한 전폭적인 투자와 가족역량 강화를 지원하여 '역량개발 중심 복지' 체계로 전환해야 한다. 국가정책적인 차원에서는 출생, 진학, 취업 등 생애주기별 인적 자본 기본선을 설정하여 아동정책에 대한 전략적 접근이 이루어져야 한다.

인적 자본에 대한 투자를 기반으로 하는 적극적 복지는 비단 아동기에만 해당되는 개념은 아니다. 청년실업 해소를 위해서 청년층을 대상으로 취업지원 교육훈련 프로그램을 대폭 강화하고 중장년층의 재취업을 촉진하기 위한 평생교육체제의

강화도 예방적 복지의 중요한 축이다.

성인기의 학습복지를 위해서는 퇴직 후 재취업 기회의 확대를 위한 전직교육 프로그램 확대, 성인 교육비 소득공제 확대 등의 노력이 필요함은 물론이다. 노년기의 대책으로는 경로당, 노인대학 및 지역 노인복지기관의 고유기능 활성화 방안을 마련하는 등의 노인 인적 자본 개발에 대한 체계적인 접근이 필요해질 것이다.

4) 범주별 서비스에서 통합적 서비스 체계로

사회복지 공급체계 환경에서 이용자 중심의 접근이 강화되면서 서비스 수요자의 관점에서 서비스 연계와 조정 기능을 담당할 지역사회 복지기능에 대한 욕구가 커질 것이다. 현재의 파편화되고 분절된 사회복지서비스의 제한점을 극복하고 보다 통합적인 서비스 전달체계로 나아가기 위해서는, 결국 지역사회 내에 민 · 관을 아우르는 서비스 네트워크와 다양한 지역주민의 복지욕구에 따라 서비스를 조정하고 연결시켜 줄 수 있는 맞춤형 서비스의 제공을 담당할 전문 사례관리체계가 필요하다(이봉주, 2005).

전문 사례관리체계와 함께 보편적 권리로서 보장되는 사회복지에 대한 편리한 접근과 이용을 보장하기 위해서는 서비스 진입을 위한 정보제공, 서비스 제공 장소의 통일, 서비스 진입 창구의 단일화, 서비스 기관 간 동일한 사정틀의 사용, 통합적인 정보 및 자료수집체계, 접근성 보장을 담당할 실행주체의 설치 등의 접근성 보장기제가 확립되어야 할 것이다.

지역사회 서비스 네트워크는 서비스 계획에 따라 지역사회의 다양한 서비스를 연결하고 관리하는 서비스 중재자의 역할도 담당할 필요가 있을 것이다. 그리고 서비스의 발굴과 마케팅이라는 기능도 담당하여 서비스 구매자의 역할 역시 담당하게 된다. 서비스를 조정하고 중재하며 구매하는 일련의 역할들을 위해서는 이를 담당하는 서비스 네트워크가 다양한 영역의 서비스들을 아우르는 전문가팀으로 구성되어 활동하는 것이 필요하다.

요약

사회복지 공급자는 크게 정부, 시장, NGO로 나누어 살펴볼 수 있다. 사회복지 공급자는 사회복지 프로그램을 계획하고 실천하는 주체가 사회의 공공조직인가 아닌가에 따라 공공부문과 민간부문으로 구분할 수 있다. 현재 대부분의 복지국가에서는 정부가 복지서비스의 핵심적 주체가 되지만, 민간도 여전히 주요한 공급자이다. 공공부문은 그 운영재원이 국가 또는 지방자치단체의 조세로 충당된다. 한편, 민간부문의 특성은 공급자가 민간단체나 법인이고, 서비스 재원도 상당 부분 지역사회나 공동체의 개인, 가족, 사회단체 및 기업 등에서 조달한다는 것이다. 전통적으로 사회복지의 기능은 시장과 정부가 맡아 수행하였다. 하지만 시장도 아니고 정부도 아닌 NGO 부문이 사회복지의 공급자로 대두되면서 그 부문을 제3부문(the third sector)이라고 지칭하게 되었다. 사회복지인 각 섹터의 역할과 한계를 설명하는 이론으로는 시장실패 이론과 정부실패 이론을 들 수 있다. 사회복지의 기능을 크게 재정 공급과 서비스 제공으로 본다면 정부와 민간의 협력체계를 설명하는 대표적인 모형은 대행자 모형과 동반자 모형이다. 공공과 민간의 협력체계를 기능적인 관계에 초점을 두어 파악하는 모형은 보충적 · 보완적 · 적대적 관계로 파악할 수도 있다. 현대 사회복지 공급 구조는 흔히 복지혼합으로 표현된다. 복지혼합의 주요 개념은 정부는 사회복지의 공급과 관련된 정책 결정과 재정을 담당하고 사회복지의 생산과 전달은 민간공급자가 담당한다는 일종의 역할 분담론이다. 공적 사회복지지출과 민간기부 간의 이론적 관계는 완전 이타주의 이론, 따뜻한 불빛 이론, 대체 이론 등으로 살펴볼 수 있다. 어느 사회에서나 복지의 공급은 공적 자원과 민간자원의 결합을 통해 이루어지며, 두 자원 간의 결합의 형태는 그 사회의 복지체제의 특성을 결정하는 주요한 요소이다. 최근 대두되고 있는 사회복지 공급체계의 새로운 패러다임은 공급자 중심에서 이용자 중심으로, 재정지원 방식의 다원화, 사후대처형의 소극적 개입에서 예방형의 적극적 개입 모형으로, 범주별 서비스에서 통합적 서비스 체계로의 변화이다.

참고문헌

감정기, 최원규, 진재문(2002). 사회복지의 역사. 나남.

김용득, 황인매(2013). 사회(복지)서비스 주체들의 추동과 전망: 이용자, 종사자, 제공기관, 정부의 지향성을 중심으로. 한국사회복지행정학, 15(1), 139-168.

남찬섭(2007). 복지부 4대 바우처 사업 실행계획 검토의견. 청와대 빈부격차차별시정위원회.

석재은(2008). 사회서비스 확충전략으로서 바우처 무엇이 문제인가?. 한국사회복지연구회 2008년 추계학술대회 자료집, 127-164.

송근원, 김태성(1995). 사회복지정책론. 나남.

이봉주(2005). 통합적 복지서비스 전달체계 구축 전략과 모델: 사례관리와 지역사회복지 네트워크를 중심으로. 사회복지정책대토론회 자료집. 한국사회복지관협회.

이봉주(2006). 인적 자본과 불평등, 그리고 사회복지서비스. 2006 한국사회복지학회 춘계학술대회 자료집. 한국사회복지학회.

이봉주(2007). 한국 사회복지서비스 공급체계의 현황과 전망. 2007 한국사회복지행정학회 춘계학술대회 자료집. 한국사회복지행정학회.

이봉주(2013). 나눔문화의 미래와 복지사회. 한국의 나눔문화와 복지사회. 아산사회복지재단.

이봉주(2014). 한국 사회복지사업의 패러다임 변화와 현장의 대응. 아산사회복지재단 편(pp. 9-32). 사회복지사업의 현재와 미래. 아산사회복지재단.

이봉주, 황경란(2011). 복지와 경영의 융합: 공급자 중심 복지에서 수요자 중심 복지로. 그들이 아닌 우리를 위한 복지(서상목, 양옥경 편), 69-109. 학지사.

이혜경(2005). 21세기 복지다원주의와 기업의 사회공헌활동. 삼성사회공헌 활동백서.

조흥식, 김상균, 최일섭, 최성재, 김혜란, 이봉주, 구인회, 홍백의, 강상경, 안상훈(2015). 사회복지개론(5판). 나남.

한국개발연구원(2007). 사회복지 수행체계의 정립 방안에 관한 연구. 한국개발연구원.

Andreoni, J. (1990). Giving with impure altruism: applications to charity and ricardian equivalence. *Journal of Political Economy, 97*(6), 1447-1458.

Bonke, T., Massarrat-Mashhadi, N., & Sielaff, C. (2011). Charitable giving in the german welfare state: fiscal incentivies and crowding out. *Public Choice, 154*, 39-58.

Eckel, C., Gorssman, P., & Johnson, R. (2005). An experimental test of the crowding out hypothesis. *Journal of Public Economics, 89*(8), 1543-1560.

Friedman, M. (1962). *Capitalism and freedom.* University of Chicago Press.

Garrett, T., & Rhine, R. (2010). Government growth and private contributions to charity. *Public Choice, 143*, 103-120.

Gidron, B., Kramer, R., & Salamon, L. (Eds). (1992). *Government and the third sector: emerging relationships in welfare states.* Jossey-Bass.

Gilbert, N., & Terrell, P. (2002). *Dimensions of social welfare policy.* Allyn and Bacon.

Hardin, G. (1968). The tragedy of the commons. *Science, 162*(3859), 1243-1248.

Kettner, P., Moroney, R., & Martin, L. (2008). *Designing and managing programs: an effectiveness-based approach.* Sage Publications, Inc.

Kollock, P. (1998). Social dilemmas: the anatomy of cooperation. *Annual Review of Sociology, 24*, 183-214.

Moulaert, F., & Ailenei, O. (2005). Social economy, third sector and solidarity relations: a conceptual synthesis from history to present. *Urban Studies, 42*(11), 2037-2053.

Najam, A. (2000). The four-C's third sector-government relations: cooperation, confrontation, complementary and co-optation. *Nonprofit Management & Leadership, 10*(4), 375-365.

Salamon, L. M. (1995). *Partners in public services: government-nonprofit relations in the modern welfare state.* Johns Hopkins University Press.

Young, D. R. (1999). Complementary, supplementary, or adversarial? A theoretical and historical examination of nonprofit-government relations in the United States. In Boris, E.R. & Steuerle, E. (eds.), *Nonprofits and government: collaboration and conflict*, 31-67. The Urban Institute Press.

OECD Social Expenditure Database(SOCX). www.oecd.org/els/social/expenditure.

제8장 사회복지의 지식과 기술

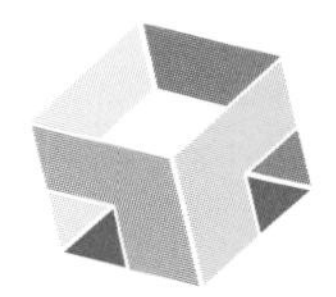

이 장은 사회복지학에서 다루는 지식과 기술을 소개할 목적으로 마련되었다. 사회복지학은 사회사업학과 사회복지정책학으로 구성되기 때문에, 이 장 역시 이원적으로 구성된다.

복지문제의 해결을 시도하는 접근법은 크게 미시적 접근과 거시적 접근으로 구분된다. 미시적 접근은 개인과 가족, 소집단, 지역사회를 대상으로 하며, 거시적 접근은 국가와 지방자치단체, 공공 혹은 민간 행정기구를 대상으로 삼는다. 그리고 미시적 접근에는 사회사업의 지식과 기술이 활용될 여지가 많으며, 거시적 접근에는 사회복지정책의 지식과 기술이 주로 사용된다.

사회사업과 사회복지정책은 지식과 기술의 측면에서 차이가 있지만, 지식과 기술의 바탕이 되는 이론에서는 양자가 공유하는 부분도 많다. 예를 들면, 사회복지학에서 자주 거론되는 이론이 생태체계론인데, 앞서 언급한 미시적·거시적 접근법과 같은 분류가 바로 생태체계론적 사유방식에 근거한 것이다. 이에 따라 이 장에서는 생태체계론에 대해 먼저 살펴본다. 이어 사회사업과 사회복지정책의 지식과 기술을 각

각 고찰해 본다.

사회사업은 과학적 지식과 기술을 적용하여 클라이언트에게 직접 개입하는 전문 활동이다. 이 장에서는 사회사업의 개념, 실천가치와 관점, 관련 이론, 실천과정과 기술에 대한 설명이 나온다. 한편, 학문적 내용과 실천방법으로 사회복지정책과 사회복지행정을 구분하는 것이 바람직할 때가 있지만, 양자는 상당 부분 혼합되어 있다. 따라서 이 장에서는 사회복지정책과 행정의 개념과 이론의 고찰, 실천과정과 관련 지식 및 기술의 순서로 설명한다.

1. 생태체계론

생태체계론(eco-systems theory)은 체계론(systems theory)과 생태론(ecological theory)을 결합한 것이다. 생태체계론을 하나의 이론으로 취급하기보다는 다양한 사회과학 혹은 행동과학 이론들과 결합할 수 있는 '관점(perspective)'으로 이해하는 것이 보다 정확하다. 생태체계론은 인간과 환경이 서로 분리되는 것이 아니라는 점과 인간 혹은 환경을 이해하기 위해서는 인간과 환경의 상호작용(interaction)을 이해해야 한다는 점을 강조한다. 나아가, 생태체계론은 인간과 환경이 지속적인 상호작용을 통해 서로에게 영향을 미치는 역동을 설명한다. 즉, 인간과 환경이 서로에게 어떻게 영향을 미치는지에 대해 그 과정과 역동을 구체적으로 설명한다.

생태체계론의 내용은 체계론과 생태론으로 나누어 살펴볼 수 있다. 먼저, 체계론은 물리학과 같은 자연과학에서 비롯되어 사회과학으로 확장되었는데, 사회과학으로 확장된 체계론을 사회체계론(social systems theory)이라고 한다. 여기서 '체계'는 '정리되고 서로 연결된, 기능적 전체를 형성하는 일련의 요소들'(Kirst-Ashman & Hull, 2017)을 의미하며, 개인, 가족, 집단, 조직, 지역사회 등이 사회체계에 해당한다.

사회체계론에 따르면, 모든 사회체계는 다른 사회체계들과 지속적으로 상호작용한다. 따라서 모든 사회체계의 행동(action)은 반응(reaction)으로 이해할 수 있다.

또한 모든 사회체계의 행동은 하나의 체계에 의해 결정되는 것이 아니라 상위체계들과 하위체계들의 상호작용에 의해 결정된다. 예를 들어, 가족의 규범이 어떠한지는 그 가족이 속해 있는 사회(가족의 상위체계)와의 상호작용뿐 아니라 가족 내 성원들(가족의 하위체계) 간의 상호작용에 의해서도 영향을 받는다. 가령 청소년의 인터넷 사용을 통제하는 가족의 규범은 사회에서 허용하는 규준과 수준을 반영할 뿐만 아니라 청소년 자녀와 부모의 갈등과 타협에 의해 결정되고 강화된다.

체계들 간에는 끊임없는 투입(input)과 산출(output)의 흐름이 있는데, 투입은 다른 체계로부터 받는 에너지, 정보, 의사소통을 의미하며, 산출은 다른 체계로 방출되는 에너지, 정보, 의사소통을 의미한다. 체계는 투입과 산출 과정에서 상대적으로 안정된 균형 상태인 항상성(homeostasis)을 유지하려는 경향이 있다. 예를 들어, 가족체계는 성원들 간의 투입과 산출이 순환적으로 이루어지는 가운데 체계 나름의 균형 상태인 항상성을 유지한다. 한부모가족의 경우, 부모의 역할수행을 돕는 자녀에게 한부모가 의지하고 있는 상태의 항상성은 기능적인 면과 역기능적인 면을 동시에 가질 수 있다. 만약 부모역할을 하는 자녀에게 가족을 돌보는 부담이 지나침으로써 자녀의 발달과 성장에 해가 된다면, 사회복지사는 역기능적 항상성을 변화시키기 위한 개입을 시도하게 된다. 이때 사회복지사는 항상성을 유지하려는 가족의 저항을 다루기 위한 효과적인 실천방법을 모색할 필요가 있다.

체계론과 마찬가지로 생태론 역시 체계들 간의 상호작용을 강조한다. 하지만 체계론이 항상성, 체계들 간의 환류(feedback), 경계(boundary) 등에 초점을 두는 반면, 생태론은 인간과 환경이 만나는 접점(interface)에서 인간과 환경의 상호작용에 초점을 둔다(Kirst-Ashman & Hull, 2017). 가족 내 갈등을 다룰 때, 체계론의 하위체계와 경계 개념은 가족의 역동을 이해하는 데 도움이 된다. 예를 들어, 부모-자녀 갈등이나 청소년 자녀의 문제행동을 이해하기 위해서는 체계론이 유용하다. 한편, 사회환경적 욕구를 가진 가족에게 필요한 자원을 제공하기 위해서는 생태론에서 강조하는 사회환경과의 상호작용 개념이 더 유용할 수 있다. 예를 들어, 사회적으로 고립된 다문화가족을 지원하기 위해서는 생태론이 더 유용할 수 있다.

생태론에서 강조하는 개념은 인간과 환경의 적응(adaptation), 대처(coping), 상호

의존(interdependence) 등이다. 이 가운데 적응은 특히 인간이 환경 혹은 다양한 체계들과의 최적성(goodness of fit)을 이룸으로써 생존하거나 자신을 실현할 수 있는 능력을 의미하기 때문에 사회복지의 핵심 개념이다(Gitterman, Knight, & Germain, 2021). 여기서 적응이라는 개념은 환경에 맞추기 위한 인간의 일방적 변화가 아니라 인간을 수용하기 위해 환경체계도 변화해야 함을 뜻한다. 예를 들어, 직업훈련이 성공적으로 이루어지려면, 구직자가 변화하는 사회환경에 대처해야 하듯이 직업훈련 기관도 구직자들의 욕구에 따른 변화를 수용해야 한다.

체계론과 생태론을 접목한 생태체계론은 특히 사회복지실천에서 다음과 같은 시각을 제공한다(Miley, O'Melia, & Dubois, 2016). 첫째, 인간을 맥락 속에서 상호작용하는 체계로 이해하는 역동적 시각을 제시한다. 둘째, 인간체계 교류(transactions)의 중요성을 강조한다. 셋째, 인간행동과 상호작용이 내부 혹은 외부 요인들에 대한 반응으로 발전하는 과정을 이해한다. 넷째, 인간의 현재 행동을 인간과 상황의 적응적 균형(adaptive fit)으로 설명한다. 다섯째, 모든 상호작용을 맥락 속에서 적응적 혹은 논리적 반응으로 이해한다. 여섯째, 개인 혹은 집단, 환경의 변화를 위한 다양한 선택을 제공한다.

결국, 사회복지실천에서 가장 중요하게 고려되는 개념 중 하나는 '환경 속의 인간(person-in-environment)'이며, 가장 중요하게 여겨지는 시각 중 하나는 인간이 처한 상황을 인간과 환경의 상호작용으로 이해하는 생태체계론적 시각이다. 사회과학은 주로 사회현상이라는 환경에, 행동과학은 주로 행동의 주체인 인간에 초점을 둔다. 그러나 사회복지학은 응용학문 혹은 실천학문으로서 인간과 환경 간의 지속적인 상호작용을 강조한다는 점에서 다른 사회과학이나 행동과학과 구분된다. 이에 따라 사회복지사는 인간의 사회기능과 사회정의를 증진하기 위해 인간, 환경, 혹은 인간과 환경의 상호작용에 개입한다.

2. 사회사업의 이론과 실천기술

사회사업은 개인이나 집단 혹은 지역사회가 자신의 사회기능(social functioning)을 향상하거나 회복하도록 원조하고, 이들의 목적에 부응하도록 사회 조건을 조성하는 전문 활동이다(Barker, 2013). 사회사업은 개입의 초점에 따라 미시(micro) 사회사업과 중시(mezzo) 사회사업으로 세분할 수 있다. 미시 사회사업은 개인, 가족, 집단체계를 주요 대상으로 하는 활동인 반면, 중시 사회사업은 지역사회(community) 내 조직, 기관 등의 환경체계 혹은 지역사회 자체를 주요 대상으로 하는 활동이다. 물론 논리적 차원에서, 국가나 세계를 대상으로 하는 거시(macro) 사회사업을 언급할 수 있지만, 현실성은 약하다. 이 책에서는 거시 사회사업 분야를 사회복지정책 및 행정으로 명명하여 다음 절에서 설명한다. 이 절에서는 사회복지사에게 필요한 지식과 기술을 ① 실천가치, ② 실천관점, ③ 실천모델, ④ 실천과정, ⑤ 실천기술의 순으로 간략하게 소개한다.

1) 사회사업의 실천가치

사회사업에서 가치는 매우 중요하며, 사회사업은 가치중립적이거나 가치가 배제된 활동이 아니라 가치가 내재된 실천 활동이다. 사회사업에서 강조하는 주요 가치에는 인간의 존엄성에 대한 존중, 개인의 고유성에 대한 존중, 자원과 기회의 보장, 클라이언트의 자기결정권에 대한 존중, 비밀보장 등을 들 수 있다. 다음에서는 이런 가치에 대해 간략하게 살펴본다.

(1) 인간의 존엄성에 대한 존중

인간 존엄성에 대한 존중은 모든 인간이 인간으로서의 존엄성을 가지고 태어났다는 인본주의 가치에 기초한다. 이에 따라 사회복지사는 클라이언트가 사회적으로 용납될 수 없는 행동이나 신념을 보일지라도 인간으로서의 존엄성을 인정한다. 클라이언트의 인간 존엄성을 존중할 때, 사회복지사는 클라이언트에게 조건 없는 긍정적 관심을 보일 수 있으며, 전문 원조관계에서 무엇보다 중요한 수용(acceptance), 비심판적 태도(nonjudgmental attitude) 등의 전문적 행동을 할 수 있다.

(2) 개인의 고유성에 대한 존중

사회복지사는 클라이언트 개인의 유일무이성(唯一無二性) 혹은 고유성(uniqueness)을 존중한다. 세상에서 유전적 특성이나 인생경험, 행동, 관심, 외모 등에서 동일한 사람은 없다. 예를 들어, 우리가 '비행청소년'이라는 범주를 편의상 사용하더라도, 비행청소년의 개별적 특성과 상황은 모두 다를 수밖에 없음을 인정해야 한다. 클라이언트의 고유성을 존중할 때, 사회복지사는 고정관념(stereotyping)과 편견에서 벗어날 수 있다. 더욱이 클라이언트의 개별 욕구에 초점을 두고 개입 방법과 전략을 개별화하기 위해 노력하게 된다.

(3) 자원과 기회의 보장

사회사업은 인간을 잠재가능성의 소유자로 정의함과 동시에 그것을 개발하기 위한 자원과 기회에 접근할 수 있는 자격의 소유자로 정의한다. 따라서 사회복지사는 클라이언트에게 이런 자원과 기회를 보장하기 위해 노력한다. 즉, 사회복지사는 적자생존(適者生存)의 원칙이 아닌 모든 사람의 성장과 자아실현을 위해 활동한다.

(4) 클라이언트의 자기결정권에 대한 존중

사회사업은 원조 과정에서 클라이언트가 원하는 것을 선택하고 결정할 권리, 즉 자기결정권(self-determination)이 있음을 인정하고 존중한다. 더욱이 사회복지사는 이 같은 권리와 욕구를 격려함으로써 클라이언트 자신이 수동적인 존재가 아님을 확인시킨다. 즉, 자신의 상황을 누구보다 잘 아는 사람은 결국 클라이언트 자신이기 때문에, 사회복지사는 클라이언트가 원하는 목표와 방법을 선택하도록 돕고 클라이언트와 함께 문제를 풀어 나간다. 그러나 다른 사람들의 권리를 침해하거나 법률 등을 위반할 위험이 있는 경우 클라이언트의 자기결정권은 제한될 수 있다.

(5) 비밀보장

전문 원조관계에서 노출된 클라이언트의 정보는 보호되어야 한다. 정보란 면접 내용, 문서, 전자정보 등에 드러난 모든 정보를 포함한다. 비밀보장(confidentiality)은 클라이언트의 권리일 뿐 아니라 사회복지사와 클라이언트 사이의 전문적 관계를 효과적으로 유지하기 위한 필수 조건이다. 그러나 사전에 클라이언트에게 고지된 동의(informed consent)를 받았다면, 클라이언트에 관한 정보를 원조의 목적으로 공유할 수 있다.

2) 사회사업의 실천관점

사회사업학은 응용학문으로서 실천을 위한 지식의 상당 부분을 인접 사회과학과 행동과학에서 가져온다. 이와 같이 차용된 지식은 관점 혹은 시각이라는 틀에 의해 통합되고 활용된다. 사회사업에서 가장 핵심적인 관점은 앞부분에서 살펴본 생태체계 관점이며, 이 밖에 발달 관점과 강점 관점을 들 수 있다. 다음에서는 발달 관점과 강점 관점에 대해 간략하게 살펴본다.

(1) 발달 관점

발달 관점(development perspective)은 개인뿐 아니라 가족, 집단, 지역사회를 과거와 현재, 미래에 걸쳐 지속적으로 발달하는 체계로 이해하는 것을 의미한다. 앞에서 소개한 생태체계 관점이 횡단적 분석방법에 유용하게 사용될 수 있다면, 발달 관점은 종단적 분석방법에 활용된다.

발달심리학자들에 의하면, 인간은 삶의 모든 기간에 걸쳐 신체적 · 인지적 · 정서적 · 사회적으로 발달하고 성장한다. 그리고 이런 변화는 생물학적 요인과 환경적 요인의 상호작용 결과이다. 나아가 발달심리학자들은 인간의 발달 과정에 따라 특정 과업이나 성취가 중요하다는 점과 이 같은 특성이 질적으로 달라지는 단계가 있다는 점을 강조한다.

인간의 인지발달을 연구한 피아제(Piaget, 1970)는 발달단계를 감각운동기(출생에서부터 24개월 이전까지), 전조작기(2세부터 7세까지), 구체적 조작기(8세부터 11세까지), 형식적 조작기(12세 이후)로 구분하고, 각 단계별 인지발달 특성을 제시하였다. 예를 들어, 전조작기의 아동은 자기중심적으로 사고하지만, 구체적 조작기가 되면 현실적이고 실제적으로 사고하게 되고, 형식적 조작기가 되어야 추상적이고 이상적인 사고가 가능하다는 것이다. 에릭슨(Erikson, 1963)은 인간의 심리사회 발달을 출생에서부터 사망까지 여덟 단계로 구분하고 각 단계에서 주로 다루게 되는 발달과업을 제시하였다. 특히 그는 이전 발달단계에서의 경험이 현재의 발달과업 수행에 영향을 미치는 것으로 설명하였다. 예를 들어, 청소년기에 정체감(identity) 형성을 위한 과업을 적절히 수행하지 못한 사람이 성인기가 되었을 때, 자신의 정체감 혼란으로 인해 다른 사람들과 친밀한 관계를 맺고 유지하는 과정에서 어려움을 경험할 수 있다는 것이다.

가족학자들 역시 가족 형성부터 성원들의 사망까지 단계를 이루며 발달하는 체계로 가족을 이해하고 단계별 가족의 발달과업을 제시하였다. 예를 들어, 부모가 어린 자녀를 양육하는 단계와 사춘기 자녀를 양육하는 단계, 자녀들이 모두 떠나고 다시 부부만 남게 되는 단계의 발달과업과 욕구는 각각 다를 수밖에 없다. 따라서 사회복지사는 가족생애주기(family life cycle)를 이해하고 각 단계에서 요구되는 과업을 성공적으로 수행하도록 가족을 지원할 필요가 있다.

발달 관점에서 가족체계를 살펴볼 때, 가족의 문화, 가치관, 관계 유형 등은 한 세대에 그치지 않고 세대 간 전승되기도 한다. 예를 들어, 부모와 적절하게 분화(differentiation)가 이루어지지 않은 자녀가 성장하여 새로운 가족을 형성했을 때, 다시 자신의 자녀와 분화되지 않은 관계 유형을 반복할 수 있다. 또 다른 예로서, 세대 간 전수되는 삼각관계(triangulation)를 들 수 있다. 부부 갈등을 두 사람 사이에서 해결하지 못하고 자녀를 끌어들여 갈등을 우회하는 경우, 이 자녀는 부모 중 한 사람과는 지나치게 연합하고 다른 부 혹은 모와는 좋지 않은 관계를 가지게 된다. 부모와 적절하게 분화되지 못한 이 자녀가 성장하여 새로운 가족을 형성했을 때, 자신의 미분화 욕구로 인해 배우자와 갈등을 겪을 수 있고 이 같은 갈등을 자신의 자녀를 끌어들여 우회하게 되면서 삼각관계는 세대 간 전수될 수 있다.

마찬가지로 집단도 형성에서부터 종결까지 역동적인 단계별 특성을 나타내기 때문에 사회복지사는 집단 발달에 대한 이해가 필요하며, 지역사회도 역사를 가지고 끊임없이 변화하는 체계로 이해해야 한다. 예를 들어, 사회사업에서 활용하는 집단에서 성원들은 소속감 이전 단계로 시작하여 권력과 통제, 친밀, 차별화 단계를 거쳐 분리되는 경험을 하게 되고, 사회복지사는 집단의 발달단계에 따른 성원들의 욕구를 반영한 전문 원조역할을 수행하게 된다.

(2) 강점 관점

강점 관점(strengths perspective)은 클라이언트의 문제나 약점, 결핍보다는 강점과 내적 혹은 외적 자원(resources)을 강조하고 이를 실천과정에서 적극 활용해야 함을 강조한다. 클라이언트들은 강점을 가지고 있고, 기능적이고 긍정적으로 행동하는 부분이 있으며, 일상적으로 사용하는 성공적 전략들을 가지고 있다(Glicken, 2004). 따라서 사회복지사는 클라이언트의 문제를 해결하기 위한 실마리를 클라이언트의 현재 혹은 과거의 긍정적 행동과 전략에서 찾을 수 있고, 클라이언트가 활용할 수 있는 비공식적 · 공식적 자원을 적극 찾아 이를 활성화하거나 강화할 필요가 있다.

사회복지사는 '변화'와 '성장'을 촉진하는 전문 원조자이다. 강점 관점에 따르면, 변화와 성장은 가지고 있지 않은 것에 집착하기보다는 강점들의 강조, 이미 성취한 것들에 대한 의식적인 강조를 통해 이루어진다(Saleebey, 2013). 사회복지사는 클라이언트가 현재 잘 하는 것, 가지고 있는 것, 강점 등을 통해 변화를 이루도록 원조해야 한다.

3) 사회사업의 실천모델

실천모델이란 사회사업의 지식과 기술은 물론 실천의 개념과 원리를 집대성해 놓은 실천 패키지로서 사회복지사가 활용할 수 있는 구체적 지침을 제공한다. 인간행동과 사회현상에 대한 이론과 지식이 다양함에 따라 실천모델 역시 다양하게 존재한다. 여기에서는 미시 사회사업의 실천모델들 가운데 심리사회모델, 행동주의모델, 인지행동모델, 과업중심모델, 해결중심모델을 간략하게 검토해 본다. 이어서, 중시 사회사업의 실천모델들로서 지역사회개발, 사회계획, 사회행동을 소개한다.

(1) 미시 사회사업의 실천모델

① 심리사회모델

심리사회모델(Psychosocial Model)에서는 인간의 문제를 심리적(정서적)인 동시에 사회적(환경적)인 문제로 이해하고, '상황 속의 인간(person-in-situation)'에 초점을 둔다. 예를 들어, 실직자의 문제는 자본주의 사회의 구조적 문제라는 점과 동시에 실직으로 인한 개인의 무력감과 같은 심리 내적 문제를 포함한다는 점을 이해해야 한다. 따라서 사회복지사는 클라이언트의 문제를 상황 속에서 파악하고, 심리사회적으로 개입해야 한다. 개입의 목표는 클라이언트가 자신의 행동과 감정에 대해 이해하고 통찰함으로써 자신의 문제를 해결할 수 있도록 클라이언트의 역량강화(empowerment)를 원조하는 것이다.

심리사회개입 가운데 특히 '탐색하고 기술하며 환기(ventilation)'를 경험하도록 원조하는 방법과 '클라이언트의 인간-상황에 대한 고찰(person-situation reflection)'을 돕는 방법이 강조된다. 심리사회모델의 주요 가치와 실천기술은 클라이언트와의 관계 형성, 면담방법 등 미시 사회사업 실천에 이미 흡수되어 있다.

② 행동주의모델

행동주의자들에 따르면, 인간의 행동은 학습사(learning history)의 결과이다. 즉, 인간의 행동은 반응적(respondent), 조작적(operational), 대리적(vicarious) 조건형성에 의해 학습된다. 인간 행동의 많은 부분을 설명하고 있는 조작적 조건형성의 경우, 선행사건 상황에서 행동이 발생하고, 행동은 결과에 영향을 미치며, 결과는 다음의 유사 상황에서 행동의 비율과 빈도, 형태 등을 결정한다는 것이다. 예를 들어, 친구를 배려하는 아동을 교사가 칭찬(정적 강화)했을 때, 유사한 상황에서 아동의 배려하는 행동의 발생비율이 높아지게 된다. 반대로, 아동의 바람직하지 않은 행동에 무관심(부적 처벌)했을 때, 유사한 상황에서 아동의 바람직하지 않은 행동의 발생비율이 낮아지게 된다. 사회복지 현장에서 활용하는 사회기술훈련(social skills training)은 행동주의모델의 다양한 기법들(예: 모델링, 역할연습, 행동시연, 강화, 코칭 등)을 복합적으로 활용하는 프로그램이다.

행동주의모델(Behavioral Model)은 클라이언트의 문제를 해결하기 위해 클라이언트의 관찰 가능한 행동과 환경을 분석하고 수정하고자 한다는 점에서 앞에서 설명한 심리사회모델과 차이가 있다. 개입 과정에서는 특히 문제와 변화목표를 구체적이고 명확하게 설정하고, 과정과 결과에 대해 객관적으로 모니터하는 것을 강조한다.

③ 인지행동모델

인지행동모델(Cognitive-Behavioral Model)은 하나의 실천모델이 아닌 여러 모델들을 총칭하는 용어이다. 하지만 인지행동 접근은 다음과 같은 기본적 가정을 공유한다. 첫째, 인지활동은 행동에 영향을 미친다. 둘째, 인지활동은 모니터링되고 변경될 수 있다. 셋째, 바람직한 행동변화는 인지변화를 통해 가능하다(Dozois, Dobson, & Rnic, 2019). 대부분의 인지행동 접근은 클라이언트가 자신의 사고와 행동을 통제하기 위한 대처기제를 학습하는 교육적 접근을 강조한다.

인지행동모델 가운데 하나인 인지치료(cognitive therapy)를 제안한 벡(Beck)은 우울, 불안과 같은 정서문제의 원인을 인지 오류(cognitive errors)에서 찾고 있다. 그가 제시한 인지 오류들 가운데 몇 개를 소개하면 다음과 같다. ① 결론을 지지하는 증거가 없음에도 불구하고 결론을 내리는 임의 추론(예: 야외결혼식을 하고 있을 때 비가 오는 경우, 자신이 무가치하다고 결론을 내림), ② 상황에 대한 보다 현저한 특성을 무시한 채, 맥락에서 벗어난 세부내용에 초점을 두는 선택적 요약(예: 자신의 많은 강점에도 불구하고 몇몇 단점에 집착함), ③ 분리된 사건들에 대한 결론을 연관되거나 연관되지 않는 상황 전반에 적용하는 과잉일반화(예: 좋아하는 여학생에게 데이트를 신청했다가 거절당한 남학생이 자신은 못생겼으며, 제대로 잘 하는 것이 없고 쓸모없는 사람이라고 생각함) 등이다(Beck et al., 1979).

문제해결치료(problem-solving therapy)를 제안한 주릴라와 네주(D'Zurilla & Nezu, 2010)에 의하면, 문제를 효과적으로 해결하기 위해서는 문제 지향, 문제 규정과 형성, 해결 대안들의 창출, 의사 결정, 해결책 실행과 검증 단계를 보다 적응적 · 현실적으로 거치는 것이 바람직하다. 예를 들어, 사회복지사는 클라이언트가 문제 해결을 위한 시간과 노력에 대해 현실적인 기대를 가지도록, 목표를 구체적이고 현실적으로 설정하도록, 다양한 대안을 생각해 보고 가장 바람직한 대안을 선택하여 실행하고 검증해 보도록 원조한다.

④ 과업중심모델

과업중심모델(Task-Centered Model)은 여러 이론적 정향을 통합하여 사용할 수 있는 실천의 틀을 제시한다는 점을 특징으로 삼는다. 이 모델은 단기개입(2~3개월), 구조화된 접근, 클라이언트의 자기결정권에 대한 존중, 클라이언트의 환경에 대한 개입, 개입의 책무성(accountability) 등을 강조한다. 결국, 단기개입을 통해 명확한 목표성취를 객관적으로 모니터링하고 평가할 수 있는 틀을 제공한다. 과업중심모델의 개입 과정은 다섯 단계(시작하기, 표적문제 규명, 계약, 실행, 종결)로 이루어지며, 각 단계별 개입 방법과 사회복지의 역할에 대해 상세하게 제시한다.

⑤ 해결중심모델

해결중심모델(Solution-Focused Model)은 클라이언트의 문제보다는 해결에 초점을 두고, 과거보다는 현재와 미래의 새로운 적응과정을 강조한다. 사회복지사는 개입 초반부터 클라이언트가 문제중심 사고에서 벗어나 해결을 모색해 보도록 지원하고 격려한다. 이 모델에서 흔히 사용되는 기적질문(miracle question)의 경우, 클라이언트가 모든 곤경이 해결된 상황을 상상해 보고 이 상황에 근접하기 위한 활동을 실행해 보도록 지지한다. 예외질문(exception question)의 경우, 최근 문제나 갈등이 없었던 예외적인 경우를 찾아보고 사소한 예외라도 의미를 부여하며 성공을 확대하도록 지원한다.

(2) 중시 사회사업 실천모델

① 지역사회개발

지역사회개발(community development)은 변화목표를 설정하고 실천하는 과정에 지역 주민들을 광범위로 참여시켜야 지역사회가 가장 효과적으로 변화할 수 있다는 점을 전제로 하는 모델이다. 따라서 주민들이 적극 참여하여 최대한의 주도권을 가지고 지역사회의 경제적 · 사회적 조건을 향상시키는 과정을 강조한다. 지역사회개발의 대표적 사례로 한국의 새마을운동을 들 수 있다.

② 사회계획

사회계획(social planning)은 빈곤, 비행, 주택난 등의 사회문제를 해결하기 위한 기술적 과정을 강조하는 모델이다. 특히 문제해결을 위한 합리적 계획의 수립, 통제된 변화, 전문가의 역할 등을 강조한다. 정부 혹은 지역사회복지협의회 등의 많은 민간 복지기관은 사회계획 모델을 추진하는 기관이다. 사회계획의 예로는 지방자치단체에서 실시하는 불량주택개량사업을 들 수 있다.

③ 사회행동

사회행동(social action)은 지역사회 내에서 불이익을 당하는 주민들이 사회정의와 민주주의 차원에서 처우개선을 요구하는 집단행동 모델이다. 사회행동 모델을 적용한 예로는 학생운동, 여권신장운동, 노동조합운동, 환경보호운동 등이 있다.

〈표 8-1〉은 중시 사회사업 실천모델로서 지역사회개발, 사회계획, 사회행동의 각 특성을 보여 준다.

표 8-1 중시 사회사업 실천모델의 특성

	지역사회개발	사회계획	사회행동
목표	자조, 지역사회 통합: 과정 중심의 목표	주요 사회문제의 해결: 과업 중심의 목표	기본 제도적 변화: 과정 중심과 과업 중심의 목표
문제상황에 대한 전제	사회관계의 부족, 민주적 문제해결능력의 부족	다양한 사회문제	불이익을 받는 주민들의 고통, 사회 불의, 결핍, 불평등
변화 전략	'함께 모여 이야기해 보자'	'진상을 파악해서 논리적 조치를 강구하자'	'억압자를 분쇄하기 위해 규합하자'
변화 기법	합의, 의사교환, 조정자	합의 혹은 갈등	갈등, 정면대결, 실력행사, 협의
사회복지사의 역할	조성자, 격려자, 조정자	진상 수집 및 분석가, 프로그램 실행가, 촉진자	옹호자, 행동가, 중개자, 협상자
변화 매개체	과제지향적 소집단 간 합리적 조종	공식집단의 조종, 자료의 조종	대중조직의 조종, 정치적 과정의 조종
권력자에 대한 견해	공동노력의 협상자	전문가의 후원자 혹은 고용자	수정되어야 할 외부의 행동표적
클라이언트 체계의 경계	모든 지역사회	모든 지역사회 혹은 지역사회 내 특수지역이나 일부 계층	일부 지역사회
집단 간 이해관계에 대한 전제	상호조화: 합리적 설득이나 대화 가능	실용적 문제해결 접근	조화 불가능: 입법이나 정치적 · 사회적 영향력을 행사할 필요
클라이언트 집단	잠재력을 가진 주민	소비자	체제의 희생자
클라이언트의 역할	참여자	소비자, 수혜자(recipient)	고용인, 성원, 수익자(beneficiary)

출처: Rothman & Tropman (1987), p. 10.

4) 사회사업의 실천과정

(1) 미시 사회사업의 실천과정

미시 사회사업 실천은 제한된 시간에 계획된 활동을 통해 클라이언트에게 변화를 가져오기 위한 원조과정이다. 사회사업의 실천과정은 ① 초기(탐색과 사정, 계획), ② 중기(실행과 목표달성), ③ 종결기(종결과 평가)라는 세 국면을 반드시 포함한다. 그리고 국면에 따라 사회복지사가 많이 사용하는 지식과 기술에 차이가 난다.

〈표 8-2〉는 원조과정의 세 가지 국면과 각 국면별 사회복지사의 활동과 과정을 정리한 것이다(Hepworth et al., 2016). 이 표를 중심으로 원조과정을 설명하면 다음과 같다.

표 8-2 원조과정의 국면과 각 국면에 따른 활동과 과정

제1국면: 탐색, 사정, 계획	• 라포 형성 • 클라이언트의 문제와 생태학적 맥락에 대한 탐색 • 클라이언트의 정서 반응에 반응 • 필요한 경우, 의뢰 • 부족한 동기의 증진 • 목표 협의와 목표의 우선순위 설정 • '클라이언트의 현재 상황에서 출발' • 문제가 기관의 기능에 부합하는지 결정 • 클라이언트의 기대에 대한 탐색 • 다차원적 사정 • 역할 정의 • 계약

제2국면: 실행, 목표달성	• 목표를 세부목표와 과업으로 부분화 • 과업 실행에 대한 계획 • 회기 내 초점 유지 • 진전에 대한 모니터링 • 변화 촉진을 위한 자기노출(self-disclosure)과 주장(assertiveness) • 개입 선택과 실행 • 자기효능감(self-efficacy)의 증진 • 회기 간 연속성 유지 • 변화에 대한 장애 해소
제3국면: 종결, 평가	• 종결 준비 정도에 대한 평가 • 관계의 긍정적 종결 • 결과 평가 • 종결에 대한 상호 계획 • 변화와 지속적 성장을 유지하기 위한 전략 계획 • 사후관리 평가

출처: Hepworth et al. (2016).

① 초기(탐색과 사정, 계획)

초기 국면에서 무엇보다 중요한 것은 관계 혹은 라포(rapport)[1]를 형성하는 것이다. 라포가 형성되어야 클라이언트는 사회복지사의 선의(goodwill)와 원조 의사를 신뢰하고 개인적 감정과 정보를 노출할 수 있게 된다. 이런 전문 관계는 원조의 효과에 중대한 영향을 미친다.

초기 국면에서 사회복지사는 문제에 대해 탐색하고 사정하며 실행을 계획한다. 사정(assessment)[2]은 클라이언트와 클라이언트의 문제, 환경요인들에 대한 다차원

1) '라포'란 사회복지사와 클라이언트, 상담자와 내담자, 교사와 학생 간의 친밀하고 공감적이며 서로 신뢰할 수 있는 관계를 의미한다.

2) '사정'은 클라이언트의 욕구와 문제를 이해하는 과정이다. 의학적 용어인 질병을 내포하는 '진단(diagnosis)'과의 차이는 포괄적 시각에서 클라이언트의 개인적·대인적·사회환경적 요인과 맥락에 초점을 둔다는 점이다.

적인 이해와 분석으로서, 특히 클라이언트의 강점과 환경체계를 규명하는 것이 중요하다. 환경체계는 가족, 친척, 친구, 이웃, 직장동료, 동년배 집단, 아동보육체계, 의료체계, 고용체계 등의 사회환경과 거주지와 같은 물리적 환경을 포함하며, 사회복지사는 사정을 통해 강화하거나 활성화, 개발해야 할 환경체계를 파악한다.

② 중기(실행과 목표달성)

실천과정에서 가장 많은 시간을 차지하는 중간 국면에서는 계획을 실행하고 목표를 달성하기 위한 활동을 수행한다. 또한 진행 과정과 결과를 정기적으로 모니터링하고, 진전에 방해가 되는 장애를 해소하기 위한 작업에 주력한다.

③ 종결기(종결과 평가)

사회복지사와 클라이언트 사이에 상호 계획된 끝맺음을 하는 것이 중요하다. 클라이언트는 종결에 대해 다양한 반응을 보일 수 있다. 예컨대, 억압된 감정의 행동화(acting out), 문제의 재발 혹은 새로운 문제의 제기, 부인(denial), 회피, 배신감 등을 나타낼 수 있다. 따라서 사회복지사는 종결과정에서 관계의 종결과 관련된 클라이언트의 감정을 다룰 필요가 있다. 또한 변화와 성장을 유지하기 위한 전략을 계획하고, 필요한 경우 사후관리의 기회를 갖는다.

(2) 중시 사회사업의 실천과정

지역사회조직(community organization) 역시 시간제한적인 계획된 과정으로 이루어진다. 지역사회의 문제를 해결하기 위한 과정은 문제발견 및 분석, 정책 및 프로그램 개발, 프로그램 실행, 평가의 네 단계를 거친다(최일섭, 이현주, 2006). 각 단계를 간략하게 소개하면 다음과 같다.

① 문제발견 및 분석

문제를 발견하고 분석하기 위해 문제와 관련된 사회과학의 이론과 모델, 통계자료, 실태조사보고서 등을 토대로 문제에 대해 정확히 이해하는 것이 중요하다. 나아가 문제를 측정할 수 있고 실천할 수 있으며 평가할 수 있는 개념으로 조작화한다.

② 정책 및 프로그램 개발

정책수립 과정은 다양한 해결대안들 가운데 가장 효과적이고 효율적인 방안을 찾아내는 과정이다. 따라서 실현가능성(feasibility)을 중요하게 고려해야 한다. 정책수립이 목표지향적인 광범위한 내용을 설정하는 것이라면, 프로그램 개발은 정책을 실천하기 위한 구체적 조치들을 정리한 것이다. 프로그램의 개발과정에서는 업무의 내용(활동내용, 순서, 전달체계 등), 자원(활동을 전개하는 데 필요한 자원의 내용과 동원방법 등), 가능성(목표달성을 위해 필요한 변화, 변화 전략 등)을 고려한다.

③ 프로그램 실행

프로그램 실행은 정책목표를 달성하기 위한 일련의 활동으로 이루어진다. 프로그램을 실행하는 과정에서 여러 관련기관과 협력적 활동을 전개하는 경우가 흔하다. 그리고 예기치 않은 외부 혹은 내부 요인에 기인한 변화로 인해 계획을 수정하는 경우도 발생한다.

④ 평가

평가는 프로그램의 실행과정에서 수시로 이루어지거나(형성평가) 혹은 프로그램이 종결된 후 최종결과를 평가하기 위해 이루어진다(총괄평가). 프로그램을 평가하는 기준으로는 효과성(목표의 달성정도), 효율성(산출에 대비한 투입), 영향(사회문제 지표들에 미친 영향), 과정(목표달성의 인과관계), 형평성(프로그램의 혜택이나 서비스 배분의 공평성) 등을 활용할 수 있다.

5) 사회사업의 실천기술

이 장 앞부분에서 살펴본 사회복지 가치와 지식은 사회복지사의 실천기술을 통해 실제에 구현된다. 즉, 사회복지사가 지닌 가치와 지식은 실천기술을 통해 클라

이언트에 대한 태도와 행동, 개입으로 나타난다. 다음에서는 사회사업의 필수적 실천기술로서 의사소통 기술, 관계 형성과 유지 기술, 면담 기술에 대해 살펴본다.

(1) 의사소통 기술

의사소통 기술은 클라이언트와 관계를 형성하고 클라이언트를 면담하기 위한 필수 기술이다. 사회복지사는 의사소통 기술을 통해 클라이언트와 클라이언트의 상황을 이해하고 공감하며 클라이언트에게 온화함과 진실성을 드러낼 수 있다.

'공감(empathy)'이란 사회복지사가 클라이언트의 경험과 감정을 정확히 이해할 수 있는 능력이다. 예를 들어, 만성질환을 앓으며 혼자 사는 가난한 노인에게 개입하는 경우, 사회복지사 자신이 이런 상황을 직접 경험하지는 않았으나 노인의 입장이 되어 그가 경험하는 대로 느끼고 생각할 수 있는 능력이다. '온화함(warmth)'은 클라이언트가 안전감을 느끼고 수용되고 이해되고 있다는 경험을 갖도록 하는 것이다. 온화함은 말보다는 오히려 표정이나 몸짓, 태도를 통해 쉽게 전달된다. '진실성(genuineness)'은 사회복지사가 가식이 아닌 자신의 있는 그대로의 모습을 솔직하지만 클라이언트에게 받아들여질 수 있는 방법으로 드러내는 것이다.

(2) 관계 형성과 유지 기술

사회복지사와 클라이언트 간의 '관계'가 형성되어야 비로소 전문 원조가 가능해진다. 비에스텍(Biestek, 1957)은 사회복지사가 클라이언트와 전문 원조관계를 형성하기 위한 일곱 가지 원칙을 다음과 같이 제시하였다.

- 개별화(individualization): 모든 사람은 고유한(unique) 존재이며 각 사람이 처한 상황 역시 서로 다르다. 따라서 사회복지사는 클라이언트의 개인적 특성을 이해하고 개별 특성에 적합하게 개별화한 원조 원칙과 방법을 사용해야 한다.
- 의도적 감정표현(purposeful expression of feelings): 클라이언트가 겪는 대부분의 어려움은 정서적 요소를 포함한다. 클라이언트는 정서, 특히 억압된 감정을 말로 표현함으로써 환기를 경험할 뿐 아니라 문제해결을 위한 건설적 사고

를 할 수 있게 된다. 사회복지사는 클라이언트가 부정적 감정(예: 불안, 분노, 적대감 등)을 억압하기보다는 말로 표현하도록 지지하고 격려한다.

- 통제된 정서적 관여(controlled emotional involvement): 사회복지사는 클라이언트에게 민감하게 반응함으로써 정서적으로 관여한다. 예를 들어, 직장 내 괴롭힘을 호소하는 직장인의 어려움에 공감하고 지지하는 반응을 보이게 된다. 이때 사회복지사의 반응은 원조 목적에 적합하도록 통제되어야 한다. 원조 관계에서 초점은 사회복지사가 아니라 클라이언트이며, 클라이언트가 문제를 해결하도록 원조하는 데 주력해야 한다.
- 수용(acceptance): 클라이언트의 강점과 약점, 긍정적 혹은 부정적 감정, 건설적 혹은 파괴적 태도와 행동 등을 포함하여 클라이언트를 있는 그대로 받아들이는 것을 수용이라 한다. 수용은 비행적 태도나 행동을 옳다고 인정하는 것이 아니라, 있는 그대로를 현실로 인정하는 것을 의미한다. 사회복지사가 클라이언트를 수용할 때, 클라이언트는 방어적 태도와 행동에서 벗어나 변화를 모색하게 된다.
- 비심판적 태도(nonjudgmental attitude): 사회복지사는 행위와 행위자를 구분함으로써 행위자로서 클라이언트에 대해 심판하지 않는다. 클라이언트를 심판하지 않고 인간으로서 존중할 때, 클라이언트는 자존감을 회복하고 자신의 욕구와 문제를 해결할 수 있게 된다.
- 클라이언트의 자기결정권(self-determination) 존중: 원조과정에서 클라이언트의 선택과 결정을 존중하고 격려한다. 결국 클라이언트는 문제해결 혹은 욕구충족의 주체가 되고 사회복지사는 클라이언트가 이를 실현하도록 전문적으로 원조한다.
- 비밀보장(confidentiality): 원조관계에서 노출된 클라이언트에 관한 개인 정보를 보호한다. 원조의 목적으로 개인 정보를 공유하는 경우에도 사전에 클라이언트의 동의를 반드시 받아야 한다.

(3) 면담 기술

사회복지사는 전문 면담자(professional interviewer)로서 면담 기술에 숙달해야 한다. 면담 기술은 경청, 비음성적 의사소통, 질문하기, 말하기 등을 포함하여 다양하다.

면담에서 중요한 것은 무엇보다 사회복지사가 클라이언트의 말을 경청하는 것이다. 경청(active listening)은 수동적으로 듣기만 하기보다는 적극적 듣기를 의미한다. 즉, 클라이언트의 말을 들으며 클라이언트의 모호한 메시지를 명확화하고, 메시지 내용을 바꾸어 말하거나 메시지에 담겨 있는 정서를 재진술하며, 메시지를 요약함으로써 클라이언트에게 적극적으로 반응하는 것이다(Cormier & Cormier, 1998).

사회복지사는 클라이언트와의 비음성적 의사소통에도 세심한 주의를 기울여야 한다. 클라이언트의 시선 접촉과 표정, 몸짓, 외모 등을 주의 깊게 살펴야 하며 사회복지사 자신의 표정과 몸짓 역시 클라이언트에게 어떻게 전달되는지 주의를 기울여야 한다. 비음성적 의사소통이 면접에서 차지하는 비중은 매우 크고 음성적 의사소통보다 더욱 크다는 주장이 있다.

사회복지사는 면담에서 적절히 질문하고 말하는 기술이 필요하다. 사회복지사는 클라이언트가 대화 주제와 내용을 선택하도록 격려해야 하며, 클라이언트의 반응을 제한하는 폐쇄형 질문보다 개방형 질문을 사용하는 것이 바람직하다. 클라이언트의 반응을 유도하는 질문이나 동시에 여러 내용을 묻는 질문, 이유를 물음으로써 클라이언트가 자신의 행동을 정당화해야 하는 질문 등을 피하고, 클라이언트가 자신의 행동과 상황을 자유롭게 기술할 수 있는 질문 양식을 선택할 필요가 있다. 예를 들어, 행동의 이유를 묻는 '왜'라는 질문보다는 행동과 상황을 자유롭게 기술할 수 있는 '어떻게'라는 질문을 사용하는 것이 바람직하다.

3. 사회복지정책 및 행정의 이론과 실천기술

앞서 제2절에서는 사회사업의 실천가치, 실천관점, 실천모델, 실천과정, 실천기술에 대해 소개함으로써 미시 및 중시 사회복지학의 기초지식을 살펴보았다. 이어지는 제3절은 거시 사회복지학이라 할 수 있는 사회복지정책학과 사회복지행정학을 다룬다. 내용 구성은 연구대상, 이론, 과정과 관련 지식 등으로 이루어진다.

1) 사회복지정책의 연구대상

사회복지정책에 관한 연구와 실천은 그것의 주관자가 누구냐에 따라 여러 가지 관점이 있을 수 있다. 길버트와 테렐(Gilbert & Terrell, 2012)은 사회복지정책 분석의 세 가지 측면으로 ① 과정(process), ② 산출(product), ③ 성과(performance)를 제시하고 있다. 과정분석은 사회복지정책이 형성되고 결정되는 과정과 그 과정에서의 역동적 관계 등에 대해 분석하는 것이다. 산출분석은 정책의 내용과 구체적 프로그램의 내용에 관한 분석이다. 그리고 성과분석은 정책을 집행한 결과, 의도한 정책목표에 비추어 본 효과성과 효율성에 대해 분석하는 것이다.

미즐리(Midgley, 2000)는 사회복지정책 연구의 초점을 다음과 같이 네 가지로 제시하고 있다. ① 정책형성과정 및 정책수행과정, ② 사회적 상태 혹은 사회문제와 이에 대처하는 사회복지정책, ③ 사회적 상태에 대한 이론적 설명, 사회복지정책이 형성된 과정 및 그 정책이 사회적 상태에 미친 영향, ④ 사회복지정책 수행 효과성과 장기적 결과의 평가가 그것이다.

앞의 설명을 종합하면, 일반적으로 사회복지정책 연구와 분석의 주요 내용은 정책형성의 필요성을 유발하는 사회적 상태 또는 사회문제, 정책형성과정, 정책수행과정, 정책수행의 결과이다. 특히 정책실천가의 가장 큰 관심사는 정책형성과정에 대한 분석과 정책형성과정에 참여하여 영향을 미치는 전략 및 전술이다.

2) 사회복지정책 및 행정의 이론

사회복지정책과 행정학자들은 이론을 접근방법(approach), 시각(perspective) 또는 모형(model)으로 치환하여 사용하는 경우가 있다. 여기서는 송근원(2004)이 정리한 사회복지정책의 접근방법들과 최성재와 남기민(2016)이 정리한 사회복지행정의 모형들을 소개한다.

(1) 사회복지정책의 접근방법

송근원(2004)은 사회복지정책의 접근방법을 여덟 가지로 분류하였다. 그러나 이 책에서는 일곱 가지만 요약하도록 한다. 이유는 그의 분류 중 마지막 여덟 번째의 신보수주의적 접근방법이 다른 일곱 가지의 분류상 범주와 균형이 맞지 않기 때문이다.

① 전통적 접근방법

전통적(traditional) 접근방법은 다시 세 가지의 소분류로 나누어진다. 즉, 법적 · 제도적(legal and institutional) 접근, 역사적(historical) 접근 그리고 문제해결과정(problem-solving process) 접근이 그것이다. 법적 · 제도적 접근은 사회복지 관련 법규나 제도를 비교 또는 조명하는 방법이다. 초보적 수준에서 사회복지정책에 대한 기초지식을 얻는 데 효과적이다. 그러나 제도의 공식적 측면을 주로 다루기 때문에 정태적 분석이라는 한계를 안고 있다.

역사적 접근은 사회복지정책의 생성 및 소멸, 변화 등의 현상을 시대적 배경과 맥락 속에서 이해하려고 시도한다. 사실을 객관적으로 기술하려고 노력하기 때문에 과거에 대한 체계적 분석에는 강점을 지닌다. 하지만 사회복지정책이 당면한 실제 문제의 파악과 분석에는 약하다는 단점을 갖고 있다.

문제해결과정에 접근하는 방법은 사회복지의 실제에서 효과적인 방법이 무엇인가를 찾아내려고 노력한다. 미시 사회복지학의 발전에 크게 기여하였지만 거시 사회복지학의 발전에는 유용성이 떨어진다. 더욱이 문제해결에 초점을 둔 나머지, 사회복지정책의 발전 및 변화요인을 알고자 하는 경우에는 한계가 있다.

② 행태적 접근방법

사회복지정책의 형성과 집행에 영향을 미친 개인이나 집단들의 행태에 객관적으로 접근하려는 사회심리적 방법이다. 과학적 연구방법에 대한 강조가 강할 뿐 아니라 측정과 계량화의 조작화(operationalization)를 요구한다. 관찰가능한 인간의 행태를 경험적으로 밝힘으로써 사회복지정책의 이론을 과학화하는 데 기여한다. 그러나 인간행태의 내면적 동기나 개인적 선호, 자율적 행동의 의미를 적절히 다룰 수 없다는 한계를 지닌다. 특히 행태적(behavioral) 접근의 가치중립적 입장과 가치를 중시하는 사회복지정책의 속성 사이에 갈등이 상존한다.

③ 생태적 접근방법

사회복지정책을 여러 가지 환경적 요인과의 관련 속에서 파악하려고 한다. 이 접근법은 사회복지정책의 이슈화에 영향을 미친 환경적 요인에 관한 연구를 활성화하는 데 기여하였다. 생태적(ecological) 접근에 따르면, 각국의 상이한 환경 속에서 나타나는 사회복지정책 각각의 독자성을 발견하기가 쉬워진다. 사회복지정책과 환경 간의 관계를 규명하는 데 유용하게 사용될 수 있지만, 나름대로의 약점도 있다. 즉, 생태적 접근은 환경적 요인이 사회복지정책에 미치는 영향을 지나치게 강조한 나머지, 거꾸로 사회복지정책이 환경에 미치는 영향에 관해서 소홀하다는 것이다.

④ 체계적 접근방법

이 장의 앞부분에서 설명된 바 있는 체계이론(systems theory)을 근거로 한 접근방법이다. 체계적 접근방법에서 사용되는 전형적 분석틀은 투입(input) → 체계(system) → 산출(output) → 환류(feedback)를 거쳐 투입으로 돌아오는 형태를 띠고 있다. 전체론적(holistic) 입장에서 체계를 분석하기 때문에 사회복지정책 과정의 총체적 흐름을 파악하는 데 유리하다. 그러나 이 방법은 모든 체계가 궁극적으로 균

형 상태를 지향한다고 가정하기 때문에 정태적이고 보수적인 성격을 면할 수 없는 약점을 안고 있다. 다시 말하자면, 체계의 균형 또는 현상유지를 설명하는 데는 장점이 있지만, 의도적 변화나 급격한 변동을 적절히 설명할 수 없다는 것이다.

⑤ 해석적 접근방법

앞서 소개된 행태적 실증주의에 대한 반동으로 등장하였다. 즉, 논리적 실증주의와 경험론에 대한 과학철학적 도전이라 할 수 있는데, 객관성 또는 가치중립성에 대해 강한 회의를 가지고 있다. 이 방법에 의하면, 사회복지정책과 연관된 현상은 객관적 실체로서 존재하는 것이 아니라 연구자의 이데올로기나 가치에 의해 영향을 받는다. 따라서 그 현상은 연구자의 주관적 해석에 개방되어 있기 때문에 연구자에 따라 다양한 해석이 제시될 수 있다는 것이다. 해석적(interpretive) 접근방법의 장점은 사회복지정책 이슈를 보는 새로운 지평을 열었다는 점과 인간을 의미의 창조자 혹은 의도적 행위자로 보기 때문에 사회복지정책 과정에서 민주적 참여에 관한 이론적 근거를 제시했다는 점이다. 그러나 단점으로는, 적합한 분석틀을 제시하지 못하며 해석의 근거에 대한 논쟁의 여지를 불식시킬 수 없다는 한계가 지적된다.

⑥ 비판적 접근방법

무엇을 비판하는가에 따라 여러 종류의 분파로 나누어질 수 있다. 그러나 공통의 인식은 인간의 자율성을 강조한다는 것이다. 이 방법에서는 사실과 가치는 불가분의 관계에 있으며 가치중립적 사회복지정책 연구는 불가능하다고 주장하는 점에서 해석적 접근방법과 동일한 입장이다. 그러나 비판적(critical) 접근방법이 기존 체제의 비판을 통해 이상적 사회로의 변화를 꾀한다는 점에서 해석적 접근방법과 차이가 난다. 비판적 접근의 장점은 실증주의에서 간과한 가치의 중요성을 부각시키고 대화를 통한 자기반성적 지식을 강조함으로써 인간의 자율성 회복에 기여한다는 것이다. 그러나 실제에 있어 기존 체제에 대한 대안 제시가 모호한 것이 약점으로 지적된다.

⑦ 국가론적 접근방법

이 방법은 국가를 소득재분배의 효과적 수단으로 간주하면서, 사회복지정책 이슈를 국가개입에 초점을 두고 접근한다. 즉, 국가를 정책 형성과 집행의 주체로 보고 국가의 자율성과 국가능력 따위의 개념 도구를 분석에서 활용한다. 국가론적(statism) 접근방법의 장점은 특정 사회복지정책의 발달이나 변화를 국가의 발전 전략 차원에서 분석하는 데 유용하다는 것이다. 그러나 국가부문에 치중한 나머지, 민간부문 사회복지활동의 영향을 도외시한다는 단점이 지적된다. 그리고 사회복지정책의 변화에 있어 국가개입이 아니라 구체적 사회복지 프로그램의 성공과 실패 요인이 중요함에도 불구하고 이들 변수를 간과했다는 약점도 거론된다.

(2) 사회복지행정의 모형

사회복지행정은 행정학, 경영학, 조직학 등에서 개발된 여러 가지 이론을 참조하거나 원용하고 있다. 최성재와 남기민(2016)은 그러한 이론들을 네 개의 모형으로 분류하여 정리하였는데 그것을 요약하면 다음과 같다.

① 고전적 모형

고전적 모형(classical model)은 다시 과학적 관리모형, 행정관리 모형, 관료제 모형과 같이 세 가지 모형으로 세분된다.

- 과학적 관리모형: 과학적 관리모형(scientific management model)에 의하면, 인간은 보상을 받기 위해 일하는 한편, 일의 효율성과 생산성이 증가할수록 노동자, 관리자, 소유자 모두가 경제적으로 이득을 본다. 따라서 조직에서 생산성을 높이기 위해 과학적으로 관리할 것을 요구한다. 과학적 관리란 개인의 기여를 극대화할 수 있는 일의 분업화, 개개인의 기본동작 형태와 소요시간의 표준화, 수행과업과 보상의 연결 등을 의미한다. 이 모형의 장점은 조직의 생산성을 향상시킬 수 있다는 것이다. 그러나 사회복지조직은 클라이언트와의 관계에서 규범적 선택을 해야 할 경우가 많은데, 과학과 규범이 충돌할 경우 규

범이 희생될 수 있다는 단점이 있다.

- 행정관리 모형: 행정관리 모형(administrative management model)은 노동 장소와 상황이 다르더라도 경영자에게 적용될 수 있는 다음과 같은 경영원칙이 있다고 주장한다. 분업, 권위와 책임, 훈련원칙, 지휘의 일원화, 지시의 일원화, 개인이익의 일반이익에 대한 양보, 보상, 중앙집권화, 명령체계의 연계성, 공평성, 질서유지, 고용안정, 주도권, 단체정신 등이다. 이러한 경영원칙은 가르칠 수 있으며, 이 원칙을 지키면 업무를 더 효과적으로 수행할 수 있다는 것이다. 이 모형은 조직의 과업을 소단위로 분류한 뒤, 성과를 감독하고 조정하는 상급자의 슈퍼비전을 정당화하는 데 기여하는 장점이 있다. 하지만, 사회복지조직에서 지도감독을 지나치게 강조하는 것은 오히려 생산성을 저하시킬 수 있다는 단점을 내포하고 있다.
- 관료제 모형: 관료제 모형(bureaucratic management model)은 인간을 합리적 존재로 가정하는 것에서 출발한다. 그리하여 인간의 조직을 합리적으로 관리할 수 있는 원칙을 이상형으로 제시하고 있다. 그 관리원칙은 고도의 전문화와 분업화, 계층적 권한의 구조, 조직구성원 간의 비정의적 관계, 실적과 기술적 지식에 따른 임명과 승진, 고용의 보장, 공식적이고 엄격한 의사소통체계, 문서화 원칙 등이다. 이 모형의 장점은 조직의 구조와 과정을 효율적으로 운영할 수 있다는 것이다. 그러나 사회복지조직에서는 규칙과 규제가 지나치면, 관련 당사자들의 비인간화, 융통성의 결여, 성과측정의 예상치 않았던 부작용 등이 발생한다는 단점이 지적된다.

② 인간관계 모형

인간관계론은 고전적 이론이 인간의 합리성과 기계적 행동을 전제로 한 것에 대한 반발로 생겨난 이론이다. 이 이론은 실험적 연구결과에 의해 제창되었다. 실험결과에 의하면, 조직 내에서의 개별 생산성은 물리적 환경보다 노동자의 사회적 · 심리적 요소에 의해 더 많은 영향을 받는다는 것이다. 인간관계 모형(human relations model)은 조직 안에서 개인의 행동을 이해하는 데 중요한 기여를 하였다.

특히 사회복지사 자신이 주요한 서비스의 도구가 되는 사회복지에서 인간관계 모형은 각광받고 있다. 이와 같은 장점에도 불구하고 이 이론은 인간의 비합리적·정서적 측면을 너무 강조하기 때문에 합리성을 경시했다는 비판을 받는다.

③ 구조주의 모형

구조주의 모형(structuralist model)은 인간관계론에 대한 반발로 생겨난 이론으로서, 고전적 이론과 인간관계론을 종합한 것이다. 따라서 조직에 대한 환경의 영향을 강조하기 때문에, 조직의 활동과 생산성은 조직 내부와 조직 외부에 관련된 사회집단들에 의해 영향을 받는 것으로 본다. 어떤 경우에는 조직 속의 하위집단과 조직 간의 이해관계가 일치하지 않아 갈등이 초래될 수 있다. 그러나 이 갈등은 조직의 목표달성과 기능수행에 긍정적으로 작용할 수 있다는 것이다. 사회복지조직에서도 서비스 전달에 미치는 환경의 영향을 강조하는 경향은 구조주의에 근거한다. 구조주의에 대한 인간관계론자들의 비판은 조직의 융통성 부족과 기계적 행정의 단조로움을 면할 수 없다는 점에 집중된다.

④ 체계 모형

이 장의 앞부분에서 설명된 바 있는 체계이론을 근거로 하는 접근방법이다. 이 이론은 고전적 이론, 인간관계론 및 구조주의 이론을 통합한 것이라 할 수 있다. 이 이론에 따르면, 조직의 하위체계에는 생존과 발전을 위한 경쟁이 부단히 지속하는데, 그 과정에서 체계 간의 갈등과 모순은 불가피하게 생겨난다는 것이다. 체계 모형(system model)은 조직의 어느 부분이 잘못 기능하고 있는가를 찾아내기에 용이하기 때문에 관리자들에게 유용성이 높다. 그러나 어떤 조직의 하위체계 구도를 파악하는 작업은 생각만큼 쉽지 않다. 뿐만 아니라 하위체계들 사이의 경계선을 긋는 것도 쉽지 않아 이 모형의 적용가능성에 대한 회의가 제기되는 약점을 안고 있다.

3) 사회복지정책 및 행정의 실천과정과 관련 지식

(1) 사회복지정책의 형성과 집행과정

사회복지정책의 분석과 연구에서 가장 중요한 측면은 정책과정이다. 정책과정은 새로운 정책을 결정하거나 아니면 기존의 정책을 개선하는 데도 적용할 수 있다. 사회복지정책은 복잡하고 동태적인 과정을 거치게 된다. 어떤 과정을 거치는가는 특정 사회의 정치사회적 여건에 따라 다르다. 그러나 학자들은 그런 차이에도 불구하고, 가장 보편적으로 적용될 수 있는 과정에 대하여 여러 가지 모델을 제시하였다. 대표적인 몇 가지를 소개하면 〈표 8-3〉과 같다.

칸(Kahn, 1969)은 여섯 단계를 제시하였고, 디니토와 존슨(DiNitto & Johnson, 2015)은 다섯 단계를, 길버트와 테렐(Gilbert & Terrell, 2012)은 여덟 단계를, 잰슨(Jansson, 1990)은 네 단계를 제시하였다. 김태성과 송근원(2004)은 여러 학자의 모델을 종합하여 여섯 단계 모델을 제시하였다. 여기서는 김태성과 송근원의 여섯 단계 모델을 중심으로 정책형성과정을 간략히 설명한다.

표 8-3 정책형성과정 모델

칸 모델	디니토 · 존슨 모델	길버트 · 테렐 모델	잰슨 모델	김태성 · 송근원 모델
1. 기획의 선동 2. 탐구 3. 기획과제의 정의 4. 정책형성 5. 프로그램화 6. 평가 및 환류	1. 정책문제의 확인 2. 정책대안의 형성 3. 정책의 정당화 4. 정책의 집행 5. 정책의 평가	1. 문제 확인 2. 문제 분석 3. 대중 홍보 4. 정책목표 개발 5. 대중지지 형성과 정당화 6. 프로그램 설계 7. 정책 집행 8. 평가와 사정	1. 정책이슈 제시 2. 정책이슈 처리 3. 정책 결정 4. 정책 집행 및 사정	1. 정책문제의 형성 2. 정책 어젠다의 형성 3. 정책대안의 형성 4. 정책의 결정 5. 정책의 집행 6. 정책의 평가

① 정책문제의 형성

사회복지정책의 대상이 되는 사회문제는 다음과 같은 다섯 가지의 조건에 부합되어야 한다. 첫째, 사회적 가치에 위배되는 상황을 연출한다. 둘째, 상당수의 사람이 그 현상으로 인해 부정적 영향을 받는다. 셋째, 다수의 사람 또는 영향력 있는 사람들이 문제라고 판단한다. 넷째, 사회가 해결이나 개선을 원한다. 다섯째, 해결이나 개선을 하려면, 집단적 차원의 사회적 행동이 요청된다(최일섭, 최성재, 2006). 그러나 실제로 모든 사회문제가 사회복지의 문제로 인식되고 이슈화되는 것은 아니다. 따라서 사회문제를 이슈화하기 위해 사회복지 전문가 또는 사회복지사는 여러 가지 전략과 기술을 적용할 필요가 있다.

② 정책 어젠다의 형성

사회문제가 정책문제로 이슈화되면 일반 국민들이나 정책활동가(policy actors)들이 그 문제를 논의하기 시작한다. 이슈화된 정책문제가 정책결정자들에 의해 논의될 수 있는 의제항목에 들어가게 되는 것을 정책 어젠다(agenda)의 형성이라 한다. 여기서 의제는 어젠다와 구별된다. 의제는 정책활동가들이 정책문제로 논의하는 문제나 이슈를 말하는 반면, 어젠다는 의제들의 모음이나 묶음을 말한다. 사회문제가 사회복지의 문제로 이슈화되고 사회복지정책의 어젠다로 발전되기까지 여러 단계를 거치게 된다. 그리고 어젠다 형성에는 그것의 참여자(이슈 전문가, 이해당사자, 정책활동가, 클라이언트, 사회복지 전문가, 일반 국민들), 정치체제, 다른 이슈들의 존재, 기타 상황적 요인들이 영향을 미친다.

③ 정책대안의 형성

사회복지의 문제가 정책 어젠다에 오르게 되면 그 문제를 해결할 수 있는 대안(방안)들을 연구하고 찾아내어야 한다. 그리고 여러 가지 대안이 있을 경우 대안들을 비교하여 각각의 기대효과와 장점과 단점 등을 정리해야 한다. 많은 경우, 이미 그 대안들이 제시되거나 비교 검토되었다. 해당 문제에 대한 확실한 대안이 없는 경우에는 문제와 상황파악, 미래의 예측 및 목표설정, 대안의 탐색 및 개발, 대안의

비교분석과 같은 절차를 거쳐 대안을 마련하게 된다. 정책대안을 개발하는 데는 예측능력의 한계, 계량화의 어려움, 비교기준으로서의 공통척도 결핍, 비용과 시간의 문제, 다른 국가와의 비교 관점 부족과 같은 여러 문제점이 수반될 수 있다.

④ 정책의 결정

여러 가지 정책대안이 개발되었다 하더라도 이러한 대안들이 모두 정부에 의해 채택되는 것은 아니다. 정책결정은 권위 있는 정책결정권자가 문제해결을 위한 여러 대안 가운데 하나를 선택하는 행위나 과정을 말한다. 정책결정의 형태에 관해 학자들이 제시한 이론적 모형에는 여러 가지가 있다. 예를 들면, 합리모형(rational model), 만족모형(satisfying model), 점증모형(incremental model), 혼합모형(mixed scanning model), 최적모형(optimal model), 쓰레기통 모형(garbage can model) 등이 있다.

⑤ 정책의 집행

정책 그 자체는 사실상 행동노선, 방침 또는 계획에 불과하다. 따라서 사회복지정책이 결정되면 그다음 단계를 밟아야 한다. 그것은 결정된 정책을 공공 혹은 민간 일선 사회복지기관을 통해 구체화하는 것이다. 그와 같은 과정을 정책집행과정이라 부른다. 정책집행과정에서는 여러 참여자 사이에 상호작용이 일어나기 마련이다. 그들 사이에 협상과 타협이 이루어지고 이로 인하여 때로는 정책목표가 왜곡될 수 있다. 이와 같이 정책집행은 여러 참여자의 세력관계 속에서 이루어지기 때문에 정치적 성격을 띠게 된다. 따라서 우리는 정책집행과정에서 정치경제적 상황변화와 같은 정책환경적 요인과 정책수단과 절차의 확보와 같은 정책내재적 요인을 함께 고려해야 한다.

⑥ 정책의 평가

정책평가는 좁게는 정책집행 결과에 대한 평가, 즉 정책이 원래 의도한 문제의 해결에 얼마나 영향을 미쳤는가를 평가하는 것이다. 넓게는 정책형성과정 전반(정책의제, 정책결정과정, 정책집행과정, 정책결과, 정책의 영향 등)에 대해 평가할 수도 있다. 정책평가는 사회복지정책의 효과성 증진, 책임성 확보, 정책연구의 기초를 마련하는 의미에서 필요하지만, 평가에는 여러 가지 이슈(질적 평가의 문제, 시간의 적절성, 정책담당자의 의지, 환류 장치의 문제 등)가 있어 정책평가의 유용성을 둘러싸고 논란이 제기되기도 한다. 사회복지정책평가는 평가의 목표설정, 평가의 범위설정, 정책프로그램의 내용파악, 평가조사 설계, 자료수집 및 측정, 분석 및 해석의 절차를 거치게 된다.

사회복지정책을 실천하기 위해 사회복지 전문가 또는 사회복지사는 다음과 같은 기술을 필요로 한다(Jansson, 1990). 첫째, 분석 기술로서 정책대안의 개발과 대안들을 비교하고 결정한 최종안을 도출하기 위한 기술이다. 둘째, 정치적 기술로서 정책결정의 현실적 가능성을 검토하고, 권력관계를 파악하며 정치적 전략을 개발하여 구사하기 위한 기술이다. 셋째, 상호작용 기술로서 영향력 있는 관계자 접촉, 지지망 구축, 개인적 관계 구축, 교우 관계망 구축, 정책목표 달성을 위한 집단과정의 활용을 위한 상호작용의 기술, 즉 대인관계와 교류기술이 필요하다. 넷째, 가치천명 기술로서 정책의제 또는 어젠다 형성과 특정 정책에 대한 지지를 위한 도덕적 정당성을 확보하려 할 때 가치적 근거를 분명히 제시하고 가치적 판단을 하는 기술을 익히고 활용해야 한다.

(2) 사회복지행정의 과정과 관련 지식과 기술

사회복지행정은 사회복지조직이나 조직체계가 서비스를 잘 기획하여 전달할 수 있도록 관리하고 운영하는 지식과 기술이다. 이러한 지식과 기술은 행정과정을 기준으로 할 때 다음과 같이 다섯 가지로 나누어진다. ① 기획과 의사결정, ② 인사관리, ③ 재정관리, ④ 정보관리, ⑤ 사업평가 등이다. 각각에 대해 간략히 설명한다.

① 기획과 의사결정

기획과 의사결정은 비슷하면서도 다르다. 기획이 목표설정과 목표달성에 대한 연속적 의사결정의 과정인 반면, 의사결정은 당면문제의 해결을 위한 1회 내지는 제한된 횟수의 활동이다. 사회복지조직이 향후 일정한 기간 동안 달성할 목표를 설정해 놓고 이를 달성하기 위한 방법을 모색하면 기획이 된다. 기획은 조직의 불확실성의 감소, 활동 합리성의 제고, 서비스의 효율성, 효과성 및 책임성의 증진 그리고 조직구성원의 사기 진작을 위해 필요한 과정이다. 의사결정은 여러 가지 형태(예: 직관으로 결정하거나 지식과 경험으로 결정하는 등)로 이루어질 수 있으나 가장 바람직한 형태는 문제해결에 초점을 맞춘 의사결정 형태이다.

② 인사관리

인사(人事)가 만사(萬事)라는 말이 있듯이, 인사관리는 사회복지행정가의 가장 중요한 과업 중 하나이다. 과업의 주요 내용은 조직에 필요한 사람을 직원으로 채용하고, 훈련·개발하고, 동기를 부여하고, 직원을 조직 속에 계속 유지시키는 것이다. 직원은 모집, 선발, 임명을 통해 채용된다. 직원이 채용되면, 그 직원이 맡은 업무를 잘 수행할 수 있도록 여러 가지 직원개발 프로그램을 실시해야 한다. 직원의 업무 효율성과 효과성은 훈련만으로는 부족하고 업무에 대한 동기부여도 필요하다. 그러므로 행정가는 동기부여에 대한 지식과 기술을 갖추어야 한다. 채용된 직원을 사회복지조직 속에서 유지하기 위해서는 직무수행을 평가한 결과를 승진에 반영하고 보수도 조정해야 한다.

③ 재정관리

재정관리(또는 재무관리, 재무행정)는 조직이 목표달성에 필요한 재원을 합리적·계획적으로 동원하고 배분하며, 효율적으로 사용하도록 관리하는 과정이다. 이는 예산의 수립, 예산상의 수입과 지출활동의 관리, 수입과 지출에 관한 사항의 기록과 정리 그리고 재정관리의 평가와 같은 절차로 이루어진다. 예산 집행에서는 예산통제의 원칙과 기술이 필요하다. 회계는 재정적 거래의 분류와 기록, 요약 및 결과의 해석을 위한 표준화된 기술적 방법이다. 회계감사는 조직의 수입과 지출에 관한 사실의 확인, 검증과 이에 필요한 회계장부와 기타 기록에 대한 체계적 검사이다.

재정관리의 마지막 절차는 재정관리 전반에 대해 평가하는 것이다.

④ 정보관리

정보관리는 각종 형태의 공식적·비공식적 자료와 정보를 입수하여 기록하고 분석한 뒤, 전달하고 배포하여 보관하는 활동을 말한다. 정보관리는 조직의 목표달성에 기여한다는 점에서 중요성을 부여할 수 있다. 왜냐하면 사회복지조직에서 관리자들이 의사결정을 하는 데 필요한 정보를 제공하고 직원들의 직무수행에 필요한 정보를 제공하기 때문이다. 사회복지조직에서의 정보관리는 정보의 전산화와 문서관리로 구분할 수 있다. 정보기술의 발달로 인쇄매체의 필요성이 줄어들고 있지만, 전자정보를 포함한 정보관리의 중요성은 앞으로 더 커질 것이다.

⑤ 사업평가

사업평가는 사업이 효과적이며 효율적으로 수행되는지 살펴보는 활동이다. 효과성(effectiveness)은 목표달성 정도를 의미하며, 효율성(efficiency)은 투입에 대한 산출 비율을 말한다. 즉, 사업의 목표를 달성하는지, 한정된 자원을 효율적으로 활용하는지 등을 평가함으로써 조직 혹은 서비스의 책무성(accountability)을 강화하고자 한다.

앞의 설명을 통해 사회복지학을 응용과학이라고 부르는 이유를 보다 명료하게 살펴보았다. 즉, 사회복지 관련 사회문제를 해결하려는 일련의 과정에는 사회사업의 지식과 기술, 사회복지정책과 사회복지행정의 지식과 기술이 필수적으로 요구된다. 그리고 그러한 지식과 기술을 습득하는 훈련과 교육의 과정이 사회복지학의 학습내용을 이룬다. 그런데 사회복지학 학습내용의 상당 부분은 해당 교육기관들의 협의를 거쳐 표준화되어 있다. 따라서 그와 같이 표준화된 과정을 성공적으로 통과할 때 비로소 사회복지 전문가의 자격을 얻게 된다.

요약

이 장은 사회복지학에서 활용되는 이론들을 소개하는 장이었다. 먼저, 생태체계론을 소개한 뒤 그것에 따라 사회복지학을 미시와 거시의 이원체계로 나누었다. 그리하여 개인, 가족, 집단, 지역사회를 중심으로 하는 미시와 중시 사회사업, 거시체계로서 사회정책과 행정에서 등장하는 각종 이론을 설명하였다.

미시체계를 중심으로 하는 주요 실천이론과 모델로서 심리사회모델, 행동주의모델, 인지행동모델, 과업중심모델, 해결중심모델이 소개되었다. 또한 사회사업 실천의 과정을 계획된 문제해결과정으로 보고, 실천과정의 초기와 중기, 종결기에 따른 사회복지사의 주요 활동내용을 살펴보았다. 사회복지 지식과 가치는 사회복지사가 원조과정에서 적용하는 실천기술로 구현되기 때문에 실제에서 활용되는 의사소통 기술, 관계 형성 기술, 면담 기술과 지역사회를 중심으로 하는 실천기술에 대해 간략하게 검토하였다.

사회복지정책의 형성과정은 정책문제 형성, 정책 어젠다 형성, 정책대안 형성, 정책결정, 정책집행, 정책평가로 구분하고 각 단계를 살펴보았다. 사회복지행정은 사회복지정책을 사회복지서비스로 전환하는 데 필요한 공적 · 사적 사회복지조직에서의 총체적 활동으로 정의되었다. 사회복지행정에서 전문적 지식과 기술이 적용되는 주요 과정은 기획과 의사결정, 인사관리, 재정관리, 정보관리, 사업평가 등으로 구분되었다.

참고문헌

김태성, 송근원(2004). 사회복지정책론. 나남.

송근원(2004). 사회복지정책학. 학지사.

최성재, 남기민(2016). 사회복지행정론. 나남.

최일섭, 이현주(2006). 지역사회복지론. 서울대학교출판부.

최일섭, 최성재(2006). 사회문제와 사회복지. 나남.

Barker, R. L. (2013). *The Social Work Dictionary* (6th ed.). NASW Press.

Beck, A. T., Rush, A. J., Shaw, B. F., & Emery, G. (1979). *Cognitive Therapy of Depression*. The Guilford Press.

Biestek, F. P. (1957). *The Casework Relationship*. Loyola University Press.

Cormier, L. S., & Cormier, W. H. (1998). *Interviewing Strategies for Helpers: Fundamental Skills and Cognitive Behavioral Interventions*. Thomson Brooks/Cole.

DiNitto, D., & Johnson, D. (2015). *Social Welfare: Politics and Public Policy* (8th ed.). Pearson.

Dozois, D. J. A., Dobson, K. S., & Rnic, K. (2019). Historical and Philosophical Bases of the Cognitive-Behavioral Therapies. In K. S. Dobson & D. J. A. Dozois (Eds.), *Handbook of Cognitive—Behavioral Therapies* (4th ed.). The Guilford Press.

D'Zurilla, T. J., & Nezu, A. M. (2010). Problem-Solving Therapy. In K. S. Dobson (Ed.), *Handbook of Cognitive-Behavioral Therapies* (3rd ed.). The Guilford Press.

Erikson, E. (1963). *Childhood and Society*. W. W. Norton.

Gilbert, N., & Terrell, P. (2012). *Dimensions of Social Welfare Policy* (8th ed.). Pearson.

Gitterman, A., Knight, C., & Germain, C. (2021). *The Life Model of Social Work Practice* (4th ed.). Columbia University Press.

Glicken, M. D. (2004). *Using the Strengths Perspective in Social Work Practice*. Pearson.

Hepworth, D. H., Rooney, R. H., Rooney, G. D., Strom-Gottfired, K., & Larsen, J. A. (2016). *Direct Social Work Practice: Theory and Skills* (10th ed.). Cengage Learning.

Jansson, B. S. (1990). *Social Welfare Policy: From Theory to Practice*. Wadsworth Publishing Co.

Kahn, A. (1969). *Theory and Practice of Social Planning*. Russell Sage Foundation.

Kirst-Ashman, K. K., & Hull, G. H. (2017). *Understanding Generalist Practice* (8th ed.). Cengage Learning.

Midgley, J. (2000). The Definition of Social Policy. In J. Midgley, M. B. Tracy, & M. Livermore (Eds.), *The Handbook of Social Policy*. Sage.

Miley, K. K., O'Melia, M., & Dubois, B. L. (2016). *Generalist Social Work Practice: An Empowering Approach* (8th ed.). Pearson.

Piaget, J. (1970). Piaget's theory. In P. H. Mussen (Ed.), *Carmichael's Manual of Child Psychology*. Wiley.

Rothman, J., & Tropman, J. E. (1987). Models of Community Organization and Macro Practice. In F. M. Cox, J. L. Erlich, J. Rothman, & J. E. Tropman (Eds.), *Strategies of Community Organization: Macro Practice*. F. E. Peacock Publishers.

Saleebey, D. (2013). *The Strengths Perspective in Social Work Practice* (6th ed.). Pearson.

제9장

사회복지의 유형과 실천방법

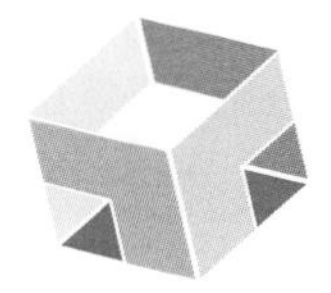

자연과학, 인문과학, 사회과학을 막론하고 과학을 한다면 유형화(typology)라는 방법을 널리 활용한다. 유형화란 연구대상이 되는 어떤 현상들 중 유사한 것과 상이한 것을 각각 한데 묶는 방법으로, 사회현상을 체계적으로 관찰하여 온전한 이론을 수립하려는 경우 우선 개념을 명확히 규정하고 개념이나 개념과 연관된 사항을 분류하는 것이 중요하다. 사회복지와 관련된 현상이나 개념을 분류해 보는 것은 사회복지제도라는 실용적 활동과 사회복지학이라는 학문적 연구(탐구)를 심화시키는 데에도 도움이 된다.

사회복지학에서 사용되고 있는 유형은 ① 공급자별 유형, ② 대상체계별 유형, ③ 접근방법별 유형, ④ 사회정책 방법별 유형, ⑤ 문제(욕구) 영역별 유형, ⑥ 대상자 특성별 유형, ⑦ 실천현장별 유형으로 집약될 수 있다. 이 중 공급자별 유형은 앞 장에서 다루었으므로, 이 장에서는 이를 제외한 여러 기준 범주에 따라 구분된 사회복지 유형과 이에 따른 사회복지실천방법을 살펴보고, 사회복지 유형화의 한계를 논의한다.

1. 대상체계별 유형

사회체계이론(social systems theory)에 의하면 사회체계의 수준은 3차원으로 구분된다. 이와 같은 사회체계의 수준은 사회복지실천대상과 구조를 분류하는 중요한 기준이 되며, 각 체계의 예를 표로 제시하면 〈표 9-1〉과 같다.

표 9-1 사회체계의 3차원 수준과 해당 체계의 예

수준	미시체계 (micro-system)	중시체계 (mezzo-system)	거시체계 (macro-system)
사회체계의 예	개인, 가족, 소집단	공동체, 복지조직체, 지역사회	국가, 국제기구, 국제사회

출처: 조홍식 외(2015).

사회체계의 삼차원 모형은 미시체계, 중시체계, 거시체계로 구분된다. 미시체계에는 개인, 기족, 소집단이 속하고, 중시체계에는 공동체, 복지조직체 및 지역사회가 있으며, 거시체계에는 국가, 국제기구 및 국제사회가 속한다. 삼차원 구분은 이차원 구분에서 미시차원에 속한 가족, 소집단을 따로 분리하여 중시체계를 하나 더 설정한 것이다. 이는 사회복지의 실천에서 다루는 대상체계의 성격과 관련 문제에 접근하는 서로 다른 방식과 관계가 있다. 다시 말해, 어떤 사회체계를 어느 수준에 포함시키는가의 차이는 문제해결 시 어떤 접근방법을 중시하느냐의 차이에 따라 결정된다.

대상체계에 따른 사회복지 접근방법은 주로 다루는 대상체계에 따라 ① 임상 사회복지, ② 지역사회복지, ③ 사회복지행정, ④ 사회복지정책, ⑤ 사회복지조사로 나눌 수 있다. 이들 접근방법과 방금 정리한 세 가지 수준의 사회체계를 연결시키면 〈표 9-2〉와 같다.

표 9-2 사회체계 수준에 따른 사회복지 접근방법

사회체계의 수준	주된 접근방법
미시체계(개인, 가족, 소집단)	임상 사회복지
중시체계(공동체, 복지조직체, 지역사회)	지역사회복지
거시체계(국가, 국제기구, 국제사회)	사회복지행정 및 정책

미시체계 접근에는 주로 임상 사회복지의 지식과 기술이 많이 이용된다. 그리고 중시체계 접근에는 지역사회복지의 이론과 지식이 활용된다. 마지막으로, 사회복지 전문가가 거시체계 접근을 시도하는 경우에는 사회복지행정과 사회복지정책의 이론과 기술을 상대적으로 많이 활용한다.

2. 접근방법별 유형

접근방법별 유형의 범주는 두 가지이다. 첫 번째 범주는 서비스 제공자와 수급자의 직접적 대면 여부이고 두 번째 범주는 제공자가 동원하는 기술의 종류이다. 전통적으로 사회복지학을 임상 사회복지학과 사회정책학이라는 두 개의 바퀴로 움직이는 수레에 비유한다. 따라서 사회복지의 문제를 해결하는 데 동원되는 실천기술도 양분될 수 있는데, 서비스 제공자가 수급자를 직접적으로 만나는 경우를 직접서비스라고 부르며 그렇지 않은 경우를 간접서비스로 분류한다. 기술에 따른 접근방법별 분류는 사회복지학의 지식과 기술에 근거한 다섯 가지 접근방법에 따른 분류이다. 보다 구체적 설명은 다음과 같다.

1) 직접서비스와 간접서비스

이러한 분류는 급여제공 방법의 직접성 여부에 따른 것이다. 급여를 개인이나 집단에게 직접적으로 제공하는 직접서비스 부문(direct service sector)과 직접적 급여제공을 계획(또는 기획)하고 지원하는 영역인 간접서비스 부문(indirect service sector)으로 나누게 된다.

(1) 직접서비스 부문

직접서비스의 대표적 사례는 사회복지사와 클라이언트 간의 대면적(對面的) 관계를 통해 제공되는 서비스이다. 1990년대 이후에 새로 나타난 사회복지의 방법론적 용어에 따르면 사회복지실천(social work practice) 또는 임상 사회복지(clinical social work)가 직접서비스에 해당된다. 직접서비스에는 병원에서 이루어지는 의료사회복지, 정신의료 사회복지, 교정시설에서 이루어지는 교정 사회복지, 학교에서 이루어지는 학교 사회복지, 군대에서 이루어지는 군(軍) 사회복지 등이 있다.

(2) 간접서비스 부문

간접서비스에는 대표적으로 사회복지정책과 행정이 포함된다. 사회복지 대상자가 국민 전체로 확대되면서, 서비스를 제공하는 전달체계가 복잡하게 되었다. 그 결과, 사회복지정책과 사회복지행정과 같은 간접서비스 부문의 중요성이 증대되었다. 사회복지정책은 사회복지급여에 대한 기본적 원칙과 행동방침을 정하는 것을 말한다. 사회복지행정은 사회복지급여를 제공하는 조직(기관)에서 사회복지사가 클라이언트에게 급여를 보다 잘 전달하도록 간접적으로 도와주는 활동이라 할 수 있다.

2) 기술에 따른 접근방법별 분류

(1) 임상 사회복지

임상 사회복지(clinical social work)는 개인, 가족 및 소집단을 대상으로 한다. 이러한 방법은 개인에게 직접적으로 개입하여 문제나 욕구를 해결하는 것이다. 임상 사회복지가 다루는 문제는 개인의 심리사회적 역기능, 장애, 손상, 심리·정서적 부조화가 주종을 이룬다. 임상 사회복지가 활용하는 이론은 심리·사회적 발달

이론, 행동이론, 정신병리이론, 무의식이론, 대인관계이론, 스트레스이론, 사회체계이론, 문화적 다양성 이론 등 여러 가지가 있다. 특히 이 방법은 인간과 사회환경(사회체계)을 중시한다.

일례로 학교 부적응 문제로 학교 사회복지사와 상담을 신청한 학생의 경우 또는 자녀가 발달장애 진단을 받게 되어 장애인복지관을 찾은 부모의 경우를 생각해 볼 수 있다. 이들 경우에 담당 사회복지사들이 클라이언트를 도울 때 동원하는 방법이 임상 사회복지이다.

(2) 지역사회복지

지역사회(community)란 지리적 의미와 기능적 의미를 동시에 내포한다. 전자에 속하는 대표적 집단은 마을이나 지방자치단체와 같은 지역사회이며, 후자의 예로서는 연합회나 협회 그리고 네티즌들의 커뮤니티 등 지역사회복지(공동체 복지)를 들 수 있다.

지역사회복지(community welfare) 방법은 구성원의 조직, 지역사회 내의 다양한 복지 관련단체, 일반사회단체, 행정조직 등에 개입하여 구성원들의 문제나 욕구를 해결하는 것이다. 중시체계인 지역사회에서 지역사회 구성원 개개인이 아니라 지역사회 전체 또는 일부를 대표하는 사람에게 개입하는 것이다.

지역사회복지에 관한 대표적인 한국의 사례는 '지역사회복지협의체'의 운영이다. 「사회복지사업법」이 2005년에 개정되면서 '지역사회복지협의체'의 구성 및 운영은 의무화되었다. 이 법에 따라 전국 시 · 군 · 구 기초자치단체들은 제각기 민관협치(民官協治)의 정신을 바탕으로 지역별 주민들의 욕구를 적극적으로 반영하고 해결할 수 있는 복지계획을 수립하고 집행해야 한다. 지역사회복지의 기술은 바로 그와 같은 복지계획의 과정에서 활용된다.

(3) 사회복지정책

사회복지정책은 거시적 사회체계인 국가를 주 대상으로 한다. 정책이라는 말은 '분명한 행동노선' '특정 목적을 달성하기 위해 필요한 행동에 관한 원칙' '정해진

계획'이라는 의미를 갖는다(Gilbert & Terrell, 2002: 2). 사회복지정책(social welfare policy)은 국가 수준에서의 사회복지 문제에 대한 계획은 물론, 국가보다 하위체계(지역사회 또는 지방정부)의 사회복지 문제에 대한 계획도 포함할 수 있다.

사회복지정책의 지식과 기술을 상대적으로 많이 활용하는 조직은 중앙과 지방의 행정부이다. 보건복지부, 노동부, 여성가족부 등의 중앙 부처와 지방자치단체들이 그들이다. 이들 행정조직 이외에도 보건사회연구원이나 노동연구원과 같은 국책연구원들과 서울시복지재단이나 경기복지재단과 같은 지방자치단체조직들 역시 사회복지정책의 접근법을 많이 사용하는 조직들이다. 최근에는 기업들의 사회공헌 활동이 증가하면서 기업 또는 기업 부설 복지재단들의 사회복지정책에 대한 관심이 고조되고 있다.

(4) 사회복지행정

사회복지행정(social welfare administration)은 사회복지급여(benefits)를 전달하는 공적 · 사적 조직체라는 사회체계에 개입하는 사회복지의 실천방법이다. 사회복지행정의 주목적은 서비스 대상자에게 서비스를 효율적이고 효과적으로 전달할 수 있도록 하는 것이다. 사회복지행정에서는 그 실천대상이 사회체계의 중시체계인 사회복지조직이 되는 경우가 많다. 사회복지조직에는 공공조직은 물론 민간조직도 포함된다.

사회복지행정은 사회복지조직이 대상자에게 급여를 잘 전달하여 당사자로 하여금 자신의 문제나 욕구를 해결하도록 꾀한다. 그런데 행정 그 자체는 대상자에게 직접적으로 서비스를 전달하는 것이 아니라 서비스 전달자(주로 사회복지사들)를 도와준다. 그렇기 때문에, 사회복지행정은 서비스 대상자에게 간접적으로 서비스를 전달하는 셈이다. 예를 들자면, 어떤 사회복지재단의 직원들을 상대로 슈퍼비전을 제공할 때 동원되는 대표적 기술이 사회복지행정이 된다.

(5) 사회복지조사

사회복지가 학문적으로 응용사회과학이 되고 그 실천에서 전문직업적 활동으로

발전하려면, 사회조사방법에 대한 지식과 기술은 필수적이다. 사회복지연구자나 실천가가 단순히 경험과 직관에 의존해서 개입 방법을 결정한다면 사회복지의 지식과 기술을 객관화할 수 없기 때문이다.

사회복지조사는 여러 단계를 거쳐 완성된다. 그러한 단계는 다음과 같이 구분된다. ① 사회체계 및 사회체계 간의 관계에 관하여 논리적 가설을 설정하고, ② 자료를 수집하고, ③ 분석하고, ④ 해석하여 가설을 입증하거나(연역적 방법), ⑤ 많은 사회체계와 사회체계 간의 관계를 관찰하고, ⑥ 분석하여 일정한 원칙을 찾아내는 방법(귀납적 방법)이 있다. 이와 같이 사회복지는 사회복지조사를 통해 이론과 실천을 과학적 수준으로 제시할 수 있게 된다.

3. 사회정책 방법별 유형

이 유형은 사회정책학에서 주로 사용된다. 사회정책학은 정책 실천에 필요한 자원 동원의 방식과 서비스 종류의 상이성을 기준으로 해서 사회보장을 사회보험, 공공부조 및 사회서비스의 3개 영역으로 나눈다. 1995년에 제정되고 2011년 12월에 전면 개정된 한국의 「사회보장기본법」 역시 그와 같은 유형화를 따른다.

1) 사회보험

사회보험(social insurance)은 국가의 비용부담이 거의 없거나 아주 적은 편이고 현재 수입이 있는 근로자(노동자)를 대상으로 하는 경우가 일반적이다. 대부분의 복지국가에서는 노령, 의료, 산업재해, 실업의 위험에 대해 적용한다. 한국의 경우도 노령에 대해서는 국민연금보험, 의료비용에 대해서는 국민건강보험, 산업재해에 대해서는 산업재해보상보험, 실업에 대해서는 고용보험이 도입되어 있다. 이 4대 사회보험에 덧붙여서 2008년부터 노인장기요양보험이 시행되고 있다.

2) 공공부조

공공부조(public assistance)는 개인이나 가족이 스스로 국민적 최저생활을 유지하기 어려운 경우 경제적 자립이 가능할 때까지 국가(중앙정부와 지방정부 또는 어느 한 쪽)가 생계비 등을 보충하는 목적을 갖고 있다. 구체적 방법은 현재 수입에서 최저생활수준 비용에 미치지 못하는 부분을 보충해 주거나 의료서비스를 받을 수 있도록 하는 제도이다.

공공부조는 고용여부와 관계없이 고정된 수입이 최저생활수준을 넘지 못하는 경우 누구나 신청하여 수급할 수 있다. 그러나 국가에 따라 연령이나 기타 조건을 충족하는 경우로 수급을 제한하는 경우도 있다. 그 명칭은 국가에 따라 사회부조 또는 국가부조라고도 부른다. 목적수행상 공공부조는 소득보장을 위한 공공부조와 의료보장을 위한 공공부조로 구분된다. 한국의 경우, 소득보장을 위한 공공부조의 명칭은 국민기초생활보장제도이고, 의료보장의 고유명사는 의료급여제도이다.

3) 사회서비스

사회서비스(social services)는 특정 인구집단(아동, 노인, 장애인 등)이나 특정 대상집단(교정 대상자, 가정폭력행위자 등)을 대상으로 삼는다. 서비스 공급의 목적은 그들의 특별한 욕구나 문제를 해결해 주는 것이다. 그리고 서비스는 현금이나 현물보다 비물질적이고 전문적인 서비스가 주종을 이룬다. 후술하는 유형분류에서 생애주기 및 실천현장별 사회복지는 거의 대부분 사회서비스에 해당된다. 유럽 국가들에서는 개별 사회서비스(personal social services)라고 부르기도 한다.

4. 문제(욕구) 영역별 유형

사회복지는 욕구 미충족 상태에 처한 개인이나 집단을 돕는 활동이다. 그러한 활동을 효과적으로 하려면 욕구 미충족의 원인인 문제상황에 대한 정확한 이해가 필수적이다. 예를 들어, 음식을 필요로 하는 사람에게 옷을 공급하면 허사가 되기 때문이다. 따라서 사회복지 전문가는 클라이언트의 문제상황에 대한 사전지식을 갖추고 있어야 한다.

그러한 사전지식 중의 하나가 영역에 따라 사회복지 프로그램을 4개 또는 5개로 나누는 것이다. 예컨대, ① 소득보장(income security or income maintenance), ② 의료보장(medical security or health care security), ③ 주거보장(housing security), ④ 교육보장(education security), ⑤ 사회서비스 보장(social service security) 등이 그러한 분류이다.

수급자의 경제적 안정 또는 소득을 보장해 주는 정책과 서비스는 소득보장부문이 된다. 서비스 대상자의 보건/의료서비스 비용 및 보건/의료서비스의 제공문제를 다루는 부문이 의료보장부문이다. 그리고 서비스 대상자에 대한 주거의 공급과 소비 및 관련된 서비스(금융 등)를 다루는 부문이 주거보장이다. 서비스 대상자에게 공적 교육(의무교육)을 제공하는 것과 관련된 비용, 학습 관련 문제, 학교 적응 등에 대한 서비스를 다루는 영역이 교육보장이다. 소득보장, 의료보장, 주거보장 및 교육보장을 제외한 심리적 · 사회적 · 문화적 서비스가 사회서비스 보장이다.

5. 대상자 특성별 유형

사회복지서비스의 수급자가 누구냐에 따라 공급하는 서비스 내용은 달라진다. 예를 들면, 아동이 필요로 하는 서비스와 노인이 원하는 서비스는 같을 수가 없다. 이와 같이 수급자의 대상을 몇 개 집단으로 묶어서 접근하면, 서비스 효과를 높일 수 있다. 대상자 분류의 한 방법은 아동복지, 청소년복지, 노인복지 등과 같이 생애주기별로 구분하는 것이다. 다른 방법은 생애주기가 아니라 대상의 집단별 특성에 따라 장애인복지, 여성복지, 가족복지 등으로 분류하는 것이다. 실제 사회복지서비스는 이러한 대상자 집단을 중심으로 분류되는 경향이 두드러지고 있다.

1) 생애주기별 구분

(1) 아동복지

아동[1]은 가족 혹은 사회의 보호 없이는 스스로 살아갈 수 없는 취약한 인구층이라는 점에서 일찍부터 사회복지서비스의 주요 대상이 되었다. 한국전쟁으로 인한 고아, 기아, 미아에 대한 민간 차원의 응급구호가 아동복지서비스의 효시였다. 이후 국가 중심의 아동보호 체제가 갖추어지기 시작했고 2000년대 이후에는 아동의 인권과 권리에 기반을 둔 보편적 서비스로 발전하고 있다.

아동의 권리는 1989년에 발효된 유엔(UN)의 '아동권리에 관한 협약'에서도 분명하게 드러난다. 이 협약에 따르면, 아동에 관한 모든 활동에서 아동의 최상이익(best interest)이 최우선적으로 고려되어야 한다. 그리고 아동은 자신에게 영향을 미치는 모든 문제에 대해 자신의 견해를 자유롭게 표현할 권리를 가진다. 나아가 아동의 견해에 대해서는 아동의 연령과 성숙도에 따라 정당한 비중을 부여하여야 한다.

아동복지에 관한 한국의 대표적 입법은 「아동복지법」인데, 이 법에 의해 제공되는 서비스의 대표적인 사례는 부모의 안전한 보호를 받지 못하는 아동들을 위한 '방과후 공부방'이다. 이 서비스는 '지역아동센터'에서 제공되는데, 2004년 「아동복지법」의 개정을 통해 '지역아동센터'를 아동복지시설로 규정하게 되었다(법제처, 「아동복지법」).

아동복지서비스의 유형을 그 기능에 따라 구분하면 세 가지로 세분된다. 첫째,

1) 일반적으로 아동복지체계에서 '아동'은 태아부터 만 18세 미만인 사람을 가리킨다.

지지적(supportive) 서비스는 부모 혹은 자녀의 책임을 효과적으로 수행할 수 있는 능력을 지지 혹은 강화하기 위한 서비스이다. 여기에는 아동상담, 학대아동에 대한 가족의 보호기능을 증진하기 위한 의료, 정신보건, 주거서비스 등이 포함된다. 둘째, 보완적(supplemental) 서비스는 부모가 실업, 질병이나 장애, 재정적 어려움 등에 처한 경우에 책임의 일부를 보완하기 위한 서비스이다. 예를 들면, 소득지원 프로그램, 가정봉사원(homemaker) 서비스, 보육서비스 등이다. 마지막으로, 대리적(substitutive) 서비스는 부모 책임의 일부 혹은 전부를 대체하기 위한 서비스로서 위탁보호, 입양 등을 포함한다.

(2) 청소년복지

아동과 청소년[2]의 구분은 명확하지 않기 때문에, 앞에서 살펴본 아동복지의 개념과 서비스 유형, 사회복지사의 활동은 청소년복지체계에도 대부분 해당한다. 하지만 청소년기는 아동기와 성인기의 중간단계로서 신체적 · 성적(性的) 발달에 비해 심리적 · 정신적 · 사회적 발달은 미숙한 특성을 가진다. 또한 이 시기는 자아정체감을 형성하는 시기로서 다양한 새로운 활동과 역할을 시도하는 현상이 나타난다. 그 결과, 가정과 학교, 사회에 대해 불만을 나타내며 또래에 대한 강한 소속감을 보인다. 따라서 청소년기는 아동기와 구분되는 특성과 욕구를 가진다. 특히 비행, 학교폭력, 약물남용, 근로, 무직, 임신, 성매매 등은 아동보다 청소년에 더욱 연관된 문제 혹은 욕구로 이해할 수 있다.

청소년복지의 주요 서비스 유형은 네 가지로 분류된다. 첫째, 청소년계발 서비스는 청소년의 자아정체감과 가치관 확립, 자기수양, 진로지도, 자원봉사 등을 지원하기 위한 프로그램과 서비스를 제공하는 것이다. 또한 청소년의 문화와 여가, 체육활동을 지원하는 공간과 프로그램을 제공함으로써 신체적 · 정신적으로 건전하게 성장할 수 있도록 지원한다.

둘째, 청소년비행 관련 서비스는 청소년범죄, 가출, 약물남용, 학교폭력 등에 대

2) 「청소년기본법」에 따라 '청소년'은 법률상 만 9세 이상 24세 이하인 사람을 가리킨다.

해 상담 및 치료서비스를 제공하는 것이다. 또한 가족과 학교, 지역사회를 연계하고, 주변 유해환경을 정화하며, 매스미디어를 통한 홍보와 교육활동 등을 전개한다.

셋째, 청소년 근로 관련 서비스는 근로 청소년을 위해 근로환경을 개선하고, 교육기회를 제공하며, 자기성장 혹은 여가와 문화생활을 위한 프로그램과 서비스를 제공한다. 그리고 무직 청소년을 위해서는 진로지도, 직업훈련, 취업알선, 결연사업 등을 제공한다.

넷째, 청소년의 임신과 부모역할 관련 서비스는 10대 미혼부모를 대상으로 상담, 보건의료, 입양, 시설보호, 교육과 취업의 기회 등을 제공한다. 그리고 교육과 홍보활동을 전개한다.

한국의 청소년 정책은 1987년에 「청소년육성법」(1991년에 「청소년기본법」으로 개명됨)이 제정되면서 활성화되기 시작하였다. 이후 청소년 정책 기본계획을 5년마다 수립하여 집행하도록 한 바 현재 여성가족부를 중심으로 제5차 청소년 정책 기본계획(2013~2017년)을 추진 중에 있다. 제5차 기본계획에는 ① 청소년이 행복한 세상, ② 청소년이 꿈꾸는 밝은 미래, ③ 청소년 역량함양과 미래 핵심인재 양성, ④ 참여와 권리 증진, ⑤ 균형 있고 조화로운 성장, ⑥ 안전하고 건강한 생활환경 등을 지향하고 있다.

(3) 노인복지

한국에서 인구의 고령화, 즉 노인인구[3]의 절대 규모와 전체 인구에서 노인층이 차지하는 비율이 높아지는 현상은 급속히 진행되고 있다. 이에 따라 노인복지에 대한 사회적 욕구 역시 매우 빠른 속도로 증가하고 있다.

노인복지는 노인이 인간다운 생활을 영위하면서 자신이 속한 가족과 사회에 적응하고 통합될 수 있도록 필요한 자원과 서비스를 제공하는 공적 · 사적 차원에서

3) '노인'은 일반적으로 만 65세 이상인 사람을 가리킨다. 통계청의 자료에 따르면 한국 노인인구는 2005년 기준 전 인구의 9.1%인 437만 명이며, 2010년에는 11.7%인 536만 명, 2021년에는 16.5%인 853만 7,000명으로 나타났다(통계청, 2021).

의 조직적 활동이다(최성재, 장인협, 2010: 313-314). 노인복지제도 및 서비스는 소득보장(노령연금, 국민기초생활보장, 기초노령연금), 의료보장(국민건강보험, 장기요양보험, 의료급여), 주거보장, 사회서비스 보장(심리사회적 문제 상담, 노인교육, 노인학대 보호, 사회참여 증진 등) 등을 포함한다.

아직까지 한국에서 보호가 필요한 노인을 돌보는 주요 책임은 가족(배우자, 며느리, 아들, 딸 등)에게 있지만, 맞벌이 가구의 증가, 이혼율의 증가, 핵가족화 등으로 가족이 보호하기 어려운 노인의 수가 날로 증가하고 있다. 노인에 대한 가족의 보호부담 과중으로 인한 가족갈등, 노인학대 등의 문제도 꾸준히 사회문제가 되고 있다.

노인복지서비스를 관장하는 법은 「노인복지법」인데, 이 법에 따라 제공되는 서비스의 대표적 사례로는 '재가노인복지서비스'가 있다. 노인이 가정 내에서 가족 및 친지와 더불어 노후생활을 할 수 있도록 하고 동시에 가족의 부담을 덜어 주기 위한 서비스이다. 서비스 내용과 대상자의 범위는 2000년 이후 꾸준히 증가하고 있으며, 2020년에는 기존에 존재하던 6개의 노인돌봄사업(① 노인돌봄기본서비스, ② 노인돌봄종합서비스, ③ 단기가사서비스, ④ 초기독거노인 자립지원 사업, ⑤ 독거노인 사회관계 활성화 사업, ⑥ 지역사회 자원연계 사업)이 노인맞춤돌봄서비스로 통합 · 개편되었다. 노인이 지역사회 내에서 최대한 오래 독립적으로 생활할 수 있도록 돕기 위한 지역사회 통합돌봄을 위한 노력도 강화되는 추세이다.

2) 집단별 특성에 따른 구분

(1) 장애인복지

장애의 정의는 절대적 기준에 의하기보다는 사회의 욕구와 기대에 따라 달라진다. 한국의 경우에도 「장애인복지법」의 지속적 개정에 따라 장애의 범주가 점차 확대됨과 동시에 장애인복지 수준도 향상되고 있다.

장애인복지는 장애 발생의 예방, 장애인에 대한 의료, 보호, 교육, 훈련, 고용 증진을 통해 장애인이 자신의 능력을 최대한 개발하고 재활, 자립하도록 지원하는 공적 · 사적 차원의 조직적 활동이다. 유엔은 1975년 '장애인의 권리선언'을 통해 장애인은 장애의 원인, 특질, 정도에 상관없이 같은 연령의 시민과 동등한 기본적 권리를 가진다는 것을 선언하였다.

장애인복지에서 특히 강조되는 이념은 정상화(normalization)와 사회통합(social integration)이다. 장애인은 장애를 가지지 않은 사람들과 다른 특성으로 인해 본인의 가치를 제대로 평가받지 못하며, 평가 절하된 장애인은 비장애인과 분리되면서 성장과 개발의 제한을 받게 된다. 정상화란 장애인의 생활조건과 환경을 회복시킨다는 의미로서, 장애인도 비장애인처럼 지역사회 내 일반가정에서 정상적이고 일상적인 생활을 영위하는 것이다. 정상화 개념에 기반을 두는 사회통합은 장애인이 일반 시민들과 똑같이 교류하고, 지지적인 물리적 · 사회적 환경에서 가치 있는 활동과 관계에 참여(participation)하는 것을 의미한다.

장애인복지제도 및 서비스는 소득보장(장애연금, 기초생활보장, 장애수당)과 주거프로그램, 장애의 치료와 재활을 위한 의료재활서비스, 장애의 정도와 능력에 적합한 교육재활서비스, 노동의 기회제공 및 직업재활서비스, 가족생활과 장애부모 혹은 형제의 보호부담 관련 서비스, 활동지원서비스, 발달장애인지원서비스, 재가서비스 등을 포함한다.

장애인복지서비스 가운데, 특히 소득보장과 직업재활은 장애인의 사회통합을 위해 필수적이며, 재활과정의 최종목표이기도 하다. 정부는 1990년부터 등록장애인들에게 '장애수당'을 지급하고 있으며 2002년부터 '장애아동수당'을 제공하고 있다. 그리고 2010년 7월부터 중증장애인들을 대상으로 하는 「장애인연금법」이 시행되었다. 직업재활과 관련해서는 「장애인고용촉진 및 직업재활법」을 통해 의무고용제[4]를 실시하고 있다.

4) 국가 및 지방자치단체의 장은 소속공무원 정원의 2% 이상의 장애인을 의무적으로 고용해야 하며, 50인 이상의 근로자를 고용한 사업주는 그 근로자 총수의 2% 이상의 장애인을 의무적으로 고용해야 한다. 의무고용률에 미달하는 장애인을 고용한 사업주는 매년 장애인고용부담금을 납부해야 한다. 의무고용률에 해당하지 않는 사업주가 장애인을 고용한 경우에는 고용장려금을 지급받을 수 있다.

(2) 여성복지

우리 사회에서 여성의 경제활동 참가율은 남성보다 훨씬 낮다. 그리고 여성이 다수를 차지하는 직업의 임금수준은 남성이 다수인 직업의 임금수준보다 낮고, 여성 전임노동자의 임금은 남성 전임노동자의 임금보다 낮다. 특히 저소득 여성가구주의 열악한 상황은 '빈곤의 여성화(feminization of poverty)'[5]로 이어진다. 또한 여전히 대부분의 여성과 남성은 전통적 사회역할에 얽매여 있으며, 성희롱, 강간, 배우자폭력 등 여성에 대한 성폭력은 심각한 사회문제를 야기하고 있다.

여성복지란 여성의 욕구나 문제를 해결하기 위해 사회구성원들이 공적·사적 차원에서 행하는 공동체적 노력을 의미한다(조홍식 외, 2015). 한국 공공부문에서 여성복지서비스는 저소득 여성가구주, 미혼모, 매매춘여성, 가출여성 등 사회의 보호가 필요한 여성에게 사회복지서비스를 제공하는 것으로 출발하였다. 하지만 1980년대 이후 모든 여성을 대상으로 여성복지의 제도적 개념이 자리 잡았으며, 1995년에 제정된 「여성발전기본법」(2014년에 「양성평등기본법」으로 변경됨)은 성 평등을 실현하기 위한 법적 토대를 마련하는 계기가 되었다.

여성복지서비스로는 성차별 금지, 동일임금, 성평등 교육과 문화확산 등 성평등 서비스와 함께, 소득지원, 여성노동 지원, 돌봄서비스 지원, 여성에 대한 폭력 보호 서비스가 중요한 것으로 제공되고 있다. 여성에 대한 소득지원은 연금, 기초생활보장, 저소득 모자가정을 위한 지원(자녀학비, 양육비) 등으로 이루어진다. 여성노동 지원은 모성보호를 사회 전체의 공동책임으로 사회화하는 것을 핵심으로 삼고 있다. 돌봄서비스 지원은 보육정책이 중심이 되고 있다. 여성에 대한 폭력 근절을 위한 서비스에는 가정폭력 및 성폭력을 예방하는 서비스, 피해여성과 자녀를 보호하기 위한 시설보호, 교육, 상담, 치료서비스 등이 있다.

5) '빈곤의 여성화'란 빈곤 속에서 살고 있는 여성의 수가 증가하는 것을 의미한다. 빈곤의 여성화는 세계적 현상이며, 빈곤선 이하에 사는 전 세계 12억 인구 가운데 여성이 차지하는 비율은 70%에 이른다. 이런 현상은 성차별적 노동시장, 가계소득의 불평등한 지배권, 여성중심적 사회보장제도의 특성, 여성의 결혼지위 등과 관련 있기 때문에 성평등이 이루어지지 않는 한 지속적 현상으로 나타날 가능성이 있다.

(3) 가족복지

산업화 이후 가족구조와 기능은 지속적으로 변화하고 있다. 전통적 확대가족은 감소하는 반면, 핵가족, 한부모 가족, 노인가족, 다문화가족 등은 계속 증가하고 있다. 또한 기혼여성의 취업과 사회활동 증가 그리고 이혼율의 증가로 인해 가족의 주요 기능인 정서적 기능, 즉 자녀를 양육하고 사회화하며 노인 혹은 장애성원을 보호하는 기능을 위협받는 가족이 계속 증가하고 있다. 하지만 가족은 미래시민을 재생산하고 가족성원을 보호하는 주요 단위이다.

가족복지는 가족의 다양한 욕구에 따른 통합적 · 예방적 복지정책과 프로그램 및 서비스를 제공하기 위한 공적 · 사적 차원의 조직적 활동이다. 가족복지는 아동, 노인, 여성 등 대상별 서비스가 아닌 한 단위로의 가족 전체를 통합적으로 지원하며, 사후치료가 아닌 예방적 서비스를 제공하는 데에 초점을 둔다.

정부는 건강한 가정생활의 영위를 위해 2004년에 「건강가정기본법」을 제정하고 2020년에 일부 개정하여 현재까지 시행 중이다. 동법에 의하면, 국가 및 지방자치단체는 '건강가정지원센터'를 설치 · 운영해야 하는데, 센터가 제공하는 주요 서비스에는 가족돌봄지원서비스, 가족친화문화 조성사업, 가족문제 예방 및 기능강화 사업 그리고 가족문제해결 사업 등이 있다.

6. 실천현장별 유형

1) 돌봄서비스의 실천현장에 따른 분류

사회복지서비스, 그중에서도 특히 돌봄(care)서비스는 서비스를 제공하는 실천현장이 다양하며, 장소의 특성에 따라 제공되는 서비스의 내용과 특성 또한 달라진다.

재가 돌봄(home care or in-home care), 지역사회 돌봄(community care or community based care) 그리고 시설 돌봄(institutional care)의 분류는 돌봄서비스를 제공하는 장소에 따른 분류이다.

(1) 재가 돌봄

재가 돌봄은 가정에 머물러 있는 대상자에게 서비스 공급자가 집으로 가서 서비스를 제공하는 것이다. 의사, 간호사, 사회복지사, 특수요법사(언어치료사, 물리치료사, 작업치료사 등), 가정봉사원 등이 서비스 수급자 가정을 방문하여 서비스를 제공하는 경우가 이에 해당된다. 재가 돌봄서비스에는 다음과 같이 여러 종류가 있다. ① 방문 수발 서비스, ② 방문 목욕 서비스, ③ 의사왕진 서비스, ④ 방문간호 서비스, ⑤ 식사배달 서비스, ⑥ 특수요법 서비스, ⑦ 전화안부 서비스, ⑧ 교통편의 제공 서비스, ⑨ 호스피스(hospice, 임종간호) 서비스 등이다.

(2) 지역사회 돌봄

지역사회 돌봄은 영국의 보건 및 사회복지서비스의 발전 과정에서 생겨난 용어로서 이에 대한 명확한 정의는 없다. 좁게는 재가서비스(domiciliary services)에서, 넓게는 병원과 시설 밖에서의 치료와 보호를 의미할 정도로 그 서비스의 내용과 범위가 다양하다. 재가서비스를 의미할 때의 지역사회는 시설(institution)의 반대말이다. 그러나 중앙정부에 대비되는 지방자치단체를 뜻하는 경우도 있다. 한국에서도 사회복지서비스의 지방이양 및 국고보조사업의 정비가 2005년부터 실시되고 있는데, 이는 지역사회, 즉 지방자치단체의 역할을 강화하는 정책의 일환이다. 지역사회 돌봄에 해당하는 서비스는 주간 돌보기(adult day care), 단기 돌보기(short-stay care or respite care), 단체 식사배달 서비스, 노인복지관 서비스, 노인교실, 정신보건센터, 치매가족 모임, 호스피스 보호, 그룹 홈(group home), 가사지원 주거(assisted living), 보호주택(sheltered housing), 계속보호 퇴직자촌(continuing care retirement community) 등이다. 이들 중에서 각종 주거시설(노인집합주택, 가사지원 주거, 보호주택, 계속보호 퇴직자촌 등)은 지역사회 돌봄서비스로 볼 수 있지만, 다른 한편으로는 시설 돌봄으로 볼 수도 있다. 왜냐하면 가정이 아닌 곳을 주거지로 정하여 장기적으로 생활하면서 타인의 보호를 받기 때문이다.

지역사회 돌봄서비스는 서구에서 1950년대 말부터 시설 돌봄의 부정적 문제들을 해결하기 위한 목적에서 출발하였다. 즉, 시설보호자를 지역사회로 다시 환원시켜 보호하는 탈시설화(deinstitutionalization) 경향과 더불어 나타났던 것이다. 이후 1980년대와 1990년대를 지나면서 다양한 형태로 발전하고 있다. 지역사회 돌봄 서비스는 가족이 직접 하는 돌봄 기능을 보완해 준다. 따라서 가족과 지속적인 생활을 가능하게 하고 시설입소를 지연 또는 예방하는 면에서 그 의의와 효과가 크게 인정된다. 그리하여 선진국에서는 노인과 장애인을 위한 장기요양보호의 바람직한 서비스 방향으로 발전하고 있다.

한국에서는 공식적으로 지역사회 돌봄서비스를 재가복지(「노인복지법」 제38조)서비스라고 부르고 있으며, 재가복지서비스에는 가정봉사원 파견 서비스, 주간보호 서비스 및 단기보호 서비스 등 세 가지가 포함되어 있다. 그런데 이와 같은 재가복지라는 말은 재가 돌보기와 혼동을 초래하고, 지역사회 돌봄서비스의 범위를 언어적으로 너무 좁게 해석하는 문제점이 있다.

(3) 시설 돌봄

시설 돌봄은 서비스 수급자가 생활시설[예: 요양시설(nursing home)]에 입주하거나 병원에 입원해 일시적 또는 영구적으로 생활하면서 필요한 서비스를 받는 것을 말한다. 시설 돌봄은 공식적 장기요양 보호서비스로서 거의 모든 국가에서 가장 먼저 발전한 형태이다. 지역사회 돌봄서비스가 발전하기 전에는 재가 돌봄이 불가능한 경우 바로 시설 돌봄으로 연계되었다. 시설 돌봄에는 육아시설, 요양시설, 양로시설이 가장 대표적인 시설이지만 이외에 병원도 포함될 수 있다.

시설 돌봄은 서비스 수급자가 비공식 보호체계에 의존할 수 없거나, 비공식 보호체계가 있어도 장애정도가 심하거나 신체적 독립성이 낮아 비공식 보호체계의 사람들이 돌보기 어려운 경우 필요한 서비스체계이다. 시설 돌봄은 일시적 또는 장기적으로 이루어지고 있다. 특히 노인의 경우에는 장기 시설 돌봄을 받고 있는 노인이 많다. 2021년 자료에 따르면, 전체 장기요양보험 인정 노인 중 약 20.6%에 해당하는 193,942명이 시설(노인요양시설, 노인공동생활가정, 단기보호시설, 양로시설, 요양병원)에 거주하는 것으로 나타났다(국민건강보험공단, 2021).

2) 특수 직역과 관련된 실천현장에 따른 분류

(1) 의료 사회복지

건강은 사회환경과 불가분의 관계를 가진다. 즉, 질환의 발병과 치료, 치료 후 만성 혹은 장애 상황에 대한 적응은 환자의 생물학적 요인뿐 아니라 심리적·환경적·사회적 상황과 긴밀히 연관된다. 의료 사회복지는 이 책의 제8장에서 설명된 바 있는 생태체계론적 시각(eco-systems perspective)에 기반을 둔다. 그리하여 환자와 가족체계, 병원체계, 사회환경체계와의 상호작용을 증진함으로써 환자와 가족의 질병, 장애, 상해로 인한 스트레스를 경감하고, 이들의 사회기능을 증진, 유지, 회복시킨다.

대부분의 의료 사회복지사는 병원에서 활동한다. 현행 「의료법 시행규칙」은 종합병원으로 하여금 사회복지사를 1인 이상 배치하도록 권장하고 있다. 그러나 미국 의료 사회복지사에 비해 구체적 활동의 범위는 매우 제한적이다.

(2) 정신건강 사회복지

세계적으로 통용되고 있는 정신장애 진단분류체계인 DSM-5(APA, 2013)에 따르면, 정신장애는 신경발달장애(예: 치매), 정신증 스펙트럼 장애(예: 조현병), 우울장애, 불안장애 등 20개의 대범주와 수백 가지의 하위 범주로 분류된다(강상경 외, 2023). 정신보건 사회복지는 정신보건의료기관, 사회복귀시설, 정신요양시설, 지역사회시설 등에서 실시하는 사정, 치료, 재활, 예방과 관련한 지역사회 통합과 회복을 통한 자립을 지향하는 사회복지 접근방법을 의미한다(강상경 외, 2022). 그리고 정신보건 사회복지의 목적은 정신장애 때문에 어려움을 겪는 사람들의 치료 및 재활, 회복에 대한 조기개입과 예방을 통해 국민건강을 증진하는 것이다.

1950년대 항정신병적(antipsychotic) 약물의 발견 이후 정신질환 증상의 대부분은 조절이 가능하게 되었다. 하지만 항정신병적 약물이 정신질환을 완전히 치료하는 것은 아니므로 정신질환은 만성장애로 남는 경우가 많다. 따라서 정신보건 사회복지는 치료나 증상 중심이 아닌 예방, 사회복귀, 재활을 넘어 회복을 강조하며, 정신장애인이 거주하는 지역사회에서의 통합과 자립을 강조한다(강상경 외, 2022).

정신건강 사회복지사는 「정신건강증진 및 정신질환자 복지서비스 지원에 관한 법률」(약칭 「정신건강복지법」)에서 규정하는 정신건강전문요원 중 한 사람이다. 정신건강 사회복지사는 주로 정신건강의학과 의사, 간호사, 임상심리사, 작업치료사 등과 팀을 이루어서 정신보건 프로그램을 계획하고 실행한다. 우리와 달리 미국의 경우에는 정신건강서비스를 제공하는 사회복지사의 수가 전체 정신건강 전문인력 가운데 정신건강 간호사와 함께 가장 많은 직군 중의 하나로 알려져 있다.

(3) 학교 사회복지

학교 사회복지는 학교라는 실천현장에서 아동과 청소년의 학교교육을 지원하기 위한 사회복지서비스이다. 학교 사회복지의 목적은 학생이 교육받을 수 있는 환경을 도모하는 것, 학생의 심리사회적 기능을 향상시키는 것, 학생복지를 증진시키는 것이다(한인영, 홍순혜, 김혜란, 2004: 21). 이와 같은 목적은 학생의 개인적 특성과 사회환경을 충분히 고려하고, 학교와 가정 및 사회가 연계하여 학생의 교육을 지원할 때 비로소 이루어질 수 있다.

학교 사회복지는 앞에서 설명된 의료 사회복지와 마찬가지로 생태학적 시각(ecological perspective)에 기초한다. 즉, 학생과 환경의 상호작용을 증진시킴으로써 학생의 교육적 욕구를 충족시키고, 건전한 사회기능의 수행을 준비시키는 조직적 활동이다. 또한 학교 사회복지에서는 학생 개인의 문제뿐 아니라 사회환경과 교육환경의 변화에 개입하여 학교가 학생 자신의 역할과 기능을 극대화할 수 있도록 도와주는 연계활동을 강조한다(Allen-Meares et al., 2000).

한국 학교교육은 상급학교 진학을 위한 입시 위주의 획일적 교육과정과 성적 위주의 지나친 경쟁제도 등으로 인해 다양한 병리현상(정서 · 행동장애, 학습부진, 정신질환, 자살, 가출, 중퇴, 비행, 범죄 등)을 수반한다. 그럼에도 불구하고 예방적 · 치료적 차원의 사회복지 개입은 미흡해서 아직까지 학교 사회복지사가 학교에 배치될 수 있는 법적 근거를 마련하지 못하고 있다.

한 가지 위안이 되는 점은 1990년대 중반 이후 학생문제 해결을 위한 학교 사회

복지에 대한 관심이 증가하고 있다는 사실이다. 특히 2003년부터 시범사업으로 시작된 교육과학기술부의 '교육복지 투자우선지역 지원사업'의 법제화가 기대를 모으고 있다. 2000년대 중반까지 교육과학부와 교육청 주관의 학교 사회복지 시범사업이 실시된 적이 있지만 아직 제도화까지 이르지 못하고 있다. 다만, 개별 학교 차원의 자발적인 프로그램이 극소수의 학교에서 운영되고 있으며 복지관, 상담소 등의 사회복지사가 지역사회의 학교와 연계하며 학교 사회복지서비스를 제공하고 있다.

(4) 교정 사회복지

교정 사회복지는 사회적응에 실패한 범죄자 및 비행청소년들의 사회적 적응능력을 배양시켜, 재비행과 재범을 방지하며 원만한 사회복귀를 도와 건전한 시민으로 살아갈 수 있도록 하는 복지적 처우와 조직적 서비스의 지원활동을 말한다. 즉, 교정 사회복지는 범죄자와 우범자들이 가진 문제해결과 그들의 가족에 대한 지원서비스, 유해환경의 변화 등을 위한 전문적인 사회복지실천방법의 지식과 기술, 사회복지정책의 법과 제도적 장치 등을 활용하여 대상자들의 재범 방지와 사회복귀는 물론 관련 환경의 개선을 도모하는 사회적 노력과 활동이라고 할 수 있다.

사회복지의 특성 차원에서 교정 사회복지의 필요성은 다섯 가지 측면에서 도출할 수 있다. 첫째, 사회복지는 인간의 존엄성과 변화의 능력을 인정하고 인간을 돕는 정신을 바탕으로 태동하고 발전하였기 때문에 다른 여타 분야보다도 사회복지 분야에서 범죄인의 재활을 돕고 원조하는 데 적극적으로 개입할 수 있다. 둘째, 사회복지가 다른 분야에 비해 보다 전인적이고 통합적인 차원에서 문제해결을 도모하기 때문에 범죄인의 재활에 효과적으로 대응할 수 있다. 셋째, 사회복지사는 그 개인의 능력에 따라 클라이언트가 지니는 심층적인 문제까지도 접근할 수 있는 기술을 개발하고 있기에, 범죄인에 대한 팀 접근이나 사례관리자로서 대상자에 대한 다양한 지원망을 연결하고 대입하여 도움을 제공하는 이점을 지니고 있다. 넷째, 경제적인 관점에서 교정 사회복지는 민간 차원의 자원봉사자나 지역사회 자원을 활용하고, 재소자에 대한 사회 내 처우를 중시한다는 점에서 상당한 비용을 절감할 수 있다. 다섯째, 사회 내에서 재활을 도움으로써 범죄자의 재범 방지와 상습적인 범죄를 줄이고, 사회의 안전과 안정에 기여하는 면에서 가치가 있다.

한국의 교정 사회복지가 활기를 띤 것은 1980년대라 할 수 있다. 1981년에 교정직 공무원의 열악한 근무 여건을 개선하고자 경비교도대를 창설하였으며, 1987년에 범법정신장애인과 범법약물중독자를 위한 공주치료감호소 신설, 1988년에 재소자에게 개방처우 서비스를 실현하고자 천안개방교도소 운영, 1989년에 비구금형사제도이자 교정 사회복지의 주요 지역사회 중심 프로그램인 보호관찰제도를 도입하여 비행청소년을 상대로 실시하기 시작한 것이다. 1990년대 초반부터는 지역사회의 사회복지관을 중심으로 부적응 아동과 비행청소년을 위한 치료 프로그램이 사회복지사에 의해 시작되었고, 2000년대에 접어들면서 교정 사회복지는 점차 활성화되고 있다.

(5) 군(軍) 사회복지

군인은 생명을 담보로 임무수행에 충실해야 하는 특수직업 집단이며 군인의 임무수행은 국가안보에 직접적 영향을 끼친다. 군인은 다른 직업인들과 달리 빈번한 이사와 불안정한 생활, 훈련, 대기, 야간근무 등 근무시간의 무정량성 때문에 군인 개인과 가족이 어려움을 겪는 경우가 많다. 이러한 여건을 감안해 보면, 군 전투력 향상과 유지를 위해 모든 군인과 가족들이 삶의 질을 확보할 수 있도록 그들이 필요로 하는 서비스를 공적 차원에서 제공할 필요가 있다.

한국에는 「군인복지기본법」이 2008년부터 시행되고 있는데, 정부는 이 법에 따라 '군사회복지 5개년 계획'을 반드시 수립하고 집행해야 한다. 군 사회복지는 소득보장, 의료보장 및 각종 법정지원으로 분류된다. 소득보장은 군인연금 등을 포함한 군 개인과 가족의 소득보장을 위한 급여를 포함하고, 의료보장은 국민건강보험에 의한 의료비 지급 및 의료서비스 이용 등을 포함한다. 법정지원은 주거지원, 생활지원, 공제 · 금융지원, 건강 관련 지원, 심리사회적 지원, 가족생활 지원 등의 서비스를 포함한다(참여연대 사회복지위원회 편, 2007: 383-385).

앞의 서비스 중 심리사회적 지원과 가족생활 지원을 위한 서비스는 군 사회복지

(military social work)가 제공한다. 원래 군 사회복지는 미국에서 군인들을 위한 임상 사회복지서비스를 제공하기 시작한 데서 출발하였다. 우리의 경우, 현재 시험단계에 있는데 2006년 9월에 '한국군사회복지학회'가 발족함으로써 이 제도의 확대에 박차를 가하고 있다. 특히 군에서의 폭력사건, 자살, 기타 심리사회적 문제로 인한 사고나 사건들이 빈번히 나타나고 있어 앞으로 군 사회복지에 대한 인식이 높아질 것으로 예상된다.

7. 사회복지 유형화의 한계

오늘날 사회복지 현실에서는 공공부문의 특성과 민간부문 특성을 동시에 지닌 새로운 형태가 나타나고 있다. 예를 들면, 자원 동원은 공공부문이 맡고 서비스 전달은 민간기관이 수행하는 하청(outsourcing) 또는 바우처(voucher) 방식이 확산되고 있다.

이와 같이 다양한 형태의 복지공급자가 공존하는 형태를 복지혼합(welfare mix)이라 부르고 복지재원이 공공, 비영리 및 영리부문에서 조달되는 경우를 복지의 혼합경제(mixed economy of welfare)라 한다. 문제는 공급주체가 국가(정부) 및 민간 비영리기관만이 아니라 민간 영리기관으로 확대되기 때문에, 사회복지를 사회시장 영역으로만 규정하는 것이 점점 어려워진다는 것이다. 그 결과, 오늘날에는 '사회적(social)'이란 의미와 '경제적(economic)'이란 의미에 대한 과거의 이분법적 사고가 통하지 않는 합성어들이 속속 등장하고 있다. 몇 가지 예를 들면, 사회적 기업(social enterprise), 사회자본(social capital), 사회투자(social investment), 사회경제(social economy), 사회임금(social wage) 등이 있다.

그런가 하면 이윤(profit)과 필요경비(cost)를 어떻게 규정하느냐의 문제도 심각하다. 서비스 제공자들의 전문성을 높이기 위해 필수적인 연구개발(R&D) 비용이나 전문가들의 처우개선 및 시설 확장을 위한 재투자 비용 등을 마련하려면 어느 정도의 사업상 잉여(surplus)를 창출해야 하기 때문이다(Moulaert & Ailenei, 2005: 2046).

따라서 비영리부문이 재투자를 위한 잉여를 창출한다면 그것을 이윤으로 봐야 할지 아니면 경비로 계산해야 할지가 애매해진다.

방금 설명한 유형화의 한계는 지속적으로 변동하는 사회현상을 과거에 만든 분류법이 신속하게 반영하지 못하는 구조적인 문제로부터 발생하였다. 그런데 그와 같은 구조적 문제 외에 유형화의 복잡성 또는 난해성으로 인해 발생하는 사용자의 부주의에 기인하는 한계가 있다. 따라서 혼동과 오해의 소지를 제거하려면 분류체계의 핵심인 분류 기준을 확실히 인지하고 각각의 기준에 따라 해당 용어를 엄격하게 구별해서 사용해야 한다.

요약

유형화란 연구대상이 되는 어떤 현상들 중 유사한 것과 상이한 것을 각각 한데 묶는 방법으로, 사회복지와 관련된 현상이나 개념을 분류해 보는 것은 사회복지제도라는 실용적 활동과 사회복지학이라는 학문적 연구(탐구)를 심화시키는 데에도 도움이 된다. 사회복지학에서 사용되고 있는 유형은, ① 공급자별(정부, 시장, NGO 등) 유형, ② 대상체계별(미시, 중시, 거시) 유형, ③ 접근방법별(직접, 간접) 유형, ④ 사회정책 방법별(사회보험, 공공부조, 사회서비스) 유형, ⑤ 문제(욕구) 영역별(소득, 의료, 주거, 교육, 사회서비스) 유형, ⑥ 대상자 특성별(아동, 청소년, 노인, 장애인, 여성, 가족 등) 유형, ⑦ 실천현장별(재가, 지역사회, 시설, 의료, 정신건강, 학교, 교정, 군) 유형 등이 있다.

참고문헌

강상경, 강병철, 권태연, 김낭희, 김문근, 김성용, 김혜미, 문영주, 이현주, 유창민, 조상은, 정은희, 하경희(2023). **정신건강론**. 학지사.

강상경, 권태연, 김문근, 이용표, 하경희, 홍선미(2022). **정신건강사회복지론**. 학지사.

국민건강보험공단(2021). 2021 노인장기요양보험 통계연보.

조흥식, 김상균, 최일섭, 최성재, 김혜란, 이봉주, 구인회, 홍백의, 강상경, 안상훈(2015). **사회복지개론**(개정 4판). 나남.

참여연대 사회복지위원회 편(2007). **한국사회복지의 현실과 선택**. 나눔의집.

최성재, 장인협(2010). **고령화 사회의 노인복지학**. 서울대학교 출판부.

통계청(2021). 2021 고령자 통계.

한인영, 홍순혜, 김혜란(2004). **학교와 사회복지실천**. 나남.

Allen-Meares, P., Washington, R. O., & Welsh, B. L. (2000). *Social Work Services in School* (3rd ed.). Allyn and Bacon.

APA (2013). *Diagnistic and Statistical Manual of Mental Disorders* (5th ed.). American Psychiatric Association.

Gilbert, N., & Terrell, P. (2002). *Dimensions of Social Welfare Policy* (5th ed.). Allyn and Bacon, Ginsberg.

Moulaert, F., & Ailenei, O. (2005). Social Economy, Third Sector and Solidarity Relations: A Conceptual Synthesis from History to Present. *Urban Studies, 42*(2), 2037-2053.

법제처. 「건강가정기본법」. https://www.law.go.kr/법령/건강가정기본법.

법제처. 「아동복지법」. https://www.law.go.kr/법령/아동복지법/제52조

제10장

사회복지실천의 이해와 쟁점

이 장은 사회복지실천의 개요와 쟁점에 대한 이해를 통해 사회복지실천에 대한 기초적 이해를 증진하는 것을 목적으로 한다. 사회복지실천의 이해와 쟁점을 논하기 위해서는 사회복지의 개념과 목적에 대해 생각해 보아야 한다. 사회복지는 사회체계의 항상성을 통해 사회와 구성원의 안녕(well-being) 상태 추구를 목적으로 한다. 따라서 사회복지의 영역은 사회구성원과 환경의 안녕, 즉 생태체계의 건강한 항상성 유지와 관계되는 다양한 영역을 포함한다. 환경체계 영역은 ① 중앙 및 지방정부의 다양한 법, 제도, 정책, 재원, 인력, 서비스 등 일련의 거시환경 영역, ② 사회구성원이 속해 있는 지역사회 조직, 문화, 지역사회 인프라 등 중시환경 영역, ③ 사회구성원의 가족, 학교, 직장 등 미시환경 영역을 포함한다. 개인체계 영역은 ① 키, 몸무게, 질환 등과 관계되는 신체적 영역, ② 인지 · 정서 · 행동 특성과 관계되는 심리적 영역, ③ 타고나거나 자라면서 학습된 내적 · 외적 자극에 대한 반응 특성인 사회행동적 영역을 포함한다.

사회복지실천은 사회체계의 항상성과 구성원의 안녕을 위해 앞에 기술한 다양한 환경 및 개인체계 영역에 개입하는 것이다. 이 장은 사회복지 입문자들의 사회복지실천에 대한 이해를 증진하고, 사회복지실천과 관련된 다양한 쟁점에 대한 논의를 통해 사회복지에 대한 전반적 이해도를 높이고자 다음과 같은 주제들을 포함한다. 첫째, 사회복지에 대한 기초적 이해로 복지국가 및 사회복지 개념 및 등장에 대해 이해한다. 둘째, 복지국가와 사회복지에 대한 기초적 이해를 바탕으로, 사회복지실천영역에 대해서 생태체계 관점에서 살펴본다. 셋째, 사회복지실천영역에 기반하여 거시, 중시, 미시 사회복지실천에 대해 이해한다. 넷째, 사회복지실천 관련 쟁점들에 대해 논의한다. 특히 사회복지 접근 관점 변화에 따른 사회복지실천영역의 변화에 대해서 이해하고, 현재 국제적 정책환경에서 기준이 되는 관점과 한국 현황을 비교 분석하면서 한국 사회복지실천의 발전 방향에 대해서 모색해 본다.

1. 사회복지

1) 복지국가

사회복지를 이해하기 위해서는 복지국가에 대한 이해가 필요하다. '복지국가'란 사회와 구성원의 생태체계 항상성과 '안녕 상태' 유지에 필요한 재화나 용역의 특정 부분을 공공영역에서 담당함으로써, 국민의 안녕 상태를 일정 수준 이상으로 유지하려고 하는 국가형태를 일컫는다(강상경, 유창민, 전해숙, 2021). 즉, 복지국가란 사회와 구성원의 안녕을 위해서 필요한 역할의 일부 또는 전부를 국가에서 담당하는 국가형태를 일컫는다. 어느 시대에서나 국가가 국민의 안녕을 책임지는 속성은 있지만, 산업혁명과 자본주의 등장 이전까지는 국가형태로서 복지국가는 없었다. 복지국가가 국가의 형태로 등장하고 자리 잡게 된 배경에는 시장경제를 지향하는 순수자본주의의 한계에 대한 인식이 큰 역할을 했다.

순수자본주의의 원칙인 '보이지 않는 손'에 의한 자유시장경제 체제하에서는 안녕을 유지하는 데 필요한 재화와 용역의 생산과 공급은 전부 시장에서 담당하는 것이 원칙이다. 하지만 초기 순수자본주의 시장경제하에서는 도시빈민과 같은 새로운 사회계층들이 등장하고 이로 인해 사회체계 전반적 안녕과 항상성이 도전에 직면하게 된다. 산업혁명 후 급속한 산업화와 도시화로 인해 도시빈민, 저임금 노동자, 실업자 등과 같은 사회 소외계층의 증가는 개인의 안녕을 저해할 뿐 아니라 계층 간 갈등으로 인한 사회적 비용을 증가시켜 종국에는 사회 전체의 항상성을 위협하는 위험요인으로 부각되었다. 초기 자본주의에서 새롭게 등장한 이러한 위험요인들에 대응하는 방식은 국가마다 약간씩 달랐다(Gerhard, 1983).

초기 자본주의 사회에서 새롭게 등장한 사회적 위험을 해결하기 위한 국가적 차원의 대응은 크게 두 가지 유형으로 분류해 볼 수 있다. 첫 번째 유형은 '사회주의' 국가형태이다. 초기 사회주의 경제체제는 민간영역을 지양하고 공공영역을 지향하였다. 사회주의 국가에서는 안녕 유지에 필요한 모든 재화와 용역의 생산, 공급 및 재원을 공공영역인 국가에서 담당하였다. 구소련이나 과거 중국 등이 이러한 국가에 해당한다. 두 번째 국가 유형은 '수정자본주의'이다. 수정자본주의 체제는 시장경제 체제를 유지하면서 안녕을 저해하는 요인들에 대응할 수 있는 개입 일부를 공공영역에서 담당한다. 즉, 기본적으로 시장경제 체제를 유지하되 사회적 위험에 대응하는 방식에서는 공공영역을 일정 정도 활용한다. 산업혁명 후 영국, 미국, 프랑스, 독일 등 대부분의 선발 서구 자본주의 국가들이 순수자본주의의 한계를 극복하기 위해서 수정자본주의를 채택하였다. 이러한 수정자본주의는 현재 자본주의 국가체제를 기본으로 하는 나라들이 채택하고 있는 국가형태인 복지국가의 초석이 되었다. 요약하면, 복지국가는 순수자본주의 체제의 한계를 극복하기 위한 대안 중의 하나로 등장한 국가형태의 하나이다.

2) 사회복지

복지국가는 사회와 구성원의 안녕 증진을 위해 필요한 영역에 개입한다. 안녕 상태 증진과 유지를 위해서 필요한 서비스나 용역의 생산, 공급 및 이에 필요한 재원의 일부 또는 전부를 국가에서 담당한다. 사회와 구성원의 복지 증진을 위해서 공공영역의 개입이 필요한 영역은 다양하다. 복지국가의 공공 개입은 환경체계 수준과 국민 개인 수준에서 다양하게 나타난다. 복지국가를 이해하고 실현하기 위해서는 이론과 실천이 필요하다. 이러한 시대적 맥락에 부응하여 새롭게 등장한 영역이 사회복지 분야이다.

사회복지를 이해하기 위해서는 사회복지의 대상 영역에 대한 이해가 선행되어야 한다. 사회복지 대상 영역은 '환경[1] 속의 인간'이라는 생태체계 관점에서 이해할 수 있다. 생태체계 관점에서 보면 구성원인 개인은 신체적 · 심리적 · 사회경제적 존재로서 자연환경을 비롯한 다양한 환경에 속해서 살아간다. 개인은 환경의 영향을 받기도 하지만, 환경체계 특성 변화를 초래하기도 한다. 이러한 점에서 사회구

그림 10-1 생태체계 관점의 사회복지

출처: 강상경 외(2021).

1) 생태체계 관점에서 환경체계에는 자연환경도 포함되지만 이 교재의 주제가 사회과학 범위 내의 환경을 논하고 있으므로 여기서는 자연환경에 대한 논의는 깊게 하지 않음.

성원으로서 개인은 환경과 상호작용하는 존재이다(Germain, 1979). [그림 10-1]은 안녕 추구를 목적으로 하는 사회복지의 핵심 개념에 대해 개인과 환경체계 및 항상성 개념을 통해 생태체계 관점에서 도식적으로 표현한 것이다.

2. 사회복지실천[2)]

1) 다차원적 사회복지실천의 대상 영역

인간은 사회적 존재이기 때문에 개인체계는 다양한 사회적 환경에 속해 있다. 환경체계와 개인체계의 안녕을 위해 실천할 수 있는 대상은 개인체계의 신체적·심리적·사회경제적 특성들로부터 국가, 지역사회, 가족에 이르는 환경체계 영역까지를 포괄한다. 사회복지실천은 사회와 구성원의 안녕을 증진하는 것이므로 [그림 10-2]처럼 개인 및 환경의 다양한 영역을 대상으로 이루어진다.

환경체계 영역은 거시적 차원의 지구촌, 국가, 광역 지자체, 중시 환경인 지역사회, 기초 지자체, 미시적 환경인 가족, 직장, 친구, 학교 등 다양한 영역이 포함된다. 사회복지와 관련해서 국가나 광역 지자체와 같은 거시체계, 기초국가 또는 광역 지자체 수준인 거시적 차원에서는 특정 복지제도의 법적 근거, 관련 제도 및 정책 등을 마련할 필요가 있다. 기초 지자체나 지역사회와 같은 중시 차원에서는 복지서비스를 전달하기 위한 조직, 인력, 재원 등의 전달체계 또는 행정체계가 필요하다. 가족, 직장, 친구, 학교와 같은 미시적 환경체계도 구성원의 안녕에 영향을 주는 요인이기 때문에 가족복지, 학교복지 등의 형태로 국가적 관심이 필요하다.

개인은 환경에 속해서 살아가는 신체적·심리적·사회경제적 존재이므로, 개인체계 영역에는 신체적 영역, 심리적 영역, 사회경제적 영역 등이 포함된다. 개인의

2) 이 부분은 '강상경(2018). 인간행동과 사회환경. 나남출판.' '강상경, 유창민, 전해숙(2021). 인간행동과 사회환경. 학지사.' 중 저자(강상경) 작성 부분의 일부를 재구성한 것임.

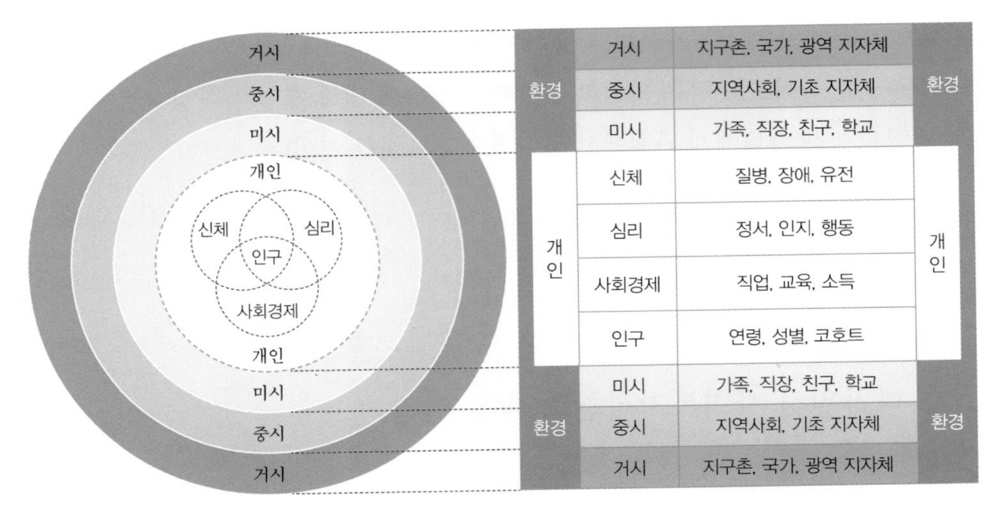

그림 10-2 다차원적 사회복지실천 대상 및 영역

출처: 강상경(2021).

안녕은 당사자의 신체적 특징인 만성질환, 장애, 유전적 특징 등에 의해서 영향을 받는다. 만성질환이나 장애가 있는 사람들의 부정적인 신체적 특성은 사회나 구성원의 안녕을 저해할 수 있는 위험요인으로 작용할 수 있다. 우울 또는 불안 등과 같은 개인의 정서적 특징이나 이러한 정서의 영향으로 인한 회피행동 등 개인의 심리적 특징들도 개인과 사회의 안녕을 저해하는 위험요인이다. 낮은 소득, 교육, 직업 등과 같은 개인의 사회경제적 지위도 당사자와 소속 환경의 안녕에 영향을 준다. 안녕에 대한 개인 특성의 이러한 영향을 고려할 때, 개인과 사회의 항상성 회복을 위해서 다양한 개인 요인에 대해서도 국가적 차원의 관심이 필요하다.

생태체계 관점에서 사회와 구성원의 안녕에 영향을 주는 사회복지실천영역은 다양하게 존재한다. 국가와 국민의 안녕 증진이라는 복지국가의 목적을 달성하기 위해서는 일차적으로 안녕에 영향을 주는 다양한 요인에 대한 이해가 필요하다. 나아가 안녕에 영향을 주는 요인들 간의 역동적 과정에 대한 이해를 토대로 국가와 국민의 안녕 증진을 위해서 공공영역의 개입이 필요하다. 이러한 공공영역의 개입에 대한 분야가 사회복지이다. 따라서 사회복지의 실천적 개입은 ① 거시 · 중시 ·

미시 차원의 환경체계에 대한 개입, ② 개인의 신체적 · 심리적 · 사회경제적 특성에 초점을 둔 개인체계에 대한 개입으로 나누어서 살펴볼 수 있다.

사회복지실천 대상 영역을 구분해서 살펴보았지만, 생태체계 맥락에서 항상성 유지와 회복을 위한 개인과 환경체계 및 하위 요인들은 독립적이라기보다는 상호의존적이고 서로 연계되어 있다. 사회복지실천도 이러한 영역 간 다차원적 상호의존성을 기반으로 이루어진다. [그림 10-3]은 사회복지실천의 상호의존적 특징을 도식적으로 표현한 것이다(강상경, 2021; 장애인권익문제연구소, 2022).

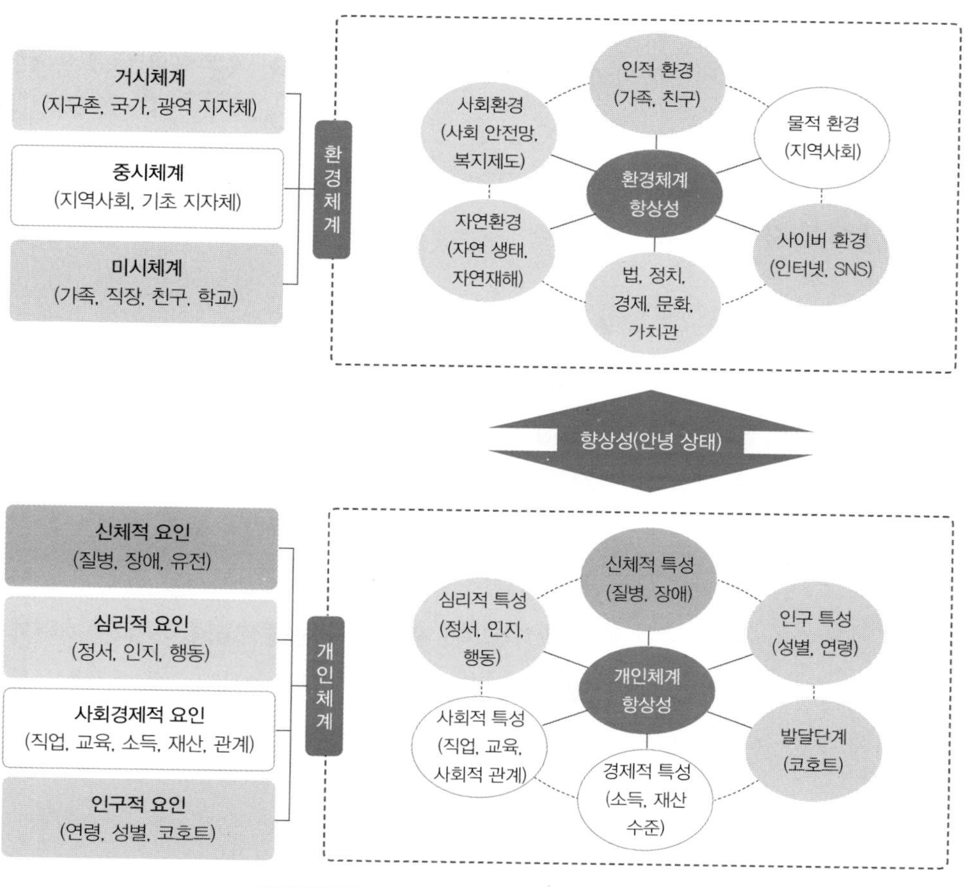

그림 10-3 사회복지실천의 상호의존적 특징

출처: 강상경(2021), 장애인권익문제연구소(2022).

우울증으로 직장 생활은 물론 일상생활의 어려움을 겪고 있는 40대 직장인을 예로 들어 보자. 이 사례에서 40대 직장인의 어려움은 개인체계 하위 요인 중 심리적 특성이고, 그중에서도 정서적 어려움이다. 이 경우 사회복지실천개입의 일차적 목표는 대상자의 우울증 치료이다. 하지만 우울증을 효과적으로 치료하기 위해서는 우울증의 원인에 대해서 이해해야 한다. 40대 직장인의 우울증의 주원인은 직장스트레스일 수도 있고, 가족관계 문제일 수도 있고, 신체적 질환이나 장애 발생에서 기인했을 수도 있다. 또한 최근 발생한 그 지역사회의 자연재해로 인해 주거공간이 파괴되어서 나타난 우울증일 수도 있다. 이 경우 사회복지실천은 상담이나 약물을 통한 우울 증상 개선을 위한 심리적 영역에서만 일어나는 것이 아니라, 가족 및 직장 관계 개선을 위한 미시체계 접근, 집수리를 위한 지역사회 복지자원 연계 등 다양한 영역에서 일어난다.

2) 사회복지실천의 이해

앞에서 살펴본 것처럼 사회복지 영역은 개인 및 환경의 다양한 영역을 포괄하고 있으므로 체계의 항상성이 파괴되었을 경우 안녕 상태 회복을 위한 개입도 다양한 차원에서 이루어진다. 사회복지실천은 이러한 다양한 사회복지 영역에서 이루어지는 일련의 개입을 말한다. 사회복지실천은 '사정 → 기획 → 개입 → 조정 → 평가'의 순서로 진행된다(강상경 외, 2022). 사회복지 영역이 개인과 환경 영역으로 구성되므로, [그림 10-4]에 나타난 것처럼 사회복지실천도 개인체계와 환경체계 사회복지실천으로 나누어서 고찰해 볼 수 있다. 편의상 구분해서 고찰하지만, 개인체계와 환경체계는 밀접한 상호작용 관계에 있으므로 대부분 실천은 개인체계와 환경체계에 대한 실천을 아우르는 통합적 형태로 이루어질 때 가장 효과가 크다.

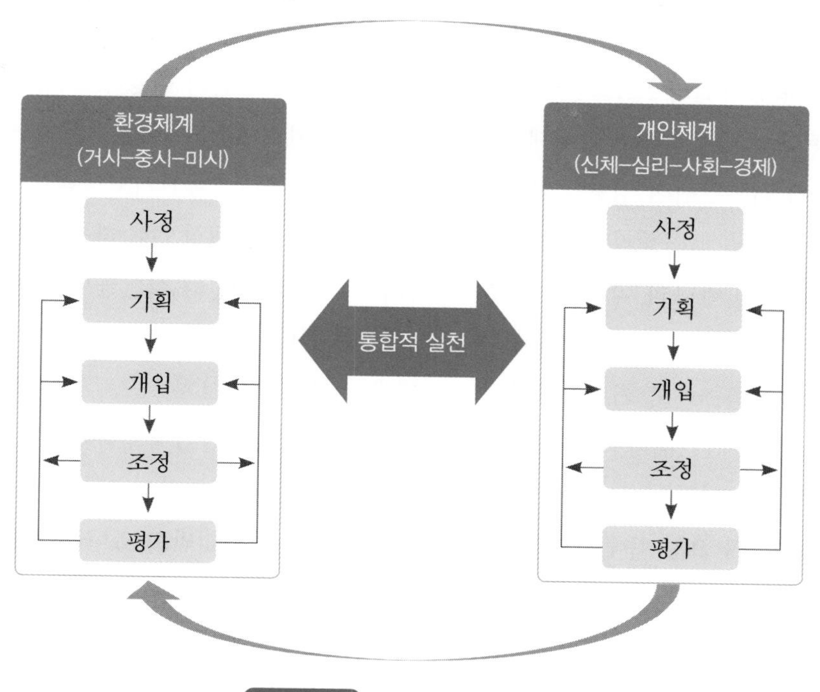

그림 10-4 사회복지실천의 이해

출처: 이용표, 강상경, 배진영(2022).

(1) 환경체계 사회복지실천

환경체계 사회복지실천은 ① 국가나 광역 지자체 등 거시적 환경 차원의 실천, ② 지역사회나 기초 지자체 등의 중시적 환경 차원의 실천, ③ 가족, 친구, 학교, 직장 등의 미시적 환경 차원의 실천으로 나누어 볼 수 있다. 환경체계 사회복지실천은 대부분 구성원 전체의 평균적 욕구에 대응하기 위한 법, 정책, 제도 등 거시적 접근이 많다. 하지만 가족이나 직장 등 미시환경 체계에 대한 접근의 경우 사정 결과에 따라 가족이나 직장 구성원들의 안녕 저해 요소에 대한 적응력과 회복력 증진에 도움이 되는 상담이나 치료 등 미시적 접근이 병행될 필요가 있다.

① 거시적 환경 차원의 사회복지실천

거시적 환경 차원의 사회복지실천은 국가나 광역 지자체와 관련된 실천이다. 거시적 차원의 사회복지는 법령, 법령에 기반한 제도, 전달체계 및 운영체계, 국가나 광역 지자체 차원의 프로그램이나 서비스 등 거시체계 차원의 현황 및 이슈들이 대상이 된다. 한 국가의 사법체계, 행정체계, 입법체계 등은 그 국가에 속하는 모든 국민에게 직·간접적 영향을 준다. 전 국민 의료보험제도, 국민기초생활보장제도, 국민연금제도, 노인장기요양보험제도 등은 국민 전체를 대상으로 하는 거시적 사회복지실천의 하나의 예가 될 수 있다. 이러한 거시적 차원의 실천들도 대체로 '사정 → 기획 → 개입 → 조정 → 평가'의 과정을 거친다. 국가 차원의 거시적 사회복지실천의 예를 노인장기요양보험제도 사례를 통해서 살펴보자.

첫째, 사정 단계이다. '한국노동패널' '한국고령자패널' '한국사회복지패널' 등 전체 국민 대상 연구들에서 한국이 급속한 고령화 현상을 경험하고 있고, 이에 따라 급속한 돌봄과 요양 욕구의 증가로 인해 국민의 안녕이 위협받고 있다는 것을 보여주었다. 이는 국가 차원에서 증가하는 돌봄 및 요양 욕구에 부응하는 대처가 필요하다는 것을 보여 주는 사정 결과이다. 현재 국가 차원에서 다양하게 실시하고 있는 전 국민 대상 조사연구들은 많은 경우 거시환경 차원의 사회복지실천 과정에서 욕구 및 자원을 파악하는 중요한 사정 수단이 된다.

둘째, 기획 단계이다. 요양 및 돌봄 욕구가 파악되었다고 해도 구체적인 경험적 근거에 기반한 치밀한 계획이 없이 법을 제정하거나 사업을 시행할 수는 없다. 경험적 근거 마련을 위해 정부에서는 지역사회서비스투자사업의 하나로 노인돌보미 바우처 사업을 시범사업 형식으로 진행하였다. 즉, 국민의 실제 욕구가 있는지, 있다면 어느 정도인지, 욕구 충족을 위해 필요한 제도 및 서비스는 무엇인지, 필요한 재원이나 인력의 규모는 어느 정도인지 등에 대해서 노인장기요양보험을 실제로 시행하기 전에 시범사업을 통해서 꼼꼼히 계획하는 기획 과정을 거쳤다. 이러한 기획 과정에서 필요한 법, 제도, 서비스에 대한 구체적 전략 및 방안을 도출하게 된다.

셋째, 개입 단계이다. 개입 단계는 기획 과정에서 도출된 전략 및 방안을 실행에 옮기는 단계이다. 이를 위해서는 법을 제정하고 법에 기반한 전달체계, 운영체계, 프로그램, 서비스 등을 구축하고 서비스를 전달하게 된다. 노인장기요양보험제도의 경우 2007년에 「노인장기요양보험법」이 제정되었고, 이 법을 통해 요양병원 기반 장기요양서비스와 지역사회 기반 재가서비스에 대한 전달 및 운영체계가 구축되었다.

넷째, 조정 단계이다. 노인장기요양보험 실시 전에 다양한 시범사업을 시행하였지만, 예상치 못한 결과들이 나타나기도 한다. 노인장기요양보험제도는 요양보호사라는 새로운 직업군을 창출하였는데, 이 직역은 이전에는 존재하지 않았던 전문직종이다. 요양보호서비스를 전달하기 위해서는 요양보호사 자격증이 필요한데, 새롭게 생긴 직역이기 때문에 인력양성이 충분히 되어 있지 않아서 장기요양보험 시행 당시 국내 요양보호사 공급은 턱없이 부족한 상황이었다. 따라서 인력의 절대적인 수 부족 문제 외에도 인력의 자격이나 전문성 문제가 표면화되었다. 이러한 상황에 부응하여 단기적으로 요양보호사 교육 및 자격조건에 대한 조정을 통해 과도기적인 문제를 해결하였는데, 이러한 절차가 조정에 해당한다.

다섯째, 평가 단계이다. 사정, 기획, 개입, 조정 단계를 거쳐서 사업이 지속적으로 진행되는 경우 평가 결과는 조정을 통해서 사정, 기획, 개입 등 이전 단계로 환류된다. 노인장기요양보험의 경우는 현재 지속되고 있는 사업이므로, 정기적인 평가를 통해 사업의 장점은 살리고 단점은 개선하는 환류를 반복하는 평가 단계를 시행하고 있다.

현재와 같은 지방자치 시대에는 중앙정부의 특성과 더불어 광역 지자체 고유의 사회복지 관련 법령, 제도, 전달체계, 운영체계, 프로그램 및 서비스가 존재하기 때문에 광역 지자체 차원의 거시적 사회복지실천도 관심의 대상이다. 지방자치정부의 복지 일반에 대한 정치적 성향이나 사회복지 관련 제도 및 서비스에 대한 평가도 해당 지자체에 거주하는 주민들을 위한 사회복지 개입을 고려할 때 파악되어야 할 영역이다. 지방자치단체는 중앙정부 법령에 근거하여 지자체의 특성을 반영한 조례, 규칙, 훈령, 등을 통해 지자체 단위의 환경체계 개입의 법적 토대를 마련하고 이에 따른 전달체계, 운영체계, 서비스 등을 마련한다.

중앙정부 법령 개정이 지자체 법령 개정으로 연결되는 사례는 다수 찾아볼 수 있다. 2021년 12월에 「장애인복지법」 제15조 정신장애인 차별 조항이 폐지되었다. 이러한 법체계의 변화는 지금까지 정신장애인 접근이 쉽지 않았던 장애인복지서비스를 개정법이 시행되는 2022년 12월 이후에는 정신장애인들도 「장애인복지법」에 규정된 다양한 서비스를 이용하는 것이 가능하게 된다는 것을 의미한다. 이러한 변화에 대응하기 위해 중앙정부 차원의 준비도 필요하지만 일선에서 시행하게 될 지자체 단위의 대비도 필요하다. 「장애인복지법」 제15조 폐지 결정 이후, 서울시의 경우 '서울특별시 장애인활동지원인력 처우 개선 및 지위 향상에 관한 조례' 등 몇 가지 조례가 개선되고 있다. 서울시와 같은 광역 지자체의 조례 개정은 관련된 전달체계 및 서비스 변화를 초래하게 광역 지자체 차원의 후속적 사회복지실천이 동반된다. 이러한 조례의 개정은 중앙정부 법 개정에 따른 실천의 변화 방향을 광역 지자체 단위에서도 반영하려고 하는 광역 지자체 차원의 거시환경 개입의 예라고 볼 수 있다.

② 중시적 환경 차원의 사회복지실천

중시적 환경 차원의 사회복지실천은 지역사회나 기초 지자체 차원의 실천을 의미한다. 지방자치제도를 실시하고 있는 한국의 경우 중앙정부나 광역 지자체 법령 개정은 다수의 경우 기초 지자체 차원의 관련 조례 개정으로 연결된다. 「장애인복지법」 제15조 폐지에 따라 기초 지자체에서도 정신장애인들도 장애인복지서비스를 이용할 수 있는 법적 근거를 마련할 필요가 있다. 실제 제15조 폐지 이후 기초 지자체 관련 조례가 개정된 사례는 다수 찾아볼 수 있다. 서울특별시의 경우 제15조가 폐지된 후 2021년 12월 기준으로 관악구의 '서울특별시 관악구 장애인 복지 증진에 관한 조례'가 개정되었고, 광진구의 '서울특별시 광진구 장애인생산품 우선구매 촉진 조례'도 개정되었으며, 도봉구의 '서울특별시 도봉구 장애인 양육지원금 지원 조례'도 개정되었다.

이러한 기초 지자체의 관련 조례는 지역사회의 기반인 기초 지자체 환경 차원의 사회복지실천의 법적 근거를 제공한다는 점에서 의의가 있다. 2022년 3월 현재, 장애인 관련한 조례만 전국적으로 12,000여 건이 존재하는 것으로 파악된다. 이들 조례는 기초 지자체 사회복지실천의 법적 근거를 제공한다는 점에서 의의가 있다. 기초 지자체 차원의 사회복지실천 과정도 거시환경 차원의 사회복지실천 과정과 유사하다. 즉, 노인장기요양보험제도 시행과 관련된 사정 → 기획 → 개입 → 조정 → 평가의 과정을 거친다.

③ 미시적 환경 차원의 사회복지실천

미시적 환경체계인 가족이나 친구 또는 직장 등은 개인의 신체적 · 심리적 · 사회경제적 특성 형성 및 발달에 큰 영향을 준다. 아동발달을 예로 들면, 부모의 양육 방식이나 가정의 경제 상태 등 가족의 특성은 아동의 신체적 · 심리적 · 사회경제적 발달에 지대한 영향을 미친다. 따라서 사회복지실천에서는 가족 환경에 대한 사정이 필요하다. 가족의 소득, 가장의 직업 및 사회경제적 지위를 포함하여 가족구성원, 가족의 의사소통 양식, 가족 내 갈등 구조, 가족 내 정서 표현 방법, 가족구성원의 역할 및 책임, 역할에 대한 만족도, 가족 내 권위, 역할갈등, 가족 내 지지 등 세부 사항에 대한 사정이 필요하다. 반드시 파악되어야 할 미시환경에는 친구, 학교, 직장 등 개인이 밀접하게 관계하고 있는 환경 영역도 포함된다.

가족이나 친구와 같은 미시환경 체계는 소속 개인의 관점에서 심리적 · 사회적 · 물질적 지지의 근원이기도 하지만, 상황에 따라서 심리사회적 스트레스의 근원일 수도 있다. 지지나 스트레스는 가족으로부터 받을 수도 있으나 가족 이외의 친구나 직장에서도 받을 수 있으므로 가족체계 이외의 미시적 환경에 대한 사정도 필요하다. 지지체계에 대한 사정에서는 친구, 자조 집단, 직장 등의 비공식적 지지 환경에 대한 사정과 더불어서 자녀양육, 복지 및 건강과 관련해서 제도적인 도움을 제공하는 공식적 지지체계에 대한 사정을 함께 할 필요가 있다. 접근 가능한 돌봄 제공자 등 필요할 때 요청할 수 있는 환경적 자원에 대한 사정도 필요하다. 더불어서 이러한 지지적 체계 및 서비스에 접근하는 데 있어서 예상되는 잠재적 장해요인이나 촉진요인에 대해 파악해 두는 것도 통합적 사정을 바탕으로 한 사회복지실천의 개입계획을 세우는 데 도움이 된다.

미시적 환경 차원의 사회복지실천은 가족, 친구, 직장 단위 서비스나 프로그램으로 진행되는 경우가 많다. 직장 단위로 직원들의 복지서비스나 프로그램을 마련하고 필요한 경우에 상담 및 지원 서비스를 진행하는 EAP 프로그램이 직장 미시환경체계 접근의 하나의 예가 될 수 있다. 가족의 경우 사정을 통해서 파악된 욕구에 대응하는 실천전략이 다양하게 나타난다. 가족의 경제적 상황이 가족의 안녕을 저해하는 주된 원인으로 파악된 경우는 취업 지원 및 고용을 통한 소득원 창출이나 기초생활보장급여 등의 사회보장체계 연결을 통해 경제적 안정성 회복이 주된 개입이 될 수 있다. 사정의 결과, 가족 안녕 저해의 주된 원인이 부부 갈등으로 인한 가족 항상성 저하로 진단된 경우는 가족구성원 개인상담, 가족 집단상담, 부부상담 등을 통해 가족 항상성 회복을 지원하는 접근을 취할 수 있다. 미시적 환경체계 실천방법 및 수준은 환경 내적 · 외적 현황을 통한 위험요인과 보호요인에 대한 사정 결과를 기반으로 기획되고 계획에 따라 개입, 조정, 평가가 이루어진다.

(2) 개인체계 사회복지실천

개인체계 사회복지실천은 개인의 ① 신체적 영역, ② 심리적 영역, ③ 사회행동적 영역에 대한 개입으로 나누어 볼 수 있다. 개인체계 사회복지실천은 환경체계에 속한 개인이라는 생태체계 관점에서 개인의 신체적 · 심리적 · 사회적 특징에 대한 사정과 개인이 속한 가족, 직장, 학교, 지역사회 및 국가의 환경 특성에 대한 사정에 기반하여 기획되고 진행된다. 환경체계 사회복지실천이 구성원의 평균적 욕구에 대응하기 위한 거시적 접근이라면, 개인체계 사회복지실천은 같은 환경에 속해 있어도 개인의 신체적 · 심리적 · 사회적 특성에 따라서 고유하게 경험하고 표출되는 개인 수준 욕구에 대한 미시적 개입이 주를 이룬다. 하지만 미시적 개입을 위해 필요한 프로그램이나 서비스의 종류는 기본적으로 중앙정부나 지방정부의 법이나 조례에 규정에 따라 형성된 전달체계, 운영체계, 프로그램 및 서비스의 영향을 직 · 간접적으로 받고 있다. 거시적 접근은 평균에 기반한 개입이라고 한다면 미시적 접근은 평균과 차이가 나는 개인 구성원들의 욕구에 부응하는 접근이다. 이러한 점에서 개인 수준에서 파악된 욕구라고 하더라도 욕구 충족의 방법은 상담과 같은 미시적 접근과 거시적 접근을 통해서 형성된 사회안전망 자원을 연결하는 등의 개입이 통합적으로 요구되는 경우가 많다. 따라서 미시적 접근과 거시적 접근은 분리해서 이해해서는 안 되고 상호 보완적 관계로 이해해야 한다.

개인체계 영역 사회복지실천도 대체로 '사정 → 기획 → 개입 → 조정 → 평가'의 과정을 통해 이루어진다. 먼저, 개입 대상 개인의 개인적 특성 및 상황과 더불어 개인이 속한 환경체계의 보호요인과 위험요인에 대한 사정이 이루어진다. 사정 결과를 기반으로 개인의 고유한 욕구에 부합하는 기획이 이루어지고, 기획에 따라 개인 맞춤형 개입이 이루어진다. 개인의 욕구가 다차원적이므로 개입은 대부분 다양한 개인 욕구 해결에 도움을 줄 수 있는 통합적 접근으로 이루어진다. 예를 들어, 개인이 인지한 욕구인 우울 및 스트레스를 해결하기 위한 서비스는 한 가지가 아니라 다양하게 구성된다. 예를 들어, 개인의 안녕을 위협하는 우울의 원인이 만성질환이나 가족관계 스트레스이면 항상성 회복을 위해 필요한 개입은 개인 차원의 보건의료서비스와 심리상담치료서비스와 함께 가족 스트레스 항상성 회복을 위해 필요한 사회안전망 연결이나 가족상담치료서비스 등 통합적 서비스 제공 등이다. 개입 후 조정이 필요한 부분을 반영해서 개입을 새롭게 구상하는 것이 필요하다. 목적이 달성되었을 경우 최종평가를 하고, 평가 결과 사후 개입이 필요한 경우 정기적 사후 관리나 타 기관 의뢰 등 필요한 조치를 한다. 개인체계 실천영역을 중심으로 진행되는 미시적 사회복지실천을 살펴보면 다음과 같다.

① 신체적 영역

신체적 질환이나 이로 인해 발생하는 장애 등과 관련된 신체적 욕구는 개인체계의 항상성 유지와 안녕에 부정적 영향을 줄 수 있다. 신체적 질환에서 출발한 장애라 하더라도 그 영향은 신체적 영역에 그치는 것이 아니라 심리사회적 영역까지 미칠 수 있다. 안과 질환으로 인해 시력 저하를 심각하게 경험하고 있는 대학생의 경우를 예로 들어 보자. 대학생 시기는 청소년에서 성인기로 이행하는 생애 전환기로 학업이나 직업 준비 등 다양한 활동이 필요한 시기이다. 이 시기의 시력 저하는 학업에 부정적 영향을 줄 뿐 아니라 심리적으로 위축이나 우울감을 초래할 수 있고, 이러한 심리적 특성은 위축 행동으로 연결되어 사회 부적응 행동 양상으로 발전할 가능성이 있다. 시력 저하가 심각하여 일상 생활기능 저하를 장기간 초래하게 되면 시각장애 진단을 받을 수 있다. 이처럼 시력 저하로 인한 영향은 신체적 수준에 머무르지 않고 심리사회적 항상성까지 위협한다. 사회복지학이 주로 사회과학으로 분류되지만 안녕 상태 위협 요인 및 접근방법이 신체적 건강과 관련된 부분이 많아서 미국과 같은 나라에서는 사회복지학을 '행동-건강과학(Behavioral & Health Science)'으로 분류하기도 한다. 이는 사회복지실천에서 신체적 영역의 중요성을 반증하는 것이다.

앞에서 예를 든 안과 질환처럼, 질병 및 이로 인한 장애가 개인체계 안녕을 위협한다면 항상성 회복을 위해 사회복지실천 개입이 이루어져야 한다. 이 사례의 경우 항상성 파괴의 원인이 신체적 영역인 안과 질환에 있으므로, 개인 차원 사회복지실천의 일차적인 개입은 안과 질환 치료에 초점을 두는 안과 의료서비스가 될 것이다. 하지만 안과 서비스 접근 과정에서 관계되는 영역은 개인 욕구 차원에 그치지 않고 의료보험제도, 의료급여제도 등 국가의료보장제도와 더불어 환자가 병원으로 갈 수 있는 개인 또는 대중 교통수단이 있는지 등도 서비스 이용에 영향을 미친다. 즉, 안과 질환은 개인의 신체적 영역이지만 서비스 이용은 개인 차원에서 독립적으로 작동하지 않고 환경체계의 다양한 상황적 요인들과 역동적 관계하에서 이루어진다. 예를 들어, 안과 질환이 있는 개인이 비용이나 이동 등의 문제로 개인적으로 의료서비스 접근이 어렵다면, 의료비 지원이나 이동지원 서비스까지 동반한 통합지원이 필요하다. 이러한 예는 통합적 개입의 필요성을 보여 주는 하나의 예이다.

② 심리적 · 행동적 영역

심리학적으로 인지적 · 정서적 · 행동적 · 사회적 성향은 매우 밀접한 관계가 있다. 이러한 점을 염두에 두고 이 장에서 심리적 측면은 인지나 정서뿐 아니라 사회적 행동 영역까지를 포함해서 살펴본다. 개인체계 내적으로 신체적 · 심리적 · 사회적 요소가 서로 밀접한 관계가 있는 것처럼, 개인의 심리적 측면의 세부 요인인 인지적 · 정서적 · 행동적 요소들이 서로 독립적이 아니라 상호 연관되어 있는 경우가 많다. 즉, 상황에 대한 부정적 인지는 우울을 유발하고 우울 정서는 다시 위축된 행동으로 연결되는 경우가 많다. 따라서 심리적 · 행동적 영역의 사정 및 개입은 다음과 같은 영역들에 대해서 통합적으로 진행될 필요가 있다.

첫째, 인지발달 영역이다. 인지발달 영역의 사정에는 개인의 주의력이나 집중력, 연령에 적합한 문제해결 능력, 기억력 등이 포함된다. 인지발달에 대한 사정에서 또 하나 중요한 것은 학업성취도, 문제해결 능력, 통찰력 등 개인의 학습 잠재력이나 수행 능력에 대한 사정이다.

둘째, 의사소통 영역이다. 인간의 인지적 학습은 주로 언어를 바탕으로 하는 의사소통을 통해서 이루어지는 경우가 많다. 그러므로 심리적·행동적 영역에서 개인의 언어 구사력과 어휘력에 대한 사정은 중요하다. 의사소통 영역의 사정에서는 언어적 자기표현 능력이나 비언어적 자기표현 능력에 대한 사정과 더불어, 다문화 사회로 급속하게 변하고 있는 한국의 현실을 생각할 때 이중 언어 구사자인지 또는 주로 사용하는 언어가 한국어인지 아닌지에 대한 사정도 필요하다.

셋째, 태도 및 정서와 관련된 영역이다. 태도란 특정 객체나 이슈에 대한 긍정적 또는 부정적 평가를 의미한다. 개인의 특정 객체에 대한 긍정적 태도는 그 사물에 대한 긍정적 정서 및 행동과 연결되고, 반대로 부정적 태도는 부정적 정서 및 행동으로 연결된다. 예를 들어, 'A'라는 식당에 대해서 긍정적으로 평가하면 'A'라는 식당에 대해 긍정적 정서가 형성되고 행동적으로는 'A' 식당을 방문해서 식사하게 될 확률이 높아진다. 즉, 행위자가 대상에 대해 가지는 태도에 따라 객체에 대한 행위자의 정서 및 행동이 영향을 받는다. 태도는 자기 자신에 대한 것과 타인이나 외부 객체에 대한 태도로 나누어 볼 수 있다. 그러므로 사회복지실천영역은 자기 자신에 대한 태도인 '자아개념(self-perception)' 및 타인이나 객체에 대한 태도를 모두 포함할 필요가 있다. 개인의 정서도 사정에 포함해야 한다. 특히 부정적 정서인 화남, 슬픔, 실망 등은 부정적 행동으로 연결될 수 있으므로 사정에 포함되어야 한다.

넷째, 인지적 특성 영역이다. 개인을 통합적으로 파악하려면 개인의 사회적 인지 특성도 파악해야 한다. 예를 들어, 개인이 판단하는 사회적 관계나 상호작용, 친구 관계, 다른 사람들에 대한 기대 등의 사회관계에 대한 인지적 평가를 알아야 한다. 만약 개인의 인지적 기능이 정상이 아닐 때는 이와 같은 인지적 평가를 그대로 받아들일 수 없으므로, 이러한 인지적 평가를 할 때는 반드시 개인의 인지기능이 정상적인지 아닌지에 대해서 동시에 사정할 필요가 있다. 더불어서 개인의 사회적 상호작용이 적절한지, 사회적 기술은 적절한지, 사회적 문제해결 능력은 어느 정도 되는지, 사회적 관계에서 부적응적 행동 패턴은 없는지 등에 대한 사정도 필요하다.

다섯째, 심리적 위기 상황 및 내력 영역이다. 부정적 삶의 경험은 심리·행동 발달과정에 부정적 영향을 주므로 개인의 과거 삶의 부정적 경험에 대한 사정이 필요하다. 즉, 아동기의 특기할 만한 부정적 경험, 부모님이나 양육자로부터의 학대나 방임 경험, 동료나 친구로부터의 부정적 경험, 개인이나 가족의 정신병력, 항우울제나 항정신성 의약품의 사용 여부 및 경험 등에 대한 사정이 필요하다.

이러한 심리적·행동적 영역에 대한 사정을 바탕으로 개입을 기획하고, 계획에 따라 개입하면서 필요한 경우 조정을 거친다. 개입 방법으로는 실천론이나 실천기술론에서 배우게 될 정신분석 접근, 인본주의 접근, 행동주의 접근, 인지행동 접근 등 다양한 개입 방법 중에서 대상자에게 가장 적합하다고 판단되는 방법을 통해 개입이 이루어진다.

3. 사회복지실천의 쟁점[3)]

1) 사회복지실천에서 공공과 민간의 비중

사회복지실천의 첫 번째 쟁점은 사회복지를 민간중심으로 실천할 것인지 공공중심으로 실천할 것인지에 대한 것이다. 사회복지실천의 역사적 흐름은 인권 관점의 역사적 전개 과정과 맥락을 같이한다. 인권 관점은 개인의 자유를 강조하는 시민권 시대에서, 참정권을 통한 의사 표현을 강조하는 공민권 시대를 거쳐, 현대 사회처럼 권리로서의 사회보장의 중요성을 강조하는 사회권 시대로 변화해 왔다. 인권의 변화에 발맞추어 사회복지의 실천적 개입의 목표도 자유권적인 치료에서 출

3) '강상경, 권태연, 김문근, 이용표, 하경희, 홍선미(2022). 정신건강사회복지론. 학지사.' 중 저자(강상경) 작성 부분 일부를 재구성함.

발하여 예방 및 재활 목표를 지나 현대 사회에 이르러서는 당사자 중심의 인권과 회복을 개입의 목표로 강조하고 있다.

자유권적 사상이 팽배한 사회에서 질환으로 인한 장애를 해결하는 것은 개인이나 가족 등 사적 영역의 몫이었다. 사회권적 사회복지실천 관점은 개인의 항상성 저하는 개인의 문제이기도 하지만 사회환경적 요인들과 상호작용하는 것으로 이해한다. 즉, 질환자의 신체적 · 심리적 특성도 질환에 영향을 주지만 당사자의 성장 환경이나 현재 생활하는 가족, 지역사회, 국가 등의 환경 요인도 질환과 관계된다. 질환과 같은 항상성 파괴 영향 원인을 개인과 환경 중 어디로 이해하는가에 따라 개입영역 및 전략도 차이가 있다. [그림 10-5]는 사회복지실천영역에 관여하는 민간과 공공영역 비율을 도식화한 것이다.

초기 시장경제 체제에서 질환과 같은 개인의 항상성 문제는 사적 영역으로 인식되었다. 두 차례 세계대전을 거치면서 경험한 훼손된 인간존엄성에 대한 자각을 통해 유엔 세계인권선언(UN, 1948)이 채택된 후 전 세계적으로 인권에 대한 국가적 관심이 증가하였다. 세계대전 중에는 질환이나 장애가 있는 사람을 생체실험 대상

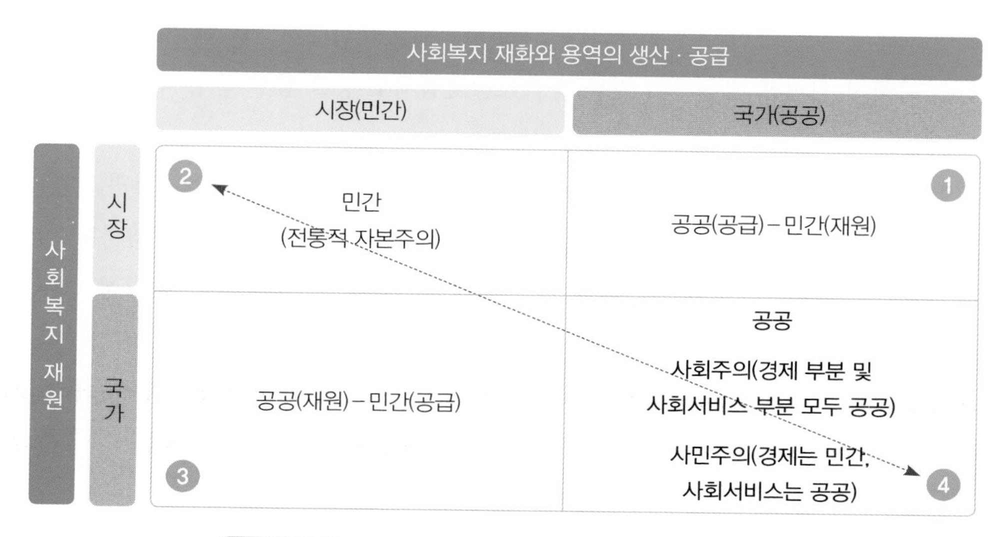

그림 10-5 사회복지실천 관점의 변화: 정신건강 실천의 예

출처: 강상경 외(2022).

으로 삼기도 했지만, 세계인권선언 이후에는 질환이나 장애가 있는 사람도 치료받을 권리가 있는 자유인으로 인식하기 시작하였다. 자유권 개념은 사람들의 요구를 참정권 실현을 통해서 표현하는 공민권으로 확장되었다. 공민권 시기에는 참정권을 가진 사람들의 욕구에 부응하는 사회복지실천영역이 확장되었다. 이후 인간다운 생활 영위에 필요한 사회보장이나 안전망이 국가에 의해서 당연히 제공되어야 한다는 사회권 관점으로 이행되었다.

요약하면, 국제적 인권 관점은 자유권에서 공민권을 거쳐 사회보장을 강조하는 사회권으로 발달해 오고 있다. 자유권 관점에서 사회복지실천은 민간영역 중심으로 실행된다. 의료보장제도가 시행되기 전 한국 의료서비스 영역이 이에 해당한다. 초기 사회복지실천은 시장경제에 기반한 민간영역 중심으로 실행되었다. 하지만 참정권을 통해 시장에서 해결하기 어려운 부분에 대한 국민 욕구가 정책에 반영되면서, 사적 영역만으로 한계가 있는 부분에 대해 공적 영역이 개입하게 된다. 의료보험제도가 시행된 후 한국 의료서비스 영역이 그 예가 될 수 있다. 사회권 관점에서 사회복지실천은 국민의 인간다운 생활 보장을 위해 필요한 사회안전망을 사회보장 환경체계로 구축하는 것이다. 의료보험제도가 시행된 이후에 의료보험에 가입하지 못하는 국민을 위한 의료급여제도나 의료보험에서 커버하지 못하는 새로운 사회적 위협에 대응하기 위한 장기요양보험제도 등을 통한 통합적 실천이 이에 해당한다.

앞에서 살펴본 바처럼 인권 관점이 자유권에서 사회권으로 발전함에 따라, 민간영역 중심의 사회복지실천에서 출발하여 점차 공공영역의 중요성이 증가하고 있다. 학자에 따라서 다양한 의견이 있기도 하지만, 민간영역 비중이 큰 국가를 잔여적(residual) 복지국가라고 하고 공공영역 비중이 큰 국가를 제도적(institutional) 복지국가라고 한다(Wilensky & Lebeaux, 1965). [그림 10-5]에서 ②사분면으로 향한 화살표 쪽으로 갈수록 잔여적 사회복지실천이 강하고, ④사분면으로 향한 화살표 쪽으로 갈수록 제도적 사회복지실천이 강하다.

2) 사회복지실천의 관점과 개입 범위

두 번째 쟁점은 사회복지실천의 관점(예: 전문가 관점, 공급자 또는 행정가 관점, 당사자 관점 등)과 개입 범위[예: 개인체계(신체, 심리, 사회), 환경체계(미시, 중시, 거시), 통합적 생태체계(개인 ↔ 환경)]에 관한 것이다. 실천의 관점과 개입 범위는 시대 및 사회의 특성을 반영하여 구성되고 변화한다. 사회복지실천이 추구하는 목표는 항상성 유지를 통한 환경과 구성원의 안녕 상태이다. 하지만 어떠한 상태가 항상성이 유지된 안녕 상태인지에 대한 개념은 절대적 개념이 아니라 특정 시대나 사회의 문화적 특성에 따라 구성되는 가변적이고 상대적인 개념이다. 따라서 안녕 상태인 항상성이 유지된 상태를 이해하는 관점의 변화에 따라서 사회구성원들의 항상성 회복을 목적으로 개입하는 사회복지실천에 대한 사회적 인식도 변화를 거듭해 오고 있다.

인권 관점의 발전적 전개와 사회복지 개입목표 변화에 따라 사회구성원의 안녕 상태를 바라보는 항상성의 관점도 자유권적인 소극적 관점에서 사회권적인 적극적 관점으로 변화를 거듭해 왔다. 개인과 환경체계의 안녕 상태는 생태체계 항상성의 과정이자 결과이다. 인권 관점 변화에 따라 안녕 상태와 항상성에 대한 이해가 달라지고, 항상성에 대한 이해에 따라 사회복지실천 관점이 변화한다. 항상성에 대한 이해에 따라 사회복지실천의 민간과 공공영역 비중도 달라지지만, 항상성 이해의 초점을 누구에게 두는지에 따라 실천의 관점을 서비스 공급자에게 둘 것인지 수요자에게 둘 것인지에 대한 이해도 달라진다. 일례로, 정신질환 및 정신건강 관련한 사회복지실천 분야에서 항상성 회복을 위한 개입 관점의 국제적 기준 변화와 개입영역 및 항상성 이해 초점 당사자의 변화를 도식화하면 〈표 10-1〉과 같다(강상경 외, 2022).

사회복지실천 관점 변화를 보려면 정신질환이나 정신장애와 관련된 분류체계의 변화를 살펴보는 것이 도움이 된다. 국제질병분류체계(International Classification of Diseases: ICD)는 건강의 항상성이 깨어진 상태인 신체적 · 정신적 질환 분류체계 중에서 가장 오래된 분류체계의 하나이다(WHO, 2021a). 1954년부터 유엔 WHO에서

표 10-1 사회복지실천 관점의 변화: 정신건강 실천의 예

관점/모델	치료관점/모델	재활관점/모델	사회관점/모델	인권관점/모델
국제기준 (WHO)	ICD(International Classification of Diseases)(WHO, 2021a)	ICIDH(International Classification of Impairments, Disabilities, and Handicaps) (WHO, 1980)	ICF(International Classification of Functioning) (WHO, 2001)	CRPD(Convention on the Rights of Persons with Disabilities)(UN, 2006)
개입 목적	정신질환(증상)의 치료	질환으로 인한 장애의 재활	체계요인 간 항상성 회복	생태체계 항상성 회복
개입 영역	개인	개인	개인 & 환경 (사회안전망)	생태체계(당사자 중심)
접근	정신질환(증상) 치료를 위한 의료(입원, 외래), 약물, 상담	손상에 대한 치료와 사회적 불리(장애)에 대한 재활	치료, 재활, 사회보장 인프라 구축을 통한 항상성 회복	치료, 재활, 사회안전망 등을 통한 회복지원
당사자 이해	치료의 대상	재활의 대상	사회통합의 대상이자 주체	회복의 주체
항상성 이해 주체	전문가	전문가	공급자(정부)	수요자(당사자)

출처: 강상경 외(2022).

발간을 담당하게 되었는데, 당시 정신건강에 대한 기본관점은 질병의 치료를 목적으로 하는 치료모델이었다. 치료모델 관점에서 정신장애는 정신질환을 의미한다. 따라서 정신질환에 대한 주요 접근은 정신질환의 치료이고, 치료의 주된 방법은 입원 및 외래 치료, 상담 및 약물치료 등이다. 치료모델 관점에서 정신장애인은 치료의 대상이 되고, 항상성 판단의 주체는 주로 전문가가 된다.

치료 관점에서는 질병의 치료에 초점을 두지만, 질병으로 인해서 발생하는 직업기능 손상이나 일상생활 기능 손상에 대한 재활은 상대적으로 취약하다. 1980년에 채택된 국제 손상, 장애, 장해 분류(International Classification of Impairments, Disabilities, and Handicaps: ICIDH)가 정신건강 관련한 국제적 기준으로 채택되면서 정신질환 및 정신장애에 대한 기본관점은 재활모델로 변화하였다(WHO, 1980). 재

활모델 관점에서 정신장애는 정신질환으로 인한 기능 저하로 초래되는 손상이나 사회적 불리로 정의된다. 개념에서 추론할 수 있듯이, 재활 관점에서 정신장애에 대한 주요 접근은 손상에 대한 치료와 사회적 불리에 대한 복지서비스 지원을 통한 재활이다. 재활모델 관점에서 정신장애인은 재활의 대상이 되고 항상성 판단의 주체는 전문가가 된다.

전통적 정신건강에 대한 접근법인 치료 및 재활모델은 정신건강에 대한 접근을 질병의 치료나 장애의 재활을 목표로 하고 있어서 대부분 병원과 의사를 중심으로 수행되는 약물 중심적 접근이다. 하지만 이러한 질병모델은 자유권에 기반한 인권 개념에 기반을 둔 것으로 정신질환으로 인한 기능상의 장애로부터의 재활이나 정신건강 예방 차원의 개입을 통한 정신건강 증진 영역에는 부적합하다.

2001년에 채택된 국제 기능 분류(International Classification of Functioning: ICF) 기준에서 정신장애에 대한 인식은 사회모델 관점이다(WHO, 2001). ICF 기준인 사회모델 관점에서 정신장애는 개인체계의 심신 구조 및 기능 손상으로 인한 신체적·심리적 질환 그 자체로 장애가 유발되는 것이 아니라, 개인체계 내적 요인과 환경체계 요인 및 요인들 간의 항상성이 저하된 상태로 정의된다. 즉, 질환 당사자의 활동(activity)과 관련된 환경적 실행상황이나 개인적 능력, 당사자의 사회참여(social participation)와 관련된 환경적 실행상황이나 개인적 능력 등의 생태체계 맥락적 차원에서 정신장애는 상대적으로 규정되는 것이다. 사회모델 관점에서 정신장애에 대한 접근은 치료서비스와 재활서비스를 포함하여 당사자가 경험하는 장애를 당사자 관점에서 완화시켜 줄 수 있는 사회안전망과 같은 사회보장 인프라 구축이 포함된다. 사회모델 관점에서 정신장애인은 사회통합의 대상이자 주체로 인식되고, 항상성 판단의 주체는 정부와 같은 공급자가 된다.

2006년에 채택된 장애인 권리협약(Convention on the Rights of Persons with Disabilities: CRPD) 기준의 정신장애에 대한 인식은 인권모델 관점이다(UN, 2006). 인권모델 관점에서 정신장애의 개념은 개인체계 내적 요인들과 환경체계 요인들과 이들 간의 항상성 저하의 결과로 정의된다. 정신장애를 항상성 저하로 규정하는 것은 사회모델과 같다. 하지만 사회모델에서는 항상성 저하 판단의 주체가 구체적

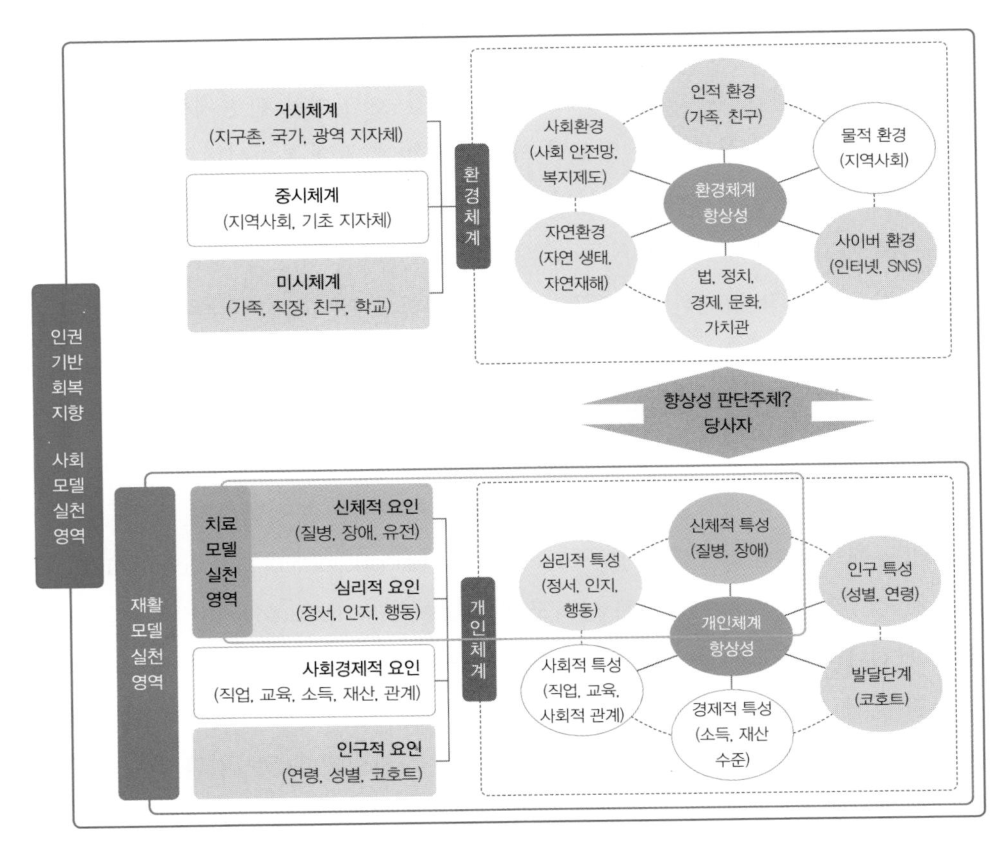

그림 10-6 사회복지실천 관점과 개입 범위

출처: 강상경 외(2023).

이지 않지만, 인권모델은 항상성 저하 판단의 주체를 당사자 우선으로 하고 있다. 따라서 인권모델 관점에서 정신장애에 대한 접근은 항상성 회복의 주체인 당사자의 회복지원이 중심을 이룬다.

정신건강 패러다임의 변화와 맥락을 같이하여 정신건강 사회복지 영역도 정신건강을 정신질환 관점에서 바라보던 질병모델에서 정신건강을 개인과 사회의 상호작용 맥락에서 개인의 자기결정권을 중요하게 이해하는 사회모델이나 인권모델로 변화를 거듭해 오고 있다. 질병 및 재활모델 관점에서 바라보는 정신건강 사회복지가 협의의 개념이라면 사회적 인권모델 관점에서 바라보는 정신건강 사회복지는 광의의 개념이라고 할 수 있다. 지금까지 논의한 사회복지실천 관점에 따른 개입 영역을 중심으로 사회복지실천영역을 살펴보면 [그림 10-6]과 같다.

그림에서 설명된 것처럼 치료모델의 개입 대상 범위는 개인체계 중에서 신체적 요인과 관련된 부분과 심리적 요인과 관련된 부분이다. 정신건강 영역을 예를 들어 설명하면, 치료모델 관점에서 정신질환은 신체적 화학물질의 항상성 파괴 및 심리적 항상성 파괴로 나타나는 정서, 인지, 행동 문제로 정의된다. 따라서 치료 관점의 사회복지실천은 약물치료를 통한 화학물질 항상성 회복이나 심리치료를 통한 정서, 인지, 행동상의 항상성 회복이 주를 이룬다. 따라서 치료 관점에서 지향하는 이러한 신체적 · 심리적 항상성을 회복하기 위한 실천영역은 그림에서 치료모델 실천영역에 포함된 신체적 요인들과 심리적 요인들이 주 대상이 된다.

재활모델의 개입 대상 범위는 치료모델의 주요 대상인 개인의 신체적 · 심리적 요인과 더불어 신체적 · 심리적 상태에 결정적 영향을 줄 수 있는 인구적 요인이나 사회경제적 요인들을 포함한다. 정신질환으로 인해 장애를 경험하고 있는 사람을 예로 들어 설명하면, 재활모델 관점에서 정신질환은 신체적 · 심리적 요인뿐 아니라 항상성 파괴를 예방하거나 치료할 수 있는 사회경제적 자원의 부족까지를 포함하는 개념이다. 따라서 재활관점의 사회복지실천은 약물치료, 심리치료뿐 아니라 질환의 예방과 치료에 도움을 줄 수 있는 사회경제적 요인에 대한 개입까지를 포함한다. 소득수준이 낮아서 의료보험료를 납부 못하는 정신질환자의 경우, 의료급여 지원을 통해 의료서비스를 받을 수 있도록 하고, 질환이 안정된 후에는 관계 회복을 위한 일상생활 훈련이나 직업재활서비스 등 사회복귀서비스를 제공하는 것이 재활모델의 예가 될 수 있다. 따라서 재활 관점의 사회복지실천영역은 개인의 신체적 · 심리적 · 인구적 · 사회경제적 요인을 포함하고, 이러한 재활모델 실천영역은 [그림 10-6]에서 재활모델 실천영역 박스에 포함된 부분이다.

사회모델의 개입 대상 범위는 개인 요인에 초점을 둔 치료와 재활 영역을 포함하여 이러한 치료 및 재활 사회복지실천의 토대가 되는 환경체계 영역까지를 포함한다. 치료모델이나 재활모델 실천을 위해서 필요한 재원이나 서비스는 국가나 지방자치단체의 사회복지 관련 법령, 전달체계, 운영체계의 기반 위에서 가능하다. 재활모델에서 필요한 소득급여나 의료급여 서비스는 관련 법령과 법령에 기초한 제도하에서 가능하다. 사회모델 관점에서 사회복지실천영역은 개인체계 영역뿐 아니라 사회와 구성원의 항상성을 위해 필요한 법적·제도적 환경 영역까지를 포함한다. 이러한 사회모델 실천영역은 [그림 10-6]에서 가장 바깥에 박스로 둘러진 영역이다.

개인체계에 초점을 둔 사후적 개입이 강한 국가는 잔여적 복지국가 성격이 강하고, 환경체계에 초점을 둔 예방적 개입을 토대로 치료와 재활 개입이 구성된 나라는 제도적 복지국가 성격이 강하다. 일반적으로 치료나 재활모델보다는 사회모델이나 인권모델이 더 당사자 중심적이고 개입 대상 영역도 더 통합적(예: 개인 ↔ 환경체계)이며, 잔여적 복지국가보다는 제도적 복지국가에서 이용자 중심의 통합적 사회복지서비스 실천 가능성이 상대적으로 높다.

3) 생애주기 발달과 사회복지실천

사회복지실천의 세 번째 쟁점은 생애주기 발달에 따른 사회복지실천의 구성과 관련된 것이다. 지금까지는 개인과 환경체계 간의 역동적 상호관계를 횡단면적인 생태체계론의 관점에서 고찰하였다. 개인은 성장하면서 신체적·심리적·사회적으로 변화를 거듭한다. 동시에 개인을 둘러싼 가족, 학교, 직장, 지역사회, 국가 등의 환경체계들도 시간이 흐름에 따라 변화를 지속한다. 생태체계 관점의 횡단면적인 접근을 기반으로 이러한 개인 생애주기나 사회환경 변화에 따른 사회복지실천의 이슈에 대한 함의를 도출하기에는 한계가 있다. 따라서 사회복지실천을 이해하기 위해서는 개인 생애주기나 환경체계의 변화에 대한 고려도 필요하다.

횡단면적 생태체계 관점의 사회복지실천은 다음과 같은 정보를 제공하지 못한다. 첫째, 횡단면적 고찰은 환경체계 차원에서 개인이 속해 생활하는 거시적·중시적·미시적 환경체계가 어떠한 과정을 거쳐서 현재 상황에 이르렀는지를 설명하지 못한다. 둘째, 횡단면적 고찰은 개인체계 차원에서 한 개인의 현재 건강 상태의 특징을 초래한 생애사적 배경이 무엇인지를 설명하지 못한다. 셋째, 횡단면적 접근

의 이러한 한계는 환경체계 변화와 개인체계 발달에 대한 이해를 기반으로 향후 환경변화와 개인 발달이 어떻게 지속될 것인지를 예견하지 못한다. 따라서 횡단면적 정보뿐 아니라 더 폭넓은 종단면적 정보를 통합적으로 얻기 위해서는, 횡단면적 관점과 더불어 종단면적 관점을 견지하는 것이 필수적이다(Bronfenbrenner, 1979). 이러한 종단면적 이해의 틀을 제공하는 것이 발달론 관점인데, [그림 10-7]은 이러한 발달론 관점을 도식적으로 표현한 것이다.

생태체계 관점에서의 환경체계와 개인체계는 정적인 것이 아니라 시간이 지남에 따라서 변하는 동적 속성을 가진다(Zastrow & Kirst-Ashman, 2004). 사회체계의 한 단위로서의 개인은 이러한 신체적 변화와 더불어서 심리사회적으로도 지속적 변화를 하는 존재이다(Bronfenbrenner, 1979). 예를 들어, 신생아의 인지능력과 초등학생의 인지능력은 확연히 차이가 나고 초등학생의 인지능력도 교육과 환경의 영향으로 지속적으로 변화한다(Herbert & Sylvia, 1987). 생애주기에 따라 이러한 개인의 신체적 · 심리적 변화뿐 아니라 개인이 속한 환경도 지속적으로 변화한다. 어머니의 몸에서부터 출생과 더불어 개인은 가족이라는 환경에 속하게 되며, 유아기에는 유치원, 아동기에는 초등학교, 청소년기에는 중 · 고등학교, 성인기에는 직장이란 환경에서 상당한 시간을 보내며 생애주기에 따라 다양한 사회적 환경에 속한다.

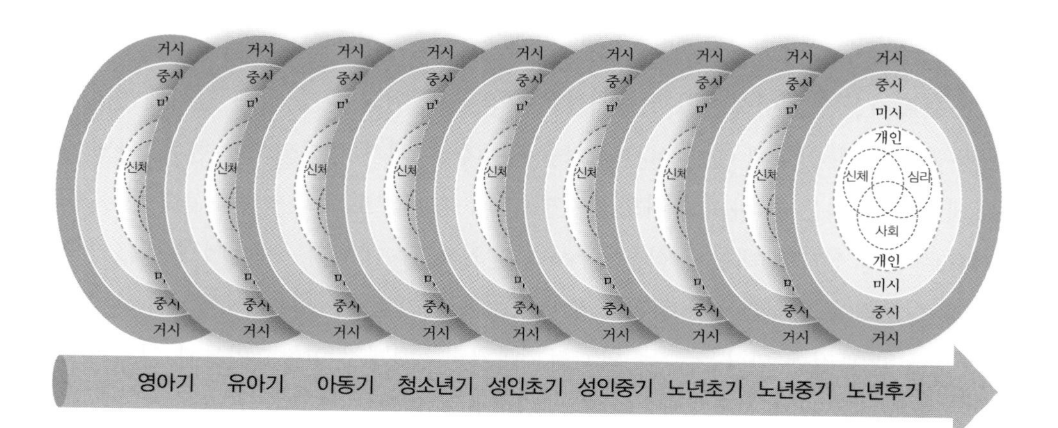

그림 10-7 생태체계의 생애주기적 변화

출처: 강상경 외(2021).

생애주기 욕구에 부응하는 효과적인 사회복지실천을 위해서는 개인의 변화뿐 아니라 미시적 · 중시적 · 거시적 환경 요인들의 변화에 대한 전 생애적 이해가 필요하다(Ashford, Lecroy, & Lortie, 2001). 생애주기 발달에 대한 이해를 바탕으로 생애주기별 고유한 욕구에 부응하는 맞춤형 사회복지실천이 필요하다. 생애주기별 사회복지실천의 중요성은 한국 보건복지부 '복지로(https://www.bokjiro.go.kr/)'를 보면 알 수 있다. 해당 사이트를 보면 사회복지서비스 목록들이 '임신 · 출산, 영유아, 아동, 청소년, 청년, 중장년, 노년' 등 생애주기별 서비스를 제시하고 있다. 영유아, 아동, 청소년 사회복지서비스의 상당 부분이 부모님 세대인 중장년의 서비스 욕구와 연관되어 있고, 노인부양을 하는 가구의 경우 노년의 욕구와 중장년의 욕구도 상호 연관되어 있다. 따라서 생애주기 관련해서 사회복지실천에서 고민해야 할 쟁점은 영유아를 주된 개입 목적으로 할 것인지, 노인을 주된 개입 목적으로 할 것인지, 아니면 보호 및 돌봄의무를 수행하고 있는 중장년을 주 개입 대상으로 할 것인지 등에 대한 것이다. 주 개입 대상에 대한 이러한 결정은 횡단적 및 종단적 사정 결과를 토대로 개입 전 기획과정에서 충분히 고민되어야 하고, 개입 후에도 조정과정을 통해 지속적 평가 및 환류가 이루어져야 한다.

4) 안녕 상태 인식 및 관점에 따른 사회복지실천

사회복지실천을 이해하기 위해서는 사회와 구성원의 안녕 상태 인식에 영향을 주는 요인들과 인식에 따른 실천적 반응에 대한 이해가 선행되어야 한다. 안녕 상태에 대한 인식은 한 사회의 사회적 · 경제적 · 문화적 토대의 영향을 받는다. 구체적으로 안녕 상태에 대한 인식은 한 시대의 외재적 · 내재적 · 매개적 요인들의 역동 및 상호작용의 결과로 구성된다(강상경, 2021). [그림 10-8]은 한 사회의 안녕 상태 인식 및 관점에 영향을 주는 외재적 · 내재적 · 매개적 영향요인들과 인식의 결과로 초래되는 실천적 반응의 관계를 도식적으로 표현한 것이다.

안녕 상태에 대한 인식 및 관점은 자유권에서 사회권적 개념으로 변화해 왔다. 건강으로 대표되는 안녕 상태에 대한 인식의 국제적 기준도 치료모델 관점의 질환

영향 요인
• 외재적 요인[1] • 내재적 요인[2] • 매개적 요인[3]

➡

안녕 상태 인식 및 관점		
신체	치료 모델	질환 (치료)
심리	치료 모델	질환 (치료)
사회	사회 모델	장애 (회복)
인권	인권 모델	장애 (회복)

➡

사회복지실천		
의료서비스 중심	미시적 사회복지 실천	통합적 사회복지 실천
심리서비스 중심	미시적 사회복지 실천	통합적 사회복지 실천
사회보장 인프라 중심	거시적 사회복지 실천	통합적 사회복지 실천
인권옹호 중심	옹호적 사회복지 실천	통합적 사회복지 실천

그림 10-8 안녕 상태 인식 및 관점에 따른 실천적 반응

주: 1) 외재적 요인: 소득수준, 사회안전망, 사회보장체계, 가치관 등-사회적 · 문화적 · 정치적 · 경제적 요인, 국민의 복지 인식, 국민의 장애인식 등의 요인들
2) 내재적 요인: 관련 법, 정책, 제도, 서비스 전달체계, 재정, 인력, 예산, 등-관련법의 용어(예: 질환 vs. 장애), 관련법에 규정된 서비스 범주(예: 치료, 재활, 회복), 재정구조, 인력구성 등의 요인들
3) 매개적 요인: 이해관계자들, 특히 당사자 및 가족의 인식, 요구 등-가족 및 당사자를 포함한 이해관계자들의 인식(예: 치료, 재활, 회복)과 인식에 부합하는 서비스 확충과 인권보장에 대한 이해관계자들의 요구

출처: 장애우권익문제연구소(2022).

인식에서 사회모델 관점의 상대적 장애 인식으로 변화해 왔다. 이러한 인식변화는 인식의 토대가 되는 외재적 · 내재적 · 매개적 요인의 변화와 그 맥락을 같이한다. 즉, 한 사회의 경제적 토대가 형성되고, 국가적으로 재정, 인력, 예산 등 사회복지 전달 및 실천 운영체계가 확립되고, 이해관계자들의 인식이나 욕구가 표출되는 등 다양한 요인들 간의 역동적 상호작용의 결과로 한 사회의 안녕 상태에 대한 사회적 인식이 구성된다. 대중이나 이해관계자의 안녕문제에 대한 인식은 문제해결을 위한 반응 행동을 결정한다. 따라서 안녕 상태에 대한 인식 개선은 성공적 사회복지 실천을 위한 필요조건이다.

최근 발표된 정신건강서비스 가이드라인에 명시된 것처럼(WHO, 2021b), 현재 국제사회의 안녕 상태에 대한 인식 기준은 사회모델과 인권모델 기반 회복 관점 접근이다. 회복 관점 접근의 목표는 안녕 상태 문제에 대한 목표를 대상자의 지역사회 독립생활과 사회적 통합에 두고 있다. 이러한 미션이 달성되기 위해서는 신체적 · 심리적 영역에 대한 치료 및 재활서비스에서부터 대상 구성원의 안녕 상태 회복을 지원하기 위한 서비스의 사회보장체계와 자기의사 결정을 위한 인권옹호 보장체계가 전제되어야 한다. 국제사회에서는 이러한 회복 관점 접근이 시도되고 있는데 한국은 아직 치료모델 기반 의료서비스나 재활서비스 중심의 사회복지실천 범주를 벗어나지 못하고 있다. 국제사회 기준에 부합하는 안녕 상태 회복을 위한 사회복지실천 체계를 위해서는 외재적 · 내재적 요인에 대한 개선도 필요하지만, 매개적 요인인 이해관계자들의 인식 개선이 선행되어야 한다.

환경 속에서 생활하는 인간의 인식은 환경체계 요인들과 지속적 상호작용을 통해서 구성되고, 인간의 인식은 환류과정을 거쳐 환경체계 변화의 원동력이 된다. 생태체계 관점에서 제도와 환경은 구성원의 인식을 만들고 구성원의 인식은 제도와 환경을 만드는 선순환 관계이다(강상경, 2021; 장애우권익문제연구소, 2022). 사회구성원 대중 및 이해관계자의 인식 개선은 이들이 생활하고 있는 환경을 회복 지향적으로 개선하는 것과 설득적 의사소통을 통해 이해관계자들의 인식 개선이 병행되는 환경과 인식 간 선순환 관계가 일어날 때 가장 효과적이다. 현재 한국 사회복지실천이 치료와 재활에 머무르고 있는 것이 문제이기 때문에 국제사회의 기준에 부합하는 통합적 사회복지실천인 치료 및 재활모델을 포괄하는 당사자 인권중심 사회모델의 실현을 위해서는 먼저 사회구성원인 대중과 이해관계자의 안녕 상태 이해 및 접근 관점에 대한 인식 개선과 이에 부응하는 환경 개선의 선순환이 필요하다.

요약

사회복지의 영역은 사회구성원과 환경의 안녕, 즉 생태체계의 건강한 항상성 유지와 관계되는 다양한 영역을 포함한다. 환경체계 영역은, ① 중앙 및 지방정부의 다양한 법, 제도, 정책, 재원, 인력, 서비스 등 일련의 거시환경 영역, ② 사회구성원이 속해 있는 지역사회 조직, 문화, 인프라 등 중시환경 영역, ③ 사회구성원의 가족, 학교, 직장 등 미시환경 영역을 포함한다. 개인체계 영역은, ① 키, 몸무게, 질환 등과 관계되는 신체적 영역, ② 인지, 정서, 행동 특성과 관계되는 심리적 영역, ③ 타고나거나 자라면서 학습된 내적 · 외적 자극에 대한 반응 특성인 사회행동적 영역을 포함한다. 사회복지실천은 사회체계의 항상성과 구성원의 안녕을 위해 전술한 다양한 환경 및 개인체계 영역에 개입하는 것이다. 복지국가의 등장과 발전으로 사회복지는 국민과 국가의 안녕을 위해서 없어서는 안 될 분야로 성장하였다. 사회복지분야 및 사회복지학도 복지국가 출현의 시대적 산물이다. 사회복지학 입문자가 사회복지실천이 무엇인지를 이해하는 것은 필요하다. 이를 위해 이 장에서는 복지국가와 사회복지에 대해서 살펴본 다음, 사회복지실천의 개념 및 쟁점에 대해 살펴보았다. 복지국가란 사회와 구성원의 안녕 상태 증진을 위해서 필요한 재화나 용역의 일정 부분을 공공영역에서 담당하는 국가 형태를 말한다. 안녕 상태 증진을 위한 복지국가의 개입 방법이 사회복지실천이다. 사회복지실천은 다양한 생태체계 하위 영역을 아우르는 개인체계로부터 환경체계에 이르기까지 광범위한 영역에서 다차원적으로 이루어진다.

참고문헌

강상경(2013). 한국 정신보건서비스의 전개 과정. 서울대학교출판문화원.

강상경(2018). 인간행동과 사회환경. 나남출판.

강상경(2021). 정신건강 인식개선의 필요성. 제1차 인식개선협의체 발표 자료.

강상경, 강병철, 권태연, 김낭희, 김문근, 김성용, 김혜미, 문영주, 이현주, 유창민, 조상은, 정은희, 하경희(2023). 정신건강론. 학지사.

강상경, 권태연, 김문근, 이용표, 하경희, 홍선미(2022). 정신건강사회복지론. 학지사.

강상경, 유창민, 전해숙(2021). 인간행동과 사회환경. 학지사.

이용표, 강상경, 배진영(2022). 인권과 대안을 위한 정신건강사회복지론(개정판). EM실천.

장애우권익문제연구소(2022). **감금 없는 정신보건: 인권기반 법제와 프로그램의 대개혁**. 신정.

Ashford, J. B., Lecroy, C. W., & Lortie, K. L. (2001). *Human Behavior in the Social Environment: A Multidimensional Perspective*. Brooks/Cole.

Bronfenbrenner, U. (1979). *The Ecology of Human Development*. Harvard University Press.

Gerhard, A. R. (1983). *Sozialversicherung in Deutschland und England: Entstehung und Gründzüge im Vergleich*. 전광석 역(2005). **복지국가의 기원**. 범문사.

Germain, C. B. (1979). *Social Work Practice: People and Environment*. Columbia University Press.

Herbert, P. G., & Sylvia, O. (1987). *Piaget's theory of intellectual development* (3rd ed.). 김정민 역(2006). **피아제의 인지발달이론**. 학지사.

Wilensky, H., & Lebeaux, C. (1965). *Industrial Society & Social Welfare*. Free Press.

Zastrow, C., & Kirst-Ashman, K. (2004). *Understanding Human Behavior and the Social Environment* (5th ed.). Cole-Thomson Learning.

UN (1948). Universal Declaration of Human Rights. (다운로드 2022년 3월 21일: https://www.un.org/en/about-us/universal-declaration-of-human-rights)

UN (2006). Convention on the Rights of Persons with Disabilities (CRPD). (다운로드 2021년 5월 31일: https://www.un.org/development/desa/disabilities/convention-on-the-rights-of-persons-with-disabilities.html)

WHO (1980). International Classification of Impairments, Disabilities, and Handicaps. (다운로드 2021년 5월 31일: https://apps.who.int/iris/handle/10665/41003)

WHO (2001). International Classification of Functioning, Disability and Health. (다운로드 2021년 5월 31일: https://www.who.int/standards/classifications/international-classification-of-functioning-disability-and-health)

WHO (2021a). International Classification of Diseases. (다운로드 2021년 5월 31일: https://www.who.int/standards/classifications/classification-of-diseases)

WHO (2021b). Guidance on Community Mental Health Services: Promoting Person-centered and Rights-based Approaches. (다운로드 2022년 3월 31일: https://www.who.int/publications/i/item/9789240025707)

복지로. https://www.bokjiro.go.kr/

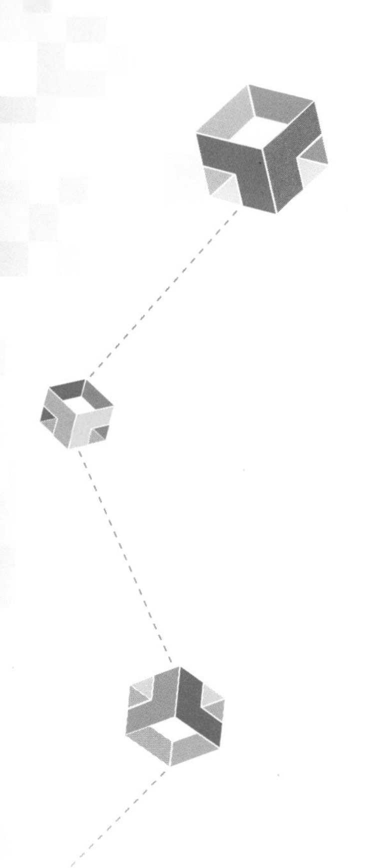
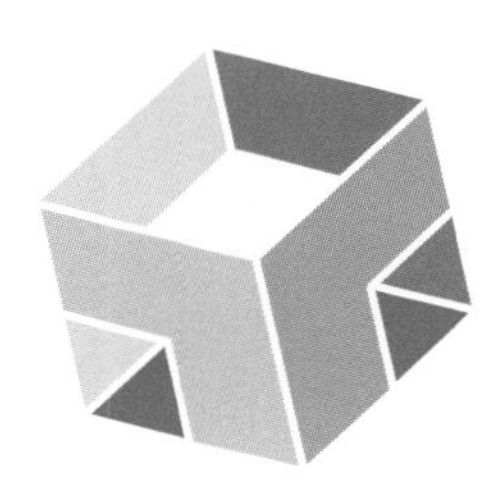

제2부

사회변화와 사회복지학

제11장 빈곤과 불평등, 사회복지

제12장 4차 산업혁명 시대의 도래와 사회복지

제13장 인구변동과 사회복지

제14장 양성평등과 사회복지

제15장 문화 다양성과 사회복지

제11장

빈곤과 불평등, 사회복지

이 장에서는 빈곤과 불평등이 사회복지학의 주요한 관심 대상임을 밝히고, 불평등과 빈곤의 대상이 무엇이 되어야 하는가에 대해 논의를 시작한다. 기회의 평등과 결과의 평등에 대해서 논하고, 불평등과 빈곤이 소득이나 경제적 자원에 초점을 맞추어야 하는지, 다양한 사회경제적 차원의 고려가 필요한지를 검토한다. 다음으로, 빈곤과 불평등을 어떻게 정의하고 측정하는지에 대해 살펴본다. 그리고 우리 사회의 불평등과 빈곤의 추이와 현황을 살펴보고, 이와 관련된 요인들에 대해 검토한다. 마지막으로, 우리 사회의 빈곤과 불평등에 대책으로서 사회복지정책의 역할을 논의한다.

1. 왜 빈곤과 불평등인가

한국 산업화 시대에는 사회적 관심이 경제성장에 집중되어 있었다. 산업화 시기에는 경제성장이 생활수준 향상으로 이어지는 것을 체감하는 개인과 가족들이 많았기 때문이다. 1990년대를 거치고 2000년대에 들어서서는 빈곤과 불평등에 대한 관심이 크게 증가하였다. 경제는 성장한다고 하는데 자신의 경제적 여건은 개선되지 않는다고 느끼는 사람이 많았고, 계층 간의 경제적 격차가 늘어난다고 생각하게 되었다. 실제로, 여러 가지 자료가 1990년대 이후 우리 사회의 불평등이 크게 악화되었음을 보여 준다(구인회, 2019).

불평등의 심각성은 비단 경제적 문제에 그치는 것이 아니다. 가족과 사회에서 전통적으로 이루어져 온 남녀 간의 차별로 인한 불평등이 지속되고 있고, 다문화 사회로의 진전과 함께 인종이나 민족, 국적에 따른 불평등도 증가하고 있다. 교육은 과거에는 계층상승의 통로로 생각되었지만, 이제는 부모와 자녀 세대 간에 사회경제적 지위를 대물림하는 불평등의 기제로 지적된다. 그런가 하면, 사회계층 간의 생활수준이 벌어지고 의료 이용에도 격차가 확대되면서 건강에서의 불평등이 중요한 관심사가 되었다.

다양한 영역에서의 불평등 심화는 빈곤의 악화로 이어진다. 빈곤은 사회적으로 적절하다고 생각되는 최저한의 생활수준을 누리지 못하는 상태를 말한다. 흔히 빈곤은 소득의 빈곤으로 생각하지만, 그것으로 한정되지는 않는다. 주거빈곤, 의료빈곤, 교육빈곤 등과 같은 표현들이 담고 있듯이 빈곤은 다양한 생활영역에서 나타나는 현상이다.

불평등과 빈곤은 사회복지학의 중요한 연구대상이다. 불평등과 빈곤은 인간의 삶의 질에 중요한 영향을 미치는 사회문제이다. 사회복지학의 역사는 빈곤과 불평등 문제와 대결한 역사라고 해도 과언이 아니다. 현대 사회복지제도는 서구의 빈민통제법(poor law)에서 그 역사적 뿌리를 찾을 수 있다. 미국의 사회사업은 19세기 후반 빈곤층 지원을 위한 다양한 활동에서 시작되었다. 영국의 복지국가 또한 제2차 세계대전 이후 빈곤해소의 청사진을 제시한 베버리지 보고서에서 출발하였다. 스웨덴 등 북구 복지국가들은 불평등 완화를 위한 선진적 정책을 실천하여 세계의 주목을 받았다.

2. 불평등과 빈곤, 분배정의

1) 기회의 평등과 결과의 평등

불평등에 대한 논의는 분배에 대한 가치판단을 전제로 이루어진다. 바람직하다고 생각되는 분배를 기준으로 실제의 분배실태를 평가하여 불평등 여부나 정도에 대해서 판단을 내리게 된다. 평등한 분배의 대상을 무엇으로 할지에 관해서도 의견의 차이가 존재한다. 여기에서는 기회의 평등과 결과의 평등에 대한 검토를 통해서 그러한 의견 차이에 대해 논의를 한다.

기회의 평등 주장은 평등한 분배의 대상을 좁게 생각하는 입장이다. 이 주장에 따르면, 제거해야 할 불평등 영역은 신분적 특권과 배제, 성과 인종에 따른 차별과 같이 자의적 기준에 의해 기회의 평등을 제약하는 경우로 국한된다. 따라서 불평등이 개인들 사이의 능력이나 노력의 차이로 나타난 것이라면, 그러한 불평등은 존중되어야 한다. 이러한 불평등은 능력주의 원리에 따른 것으로 도덕적으로 정당하고, 성취를 높이는 인센티브를 제공한다는 점에서 경제적으로 바람직한 것으로 이해된다.

이러한 전통적 기회 평등 주장에 따르면, 법적 권리가 평등하게 보장된다면 다른 차원의 평등을 위한 노력은 불필요하며, 이렇게 발생하는 불평등은 위험하지 않다. 부를 쌓고 권력을 가질 기회가 차별 없이 모든 사회구성원에게 제공되고 있다면, 부와 권력의 분배가 매우 불평등하게 이루어져도 문제될 것이 없다(Tawney, 1961).

사회정의에서 다루어야 할 것은 기회의 평등에 관한 것이라는 주장에 대해서는 일찍부터 비판이 제기되었다. 리처드 토니(Tawney, 1961: 111)는 다음과 같이 주장하였다.

> 지위상승의 기회(opportunity to rise)는 실제 평등(practical equality)을 이루기 위한 주요 수단이 아니다. 기회가 평등하게 제공되었다고 해서 소득이나 사회적 조건에서 심각한 격차

> 가 없어지는 것도 아니다. 반대로, 실제 평등이 이루어질 때에는 계층상승의 기회를 확장하고 일반화하는 것이 가능하다. 기회의 평등이 실질적으로 보장되기 위해서는 모든 이에게 길이 열려 있어야 할 뿐만 아니라 출발선이 평등해야 한다.

리처드 토니의 주장은 기회의 평등이 결과의 평등을 보장하는 것은 아니며, 기회의 평등 보장과 별도로 결과의 평등을 위한 사회적 노력이 필요함을 시사한다. 결과의 평등은 모든 개인이 자신의 능력을 발휘할 수 있도록 하기 위해 필요하다. 그러나 결과의 평등이 필요한 더욱 중요한 이유가 있다. 공동체에서 상이한 권력에 대해서 상이한 처우가 필요하지만, 모든 성원의 공통된 욕구를 충족시키는 것이 그 이상으로 필수적이기 때문이다. 사회에는 뛰어난 지도자가 필요한 만큼이나 구성원 사이의 단합과 연대가 중요한 것이다(Tawney, 1961).

이러한 결과의 평등론에서는 재분배를 통한 불평등 완화, 복지국가의 확대가 필수적 전략이 된다(Tawney, 1961). 분배정의에 대한 전통적 견해 중에서 개인들의 효용 총합의 극대화를 위해서 평등한 분배가 필요하다는 일부 공리주의 입장이나 사회의 연대를 강조하는 사회민주주의적 견해는 이러한 결과의 평등론에 반영되고 있다.

결과의 평등론의 논리는 존 롤즈(Rawls, 1971)에 의해서 한층 발전되었다. 롤즈는 타고난 재능이나 능력은 개인의 통제 범위를 벗어나서 주어진 것이기 때문에 이를 근거로 보상에 차이를 두는 것은 윤리적으로 정당화될 수 없다고 본다. 사회에서 상위 계층이 누리는 높은 보상 수준은 이러한 차등적 보상이 최소 수혜자들에게 이득을 주는 경우에 정당화될 수 있다는 것이다. 지위와 역할에 따른 처우의 불평등은 사회의 최소 수혜자(the least advantaged)의 지위 향상에 기여하는 정도만큼 허용될 수 있다. 이러한 롤즈의 차등 원리(difference principle)는 개인 사이의 분배에 대한 고려 없이 효용 총합의 극대화를 내세우는 공리주의 논리의 문제점을 극복한 대안으로 널리 받아들여지게 되었다.

다른 한편에서는 기회의 평등에 대한 확대된 해석을 통해서 분배정의론을 재구축하는 시도도 이루어지고 있다. 존 로머(Roemer, 1998)는 기회의 평등론이 두 가

지 원리로 이루어져 있다고 본다. 하나는 비차별(nondiscrimination) 원리 혹은 능력주의(meritocracy) 원리이다. 일자리나 지위를 둘러싼 경쟁의 예를 들면, 이 원리에서는 해당 업무수행에 필요한 요건을 갖춘 개인들은 모두 후보자가 될 수 있고 후보자에 대한 평가는 업무와 관련된 요건에 대해서만 이루어져야 한다고 본다. 이 원리에 따르면, 성별이나 인종, 신분 등 업무수행과 관련되지 않는 속성을 이유로 차별하는 행위는 인정될 수 없다. 이 비차별 원리는 자의적 기준에 따라 공평한 기회 제공을 제약하는 것을 반대하는 전통적 기회평등론에서 강조한 것이다.

확대된 기회평등론은 전통적 기회평등론에는 없는 새로운 원리를 제기한다. 지위 경쟁을 하는 개인들의 출발선을 평등하게 하여(level the playing field) 잠재력 있는 모든 개인이 지위경쟁을 벌이는 후보자가 될 수 있도록 해야 한다는 것이다. 예를 들어, 소수인종 등 사회적으로 불리한 배경을 가진 집단에 속한 아동들이 상대적으로 혜택을 누려 온 집단의 아동들과 대등하게 경쟁할 수 있도록 해야 기회 평등이 보장된다는 것이다. 사회적 취약집단에 대해 추가적인 교육지원 혜택을 제공하는 보상 교육(compensatory education) 정책은 이 원리에 따른 것으로 볼 수 있다. 이 보상 원리는 개인이 통제할 수 없는 이유로 당하는 불이익에 대해 적극적으로 보상하여 대등한 지위 경쟁을 할 수 있도록 하는 점에서 첫 번째의 비차별 원리와 구분된다.

확대된 기회의 평등에 대한 견해는 비차별을 넘어서 적극적 보상을 강조하는 점에서 결과의 평등 논의를 일부 수용한 것이다. 그러나 다른 한편에서는 교육, 건강, 고용, 소득 등의 성취결과에 대해서 개인의 책임이 개재되는 영역을 설정한다는 점에서 결과의 평등 주장과의 차별성을 강조한다. 로널드 드워킨(Dworkin, 1981)은 롤즈의 차등 원리가 개인들 사이에 존재하는 취향(taste)이나 포부(ambitions), 인생관(conceptions of the good life)의 차이가 성취도에 영향을 미친다는 점을 고려하지 않는다고 비판한다. 태도와 노력과 같이 개인의 책임이 있는 요인 때문에 발생하는 보상의 차이를 불평등으로 보아서는 안 된다는 것이다(Roemer, 2009). 아네슨(Arneson), 코헨(Cohen), 로머(Roemer)로 이어지면서 발전한 이 입장은 운평등주의(luck egalitarianism)라고 불린다. 이 견해는 사회의 개입에 의해 기회의 평등이 확장되고 보장되어야 하지만 최종적인 성취결과에 대해서는 개인이 책임을 져야 한다는 주장으로 요약할 수 있다.

그러나 기회의 평등과 결과의 평등을 양자택일의 문제로 보기보다는 상호 보완적 관계에 있는 것으로 이해하는 것이 보다 적절할 것이다. 확대된 기회의 평등에 대한 주장은 개인의 노력에 따른 성취의 차이를 인정해야 한다는 점을 강조하지만, 성취에서 개인 책임의 경계를 짓고 그에 상응하는 보상 격차를 정하는 것은 매우 어렵다. 또 개인 책임을 떠나서 인간 존엄성을 보장하기 위해 모든 사회구성원에게 적절한 처우를 하는 것이 요구된다. 아서 오쿤(Okun, 1975)은 기회의 평등은 경기 규칙의 공정성에 관한 것이고 결과의 평등은 경기의 승자와 패자에 대한 보상에 관한 것이라고 보았다. "검투사의 경기가 공정하게 진행되었다고 해서, 경기에서 패한 자를 사자의 밥으로 희생시키는 것이 야만적이지 않은 것은 아니다. 반대로, 올림픽 경기에서 패한 자에게 상을 주지 않는 것을 불공정이라고 할 수도 없다." 이러한 시각에서 보면, 인간의 삶의 질을 위협하는 수준의 경제적 격차에 대해서는 결과의 평등 차원에서 반대해야 한다.

2) 소득, 능력, 사회적 배제

그간 불평등과 빈곤의 측정 및 평가는 주로 소득에 초점을 맞추어 진행되었다. 이러한 전통적 패러다임에서는 개인의 복리나 생활수준의 차이는 소득의 차이로 요약된다고 본다. 불평등과 빈곤에 관한 연구 중 많은 것이 이러한 '소득 패러다임'에 따른 것이었다.

그러나 소득만으로 삶의 질의 다양한 양상이 적절하게 포착될 수 없다는 비판이 많다. 소비와 자산 등 다른 경제적 지표는 물론 보다 다차원적인 측정을 통해 불평등과 빈곤을 파악해야 한다는 주장이 설득력을 얻게 되었다(Grusky & Weeden, 2006). 또 소득의 재분배에 초점을 맞춘 정책은 불평등과 빈곤을 감소시키는 데에 기여하지만, 불평등의 근원적 처방에는 한계가 있다는 지적도 나오고 있다(Bourguignon, 2006).

'소득 패러다임'의 제한성에 대한 비판은 사회정의론에서도 나온다. 존 롤즈(1971)는 합리적인 개인들이라면 모두 원하는 소득이나 부 등을 일차적 재화(primary goods)라고 불렀다. 이 일차적 재화에는 소득과 부뿐만 아니라 기초적 자유(basic liberty), 이동과 직업선택의 자유, 권력과 공직에 대한 권리, 책임이 따르는 지위, 자기존중의 사회적 기초 등도 포함된다고 하였다.

아마르티아 센(Sen, 1973) 또한 생활수준의 평가는 상품이나 효용이 아니라 개인의 역량(capability)을 대상으로 이루어져야 한다고 주장하였다. 소득이나 일차적 재화에서 더 나아가 정상적 사회참여에 필요한 기능을 수행할 수 있는 역량의 관점에서 삶의 질을 평가해야 한다는 것이다. 그에 따르면, 불평등 또한 소득이나 재화, 혹은 효용이 아니라 가치 있는 여러 가지 삶 사이에서 선택할 수 있는 자유의 관점에서 평가되어야 한다.

사회적 배제(social exclusion) 개념도 소득빈곤 개념의 협소성에 대한 비판의 산물로 볼 수 있다. 이 주장에서 보면, 삶의 질을 소득 차원에서만 바라보면 불평등이나 빈곤의 정도를 과소평가할 가능성이 있다. 가령 실업을 겪고서 일정 수준의 실업급여를 받는 노동자는 소득 차원에서는 빈곤하지 않은 개인으로 분류될 수 있다. 그러나 노동시장 여건이 악화되어 쉽게 일자리를 구하기 어려운 상태에 있다면 이들은 사회로부터 배제되어 있다고 보아야 한다. 소득 차원에서만 보면 이러한 개인들의 어려움에 대해 적절하게 평가하지 못한다. 이러한 이유로 소득빈곤의 영역을 넘어서 불이익의 다양한 차원을 포괄하는 개념으로 사회적 배제 개념이 등장한다(Forster & Vleminckx, 2004). 이러한 사회적 배제 개념에서는 결과적 상태를 나타내는 빈곤 개념과는 달리 빈곤화(impovershment)에서 나타나는 역동적 과정을 강조하기도 한다.

보다 구체적으로 사회적 배제는 다섯 가지 차원의 정상적 사회활동 참여에서 장애를 겪고 있는 상태로 정의된다(Burchardt, Le Grand, & Piachaud, 1999). 다섯 가지 정상적 사회활동은 다음과 같다. 첫째, 일정 수준의 재화와 서비스를 소비할 수 있는 소비활동, 둘째, 예금을 하거나 주택 등 재산을 소유하는 저축활동, 셋째, 유급노동, 교육훈련, 가족 돌봄 등 경제적·사회적으로 가치 있는 행위를 하는 생산활동, 넷째, 사회적 · 물리적 환경 개선과 같은 집단적 노력에 참여하는 정치활동, 다섯째, 가족이나 친구들과 유의미한 사회적 상호작용에 참여하고 공동체 일원이 되는 사회활동이다.

지금까지의 논의에 따르면, 불평등과 빈곤 개념은 소득을 넘어서 더 다양한 차원으로 확대되어야 한다. 불평등과 빈곤을 다양한 차원에서 측정하는 문제에 대해서도 여러 가지 노력이 이루어지고 있다. 사회학에서는 다차원적 불평등을 몇 가지 특성들의 조합으로 환원시킬 수 있다고 보고 계급론을 이론적 토대로 하여 진행되는 연구의 흐름이 있다(Grusky & Weeden, 2006). 유엔개발계획(United Nations Development Programme)에서는 인간개발지수를 개발하여 국가별 측정치를 매년 발표하고 있다. 인간개발지수에 포함된 개별 지표로는 1인당 국민소득, 기대수명, 성인문해(adult literacy) 수준, 학교 등록자 비율이 있다. 2008년 프랑스 대통령 니콜라 사르코지가 구성한 '경제성과와 사회진보 측정 위원회'에서는 경제와 삶의 질에 대한 다층적 측정의 필요성을 제안하였다(Stiglitz, Sen, & Fitoussi, 2010). 이 제안을 이어받아 경제협력개발기구(OECD)에서는 물질적 삶의 조건과 삶의 질을 측정하는 다차원적인 삶의 질 지표를 개발하여 매년 회원국에 대해 '더 좋은 삶 지수(Better Life Index)' 결과를 발표하고 있다.

3) 불평등과 사회적 이동성

개인의 경제적 안녕(economic well-being)에 영향을 미치는 요인으로는 경제성장, 불평등 및 빈곤과 함께 이동성(mobility)을 들 수 있다. 이동성은 일정 기간 동안 개인 혹은 가족들 사이에서 일어나는 사회경제적 지위에서의 변화를 뜻한다. 사회적 이동성은 세대 내에서 혹은 세대 간에 측정된다. 세대 내 이동성은 개인이나 가족의 현재 지위가 과거 지위에 의존하는 정도를 보여 준다. 세대 간 이동성은 자녀 세대의 지위가 부모 세대의 지위에 영향을 받는 정도를 보여 준다.

동일한 불평등도를 가진 두 사회가 이동성이 다르다면, 이 두 사회의 구성원들의 경제적 안녕수준도 달라진다. 예를 들어 보자. 한 가족은 계층 이동이 없는 경직사

회에서 같은 지위에 고착된 가운데 소득불평등을 겪고 있다. 다른 한 가족은 사회적 이동이 활발한 사회에서 같은 수준의 소득불평등을 경험한다. 이 두 가족이 각 사회에서 경험하는 경제적 안녕수준은 같은 것으로 볼 수 없다. 이동성이 높은 사회에서는 어느 한 해에 낮은 지위에 있던 가족이 다음 해에 계층 상승을 경험하게 되면 다년도에 걸쳐 측정된 불평등 수준은 낮아질 것이기 때문이다. 이렇게 한 시점에서 이 두 가족이 경험하는 불평등은 같더라도 이들이 생애 차원에서 겪는 복지수준은 달라진다. 한 시점에서 측정된 불평등은 한 사회의 복지수준에 대해 단기적인 평가를 내릴 뿐이어서 생애의 복지수준에 대한 평가를 위해서는 이동성에 대한 고려가 필요하다.

모든 이동성이 긍정적으로 평가될 수는 없다. 경기순환 과정에서 발생하는 단기적 이동성은 경제적 불안정이라는 부정적 의미를 갖는다(Hojman, 2000). 반면에 개인이 노력을 많이 할수록 상승 이동의 가능성이 커지는 사회는 긍정적이라고 보아야 한다. 특히 세대 간 이동성이 높은 사회는 긍정적으로 평가된다. 이러한 사회에서는 개인의 지위가 부모로부터 물려받은 특권이나 혜택에 의해 결정되지 않고 자신의 노력에 의해서 얻어진 것으로 볼 수 있다. 즉, 이러한 사회적 이동성은 기회의 평등 수준을 보여 주는 하나의 지표가 된다(Behrman, Birdsall, & Szekely, 2000).

3. 빈곤과 불평등의 정의와 측정

경제적 안녕은 개인이 통제할 수 있는 경제적 자원의 수준을 의미한다. 이는 개인의 소비(consumption)나 소득(income), 부(wealth)를 수치화하여 측정된다. 이 중 소득은 정보를 비교적 쉽게 얻을 수 있기 때문에 경제적 안녕의 측정에 널리 이용되었다.

부 또한 소득이 적거나 소비가 큰 시기에 소비의 평탄화(consumption smoothing)를 가능하게 하는 자원으로서 경제적 안녕수준에 큰 영향을 미친다. 또 부는 사회적 지위나 정치권력에 대한 접근성에도 작용한다(Davies & Shorrocks, 2000). 소비나 소득, 부 이외에 효용이나 역량, 사회적 배제 등이 경제적 안녕수준의 측정에 이용될 수 있다. 이 중 가장 널리 이용되어 온 것은 소득이다. 이 절에서는 소득을 이용하여 빈곤 및 불평등을 측정하는 방법을 살펴본다.

1) 소득의 정의

소득은 일반적으로 가구를 단위로 측정된다. 임금 등 소득을 버는 주체는 개인인 경우가 많지만 대부분의 소득은 개인이 속한 가구를 단위로 공유되고 이렇게 공유된 가구소득이 구성원의 생활수준을 결정하기 때문이다. 가구소득은 시장소득(market income), 가처분소득(disposable income) 등으로 측정된다. 시장소득에는 피용자 근로소득과 자영자소득, 재산소득, 기타 사적소득이 포함된다. 가처분소득은 시장소득에 공적연금과 실업급여 등의 공적 이전(public transfer) 소득을 더하고 세금과 사회보험료를 제외한 소득이다. 대다수 사회통계와 연구에서는 가처분소득을 가구소득으로 정의한다(Atkinson, Rainwater, & Smeeding, 1995).

2) 빈곤 및 불평등의 측정

소득불평등은 한 사회 내에서 개인들이 행사하는 소득에 대한 통제력에서 차이가 나는 정도라고 정의할 수 있다. 한 사회의 소득분배가 다른 사회의 소득분배보다 평등한지, 불평등한지, 어느 정도로 평등하거나 불평등한지를 알기 위해서는 소득불평등의 정도를 수치화하는 작업이 필요하다.

소득불평등 지표 중 가장 널리 이용되는 것은 지니계수(Gini coefficient)이다. 지니계수를 이해하기 위해서는 먼저 로렌츠 곡선(Lorenz curve)을 알아야 한다. 로렌츠 곡선은 소득 순서에 따른 개인의 누적분포를 가로축으로 하고 소득의 누적분포를 세로축으로 하여 그린 곡선을 말한다.

[그림 11-1]을 보면, 가로축에는 소득분포상의 하위 10%, 하위 20%, 하위 30% 등 소득이 작은 개인부터 소득이 큰 개인까지 소득 순서로 모든 인구를 줄을 세워

그 누적분포를 표시하였다. 세로축에는 가로축의 각 지점이 나타내는 누적인구가 소유한 소득이 사회전체 소득에서 차지하는 몫을 나타냈다.

만약 사회의 모든 개인이 동일한 수준의 소득을 가지고 있다면, 하위 10%의 인구는 전체소득의 10%를 가질 것이고, 하위 20%는 전체소득의 20%를 가질 것이다. 이 사회의 모든 인구층을 대상으로 이 점들을 연결하면 모든 인구가 동일소득을 갖는 것을 나타내는 직선이 대각선의 모양으로 그려진다. 그러나 현실에서는 소득 하위 10%의 인구가 갖는 소득은 전체소득의 10%보다 훨씬 적을 것이기 때문에 소득의 누적분포는 대각선 아래의 곡선 모양을 가지게 되는데 이것이 로렌츠 곡선이다.

지니계수는 로렌츠 곡선을 이용하면 쉽게 이해된다. [그림 11-1]에서 가로축과 세로축, 대각선이 이루는 삼각형 면적을 1이라고 할 때 로렌츠 곡선과 대각선 사이의 면적이 지니계수 값이 된다. 따라서 모든 개인이 동일한 소득을 갖는 완전히 평등한 분배가 이루어진 사회에서는 지니계수가 0이 된다. 그리고 불평등도가 증가할수록 수치가 커져, 한 개인이 모든 소득을 독점하고 나머지는 소득이 전혀 없는 완전히 불평등한 사회에서는 지니계수가 1이 된다.

빈곤은 소득이 인간의 욕구 충족에 요구되는 최저 수준에 이르지 못한 상태라고 할 수 있다. 빈곤은 주관적 기준과 객관적 기준으로 측정할 수 있다. 주관적 빈곤선은 적절한 생활수준을 유지하는 데 필요한 최저 소득수준에 대한 사람들의 평가에

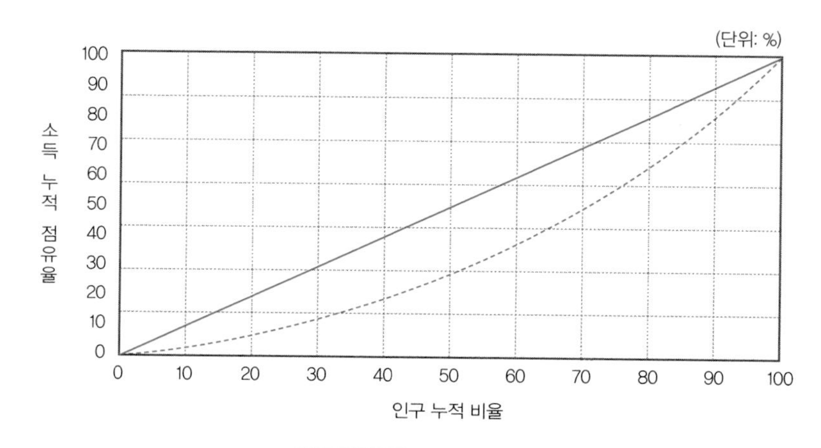

그림 11-1 로렌츠 곡선

근거하여 결정된다. 독일의 경제학자 라이덴(Leyden)에 의해 개발되어 라이덴 빈곤선이라고도 한다.

객관적 빈곤은 상대빈곤과 절대빈곤의 두 가지로 측정될 수 있다. 상대빈곤에서는 빈곤 여부를 정하는 기준선이 해당 사회의 경제적 수준에 따라 달라진다. 여기에서 사회의 경제적 수준은 일반적으로 그 사회의 소득분포상에서 중간에 있는 개인의 소득인 중위소득(median income)으로 측정된다. 보통 상대빈곤선은 중위소득의 일정 비율로 정한다. 통상적으로 중위소득의 50%가 많이 이용되고 40%나 60%가 이용되기도 한다. 절대빈곤은 소득이 인간 삶에 필수적이라고 생각되는 재화와 서비스의 일정 수준에 미치지 못하는 상태인데, 이 기준은 시간과 공간에 관계없이 고정되어 있다고 본다. 절대빈곤 개념을 따르는 대표적인 예가 미국의 빈곤선이다. 미국에서는 1965년에 건강에 필수적인 최저 영양기준과 여타의 생활영역에서 필수적인 지출을 충족시키는 수준으로 빈곤선을 산출하였고 이후에는 매년 소비자물가 상승을 반영하여 빈곤선 액수를 조정하여 동일한 실질가치를 유지하도록 하고 있다. 이러한 절대빈곤은 경제성장이 이루어지면 감소하게 된다. 이와는 달리 상대빈곤은 경제성장이 이루어져도 소득불평등이 악화되면 증가할 수 있다.

빈곤선이 정해지면 이를 이용하여 한 사회의 빈곤 정도를 나타낼 수 있다. 가장 일반적인 방법은 빈곤율(poverty rate)을 제시하는 것이다. 각 가구의 소득과 빈곤선을 비교하여 빈곤가구를 구분하고, 빈곤가구에 사는 개인의 수를 구한 후 이들이 전체 인구에서 차지하는 비율(head-count ratio)을 구한 것이 빈곤율이다. 빈곤율은 빈곤층이 겪는 빈곤의 심도를 알려 주지 못하기 때문에 빈곤의 심도를 알려 주는 지표로서 빈곤갭(poverty gap)이 쓰인다. 빈곤갭은 모든 빈곤층의 소득을 빈곤선 수준으로 올리는 데 필요한 총소득을 말한다. 예컨대, 한 사회에서는 대다수 빈곤층이 빈곤선에 가까운 소득을 가지고 있고 다른 사회에서는 대다수 빈곤층이 훨씬 낮은 수준의 소득을 가지고 있다면, 후자의 사회에서 빈곤갭 수치가 크게 나타난다.

4. 한국 빈곤 및 불평등의 실태[1)]

1) 해방 후 한국의 소득분배

한국 소득분배에 대한 몇몇 초기 연구들은 해방 이후부터 산업화를 시작한 1960년대 초반까지 한국은 절대적 빈곤이 만연한 상태에서 소득분배가 평등한 상태였다는 결론을 내린다. 일제의 통치, 해방 후 농지개혁, 한국전쟁이 당시의 평등한 분배를 만들어 낸 역사적 요인으로서 지적된다(주학중, 1979).

일제강점기에는 인적 · 물적 자본의 축적이 매우 미미하였다. 또 일제로부터의 해방 이후 1960년대 초반까지는 여러 가지 사건이 겹치면서 부의 평등한 재분배가 진행되었다. 정부는 1949년 「농지개혁법」(1994년 폐지)을 통과시켜 당시 불평등의 주요 원천이었던 농지의 재분배를 추진하였다. 유상몰수 유상분배의 원리로 진행되었지만, 한국전쟁의 과정에서 인플레이션이 겹치면서 실질 지가가 크게 하락하여 철저한 농지 재분배가 이루어졌다. 농지개혁의 결과로 소수 지주의 부는 크게 감소하였고, 대다수 소농이 농지를 소유하게 되면서 농민의 생활수준이 상당히 향상되었다. 1947년 42.1%에 달했던 소작농은 농지개혁을 거치면서 1962년까지 5.2%로 감소하였다(Suh, 1992).

농지의 재분배와 함께 한국전쟁으로 인한 인적 · 물적 파괴, 제3공화국의 집권 과정에서 이루어진 부정축재 환수와 농촌고리채 정리 등으로 부의 집중은 더욱 억제되었다. 1960년대 전반까지는 산업화가 본격화되지 않아 소득분배가 비교적 평등하게 이루어진 농업부문의 비중이 컸다. 1965년 전체 가구에서 농가가 차지하는 비율은 5.5%였다. 또 저미가(低米價) 정책과 농지소유 상한선 설정으로 농지소유의 집중이 이루어지지 않은 것도 농가 부문 내의 소득분배 악화를 방지하는 요인으

1) 이 절의 내용 중 일부는 '구인회(2006). 한국의 소득불평등과 빈곤: 소득분배 악화와 사회보장정책의 과제. 서울대학교출판부.'에서 옮겨 온 것이다.

로 작용하였다(주학중, 1979).

물적 자본의 분배만이 아니라 인적 자본의 분포 또한 이 시기의 평등한 소득분배에 기여하였다. 해방 이후 교육기회는 크게 확대되었고, 이는 국내에서 대규모의 인적 자본을 형성하고 그 분포를 평등하게 하였다. 1945년부터 1960년에 걸쳐 모든 수준의 교육이 확대되었다. 초등학교 학생 수는 265% 증가하였으며, 중등교육 학생 수도 12배 증가하였다. 대학생 수는 8천 명에서 10만 명으로 증가하였다(Suh, 1992). 센(1992)은 이 시기에 한국에서 이루어진 기초교육과 공중보건에 대한 투자가 경제적 평등을 고양하는 매우 중요한 기제로 작용하였다고 평가한다.

이 시기 평등한 소득분배는 소득수준이 매우 낮은 상태에서 이루어진 것이기 때문에 광범위한 절대빈곤이 존재하였음을 의미하기도 한다. 해방 후 만연해 있던 절대빈곤의 상황은 한국전쟁의 참화로 인해 한층 심화되었다. 1950년대 전반기 우리 사회는 응급구호를 필요로 하는 전재민으로 넘쳐나게 되었다. 1950년에 전재민은 당시 인구의 38%에 해당하는 782만 명에 달하였다. 그다음 해에는 전재민 수가 더욱 늘어나 956만 명이 되었고 휴전 상태가 시작된 1953년에는 985만 명으로 늘어나 전 인구의 절반에 근접한 수준이 되었다(이두호 외, 1991).

서상목(1979), 서상목과 연하청(Suh & Yeon, 1992) 등에 따르면 해방과 한국전쟁 기간에 보편화된 절대적 빈곤은 1950년대 내내 큰 변화 없이 지속되었다. 1954년에서 1962년에 이르는 시기에 GNP 연평균 성장률이 3.7%에 머물렀고, 1인당 GNP 성장률은 연간 0.7%로 미미한 증가세를 보였다. 당시의 빈곤 추이를 알 수 있는 통계자료는 존재하지 않지만, 이러한 저성장의 시기에 빈곤상황이 개선되었을 가능성은 별로 없어 보인다.

2) 산업화 시기 소득불평등의 추이

1960년대 이후 1980년대까지 산업화 시기의 소득분배에 대해서도 소수의 연구가 존재한다. 이들 연구에 따르면, 한국 소득분배가 1960년대 중반에서 1970년대 초반까지는 약간 개선되었다. 이 시기에는 도시 가구에서의 소득분배가 개선된 것이

전체 소득분배 향상에 기여하였다(권순원 외, 1992; 주학중, 1979). 이 시기에는 노동집약적 수출산업의 급속한 팽창으로 인해 고용이 크게 확대되고 이러한 고용 확대가 저소득층에 혜택을 주는 낙수효과(trickle-down effect)가 발생하였다. 고도성장은 비농가실업률을 1965년 13.5%에서 1970년 7.4%로 크게 감소시킬 정도로 저소득층의 고용을 증대시켰다. 도시가구 하위 40%의 소득비중은 1965년 14.1%에서 1970년 18.9%로 증가한 한편, 상위 20% 가구의 소득비중은 47%에서 43%로 감소하였다(Suh, 1992).

그러나 한국의 소득분배는 1970년대를 거치면서 크게 악화된 것으로 보인다. 1970년대에 이르면, 산업화의 진척으로 실업인구의 흡수가 한계에 달하게 되었고 고학력자 등 고급인력에 대한 수요가 증대되어 학력 간, 직종 간 임금격차가 확대되기 시작하였다(주학중, 1979). 또 경제성장이 자본집약적 대기업 중심으로 이루어지면서 저소득 근로자의 일자리 창출이 적어짐으로써 근로자 사이의 임금격차가 확대되었다(Suh, 1992).

1980년대에 들어서는 추세가 반전되어 소득분배가 꾸준히 개선되었다. 이 시기에는 전체 가구 내에서 피용자 가구 부문이 높은 비중을 차지하게 되었다. 임금격차가 축소되면서 피용자 가구 부문 내에서 소득분배 상태가 개선된 것이 전체 소득분배 개선에 큰 영향을 미쳤을 것으로 판단된다. 1970년대에서 1980년대까지 한국에서 임금불평등도가 개선되었다고 보고하는 연구도 존재한다(Kim & Topel, 1995). 이 연구에 따르면, 이 시기의 인적 자본 수준의 상승은 임금격차를 축소시키는 요인으로 작용하였다. 일제로부터의 해방 이후 한국에서는 취학 수준이 급격하게 증대되어 교육수준의 상향 평준화가 이루어졌다. 1972년에는 전체 근로자의 60% 이상이 초등학교 학력을 가졌지만, 1989년에는 그 비율이 30%로 떨어졌다. 이렇게 저학력 근로자의 비율이 감소하여 저숙련 근로자의 상대임금은 상승하였고, 고교 졸업자와 대학 졸업자가 증대함에 따라 이들의 상대임금은 하락하여 임금격차가 축소되었다는 것이다.

1960년대 이후 진행된 급속한 산업화는 소득불평등의 변화를 초래하는 한편, 취업자의 확대를 통해 가구소득을 증대시킴으로써 빈곤 수준에도 커다란 영향을 미쳤다. 서상목(1979)과 서상목과 연하청(Suh & Yeon, 1992)은 산업화 시기에 지속적이고 급격하게 빈곤이 감소하였음을 보여 준다. 특히 절대빈곤이 크게 감소하였다. 상대빈곤은 1970년대 악화되었다가 1980년대에 개선되는 소득불평등의 변화 추이를 그대로 반영하는 양상을 보였다. 1980년대 다시 경제가 급속하게 성장하고 불평등과 빈곤이 완화되는 추세는 1990년대 전반기까지 지속되었다.

3) 1990년대 이후 소득분배의 추이

한국 소득분배는 1990년대를 거치면서 악화되기 시작했고, 특히 외환위기 이래로 악화추세가 본격화되었다. [그림 11-2]에서는 1990년부터 2021년까지의 소득불평등도 추이를 통계청에서 제공하는 지니계수를 이용하여 제시하고 있다. 1990년부터 자료는 2인 이상 도시가구에 대해서만 존재하고, 전체 가구에 대한 자료는 2011년부터 존재한다. 2인 이상 도시가구의 추이에서 나타나듯이, 한국의 지니계수는 1992년에 0.25로 매우 낮은 수준을 나타내 이때가 산업화 이후 가장 평등한 시기였던 것으로 보인다. 1997~1998년 외환위기 시기에는 지니계수가 0.29로 증가하여 소득불평등도가 크게 악화되었다. 소득불평등도는 위기 진정과 함께 다소 개선되는 듯했으나, 2000년대에 들어서 다시 악화추세가 나타나 2008년 세계금융위기 직

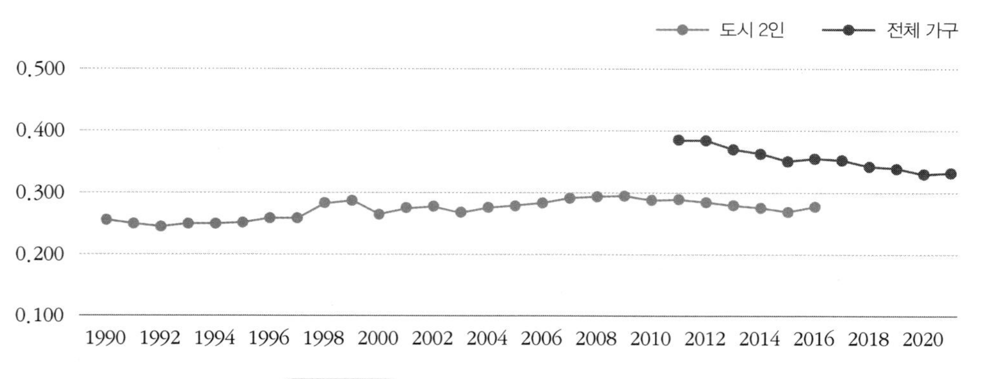

그림 11-2 1990년대 이후 지니계수 추이

출처: 통계청(2023).

후까지 지속된다. 2009년 지니계수는 0.30으로 외환위기 시기보다 높은 수치를 보였다.

그러나 2인 이상 도시가구를 대상으로 한 소득분배 통계는 1인 가구와 농어촌 가구 등 저소득층을 포함하지 않고 있어 소득분배 상태를 제대로 보여 주지 못한다. 전체 가구를 대상으로 한 소득분배 통계는 2011년부터 이용가능하다. [그림 11-2]에 제시된 이 통계에 따르면, 2011년 지니계수는 0.39로 2인 이상 도시가구의 수치 0.29보다 훨씬 높은 소득불평등 상태를 보여 준다. 그러나 2021년까지는 지니계수가 0.33으로 빠르게 감소하여 2010년대에 소득분배가 크게 개선되었음을 알 수 있다.

빈곤 추이에 따르면, 한국 소득분배 상황은 한층 심각하다. [그림 11-3]에서는 중위소득 50% 미만의 상대빈곤층이 차지하는 비율의 추이를 보여 준다. 먼저 2인 이상 도시가구를 보면, 1992년 상대빈곤층의 규모는 6.5%의 낮은 수준을 보이나 그 이후 지속적으로 증가하였다. 외환위기의 영향으로 상대빈곤율은 1999년에 11.4%까지 오른 후 잠깐 감소하였다. 그러나 2000년대에 빠르게 증가하여 2009년에는 13.1%까지 늘어 외환위기 시 수준을 크게 넘어섰다. 전체 가구의 빈곤율은 2011년 18.6%로 나타나 2인 이상 도시 가구 수치 12.4%가 시사하는 수준보다 한국 빈곤 상황이 훨씬 심각함을 보여 준다. 다행히 그 이후에는 빈곤율이 감소추세를 보여 2021년까지 15.1%로 내렸다.

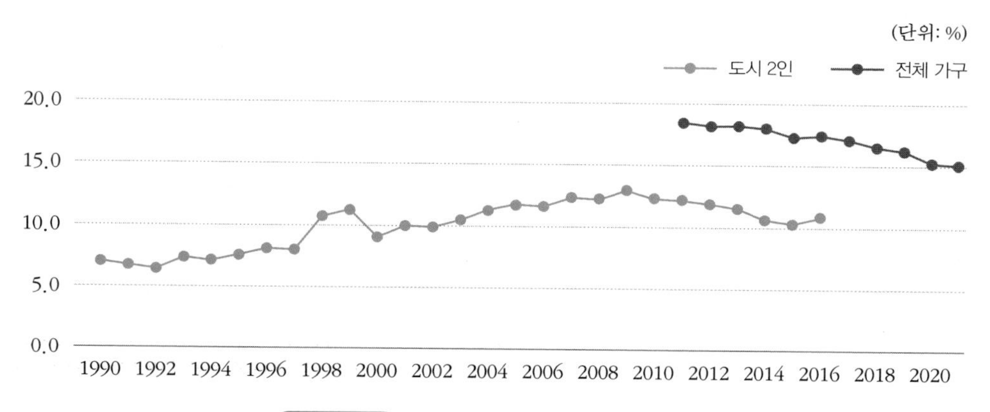

그림 11-3 1990년대 이후 상대빈곤율 추이

출처: 통계청(2023).

한국의 소득분배 실태는 우리와 유사한 경제발전 수준을 이룬 다른 나라들과 비교하면 어떤 상태일까? 〈표 11-1〉에 제시되었듯이, 2019년경 노르웨이, 덴마크, 스웨덴 등 북구 국가들은 지니계수가 0.3 아래의 평등한 분배상태를 보이고 빈곤율 또한 10% 아래의 낮은 수준을 보인다. 프랑스, 독일 등의 국가들은 지니계수가 0.3 전후의 수준이고 빈곤율은 10%를 전후한 수준이다. 이탈리아, 스페인 등 남유럽대륙 국가들은 그보다 지니계수와 빈곤율이 모두 높다. 영미계열 국가들은 지니계수와 빈곤율이 비교적 높은 편이지만 내부에서 편차를 보인다. 특히 미국은 지니계수와 빈곤율이 가장 높은 상태를 보인다. 한국은 일본과 유사한 수준으로 미국, 영국 다음으로 소득불평등도가 높고, 빈곤율은 미국 다음으로 높다. 남유럽 국가들과 유사한 수준의 분배상태를 보인다. 1990년경에는 한국 소득분배 상태는 OECD 회원국들의 중간 정도 수준에 있었다(구인회, 2006). 2019년경에 한국은 선진산업

표 11-1 소득분배의 국제비교(2019년경)

국가	지니계수	상대빈곤율
노르웨이	0.26	8%
덴마크	0.27	7%
스웨덴	0.28	9%
프랑스	0.29	8%
독일	0.30	11%
이탈리아	0.33	14%
스페인	0.32	15%
일본	0.33	16%
한국	0.34	16%
캐나다	0.30	12%
호주	0.33	12%
영국	0.37	12%
미국	0.40	18%

주: 호주, 이탈리아, 일본은 2018년 수치, 다른 나라들은 2019년 수치임.
출처: OECD (2023).

국가들 중에서 불평등과 빈곤이 가장 심각한 경우에 속했다.

한국에서 1990년대 이래 진행된 소득분배 악화에는 근로소득 격차 증대와 같은 경제적 변화, 노인가구 증가와 같은 인구학적 · 가족적 요인의 변화가 작용하였다. 특히 근로소득 격차 증대는 불평등 추이에 큰 영향을 미치는 요인으로 판단된다. 서구 선진산업국가의 경우 여러 나라가 1980년대를 경과하면서 근로소득 불평등의 증대를 경험하였다. 고숙련 상위소득자의 근로소득은 증가하고, 저숙련 노동자의 소득은 감소하였다. 한국의 경우에도 1990년대 전반을 지나면서 임금불평등도가 악화되기 시작했다. 특히 외환위기를 계기로 하여 임금격차가 확대되면서 2010년대 직전까지 근로소득 불평등이 증대되었다. 2010년대에 임금불평등은 개선추세로 반전되어 전체 소득분배에 긍정적인 영향을 미쳤다. 인구학적 · 가족적 요인의 변화는 1990년대 이후 소득분배를 악화시키는 새로운 요인으로 등장하였다. 고령화가 진행되고 노인을 부양하는 다세대가구가 빠르게 감소하면서 노인가구가 증가하였고 노인빈곤이 악화되었다(Ku & Kim, 2020; Ku, Lee, & Lee, 2021). 결혼의 감소와 이혼의 증가 등으로 단독가구가 증가한 것도 분배를 악화시키는 요인으로 작용하였다(구인회, 2019; Ku et al., 2018).

5. 소득분배 개선을 위한 사회복지정책

조세와 소득이전정책 등의 정부 정책은 소득분배에 영향을 미치는 중요한 요인이다. 서구 복지국가에서는 조세와 사회지출이 정부 역할에서 큰 비중을 차지하여 소득분배를 개선하는 가장 중요한 요인이 된다. 그러나 한국에서는 정부의 소득재분배 역할이 크지 않다. 한국에서는 조세의 재분배기능이 약할 뿐만 아니라 공적 소득보장정책이 발달하지 못한 상태였다. 그러나 1990년대를 거치면서 한국에서도 소득보장제도가 많이 확충되었고 정부의 재분배 역할도 증가하였다.

한국 소득보장제도는 보편급여 프로그램, 사회보험, 공공부조로 구성되어 있다. 대표적인 보편급여 프로그램으로는 아동을 대상으로 지급되는 아동수당이 있다.

사회보험형 소득보장제도로는 공적연금, 실업급여, 산재보험 등이 존재한다. 대표적으로 공적연금제도는 노령, 장애, 사망으로 인한 소득상실에 대응하여 연금을 지원하는 제도이다. 공공부조는 저소득층에 대해 경제적 자원을 지원한다. 기초연금은 일정 소득 이하의 노인을 대상으로 지급되어 노인빈곤 완화에 기여하였다(Lee, Ku, & Sohn, 2019). 공공부조에는 근로 저소득층을 지원하는 근로장려세제, 빈곤층을 지원하는 국민기초생활보장제도 등도 있다. 소득보장제도 이외에 최저임금제도 같은 제도는 저임금층을 지원하는 역할을 한다.

1990년대 이후 이루어진 소득보장제도의 발전은 사회복지지출에 반영되기 때문에 그 변화를 통해서 개략적으로 파악할 수 있다. 한국 사회지출은 1990년대 초에는 GDP의 3.2%에 불과하였지만, 2022년에는 사회지출이 GDP의 14.8%로 늘었다. 하지만 이 규모는 여전히 경제협력개발기구 회원국 평균인 GDP 21.1%에 크게 미치지 못하는 수준이다.

대부분의 소득보장 프로그램은 소득을 재분배하여 시장에서 발생한 불평등과 빈곤을 감소시키는 효과를 갖는다. 서구 복지국가들에서는 시장소득의 불평등이나 빈곤은 매우 높은 수준이지만 정부의 재분배 역할이 커서 가처분소득의 분배는 크게 개선된다. 경제협력개발기구 통계에 따르면, 2019년 시장소득 빈곤율이 스웨덴은 25%, 독일은 32%, 영국은 28%로 높은 수준을 보이지만 가처분소득 빈곤율은 각각 9%, 11%, 12%로 크게 낮아진다(OECD, 2023). 이에 비해 한국은 같은 해 시장소득 빈곤율은 21%인데 가처분소득 빈곤율은 16%를 유지하여 정부 개입 이후에도 크게 개선되지 않는다. 이러한 통계치를 보면, 한국 소득분배 악화에는 정부의 재분배 노력이 미약한 점이 중요하게 작용하였음을 알 수 있다. 한국 정부의 역할은 최근 복지를 크게 확충하는 동아시아 국가들과 비교하여서도 미약한 면이 있음이 보고되고 있다(Ku & Saunders, 2022).

향후 한국의 소득분배 개선을 위해서는 정부가 재분배 노력을 강화해야 한다. 특히 소득보장정책의 역할을 개선해야 한다. 국민연금, 실업급여 등 사회보험에서는 사각지대의 해소와 급여의 적절성 확보 등 제도의 개선노력을 기울여야 한다. 이와 함께 공공부조의 소득보장 기능을 강화해야 한다. 기초연금, 근로장려세제,

국민기초생활보장제도의 지원 강화를 통해 사회보험의 혜택이 미치지 못하는 저소득층의 생활안정을 기해야 한다.

요약

평등의 대상이 무엇이 되어야 하는지에 대해서 기회의 평등을 중시하는 입장과 결과의 평등을 강조하는 입장이 존재한다. 기회평등론에서는 불평등 해소는 기회의 제약으로 발생하는 경우에 한정되어야 한다고 본다. 반면에 결과평등론에서는 사회구성원의 기본적 욕구를 충족하고 사회연대를 위해 결과의 평등을 보장해야 한다고 본다. 하지만 기회의 평등과 결과의 평등은 각각 규칙의 공정성과 보상 차이의 적절성이라는 별도의 차원을 다루고 있어 양자택일의 문제가 아니라 보완적 관계에 있는 것으로 생각해야 한다. 불평등과 빈곤에 대한 전통적 입장에서는 개인의 복리후생이나 생활수준의 차이는 소득의 차이로 이해되었다. 그러나 소득만이 아니라 소비, 자산 등 경제적 자원을 넓게 생각해야 하고 삶의 질의 다양한 양상을 포착하는 다차원적 접근이 필요하다는 인식이 확산되었다. 불평등과 빈곤의 실태를 측정하는 데에는 지니계수와 빈곤율 등이 많이 이용되고 있어 이러한 측정방법에 대한 이해가 필요하다. 한국의 소득분배는 1990년대 전반까지는 비교적 양호한 상태를 보였으나 그 이후 2010년대 직전까지 크게 악화되었다. 2010년대에는 개선의 추세로 반전되었으나 향후 추이에 대해서는 지속적인 관찰이 필요하다. 이러한 소득분배 추이에는 근로소득 격차의 변화, 인구학적 · 가족적 요인의 변화가 영향을 미쳤다. 정부의 소득재분배 노력도 소득분배 추이에 중요하게 작용하는데, 한국의 경우 소득보장정책을 강화하여 불평등과 빈곤을 완화하도록 노력해야 한다.

참고문헌

구인회(2006). 한국의 소득불평등과 빈곤: 소득분배 악화와 사회보장정책의 과제. 서울대학교출판부.

구인회(2019). 21세기 한국의 불평등: 급변하는 시장과 가족, 지체된 사회정책. 사회평론아카데미.

권순원, 고일동, 김관영, 김선웅(1992). 분배 불균등의 실태와 주요 정책과제. 한구개발연구원.

서상목(1979). 빈곤인구의 추계와 속성 분석. 한국개발연구(여름), 13-30.

이두호, 최일섭, 김태성, 나성린(1991). 빈곤론. 나남.

주학중(1979). 계층별 소득분포의 추계와 변동요인. 한국개발연구(창간호), 22-43.

통계청(2023). 가계동향조사 및 가계금융복지조사 소득지표.

Atkinson, A. B., Rainwater, L., & Smeeding, T. (1995). Income distribution in OECD countries: Evidence from the Luxembourg Income Study. *OECD Policy Studies, 18.*

Behrman, J. R., Birdsall, N., & Szekely. M. (2000). Intergenerational mobility in Latin America: Deeper markets and netter schools make a difference. In N. Birdsall & C. Graham (Eds.), *New markets, New Opportunities?: Economic and social mobility in a changing world*, 135-167. Brookings Institution Press.

Bourguignon, F. (2006). From income to endowments: The difficult task of expanding the income poverty paradigm. In D. B. Grusky & R. Kanbur (Eds.), *Poverty and Inequality*, 76-102. Standford University Press.

Burchardt, J., Le Grand, J., & Piachaud, D. (1999). Social exclusion in Britain, 1991-1995. *Social Policy & Administration, 33*(3), 227-244.

Davies, J. B., & Shorrocks, A. F. (2000). The distribution of wealth. In A. B. Atkinson & F. Bourguignon (Eds.), *Handbook of Income Distribution, 1*, 605-676. North-Holland.

Dworkin, R. (1981). What is inequality? Part 2: Equality of resources. *Philosophy and Public Affairs, 10,* 283-345.

Forster, M. F., & Vleminckx, K. (2004). International comparisons of income inequality and poverty: Findings from Luxembourg Income Study. *Socio-Economic Review, 2,* 191-212.

Grusky, D. B., & Weeden, K. A. (2006). Does the sociological approach to studying social mobility have a future?. In S. L. Morgan, D. B. Grusky & G. S. Fields (Eds.), *Mobility and Inequality*, 85-108. Stanford University Press.

Hojman, D. E. (2000). Inequality, grwoth, and political stability: Can income mobility produce the answers?. In N. Birdsall & C. Graham (Eds.), *New markets, New Opportunities?: Economic and social mobility in a changing world*, 192-224. Brookings Institution Press.

Kim, D. I., & Topel, R. H. (1995). Labor markets and economic growth: Lessons from Korea's industrialization, 1970-1990. In R. B. Freeman & Katz, L. F. (Eds.), *Differences and Changes in Wage Structures*. The University of Chicago Press.

Ku, I., & Kim, C. -O. (2020). Decomposition analyses of the trend in poverty among older adults: The case of South Korea. *Journals of Gerontology: Social Sciences, 75*(3), 684-693.

Ku, I., Lee, W., & Lee, S. (2021). Declining family support, changing income sources, and older people poverty: Lessons from South Korea. *Population and Development Review, 47*(4), 965-996.

Ku, I., Lee, W., Lee, S., & Han, K. (2018). The role of family behaviors in determining income distribution: The case of South Korea. *Demography, 55*(3), 877-899.

Ku, I., & Saunders, P. (Eds.) (2022). Poverty and Inequality in East Asia. *Work, Family and Policy*. Edward Elgar Publishing.

Lee, S., Ku, I., & Shon, B. (2019). The effects of old-age public transfer on the well-being of older adults: The case of social pension in South Korea. *Journals of Gerontology: Social Sciences, 74*(3), 506-515.

OECD (2023). OECD Statistics. stats.oecd.org/

Okun, A. M. (1975). *Equality and Efficiency: The big trade-off*. The Brookings Institution.

Rawls, J. (1971). *A Theory of Justice*. Harvard University Press.

Roemer, J. E. (1998). *Equality of Opportunity*. Harvard University Press.

Roemer, J. E. (2009). Equality: Its justification, nature, and domain. In W. Salverda, B. Nolan & T. M. Smeeding (Eds.), *The Oxford handbook of Economic Inequality*, 23-39. Oxofrd University Press.

Sen, A. (1973). *On Economic Inequality*. Clerendon Press.

Sen, A. (1992). *Development as Freedom*. Anchor Books.

Stiglitz, J. E., Sen, A., & Fitoussi, J. -P. (2010). *Measuring Our Lives: why GDP doesn't add up*. The New Press.

Suh, S. M. (1992). The economy in historical perspective. In V. Corbo & S. M. Suh (Eds.), *Structural Adjustment in a Newly Industrialized Country: The Korean experience*. The Johns Hopkins University Press.

Suh, S. M., & Yeon, H. C. (1992). Social welfare during the period of structural adjustment. In V. Corbo & S. M. Suh (Eds.), *Structural Adjustment in a Newly Industrialized Country: The Korean experience*. The Johns Hopkins University Press.

Tawney, R. H. (1961). *Equality*. Capricon Books.

제12장

4차 산업혁명 시대의 도래와 사회복지

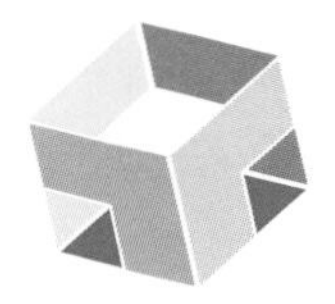

이 장에서는 4차 산업혁명으로 불리는 디지털 기술혁신이 아날로그 기반의 사회구조를 변화시키는 양상을 살펴보고, 그로 인해 새롭게 발생한 사회문제들을 짚어본다. 나아가 디지털 시대에 변화한 사회구조와 사회적 위험에 대처하기 위해 사회복지제도가 어떠한 방향으로 재조정되어야 하는지에 대한 방향과 원칙들을 논의한다.

1. 4차 산업혁명과 사회구조 변화

인류는 지금까지 수많은 기술과 도구를 발명해 왔다. 그러나 인간이 만든 모든 기술을 산업혁명이라 칭하진 않는다. 산업혁명이란, 인류의 정치 · 경제 · 사회 · 문화 전반을 질적으로 바꿀 만큼 급진적인 기술혁신을 뜻한다. 보통 근대사회에서 산업혁명으로 불리는 기술 진보는 4단계로 일컬어진다. 먼저 1차 산업혁명은 증기기관, 2차 산업혁명은 전기 · 내연기관, 3차 산업혁명은 컴퓨터와 인터넷 그리고 현재의 4차 산업혁명은 플랫폼, 로봇, IoT, AI, 3D 프린팅, AR/VR, 블록체인, 메타버스 등의 도입으로 요약된다(Schwab, 2017). 그중에서도 증기기관(1차 산업혁명)과 전기 · 내연기관(2차 산업혁명)의 발명은 제조업 중심의 근대 산업사회(industrial society)를 연 전통적 산업혁명으로 꼽히고 있으며, 컴퓨터와 인터넷(3차 산업혁명), 플랫폼, 로봇, AI(4차 산업혁명)의 발전은 서비스업 중심의 후기 산업사회(post industrial society)를 연 디지털 기술혁신으로 꼽힌다.

이러한 기술혁명은 인간이 활동하는 시공간적 사회구조를 변화시켰다. 먼저, 증기기관(1차 산업혁명)은 인간이 활동할 수 있는 공간적 범위를 확장시켰고, 전기(2차 산업혁명)는 인간이 활동할 수 있는 시간을 연장시켰으며, 컴퓨터와 인터넷(3차 산업혁명)은 가상세계라는 새로운 시공간을 창출했다. 그리고 현재 우리가 맞이한 4차 산업혁명은 아날로그 세계와 디지털 세계를 연결하는 것을 특징으로 한다. 소위 '초융합' '초연결'이 4차 산업혁명을 표현하는 용어가 된 데에는 이런 맥락이 있다.

미래의 사회복지의 방향을 고민하기 위해서도 이러한 인간사회의 시공간적 전환을 염두에 두어야 한다. 지금의 전통적 사회복지제도는 19세기부터 20세기 초중반 근대 산업사회가 발전하면서 구축되기 시작했는데, 이러한 사회복지제도들은 주로 아날로그적 의미의 국가-시장-시민사회 개념을 바탕으로 한다. 즉, 근대적 사회복지제도는 ① 배타적인 영토, 주권, 국민으로 이루어진 국민국가(nation state), ② 자국의 기업과 노동자를 중심으로 한 국민경제(national economy), ③ 시민들의 집합체인 지역사회공동체(local communities)를 토대로 한다. 예를 들어, 현재의 대표적 사회복지제도인 사회보험, 사회부조, 사회서비스는 ① 국민에게 세금과 사회보험료를 집합적으로 거둬들일 수 있는 중앙집권적 정부의 행정력, ② 시장에서 창출한 수익 일부를 정부에 세금과 사회보험료로 의무적으로 납부하는 사업장 사업주와 노동자, ③ 시민권의 관점에서 복지에 대한 권리를 요구하는 시민사회조직의 역할 없이는 불가능하다.

플로라와 앨버(Flora & Alber, 1981: 42)는 [그림12-1]과 같이 시장-정부-시민사회가 근대적 사회복지제도의 발전에서 어떤 역할을 했는지를 한눈에 볼 수 있게 도

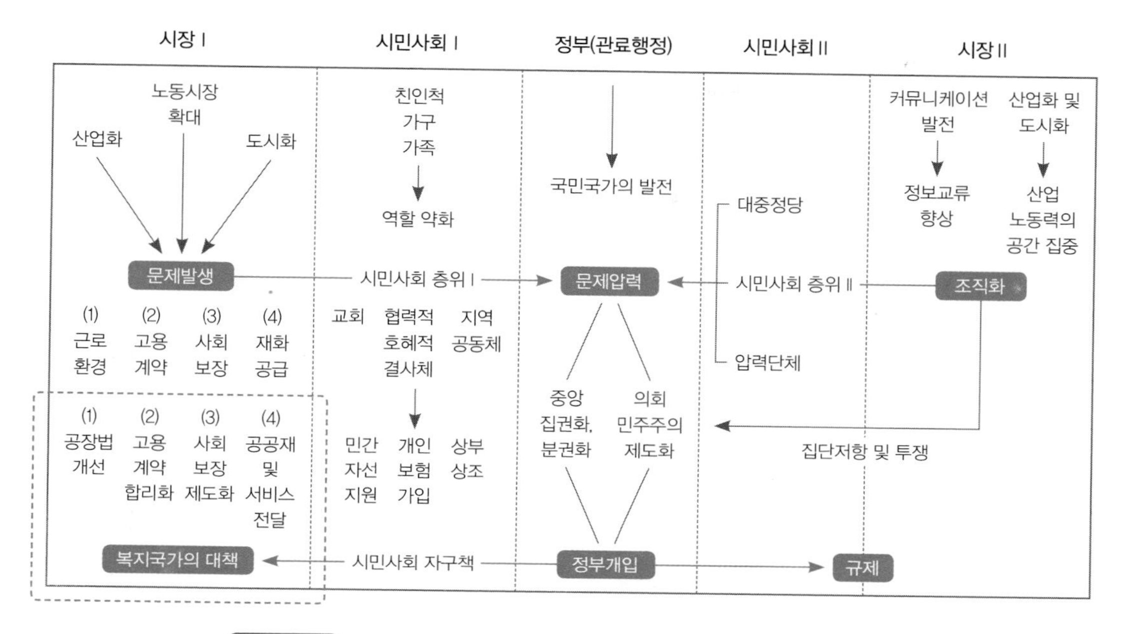

그림 12-1 근대 복지국가에 영향을 미친 국가-시장-시민사회의 역동
출처: Flora와 Alber(1981), p. 42의 내용을 재구성.

식화하였다. 먼저, 사회복지제도는 근대 산업사회에서 대두된 사회문제에 대한 대응책으로 발전했다. 전근대 농업사회에서 개인의 불행과 결핍은 주변의 가족이나 친인척, 혹은 종교기관이나 지역공동체를 통해 해결되어 왔다(시민사회 I). 그러나 급속한 도시화와 산업화로 인해 자생적 공동체의 결속력이 약해지면서, 개별 국민이 겪는 질병, 실업, 빈곤, 노령, 재해는 국가적 차원에서 해결해야 할 사회문제로 인식되기 시작했다(시장 I). 이때 대의민주주의와 참정권의 확대, 대규모 사업장에서의 노동조합의 성장은 일반 시민과 노동자들이 압력단체를 조직해 정부에게 사회문제에 대한 대응책을 마련하도록 요구할 수 있는 원동력이 되었다(시장 II, 시민사회 II). 이후 국민국가는 복지국가를 구축해 한편으로는 자본주의 시장에서 발생하는 사회문제에 대한 해결책을 제시하고, 다른 한편으로는 시민사회의 불만과 저항을 규제하는 통치전략을 수행해 왔다.

이처럼 근대의 사회복지제도는 국가-시장-시민사회 행위자들의 상호작용 속

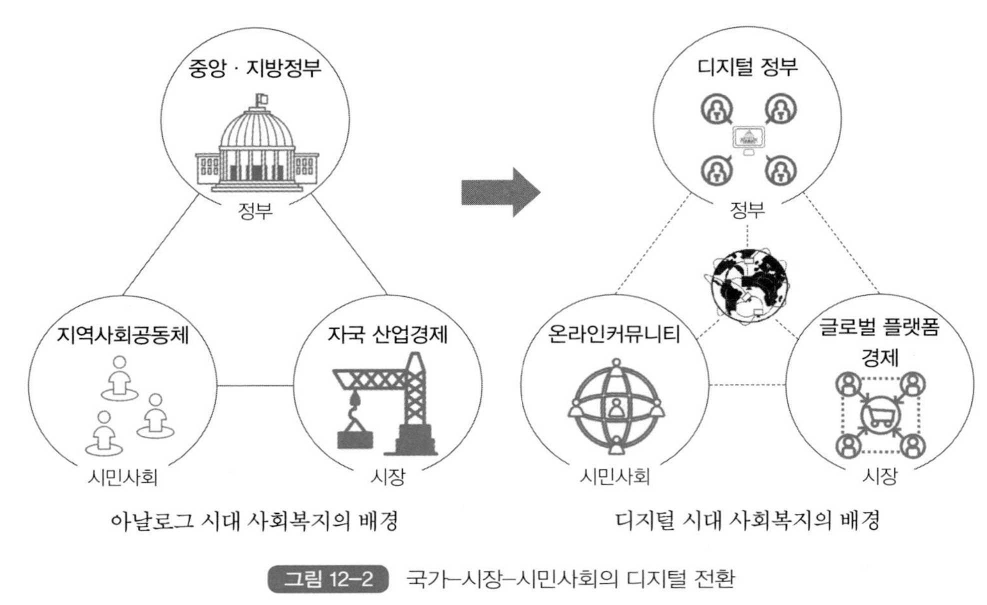

그림 12-2 국가-시장-시민사회의 디지털 전환

출처: 김수영(2021), p. 8.

에서 구축된 사회적 구성물이다. 그러나 3차 산업혁명(컴퓨터와 인터넷)부터 시작해 4차 산업혁명에서 본격화되기 시작한 디지털 전환은 [그림 12-2]와 같이 지난 수백 년 동안 지속하여 오던 근대적 정부-시장-시민사회의 양태를 혁신적으로 변화시키고 있다.

먼저, ① 정부는 빅데이터 기술을 활용해 공공정보를 대규모로 집적 · 처리하는 전자정부, 디지털 플랫폼 정부를 표방하고 있으며, ② 시장의 중심축도 아날로그 사업장에서 디지털 플랫폼 경제와 기업으로 이동하고 있다. 많은 생산자와 소비자들이 아마존(Amazon), 이베이(eBay), 지마켓(Gmarket)과 같은 전자상거래 사이트를 통해 재화와 서비스를 거래하고 있고, 에어비앤비(Airbnb), 우버(Uber), 배달앱과 같은 플랫폼을 매개로 경제활동을 하는 플랫폼노동자도 급증하고 있다. ③ 시민사회도 지역공동체에서 사이버스페이스로 확대되었다. 이제 네트워크의 시민, 즉 네티즌(netizen)들은 인스타그램(Instagram), 트위터(Twitter), 카카오톡과 같은 SNS, 온라인커뮤니티, 블로그로 의사소통하는 것이 일상이 되었다. 이러한 사회

전반의 디지털 전환은 기존의 아날로그 국민국가-국민경제-시민사회조직을 기반으로 구축되었던 사회복지제도로는 해결할 수 없는 새로운 사회문제를 발생시키고 있다.

2. 4차 산업혁명과 새로운 사회문제

1) 디지털 시장: 플랫폼 기업과 노동자의 양극화

먼저, 디지털 전환은 초거대 플랫폼 기업들의 등장을 이끌었다. 물론 초거대 글로벌 기업들은 4차 산업혁명 이전에도 존재해 왔다. 그러나 〈표 12-1〉에서 보듯이, 2000년대까지는 코카콜라, 포드, 디즈니 같은 제조업 기반 기업이 글로벌 시장에서 선두를 차지했던 반면, 4차 산업혁명이 본격화된 2010년 전후로 구글(Google), 아

표 12-1 글로벌 기업의 브랜드가치 톱10

순위	2000년			2018년		
	기업명	분류	브랜드가치($)	기업명	분류	브랜드가치($)
1	Coca-Cola	음료	725억	Apple	IT(모바일/OS)	2,145억
2	Microsoft	IT(OS)	701억	Google	IT(플랫폼)	1,555억
3	IBM	IT(컴퓨터)	531억	Amazon	IT(플랫폼)	1,007억
4	Intel	IT(컴퓨터)	390억	Microsoft	IT(모바일/OS)	927억
5	NOKIA	IT(통신)	385억	Coca-Cola	음료	663억
6	GE	제조	381억	Samsung	IT(모바일)	598억
7	Ford	자동차	363억	Toyota	자동차	534억
8	Disney	레저	335억	Mercedes-Benz	자동차	486억
9	McDonald's	요식업	278억	Facebook	IT(플랫폼)	451억
10	AT & T	IT(통신)	255억	McDonald's	요식업	434억

출처: Interbrand (2000, 2018).

마존, 페이스북(Facebook)처럼 디지털 플랫폼을 기반으로 하는 IT 기업들이 상위를 점유하기 시작했다.

플랫폼 기업들이 빠르게 시장을 점유할 수 있었던 이유는 네트워크 효과(network effects) 때문이다. 네트워크 효과란, 특정한 네트워크의 사용자들이 많아지면 해당 네트워크를 통해 얻을 수 있는 정보도 많아지게 되면서, 해당 네트워크로 사용자들이 더 많이 몰리게 되는 자기강화 효과를 뜻한다(Srnicek, 2017: 31). 이러한 네트워크 효과로 인해 일부 플랫폼 기업들은 디지털 시장에서 급속도로 입지를 확장하면서, 상품의 유통정보와 사용자들을 독점할 수 있게 되었다. 기존 주류 경제학에서 독점기업은 상품의 생산을 독점하는 기업을 뜻했지만, 초거대 플랫폼 기업들은 직접 상품을 생산하기보다 네티즌이나 스마트스토어와 같은 개인과 조직들이 자신이 생산한 재화나 서비스를 플랫폼에 올리고 판매할 수 있도록 지원하는 방식으로 수익을 창출한다. 대신 해당 플랫폼을 통해 거래되는 상품정보와 거래흐름을 독점함으로써 시장에서의 영향력을 넓혀 간다. 다시 말해, 플랫폼 기업이 주도하는 디지털 시장에서는 '상품생산의 독점'이 아니라 '유통정보의 독점'이 일어난다(Bhatt, 2017: 133).

문제는 디지털 시장에서 기업들은 점점 거대해지는 반면, 플랫폼을 통해 재화와 서비스를 공급하는 노동자들은 점점 더 분자화된다는 점이다. 플랫폼 기업이 증가하면서, 플랫폼을 통해 자신의 재화와 서비스를 판매하는 플랫폼 노동자들도 급증했다. 디지털 플랫폼은 그 속성상 인간의 노동을 '분해'한다. 디지털 기술은 하나의 노동(work)을 아주 작은 노무들(tasks)로 쪼개는 것이 가능하기 때문이다. 역사적으로 기술혁명은 노동 분업을 촉진해 왔다. 전근대 사회에서 장인(master)은 구두, 가방, 옷 만들기를 혼자 전담했었다. 하지만 근대 산업혁명 이후 공장제 기계공업이 도입되면서 많은 노동자(workers)가 기계와 컨베이어 벨트를 이용해 상품 만들기를 나눠서 수행하는 분업이 활성화되었다. 그러나 현재의 디지털 플랫폼은 노동자 한 명이 분담해 오던 일마저도 더욱 잘게 쪼갤 수 있게 만든다. 예를 들어, 아날로그 산업사회에서 중국집과 같은 음식점은 개별적으로 배달부를 고용하는 경우가 많았다. 하지만 배달앱이 개발되면서 음식점들은 따로 배달원을 고용하지 않고, 주문이 있을 때만 건별로 배달앱 기사를 호출할 수 있게 되었다. 배달원이라는 노동이 배달콜이라는 여러 건의 노무로 쪼개진 것이다.

플랫폼 노동의 한 형태인 크라우드워크(crowdwork)는 과거에는 하나의 노동으로 인식되어 오던 일이 여러 노무로 쪼개지는 초분업화(hyper-division of work)를 보여 주는 또 하나의 사례이다. 크라우드워크는 '군중노동'으로 번역되는데, 아마존에서 운영하는 크라우드워크 플랫폼(Amazon Mechanical Turk: AMT)이 군중노동의 대표적 사례이다. AMT에서는 '한 권의 책을 수백 명이 나누어 한 시간 만에 번역하기'처럼 업무발주자가 특정 업무를 요청하면, 이를 분담할 수 있는 전 세계의 수백 수천 명의 사람이 업무수행자(taskers)로 참여해 업무를 쪼개서 수행한다. 번역가라는 직업을 가진 한 사람이 책을 번역하는 것이 아니라, 수많은 업무자가 협업하여 책 한 권의 번역을 초단기간에 완성하는 것이다. 따라서 한 작업을 여러 업무로 쪼개서 분배할 수 있는 디지털 플랫폼 환경에서는 정형화된 노동은 감소하고, 유동적인 업무들이 증가하게 된다. 이에 따라 인간의 일자리가 정규직 고용노동에서 점차 일시적(temporary), 독립적(independent), 비정형(nonstandard) 업무들로 분화하게 되는 것이다(Standing, 2014).

플랫폼 경제에서 기업과 노동자의 관계는 기존의 전근대 농경사회, 근대 산업사회의 생산관계와 비교했을 때, 관계의 결합력이 훨씬 느슨하다. 전근대 농업사회의 생산관계는 지주와 소작농(농노)의 주종관계로서, 시간적으로는 종신세습, 공간적으로는 생활공간(집)을 함께하는 매우 밀착된 형태를 특징으로 한다. 반면, 근대 산업경제가 도래하면서 주요 생산관계는 자본가와 노동자의 고용관계로 변화한다. 자본가(사업주)와 노동자는 정규직이든 비정규직이든 일정한 기간 근로계약을 맺으며, 노동자와 자본가는 생활공간을 공유하지 않고 사업장으로 출퇴근하며 근로시간에만 공간을 공유한다. 그러나 디지털 경제에서는 산업사회보다 더 생산관계가 느슨해진다. 플랫폼 노동자는 플랫폼 기업과 고용계약(employment)을 맺는 것이 아니라 플랫폼 기업이 제공하는 앱이나 홈페이지에 회원으로 가입(membership)한다. 플랫폼 노동자들은 9to6로 사업장에 출근해 일하는 것이 아니라, 자신이 원하는 시간에 원하는 공간에서 플랫폼에 접속해 일한다. 따라서 플랫폼 기업과 노동자들은 시공

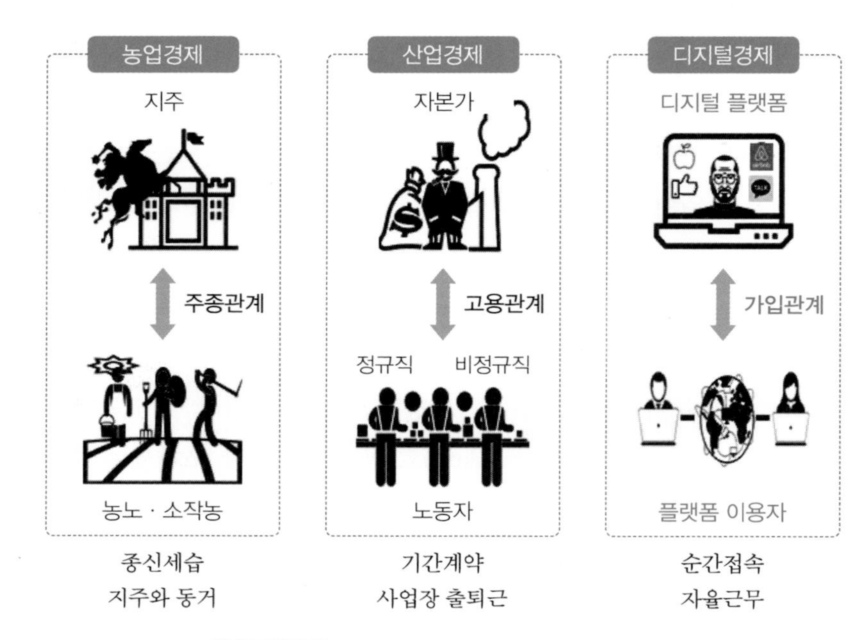

그림 12-3 경제체계에 따른 생산관계의 결속력

출처: 김수영(2021), P. 45.

간적 접점이 매우 적다. 이러한 생산관계의 변화는 한편으로는 노동자의 자율성 강화로 해석될 수 있지만, 다른 한편에서는 기업의 책임성 약화라는 효과를 낳는다.

이러한 디지털 경제의 생산관계 변화는 기존 사회복지제도의 기반을 흔든다. 근대 복지국가의 대표적 사회복지정책인 사회보험은 자국의 사업장 사업주(기업)와 노동자가 사회보험료를 분담하는 사회계약을 통해 이루어진다. 국민연금, 건강보험, 고용보험, 산업재해보상보험, 노인장기요양보험의 최종 수혜자는 노동자들이지만, 사업주는 자신과 고용계약을 맺은 노동자에 대한 연대책임을 지고 보험료의 일부(50%) 혹은 전부를 분담하는 게 원칙이다. 그러나 디지털 플랫폼 경제는 기업들의 노동자에 대한 책임을 크게 약화시킨다. 특히 플랫폼 경제의 성장은 다음 두 가지 측면에서 기업과 노동자의 기존 생산관계를 변화시키게 된다.

첫째, 플랫폼 기업들이 거대화되면서 플랫폼 기업이 존재하는 국가와 플랫폼 노동자들이 실제로 일하는 국가가 달라질 수 있다. 제조업 기반의 산업사회에서는 기업이 공장을 노동력이 저렴한 제3세계로 이전시키거나, 제3세계 노동자들이 임금이 높은 경제적 선진국으로 이주하는 일이 빈번했다. 그러나 디지털 플랫폼 경제는 가상세계를 기반으로 하기에 플랫폼 기업은 굳이 노동력이 싼 나라로 사업장을 옮길 필요가 없다. 플랫폼 노동자들도 플랫폼 기업의 모법인이 있는 국가로 직접 이주하지 않고도 플랫폼에 접속해 일할 수 있는 '가상이주노동(virtual migration)'이

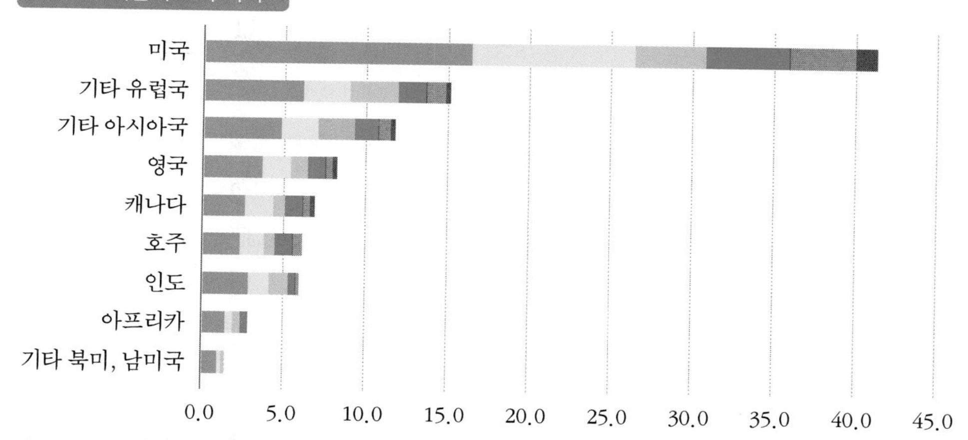

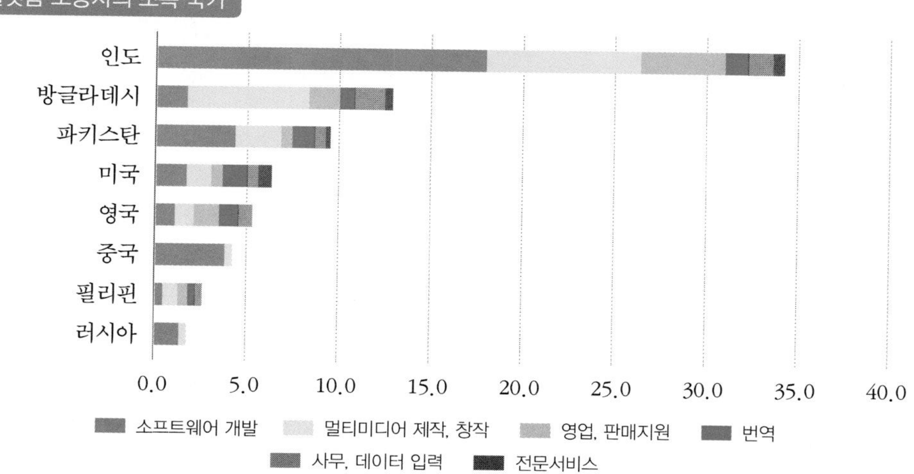

그림 12-4 디지털 플랫폼 기업과 노동자의 소속 국가

출처: Online Labor Index (2020).

가능해졌다(Aneesh, 2006). 실제 옥스퍼드대학교의 온라인노동지수(Online Labour Index)에 따르면, 아마존, 구글, 우버, 딜리버루(Deliveroo) 같은 글로벌 플랫폼 기업의 약 75%가 미국과 유럽에 존재하지만, 해당 플랫폼을 통해 경제활동을 하는 플랫폼 노동자의 약 55%가 인도, 파키스탄, 방글라데시 3국에 포진되어 있을 정도로 가상이주노동이 활발히 진행되고 있다(Oxford Internet Institute, 2020). 이처럼 기업과 노동자의 국가가 불일치하게 되면, 자국의 사업주가 자국의 노동자를 위해 사회보험료와 조세를 분담하는 복지국가 시스템의 실효성이 감소할 수밖에 없다. 따라서 기업이 타국 가상이주노동자의 노동권과 복지권을 어느 정도 보장해야 하는지, 연관된 국가들은 어떤 역할을 담당해야 하는지가 쟁점으로 떠오르게 된다.

둘째, 플랫폼 기업과 플랫폼 노동자의 생산관계를 고용관계의 틀로 설명할 수 없는 점도 현행 사회보험의 난제이다. 플랫폼 노동자들은 특정 플랫폼 기업에 고용(employment)된 자가 아니라 가입(membership)된 자로서, 해당 플랫폼을 통해 주문 요청이 들어왔을 때 건별로 업무를 수행하면서 수익을 창출한다. 이처럼 기존 고용관계의 틀에서 벗어난 플랫폼 기업과 플랫폼 노동자의 관계 정립을 두고 한국을 비롯한 세계 각국에서 격렬한 법적 논쟁이 벌어져 왔다(이다혜, 2018). 지금 복지국가의 사회보험들이 사업장에 소속된 노동자를 중심으로 구축되어 있기에, 플랫폼 노동자가 플랫폼 기업이 책임을 져야 하는 종속 노동자로 정의되는지에 따라 이들이 받을 수 있는 복지혜택이 달라지기 때문이다.

2) 디지털 국가: 데이터 복지국가의 양면성

정부의 디지털 전환에는 긍정적 측면과 부정적 측면이 존재한다. 본래 근대 국민국가는 국민의 안보, 치안, 복지를 보장하는 의무를 지는 한편, 국민의 거주지, 가족관계, 자산 등 징병 · 징세에 필요한 개인정보를 수집하고 관리하는 통치력을 발휘해 왔다(Giddens, 1985). 특히 근대 복지국가의 사회보장제도는 국민에 대한 개인정보 수집의 집약체가 되어 왔다. 복지국가는 소득보장, 의료, 교육, 주거, 고용서비스를 제공하기 위해 국민의 개인정보를 수집하고 관리해 오며 국민의 자유를 일정 수

준 통제하기도 했다. 이에 더해 최근 각국 정부는 디지털 기술을 이용해 공공기관에 흩어져 있던 공공데이터들을 연계해 복지서비스와 급여의 신청, 지급, 발굴 업무를 자동화하는 '디지털 복지국가(digital welfare state)' 구축을 지향하기 시작했다(Alston, 2019). 실제 2000년대 초반부터 복지국가들은 전자정부를 표방하면서, 복지행정에 정보시스템을 도입해 대규모 개인정보를 집적, 통합, 연계해 왔다. 특히 2010년대에 접어들면서 복지국가의 디지털화는 한 단계 진화하게 된다. 2000년대에는 3차 산업혁명의 상징인 컴퓨터와 인터넷이 공공기관에 유입되었다면, 2010년부터는 4차 산업혁명의 대표적 기술인 빅데이터와 알고리즘이 복지국가의 행정에 대대적으로 도입되기 시작한 것이다.

빅데이터 기술은 복지국가가 개별 시민의 개인정보를 수집하고 분리해 관리하는 수준을 넘어서, 자동화된 알고리즘을 통해 시민들의 개인정보를 연계하고 분석해 특정 집단을 추출하며, 위험집단을 예측하는 것을 가능하게 했다(Andrejevic & Gates, 2014: 190). 실제로, 최근 들어 빅데이터 기술이 비약적으로 발전하면서 다양한 사회복지 영역에서 데이터를 바탕으로 한 문제집단에 대한 예측이 활성화되고 있다. 이에 커뮤니케이션 학자 덴시크(Dencik, 2021)는 단순히 행정절차를 온라인화하는 것을 넘어서, 빅데이터 기술을 통해 복지 신청, 집행, 선별, 전달, 관리 전반을 처리하는 복지국가의 질적 전환을 '데이터 복지국가(datafied welfare state)'로 정의하기도 했다.

한국 정부도 복지행정에 빅데이터 기술을 접목해 데이터 복지국가로의 전환을 추진해 왔다. 한국의 대표적 복지행정시스템인 '사회보장정보시스템'은 2010년에 처음 개통되었으며, 이후 여러 차례 업그레이드를 통해 2022년 현재 '차세대 사회보장정보시스템'으로 발전했다. 사회보장정보시스템에는 [그림 12-5]처럼 국민의 복지서비스 수급 이력과 함께, 자격심사를 위해 필요한 소득, 재산, 차량, 부동산, 가족관계, 군복무 이력, 교정시설 입소 이력, 출입국 정보 등 2020년 기준 총 78개 기관의 1,172종의 정보들이 연계되어 있다(한국사회보장정보원, 2021. 4. 9.). 정부는 사회보장정보시스템을 통해 국민기초생활보장제도의 생계 · 주거 · 교육급여, 아동수당, 기초연금, 장애인연금 등 각종 복지서비스의 자격심사와 급여 집행을 수행

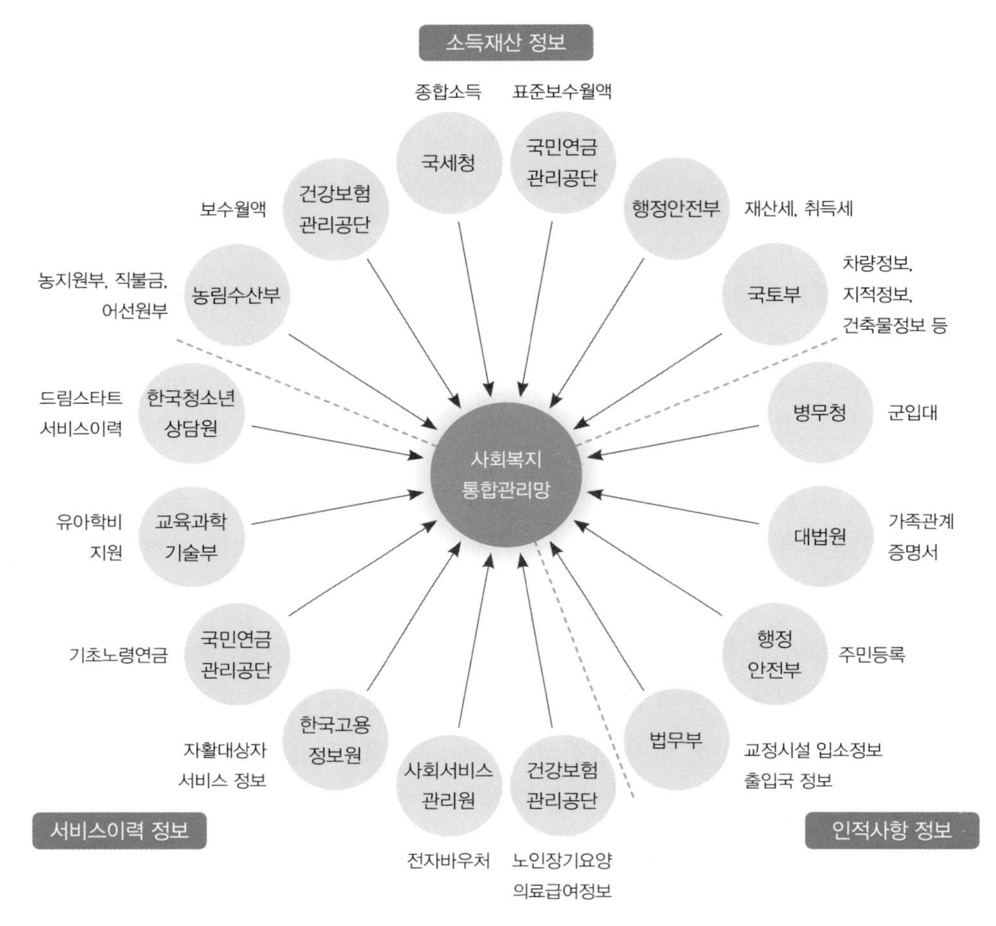

그림 12-5 사회보장정보시스템에 연계된 개인정보

주: 출처의 보건복지가족부는 현재 명칭이 보건복지부(2010년 변경)로 바뀌었음.
출처: 보건복지가족부(2010), p. 4.

하고 있으며, 연계된 빅데이터를 활용해 복지 사각지대 위험군, 아동학대 위험군 등 특정 문제가 있거나 위험에 놓인 것으로 예측되는 집단들을 분류해 맞춤형 서비스를 제공하는 방안을 추진하고 있다.

디지털 복지국가의 도입은 양면적 효과가 있다. 먼저 디지털 복지국가는 국민의 알 권리를 진작하고, 참여 민주주의에 일조할 것이라는 기대를 받아 왔다. 커시와

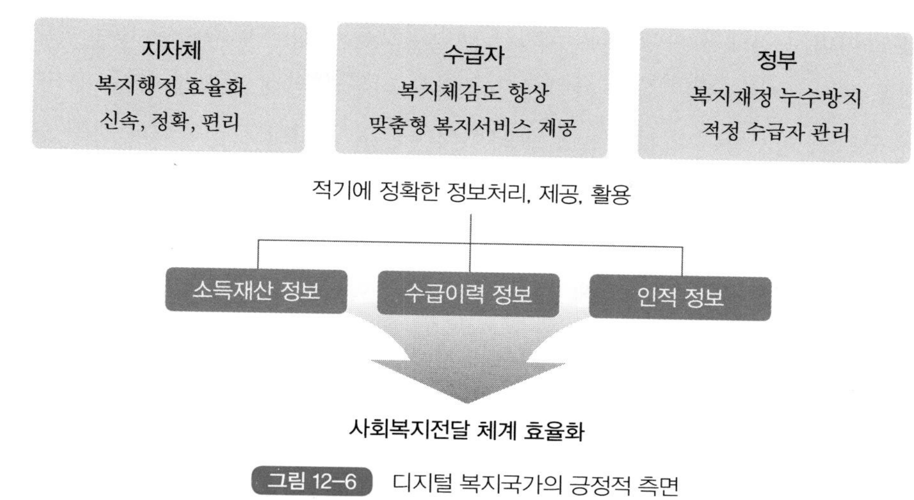

그림 12-6 디지털 복지국가의 긍정적 측면

출처: 한국사회보장정보원 홈페이지(http://www.ssis.or.kr/index.do).

노리스(Coursey & Norris, 2008: 525)는 디지털 전자정부가 "시민과 정부의 상호작용을 확대하고, 행정업무의 효율성과 투명성을 높이며, 국가행정에 대한 시민참여와 민주주의를 진작시키는 효과가 있다."라고 긍정적으로 평가한다. 특히 빅데이터 기술 도입은 [그림 12-6]과 같이 복지서비스의 효율성, 정확성, 신속성, 투명성을 높이며, 맞춤형 복지서비스 제공을 통해 시민의 복지체감도를 향상하고, 수급자의 적절한 관리를 통해 복지재정의 낭비를 방지할 것이라는 기대를 받아 왔다.

그러나 다른 한편에서는 데이터 기반의 복지국가가 취약계층과 시민에 대한 통제와 감시를 심화시킨다는 비판도 존재한다. 전통적으로 복지국가는 사회돌봄(social care) 기능 외에 복지서비스 제공을 통해 사회적 일탈과 갈등을 잠재우는 사회통제(social control) 기능을 수행해 왔다(Garland, 1985; Raynor, 1985). 특히 국민과 복지대상자들의 개인정보를 대규모로 집적하고 관리하는 디지털 정부의 정보시스템은 국민에 대한 데이터감시(dataveillance)를 강화할 우려가 있다. 데이터감시란, "정보시스템으로 특정 개인이나 집단의 데이터를 상시적으로 모니터링하는 활동"을 뜻한다(Clarke, 1988: 499).

정부의 데이터감시는 다음과 같은 부작용을 초래한다. 먼저, 국가에 의한 개인의 프라이버시 침해가 확대된다. 국가는 개인정보를 수집해야 하는 필요와 국민의 사생활을 보호해야 하는 의무 사이에서 균형을 이루기 위해 노력해 왔다. 근대 국가는 국민의 정보를 수집하면서도, 프라이버시권을 '개인의 사생활이나 사적 공간을 남에게 침해당하지 않을 권리'(Lyon, 1994)로 개념화하고 사적 영역을 보호하려는 노력을 해 왔다. 그러나 정보시스템은 물리적으로 개인의 일상 공간을 침해하지는 않더라도 개인의 삶의 영역에 침투하면서 프라이버시를 침범하고 있다. 복지급여나 서비스를 받으려면 소득, 자산, 가족관계, 서비스 수급이력 등이 실시간으로 추적되어야 하기 때문이다. 특히 최근 코로나19 사태로 인해 공중보건 이슈가 중요해지면서, 위치추적, QR 코드를 통한 출입기록, 신용카드 사용명세와 같은 일상적 개인정보도 보건복지 데이터감시의 대상으로 확대되고 있다.

디지털 복지국가의 데이터감시가 문제가 되는 이유는 데이터감시가 자칫하면 특정 집단을 사회적으로 범주화(social sorting)하기 때문이다. 빅데이터 기술은 인간을 특정한 방식으로 축출하고 인간의 행위, 지향, 상황, 인식을 통계적으로 범주화하는 데 사용된다(Lyon, 1994). 일례로, 한국의 사회보장정보시스템은 특정 집단을 부정수급 고위험군과 사각지대 고위험군으로 분류하며, 미국의 연방직접대출 프로그램은 대출자를 모범 상환 집단과 불량 상환 집단으로 분류한다. 문제는 이러한 범주화가 특정 집단을 낙인찍고 배제하는 효과를 지닌다는 점이다. 특히 사회복지정책의 주요 대상이 저소득층, 아동, 노인, 여성, 장애인과 같은 취약계층에게 집중되어 있어, 디지털 복지국가의 데이터감시는 취약계층에 대한 인권침해를 심화시킬 수 있다.

예를 들어, 현재 한국 정부는 사회보장정보시스템을 활용해 전체 수급자들에 대한 상시적·정기적 확인조사를 시행해 복지급여와 서비스에 대한 부정수급자를 찾아내고 있다. 이때 실시되는 확인조사는 무죄추정원칙이 아닌 유죄추정원칙에 따라 진행된다. 즉, 아직 전체 수급자들의 부정수급에 대한 정황이 포착되지 않은 상태에서 수급자 집단에 부정수급자가 많을 것이라는 일반화된 의심을 품고 전수조사를 시행한 후, 거기서 부정수급자를 걸러내는 절차를 밟는 것이다. 이러한 절차는 암묵적으로 수급자 집단을 부정수급 의심 집단으로 간주하는 문제가 있다. 더

욱이 비대면 원격시스템으로 이루어지는 데이터감시의 특성상, 수급자들은 자신의 정보가 모니터링되고 있다는 사실을 전혀 알아채지 못한 상태에서 이루어진다.

그러나 이처럼 데이터 모니터링을 통해 부정수급자로 적발된 사람들을 실제로 추적해 보면, '부정수급'이라는 단어가 갖는 이미지처럼 비양심적으로 생계비를 편취하고자 했던 사람은 아주 소수에 불과하다. 국정감사 자료에 따르면, 2011년 사회보장정보시스템의 확인조사로 수급에서 탈락한 84,908명 중 70~80%는 실제 최저생계비 이하의 빈곤층이었다. 하지만 자산 산정 기간, 부양의무자 기준 같은 행정적 자격기준에 걸려 정보시스템이 에러(error)로 분류한 사람들이었다. 공교롭게도 사회보장정보시스템의 부정수급 적발이 한창이던 2010년부터 2014년까지 수급에서 탈락해 생계 곤란을 겪다가 자살을 택한 사람만 1,238명에 이른다. 그러나 사회보장정보시스템의 부정수급 적발 성과가 더욱 주목받으면서 수급 탈락자의 죽음은 부정수급자라는 데이터 이미지(data image)에 가려졌다.

정보시스템을 활용한 학대위험아동 발굴과정도 비슷한 양면성이 존재한다. 최근 심각한 아동학대 사건이 연일 보도되면서 학대 가구를 미리 발견해 아동을 보호할 방안들이 활발하게 논의되고 있다. 이때 제안된 처방 중 하나가 아동학대 위험가구를 조기에 발견하는 정보시스템을 구축하는 것이었다. 아동학대는 주로 사적 공간인 가정에서 발생하기 때문에, 외부인이 발견해 신고하기 어렵다. 이에 병원 방문기록, 학교 장기결석, 예방접종 미실시 등 정부의 정보시스템에 등록된 개인정보들을 상시적으로 모니터링해 학대위험아동을 미리 포착하는 방안이 고안된 것이다. 실제로, 한국에서는 2018년부터 e아동행복지원시스템을 통해 학대 고위험 가구로 추출된 가구에 대한 현장점검을 시행하기 시작했다. 이를 통해 2018년 3월부터 2019년 3월까지 1년 동안 50건의 아동학대가 신고되었고, 그중 33건이 최종 아동학대 사건으로 판명되기도 했다. e아동행복지원시스템을 통해 포착된 사례 중에는 아동을 의도적으로 방임하고 학대한 부모도 분명 존재한다. 그러나 2005년 부모의 이혼으로 조부모 집에 살던 9세 아동이 조부모가 일하러 나간 사이에 개에게 물려 사망한 사례나 2019년 북한이탈주민인 어머니와 6세 아동이 생활고로 사망한 사례에서도 엿볼 수 있듯이, 보호자가 경제적 · 심리적 궁핍으로 인해 아동을 돌보지 못한 경우도 존재한다. 이런 경우에는 부모에 대한 법적 처벌과 비난보다는 가족 전체에 대한 복지지원이 필요하다. 하지만 가치중립적인 정보시스템은 각 사례의 맥락과 사연을 구분하지 않는다. 시스템이 추출한 학대위험아동의 부모는 아동학대가 의심되는 부모라는 프레임을 쓰게 된다. 이러한 시선은 아동을 제대로 돌보지 못해서 죄책감이 있는 부모에게 씻을 수 없는 이차적 상처를 남길 수 있다(김수영, 2022).

3) 디지털 시민사회: 의사소통의 확장성과 폐쇄성

근대사회에서 시민사회조직은 정치권력인 국가와 경제 권력인 기업에 대응해 시민들의 목소리를 대변하는 의사소통 행위자의 역할을 담당해 왔다(Habermas, 1981). 특히 노동조합, 자발적 결사체, 이익집단과 같은 시민사회조직은 계급적·이념적·지리적 측면에서 동질감을 가진 구성원들이 강한 결속력을 바탕으로 동일한 목표를 향해 조직적으로 활동을 해 왔다. 근대사회에 복지국가가 도입되고 확대될 수 있었던 배경에는 이러한 시민사회조직의 집단행동과 활동이 존재한다(Esping-Andersen, 1990; Korpi, 1989).

그러나 디지털 기술은 시민사회의 기반을 사이버스페이스로 이동시키고 있다. 이른바 네티즌이라고 불리는 디지털 사회의 시민들은 페이스북, 인스타그램, 카카오톡과 같은 SNS나 온라인 카페 등의 디지털 공간을 활용해 활발하게 의사소통하고 있다.

베니거(Beniger, 1986)는 사이버공동체의 급성장이 기존의 유기적 공동체(organic community)로서의 아날로그 시민사회의 이미지를 변화시킬 것으로 예견한다. 디지털 커뮤니티는 특정 분야에 대한 공통 관심사나 시사적 쟁점에 대한 의견교류를 위해 인터넷에 접속한 사람들의 유동적이고 일시적인 네트워크로 이루어져 있기 때문이다. 이에 올러(Ohler, 2010: 40)는 디지털 시민사회를 "감성적 교감을 중심으로 형성된 정보 유동체"라고 정의하기도 했다.

가상세계에서 유동하는 디지털 시민사회는 융합시키는 힘과 분열시키는 힘을 받는다. 먼저 사이버스페이스에서 네티즌들의 활동은 공간적 제약을 갖지 않기 때문

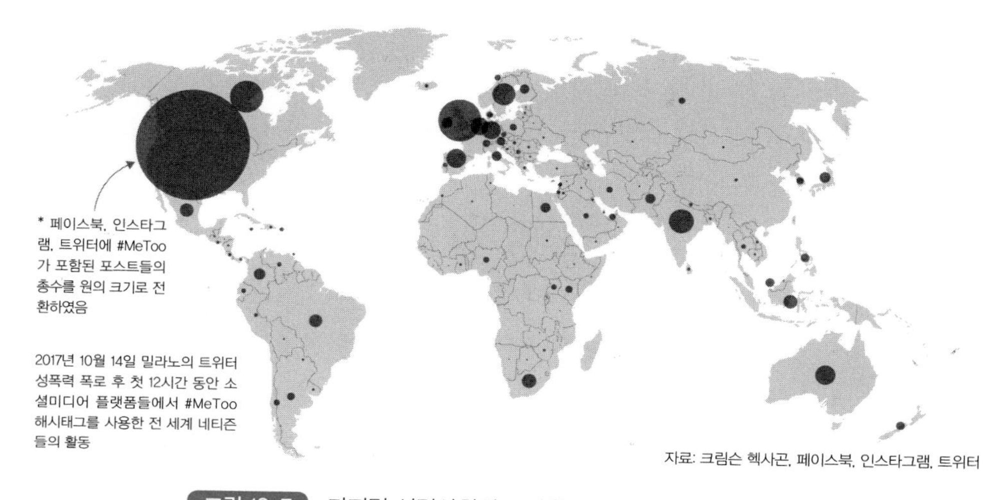

그림 12-7 디지털 시민사회의 그라운드스웰 효과: 미투 운동 사례

출처: Burke (2018. 3. 9.).

에, 국민국가의 경계를 넘어 전 세계로 연결되는 확장성을 갖는다. 네트워크 시민사회의 확산력은 그라운드스웰(groundswell)로 불리는 현상을 일으킨다(Li & Bernoff, 2008). 그라운드스웰은 온라인에 게재된 정보가 네티즌들의 입소문을 타면서 커다란 붐을 형성하는 현상을 뜻한다. 2017년 미국 배우 얼리사 밀라노(Alyssa Milano)가 트위터에 성폭력 경험을 폭로한 것이 SNS에 순식간에 퍼지면서 전 세계로 확산된 미투 운동이 그라운드스웰의 좋은 예이다. 이러한 디지털 시민사회의 의사소통 파급력은 과거 사회적으로 표면화되기 어려웠던 억눌린 목소리를 표출할 수 있는 대안적 공론장을 형성시켜 준다. 디지털 플랫폼은 개인이 직접 여론을 만들어 가고 확산시키는 것을 가능하게 한다. 일반 시민이 사회적 발언을 할 기회가 부족했던 아날로그 시대와 달리, 주변부의 이야기가 주목받을 가능성이 열리는 것이다.

그러나 다른 한편으로 디지털 시민사회의 의사소통은 정보수집과 공유에 있어서 폐쇄성과 편향을 낳기도 한다. 특히 디지털 포털이 제공하는 알고리즘 서비스는 정보 편향을 심화시킨다. 구글, 페이스북, 유튜브(Youtube), 네이버 등 디지털 플랫폼들은 더 많은 이용자의 관심을 유도하기 위해 방대한 게시물과 정보를 특정한 기준에 따라 배열하거나, 개별 이용자들의 선호하는 콘텐츠를 이들이 쉽게 볼 수 있도록 상위에 자동 링크하는 맞춤형 서비스를 제공하고 있다. 단순히 알고리즘이 콘텐츠를 어떤 순서로 배열하는지에 따라 정치적 선호도와 여론이 바뀔 수 있는 만큼(Epstein et al., 2017), 디지털 네트워크에서 정보의 배열과 추천은 민주적 여론 형성에 매우 주요한 사안이 된다.

이때 문제가 되는 것은 알고리즘에 의해 추천된 맞춤형 콘텐츠를 소비하다 보면, 자신과 같은 생각이나 의견을 담은 정보만을 걸러서 접하게 되는 필터버블(filter bubble) 현상이 발생하게 된다는 점이다(Pariser, 2011). 필터버블은 개인 맞춤 알고리즘이 필터링하는 버블에 갇혀 한쪽 취향의 정보만을 편식하게 되는 현상을 뜻한다. 인간은 보통 자신과 유사한 입장을 확인할 때 심리적 만족감과 안정감을 얻는데, 여기에 맞춤형 알고리즘이 더해지면 필터버블 현상은 더욱 심화된다. 필터버블 현상으로 대변되는 네티즌들의 정보의 선택적 소비 경향과 폐쇄성은 사회집단 간의 양극화와 분열을 심화시킨다. 인터넷을 통해 정보가 소비되는 과정에서 각자의 신념을 재강화하고 견지하는 분극화된 집단을 양성하기에 시민사회를 분절시킬 수 있다는 것이다. 실제 코타 등(Cota et al., 2019)은 브라질 전 대통령 탄핵사건과

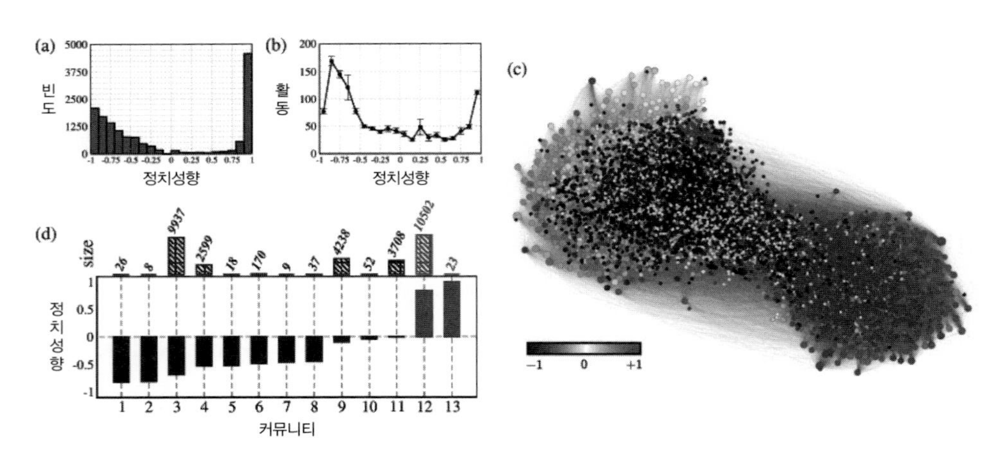

그림 12-8 디지털 시민사회의 필터버블 현상

주: (a)의 '빈도'는 트윗, 리트윗 빈도이며, (b)의 '활동'은 정치성향에 따른 활동을 의미한다. 또 (d)의 '커뮤니티'는 트위터의 커뮤니티를 의미한다.

출처: Cota, Ferreira, Pastor-Satorras, & Starnini (2019), p. 4.

관련해 트위터상의 의견교류를 분석했는데, [그림 12-8]과 같이 찬성파와 반대파 사이에 의견교류는 거의 없고, 동일한 입장을 갖는 사람들 사이에서만 트윗과 리트윗이 활발하게 이루어지는 현상을 확인하기도 했다.

이런 이유에서 파리저(Pariser, 2011)는 필터버블 현상으로 대변되는 네티즌들의 정보 편향과 선택적 소비로 인해 사회집단 간 양극화와 분열이 심화되고 있다고 비판했다. 오늘날 복지국가가 상이한 사회집단들 사이의 민주주의적 합의와 협상 과정에서 나온 결과물이라고 했을 때, 이러한 디지털 시민사회에서의 집단 양극화는 복지국가의 의사소통과 합의 과정을 크게 위협할 수 있다. 또한 디지털 시민사회는 산업 복지국가의 주요 가치 중 하나인 시민권 개념을 재고하게 만든다. 마샬(Marshall, 1950)의 분석처럼, 시민권은 한 국가의 시민이 갖는 법적 권리와 의무에 대한 선언으로 복지국가의 형성에 이념적 기초가 되었다. 그러나 디지털 시민사회는 공간적 범주를 전제하지 않은 개별화된 네트워크이다. 웨버(Weber, 1963)는 공간을 공유하지 않는 공동체를 '근접성이 없는 공동체(communities without propinquity)'로 명명했는데, 바로 네트워크 시민사회가 근접성 없는 공동체의 전형이다. 따라서 국민국가라는 지리적 공간에 기반한 근대적 시민권(citizenship)의 전제가 디지털 시민사회에서는 흔들리게 되는 것이다.

디지털 정부, 플랫폼 경제, 온라인공동체로의 사회구조적 전환은 [그림 12-9]와 같이 시장, 정부, 시민사회의 구성원을 융합하기도 하고, 균열시키기도 한다. 디지

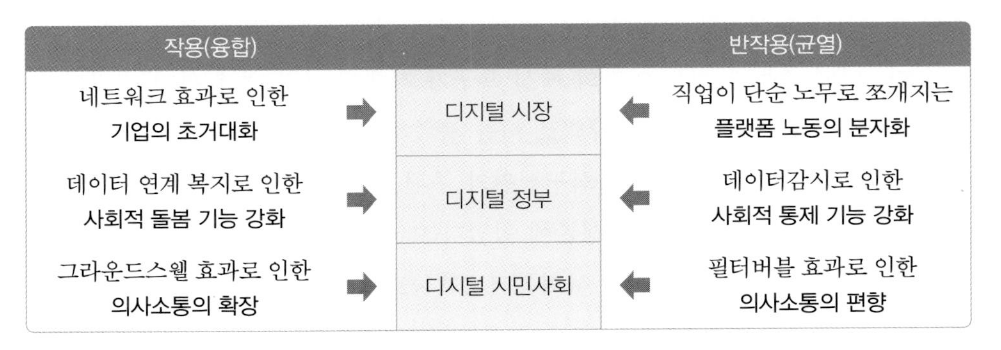

그림 12-9 디지털 사회구조에 가해지는 두 가지 상반된 힘

털 기술은 사회를 초연결사회로 만들지만, 기술적인 연결이 사회적 연대를 뜻하는 것은 아니다. 디지털 전환은 사회를 융합하는 '작용'의 힘만이 아니라, 사회적 균열을 일으키는 '반작용'의 힘이 동시에 존재하는 변화이기 때문이다. 디지털 전환은 이른바 초융합 · 초연결사회를 가능하게 할 뿐만 아니라, 그 반작용으로 사회적 균열, 갈등, 해체, 분열을 낳기도 한다. 복지국가가 국가, 시장, 시민사회의 다양한 행위자들 사이의 민주적 합의와 사회적 협상 과정에서 구축된 결과물이라고 했을 때, 이같이 사회구조 전반에서 발생하는 양극화는 복지국가의 근간을 흔들 수밖에 없다. 따라서 디지털 전환기의 사회복지제도는 사회구조 변동과정에서 발생하는 균열과 갈등 지점들을 포착하고, 반작용의 힘을 제어하는 역할을 할 필요가 있다.

3. 디지털 전환기의 사회복지

1) 디지털 시대의 새로운 인간 욕구와 가치

그렇다면 디지털 전환기에 사회복지제도는 어떠한 방향으로 재조정이 필요할까? 첫째, 디지털 사회를 위한 사회복지제도는 미래사회의 변화된 인간 욕구와 사회적 가치를 적극적으로 반영할 필요가 있다. 사회복지는 인간의 욕구를 충족하고자 하는 사회적 제도와 실천을 말한다(조흥식 외, 2015; Hewitt, 1992). 따라서 인간의 주된 욕구가 무엇인지를 규정하고 이를 해결하는 것이 사회복지의 주요 화두가 되어 왔다. 이때 주목할 점은 인간의 핵심 욕구가 시대에 따라 변해 왔다는 점이다. 보통 욕구는 '무엇인가 결핍된 상태로 이를 충족하고자 하는 심리'로 정의되는데, 경제적 풍요 이전의 사회에서 사회구성원의 주된 관심은 매슬로(Maslow)가 1단계 욕구로 분류한 물질적 · 생리적 생존에 있었다(Maslow, 1943). 이에 따라 공공부조나 사회보험과 같은 산업사회의 사회복지정책들도 물질적 결핍을 해결하기 위한 소득재분배에 초점을 맞춰 왔다.

그러나 최근 들어 인간의 욕구와 관심 영역이 물리적 · 경제적 차원에서 심리

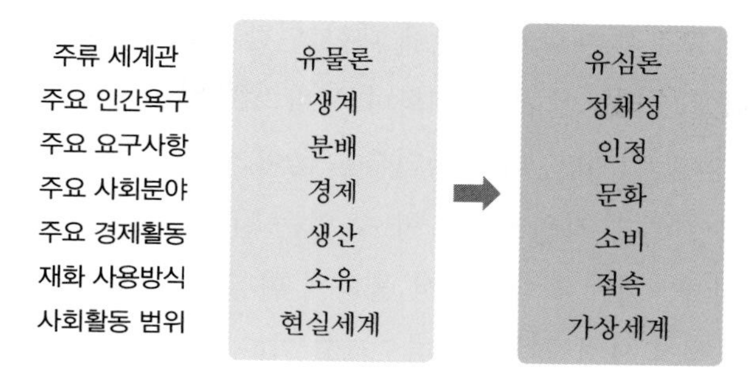

그림 12-10 인간의 핵심 욕구와 주요 사회적 관심사의 변화

적 · 문화적 차원으로 이동하고 있다. 먼저 경제적 궁핍에서 어느 정도 벗어난 후기 산업사회에 접어들면서 인간의 관심이 생계 및 안전과 같은 기본욕구에서 소속감, 애정, 자아실현과 같은 상위욕구로 이전했다. 예전에는 단지 먹고 살기 위해 일했다면, 지금은 자신의 정체성과 가치를 실현할 수 있는지가 직업을 선택하는 중요한 고려사항이 되었다. '무엇을 먹고살 것인가?'를 넘어 '나는 누구인가?'가 삶의 주요 화두가 된 것이다. '정체성의 경제학(identity economy)'(Akerlof & Kranton, 2010)이나 '정체성의 정치(politics of identity)'(Wiarda, 2014)에 관한 담론들에서도 엿볼 수 있듯이, 이제 정체성은 경제적 · 정치적 영역까지 좌우하는 실질적 동력이자 자원으로 자리매김하였다. 인간의 주된 관심과 욕구가 변화함에 따라 그동안 사회복지의 주요 대상이 되어 왔던 사회적 소수자와 취약계층들도 단순히 물질적 재분배(redistribution)를 넘어서 자신의 존재와 정체성에 대한 사회적 인정(recognition)을 요구하는 일이 많아지고 있다(Fraser & Honneth, 2003).

특히 디지털 시대가 본격화되면 경제적 욕구와 관심은 더 약해지고 심리적 · 문화적 이슈가 더 크게 대두될 것으로 예상된다. 로봇, 인공지능, 빅데이터 기술, 드론, 알고리즘, IoT의 활용으로 인간의 물리적 노동력이 생산 현장에 직접 투입되는 규모가 줄어들면, 인간은 많은 시간을 생산활동이 아닌 소비 · 여가활동으로 보내게 될 가능성이 크다(Bregman, 2016). 이런 맥락에서 바우만(Bauman, 2013)은 후기 근대사회에는 생산자가 아니라 소비자가 인간의 주요 정체성이 될 것이라 진단하기도 했다.

디지털 기술은 물질적 재화와 공간에 대한 인간의 관념도 변화시키고 있다. 아날로그 산업사회에는 인간이 특정 재화나 서비스를 사용하려면 이를 배타적으로 구매하고 소유해야만 했지만, 디지털 기술은 굳이 자원을 소유하지 않고도 플랫폼에 접속해 다른 사람들과 자원을 공유할 수 있는 길을 열었다(Rifkin, 2001). 인간의 활동 영역이 가상세계까지 확대되면서 물리적 현실 공간만이 아니라 심리적 가상공간도 인간의 핵심적 사회공간으로 떠오르고 있다.

이러한 변화는 기존의 복지 패러다임에 대한 전폭적 재설정이 필요하게 만든다. 산업사회의 복지정책은 경제적 안녕과 생계라는 일차적 욕구를 해결하기 위한 소득재분배에 초점을 맞추어 왔다. 기존 복지국가가 상정한 사회적 중심 주체도 생산영역에서 노동을 통해 국가에 세금과 보험료를 납부하는 이른바 '시민–노동자(citizen-worker)'(Montgomery, 1995)였다. 따라서 생계를 넘어 정체성, 분배를 넘어 인정, 경제를 넘어 문화에 관한 관심이 폭증하고, 인간이 '시민–소비자(citizen-

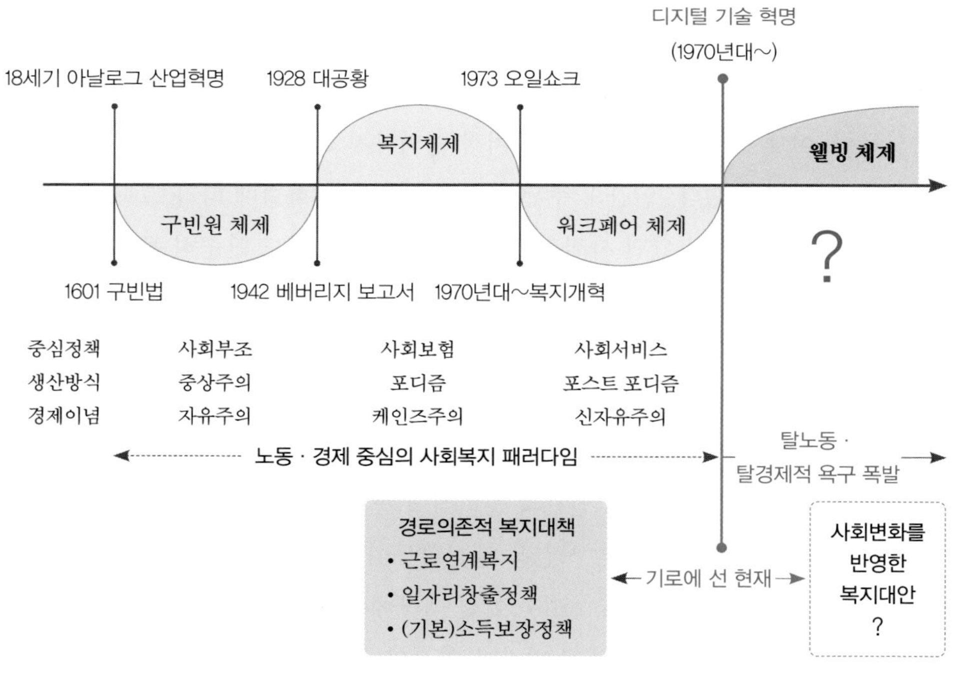

그림 12-11 복지 패러다임의 역사적 변화

consumer)'(Bauman, 2013)로 주체화되는 사회에서는 기존의 복지정책이 포괄하지 못하는 지점들이 점차 늘어날 수밖에 없다. 따라서 이러한 사회변화를 반영한 복지 패러다임의 구축이 필요한 것이다.

근대사 속에서 복지 패러다임은 [그림 12-11]과 같이 3단계로 점진적으로 변화하는 모습을 보여 왔다. 18세기 아날로그 산업혁명 초창기는 엘리자베스의 구빈법으로 대변되는 구빈원 체제(workhouse regime)로 정의될 수 있다. 당시 자유주의에 기반을 둔 절대왕정은 국가의 간섭을 최소화하고, 빈민에게 구빈원(workhouse)에서 강제노동하게 만드는 방식으로 빈곤을 구제하고자 했다. 그러나 20세기 초반 세계대전과 대공황을 거치면서 복지 패러다임은 복지국가 체제(welfare regime)로 전환된다. 수정자본주의인 케인즈주의가 이념적 헤게모니를 잡게 되면서 복지국가가 적극적으로 개입하여 노동자와 시민의 소득을 보장하는 사회보장체계가 확립된 것이다. 그러나 이는 1970~1980년대 대처리즘, 레이거노믹스로 대표되는 신자유주의가 도래하면서 다시 복지수급을 위해 강제적 노동조건이 부과되는 근로연계복지 체제(workfare regime)로 퇴보했다. 이처럼 구빈원-복지국가-근로연계복지 패러다임은 다른 특성을 보이지만, 결국 세 복지 패러다임은 모두 노동활동 여부와 소득보장을 복지의 핵심 키워드로 하는 근대 산업사회의 복지 패러다임이라는 점에서 맥을 같이한다.

이와 달리, 현재는 디지털 기술혁명으로 인해 인간의 욕구와 사회적 관심이 바뀌면서 [그림 12-11]의 마지막 반원과 같이 다시 한번 복지 패러다임 전환의 갈림길에 서게 되었다. 그러나 현재 주로 논의되는 디지털 시대를 준비하는 복지 방안들은 새로운 일자리 창출 및 공급정책, 소득불안정을 줄이는 기본소득, 노동과 소득보장을 연계하는 근로연계복지처럼 노동-소득 중심적 산업복지 패러다임의 기조를 여전히 견지하고 있다. 하지만 이제는 그와 함께 질적으로 다른 양상을 띠는 디지털 시대의 인간 욕구와 관심사를 반영한 복지대안에 대한 고민도 함께 할 필요가 있다.

특히 미래사회의 시공간 구조가 변하고 사회행위자들 사이에 분극화, 양극화, 갈등, 혐오가 심각해지는 상황에서 일자리 창출과 소득분배정책과 같은 경제적 지원만으로는 비경제적 사회문제를 해결하기에는 역부족이다.

무엇보다 디지털 시대에는 일자리가 없어지는 것이 아니라, 일의 속성이 변화한다는 점을 주목해야 한다. 과거에는 물리적 재화나 서비스를 제공하는 일자리가 노동의 전형으로 여겨졌지만, 최근에는 유튜버, 게이머, 웹툰작가, 셀럽과 같이 엔터테인먼트 직종이 미래 세대들이 선망하는 분야로 떠올랐다. 디지털 시공간에서 무형의 재화와 서비스를 창출하는 이와 같은 직종들은 사실 과거에는 노동이 아니라 '놀고먹는' 비생산적인 일로 치부되었다. 이른바 '놀이의 노동화'는 로봇과 AI, 기계를 통해 물리적 재화와 서비스 생산이 대체될수록 더욱 증가할 것이다.

또한 '노동'과 '소득'의 디커플링 현상은 임금소득 중심의 재분배정책 개념을 흔들 것이다. '돈을 벌려면 일해야 한다'는 관념과 임금소득이라는 용어는 사실 인류역사를 보면 불변의 절대적 관념이 아니다. 사실 전근대 농업사회에서 소득수준은 그 사람이 얼마나 열심히 일했냐(노동)가 아니라 그 사람의 신분(혈통)에 달려 있었다. 부는 타고나는 것이었으며, 노예들의 평생에 걸친 노동은 부(소득)로 전환되지 않았다. '돈 = 신분'이 커플링되어 있던 전근대 사회의 관념은 산업사회가 도래하면서 '돈 = 노동'으로 점차 무게중심이 이동되었다. 물론 여전히 타고난 경제사회계층은 소득 형성에서 결정적인 영향을 미치지만, 열심히 일하면 잘살 수 있다는 관념이 근대 산업사회의 모토였다. 우리가 사용하는 '소득'은 최근까지만 해도 '임금소득'의 줄임말처럼 사용되었다. 사회보험도 임금소득과 연동되어 있었다. 하지만 소득과 관련해 한 가지 더 염두에 두어야 하는 변화는 소득을 버는 주된 방식이 노동에서 소비, 놀이, 투자로 옮겨 가고 있다는 점이다. 플레이투언(play to earn), 리뷰 작성을 통한 포인트 적립, 소극적 소득(passive income), 파이어족과 같은 트렌드에서 볼 수 있듯이, 임금노동은 더는 사람들이 희망하는 소득의 원천이 아니게 되었다.

이러한 변화 속에서 단순히 일자리를 늘리는 정책이나, 임금소득을 대체하는 현금 이전만으로는 미래 사회구성원들의 멘탈리티와 욕구에 부합하기 어려울 수 있다. 물론 일자리와 소득분배 관련 논의는 복지국가의 가장 핵심적인 논제라는 것은 여전히 강조될 필요가 있다. 하지만 일자리정책과 소득보장정책과 함께, 최근 부상하는 안녕(well-being)과 주관적 행복(subjective happiness) 담론들이 미래사회의 복지 패러다임에 어떻게 반영될 수 있을지에 대한 진지한 논의가 필요하다. 안녕과 행복 담론은 기존의 경제 중심적 복지 담론에서 주요하게 다루었던 경제적 생계를 넘어서, 정서적 · 사회적 · 문화적 삶의 질을 고려해야 한다고 주장한다(우창빈, 2013; Dean, 2012; Jordan, 2008; Thin, 2012). 물론 안녕과 행복이 정책화되기 위해서는 이를 객관적으로 측정 가능하도록 발전시키는 과정이 선행되어야 할 것이다. 그러나 이 개념들이 변화하는 디지털 사회의 복지 패러다임을 조금 더 잘 포착하고 있는 것은 분명해 보인다. 따라서 디지털 전환을 위한 사회복지구상에서도 이러한 측면을 함께 고려할 필요가 있다.

2) 위험사회의 복잡계와 네트워크적 접근

둘째, 디지털 전환기를 위한 사회복지제도는 미래사회가 복잡계적 속성을 지니고 있음을 인지하고, 그에 적합한 해결책을 모색해야 한다. 사회복지제도는 사회적 위험에 대처하고자 하는 목적을 갖는다. 특히 공장이나 사무실 같은 사업장에서 일하면서 겪는 문제들, 즉 실업, 산업재해, 은퇴 후 생계문제와 빈곤은 산업사회의 전통적인 사회적 위험(old risks)이었다. 하지만 후기 산업사회에서는 완전고용이 더는 성립되지 않는 불완전한 노동시장, 가족해체와 개인화, 환경오염과 기후변화, 전염병 확산 등이 새로운 위험(new risks)으로 부상하고 있다(Bonoli, 2005; Taylor-Gooby, 2004). 사회적 위험에 대처하는 것이 복지정책의 주요 역할이라면, 변화하는 미래의 사회적 위험을 예측하고 이에 대응하는 방안을 모색하는 것도 앞으로 사회복지제도가 감당해야 할 역할이다.

특히 미래의 사회적 위험에 대응하는 데 있어서, 과거 아날로그 사회에서 주로 채택했던 인과적 접근이 더는 유효하지 않을 수 있음을 인식해야 한다. 과거 사회적 위험은 원인과 책임자를 단선적으로 규정하는 것이 어느 정도 가능했다. 예를 들어, 산업사회에서 주로 다루었던 사회적 재난은 주로 특정 사업장에서 일어나는 사고나 재해가 주를 이루었다. 따라서 노동자의 산업재해 책임을 사업주에게 묻고 산업재해보험료 100%를 사업주에게 직접적으로 부과하는 것이 가능했다. 그러나 현재 우리가 당면한 신사회 위험들은 대상과 장소를 초월해 발생하고 있다(Beck,

2006: 44). 세월호 침몰 사건, 코로나19 팬데믹, 울진 산불, 강남지역 수해, 이태원 압사 사건 등, 지난 몇 년 동안 우리 사회가 겪은 재난들을 보면, 특정 집단과 지역을 넘어서 그 여파가 사회 전체로 급속히 퍼지는 것이 특징이다.

이러한 신사회 위험은 발생한 문제에 대한 근본적 원인과 최종 책임자를 특정하는 것이 상당히 어렵다. 현대사회는 다양한 사회 영역과 행위자들이 복잡하게 연결된 초연결사회이다. 또한 복잡계에서 발생하는 나비효과로 인해 개인의 아주 작은 행동이 전체 사회에 어마어마한 파문을 가져오기도 하며, 전혀 의도하지 않은 결과로 되돌아오기도 한다(Koppenjan & Klijn, 2004; Rittel & Webber, 1973). 따라서 '진상규명, 책임자처벌'과 같은 기존 사회의 인과적 접근만으로는 문제의 본질에 다가가기 어렵다. 물론 문제가 발생했을 때, 발생 원인을 진단하고 반성하며 개선하는 과정을 거치는 것은 매우 중요하다. 하지만 위험 발생의 소재가 곳곳에 잠재해 있고 예상치 않게 터지는 복잡계 환경에서 어떤 위험에 대해서 전적인 책임을 돌릴 대상을 찾는 데에만 치중하다 보면, 특정 취약집단이 희생양으로 지목되거나, 정부 부처의 폭탄 돌리기, 약한 고리에 놓인 사람에 대한 꼬리 자르기와 같은 일이 반복될 수 있다. 무엇보다 복잡계의 특성상 한 행위자가 해당 위험을 단독으로 해결할 수도 없기에 결자해지의 취지로 최종 책임자를 처벌하는 것만으로 사건의 온전한 마무리도 되기 어렵다. 신사회적 재난을 인과적으로 접근하게 되면 오히려 미해결의 지점들만 많아져 갈등의 골과 사회적 트라우마만 깊어질 수 있다.

이런 맥락에서 울리히 벡(Beck, 2006)은 위험사회의 바람직한 해법으로 다양한 주체들 사이의 책임 논쟁보다는 사회적 위험에 대한 열린 대화와 상호이해를 통해 공동이익과 협력을 모색하는 방향을 제안했다. 사회문제에 대한 네트워크적 접근(network approach)을 제시한 코페냔과 클리진(Koppenjan & Klijn, 2004: 16)도 복잡한 네트워크 사회에서 불확실성을 관리하는 전략으로 '자기 영역의 경계를 가로지르는 성찰(cross frame reflection)'의 필요성을 주장했다.

다양한 사회적 행위자들이 복잡하게 연결된 디지털 사회의 문제들은 정부라는 한 행위자의 제도적 기획(planning)만으로 해결할 수 있는 문제가 아니다. 리텔과 웨버(Rittel & Webber, 1984)는 문제를 예측할 수 있고 해결책도 대체로 명료한 '온건

한 문제(tame problem)'와 문제 진단과 해결책 제시가 어려운 '혹독한 난제(wicked problem)'를 구분한다. 여기서 미래사회가 당면한 문제들은 혹독한 난제인 경우가 많다. 코페냔과 클리진(2004)은 한 영역에서 발생한 문제가 다른 영역에 파장을 미치기도 하고, 또한 전혀 다른 영역에서 의외의 해결책이 발견되기도 하는 복잡한 현대사회에서는 정부-기업-시민사회의 다양한 행위자들이 서로에게 책임을 떠안기며 반목하기보다 상호협력하여 문제를 규정하고 해결책을 공동으로 모색하는 네트워크적 접근(network approach)이 중요해진다고 주장한다.

디지털 전환기의 복지정책을 고민할 때도 이 같은 네트워크적 접근이 필요하다. 불확실하고 유동하는 사회에서는 정부가 강력한 행정력을 동원해 특정한 정책, 센터, 조직을 만드는 것이 유일한 해법이 아닐 수 있다. 더욱이 한번 도입된 국가정책은 제도적 경직성(institutional dependency) 때문에 사회환경이 변화했는데도 쉽게 개혁이나 폐기가 어려워진다(Pierson, 2001). 혹독한 난제가 계속 등장하고 사회환경이 급변하는 디지털 사회에서는 특정 정책 하나를 제안하는 일만큼, 다양한 문제에 공동 대응하는 의사소통 시스템을 구축하는 것이 더 본질적이고 지속적인 대안일 수 있다. 따라서 새로운 문제가 발생했을 때 특정 제도 도입을 국가에게 요구하는 방법 외에도, 사회문제를 해석하고 갈등을 조정하며 해결책을 합의하는 사회적 의사소통 거버넌스를 구축하는 방안도 함께 고민되어야 한다.

3) 디지털 복지사회의 5대 원칙

이때 디지털 사회이론가 카스텔스와 히마넨(Castells & Himanen, 2014)의 디지털 복지사회에 대한 논의는 많은 영감을 제공한다. 이들은 미래의 디지털 사회에서는 산업 복지국가(industrial welfare state)의 패턴을 고수하기보다 사회보장의 목표, 비전, 기능, 주체에 대한 근원적 재구조화를 통해, 복지국가가 사람 중심의 행복 사회(well-being society)로 발돋움해야 한다고 주장한다. [그림 12-12]는 이들이 제시한 미래의 복지사회가 지향해야 할 다섯 가지 대원칙을 정리한 것이다.

아날로그시대 복지국가 (welfare state)		디지털시대 행복 사회 (well-being society)
부정적(negative)	VS	긍정적(positive)
방어적(reactive)		선제적(proactive)
부분적(partial)		종합적(holistic)
국가주도(state)		사회참여(society)
대상화(object)		주체화(subject)

그림 12-12 디지털 복지사회의 5대 원칙

출처: Castellls와 Himanen(2014), p. 73-79 재구성.

먼저, 산업 복지국가의 복지정책은 실업, 빈곤, 질병, 노령, 장애와 같은 물리적 결핍과 불행을 사후에 대응하는 데 치중해 왔다. 카스텔스와 히마넨(2014: 76)은 산업 복지국가를 '불행제거국가(illbeing removal state)'로 명명하였는데, 이는 산업 복지국가가 갖는 방어적 · 부정적 특성 때문이다. 또한 소득보장이나 일자리 제공 같은 물질적 재분배를 우선으로 하고(부분적), 사회문제 해결을 위한 정책을 정부가 주도적으로 수립 · 집행하며(국가주도), 다른 사회구성원들은 정책 대상으로 주변화된다(대상화)는 점도 산업 복지국가의 특징이었다. 그러나 더는 경제적 결핍이 생존을 위협하지 않고 인간 욕구와 가치관이 다변화된 후기산업사회에서는 이러한 소극적 대응만으로는 부족하다. 더욱이 사회변화가 급속히 진행되는 상황에서 문제에 사후적으로 대처하는 태도는 사회 위험의 파장을 가중시킬 수 있다. 이런 측면에서 카스텔스와 히마넨(2014)은 미래의 사회복지는 불행을 최소화하는 것만이 아니라 인간이 삶 전반에서 행복을 향유할 수 있도록 돕고(긍정적), 문제 발생 이전에 문제를 예방할 수 있게 지원하며(선제적), 경제적 측면만이 아니라 사회문화적 욕구를 반영한 제도 설계가 필요하다고 보았다(종합적). 나아가 네트워크 사회에서는 정부가 복지공급자가 되고 국민이 복지대상자가 되는 일방향적 전달체계를 지양하고 정책 설계와 집행에 있어 다양한 사회구성원이 공동으로 참여할 수 있는 거버넌스 체계를 구축해야 한다고 제안한다. 물론 카스텔스와 히마넨(2014)의 원칙이 모든 사회에 적용되어야 할 절대 원칙은 아닐 것이다. 하지만 급변하는 전환기에 기존의 복지국가의 기조에 대한 반성과 성찰적 전환을 위한 참고기준을 제공하고 있는 것도 사실이다.

요약

디지털 기술혁신으로 인해 복지국가의 배경이 되었던 정부, 시장, 시민사회의 중심축이 전자정부, 플랫폼 경제, 온라인 공동체로 이동하고 있다. 이러한 디지털 전환은 기존의 아날로그 국민국가, 산업경제, 지역사회조직을 기반으로 구축되었던 사회복지제도로는 해결할 수 없는 새로운 사회문제들을 발생시키고 있다.

첫째, 시장의 영역에서는 디지털 플랫폼 경제가 부상하면서, 플랫폼 노동자와 기업 사이의 갈등이 심화되고 있다. 플랫폼 노동자는 플랫폼 기업과 고용관계를 맺지 않고 있어서, 고용관계에 기반한 사회보험의 틀에서 벗어나 있는 경우가 많다.

둘째, 정부의 영역에서는 디지털 전자정부가 들어서면서, 데이터감시가 문제로 떠오르고 있다. 방대한 데이터수집으로 인해 시민들의 개인정보에 대한 프라이버시 침해 위험이 커지고 있고, 취약계층에 대한 데이터감시가 일상화되면서 사회적 약자에 대한 낙인과 편견이 강화될 수 있다.

셋째, 시민사회의 영역에서 온라인 공동체가 활성화되면서, 가짜뉴스와 알고리즘 편향으로 인한 의사소통의 왜곡과 사회갈등이 커지고 있다. 디지털 공간에서 네티즌들은 빠르고 넓게 정보를 공유할 수 있게 되었지만, 반대로 정보에 대한 선택적 소비와 노출로 인해 사회집단 간 오해와 분열이 발생하기도 한다.

이처럼 새롭게 등장한 사회위험에 대응하려면, 아날로그 시대의 단선적 사고가 아니라 디지털 시대에 적합한 '네트워크적 사고'가 필요하다. 디지털 사회에서는 각 행위자가 이전보다 긴밀하고 복잡하게 연결되어 있다. 따라서 정부, 시장, 시민사회는 문제에 개별적으로 대응하기보다 현상을 종합적으로 파악하고 선제적 대응책을 마련하기 위해 협력할 필요가 있다.

참고문헌

김수영(2021). **디지털 시대의 사회복지 패러다임: 네트워크적 접근**. 집문당.

김수영(2022). 복지국가의 역설, 펜데믹에서 발견한 돌봄과 통제의 양면성. 홍석철 외 공저. **세븐 웨이브**. 21세기북스.

우창빈(2013). 행복을 추구하는 행복정책은 가능한가?: 행복을 목표로 하는 공공정책의 이론, 논란, 가능성과 조건들. **행정논총**, 51(2), 283-318.

이다혜(2018). 디지털 노동 시대의 종속? 특수형태근로종사자의 '전속성' 판단 문제: 대법원 2018. 4. 26. 선고 2017 두 74179 판결. **노동법학**, 67, 234-240.

조홍식, 김상균, 최일섭, 최성재, 김혜란, 이봉주, 구인회, 홍백의, 강상경, 안상훈(2015). **사회복지개론**(개정 4판). 나남출판.

Akerlof, G. A., & Kranton, R. E. (2010). *Identity Economics: How Our Identities Shape Our Work, Wages, and Well-Being*. Princeton University Press.

Alston, P. (2019). Report of the Special Rapporteur on extreme poverty and human rights. Office of the High Commissioner for Human Rights. https://apo.org.au/node/263996.

Andrejevic, M., & Gates, K. (2014). Big data surveillance: Introduction. *Surveillance & Society, 12*(2), 185-196.

Aneesh, A. (2006). *Virtual migration: The programming of globalization*. Duke University Press.

Bauman, Z. (2013). *Liquid Modernity*. John Wiley & Sons.

Beck, U. (1986). *Risikogesellschaft*. 홍성태 역(2014). **위험사회: 새로운 근대성을 향하여**. 새물결.

Beck, U. (2006). *Cosmopolitan vision*. Polity.

Beniger, J. R. (1986). The information society: Technological and economic origins. *Media, audience and social structure*, 51-70.

Bhatt, S. (2017). "The Three Trends: Granularity, Behemoths and Cooperation". In *How Digital Communication Technology Shapes Markets*. Palgrave Macmillan.

Bonoli, G. (2005). The politics of the new social policies: providing coverage against new social risks in mature welfare states. *Policy & politics, 33*(3), 431-449.

Bregman, R. (2016). *Utopia for realists: And how we can get there*. Bloomsbury Publishing.

Burke, L. (2018. 3. 9.). The #MeToo shockwave: How the movement has reverberated around the world. The Telegraph. https://www.telegraph.co.uk/news/world/metoo-shockwave/

Castells, M., & Himanen, P. (2014). *Reconceptualizing development in the global information age*. Oxford University Press.

Clarke, R. A. (1988). Information Techonology and Dataveillance. *Communications of the ACM, 31*(5), 498-512.

Cota, W., Ferreira, S. C., Pastor-Satorras, R., & Starnini, M. (2019). Quantifying echo chamber effects in information spreading over political communication networks. *EPJ Data Science, 8*(1), 1-13.

Coursey, D., & Norris, D. F. (2008). Models of e-government: Are they correct? An empirical assessment. *Public Administration Review, 68*(3), 523-536.

Dean, H. (2012). *Social Policy*. John Wiley & Sons.

Dencik, L. (2021). The Datafied Welfare State: A Perspective from the UK. In A. Hepp, J. Jarke & L. Kramp (Eds.), *The Ambivalences of Data Power: New perspectives in critical data studies*. Palgrave Macmillan.

Epstein, R., Robertson, R. E., Lazer, D., & Wilson, C. (2017). Suppressing the search engine manipulation effect(SEME). *Proceedings of the ACM on Human-Computer Interaction, 42*, 1-22.

Esping-Andersen, G. (1990). *The three worlds of welfare capitalism*. Princeton University Press.

Flora, P., & Alber, J. (1981). Modernization, democratization and the development of welfare states in Western Europe. In P. Flora & A. J. Heidenheimer (Eds.), *The development of welfare states in Europe and America*. Transaction Publishers.

Fraser, N., & Honneth, A. (2003). *Redistribution or recognition?: a political-philosophical exchange*. Verso.

Garland, D. (1985). *Punishment and Welfare*. Gower.

Giddens, A. (1985). *The Nation-State and Violence*. Polity Press.

Habermas, J. (1981). *The Theory of Communicative Action Vol.2: Lifeworld and System: A Critique of Functionalist Reason* (T. McCarthy, Trans.). Beacan Press.

Hewitt, M. (1992). *Welfare, Ideology and Need: Developing Perspectives on the Welfare State*. Rowman & Littlefield Publishers.

Jordan, B. (2008). *Welfare and well-being: Social value in public policy*. Policy Press.

Korpi, W. (1989). Power, politics, and state autonomy in the development of social citizenship: Social rights during sickness in eighteen OECD countries since 1930. *American Sociological Review*, 309-328.

Koppenjan, J., & Klijn, E. H. (2004). *Managing Uncertainties in Networks: Public Private Controversies*. Routledge.

Li, C., & Bernoff, J. (2008). *Groundswell: Winning in a world transformed by social technologies*. Harvard Business Press.

Lyon, D.(1994). *The Electronic Eye: The Rise of Surveillance Society*. University of Minnesota Press.

Marshall, T. H. (1950). *Citizenship and Social Class*. Pluto Press.

Maslow, A. H. (1943). A theory of human motivation. *Psychological Review, 50*(4), 370-396.

Montgomery, D. (1995). *Citizen worker: The experience of workers in the United States with democracy and the free market during the nineteenth century*. Cambridge University Press.

Ohler, J. B. (2010). *Digital Community, Digital Citizen*. Corwin.

Pariser, E. (2011). *The Filter Bubble: How the New Personalized Web is Changing What We Read and How We Think*. Penguin.

Pierson, P. (2001). *The new politics of the welfare state*. Oxford University Press.

Raynor, P.(1985). *Social Work, Justice and Control*. Basil Blackwell.

Rifkin, J. (2001). *The age of access: The new culture of hypercapitalism*. Penguin.

Rittel, H. W., & Webber, M. M. (1973). Dilemmas in a general theory of planning. *Policy sciences, 4*(2), 155-169.

Rittel, H. W., & Webber, M. M. (1984). Planning problems are wicked. In N. Cross (Ed.), *Developments in Design Methodology*. John Wiley & Sons.

Schwab, K. (2017). *The Fourth Industrial Revolution*. Portfolio.

Srnicek, N. (2017). *Platform Capitalism*. Polity Press.

Standing, G. (2014). *A Precariat Charter: From Denizens to Citizens.* Bloomsbury.

Taylor-Gooby, P. (2004). New Risks and Social Change. In P. Taylor-Gooby (Ed.), *New risks, new welfare: the transformation of the European welfare state* (pp. 1-28). Oxford University Press.

Thin, N. (2012). *Social happiness: Theory into policy and practice.* Policy Press.

Weber, M. (1963). Order in diversity: Community without propinquity. In L. Wingo, Jr., (Ed.), *Cities and Space: The Future Use of Urban Land* (pp. 23-54). John Hopkins University Press.

Wiarda, H. J. (2014). *Political culture, political science, and identity politics: An uneasy alliance.* Ashgate Publishing, Ltd.

한국사회보장정보원. 주요사업현황: 사회보장정보시스템(행복e음). 공공기관경영정보공시 자료.

한국사회보장정보원(2023). http://www.ssis.or.kr/index.do

Interbrand (2000, 2018). Best Global Brands. http://www.interbrand.com

Oxford Internet Institute (2022). The iLabour Project. https://https://ilabour.oii.ox.ac.uk/

제13장

인구변동과 사회복지

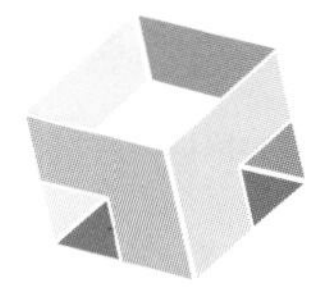

인구구조는 인구의 총규모와 연령별 · 성별 인구의 분포를 아우르는 개념이다. 인구구조의 변화는 정치적 · 경제적 · 사회적으로 큰 영향을 미친다. 그 영향은 개인이나 가족의 범위를 넘어 국가와 사회공동체의 미래 지속가능성에까지 미치게 된다. 특히 인구구조 변화의 속도가 빠를 때 사회에 미치는 파급력은 더욱 크다. 현재 한국은 빠른 속도로 진행하는 저출산 · 고령화 현상의 인구구조 변화를 경험하고 있다. 빠른 속도의 인구변동은 사회복지에도 큰 영향을 준다. 이 장에서는 저출산과 고령화 현상에 대해 알아보고 빠른 속도의 저출산 · 고령화 현상이 사회복지에 주는 함의에 대해 학습한다.

1. 저출산과 사회복지

1) 저출산 현황

최근 우리 사회는 급속한 저출산 현상을 경험하고 있다. 여성 1인이 가임기간(15~49세) 동안 낳을 것으로 예상되는 아동 수를 합계출산율이라 한다. 인구를 현상 유지하는 데 필요한 수준을 보통 합계출산율 2.1로 본다. 합계출산율 2.1 이상이면 인구가 증가하고 2.1 미만이면 인구가 감소한다는 것이다. 그런데 한국은 2021년 기준으로 합계출산율이 세계 최저수준인 0.8명대에 머물고 있다. 출생아 수도 26만 명대로 떨어져 이미 2020년부터는 총인구 감소의 시기로 접어들었다([그림 13-1] 참조).

[그림 13-1]에서 나타난 것처럼 합계출산율은 1970년부터 지속적으로 하락해서 이미 1983년에는 인구 대체수준인 2.1 이하로 떨어져 저출산사회로 진입했다. 2001년에는 합계출산율이 1.3명대로 떨어져 초저출산사회가 되었고 출산율은 그 후에도 지속적으로 감소해 2021년에는 0.8명대에 머물고 있다.

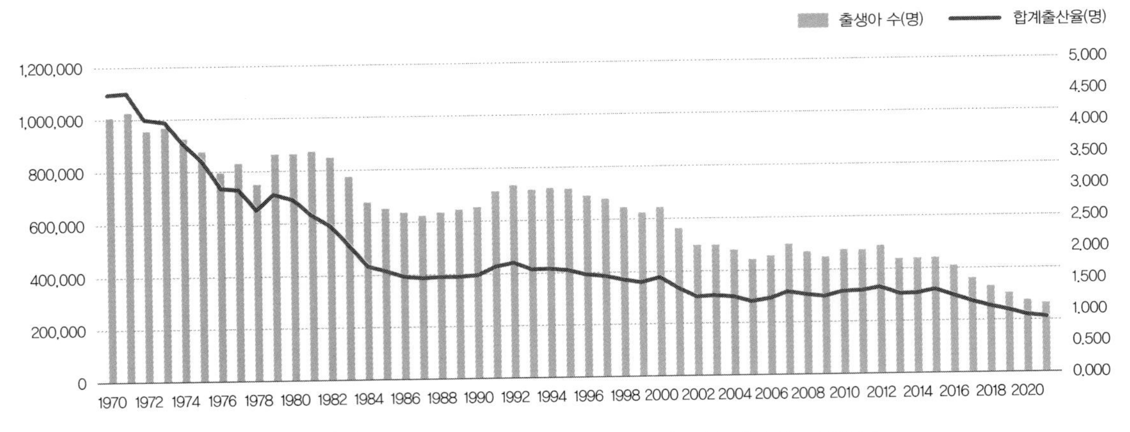

그림 13-1 한국 합계출산율과 출생아 수 변동 추이(1970~2021년)

출처: 통계청(2023).

합계출산율의 감소와 더불어 출생아 수도 급격히 줄고 있다. 1983년에 77만 명대의 출생아 수는 지속적으로 감소하여 2002년에 50만 명대 이하로 내려가고 인구정책에서 마지노선이라고 여겼던 30만 명대 수준 이하로 떨어졌다. 문제는 출생아 수 감소의 속도가 매우 빠르다는 것인데, 2002년에서 2021년까지 19년 만에 출생아 수는 50만 명에서 2021년 26만 명으로 약 50%가 감소한 것이다.

저출산 문제가 심각한 위기인 이유는 그것이 단순히 인구문제에 그치는 것이 아니라 그 여파가 경제적 · 사회적 · 정치적으로 매우 심각할 수 있다는 데 있다. 현재의 추세대로라면 2031년 이후에는 인구가 빠른 속도로 줄어드는 소위 '인구절벽' 현상이 본격화된다. 인구절벽은 성장잠재력을 둔화시키고 높아지는 노인 부양부담은 투자와 생산성을 저하시키는 요인이 되어 경제적인 부담이 가속화된다(Dent, 2015).

[그림 13-2]에서 보는 것처럼, 한국의 총인구는 2012년에 5,019만 명에서 2020년 정점인 5,184만 명 수준으로 증가한 후 본격적인 감소세를 보인다. 장기 추계를 보면 2070년에는 3,760만 명대로 1,400만 명 이상 감소하게 된다. 합계출산율과 출생아 수의 감소로 유소년인구(0~14세)도 가파르게 감소한다. 유소년인구는 2012년 약 76만 명 수준이었던 것이 2020년 63만 명대로 감소하고 그 후 2070년에는 2020년

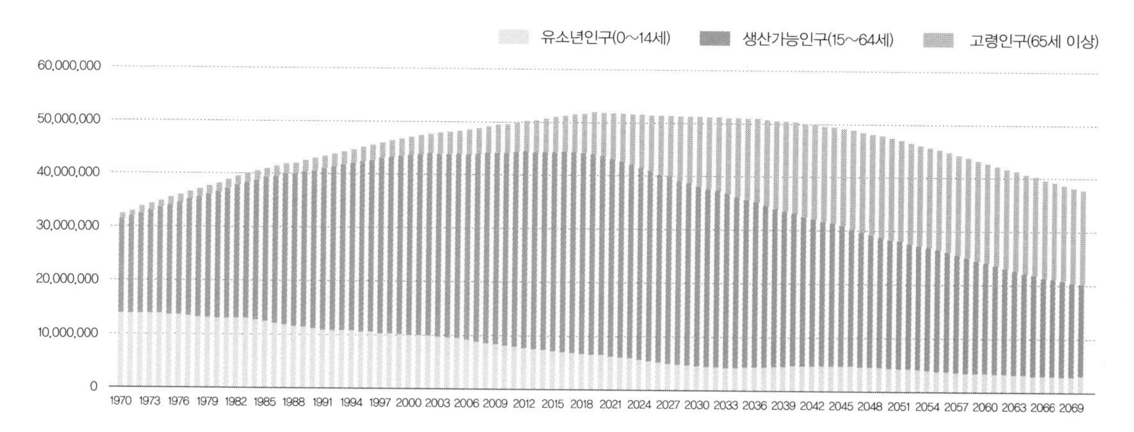

그림 13-2 총인구 규모 전망(1970~2070년)

출처: 통계청(2020c).

대비 45% 수준인 28만 명대에 머물 것으로 예측된다. 미래 생산가능인구(15~64세)도 급격히 줄어서 2020년 약 3,700만 명 규모에서 2070년 1,730만 명대로 약 53% 감소한다. 결국 고령인구는 늘어나지만 유소년인구와 생산가능인구가 급격히 줄면서 총인구는 감소하게 되는 것이다.

인구변동에 있어서 또 하나 문제가 되는 지점은 이런 변동 현상이 지역에 따라 상당히 불균형하게 이루어진다는 점이다. 한국의 경우는 비수도권에서의 인구감소가 더욱 빠르게 진행되고 있다. 지방의 인구감소 문제를 지목하여 '지방소멸'[1]이라는 개념까지 등장하였다(이상호, 2015). 2018년 지방소멸지수 자료에 의하면 2017년에 이미 한국의 229개의 시 · 군 · 구 중 36%인 83개가 소멸위험단계에 있는 것으로 나타났다(고용정보원, 2018).

2) 저출산의 원인

저출산에 영향을 미치는 요인은 다양하다. 이곳에서는 저출산의 원인을 인구학적 요인, 경제적 요인, 문화적 요인으로 나누어 살펴본다.

(1) 인구학적 요인

한국의 출생아 수 변화는 주로 출산적령기 여성인구, 결혼율, 유배우 출산율에 의해 결정된다. 출생아 수 감소의 첫 번째 요인으로는 출산적령기 인구의 감소를 들 수 있다. 1970년대부터 강력히 도입된 산아제한 정책으로 1980년대 이후로 출산적령기 인구가 감소하기 시작한 것이 출생아 수 감소에 지속적인 영향을 주고 있다.

두 번째 요인은 결혼율의 감소이다. 만혼과 비혼이 늘어나면서 자연히 결혼율은 감소해 왔다. 한국의 조혼인율[2]은 1990년 9.3에서 2021년 3.8로 30년 사이에 약

1) 지방소멸지수는 해당 지역의 20~30대 여성인구를 고령인구로 나눈 비율이다. 이 비율이 0.5 이하인 지역은 공동체의 인구기반이 붕괴될 것으로 예상되는 '소멸위험지역'으로 분류한다.

60% 감소했다(통계청, 2023).

세 번째 요인은 유배우 출산율의 감소이다. 다양한 사회경제적 원인으로 최근 유배우 출산율은 지속적으로 감소해 왔다. 특히 2012년부터 2021년 사이에는 유배우 출산율이 급속하게 감소한 것으로 나타난다(이철희, 2022).

이와 같이 한국의 출생아 수 감소는 출산적령기 여성인구의 감소, 결혼율의 감소 그리고 유배우 출산율의 감소라는 출생아 수를 결정하는 세 가지 요인 모두에서의 감소 효과가 겹치면서 나타나는 현상임을 알 수 있다.

(2) 경제적 요인

① 자녀 보육의 기회비용 증가

경제학자 게리 베커(Gary Becker)에 의하면 경제성장으로 소득이 증가하면서 출산율은 하락하는 양상을 보인다(Becker & Barro, 1988). 언뜻 생각하기에는 소득이 증가하면 자녀와 관련된 지출을 더 감당할 수 있으므로 출산율이 높아질 것 같다. 하지만 경제학적으로 생각해 보면 그렇지 않다는 것이다.

베커는 소득이 높아질수록 자녀의 수가 아니라 자녀의 질이 중요해진다고 설명한다. 자녀의 질을 높이기 위해서는(잘 키우기 위해서는) 자녀 보육에 투자하는 시간을 늘려야 하는데, 보육에 들이는 시간의 기회비용은 소득이 큰 가구일수록 커진다는 것이다. 즉, 소득이 높아질수록 자녀 보육의 기회비용이 증가하게 되고 따라서 자녀의 수를 늘리기보다는 소수의 자녀를 잘 키우는 방향으로 선택한다는 것이다. 베커의 이론에 의하면 한국의 경우도 1970~1980년대를 거치면서 소득이 늘어나게 되고 이것이 출산율 하락의 원인으로 작동한 것이다.

2) 1년간 발생한 총 혼인건수를 당해 연도 7월 1일 주민등록인구로 나눈 수치를 1,000으로 나눈 것으로 인구 1천 명당 혼인건수를 의미한다.

② 청년층 고용 불안

증가하는 비정규직과 고용 불안도 출산율 감소의 원인 중 하나이다. 특히 청년층의 취업난과 고용 불안은 결혼율을 낮추며 동시에 출산율도 감소시키는 중요한 원인 중 하나이다. 최근 한 조사에 의하면 한국 청년 첫 일자리의 약 33%가 비정규직이었고, 학교 졸업 후 취업까지 걸리는 시간이 평균 11개월인 것으로 나타났다(김기헌 외, 2021). 자녀 출산과 양육을 위한 안정적인 고용이 담보되지 못한 상태가 출산율 감소로 이어질 수 있다.

③ 높은 교육비 부담

한국은 학벌중심 사회이고 그에 따라 교육 경쟁이 치열한 대표적인 국가이다. 이에 따라 교육 경쟁에서 생존하기 위해서는 많은 투자가 필요하게 된다. 그 대표적인 것이 사교육 부담이다. 한국의 GDP 대비 민간에 의한 교육비 지출은 OCED 국가 중 가장 높으며, 가계 소비에서 교육비가 차지하는 비중도 지속적으로 높아지고 있다(유경원, 2007). 한국 사회의 높은 교육비 부담은 출산율 저하의 중요한 원인 중 하나이다.

④ 높은 주거비 부담

주거비용은 가족 형성과 자녀 양육에 있어 필수적이며 규모가 큰 비용이어서 출산에 큰 영향을 미칠 수 있는 요인이다. 주택가격의 변동은 청년층의 출산 결정에 직접적인 영향을 미칠 수 있다. 실증연구에 의하면 주택가격과 전세가가 오를수록 출산율은 낮아지는 것으로 나타났다(천현숙 외, 2016). 주거에 들어가는 높은 비용부담은 출산에 장애요인으로 작동하고 있는 것이다.

(3) 문화적 요인

문화가치관의 변화도 저출산의 중요한 원인이다. 한국 사회의 전통적이고 경직적인 가족규범은 청년층에서 출산을 꺼리는 원인으로 작동하고 있다. 결혼과 출산을 당연하게 생각했던 이전 세대와 달리, 현재 청년은 선택의 영역으로 생각하는 인식과 태도의 변화도 출산율 감소의 원인 중 하나이다. '2021년 가족과 출산조사'에 의하면 19~49세 미혼남성의 46%와 미혼여성의 60%가 결혼은 해도 좋고 안 해도 좋은 것으로 응답한 것으로 나타났다(한국보건사회연구원, 2021).

문화적 측면에서는 일과 삶의 균형을 중시하고 개인의 가치를 존중하며 사회적 성취나 성공보다 삶의 질을 추구하는 방향으로 변화하고 있다. 결혼, 출산, 양육에 비친화적인 노동환경과 양성불평등 문화도 저출산의 중요한 원인이다. 또한 최근 한국 사회에 나타나고 있는 사회이동성 저하는 청년세대가 희망을 품고 열심히 일할 수 있는 의욕을 잃게 하고 있다는 지적도 있다. 이런 희망이 없으면 결혼하고 가정을 이루는 의욕도 상실하게 된다는 것이다.

3) 저출산이 사회에 미치는 영향

저출산이 미치는 영향은 장기간에 걸쳐 다양한 분야에서 나타난다.

(1) 노동력 부족 현상의 심화

[그림 13-3]에서 볼 수 있는 것처럼, 저출산 현상이 지속되면서 중장기적으로 인력 부족이 심화될 전망이다. 미래에 생산가능인구와 핵심근로인구가 모두 큰 폭으로 줄어들 것으로 예상된다.

(2) 잠재성장률의 하락

구매력이 높은 노동인구는 감소하고 구매력이 낮은 노인인구는 증가하게 되어 소비와 투자증가율이 지속적으로 감소해 내수시장이 위축된다는 전망이다(대한민국정부, 2016). 노동력 감소와 맞물려 노동생산성이 저하하고 투자가 위축되면 잠재성장률이 지속적으로 하락할 위험도 있다. 현재의 출산율을 유지한다고 가정하면 2051년 이후의 경제성장률은 1%대를 밑돌 것으로 예상된다(대한민국정부, 2016).

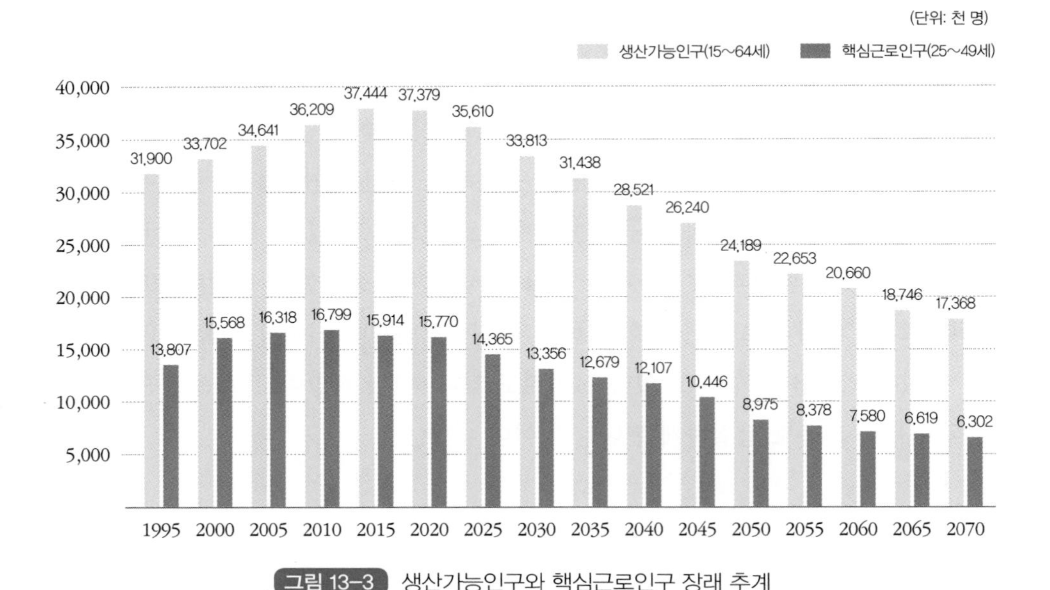

그림 13-3 생산가능인구와 핵심근로인구 장래 추계

출처: 통계청(2020c).

(3) 사회보장 부담의 증가

연금과 보험료를 납부하는 근로인구는 감소하지만 연금을 타는 인구는 급격하게 증가하여 사회보장 지출부담이 크게 늘어나게 된다. 예를 들면, 현재 예측에 의하면 국민연금은 2017년에 적립기금이 소진된다. 공공사회복지지출도 2017년 기준 GDP 대비 10.1%에서 2040년에는 OECD 평균에 이르고 2016년에는 29% 수준으로 상승할 것으로 전망된다(대한민국정부, 2016).

(4) 학령인구 감소

학령인구가 계속 감소하게 되어 30년 뒤에는 현재 학생 수의 절반까지 감소할 전망이다. 이미 2018년부터 대학 정원보다 고교 졸업자 수가 적어졌으며 대학 정원 미달 현상이 가시화되고 있다. 학령인구 감소와 교육 인프라 과잉공급의 문제는 대학 간 격차 심화, 고등교육의 질적 저하, 대학 인프라 과잉 등의 문제로 나타날 수 있다.

4) 저출산과 사회복지

저출산 문제는 근본적으로 '출산율을 제고하고 경제활동 참가를 확대한다.'는 정책목표를 통해 해결할 수 있다. 이와 같이 문제해결을 위한 핵심 과제는 매우 단순하지만, 이 두 가지 과제는 여성들에게 매우 큰 부담이 전가된다는 점에서 그리 간단하지가 않다. 일반적으로 경제가 성장하고 사회가 발전하면서 여성의 사회진출은 확대되기 마련이며, 이와 함께 출산율이 하락하는 양상이 동반되는 것은 많은 선진국이 경험하는 일반적인 현상이다.

저출산 추세를 실질적으로 반전시키기 위해서는 그 근본 원인에 대한 명확한 규명이 선행되어야 할 것이다. 예를 들어, 저출산의 가장 근본적인 원인이 영유아 보육에 있다면 보육시설을 늘리고 영유아 보육비를 지원하는 것이 실효성 있는 정책이겠지만, 저출산의 원인이 다른 데 있다면 그런 정책은 실효성도 없고 재정만 낭비하는 정책이 될 것이다.

저출산 문제의 핵심 해결방안으로 거론되는 신혼 주거대책, 일·가정 양립 제도의 현실화, 다양한 가족에 대한 인정, 노후 소득보장, 아동 양육 환경 개선 등의 과제에 대해 보다 적극적인 대책이 필요하다. 저출산 해결을 위해서는 단순히 출산을 장려하는 패러다임에서 벗어나 태어난 아동 하나하나가 모두 행복하고, 자녀를 출산하여 키우는 것이 행복한 사회적 여건을 만드는 등 보다 적극적인 복지정책이 필요하다.

아동에 대한 투자는 저출산 위기가 심각한 한국의 경우에는 더욱 중요하다. 아동인구가 감소하는 사회는 아동 하나하나의 가치가 그만큼 높아지는 사회이다. 아동 및 가족 관련 정부 지출은 일반적으로 출산율과도 밀접한 상관관계가 있는 것으로 여겨진다. OECD의 분석자료에 의하면 GDP 대비 아동과 가족 관련 지출 비중은 출산율과 정(+)의 상관관계가 있는 것으로 나타났다. 즉, 아동과 가족에 대한 투자가 왕성한 국가에서는 출산율도 높게 나타나지만 그렇지 않은 국가에서는 출산율이 낮은 것으로 나타난다는 것이다.

아동에 대한 투자, 특히 어린 시기에 대한 투자가 중요한데도 한국 사회의 아

동에 대한 투자는 상대적으로 취약하다. OECD 다른 국가들과 비교해 보면, 여전히 한국의 아동·가족 관련 정부지출은 매우 적은 편이다. OECD의 분석에 의하면, 한국의 아동·가족 관련 정부지출은 GDP 대비 1.5% 미만으로 집계되며, 이는 OECD 국가들 중에서 최하위권에 속한다. 저출산 대책의 하나로 아동에 대한 투자를 획기적으로 늘려야 한다.

사회 전체의 생산성을 높이기 위해서는 생산가능인구의 고용률 제고를 통해 일을 통한 복지와 경제성장 간의 선순환 구조를 마련하고 취약계층의 교육·훈련 및 배려를 통해 성공과 재기의 기회를 확대해야 한다. 또한 공적연금 등 각종 사회보험의 사각지대를 해소하여 모든 국민이 더욱 안정된 노후생활을 영위할 수 있도록 지원하고, 동시에 연금제도의 지속가능성을 높여 국민의 신뢰를 회복하는 것도 매우 중요한 과제이다. 모든 국민이 기본적인 건강을 누리고 건강에 대한 안정감을 느끼면서 사회경제 활동에 참여하고 여러 급여 혜택에서 배제되는 일이 없도록 건강보험 등 사회보장제도의 내실화 방안도 중요하다.

미래 노동인구 감소에 대비해서 여성노동인력을 적극 활용하는 방안을 추진해야 한다. 한국의 경우는 고학력 여성인구가 높은 비중을 차지하고 있으면서도 여성 고용률은 50%대에 머무는 실정이다. 우리보다 먼저 저출산·고령화 현상을 경험한 대부분의 선진국에서는 여성 고용률이 70%대를 넘는다. 여성의 경제활동을 늘리는 적극적인 정책이 필요하다.

여성의 경제활동을 늘리기 위한 정책은 출산과 육아로 인한 노동시장 이탈을 방지하는 것과 동시에 노동시장에서 경력단절을 경험한 근로자가 재진입을 원할 때 그에 맞는 지원을 제공하는 것이다. 우선 출산과 육아로 인해 노동시장 탈퇴를 방지하기 위해서는 산전후휴가 및 육아휴직과 같은 제도가 제 기능을 다 발휘할 수 있도록 강화해야 한다.

경제활동 여성들의 보육·교육에 대한 지원 역시 노동시장 이탈을 막는 매우 중요한 정책 수단이다. 또한 노동시장 재진입을 쉽게 하기 위해서는 경력단절을 경험한 여성 근로자에게 직업훈련이나 구직활동을 지원하는 것이 필요하다. 이 외에도 여성의 경제활동을 지원하기 위해 중요한 것은 일·가정 양립을 가능하게 하는 일

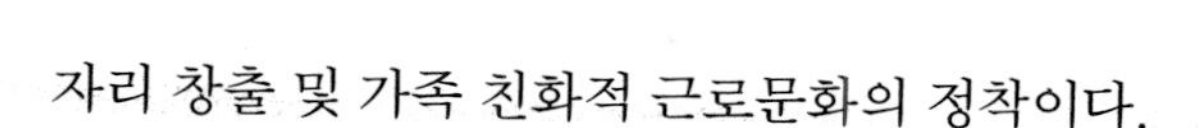

자리 창출 및 가족 친화적 근로문화의 정착이다.

미래에 대한 희망이 있는 사회가 저출산 문제의 궁극적인 해결책이라는 발상의 전환이 필요하다. 암울한 미래를 자기 자식에게 물려주지 않겠다는 결정은 어찌 보면 합리적인 결정이다. 그런 의미에서 보면 우리 사회의 계층이동성을 증가시키는 노력도 희망이 있는 사회를 만드는 데 중요하다.

자신이 속하게 될 미래의 사회계층이 본인의 재능이나 노력으로 결정되는 것이 아니라, 대부분 부모의 배경에 의해서 정해지는 사회는 미래의 희망이 없는 사회이다. 부모 세대가 하위계층에 속하면 본인이 아무리 노력해도 그 하위계층을 벗어나기 힘들고, 부모 세대가 상위계층에 속하면 본인이 별일 없으면 그대로 상위계층을 유지할 수 있다는 인식은 사회적 불만으로 이어진다.

우리 사회에서 낮은 계층이동성에 대한 사회적 인식의 확산은 현재의 '빈부격차'에 대한 문제를 넘어 '기회의 평등'이 훼손되고 있다는 인식으로 연결되고 있다는 점에서 심각한 사회문제로 대두되고 있다. 계층이동성 문제는 최근 높은 청년실업률과 맞물려 계층 갈등 현상으로 나타나고 있기도 하다. 최근에 청년 세대들을 중심으로 촉발된 '금수저-흙수저' 논쟁과 '헬조선'이라는 과격한 표현은 계층 갈등 양상의 심각성을 단적으로 보여 주고 있다. 이런 사회에서 출산율이 낮은 것은 오히려 당연한 결과일 수도 있다.

불평등 완화를 통해 지속가능한 성장을 추구하는 새로운 복지정책의 패러다임이 중요하다. 사회구성원의 삶의 질을 향상하고 사회의 다양한 불평등 문제를 해소함으로써 계층 간 형평성 있는 분배를 추구하는 정책이 강화될 필요가 있다. 성장에 기여 가능한 공정한 기회를 모든 사회계층에 제공함으로써 경제성장의 과실을 더욱 평등하게 나눌 수 있으며 그러한 기여가 궁극적으로는 성장에도 도움이 되도록 해야 한다. 누구에게나 기회가 주어질 수 있다는 희망을 줄 수 있는 복지사회가 저출산 문제에 대한 궁극적인 대응일 수 있다.

2. 인구고령화와 사회복지

1) 인구고령화의 개념

인구고령화는 한 사회에서 고령자에 해당하는 인구 비율이 증가하는 현상을 지칭한다. 고령자의 정의를 어떻게 내릴 것인가에 대해서는 명확히 정해진 기준이 없으나, 그동안 많은 나라가 퇴직 또는 연금 개시 연령을 60세 또는 65세로 정해 왔기 때문에 이 나이를 기준으로 고령자 인구 비율을 계산하는 경우가 많았다. 한국의 경우, 「노인복지법」상 65세 이상을 고령자로 지칭한다. 한국의 인구는 지난 50년간 매우 빠르게 고령화되어 왔다. 1960년 전체 인구 대비 불과 2.9%였던 65세 이상 노인인구 비율은 2008년 10.2%, 2020년 15.7%로 증가했고, 인구 수로 따지면 현재 800만 명이 넘는 인구가 65세 이상이다(통계청, 1960, 2008, 2020b). 이 수치는 앞으로도 지속적으로 증가하며, 인구고령화가 심화될 것으로 예측된다.

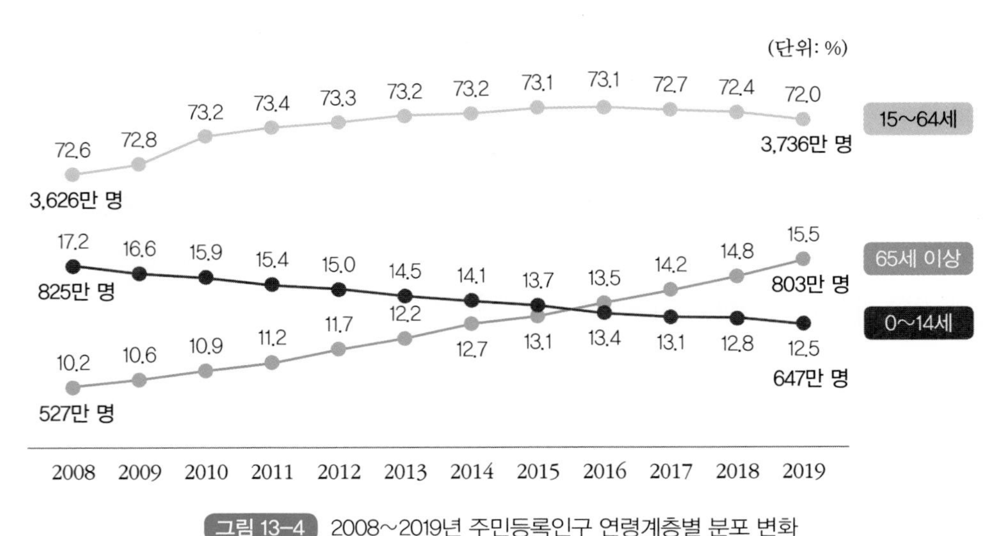

그림 13-4 2008~2019년 주민등록인구 연령계층별 분포 변화

출처: 행정안전부(https://jumin.mois.go.kr/ageStatMonth.do).

인구고령화를 설명하는 지표에는 전체 인구 대비 고령인구 비율 외에도 중위연령(median age), 평균연령(mean age), 노년부양비(old age dependency ratio: OADR), 노령화지수(aging index), 평균수명(average life expectancy) 등 여러 지표가 포함된다. 이 중 인구고령화의 경제적 부담을 나타낼 때 자주 쓰이는 노년부양비는 생산활동에 종사하며 유소년과 노인을 부양하는 인구 100명당 노인인구를 지칭하는 것으로, 65세 이상 노인인구를 15~64세의 부양인구로 나눈 뒤 100을 곱해 구한다. 인구고령화와 함께 한국의 노년부양비는 지속적으로 증가해 왔다. 1970년에 생산인구 100명당 5.7명이었던 노년부양비는 2020년에는 21.7명으로 약 4배가량 증가했고, 현재의 낮은 출산율이 지속된다면 2050년에는 노년부양비가 77.6명에 달할 것으로 예측된다.

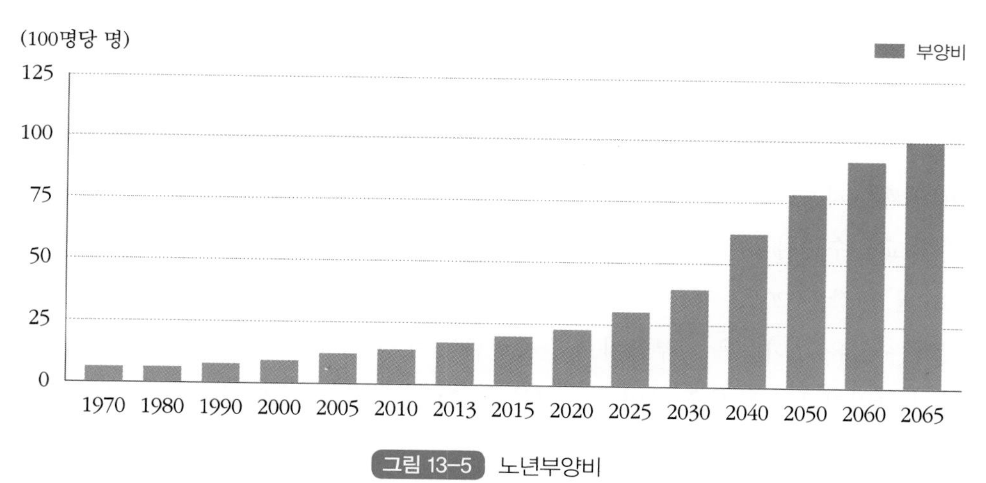

그림 13-5 노년부양비

주: 장래인구추계는 5년 주기로 작성되어 2021년에 공표 예정이었으나, 최근 초저출산 상황을 반영해 특별추계를 공표

출처: 통계청(2019).

유소년인구 대비 노인인구의 상대적 비율을 나타내는 노령화지수(aging index)는 유소년인구(0~14세)를 노인인구(65세 이상)으로 나눈 뒤 100을 곱해 구한다. 노령화지수는 급속한 출산율 저하로 노년부양비보다도 더욱 빠르게 증가하였다. 1980년 11.2명에서 2020년 129.0명으로 10배 이상 증가하였고, 2040년에는 345.7명, 2060년

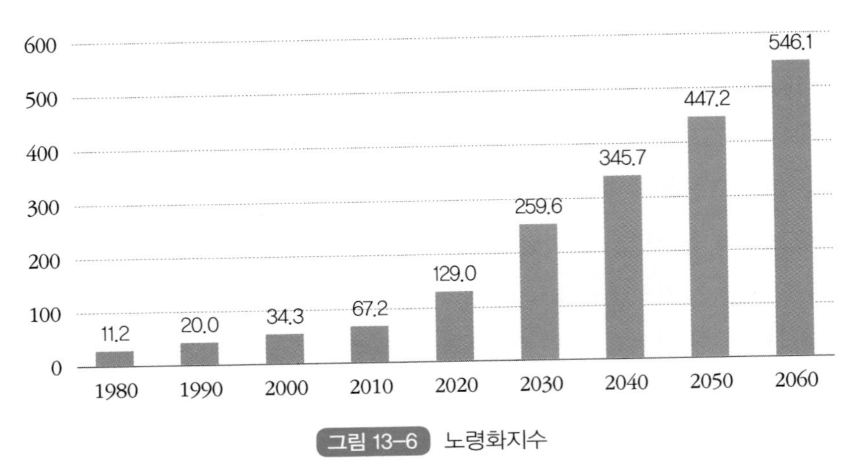

그림 13-6 노령화지수

출처: 통계청(2020b).

에는 546.1명에 달할 것으로 예측된다.

한편, 기존의 노년부양비라는 측정도구가 노인을 의존적이고 부담이 되는 존재로 인식하게 만든다는 주장도 존재한다. 이는 오늘날의 노인들, 즉 신노년 세대라고 일컬어지는 1955~1963년생의 베이비붐 세대와 미래의 노인들은 이전 세대에 비해 교육수준과 경제력이 높고, 건강 상태도 좋기 때문에(박경하 외, 2020; 정해식, 김수완, 안상훈, 2014) 지속적으로 사회의 생산성에 기여할 수 있는데도 65세 이상이라는 이유로 이들을 피부양자로 간주한다는 주장이다. 일부 학자들은 이러한 변화된 고령인구의 특성을 반영하여 피부양 고령인구를 65세와 같은 연대기적 연령(chronological age) 대신 장래 연령(prospective age)으로 구분하자고 제안한다(계봉오, 2020; Binstock & George, 2011). 연대기적 연령이 이제까지 살아온 기간을 반영한 나이라면, 장래 연령이란 기대여명이 얼마나 남았는지(remaining life expectancy: RLE)에 따라 결정되는 연령으로, 보통 기대여명이 15년 남은 연령이 고령자를 구분하는 기준이 된다. 예컨대, 1970년 생명표(life table)를 보면 기대여명이 15년 남은 나이는 61세이므로, 그 이상을 고령자로 본다. 반면, 2019년 생명표에 따르면 기대여명이 15년 남은 연령은 72세이므로, 72세 이상이 고령자인구가 된다. 장래 연령은 평균수명의 연장에 따라 계속 높아지는 특성을 지닌다. 장래 연령이 65세 이상

(1) 1970년 완전생명표

연령 (age)	사망 확률 $_nq_x$	생존자 수 l_x	사망자 수 $_nd_x$	정지 인구 $_nL_x$	총 생존년수 T_x	기대 여명 e^o_x	연령 (age)
50	0.01164	78390	912	77934	1771651	22.60	50
51	0.01261	77478	977	76989	1693717	21.86	51
52	0.01369	76501	1047	75977	1616728	21.13	52
53	0.01489	75454	1123	74892	1540751	20.42	53
54	0.01619	74430	1204	73728	1465859	19.72	54
55	0.01774	73127	1297	72478	1392130	19.04	55
56	0.01921	71830	1380	71140	1319652	18.37	56
57	0.02070	70450	1459	69721	1248513	17.72	57
58	0.02220	68991	1532	68226	1178792	17.09	58
59	0.02372	67460	1600	66660	1110566	16.46	59
60	0.02514	65860	1656	65032	1043906	15.85	60
61	0.02683	64204	1723	63343	978875	15.25	61

(2) 2019년 완전생명표

연령 (age)	사망 확률 $_nq_x$	생존자 수 l_x	사망자 수 $_nd_x$	정지 인구 $_nL_x$	총 생존년수 T_x	기대 여명 e^o_x	연령 (age)
72	0.01362	85763	1168	85180	1331686	15.53	72

그림 13-7 완전생명표

출처: 통계청(2016, 2020a).

인 나라의 경우 이를 기준으로 부양비를 계산하면(Prospective age dependency ratio) 원래의 방식으로 노년부양비를 계산했을 때보다 낮게 나타난다.

2) 인구고령화에 영향을 미치는 요인들

인구고령화에 영향을 미치는 요인으로는 ① 출산율, ② 사망률, ③ 이민으로 인한 인구변동이 있다. 흔히 평균수명의 증가가 인구고령화에 가장 큰 영향을 미친다고 생각하기 쉽지만 인구고령화의 가장 큰 원인은 출산율 저하이다. 사망률 감소는 전 연령대에서 일어나지만, 출산율 감소는 유소년층 비율 감소에 직접적인 영향을 미치면서 인구구조가 달라지기 때문이다. 즉, 출산율 감소로 유소년층 비율이 줄어들면 상대적으로 전체 인구 중 노인인구 비율은 증가하게 되고, 출산율이 낮은 시기에 태어난 유소년층이 성장하며 중장년층의 비율까지도 낮아지게 된다. 반면, 노인인구 비율은 이전의 출산율이 높았던 시기에 태어난 중장년층의 유입과 함께 지속적으로 증가하게 된다. 이러한 출산율 저하로 인한 인구고령화는 [그림 13-8]의 인구 피라미드에서 잘 나타난다. 1980년의 인구 피라미드는 유소년층의 비중이 크고 노년층의 비중이 낮은 피라미드형이었으나 2019년/2020년 현재 중장년층이 두꺼운 항아리형의 모양을 보여 준다. 한국은 급속한 출산율 저하를 경험한 만큼 인

(단위: 만 명)

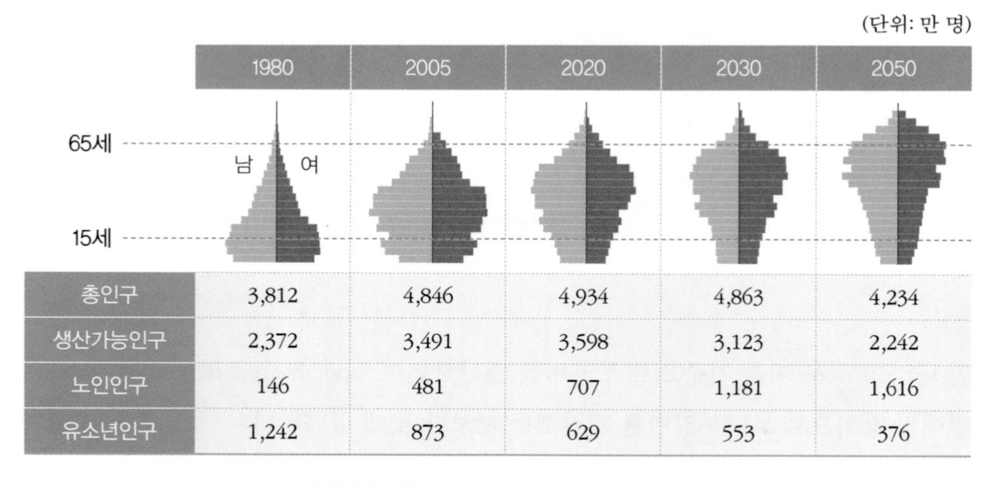

	1980	2005	2020	2030	2050
총인구	3,812	4,846	4,934	4,863	4,234
생산가능인구	2,372	3,491	3,598	3,123	2,242
노인인구	146	481	707	1,181	1,616
유소년인구	1,242	873	629	553	376

그림 13-8 인구구조 변동 추이 및 전망

주: 합계출산율 2005년 1.08명, 2040년 1.28명으로 가정

출처: 통계청(2006).

구고령화 역시 빠르게 진행되고 있는데, 앞으로도 합계출산율이 인구 대체수준인 2.1 이하로 지속된다면, 인구 피라미드에서 노년층 비중은 더 높고, 유소년층 비중은 더욱 줄어든 역삼각형 구조로 변화될 전망이다.

다음으로 사망률 감소가 인구고령화에 미치는 영향이 있다. 역사적으로 사망률의 감소는 공중 보건의 발전, 영양 증진, 의료 기술 발달 등에 힘입어 영아사망률 감소부터 일어나기 시작했다. 이러한 영아사망률 감소는 인구구조변동(demographic transition) 초기에는 유소년인구 증가, 즉 인구가 젊어지는(younging of the population) 데에 크게 기여한다. 아직 출산율 저하가 일어나기 전 많은 아이들이 태어나고 이 아이들이 생존하면서 인구 피라미드의 하부층이 탄탄해지는 것이다. 그러나 이들이 중장년층을 거쳐 노년층이 되고, 평균수명의 증가와 함께 초고령 노인이 증가하면서 사망률 감소는 인구고령화에 기여하는 요인이 된다.

[그림 13-9]는 지난 50년간 일어난 기대수명의 변화를 보여 준다. 이 기간 동안 평균수명은 60세 중반에서 80세 이상으로 증가했다. 2019년에 태어난 사람이 기대할 수 있는 평균수명은 남자의 경우 80.3세, 여자의 경우 86.3세이다(통계청, 2020a).

출산율, 사망률이 인구고령화에 미치는 영향에 비해 이민의 영향은 한국의 상황

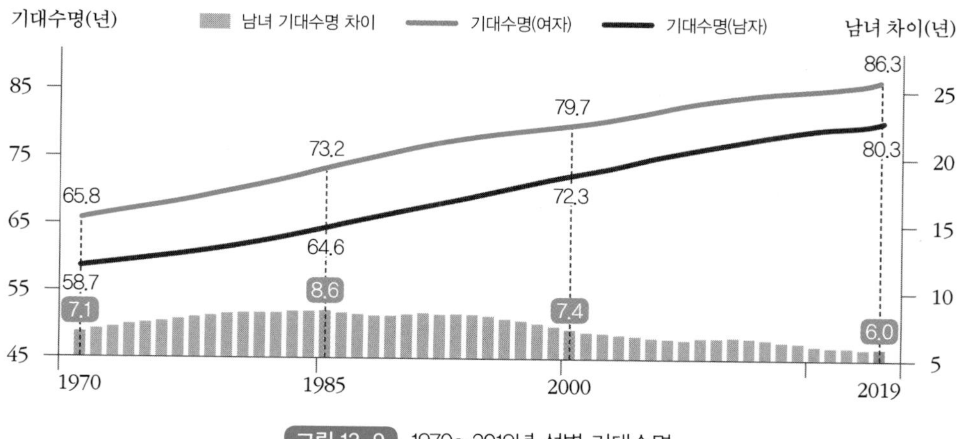

그림 13-9 1970~2019년 성별 기대수명

출처: 통계청(2020a).

에서는 미미한 편이다. 그러나 미국 등 이민자의 유입이 많은 나라들에서는 상대적으로 출산율이 높은 이민자의 유입이 인구고령화를 늦추는 요인으로 작용하고 있다.

3) 세계의 고령화

그러면 한국 외에 세계 각국의 인구고령화는 어떻게 진행되고 있을까? 한국과 일본에서는 보통 65세 노인인구가 전체 인구의 7% 이상일 때 고령화 사회(aging society), 14%가 넘으면 고령사회(aged society), 20% 이상이면 초고령사회(super aged society)로 분류하는데(최성재, 장인협, 2010), 〈표 13-1〉은 이러한 분류 체계에 따른 세계 각국의 고령화 진행 정도를 보여 준다.

표 13-1 세계 각국의 고령화 진행 정도

국가	전체 인구 중 65세 이상 인구 비율	분류
일본	28.2	20% 이상 (초고령사회)
이탈리아	22.8	
그리스	21.8	
포르투갈	21.8	
독일	21.4	
프랑스	20.3	
스웨덴	19.9	14~20% (고령사회)
스페인	19.1	
영국	18.3	
캐나다	17.2	
미국	16.0	
호주	15.8	
대한민국	15.1	
러시아	14.6	

대만	13.9	7~14% (고령화 사회)
중국	11.9	
칠레	11.8	
태국	11.5	
북한	9.5	
터키	8.8	
브라질	8.5	
멕시코	7.2	
베트남	7.0	
인도	6.1	7% 미만
남아프리카 공화국	6.0	
미얀마	5.9	
인도네시아	5.6	
방글라데시	5.1	
필리핀	5.1	
이집트	3.9	
나이지리아	2.7	

출처: United Nations (2019).

한국은 스페인, 영국, 미국, 캐나다 등과 함께 2019년부터 노인인구가 14%가 넘는 고령사회에 접어들었다(United Nations, 2019). 그러나 현재 노인인구 비율이 비슷하더라도, 고령사회에 도달하기까지 걸린 시간은 다르다. 노인인구 비율이 7%에서 14%로 두 배 증가하는 데에 소요된 기간이 프랑스는 115년, 이탈리아나 미국의 경우 각각 61년과 71년인 반면, 한국의 경우 17년밖에 걸리지 않았다(최성재, 장인협, 2010). 14%에서 20%로 증가하는 데에 걸리는 기간도 프랑스, 독일, 영국 등의 나라에서 40년이 넘는 시간이 걸릴 것으로 예상되는 반면, 한국은 8년이 소요될 것으로 예측되고 있다(통계청, 2020b).

이렇듯 서구 사회에 비해 한국의 고령화 속도는 매우 빠르게 진행되었기 때문에 인구고령화에 대비할 시간도 충분하지 않았던 것이 사실이다. 특히 서구 사회의 경우 연금 등 은퇴 후 소득보장제도가 일찍부터 자리 잡은 덕에 고령자들의 빈곤율이 높지 않은 반면, 한국의 경우 1988년 국민연금제도 도입 후 충분히 시간이 지나지 않았기 때문에 연금의 소득대체 효과가 그리 높지 않다. 또한 평균 수명의 증가, 자녀 세대의 부양 의식 약화 등 여러 요인이 맞물리면서 2018년 기준 노인의 상대적 빈곤율(중위소득 50% 이하)은 43.4%에 달하는 것으로 나타났다(통계청, 2020b).

4) 인구고령화가 사회에 미치는 영향

인구고령화는 여러 측면에서 사회에 영향을 미친다. 첫째, 인구고령화가 지속되면서 현재와 미래의 노동력과 생산성에 기여할 수 있는 유소년층과 청장년층 인구는 줄어드는 반면, 노인인구는 늘어남으로써 국민총생산량(GDP)이 줄어들고, 경제성장이 둔화될 가능성이 있다. 둘째, 인구고령화는 사회보장제도의 재정적 부담을 가중시킨다. 특히 건강보험이나 국민연금과 같은 사회보장제도는 현재의 근로자가 납부한 보험료 혹은 연금 수급자가 근로 기간 동안 적립한 보험금에 기초하여 제도가 운영되는데, 보험금을 납부할 수 있는 인구 수는 줄어드는 반면, 퇴직자가 많아지고 퇴직 후 연금을 받아야 하는 기간이 길어지면 제도의 지속가능성이 훼손된다. 또한 평균수명의 증가로 인한 노년기 의료보장 지출의 증가는 국가의 재정부담 및 보험료 부담의 증가로 이어질 수 있다. 셋째, 인구고령화는 교육과 의료 및 돌봄 서비스에도 영향을 미친다. 노인인구가 많은 지역에 소재한 초중고교들이 통폐합된 것에서 볼 수 있듯, 유소년층의 감소는 기존의 학교 시스템의 변화를 예고한다. 반면, 의료 인프라 및 돌봄 서비스 영역은 인구고령화와 함께 더욱 성장할 가능성이 크다.

흔히 인구고령화는 회색 쓰나미에 비유되며 부정적인 영향만 부각되곤 하지만, 인구고령화가 사회에 꼭 부정적인 영향만 끼치는 것은 아니다. 오늘날 다수의 노인들은 가정 내 손자녀 돌봄, 지역사회 봉사 참여 등 사회에서 중요한 역할을 감당하고 있으며, 은퇴 후에도 노동시장에 참여하고 있는 노인도 상당수 존재한다. 고령자통계에 따르면, 2019년 기준으로 65세 이상 노인 중 32.9%가 현재 노동시장에 참여하고 있다(통계청, 2020b). 또한 경제력이 있는 노인들이 새로운 비즈니스 수요층으로 대두하며, 이들의 교육, 여가, 의료, 돌봄 등 다양한 서비스 수요에 대응한 새로운 산업이 발전할 수 있는 기회가 만들어지기도 한다.

빠르게 증가하는 노인 세대가 우리 사회에 기여할 수 있는 환경을 만드는 것은 우리 사회의 당면 과제이기도 하다. 현재 노인일자리 사업, 고령자 재취업을 위한 직업훈련 등이 공공 주도로 이루어지고 있지만, 일자리 사업의 경우 노인의 적성이나 직업 능력을 고려하지 않은 단순 업무에 치중한 사업이 많다는 지적이 많다(박경하 외, 2020; 이소정, 이창숙, 윤하림, 2019). 원래 일하던 직역에서의 근무 시간 조정 등을 통한 점진적인 은퇴 또한 어려운 경우가 많고, 재취업을 하더라도 보수가 낮고 근로여건이 열악한 상황이다. 앞으로는 단순히 공공부문에서 고령자에게 노인일자리를 제공하는 일자리 정책에서 더 나아가 근로의사와 근로능력이 있는 노인들이 다양한 경제 활동에 참여하고, 아울러 은퇴자 및 노인들이 사회공헌활동과 자원봉사에도 적극적으로 참여할 수 있는 환경을 조성하는 것이 필요하다.

5) 인구고령화와 사회복지

그렇다면 인구고령화와 사회복지는 어떤 관련이 있을까? 앞서 언급했듯, 인구고령화는 연금, 건강보험 등 우리 사회가 유지해 온 굵직한 사회정책들에 영향을 주며, 이들의 지속가능성을 위협한다. 노년층의 인구 비율이 높아지고 평균수명이 증가하며 연금 및 의료 서비스에 대한 수요는 늘어나는 반면, 출생률 감소로 이러한 제도들을 재정적으로 뒷받침하게 되는 생산가능인구는 지속적으로 줄어들고 있기 때문이다. 이러한 이유로 한국에서는 현재 연금 수급 연령 상향, 국민연금 및 건강보험료 인상을 통한 재정 확충, 노인 및 여성의 노동시장 참여 확대, 출산 및 보육환경 개선을 통한 생산가능인구 증가 등 여러 정책 대안을 고려하고 있다.

인구고령화는 사회복지정책뿐만 아니라 노인복지분야 사회서비스에도 큰 영향을 미친다. 사회복지 예산 중 노인 관련 서비스 예산 증가 추이를 살펴보면 그 영향을 가

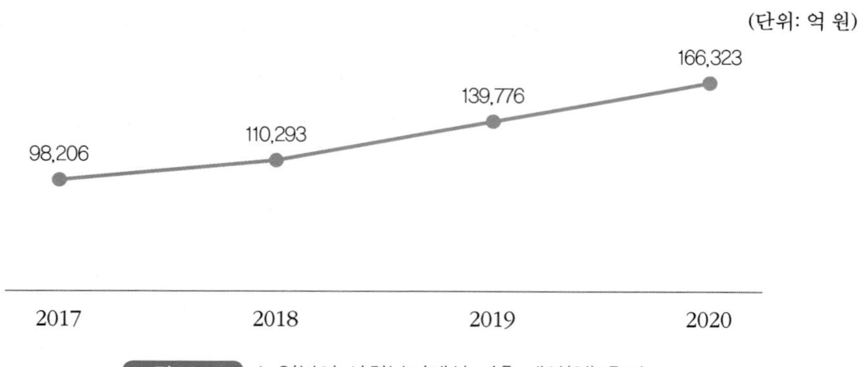

그림 13-10 노인분야 사회복지예산 지출 예산(안) 추이

출처: 보건복지부(2017~2020) 재구성.

늠해 볼 수 있다. 노인분야 사회복지예산에는 기초연금, 노인일자리 및 사회활동 지원, 노인장기요양보험 사업운영, 노인돌봄서비스 등이 포함되며, 이러한 노인분야 사회복지예산은 [그림 13-10]에서 보듯 지속적으로 증가하고 있다(보건복지부, 2020).

또한 새롭게 도입 또는 개편된 여러 사회복지서비스를 살펴보면 노인인구의 필요 및 욕구에 따라 사회복지서비스가 변화하고 있는 것을 볼 수 있다. 가장 두드러지게는 그동안 거동이 불편한 노인을 지원하는 방편이 주로 요양 시설 입소를 통한 지원이었다면, 최근 들어서는 노인이 최대한 본인이 살던 지역에 오래 거주할 수 있도록 지역사회의 노인 돌봄 서비스를 지원하는 방향으로 정책이 만들어지고 있다. 예컨대, 2020년부터 시행된 노인맞춤돌봄 서비스는 기존에 존재하던 ① 노인돌봄기본서비스, ② 노인돌봄종합서비스, ③ 단기가사서비스, ④ 초기독거노인 자립지원 사업, ⑤ 독거노인 사회관계 활성화 사업, ⑥ 지역사회 자원연계 사업 등 6개의 노인 관련 사회서비스를 통합 · 개편하여 시행한 제도로, 65세 이상 기초생활수급자, 차상위계층 또는 기초연금수급자 중 독거 · 조손가구 등 돌봄이 필요한 노인에게 안전지원, 사회참여, 생활교육, 일상생활분야의 다양한 서비스를 제공한다.

인구고령화로 인한 사회변화들을 긍정적으로 만들어 가기 위해서는 사회 정책 및 인프라에서 적극적 변화를 모색할 필요가 있다. 고용, 사업 분야에서는 고령 노동자들이 지속적으로 생산에 기여할 수 있는 환경 변화가 필요하다. 또한 나이가

들어가며 건강이 악화되고 장애가 생기더라도 사회에 통합되어 살 수 있는 환경을 만들어 가는 것이 중요하다. 이를 위해서는 의료 및 돌봄 서비스 등의 확충 및 지역사회 내에서의 서비스 연계가 고도화될 필요가 있다. 또한 보편적 설계(universal design), 무장애 설계(barrier-free design) 등을 통한 물리적 환경의 개선, 연령차별 문화를 개선하려는 사회적 환경의 변화도 함께 수반되어야 한다.

요약

현재 한국은 빠른 속도로 진행하는 저출산 · 고령화 현상의 인구구조 변화를 경험하고 있다. 빠른 속도의 인구변동은 사회복지에 큰 영향을 준다. 인구를 현상 유지하는 데 필요한 수준을 보통 합계출산율 2.1%로 본다. 한국은 2021년 기준으로 합계출산율이 세계 최저수준인 0.8명대에 머물고 있다. 출생아 수도 26만 명대로 떨어져 이미 2020년부터는 총인구 감소의 시기로 접어들었다. 저출산은 인구고령화와 직접적으로 연관되어 있는데, 이는 저출산이 지속되면서 전체 인구 대비 유소년층과 청장년층의 비율은 감소하는 반면, 상대적으로 노인인구가 차지하는 비율은 높아지기 때문이다. 현재의 합계출산율이 유지될 경우 한국은 2025년이면 노인인구가 전체 인구의 20%가 넘는 초고령사회에 진입하고, 2035년에는 노인인구가 전체 인구의 30%에 달할 것으로 예측된다. 인구변동에 있어서 또 하나 문제가 되는 지점은 이런 변동 현상이 지역에 따라 상당히 불균형하게 이루어진다는 점이다. 한국의 경우는 비수도권에서의 인구고령화와 인구감소가 더욱 빠르게 진행되고 있다.

저출산에 영향을 미치는 요인은 다양한데, 크게 보면 인구학적 요인, 경제적 요인, 문화적 요인이 있다. 저출산 및 이에 따른 인구고령화가 사회에 미치는 영향은 장기간에 걸쳐 다양한 분야에서 나타나는데, 대표적으로는 학령인구 감소, 노동력 부족 현상의 심화, 잠재성장률의 하락, 사회보장 부담의 증가, 노인 의료비 및 돌봄 부담의 증가 등이 있다. 이러한 문제들의 해결을 위해서는 저출산 문제의 핵심 해결방안으로 거론되는 신혼 주거대책, 일 · 가정 양립 제도의 현실화, 다양한 가족에 대한 인정, 노후 소득보장, 아동 양육 환경 개선 등의 과제에 대해 보다 적극적인 대책이 필요하다. 또한 인구고령화의 부정적 여파를 줄이기 위한 여성 및 노령층의 노동참여율 증가, 미래인적 자본에 대한 투자 및 기술발전을 통한 생산성 제고, 건강수명을 늘리는 정책을 통한 의료비 절감 정책도 꾸준히 실행해 나가야 한다. 저출산 · 인구고령화 문제의 해결을 위해서는 단순히 출산을 장려하는 패러다임에서 벗어나 태어난 아동 하나하나가 모두 행복하고, 자녀를 출산하여 키우는 것이 행복한 사회적 여건을 만드는 것이 중요하다. 나아가 노인이 되어서도 사회 · 경제적 활동에 활발히 참여할 수 있는 환경을 만들고, 늘어나는 노인돌봄 수요에 가족과 사회가 함께 대응하는 보다 적극적인 복지정책이 필요하다.

참고문헌

계봉오(2020). 인구고령화 지표에 대한 대안적 접근: 장래연령 관점을 중심으로. 한국인구학, 43(4), 1-35.

고용정보원(2018). 한국의 지방소멸 2018, 고용동향브리프. 한국고용정보원.

김기헌, 배정희, 김창환, 성재민(2021). 청년 사회 첫 출발 실태 및 정책방안 연구 I: 일자리. 한국청소년정책연구원.

대한민국정부(2016). 제3차 저출산 · 고령사회 기본계획.

박경하, 남기철, 강은나, 김수린, 배재윤, 김성용, 이창숙, 박준혁(2020). 환경변화에 대응한 노인일자리 중장기 발전방안 연구(한국노인인력개발원 편). 한국노인인력개발원.

박종서(2021). 2021 가족과 출산 조사. 한국보건사회연구원.

보건복지부(2017). 2017년 보건복지부 소관 예산 및 기금운용계획 개요. 보건복지부.

보건복지부(2018). 2018년 보건복지부 소관 예산 및 기금운용계획 개요. 보건복지부.

보건복지부(2019). 2019년 보건복지부 소관 예산 및 기금운용계획 개요. 보건복지부.

보건복지부(2020). 2020년 보건복지부 소관 예산 및 기금운용계획 개요. 보건복지부.

유경원(2007). 가계의 교육비와 저축간 관계 분석. 금융경제연구, 제312호.

이상호(2015). 한국의 지방소멸에 관한 7가지 분석, 지역고용동향 심층분석. 한국고용정보원.

이소정, 이창숙, 윤하림(2019). 사회서비스형 노인일자리 참여노인 선발 기준 개선을 위한 연구. 한국노인인력개발원.

이철희(2022). 출생아 수 감소의 인구학적 요인. 서울대학교 국가미래전략원 인구클러스터 포럼 발표 자료집(2022. 11. 24.).

정해식, 김수완, 안상훈(2014). 다차원적 불평등의 세대간 특성: 현 노인세대, 베이비붐 세대, 이후 세대의 비교를 중심으로. 노인복지연구, 63, 337-369.

천현숙, 이길제, 김준형, 윤창원(2016). 주택 및 출산 간의 연계성에 관한 거시-미시 접근. 한국보건사회연구원, 국토연구원.

최성재, 장인협(2010). 고령화 사회의 노인복지학. 서울대학교출판부.

통계청(1960). 1960 장래인구추계.

통계청(2006). 2006 장래인구추계.

통계청(2008). 2008 장래인구추계.

통계청(2016). 생명표, 1970-2015.

통계청(2019). 장래인구특별추계: 2017~2067년.

통계청(2020a). 2019년 생명표.

통계청(2020b). 2020 고령자 통계.

통계청(2020c). 2020 장래인구추계.

통계청(2023). 2023 인구동향조사.

한국보건사회연구원(2021). 2021년도 가족과 출산 조사.

Becker, G. S., & Barro, R. J. (1988). A reformulation of the economic theory of fertility. *Quarterly Journal of Economics, 103*(1), 1-25.

Binstock, R. H., & George, L. K. (2011). *Handbook of aging and the social sciences* (7th ed.). Elsevier/AP.

Dent, H. (2015). *The demographic cliff: how to survive and prosper during the great deflation ahead.* Penguin

행정안전부. https://jumin.mois.go.kr/ageStatMonth.do

United Nations (2019). World Population Prospects 2019. Retrieved from https://population.un.org/wpp/Publications/Files/WPP2019_Highlights.pdf.

제14장

양성평등과 사회복지

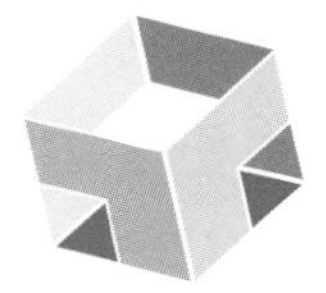

양성평등의 개념은 여성과 남성 모두가 인간으로서 누리는 개인의 존엄성, 가치, 권리를 존중받는 것을 기초로 한다. 과거 대비 현재 우리 사회의 양성평등 환경이 점차 개선되고 있지만, 여전히 성평등 의식 제고, 평등한 사회·경제 활동 참여, 일·생활의 균형을 위한 제도 정착, 폭력으로부터의 안전 등의 차원에서 실질적인 평등이 보장되는 것이 과제로 남아 있다. 현재 3차까지 시행된 '양성평등정책 기본계획'을 중심으로 양성평등 사회의 실현을 위한 정책과제가 추진되고 있으며, 「양성평등기본법」「남녀고용평등법」「근로기준법」 등의 법률을 근거로 양성평등한 고용 기회 및 대우 보장, 안전한 근로 환경 조성, 임신·출산·육아·돌봄 지원이 명문화되어 있다. 이 장에서는 제도나 문화에서 성차별적 요소를 없애고 남녀 모두의 동반성장이 가능한 양성평등 사회가 구현되기 위한 방향성에 대해 논의해 보고자 한다.

1. 양성평등의 개념

1) 양성평등의 정의

양성평등의 법적 정의는 "성별에 따른 차별, 편견, 비하 및 폭력 없이 인권을 동등하게 보장받고 모든 영역에 동등하게 참여하고 대우받는 것"이다(「양성평등기본법」 제3조). 이렇듯, 양성평등의 개념은 여성과 남성 모두가 인간으로서 누리는 존엄성 및 가치를 존중받고 권리를 보장받는 것을 기반으로 하고 있다(음선필, 2018). 양성평등의 정의는 사회 모든 영역에서 남녀가 반드시 동일해야 한다는 의미를 지니기보다는 사회 내에 성별에 대한 고정관념이나 성 차별적 제도 · 관행으로 인해 평등을 이루는 데 저해가 되지 않도록 함으로써 남성과 여성 간 동등한 권리, 책임, 참여기회를 보장하는 것을 강조한다(여성가족부, 2015). 평등은 그 자체로도 지향해야 할 중요한 가치이지만, 다른 권리를 보장하는 수단으로서의 역할도 수행하기 때문에 양성평등의 실현은 결국 모두의 안전, 자유, 행복을 증진하는 것과 직결된다(음선필, 2018).

양성평등과 혼용되는 단어로 성평등이 있는데, 이는 남성과 여성의 차이를 인정하고 이로 인한 차별이 일어나지 않도록 하는 것으로 성별에 따른 구조적 불평등을 해소하고자 하는 의미를 담고 있다(여성가족부, 2017). 일반적으로 성평등을 양성평등과 본질적으로 동일한 단어로 보는 입장이며(이수연, 황정임, 마경희, 김난주, 2015) 한국 정책이나 제도에서 두 용어를 혼용해서 사용하고 있다(여성가족부, 2018). 한편, 성평등의 개념을 성적 지향과 성 정체성의 의미를 포함하는 포괄적 개념으로 이해하고, 이는 이분법적인 젠더 구도를 지닌 양성평등보다 확장된 개념이라 주장하는 입장도 있다(음선필, 2018).

2) 양성평등의 개념적 특징

(1) 가변성

양성평등은 간단하게 "남녀 간 차별이 없는 상태"를 가리키지만(김형준, 2017: 18), 실제로 이 개념의 본질을 이해하는 것은 그리 간단하지 않다. 양성평등의 정의는 사회적 구성물로서 사회마다 다를 수 있다. 오랜 시간 축적되어 온 여성과 남성 간의 역동과 불평등 경험이 상이한 만큼 한 사회 내에서 양성평등의 개념 또한 변할 수 있기 때문이다(신경아, 2016). 또한 경제, 정치, 교육, 가정 등의 사회 영역에 따라 성불평등 경험의 특징이 다르기 때문에 획일적인 양성평등의 개념을 정립하기는 어렵다. 가령, 경제 영역에서는 경제활동 참가율에서 나타나는 성별 격차를 완화하는 것, 정치 영역에서는 남녀의 균형 있는 성별 대표성을 확보하는 것, 가정 영역에서는 고정된 성별 역할을 해소하는 것이 양성평등의 실현을 의미한다(여성가족부, 2015).

(2) 다의성

평등은 다의적인 특징을 지니며 형식적 개념과 실질적 개념으로 구분된다. 우선, 형식적 평등은 법 앞의 평등과 동등한 권리를 우선시하는 고전적 자유주의적 관점의 평등을 가리킨다(석인선, 2012). 성평등의 입장에서 형식적 평등은 개인주의적 성향이 강한 개념이기 때문에 성별이라는 집단적 특성보다는 개인에 초점을 두고 대우하게 된다(박종민, 배정현, 2009). 따라서 여성이기 때문에 받을 수 있는 불이익이나 남성이기 때문에 누릴 수 있는 혜택에 대한 고려를 하지 않은 채 개인 간 동일한 대우와 평등한 기회 보장을 강조한다.

반면, 실질적 평등은 기회 · 조건 · 결과의 평등이 보장될 때 실현 가능하다는 관념이다(석인선, 2012). 실질적 평등의 실현은 여성과 남성의 차이를 인정하고 수년간 축적되어 온 사회체제 내 불평등을 적극 시정하는 제도를 통해 이룰 수 있다. 이에 따라 남녀가 동일한 출발점에서 시작할 수 있도록 보장하는 조건의 평등과 여성에게 우대조치 등을 통해 실질적으로 남녀가 결과의 평등을 이룰 수 있도록 하는 조치를 의미한다. 출산휴가, 여성공무원채용목표제, 공직선거후보여성할당제 등 적극적 제도들이 실질적 평등을 보장하려는 대표적인 예이다(박종민, 배정현, 2009; 석인선, 2012).

양성평등은 단순히 여성과 남성 간 차별을 금지하는 것 이상의 개념으로서, 동등한 참여와 대우의 보장을 의미하기 때문에 실질적 평등을 기반으로 한다. 여성과 남성의 차이를 고려하지 않고 개인에 초점을 두는 형식적 평등의 입장은 성 중립적이라 할 수 있겠으나 현실적으로 우리 사회에서 여성과 남성이 구조적으로 분리되어 있어 두 성별 집단이 동일 선상에 있다고 평가하기 어렵다. 즉, 남녀 신체구조에 따른 차이, 역사적 · 사회적 지위에 따른 차이, 성적 지배 상황 등을 평등의 개념에 고려해야 실질적인 양성평등 실현이 가능할 것이다.

(3) 포괄성

양성평등은 여성에 국한된 문제가 아니며, 여성과 남성을 포함한 사회구성원 모두에게도 중요하다. 우선, 남성도 성별에 기인한 차별, 편견, 비하, 폭력, 성희롱, 성별 고정관념이나 왜곡된 남성상에 기인한 불평등의 대상자가 될 수 있다(이수연 외, 2015). 남성도 가정폭력이나 직장 내 성희롱 등 직접적인 피해자로 보고되고 있지만, 단지 불평등 사례가 여성에 비해 남성이 상대적으로 낮아 사회적 초점이 여성에게 맞춰져 있을 뿐이다. 또한 여성에 대한 경제활동의 제한은 남성의 경제적 부양에 대한 부담을 가중시킬 수 있으며, 남성의 돌봄이나 자녀 양육 참여 기회를 제약할 수 있다. 반면, 일 · 가정 양립을 지원하는 제도는 고령화 사회에서 출산율 제고를 통해 경제활동이 가능한 사회구성원 증대에 이바지함으로써 사회 전체의 발전에 기여할 수 있다.

2. 이론적 관점

1) 성불평등의 원인

성불평등은 개인이 성별로 인해 사회에서 자유로운 활동을 제한받거나 기회를 박탈당하는 것을 가리킨다(윤근섭 외, 1995). 성불평등은 인권과 삶의 질을 침해하는 사회구조적 불평등의 하나로서 계급 · 인종 · 연령에 기인한 불평등과 맥을 같이한다(정옥희, 2009). 양성평등에 대한 이해를 제고시키기 위해 성에 기인한 불평등의 원인은 무엇이며 이를 해결하기 위한 전략들이 무엇인지 살펴보고자 한다.

양성평등은 모든 구성원에게 중요한 사회문제이지만 성별로 인한 차별과 불평등은 과거부터 여성에게 더욱 일반화되어 왔다. 근대에 이르면서 복지국가가 발전됨에 따라 시민권이 확장되고 복지혜택이 확대되었지만, 모든 사회구성원에게 실질적인 권리나 평등이 고루 보장되지 않았다(정옥희, 2009). 특히 여성의 경우, 여전히 성차별적 정책들이 실행되는 한계점들이 나타나고 있다.

성차별의 원인은 사회에서 여성과 성차별의 원인을 바라보는 시각에 따라 자유주의, 사회주의, 급진주의, 복지주의로 구분하여 설명할 수 있다. 김인숙과 정재훈(2008)은 관련 내용을 다음과 같이 정리하고 있다.

(1) 자유주의

자유주의적 시각은 성차별의 원인을 남녀의 생물학적 차이가 아닌 사회제도로 보고 있다. 인간 모두 동등하게 합리적 · 이성적 존재이지만, 여성은 사적 영역인 가정이라는 제도에, 남성은 정치 · 경제 활동 참여가 가능한 공적 제도에 집중되고 있다. 공적 영역에 속하지 못하는 여성들은 선거권, 재산권, 교육권 등으로부터 배제됨으로써 성별에 따른 차별적 대우를 받게 되는 것이다. 국가는 중립적 중재자로서 법치주의에 기초하여 사회질서를 유지하는 역할을 한다. 국가는 기회의 평등을 보장하기 위해 정치 · 경제 · 교육 영역에서 여성들의 참여를 저해하는 요소들을 법률을 통해 제한·통제한다. 즉, 국가는 여성에 불리한 법조항들을 개정하고 남녀 모두 동등하게 다양한 권리를 보장해 주는 법률 제정을 통해 성차별을 해결하고자 한다. 한국에서 자유주의적 시각의 대표적인 조치로 호적제도 철폐가 있다.

(2) 사회주의

반면, 성차별을 개인적 기회의 불평등 문제가 아니라 사회구조적 불평등 문제로 다루어야 한다는 시각도 있다. 사회주의적 시각은 사유재산의 남성화와 남녀 간의 계급적 위치 차이가 성차별의 핵심이라는 생각에서 기원하며 성차별의 원인을 여성의 남성에 대한 경제적인 종속 관계에 둔다. 즉, 시장노동에 참여하는 남성 생계부양자와 무보수로 가사 및 돌봄 노동을 담당하는 여성으로 구성된 핵가족 중심의 가부장제적 가족구도는 자본주의 체제 유지에 기여하지만 성차별 문제를 더욱 악화시킨다는 입장이다. 따라서 성별에 따른 차별적 대우를 줄이기 위한 국가적 차원의 노력은 남성에 대한 여성의 경제적 종속이 이루어지지 않도록 하는 데에 있어야 할 것이다. 구체적으로 여성의 무보수 가사 및 돌봄 노동에 대한 적절한 보상, 여성의 고용노동시장 진출·참여 활성화, 사회보험제도의 확대를 통한 효율적 소득재분배를 목적으로 하는 정책 및 제도를 정비하는 것이 사회주의 관점에 부합한다.

(3) 급진주의

급진주의적 시각의 경우, 성차별의 원인을 남녀의 생물학적 차이와 이로 인한 여성의 남성에 대한 의존에 둔다. 임신과 출산은 남성에 대한 여성의 육체적 의존을, 생물학적 차이에 기반한 노동분업은 여성의 남성에 대한 경제적 의존도를 높인다. 이러한 사회구조는 가부장적 제도하에 남성의 여성에 대한 통제를 합리화시킨다. 급진주의적 시각에서 볼 때 여성에게 가중되었던 출산·양육 기능을 국가가 부담하고, 남성의 고용노동 수입으로부터 여성과 아동이 자립할 수 있는 제도가 양성평등 실현에 기여할 것이다. 결혼이라는 제도를 통한 남성부양자 중심의 가족의 대안으로 동거를 제시하는 것도 급진주의적 시각에서 제시하는 성불평등의 해결책 중 하나이다.

(4) 복지주의

복지주의는 복지국가 발전 과정과 함께 등장하였다. 앞서 언급한 자유주의 · 사회주의 · 급진주의 시각은 성차별 발생 원인에 초점을 두고 있는 반면, 복지주의적 시각은 여성에게 주어진 고용노동과 가사 · 돌봄 노동이라는 이중부담 문제를 인정하고 이를 개선하기 위한 방안을 제시하는 데 초점을 둔다. 복지주의는 성차별의 원인보다는 형평성을 고려했을 때 여성의 이중부담이 남성에게 주어지지 않기 때문에 여성에 대한 사회적 지원 및 보호가 더욱 필요하며 정당하다는 입장을 취한다. 국가는 복지제도를 통해 이러한 남녀 차이를 긍정적 차별 원칙에 따라 해소할 수 있으며, 자녀양육수당, 출산수당 등이 복지주의적 관점을 반영하는 제도라 할 수 있다.

2) 양성평등 실현 전략

성차별의 원인이 다양하게 제시되고 있는 가운데 프레이저(Fraser, 1994)는 불안정한 고용과 가족구조의 다양화로 특징지어지는 현 사회환경에서 남성 고용노동자를 중심으로 여성이나 아동의 생계를 부양하는 사회적 구조에 기초한 복지국가의 유지 · 발전이 점차 어려워지고 있다고 지적한다. 또한 프레이저는 양성평등을 실현하기 위한 전략으로 보편적 부양자 모델(universal breadwinner model), 돌봄 균형 모델(caregiver parity model), 성 재구조화 모델(gender deconstruction model)을 제시하였다. 한국에서는 각 모델을 반영하는 다양한 양성평등 관련 정책들이 고안 · 도입되고 있다.

(1) 보편적 부양자 모델

보편적 부양자 모델은 미국의 여성주의자와 자유주의 복지국가에서 지지하는 전략이다. 이 모델의 목표는 여성 취업노동의 활성화를 통한 양성평등 실현이다. 즉, 여성이 취업을 통해 자신과 가족을 부양하고 자립할 수 있는 수준의 임금을 보장하는 것이다. 안정된 취업을 위해서는 국가 차원의 아동보육, 노인돌봄 시스템이 구축되어야 하며, 직장 내 성차별적 제도를 없애고 성폭력 또한 근절되어야 한다. 사회문화적 · 인식적 변화도 동반되어야 하는데, 그 예로 부양자 역할을 남성성과 연결시키지 않도록 하는 인식의 변화와 성차별적 고정관념의 철폐를 들 수 있다. 여성에게 고임금 정규직 고용 기회를 확대함으로써 사회보험을 통한 복지를 보장하는 것 또한 보편적 부양자 모델에서 반드시 필요한 제도이다.

(2) 돌봄 균형 모델

돌봄 균형 모델은 서유럽 여성주의자들과 사회민주주의 복지국가의 주장을 반영한다. 돌봄 · 가사노동에 대해 고용노동에 준하는 지원을 해 줌으로써 여성이 돌봄 역할을 주가 되어 수행하며 자립이 가능하도록 하는 전략이다. 이 모델을 기반으로 하는 대표적인 정책으로 보호자수당을 들 수 있으며 보호자수당은 출산, 양육, 가사, 기타 돌봄에 대해 시장노동 임금에 준하는 금액을 제공해야 한다. 가정과 직장의 양립이 가능하도록 생애주기에 따라 근무시간 및 기간을 탄력적으로 조정할 수 있는 제도 또한 반드시 병행되어야 한다. 이를 지원하는 제도로 유급 출산 · 양육휴가, 탄력적 근무제도 등을 들 수 있다. 이와 함께 건강보험, 실업보험, 장애보험, 퇴직연금 등 기초 사회보험이 지속적으로 함께 보장되어야 할 것이다.

(3) 성 재구조화 모델

보편적 부양자 모델이 남성의 기준에 여성을 획일화하려는 양성평등 전략을 취한다면, 돌봄 균형 모델은 남성과 여성의 역할을 유지하되, 가사 · 돌봄 활동이 고용노동과 동일한 수준에서 사회경제적 가치를 갖도록 하는 전략을 추구한다. 반면, 성 재구조화 모델의 핵심은 여성의 고용노동 참여를 장려하면서 여성을 중심으로 이루어지는 가사 · 돌봄 노동 영역에 남성의 참여를 촉구하는 것이다. 이러한 정책은 탈산업화 복지국가에서 남성 부양자와 여성 보호자라는 이분법적 인식에서 탈피하고 남녀 모두 고용노동과 돌봄활동의 참여라는 근본적인 이해를 기초로 양성평등의 실현을 가능하게 할 것이다.

3. 현황과 욕구

최근 들어 양성평등 환경이 점차 개선되어 가고는 있지만, 여전히 양성평등 문화 조성, 성별 고용 격차 해소, 일 · 가정 양립, 폭력으로부터의 보호와 관련하여 실질적인 평등을 보장하는 데에 어려움이 나타나고 있다(여성가족부, 2018).

한 국가의 종합적 성평등 정도를 나타내는 국내외 성평등 지표에 따르면 한국의 성평등 수준은 여전히 낮은 것으로 보고되고 있다. 2009년부터 측정되어 온 한국 국가성평등지수는 64.8점을 시작으로 2018년에 72.9점까지 꾸준히 상승하고 있다(한국여성정책연구원, 2019a). 국가성평등지수 값이 100점에 가까울수록 양성평등을 의미하고 있어 그간 양성평등 정도가 향상되어 왔다고 평가할 수 있다. 하지만 25개 지표 중 고등교육기관 진학률 성비, 셋째아 이상 출생성비에서만 완전한 성평등이 이루어졌으며 여전히 나머지 23개 지표에서는 남성이 여성보다 앞서고 있다.

한편, 대표적인 국제적 성평등지수인 세계경제포럼(World Economic Forum)의 성격차지수(Gender Gap Index: GGI)에서도 국내 지표와 유사한 경향을 보고하고 있다. 한국 GGI는 2006년부터 2021년까지 0.616점에서 0.687로 향상되었으나 한국 양성평등 수준은 156개국 중 102위에 머무르고 있다(World Economic Forum, 2021). 마찬가지로, 유엔개발계획(UNDP)의 성개발지수(Gender Development Index: GDI)의 경우, 한국은 2019년 기준 0.936점을 획득함으로써 189개국 중 119위에 머무르고 있다(UNDP, 2020a). 이는 문해율, 평균수명, 1인당 실질국민소득 등을 토대로 각 나라의 선진화 정도를 평가하는 수치인 인간개발지수(Human Development Index)의 순위(189개국 중 23위)와 대조된다(UNDP, 2020a).

〈참고자료〉 **성평등지수란?**

성평등지수는 여성과 남성의 평등 수준을 나타내는 계량적 지표이다. 이 자료는 우리 사회 각 분야에서 양성평등이 실현되고 있는가를 평가하는 데 활용되며 향후 성평등 개선을 위한 정책 개발의 기초정보가 된다.

1) 국가성평등지수

2009년 개발된 국가성평등지수는 국가 차원에서의 남녀의 격차, 성과 수준을 측정하며 궁극적으로 성평등 달성을 목적으로 하고 있다(2017년 이후 3개 정책 영역, 8개 분야, 25개 개별지표로 구성; 〈표 14-1〉 참조). 국가성평등지수는 「양성평등기본법」 제19조에 근거를 두고 매년 조사되고 있다. 국가성평등지수의 특징으로는 ① 투입(input)지표가 아닌 성과(output)지표로서 정책적 투입보다는 양성평등을 이룬 정도를 측정하고, ② 성별 수준(level)보다는 성별 격차(gap)에 초점을 두며, ③ 성평등 달성뿐 아니라 전반적인 여성 지위 및 권익 향상을 목표로 점검 역할을 한다는 점을 들 수 있다(한국여성정책연구원, 2019a).

표 14-1 국가성평등지수의 지표 구성

정책 영역	분야	개별지표
성평등한 사회참여 (「양성평등기본법」 제3장 제2절 양성평등 참여에 기초)	경제활동	경제활동 참가율(15~64세)
		성별 임금 격차
		상용근로자
	의사결정	국회의원
		4급 이상 공무원
		관리자
		정부위원회 위촉직
	교육 · 직업훈련	평균 교육년수
		고등교육기관 진학률
		직업교육훈련 경험률

여성의 인권 · 복지 (「양성평등기본법」 제3장 제3절 인권 보호 및 복지 증진 등에 기초)	복지	비빈곤 인구
		공적연금가입자
		장애인고용률
	보건	건강 관련 삶의 질(EQ-5D) 성별 격차
		건강검진 수검률
		스트레스 인지율
	안전	사회 안전에 대한 전반적 인식
		강력범죄(흉악범) 피해자 비율
성평등 의식 · 문화 (「양성평등기본법」 제3장 제4절 양성평등 문화 확산 등에 기초)	가족	가사노동 시간
		가족관계 만족도
		셋째아 이상 출생성비
		육아휴직
	문화 · 정보	여가시간
		여가 만족도
		성별 정보화 격차

출처: 여성가족부(2022).

2) 국제성평등지수

국제성평등지수는 1995년 유엔개발계획의 GDI를 시작으로, 현재 WEF, OECD 등 다양한 국제기구에서 정기적으로 발표되고 있다(〈표 14-2〉 참조).

표 14-2 국제성평등지수 내용 및 지표 구성

지수명	내용
성개발지수 (Gender Development Index: GDI)	GDI는 1995년 유엔개발계획에서 처음 시작하여, 2014년에 수정되었으며 2021년 현재 189개국을 대상으로 측정되고 있다. GDI는 인간개발지수(Human Development Index: HDI)와 동일하게 건강 영역을 나타내는 출생 시 기대여명, 교육 영역을 나타내는 평균 교육연수와 기대교육연수, 경제 영역을 나타내는 1인당 추정소득(GNI) 등의 지표로 구성된다. GDI는 여성집단과 남성집단에 대해 HDI를 개별 산출한 후 남녀 HDI 점수의 비율로 계산되며 그 값이 1에 가까울수록 남녀 격차가 적음을 의미한다.
성불평등지수 (Gender Inequality Index: GII)	GII는 2010년부터 유엔개발계획에서 매년 발표하는 지수로서 생식건강(모성 사망비, 청소년 출산율), 역량(여성의원 비율, 중등학교 이상 교육받은 비율), 노동시장참여(경제활동 참가율)의 영역을 대표하는 지표로 구성된다(UNDP, 2020b). GII는 각 영역에서 나타나는 남녀불평등으로 인해 발생할 수 있는 인간개발에 대한 손실을 측정하며, 0에 가까울수록 양성평등함을 가리키고, 1에 가까울수록 모든 영역에서 성차가 심하다는 것을 가리킨다. 또한 영역 간 남녀불평등 정도의 상관관계가 높을수록 지수 값이 증가하도록 설계되었으며, 소득변수를 제외시키고 여성의 생식 관련 지표를 측정함으로써 인간개발에 필요한 기본적인 영역을 고려하였다는 특징을 지닌다(한국여성정책연구원, 2019a).
성격차지수 (Gender Gap Index: GGI)	세계경제포럼(World Economic Forum)에서는 2006년부터 매년 경제참여와 기회, 교육성취도, 건강과 생존, 정치권한 부여 등의 영역에서 총 14개 지표에 대한 성별 격차를 측정해 오고 있다. GGI는 2021년 기준 총 156개국의 성격차를 측정하고 있으며, GGI의 구성적 특징은 다음과 같다. 첫째, 자원과 기회의 절대적인 수준보다는 자원과 기회의 접근성에 대한 남녀 격차에 초점을 둔다. 둘째, 국가별 제도나 정책, 문화로 대표되는 투입지표보다는 건강, 교육, 경제참여, 정치역량 강화 등의 성과지표에 초점을 둔다. 셋째, 여성의 역량 강화보다는 양성평등 달성에 초점을 두기 때문에 남녀 간 격차가 감소할 경우 더욱 평등한 국가로 간주한다(World Economic Forum, 2006).

1) 낮은 성평등 의식 및 성차별적 문화

성평등에 대한 의식과 성차별적 문화는 예전보다 향상되었지만, 여전히 많은 불평등이 존재한다. 특히 성평등 의식의 경우, 가족 부양에 대한 남성의 책임과 직장 내 옷차림, 화장 등 외모에 대한 여성의 역할에 있어, 성별 고정관념을 내면화하는 정도가 남성이 여성보다 더 큰 것으로 나타났다(국가인권위원회, 2021). 성차별 의식과 관련하여 '남자가 여자보다 승진이 빠른 것은 남자가 대체로 일을 더 잘하기 때문이다'라는 문항에 대해 남성(3.53점)이 여성(2.02점)보다 동의를 더 많이 하고 있으며, 반대로 '남자들의 육아휴직 또는 가족 돌봄휴직의 사용이 많아져야 한다'에 대해서는 여성(5.16점)이 남성(4.72점)보다 동의를 더 많이 하는 입장이었다.

20대 성인 남녀를 대상으로 한 조사에서 '우리 사회 성차별 문제에 대한 관심 있다'에 대해 여성은 81.5%, 남성은 71.3%로 유사한 수준으로 응답한 반면, 일상생활에서 여성에 대한 고정관념과 차별이 '심각하다'고 인식하는 비율은 여성 79.3%, 남성 42.6%로 성별 간 큰 격차를 보였다(한국여성정책연구원, 2019b).

청년을 대상으로 한 다른 조사(한국여성정책연구원, 2021)에서는 여성의 74.6%가 우리 사회가 여성에게 불평등하다고 생각하지만, 남성은 18.6% 수준으로 보고하였다([그림 14-1] 참조). 반면, 우리 사회가 남성에게 불평등하다고 생각하는가에 대해 남성은 절반 이상(51.7%)이, 여성은 7.7%가 찬성하는 입장이었다. 또한 여성과 남성 모두 19~24세 연령대가 다른 연령대보다 우리 사회의 불평등을 인식하는 비율이 높았다.

동일 조사에서 성장 과정 중에는 남녀에게 동등한 기회가 주어졌지만, 성인기에

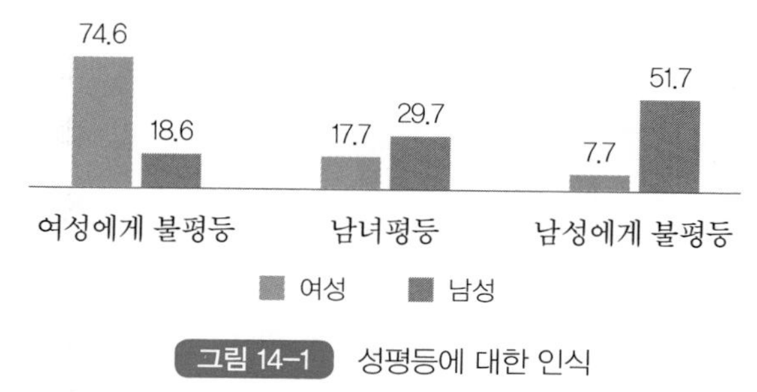

그림 14-1 성평등에 대한 인식

출처: 한국여성정책연구원(2021).

는 가정과 직장에서의 성차별적 관행을 경험하는 것으로 나타났다(한국여성정책연구원, 2021). 구체적으로, 중·고등학교 시기에는 학업·활동이나 대학 진학이나 진로에 대한 부모의 기대에 성별 차이가 크게 없었지만, 남성 대비 여성이 가정(가사일 돕기, 명절 음식 준비 등)이나 직장(성별 업무 구분, 장거리 출장에서 여성 배제, 다과 준비 등)에서 성차별 행위를 경험했다고 보고하였다.

2) 사회·경제 활동 참여에서의 성별 격차

한국의 고용, 임금, 대표성에 있어서 성별 격차가 심각하며 이를 개선하기 위한 정책적 노력이 요구된다. 한 예로, 한국 국가성평등지수의 경우 여덟 가지 하위분야 중 국회의원 성비(19.4점)와 관리자 성비(24.2점)를 포함하는 의사결정분야는 38.1점으로, 상대적으로 높은 양성평등 수준을 보이고 있는 보건분야(95.7점) 또는 교육·직업훈련분야(93.9점)보다 월등히 낮다는 한계를 지니고 있다. 이 외 고용률, 근로형태, 임금수준, 직위, 정치 및 공공부문 대표성에 있어서도 성차를 줄이기 위한 노력이 지속해서 이어져 왔으나 남녀 격차는 여전히 크다(〈표 14-3〉 참조). 또한 29개국을 대상으로 여성의 근로 여건을 지수화한 유리천장지수의 경우 한국이 최하위를 기록하였다(이코노미스트, 2019). 복지적 관점에서 성별에 따른 근로 격차는 사회보장과도 직결되는데, 특히 사회보험의 경우 근로 여부, 기간, 임금에 따라 수급 여부와 금액이 결정되므로 고용 성별 격차는 장기적으로 여성의 사회안전망에 대한 취약성을 초래한다(홍석한, 2020).

국제지표 내 경제 및 정치 영역에서도 유사한 경향을 보이고 있다. GGI에서는 경제참여 및 기회와 정치적 역량에 대하여 특히 낮은 점수를 보고하고 있으며, GDI 순위(189국 중 119위) 역시 HDI(189국 중 23위) 국제 순위에 비해 현저히 낮은 것은 남녀 소득수준의 큰 격차에 기인한다. 추정소득의 경우 여성은 27,734USD로 남성(58,309USD)의 50%에도 못 미치는 수준(UNDP, 2019)이다. 이러한 수치는 다른 OECD 국가와 비교했을 때 한국 여성의 고용 상황이 남성 대비 여성에게 열악한 상태임을 나타낸다(국가통계포털, 2020).

표 14-3 성평등한 사회참여 영역에서의 성별 격차(2020년 기준) (단위: 점, 완전 성평등=100점)

연도	경제활동 분야 성평등 점수				의사결정 분야 성평등 점수					교육/직업훈련 분야 성평등 점수			
	경제 활동 분야	경제 활동 참가율	성별 임금 격차	상용 근로자	의사 결정 분야	국회 의원	4급 이상 공무원	관리직	정부 위원회 위촉직	교육 훈련 분야	평균 교육 연수	고등 교육 기관 진학률	직업 교육 훈련 경험률
2014	71	72.4	63.1	77.4	25.9	18	21.8	17.4	46.4	93.3	88.8	100	91
2015	71.3	73.4	62.8	77.7	27.2	18.9	23.3	15.8	50.9	93.4	89.1	100	91
2016	72.3	73.9	64.1	78.9	29.2	19.8	26.1	14.9	56	93.7	89.6	100	91.6
2017	73.2	74.4	64.7	80.5	29.3	19.9	27.8	19.3	61	93.1	90.2	100	92.5
2018	74.7	75.1	66.6	82.4	31.1	19.9	30.1	22.9	63.2	94.1	90.6	100	92.7
2019	75.7	76.1	67.8	83.2	35.9	19.9	33.3	24.2	66.7	93.9	91.1	100	91.9
2020	76.1	75.9	67.7	84.6	37	20.3	36.3	24.8	64.1	94.7	91.6	100	92.5
2021	76.4	76.8	67.3	85.1	38.3	22.9	39.5	25.8	65	94.5	92.1	100	91.5

주: 1) 2016년 이전 자료에는 '의사결정 분야' 중, 4급 이상이 아닌, 5급 이상 공무원 성비를 보고하고 있음
2) 2019년 이전 자료에서는 '교육/직업훈련 분야' 중, 직업교육훈련 경험률 성비가 아닌 재직자직업훈련 참여 근로자 성비라고 명명하고 있음

출처: 여성가족부(2022).

3) 일 · 생활의 균형을 위한 제도의 정착

저출산 문제에 대한 사회적 인식이 강화되면서 일 · 가정 양립을 위한 지원이 확대되었으나 여전히 이러한 제도의 실질적 이용을 가로막는 현실적인 장벽들이 높다. 가사 및 돌봄을 여성의 역할 분야로 암묵적으로 규정하는 인식과 사회경제적 제도들로 인해 많은 남성의 참여는 저조하며, 여성들은 경력단절을 경험하고 있다.

2020년 한국 육아휴직자는 총 112,040명으로 2008년 대비 약 4배 증가하였다. 이 중 남성 육아휴직자는 2008년 355명(전체 육아휴직자 중 1.2%)에 그쳤으나 2020년에는 27,423명(전체 육아휴직자 중 24.5%)으로 약 77배 증가하였다(고용노동부, 2021). 이는 육아휴직에 대한 기업체의 관행, 사회적 분위기, 육아휴직제도 개선 등에 기인한다(한국노동연구원, 2018). 하지만 여전히 육아휴직 사용 중인 여성 대비 남성의 비율은 OECD 국가 중에 최하위권이다(한국노동연구원, 2018). 남성육아휴직 활

표 14-4 성별 육아휴직자 추이(2008~2021년)

연도	전체(명)	여성(명)	남성(명)	여성/남성
2008	29,145	28,790	355	81.10
2009	35,400	34,898	502	69.52
2010	41,732	40,913	819	49.95
2011	58,134	56,732	1,402	40.47
2012	64,069	62,279	1,790	34.79
2013	69,616	67,323	2,293	29.36
2014	76,833	73,412	3,421	21.46
2015	87,339	82,467	4,872	16.93
2016	89,795	82,179	7,616	10.79
2017	90,123	78,080	12,043	6.48
2018	99,198	81,533	17,665	4.62
2019	105,165	82,868	22,297	3.72
2020	112,040	84,617	27,423	3.09
2021	110,555	81,514	29,041	2.81

출처: 고용노동부(2022).

용이 낮은 이유로는 직장 내 경쟁력 감소(36.8%), 소득감소(34.8%), 부정적인 시선(22.8%) 등을 꼽을 수 있다(고용노동부, 2014). 육아휴직을 사용한 남녀는 배치 및 승진에서(69.8%), 보상 및 평가에서(71.1%) 차별을 받았다고 응답하였으며, 육아휴직 대상자이나 제도를 사용한 적이 없다고 응답한 남녀는 '육아휴직제도가 없거나, 있어도 신청할 분위기가 아님'(37.0%), '업무부담, 업무를 대신할 사람이 없어서'(19.3%), '소득이 줄어서'(11.9%) 등을 그 원인으로 꼽았다(국가인권위원회, 2019). 기혼자의 일평균 가정관리시간 및 가족돌봄시간의 경우 남성의 참여가 증가하고 여성의 참여가 감소하였으나 1999년(남성 36분, 여성 271분)부터 2019년(남성 60분, 여성 244분)까지의 기간 동안에 큰 차이는 없었다(통계청, 2020; [그림 14-2] 참조). 이는 가사 부담이 여전히 여성에게 절대적으로 과중되어 있음을 나타낸다.

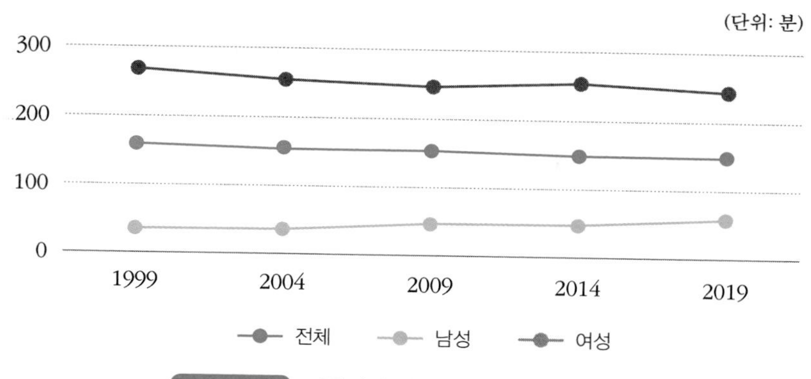

그림 14-2 기혼자의 성별 일평균 가사노동시간

출처: e-나라지표(https://www.index.go.kr/unify/idx-info.do?idxCd=4232&clasCd=7).

4) 폭력 경험 및 대응

한국은 남녀 간 불평등한 권력 관계에 기인하여 발생하는 젠더기반폭력 문제가 심각하다. 젠더기반폭력은 남녀 간 물리적인 힘이나 지위의 차이로 인해 개인의 의지에 반하여 행해지는 물리적 · 성적 · 언어적 폭력을 가리킨다(김양희, 2013). 이는 강자가 지배, 착취, 통제를 통해 약자의 인권과 자유를 침해하는 행위로서 신체적 · 성적 · 심리적 피해라는 결과를 가져온다. 젠더기반폭력의 유형은 가정폭력, 데이트폭력, 성폭력, 성착취, 성희롱 등 다양하게 나타난다. 젠더기반폭력의 피해자는 남녀 모두 가능하지만, 여성이 피해자인 경우가 남성보다 현저히 높다.

성희롱은 가해자가 지위를 이용하여 성적 요구를 함으로써 피해자에게 성적 굴욕감, 혐오감을 느끼게 하거나 불응을 이유로 불이익을 주는 행위를 가리키며(한국여성인권진흥원, 2021), 생애과정에서 여성의 경험률이 남성보다 높게 나타나고 있다([그림 14-3] 참조). 10대에서 60대 이상을 대상으로 한 조사에서 전체 응답자의 29.5%가 최근 3년간 성희롱 피해 경험이 있었으며, 여성(41.6%)의 경험 비율이 남성(12.4%)보다 높았다. 특히 20대 여성의 성희롱 피해 경험이 52%로 모든 연령대에 걸쳐 가장 높았다(국가인권위원회, 2021).

다른 조사(여성가족부, 2021)에서 여성비하와 성희롱도 여전히 심각한 것으로 나타

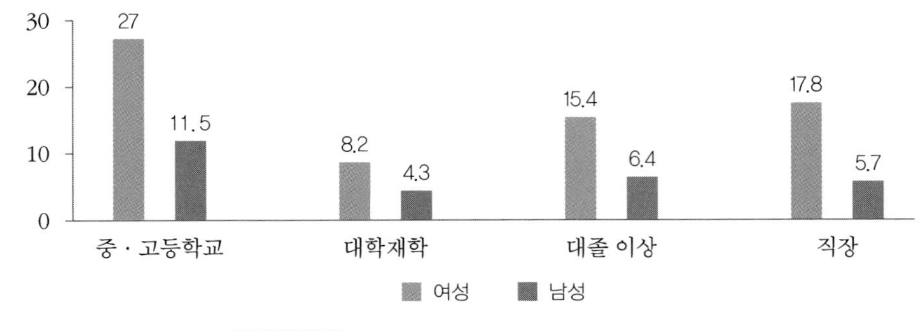

그림 14-3 시기와 성별에 따른 성희롱 피해 경험

출처: 한국여성인권진흥원(2021).

났다. 인터넷 카페나 커뮤니티, 동영상, 뉴스 등 대중매체와 온라인에서 여성의 성 대상화, 여성 비난 경험을 남성의 55.6%가 여성의 75.6%가 접하였으며 중 · 고등학교, 대학, 직장 모든 시기에 '성적으로 불쾌한 말이나 문자 · 이미지 전송, 신체접촉 등' 성희롱 피해 경험에 대해 여성이 남성보다 높게 보고되었다. 하지만 여성들은 남성들보다 '모르는 척하거나 슬쩍 자리를 피한다'(남성 27.6%, 여성 34.4%) 또는 '가족, 친구, 동료 등 지인에게 고충을 말하고 상담을 받는다'(남성 17.5%, 여성 31.0%)처럼 성희롱에 대해 소극적인 대처방법을 택하는 것으로 나타났다.

한편, 성폭력은 성적 자기결정권의 침해로서 상대방의 의사에 반해 신체적 · 언어적 · 정신적 폭력을 가하는 것을 의미하며(한국여성인권진흥원, 2021), 2020년 기준 성폭력범죄의 발생 건수는 30,105건(인구 10만 명당 58.1건)으로 보고되었다(대검찰청, 2022; 〈표 14-5〉 참조). 성폭력범죄는 2010년부터 꾸준히 증가해 왔으며 살인, 강도, 방화와 함께 강력범죄(흉악)로 분류되는 범죄 중 유일하게 증가 추세를 보이고 있다. 한편, 디지털 성폭력 · 성범죄는 디지털 기기나 정보통신기술을 매개로 온라인 혹은 오프라인에서 이루어지며 불법촬용, 비동의유포 등 촬영물을 이용한 성폭력과 사이버 공간 내 성적 괴롭힘을 포함한다(한국여성인권진흥원, 2021).

표 14-5 성폭력범죄 발생건수와 발생비 추이(2010~2021)

(단위: 건, 발생비, %)

연도	발생건수	발생비(인구 10만 명당)
2010	20,584	40.7
2011	22,168	43.7
2012	23,376	45.9
2013	29,097	56.9
2014	29,863	58.2
2015	31,063	60.3
2016	29,357	56.8
2017	32,824	63.4
2018	32,104	61.9
2019	32,029	61.8
2020	30,105	58.1
2021	32,898	63.6

출처: 대검찰청(2022).

2020년 성폭력 피해자 규모를 성별과 관계 기준으로 살펴보면, 여성 피해자 비율은 93.1%로 남성 피해자(6.9%)보다 월등히 높았으며, 이 중 35.8%는 직장, 친구, 애인, 친족, 이웃 등 지인으로부터 피해를 입은 것으로 나타났다(대검찰청, 2022). 가족구성원 간의 강제 · 위협, 부인 · 비난, 남성 중심적인 가부장적 행동, 가정 내 성적 학대, 경제적 학대, 정서적 학대, 자녀 이용, 협박 등을 포함하는 가정폭력과 연인 간 관계에서 발생하는 데이트폭력에서 남성 대비 여성 피해자의 비율 또한 현저히 높다(한국여성의전화, 2021; 한국여성인권진흥원, 2021).

4. 양성평등정책과 법률

1) 여성친화적 정책에서 성주류화 정책으로

1995년에 제정된「여성발전기본법」이 2014년에 전면 개정되어 2015년에「양성평등기본법」으로 시행되면서 한국의 성평등과 관련된 정책적 방향이 크게 전환되었다. 이는 여성과 남성의 역할에 대한 인식 변화와 사회환경적 변화에 부응하고자 양성평등정책의 기본법을 마련하고자 법체계가 재정비된 것이다(「양성평등기본법」). 두 법은 모두 남녀평등 촉진, 여성의 사회참여 확대, 여성의 권익 증진 등을 목표로 하는 양성평등 사회의 실현을 지향한다는 점에서 목적이 동일하지만, 정책적 접근에 차이를 둔다.

「여성발전기본법」은 국가 및 지방자치단체의 책임과 의무에 대한 기본적인 사항을 규정하고 여성에 대한 우대조치, 여성차별 시정, 여성문제 연구, 여성 관련 사업의 재원 확보의 근거가 되었다. 하지만「여성발전기본법」을 기반으로 한 정책은 여성의 발전에 초점을 둔 여성특화적 접근으로서, 상대적으로 남성에 비해 취약한 여성의 지위 향상을 통해 성불평등을 완화하고자 하였으며, 모성보호 및 여성의 능력개발에 주력하였다(여성가족부, 2015).

반면,「양성평등기본법」을 근거로 추진되는 양성평등정책은 여성과 남성 모두를 정책적 대상으로 포괄하고 있으며 성주류화 접근을 통해 성불평등 구조 개선에 주력한다(여성가족부, 2015). 성주류화란, 양성평등 실현을 위한 핵심 전략으로서 국가와 지방자치단체의 정책에서 성평등을 적용하는 것이며, 궁극적으로 한 사회의 제도, 법, 문화, 규범에서 성차별적인 요소를 없애는 것을 목표로 한다(김경희 외, 2015). 양성평등정책은 개인의 존엄성과 인권의 존중을 기반으로 성차별적 의식과 관행을 없애고, 여성과 남성에게 동등한 권리와 책임을 공유하여, 남녀의 동반성장을 지향, 평등한 참여를 도모하는 방향으로 제시되고 있다(여성가족부, 2015).

2) 양성평등정책 기본계획

「양성평등기본법」 제7조에 근거하여 양성평등 관련 현안과 욕구들을 해결하기 위한 목적으로 양성평등정책 기본계획을 5년마다 수립하고 있다. '제4차 여성정책기본계획'(2013~2017)을 수정 · 보완하여 구성된 '제1차 양성평등정책 기본계획'(2015~2017)을 통해 여성정책에서 양성평등정책으로 전환하는 과도기를 경험하였다. '여성 · 남성이 함께 만드는 양성평등 사회'의 비전하에 '성별 격차 해소, 일과 가정의 조화, 차이와 인권 존중'의 목표를 두었다(여성가족부, 2018: 8).

'제2차 양성평등정책 기본계획'(2018~2022)은 '여성과 남성이 함께 만드는 평등하고 지속가능한 민주사회'의 비전을 두고 4대 목표(성숙한 남녀평등 의식 함양, 여성의 고용과 사회참여 평등, 일과 생활의 균형, 여성 안전과 건강 증진)하에 정책과제를 제시하고 있다(여성가족부, 2018: 13).

'제3차 양성평등정책 기본계획'(2023~2027)은 '따뜻한 동행, 모두가 행복한 양성평등 사회'를 비전으로 하고, '함께 일하고 돌보는 환경 조성' '안전과 건강권 증진' '양성평등 기반 확산'을 3대 목표로 설정하여 정책과제들을 제시하고 있다(여성가족부, 2023: 2). 양성평등을 위해 제시된 정책과제 내용은 다음과 같이 정리할 수 있다. 첫째, 성별근로공시제 추진, 여성의 경제활동 참여 활성화, 가족친화 직장문화 확산 지원 등을 통해 공정하고 양성평등한 노동환경을 조성한다. 둘째, 다양한 유형의 양육자에 대한 지원, 성인(노인, 장애인, 중증환자 등) 대상 공적 돌봄 인프라 강화 등 모두를 위한 돌봄 안전망을 구축한다. 셋째, 피해자 중심의 폭력 피해 지원제도 기반 구축과 성인지적 건강정책 추진기반 마련을 통해 폭력 피해 지원 및 성인지적 건강권을 보장한다. 넷째, 실태조사에 따른 갈등 현황 분석, 공공분야 및 민간분야 내 균형적 성별 참여 확대 등을 통해 남녀가 상생하는 양성평등 문화를 확산한다. 다섯째, 양성평등정책 전달체계를 강화, 양성평등 관련 국제협약 및 주요결의 이행을 내실화, 양성평등정책 추진과정에서의 시민사회 참여 보장, 양성평등 조직문화 실현 등 양성평등정책 기반을 강화한다.

3) 평등권 보장 관련 법률

양성평등과 직접적으로 관련된 법률로서 「대한민국헌법」(이하 「헌법」), 「양성평등기본법」 「남녀고용평등과 일 · 가정 양립 지원에 관한 법률」(약칭 「남녀고용평등법」)이 있으며, 이외에도 「근로기준법」 「사회보장기본법」 「고용보험법」 「모자보건법」 「여성의 경제활동 촉진과 경력단절 예방법」 등 다양한 법률들이 양성평등 실현을 위한 지원 기반을 마련하고 있다. 이 중 대표적으로 양성 간의 평등권을 강조하는 대표적인 법률로서 「헌법」 「양성평등기본법」 「남녀고용평등법」이 있다.

(1) 헌법

「헌법」에서는 모든 국민은 법 앞에 평등하며, 특히 성별에 따라 차별을 받아서는 안된다고 선언하고 있다(제11조). 이러한 일반적인 평등권에 대한 규정뿐 아니라, 근로 및 고용(제32조), 복지 및 권익향상(제34조), 혼인 및 가족생활(제36조) 등의 특별 조항을 통해 여성에 대한 보호와 양성평등의 보장을 강조하고 있다. 하지만 이러한 성평등 관련 조항이 「헌법」에 있음에도 불구하고 성차별에 대한 금지만을 명시하고 있어 실질적인 평등을 보장하는 데에 한계가 있을 수 있다(여성부, 2008; 홍석한, 2020).

(2) 양성평등기본법

2015년에 시행된 「양성평등기본법」은 1995년에 제정된 「여성발전기본법」을 전면개정한 것이다. 「양성평등기본법」은 「헌법」에 명시된 양성평등의 실현이라는 목적하에 국가 및 지방자치 단체의 책무 등 기본적인 사항을 규정하고 있다. 존엄성 및 인권존중을 바탕으로 정치, 경제, 사회, 문화 등의 모든 영역에서 여성과 남성의 동등한 참여, 대우 그리고 평등한 책임과 권리를 이루는 것을 기본이념으로 하고 있다. 양성평등정책 기본계획 및 추진체계, 양성평등정책의 기본시책, 인권 보호 및 복지 증진, 양성평등 문화 확산, 관련 기관 및 시설 지원을 주요 내용으로 하고 있다.

(3) 남녀고용평등과 일 · 가정 양립 지원에 관한 법률(약칭 「남녀고용평등법」)

「남녀고용평등법」 또한 「헌법」의 평등이념을 추구하며, 특히 여성과 남성의 고용평등을 실현하고 일 · 가정 양립을 지원하는 것을 목적으로 하고 있으며(제1조), 이를 위한 국가 · 지방자치단체와 근로자 · 사업주의 책무를 명시하고 있다. 남녀고용평등과 일 · 가정의 양립 실현을 위한 정책 및 기본계획 수립, 실태조사 실시의 근거를 제시하고 있으며 고용에서 남녀의 평등한 기회보장 및 대우, 모성보호, 분쟁 예방 및 해결에 대한 내용을 명시하고 있다.

4) 양성평등한 사회 · 경제 참여 보장

양성평등 실현을 위한 법률은 여성과 남성의 동등한 사회 · 경제 참여를 보장하기 위해 평등한 고용기회, 근로에 준하는 정당한 보수, 합리적 근로조건, 건강하고 안전한 근로 환경 등이 확보될 수 있는 기반을 마련한다.

(1) 평등한 기회 및 대우

한국에서는 법적으로 근로자에 대하여 남녀의 성(性)을 이유로 차별적 대우를 금지하고 있다(「근로기준법」 제6조). 근로자의 모집, 채용, 임금, 교육 · 배치 · 승진, 정년 · 퇴직 · 해고에 있어서 성차별 금지와 양성평등 실현을 위한 노력이 명시되고 있다(「남녀고용평등법」 제7~11조, 「양성평등기본법」 제24조). 경제활동 참여 이외에도, 정책결정과정, 공직, 정치참여에 있어서 여성과 남성의 평등한 참여를 위한 시책이 마련되도록 하고 있다(「양성평등기본법」 제21~24조).

(2) 여성의 고용촉진 및 적극적 조치

첫째, 여성의 직업능력개발 및 고용촉진을 위한 조치가 법적 근거를 갖고 이루어진다(「남녀고용평등법」). 구체적으로, 여성이 적성 · 능력 · 경력 · 기능에 적합한 직업을 선택할 수 있도록 적절한 직업 지도를 제공하고(제15조), 직업능력 개발 및 향상을 위한 직업능력 훈련 기회를 남녀 균등하게 보장해야 한다(제16조). 정부는 여성

휴게실과 수유실 설치 등의 고용환경 개선 비용을 지원하며(제17조) 임신, 출산, 육아 등에 기인한 경력단절여성의 경우 능력개발과 고용촉진을 위한 서비스가 제공되어야 한다(제17조의2). 또한 여성 인적 자원을 개발하고 관리하기 위한 국가 및 지방자치단체의 시책에 대한 근거도 마련되어 있다(「양성평등기본법」 제27조).

둘째, 여성 근로자의 비율이 상대적으로 적은 공공기관 및 단체, 일정 규모 이상의 사업장은 적극적 고용개선조치를 위한 시행 계획을 수립하여 고용노동부장관에게 제출하고 이에 대한 평가를 받아야 한다(「남녀고용평등법」 제2장 제4절). 이러한 적극적 조치는 성별에 따른 차별적 고용, 임원 수, 임금 수준 등을 조정하기 위해 잠정적으로 불평등한 위치에 있는 성에게 합리적인 범위에서 우대 조치를 취하여 해당 성별의 참여를 촉진시키고자 함을 의미한다(「남녀고용평등법」 제2조, 「양성평등기본법」 제20조).

(3) 안전한 근로 환경 조성

안전한 근로 환경을 보장하기 위해 「남녀고용평등법」에서 성희롱이 발생하지 않도록 하고 있다. 성희롱이란 근로자에게 성적 굴욕감 또는 혐오감을 느끼게 하거나, 성적 요구에 따르지 않은 이유로 고용이나 근로조건에 불이익을 주는 것이다(제2조). 구체적으로, 사업주, 상급자, 근로자의 직장 내 성희롱을 금지하고 있으며(제12조), 근로자에게 안전한 근로 환경을 조성하기 위해 직장 내 성희롱 예방을 위한 교육을 실시하도록 하고(제13조), 근로자에게 업무 중에 성적 굴욕감이나 혐오감을 느끼게 하는 고객이나 업무관련자에 의한 성희롱 방지에 주력하도록 한다(제14조의2).

5) 일 · 가정 양립 보장

양성평등 관련 법률을 토대로 임신, 출산, 육아 등 부모권 실현으로 인한 근로상의 불이익을 받지 않도록 여성과 남성 모두가 보호받을 수 있으며, 일 · 가정 양립이 실질적으로 가능하도록 하기 위한 다양한 정책들이 제시되고 있다.

(1) 임신 · 출산 지원

임신과 출산을 지원하는 정책으로 산전후 휴가, 배우자 출산휴가, 산모 및 태아의 건강지원이 있으며 이에 대한 구체적인 법적 근거는 다음과 같다.

산전후 휴가의 경우 「근로기준법」에서는 임산부의 보호 관련 조항에서 출산 전·후 총 90일(다자녀 임신의 경우에는 120일)의 출산 전후 휴가를 제공할 것을 명시하고 있다(제74조). 동법에서 출산 전후 휴가 종료 후에는 휴가 전과 동일한 업무 혹은 이와 동등한 수준의 임금을 지급하는 업무에 복귀할 수 있도록 하고 있다(제74조). 또한 출산휴가 중인 여성에게 산전후 휴가급여가 지급된다(「남녀고용평등법」 제18조, 「근로기준법」 제74조). 배우자의 유급 출산휴가 또한 보장되고 있으며 이로 인한 해고나 불리한 처우를 받아서는 안 된다(제18조의2).

한편, 산모와 태아의 안전 및 건강에 대한 지원도 이루어지고 있다. 여성 근로자가 임산부 정기건강진단(태아검진)을 받는 데 필요한 시간을 청구하는 경우, 임신 후 12주 이내 또는 36주 이후에 있는 여성 근로자가 1일 2시간 근로시간 단축을 신청하는 경우에 사업주는 이를 허용하고 임금을 삭감해서는 안 된다(「근로기준법」 제74조). 생후 1년 미만의 유아를 가진 여성 근로자에게 유급 수유 시간을 제공해야 한다(「근로기준법」 제75조). 임신 중인 여성과 산후 1년이 지나지 않은 여성은 시간 외 근로가 제한된다(「근로기준법」 제71조, 제74조).

(2) 육아 및 돌봄 지원

육아지원제도로 만 8세 이하 또는 초등학교 2학년 이하의 자녀를 둔 경우, 육아휴직(「남녀고용평등법」 제19조)과 주 15시간 이상, 35시간 미만 근무하는 육아기 근로시간 단축(제19조의2) 제도가 있다. 육아휴직과 근로시간 단축은 각각 1년 이내지만 두 제도 간 기간 가산이 가능하다. 육아휴직이나 육아기 근로시간 단축을 이유로 해고나 불리한 처우를 받게 되어서는 안 되며 육아휴직이나 육아기 근로시간 단축 종료 후에 동일한 업무나 같은 수준의 임금을 지불하는 업무로 복귀할 수 있도록 보장받을 수 있다.

이외에도 근로시간의 탄력적 운영 등 근로시간 조정이 보장되고 있으며(「남녀

고용평등법」 제19조의5), 근로자의 근로 및 양육을 지원하기 위해 직장어린이집 설치 · 운영에 대한 사업주의 책임이 명시된다(「남녀고용평등법」 제21조). 근로자의 생계비용과 사업주의 고용유지비용을 지원하기 위한 세제 및 재정 지원에 대한 국가의 역할 또한 명시되고 있다(「남녀고용평등법」 제20조).

가족돌봄과 관련하여 사업주는 근로자가 가족(조부모, 부모, 배우자, 배우자의 부모, 자녀, 손자녀)의 질병, 사고, 노령으로 인하여 돌봄이 필요할 경우 가족돌봄휴직(최장 90일), 가족돌봄휴가(최장 10일), 가족이나 근로자 자신을 돌보기 위한 근로시간 단축 등을 허용해야 한다(「남녀고용평등법」 제22조의2, 3).

5. 양성평등 전달체계

1) 여성가족부와 관련 정부부처

여성가족부 여성정책국에서 양성평등 관련 정책 시행을 지원하고 있다. 여성가족부 여성정책국은 여성정책과, 성별영향평가과, 여성인력개발과, 경력단절여성지원과로 구분된다. 과별 주요 사업은 〈표 14-6〉과 같다.

표 14-6 여성정책국 주요 사업

구분	주요 사업
여성정책과	• 양성평등정책의 기획 · 종합 • 양성평등기본법령의 관리 · 운영 • 양성평등위원회 운영 • 양성평등정책 관련 조사 · 연구 • 한국양성평등교육진흥원의 지도 · 관리 및 감독
성별영향평가과	• 성별영향평가에 관한 계획의 수립 및 종합 · 조정 • 성인지 예산 · 결산 제도 운영의 지원 • 성평등지표의 개발 및 관리에 관한 사항

여성인력개발과	• 여성인력 개발 관련 정책개발 및 제도 개선 • 여성의 경제활동촉진을 위한 일 · 생활 양립정책 개발 • 여성인재 아카데미 운영 • 공공부문 여성대표성 제고 총괄
경력단절여성지원과	• 경력단절여성의 경제활동 촉진을 위한 정책의 기획 · 종합 및 기본계획 수립 • 중앙경력단절여성지원센터의 지정 · 운영 지원 • 여성새로일하기센터의 지정 · 운영 지원

출처: 여성가족부 홈페이지(http://www.mogef.go.kr/mi/osg/mi_osg_s001.do).

한편, 양성평등정책은 여성가족부 외 교육부, 고용노동부, 문화체육관광부, 법무부, 보건복지부 등 중앙정부 부처에서도 양성평등정책 관련 업무를 추진하고 있다. '제3차 양성평등정책 기본계획'(2023~2027)에 명시된 과제별 소관부처는 〈표 14-7〉과 같이 다양하다.

표 14-7 양성평등정책과 소관부처

정책과제	소관부처
공정하고 양성평등한 노동환경 조성	고용노동부, 기획재정부, 농림축산식품부, 문화체육관광부, 여성가족부, 중소벤처기업부, 해양수산부
모두를 위한 돌봄 안전망 구축	고용노동부, 교육부, 국방부, 보건복지부, 여성가족부
폭력 피해 지원 및 성인지적 건강권 보장	경찰청, 고용노동부, 교육부, 국방부, 기획재정부, 방송통신위원회, 법무부, 보건복지부, 여성가족부, 식품의약품안전처, 질병관리청, 행정안전부
남녀가 상생하는 양성평등 문화 확산	교육부, 과학기술정보통신부, 국민통합위원회, 농림축산식품부문화체육관광부,방송통신심의위원회, 보건복지부, 여성가족부, 인사혁신처, 해양수산부,행정안전부
양성평등정책 기반 강화	국방부, 법무부, 여성가족부, 외교부, 지방자치단체, 통계청, 통일부, 행정안전부

출처: 여성가족부(2023), pp. 70-78.

2) 양성평등위원회

정부는 「양성평등기본법」에 근거하여 국무총리 소속 양성평등위원회를 중심으로 양성평등정책 관련 사항들을 심의 · 조정하고 있다. 양성평등위원회는 위원장인 국무총리, 부위원장인 여성가족부장관을 포함한 약 30명의 위원으로 구성된다. 양성평등시책 계획, 추진실적 점검 외에 국가성평등지수 관련 사항 심의, 국제 조약에 대한 이행 점검 등의 기능을 한다.

3) 양성평등 관련 기관

양성평등정책을 효율적이고 체계적으로 추진하기 위해 국가와 지방자치단체에 다양한 기관들이 설치 · 운영되고 있다. 양성평등 의식 및 문화 확산을 위해 양성평등 교육의 수행 · 지원을 담당하는 기관으로 한국양성평등교육진흥원이 있다. 2003년에 설립된 한국양성평등교육진흥원은 「양성평등기본법」 제46조를 근거로 하고 있다. 주요 사업으로는 공무원 및 일반인 대상 성인지정책교육, 성평등 관점에 기반한 전문강사양성교육 및 폭력예방교육, 양성평등 문화조성, 여성역량 강화 등이 있으며 교육서비스는 교육센터와 이러닝센터를 통해 온 · 오프라인으로 제공되고 있다(한국양성평등교육진흥원, https://www.kigepe.or.kr/kor/index.do).

여성의 노동시장 참여와 고용 촉진을 활성화하기 위한 기관으로 여성새로일하기센터, 온라인경력개발센터 등이 있다. 여성새로일하기센터(새일센터)는 대표적인 경력단절여성의 경제활동 제고를 위한 종합적인 취업지원센터로서 취업상담, 직업교육훈련, 인턴십, 취업 후 사후관리 등의 서비스를 원스톱(One-Stop)으로 제공한다(여성가족부, 고용노동부, 2021). 2008년 제정된 「경력단절여성등의 경제활동 촉진법」(전부개정으로 「여성의 경제활동 촉진과 경력단절 예방법」으로 변경)에 법적 근거를 두고 있다. 사업추진체계로 여성가족부와 고용노동부가 함께 사업운영 총괄, 지방자치단체는 자체 사업 계획 수립 · 시행을 담당한다. 중앙새일지원센터는 새일센터의 지원 · 컨설팅 · 평가, 직업교육훈련 심사 및 운영 · 관리를 하고 있다.

표 14-8 여성의 노동시장 참여 및 고용 촉진을 위한 기관

기관명	주요 내용
여성새로일하기센터	• 지원대상: 구직을 희망하는 경력단절여성 • 주요 사업: 집단상담프로그램, 직업훈련교육, 인턴십지원, 경력단절예방지원사업, 창업지원 등 • 현황: 광역센터 13개소 포함 총 158개소 지정 · 운영(2020년 기준) • 운영기관 유형: 여성인력개발센터(58개소), 여성회관(38개소), 대학(8개소), 지자체(18개소), 기타 법인 · 단체(36개소) • 웹정보: https://saeil.mogef.go.kr/
온라인경력개발센터 (꿈날개)	• 지원대상: 만 15세 이상의 여성 • 주요 사업: 온라인 무료교육, 스마트폰과 태블릿 PC를 이용한 직업교육과정(2021년 기준 329개의 온라인과정), 취 · 창업 역량 진단서비스, 취업상담서비스, 이력서 클리닉, 모의면접 등 제공 • 현황: 2020년에 1만 8,334명이 온라인상담서비스 이용 • 웹정보: https://www.dream.go.kr

경기도와 여성가족부에서 제공하는 온라인경력개발센터(꿈날개)는 시공간적 제약으로 인한 불편함의 해소를 목적으로 하는 국내 최초 여성특화 무료 온라인취업지원서비스이다. 취업역량진단에서 사후관리서비스까지의 과정이 온라인으로 지원된다(남승연, 이경민, 2019). 꿈날개는 2005년 경기도 여성을 위한 온라인 전문취업교육서비스로 출범, 2016년에는 전국서비스로 확대되었다. 2014년부터 특성화고 및 대학생에게도 서비스를 제공하기 시작하였다. 전달체계로서 경기도일자리재단의 여성능력개발본부는 콘텐츠개발 및 총괄관리 역할을 담당하며, 꿈날개의 온라인 운영 전반은 민간 전문업체에 위탁 운영하고 있다.

마지막으로, 한국여성인권진흥원은 「양성평등기본법」에 기반하며 여성에 대한 폭력근절과 피해자 지원을 통한 성평등 사회의 실현을 목적으로 한다. 성폭력, 가정폭력, 성매매, 디지털성범죄 등의 피해자에 대한 통합지원대응체계 강화, 피해자 맞춤형 지원 활성화, 여성폭력방지 전문성 강화, 사회적 가치 기반 경영 혁신이 주요 전략 과제이다. 한국여성인권진흥원은 여성긴급전화 1366, 성폭력피해자통합지원센터(해바라기센터), 가정폭력상담소, 성폭력피해상담소, 성매매피해상담소 등의 현장 네트워크와 미국, 영국, 호주와의 국제 네트워크를 구축하여 협력체계를 이루고 있다(한국여성인권진흥원, https://www.stop.or.kr/).

요약

지금까지 이 장에서는 양성평등의 개념과 이론적 관점, 현황과 욕구, 관련 정책, 법률, 전달체계에 대해 논의하였다. 결국, 양성평등은 성별에 따른 차별이나 불이익 없이 동등하게 인권을 존중받고, 사회 · 경제 · 문화 등 다양한 영역에 참여하고 대우받는 것을 가리키며(「양성평등기본법」), 여성과 남성 모두 인간으로서 지니는 존엄성과 권리를 보장받는 것을 기반으로 한다(음선필, 2018). 양성평등은 여성에 대한 부당한 처우와 차별을 금지하는 좁은 개념에서 확장되어 남녀 모두의 동동한 참여와 대우를 보장하는 것으로서, 향후 평등한 기회 · 조건 · 결과의 구현을 위한 지속적인 노력이 필요할 것이다.

참고문헌

고용노동부(2014). 남성의 육아휴직 활용 및 육아기 근로시간 단축제도 활성화 방안 연구.

고용노동부(2022). 2022판 고용보험백서.

국가인권위원회(2019). 임신, 출산, 육아휴직 차별 실태조사.

국가인권위원회(2021). 성희롱에 대한 국민의식 조사.

김경희, 남궁윤영, 동제연, 주경미, 이은경(2015). 성 주류화 기반 정책 평가제도의 성평등 효과 제고를 위한 연구. 한국여성정책연구원 연구보고서.

김양희(2013). 젠더기반폭력에 대한 이해와 사례 연구. 연구보고서, 1-62.

김인숙, 정재훈(2008). 여성복지의 실천과 정책. 나남.

김형준(2017). 양성평등정책의 새로운 비전. 한국여성정책연구원 연구보고서.

남승연, 이경민(2019). 온라인 경력개발센터 '꿈날개' 운영실태 분석 및 개선방안 연구. 경기도가족여성연구원 정책보고서 2019-11.
박종민, 배정현(2009). 양성평등의 기준: 통치제도와 문화편향의 차이. **정부학연구**, 15(3), 7-27.
석인선(2012). 헌법상 성평등 개념의 한계와 재정립. **법학논집**, 16(3), 1-30.
신경아(2016). 여성정책에서 성평등정책으로?. **한국여성학**, 32(4), 1-36.
여성가족부(2017). 대한민국 성평등 가이드북.
여성가족부(2018). 2018~2022 제2차 양성평등정책 기본계획.
여성가족부(2021). 청년의 생애과정에 대한 성인지적 분석과 미래전망 연구.
여성가족부(2022). 2022 국가성평등보고서.
여성가족부(2023). 2023～2027 제3차 양성평등정책 기본계획.
여성가족부, 고용노동부(2021). 2021년도 여성새로일하기센터 사업지침.
여성부(2008). 헌법과 성평등 관련 법률의 향후 과제.
윤근섭 외(1995). **여성과 사회**. 문음사.
음선필(2018). 양성평등과 대한민국 헌법. **홍익법학**, 19(1), 111-135.
이수연, 황정임, 마경희, 김난주(2015). 제1차 양성평등정책 기본계획 수립에 관한 연구. 한국여성정책연구원.
정옥희(2009). 성평등 관련 복지모델에 관한 고찰. **임상사회사업연구**, 6(2), 147-162.
한국노동연구원(2018). 한국 남성 육아휴직 현황.
한국여성정책연구원(2019a). 2019년 한국의 성평등보고서.
한국여성정책연구원(2019b). 한국사회의 성평등 현안 인식조사 결과 발표.
한국여성정책연구원(2021). 청년의 생애과정에 대한 성인지적 분석과 미래 전망 연구.
홍석한(2020). 기본소득과 헌법상 양성평등의 실현. **헌법학연구**, 26(1), 239-271.

Fraser, N. (1994). After the family wage: Gender equity and the welfare state. *Political Theory, 22*(4), 591-618.

e-나라지표. https://www.index.go.kr/unify/idx-info.do?idxCd=4232&clasCd=7
국가통계포털(2020). 고용률(OECD). https://kosis.kr/statHtml/statHtml.do?orgId=101&tblId=DT_2KAA309_OECD&conn_path=I3
대검찰청(2022). 2021 범죄분석. https://www.spo.go.kr/site/spo/crimeAnalysis.do#n

여성가족부(2015). 「양성평등기본법」으로 전부개정, 7월 1일부터 시행(2015. 6. 23. 보도자료). http://www.mogef.go.kr/nw/rpd/nw_rpd_s001d.do?mid=news405&bbtSn=696617

여성가족부 홈페이지. http://www.mogef.go.kr/mi/osg/mi_osg_s001.do

이코노미스트(2019). The glass-ceiling index(2019. 3. 8. 자료). https://www.economist.com/graphic-detail/2019/03/08/the-glass-ceiling-index

통계청(2020). 가사노동시간. https://www.index.go.kr/unify/idx-info.do?idxCd=4232&clasCd=7

한국양성평등교육진흥원. https://www.kigepe.or.kr/kor/index.do

한국여성의전화(2021). 여성인권상담소 상담통계. http://hotline.or.kr/board_statistics/69728

한국여성인권진흥원(2021). 여성폭력 바로알기. https://www.stop.or.kr/modedg/contentsView.do?ucont_id=CTX000064&srch_menu_nix=QIuR8Qcp&srch_mu_site=CDIDX00005

한국여성인권진흥원. https://www.stop.or.kr/

UNDP (2019). Gender Development Index (GDI). Retrieved on 2022.02.24. from http://hdr.undp.org/en/content/gender-development-index-gdi.

UNDP (2020a). Human Development Report 2020. The Next Frontier: Human Development and the Anthropocene. Retrieved on 2022.02.24. from http://hdr.undp.org/en/content/human-development-report-2020.

UNDP (2020b). Human Development Report. Technical notes. Retrieved on 2022.02.24. from http://hdr.undp.org/en/content/hdr-technical-notes.

World Economic Forum (2006). The Global Gender Gap Report 2006. Retrieved on 2022.02.24. from https://www3.weforum.org/docs/WEF_GenderGap_Report_2006.pdf.

World Economic Forum (2021). Global Gender Gap Report 2021. Retrieved on 2022.02.24. from https://www3.weforum.org/docs/WEF_GGGR_2021.pdf.

제15장
문화 다양성과 사회복지

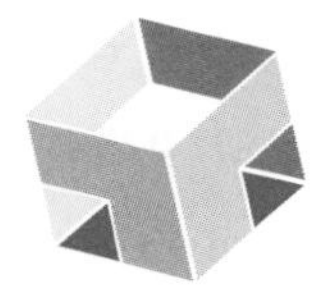

기술과 교통의 발달은 전 세계로의 왕래를 가속화시켰으며, 그로 인해 각 국가 간의 교류가 활발해졌다. 사람들은 더 나은 삶의 기회를 얻기 위해, 자국에서의 어려움을 극복하기 위해, 그 밖의 다양한 이유를 가지고 다른 나라에 이주하고 있다. 그 결과, 하나의 민족으로 구성되었던 나라들의 인구 구성이 다양해지고, 다양한 문화적 배경을 가지고 있는 사람들이 함께 하나의 사회를 형성하여 살게 되었다. 이미 캐나다, 호주, 미국 등을 비롯한 서구 유럽 국가들은 근대화와 제국주의를 시작으로 다문화 사회를 형성하기 시작하였으며, 그 결과 다양한 문화를 한 사회 내에서 어떻게 수용하고 더불어 살아갈 것인가에 대한 고민을 오랫동안 지속해 왔다.

반면에 한국인은 단군의 후손으로서 오랫동안 단일민족 국가를 지켜 왔다는 자부심을 가지고 있다. 실제로 우리 사회는 외세의 침략, 경제적 위기 등 여러 가지 국가적인 어려움을 겪고 있을 때, 한민족이라는 동질감을 가지고 국내외적으로 서로 돕고 단결하여 그 고비를 넘었던 경험들이 많다. 그러나 근래에 발생한 사회적 변화로 인하여 점차 결혼과 출산이 감소하게 되었고, 이를 극복하기 위한 하나의 정책적인 방안으로써 보다 다양한 문화적 배경을 가진 사람들의 유입을 늘리고 있다. 가장 대표적으로 대한민국 국민의 결혼을 장려하기 위하여 결혼이주여성의 이주를 지원하였으며, 농어촌 지역을 비롯한 한국 사람들의 기피 직종의 노동력을 확보하기 위하여 이주노동자들에 대한 정책도 체계화되고 있다. 그러나 현재의 인구추이를 살펴보았을 때, 우리 사회가 현 상태를 유지하기 위해서는 보다 적극적인 다문화 사회로의 이전은 불가피할 것으로 보이며, 생산가능 연령층 이주민들의 증가는 보다 가속화될 전망이다.

앞으로 증가하게 될 이주민들이 한국에 와서 잘 정착하고, 내국인들이 이주민들과 더불어서 잘 살아갈 수 있는 방법의 모색은 현재 사회복지 분야가 당면한 매우 시급한 과제라고 볼 수 있다. 따라서 이 장에서는 문화 다양성이 무엇을 의미하고, 지금까지 많은 다문화 사회에서는 어떠한 방식으로 이주민들의 사회통합을 시도해 왔는지를 살펴보고자 한다. 또한 현재 한국의 이주민 현황과 관련 정책들을 살펴보고, 각 정책이 가지고 있는 장점과 한계를 분석하여 앞으로 한국의 이주민 정책의 발전 방향에 대해 고민하고, 논의해 볼 수 있는 계기를 이 장에서 마련하고자 한다.

1. 문화와 문화 다양성의 개념

문화 다양성에 대해 이해하기 위해서는 가장 먼저 문화가 무엇인지에 대해 이해할 필요가 있다. 『표준국어대사전』에 의하면 문화란, "자연 상태에서 벗어나 일정한 목적 또는 생활 이상을 실현하고자 사회구성원에 의하여 습득, 공유, 전달되는 행동양식이나 생활양식의 과정 및 그 과정에서 이룩하여 낸 물질적 · 정신적 소득을 통틀어 이르는 말. 의식주를 비롯하여 언어, 풍습, 종교, 학문, 예술, 제도 따위를 모두 포함한다."라고 정의되어 있다. 다시 말해, 문화는 우리가 태어나서 가족, 학교, 사회 등을 통해 배우는 모든 행동 혹은 생활양식을 포함하며, 인간이 자연과 사회에 적응해 살아가면서 창조해 내는 유형 · 무형의 산물들을 모두 포괄한다 (Lonner & Hayes, 2004).

크로버와 클루크혼(Kroeber & Kluckhohn, 1952)은 문화에 대한 정의를 여섯 가지 정도로 분류하였다(Berry et al., 2011에서 재인용). 첫째, 기술적 정의(descriptive definition)는 언어, 종교, 예술, 제도, 전쟁, 지식 등 문화라고 말할 수 있는 인간의 생활과 활동을 포괄하는 모든 것들의 나열을 의미한다. 둘째, 역사적 정의(historical definition)는 인류가 오랜 시간 존재하면서 축적해 온 전통을 강조하는 정의들을 포함한다. 예를 들어, 지금까지 우리 조상들이 이룩한 역사적 유물들이 이러한 문화 정의에 속한다고 볼 수 있다. 셋째, 규범적 정의(normative definition)는 한 집단에 속한 사람들의 활동을 지배하는 공유된 규칙(shared rules)을 강조하는 정의이다. 법, 예절, 규범 등이 여기에 포함된다고 볼 수 있다. 넷째, 심리적 정의(psychological definition)는 문제해결, 학습, 습관 등 다양한 심리적인 특성들을 강조한다. 가장 많은 관심을 받는 문화의 심리적 특성 중 하나는 바로 개인주의와 집단주의이다. 개인주의와 집단주의는 해당 문화에 속한 개인들이 자신을 어떻게 바라보고, 타인과 어떻게 관계를 맺으며, 자신의 생각과 감정을 어떤 방식으로 표현하는지에 관심을 갖는다(Oyserman et al., 2009). 예를 들어, 개인주의에 속한 사람들이 관계를 맺을 때, 조금 더 자발적으로 관계를 맺고 이러한 관계에 대한 인식이 더 가변적이라고 여기는 반면, 집단주의에 속한 사람들은 혈연, 학연, 지연 등의 영구적으로 지속될 수 있는 관계에 더 많은 무게를 두고 관계를 맺는다는 차이가 있다. 다섯째, 구조적 정의(structural definition)는 문화의 패턴이나 조직을 강조하며, 문화는 서로 연결된 특성들에 의한 패턴을 형성한다는 점, 즉 각 문화의 연관성에 초점을 맞추어 문화에 대해 기술한다. 여섯째, 유전적 정의(genetic definition)는 문화의 기원에 대해 강조하며, 집단의 적응 과정에서 발생하는 문화, 사회적 상호작용을 통해서 발생하는 문화, 창의적 과정에 생겨나는 문화로 분류할 수 있다(Berry et al., 2011). 문화는 이처럼 "인간이 사회의 일원으로서 습득한 지식, 믿음, 예술, 도덕, 법률, 풍습, 능력, 습관 등을 포괄하는 복합체로서 사회구성원에 의해 습득, 공유, 전달되는 표준화된 행동양식이나 생활양식의 과정이라고 정의"(김혜영 외, 2021: 16)할 수 있다.

문화 다양성이라는 개념은 크게 두 가지 의미로 사용되고 있다. 먼저, 근본적으로 서로 다른 사회, 공동체, 하위문화(subculture)가 존재하는 현상 그 자체를 의미한다[American Psychological Association(APA, n.d.)]. 즉, 서로 다른 언어, 생활양식, 종교를 가진 사람들이 한 공간에 존재하는 것만으로 문화 다양성이 있다고 표현하는 것이다. 반면에 두 번째 의미는 자신들의 고유한 문화적 특성을 유지하면서 더 큰 사회체계 안에서 기능하고 있는 공동체나 하위문화들과 공존할 수 있을 때 문화 다양성이 있다고 한다(APA, n.d.). 이는 다문화주의와 맥을 같이하는 관점으로 다양한 문화를 가지는 하위집단들이 자신의 문화적 정체성을 유지하면서 주류 사회에서 함께 인정받으면서 살 수 있는 사회에 문화 다양성이 존재한다고 보는 것이다. 한국에서도 문화 다양성에 대해 이야기할 때, 이러한 두 가지 개념을 혼용하여 사용할 때가 많다. 한국이 다문화 사회에 진입했다고 할 때 주로 많이 드는 예시는 인구를 구성하는 이주민의 비율을 들지만, 이는 전자의 개념에서의 다양한 문화적 배경을 가진 사람의 구성이라는 의미로 문화 다양성을 사용하는 경우이다. 그러나 다문화 담론에서 한국이 각 이주민 집단들의 문화를 얼마큼 수용하고, 정책적 · 제도적으로 이들의 문화를 얼마나 존중하는지에 대해 진행하는 논의는 후자의 문화 다양성의 의미에 가깝다.

문화 다양성이 비단 이주민에 의해서만 나타나는 현상은 아니다. 장애, 지능, 교육, 인종, 사회경제적 지위, 나이, 성적 소수자, 성별, 지역 등 구성원들이 경험이나 사회적 지위, 혹은 역사를 공유하는 집단이라면, 그 집단 내에서는 같은 문화를 공유한다고 볼 수 있다(Lott, 2009). 개인은 여러 문화 집단에 소속되어 있을 수 있기 때문에, 한 개인이 같은 사건이나 이슈를 접하더라도 어떤 문화 집단의 정체성(예: 민족, 성별, 연령 등)을 가지고 그 현상을 해석하는가에 따라서 각기 다른 해석을 제시할 수 있다(Hong, Morris, Chiu, & Benet-Martinez, 2000). 즉, 문화 다양성은 이주민이나 소수인종 혹은 소수민족의 문화적 차이에만 국한된 개념은 아니며, 사회를 구성하는 여러 집단이 가지고 있는 문화적 특성들의 공존을 의미할 때도 문화 다양성의 개념을 활용한다. 이 장에서는 이러한 여러 집단 간의 문화적 다양성이 존재함을 인정하면서도, 문화 다양성의 논의를 촉발한 이주민들을 중심으로 문화 다양성과 다문화 사회에 대해 논의하고자 한다.

2. 이주민과 다문화 사회

다문화와 관련된 논의에서 자주 언급되는 주요 개념들이 존재하는데, 본격적으로 다문화 사회에 대해 논의하기에 앞서 이러한 주요 개념들에 대해 살펴보려고 한다. 먼저, 외국의 다문화 담론에서 가장 많이 언급되는 개념은 인종이다. 인종이란, "어떠한 가설적인 타고난 생물학적 특징 때문에 나타나는 다양한 표면적인 신체적 특성에 입각해서 인류를 여러 집단으로 구분하는 문화적으로 구성된 정체성의 범주"이다(APA, 2013: 825). 일반적으로 인종을 분류할 때, 백인, 흑인, 아시아인, 미국 원주민, 태평양 섬의 주민 등으로 분류하나, 이러한 분류 체계는 유전적 근거가 전혀 없으며, 겉으로 보이는 모습을 이용하여 사람들을 구분하고, 차별하는 데 활용하고 있는 사회적 개념으로 보는 것이 더 적절하다(Hays & Erford, 2010; Tishkoff & Kidd, 2004).

한국에서 조금 더 자주 언급되는 개념은 각기 지리적으로 다른 곳에서 거주하면서 고유의 문화를 형성한 민족성(ethnicity)이라는 개념이다. 막스 베버(Max Weber)에 따르면, 민족은 "공통의 조상을 가지고 있음을 주관적으로 믿고 있는 집단들을 의미하며, 이러한 신념은 유사한 외모나 전통 혹은 둘 다 가지고 있는 상태에서, 이주나 식민지배의 기억에서 비롯되었다."(Raum, 1995에서 재인용). 즉, 이러한 신념은 실제 단일민족이 혈연으로 맺어진 관계인지 아닌지가 중요한 것은 아니며, 집단 형성을 위한 선전(propagation)으로써 중요한 의미를 갖는다(Guibernau & Rex, 2010). 민족성은 이러한 집단들이 공유하는 공통의 역사, 지리적 특성, 언어, 종교, 또는 그 밖에 서로 공유하고 있는 집단의 특징들을 근간으로, 각 민족이 다른 민족과 달리 갖게 되는 고유한 특성들을 의미한다(Hays & Erford, 2010). 가장 대표적인 예로 한국의 민족성(한민족)에 대해 생각해 볼 수 있다. 한국은 이미 오래전부터 단일민족에 대한 강한 자부심을 가지고 있으며, 이러한 자부심은 외세의 침략을 비롯한 수많은 어려움을 극복하는 큰 원동력이 되었다. 그러나 단일민족에 대한 강한 자부심은 다른 민족과 그들의 문화를 수용하는 데 걸림돌이 될 수 있으며, 한민족이 아닌 다른 민족에 대해서는 배타적인 태도를 보일 가능성을 높인다(윤인진, 팽정, 2021).

국가는 언어와 문화를 공유하면서 특정 지역의 영토를 차지하고, 제도적으로 어느 정도 완전한 체계를 가진 역사적 공동체를 의미하며(Kymlicka, 1995), 정해진 영토 안에서 정치적 · 경제적 · 사회적 관계를 규정한다(Haas, Castles, & Miller, 2020). 국적은 어떤 국가의 국민이 되는 신분이나 자격을 의미하며, 한국 「국적법」에 의하면, 대한민국의 국적은 출생할 당시에 부 또는 모가 대한민국 국민인 사람, 외국인이었으나 귀화한 사람 등에게 부여하고 있다. 반면에 시민권은 어떤 정치 공동체의 소속된 개인이 갖는 법적 지위와 이를 토대로 한 권리와 의무로 정의하며(Bosniak, 2000), 이러한 공동체의 경계는 대체로 국가라는 지리적 영역으로 제한되어 왔었다(김정선, 2011). 시민권을 국가의 영역에 국한하여 설명을 할 때에는 시민권과 국적이 동일한 의미로 사용되기도 하나, 반드시 시민권과 국적이 동일한 의미를 갖지는 않는다. 국가에 따라서는 거주국의 국적을 확보하지 못한 이주민이어도 의료보험, 연금보험, 실업 보험 등의 사회보험뿐만 아니라, 공공주택 등 사회권을 보장받을 수 있도록 그 자격의 범위를 확대하였으며, 이주민들에게 지방자치 수준의 투표권을 제공하기도 한다(김정선, 2011). 현재 한국에서도 다양한 이주민들이 유입되면서 누구에게, 어떤 범위 내에서 어떠한 시민적 권리를 제공할 것인지에 대한 논의가 활발하게 진행되고 있다.

국제이주기구에 따르면, 이주란, 원래 살던 지역에서 벗어나 국외 혹은 국내에 이동하는 것을 의미한다(International Organization for Migration, n.d.). 인류는 변화하는 환경에 적응하기 위해서 늘 이주해 왔으나, 현재 다문화 담론에서 논의되고 있는 민족주의 국가 간 혹은 대륙 간의 이주는 제국주의 시대 이후에 주요 국가들이 식민지 국가에서 경제 개발과 통치를 위해 이주하고, 토착민들을 억압하고 지배하는 과정에서 발생한 토착민들의 문화 말살 시대에서부터 지금까지 이루어진 여러 형태의 이주에 주로 초점을 맞추고 있다(Cashmore, 1996).

제2차 세계대전 이후에 발생한 국제 이주의 형태를 네 가지 정도로 꼽아볼 수 있다. 첫째, 제2차 세계대전 이후에 새로운 민족주의 국가들이 형성되면서, 그곳에

살던 이민족들이 자신이 살던 땅에서 추방되었고, 이로 인하여 이주민들이 발생하였다(예: 팔레스타인). 둘째, 세계화의 영향으로 자신이 가진고 있는 고급 기술이나 지식(예: 사업가, 과학자, 고급 공학자, 교수 등)에 대해 보다 나은 가치를 부여하는 나라에서 살기 위해 이주하는 전문직 종사자들이 늘고 있다. 셋째, 저개발 국가에 살고 있는 비숙련 노동자들이 선진국의 부족한 일자리를 보충하고, 더 나은 경제적 기회를 얻기 위해 선진국으로 이주하는 단순기능직 노동자들이 늘어나고 있다. 넷째, 국가로부터 정당한 보호를 받지 못하고 분쟁, 전쟁 등으로 인하여 처형, 고문 등의 심각한 인권 침해를 받거나 받을 위험이 높아 다른 나라로부터 보호받기를 희망하는 경우 등을 꼽을 수 있다(예: 난민; Cashmore, 1996: 238-242). 1990년대에 냉전시대가 종결되고 신자유주의 국제경쟁시대가 가속화되면서 전 지구적인 국제 이주가 활발해졌으며, 정보기술의 발달은 국가 간의 지리적인 거리를 거의 무의미하게 만들었다. 그 결과, 2019년에 집계된 국제 이주자는 약 2억 7,200만 명으로 추정되며, 2010년과 비교했을 때 약 5,001만 명이 증가하였다(UN, 2019).

이렇듯 한 사회를 구성하는 이주민들의 수가 증가함에 따라 이들이 이주한 거주국의 한 일원으로서 성공적으로 정착하여 안정적으로 살 수 있는지에 대한 논의들이 활발해졌다. 이미 오래전부터 다문화 사회를 형성하고 있었던 국가들은 이주민들이 원활하게 거주국과 그 사회에 통합(integration)될 수 있는 다양한 시도들을 해오고 있다. 여러 국가의 이주민 정책을 네 가지 모델로 분류하여 설명하면 다음과 같다.

첫째, 차별적 배제 모델(exclusion model)을 꼽을 수 있다. 차별적 배제 모델은 단일문화주의를 강조하며, 주로 단일민족주의를 내세우는 국가들에서 자주 나타난다. 즉, 국가나 민족이 하나의 문화를 가지며, 사회를 유지하기 위해서는 이 단일문화를 유지하여 문화적 동질성을 유지하는 것을 중요하게 생각한다(김태원, 김유리, 2011). 차별적 배제 모델에 속한 나라의 이주민 정책을 보면, 이주민들의 임시적인 편입은 특정 사회부문(예: 노동시장)에서 인정하나, 정착을 인정하지 않으며, 귀화 조건이 매우 까다롭다(김경식 외, 2017; 성정현 외, 2020). 예를 들어, 차별적 배제 모델에 속한 국가에서는 노동자들의 정착을 최소화하기 위하여 계약 기간에 상한을 두고, 계약 기간이 종료된 이후에는 본국으로 돌려보내며, 이들 가족의 정착을 방지하기 위하여 이주 노동자들의 가족 초청을 금지하고 있다(김경식 외, 2017). 배제 모델에 속하는 나라들에서 시민권이나 국적을 갖는 과정은 매우 길고 까다로우며, 국적을 취득하기 위해서는 이주민이 그 사회에 충분히 동화되었음을 보여 주어야 한다. 최근 국제 경쟁의 증가로 인하여 고급 전문 인력의 유입이 필요해지면서, 이러한 나라들은 전문적인 인력과 저임금 노동력을 위한 이중적인 이민정책을 시행하여 국제 경쟁력은 강화하면서 이민자 유입을 관리하기도 한다. 대표적인 국가로 독일이나 스위스를 꼽을 수 있다(김태원, 김유리, 2011).

둘째, 동화주의에 기반을 둔 모델(assimilation model)들을 꼽을 수 있다. '로마에서는 로마법을 따르라'는 표현처럼 거주국으로 이주한 이민자들이 자신의 고유한 문화적 특성들을 포기하고, 거주국의 문화를 일방적으로 수용하여 그 사회에 편입하도록 독려하는 이주민 정책들을 의미한다(성정현 외, 2020). 대표적으로 미국에서 백인 청교도 문화와 새로운 이주민들 간의 갈등을 해소하기 위해 도입된 동화주의는 "민족 집단을 분해하여 미국 인종의 일부로서 이들 집단들을 동화 또는 융화시키기 위해 그들의 자녀에게 앵글로색슨의 법, 정의, 질서와 정부의 개념을 심어주고 그들로 하여금 우리 민주제도의 존엄과 인간 존중의 미국 생활을 깨닫게 하는 것"의 개념으로 처음 활용되었다(Cubberly, 1909: 김경식 외, 2017 재인용). 이 당시 동화주의 이론에 따르면, 동화의 과정을 통해 자손들의 교육과 직업적 차원에서의 사회적 지위가 향상될 것이며, 미국의 주류사회에 더 잘 통합되고, 언어 사용, 거주 지역, 결혼 등에서 차이가 나타날 것이라고 주장하였다(Warner & Srole, 1945: Waters, Tran, Kasinitz, & Mollenkopf, 2010에서 재인용). 그러나 미국인들이 이 당시에 관심을 가졌던 이주민들은 주로 다른 유럽국가(예: 이탈리아, 아일랜드 등)에서 이주한 이주민들이었으며, 이들은 상대적으로 쉽게 미국 사회에 녹아들었다. 그러나 점차 이주민들의 수가 늘고, 전통적인 동화주의 모델이 잘 작동하지 않자, 동화주의 이론은 용광로 이론(melting-pot)으로 대체되었다. 용광로 이론은 여러 문화가 상호작용을 하면서 새로운 문화가 생겨난다는 것을 의미하나, 여전히 백인 문화 속에 소수민족의 문화를 녹인다는 의미에 가깝다는 한계를 갖는다(김경식 외, 2017). 그러나 제2차 세계대전 이후에 다양한 이주민들이 급격히 증가하고, 이주민들이 자신의 고유 문화를 유지하려는 시도가 강해지면서, 미국 사회는 문화다원주의적 관점이 강한 샐러드 볼(Salad Bowl)의 개념을 강조하기 시작했다. 그럼에도 불구하고, 여전히 동화주의에 기반을 둔 이주 정책을 추구하는 나라들이 있으며, 이러한 나라들은 자국의 언어와 문화에 대한 교육을 강조하고, 자국민으로의 동화 정도가 시민권 인정에 영향을 미치는 등 주류사회를 중심으로 한 사회통합을 강조하고 있다. 대표적인 국가로 프랑스와 영국을 꼽을 수 있다.

셋째, 문화다원주의 모델(cultural pluralism)을 꼽을 수 있다. 문화다원주의는 다양한 문화를 가진 소수집단이 존재하며, 이들의 문화가 다수집단의 문화와 다르다는 것을 인정하고 허용하나, 다수집단이 향유하는 주류문화도 존재하고 있음을 전제하고 있다. 다시 말해, 문화다원주의는 소수집단의 문화를 인정하며, 소수집단이 주류사회에서 자신의 고유문화와 정체성을 유지하는 것을 존중한다는 차원에서 다문화주의와 맥을 같이하나, 소수집단의 권리를 인정하기 위한 적극적인 정책적 · 사회적 노력을 하지 않는다는 점에서 그 차이점이 있다. 대표적인 국가로 미국을 꼽을 수 있다.

넷째, 다문화주의 모델(multiculturalism model)을 꼽을 수 있다. 다문화주의라는 개념은 여러 가지 의미로 활용되고 있으나, 정책적 차원에서 규정하는 다문화주의는 국가 차원에서 소수집단의 정체성을 인정하고, 이를 뒷받침해 줄 수 있는 법적 · 정치적 조치들을 의미한다(Ahn, 2012). 다문화주의 모델은 소수집단과 다수집단의 문화에 대해 동등한 가치와 권리를 인정한다는 점에서 다수집단의 주류문화에 더 큰 가치를 두고 있는 문화다원주의와 차이를 갖는다. 다문화주의 정책은 1971년 캐나다에서 가장 먼저 도입이 되었으며, 이때 프랑스 문화를 계승하고 있는 퀘벡 지역과 영국의 문화를 계승하는 나머지 지역의 유기적인 통합을 위해 채택되었다. 이 정책을 통해 캐나다 정부는 영어와 프랑스어의 이중언어를 허용하고, 프랑스와 영국 문화뿐만 아니라, 토착 원주민을 비롯한 다양한 소수민족을 인정한다는 점을 법적으로 명시하였으며, 소수집단의 문화 계승을 위한 재정적 지원을 제공하였다(The Canadian Encyclopedia, n.d.). 다문화주의에 근거한 정책들은 점차 발전하여 소수집단의 문화를 계승하기 위한 문화적·교육적 권리의 명시, 정치적으로 이들의 대표성 확보, 이들의 문화적 활동 및 이중언어를 위한 법적 보호 및 재정적 지원, 소수집단을 위한 적극적 우대조치(affirmative action) 등 소수민족의 인정과 권리 확보를 위한 다양한 정책들을 포함하고 있다(Banting & Kymlicka, 2004). 그러나 근래에 소수집단의 문화충돌이 서양의 여러 나라에서 발생하고, 자유민주주의 국가의 기본 원칙과 맞지 않는 문화적 관행(예: 소수집단의 성차별적 전통 문화) 등에 대한 집단 간 갈등이 발생하면서, 한 사회를 구성하고 있는 다양한 문화를 이해하기 위해 충분한 소통과 교류의 장이 없는 다문화주의 정책들에 대한 한계가 지적되고 있다(Johansson, 2022; Sohrabi, 2019). 또한 과학기술의 발달과 세계화로 인하여 더욱더 국가 간 인적 교류가 활발해지면서 한 국가 안에서도 국가의 영역을 넘어서는 여러 민족 집단의 문화 정체성과 해당 국가에 소속된 국민으로서의 정체성을 어떻게 통합하고 발전시킬 것인지에 대한 고민이 더욱더 커지고 있다.

3. 한국의 다문화인구 현황 및 실태

1) 다문화가족

다문화가족(multicultural family)의 개념은 서로 다른 국적이나 문화를 가진 사람들 간의 결혼으로 형성된 가족이나, 해당 국가의 국민과 외국인이 결혼하여 형성된 이중문화 가족(bicultural family)을 의미한다(Blount & Curry, 1993). 이는 서로 다른 문화적 배경을 가진 두 사람이 결혼을 하여 경험하게 되는 문화적 충돌 및 수용의 과정을 이해하고, 이 결혼에서 태어난 이중문화를 가진 아동들의 정체성을 파악하고자 할 때 개념적으로 활용되었다.

한국에서 처음에 활용된 광의의 '다문화가족'은 한국인과 외국인이 결혼한 국제결혼 가족과 이주민 가족(외국인 근로자 가족, 외국인 유학생 가족, 북한이탈주민 가족 등)을 모두 포괄하는 개념이었다(오경석, 2007; 조영달, 2006). 그러나 2008년 3월

에 「다문화가족지원법」이 제정되면서, 다문화가족의 개념은 「다문화가족지원법」에서 제시된 개념으로 일반화되었다. 「다문화가족지원법」에 따르면, 다문화가족이란 "결혼이민자 혹은 인지나 귀하로 대한민국의 국적을 취득한 사람과 출생, 인지, 또는 귀화로 대한민국 국적을 취득한 사람이 결혼하여 이루어진 가족"을 의미한다(제2조). 이는 출생 시 한국 국적을 가진 한국인과 결혼이민자(대한민국 국민과 혼인한 적이 있거나 혼인관계에 있는 재한외국인)의 결혼, 출생 시 한국 국적을 가진 사람과 귀화 또는 인지로 대한민국 국적을 취득한 사람과의 결혼, 귀화 또는 인지로 대한민국 국적을 취득한 사람 간의 결혼을 포함하고 있다(김종세, 2021).

법무부 「출입국관리법」 주석에 따르면, 결혼이민자는 "체류자격 용어로 대한민국 국민과 혼인한 적이 있거나 혼인관계에 있는 재한외국인을 뜻하고, 국내 체류외국인 중 국민의 배우자 체류자격을 가진 자로서 2009년 이전에는 F-2-1 및 F-1-3(국민의 배우자), 2010년 이후부터는 F-2-1 및 F-5-2(국민의 배우자), F-6(결혼이민, 2011. 12. 15. 신설)의 체류자격을 가지고 있는 사람"으로 정의하고 있다. 결혼이민자는 결혼한 상태로 2년 이상 대한민국에 거주를 했거나, 결혼 후 3년이 지나고 그 기간 중 1년 동안 대한민국에 거주하였으면 간이귀화 신청이 가능하나, 신청 요건이 까다로워 배우자나 가족의 지원 없이 결혼이민자가 국적취득을 하기가 쉽지 않다(김유정, 2021). 이러한 상황에서는 가정폭력을 경험하거나 가정불화 등 이혼을 결심하는 일이 발생하더라도, 체류 불안정성으로 인하여 이혼을 결심하기가 어렵다(정도희, 2012).

(1) 다문화가족의 현황

앞의 정의를 토대로 정부에서는 대한민국에서 출생한 사람과 결혼이민자 혹은 귀화자로 이루어진 다문화가족에 관심을 가지고 있다. 2019년 인구주택총조사 결과에 따르면, 다문화가구는 약 35만 가구로 추정되고 있으며, 이는 전체 가구의 약 1.7%를 차지하고 있다(통계청, 2020). 또한 다문화가구를 구성하는 가구원은 106만 명으로 총 인구의 2.1%를 차지하고 있다. 이 가운데 약 37만 명 정도가 결혼이민자(약 17만 명)이거나 귀화자(약 20만 명)인 것으로 파악되고 있으며(통계청, 2020), 결혼이민자의 수는 2009년에 약 20만 명에서 꾸준한 증가추세를 보이고 있다(행정안전부, 2020). 이들의 구성을 살펴보면, 결혼이민자는 베트남 국적을 가진 사람(4만 명, 24.3%)들이 가장 많은 반면에, 귀화자의 이전 국적은 한국계 중국(9만 명, 46.3%)이 가장 많았다.

다문화가족의 구성원으로 또 주목해야 할 대상자는 다문화가족의 자녀이다. 다문화가족의 자녀는 지난 10년간 꾸준히 증가하여 2009년 107,689명이었던 자녀 수가 2020년에는 275,990명인 것으로 파악되었다(행정안전부, 2020). 전체 출생 대비 다문화 출생의 비중은 2011년에 4.7%(약 22,000명)에서 2021년 5.5%(14,322명)로 지난 10년 간 그 비중은 증가하였으나, 실제 출생아 수는 감소하고 있다(통계청, 2022). 이는 다문화 출생아 수의 감소폭 대비 일반 가정 출생아 수의 감소폭이 더 크기 때문인 것으로 판단된다. 우리 사회에서 다문화 아동의 비율은 꾸준히 높아지고 있으며, 이는 교육체계 안에서 다문화 아동의 비율 또한 높아지고 있음을 의미한다. 2019년을 기준으로 다문화 초등학생 수는 전체 초등학생 수의 4.0%를 차지하고 있으며, 중학교는 2%, 고등학교는 1.1%를 차지하고 있다(교육통계서비스, 2020). 또한 2018년 다문화가족실태조사에 따르면, 다문화가족 자녀 중 18세 이상은 21,968명이며(최윤정 외, 2019), 다문화 아동이 점차 성장함에 따라 이 숫자는 꾸준히 증가할 것으로 보인다. 이러한 변화 추이는 우리 사회 곳곳에서 문화적 역량에 기반을 둔 서비스 전달체계가 필요함을 의미한다.

(2) 다문화가족의 욕구

다문화가족의 가장 큰 특징은 가족 내에서도 문화 다양성이 존재한다는 점이다. 이민 가족에 대한 많은 연구는 가족이 거주국에서는 소수집단의 문화를 가지고 있지만, 가족 구성원들은 동일한 문화를 가지고 있는 가족들을 대상으로 연구를 하는 경우가 많다. 그러나 한국에서 거주하고 있는 결혼이주여성과 그 가족은 주류문화인 한국 문화와 비주류문화인 다른 민족의 문화가 공존하는 공동체에서 살고 있으며, 그 자녀들은 이중문화 환경에서 자라고 있다. 따라서 가족 내에서 문화적 차이를 어떻게 수용할 것인지에 대한 이견이 있을 수 있으며, 이에 따라 가족 내 갈등이 발생하기 쉽다(김유경, 2009). 문화적 차이에 대한 충분한 이해 없이 중개로 결혼을 한 경우, 결혼 초기에 상대방의 언어가 능숙하지 못하고, 의사소통도 원활하지 못한 상태에서 가정 내 문화적 차이를 조율하는 데에 더 큰 어려움이 존재한다. 양쪽 모두 서로의 문화적 이해를 높여야 하는 상황임에도 불구하고, 이러한 경우에 대체로 한국에서 살게 된 결혼이주여성이 한국어를 배우고, 한국 문화에 동화되어야 한다는 가족 및 사회의 기대가 있다. 그러나 이중문화로 구성된 가족이 건강하게 유지되고, 가족구성원들의 긍정적인 문화 정체성 형성을 위해서는 한국 문화와 외국 문화의 가족 내 공존이 필수적이다(박진옥, 2012).

다문화가족을 이루는 결혼이주민 중 대다수는 결혼이주여성이다. 이들이 경험하는 어려움 중 대표적인 것이 바로 경제적인 어려움이다. 본격적으로 결혼이주여성이 한국으로 결혼하러 오게 된 것은 농촌에 거주하는 남성들을 비롯하여 다양한 이유로 한국인 배우자를 찾지 못한 한국 남성들이 결혼을 할 수 있도록 지원하기 위함이었으며(정기선, 2008), 이러한 남성들 가운데 다수는 사회경제적 취약계층에 속해 있다. 2021년 전국다문화가족실태조사에 따르면, 국민기초생활보장급여를 수급하는 다문화가구는 6.4%로 전체 수급률인 4.6%와 비교했을 때 비교적 높은 편이다(최윤정 외, 2022). 또한 결혼이주여성도 자국의 가족에 대한 경제적 지원을 위해 한국에서 살기로 결심하기도 해서 이들의 취업에 대한 욕구가 매우 강한 편이다. 그러나 실제로, 결혼이주여성의 경제활동 상태를 살펴보면, 취업자는 약 44%인 것으로 나타났다(최윤정 외, 2022). 이들이 가지고 있는 강한 취업 욕구에도 불구하고, 언어적 어려움, 낮은 학력 수준, 부족한 경력 등으로 인하여 구직에 어려움을 느낀다(윤자호, 2022). 대부분의 결혼이주여성은 단순노무직이나 서비스·판매직에서 종사하며, 출신국에 따라서 종사하는 산업의 양상이 다르게 나타나는 제도적 인종주의도 나타나고 있다(김지혜 외, 2019). 일례로, 중국 출신은 도소매나 음식숙박업 등의 서비스 직종 종사자 비율이 높은 반면, 베트남이나 캄보디아 출신은 광제조업의 비율이 높다(윤자호, 2022).

결혼이주여성이 경험하는 또 다른 어려움으로 사회적 관계 형성의 어려움, 즉 사회적 고립을 꼽을 수 있다. 2021년도 전국다문화가족실태조사에 따르면, 결혼이주여성 가운데 약 20% 정도가 한국생활에서 경험하는 가장 큰 어려움으로 외로움을 꼽았으며, 7.6%는 친구 · 이웃 사귀기 등을 꼽아 사회적 관계 형성의 어려움을 보여 주고 있다(최윤정 외, 2022). 모든 이주민들은 지금까지 살던 삶의 터전을 떠나서 새로운 곳에 정착해야 한다는 점에서 기존 관계의 단절을 경험하며, 새로운 관계를 만들어 나가야 한다는 공통적인 특징을 갖는다. 그래서 한국어가 능숙하지 못한 이주 초기에는 한국에 거주하고 있는 자국 출신의 이주민들을 찾고, 이들과 관계를 형성하기 위한 적극적인 노력을 하며, 이들을 통해서 한국 사회 및 문화에 대한 정보를 습득하기도 한다(김이선 외, 2011). 결혼이주여성들이 참여한 모임이나 활동을 살펴보면, 모국인 친구모임 참여자가 51.1%로 가장 많다는 점은 이들에게 한국에 거주하는 자국 이주민과의 관계의 중요성을 보여 주고 있다(최윤정 외, 2022). 그러나 함께 살고 있는 가족구성원들이 이러한 외부 관계에 대해 부정적인 태도를 보이면, 자국 이주민과의 관계는 가족 갈등의 요인이 되기도 하며(최현우, 2022), 급기야 자국 이주민과의 관계를 포기하게 되는 경우도 발생한다. 점차 한국 생활에 적응하면서 결혼이주여성들은 한국인들과도 관계를 형성하고 싶어 하나, 한국인들의 이주민에 대한 배타적 혹은 차별적 태도로 인하여 한국인들과 관계를 맺는 것에 대한 어려움을 지속적으로 경험한다.

2) 외국인 근로자

ILO의 이주노동자협약[Migrant workers (Supplementary Provisions) Convention 1975] 제143호 제11조에 따르면, 이주노동자란 "자영업이 아닌 다른 사람에게 고용될 의도를 가지고 한 나라에서 다른 나라로 이주했던 혹은 이주한 사람을 의미하며, 이주노동자로서 주기적으로 입국하는 사람을 포함한다."라고 정의하고 있다. 유엔(UN)의 '모든 이주노동자와 그 가족들의 보호를 위한 국제협약' 제2조에 따르면, 이주노동자는 "국적국이 아닌 나라에서 보수활동을 했거나, 하고 있거나, 할 예정인 사람"을 의미하고 있다. 이 협약에서는 합법적으로 일하고 있는 이주노동자뿐만 아니라, 미등록 상태에서 일하고 있는 노동자를 모두 포괄하고 있다(채형복,

2008). 반면에 한국 「외국인 근로자의 고용 등에 관한 법률」 제2조에 따르면, 외국인 근로자란 "대한민국의 국적을 가지지 아니한 사람으로서 국내에 소재하고 있는 사업 또는 사업장에서 임금을 목적으로 근로를 제공하고 있거나 제공하려는 사람"으로 정의하고 있다.

구체적으로, 한국의 외국인 근로자는 체류자격에 따라 크게 네 부류로 나눌 수 있다. 첫 번째 유형으로 전문기술직 종사자로서 교수, 연구, 전문직업, 외국어 강사, 경영자 등의 직종에 종사하는 사람들을 꼽을 수 있다. 이들은 한국인과 동등하거나 더 나은 근로조건에서 일하고 있으며, 차별이나 인권침해 문제에 시달리는 경우가 거의 없다. 또한 한국에서 취업과 관련해서 제한이나 규제 없이 일할 수 있다(김태희 2014; 설동훈, 2009; 성정현 외, 2020). 두 번째 유형은 비전문 · 단순노무 근로를 하는 저숙련 외국인 근로자이며, 이들은 비전문취업(E-9) 비자 소지자로서 국내에서 합법적으로 취업활동을 하고 있다. '고용허가제'를 통해 국내 인력을 구하지 못한 사업자들이 고용허가를 받아서 외국인들을 고용하는 방식으로 일자리가 마련된다. 현재 우리 정부는 상시근로자 300인 미만의 제조업, 건설업, 농축산업, 연근해 어업 등 주로 한국인이 기피하는 분야에 한해서 고용을 허가하고 있다(성정현 외, 2020). 비전문취업 비자로 체류하고 있는 외국인 근로자들은 사업장 변경 제한, 취업 기간의 제한 등의 취업과 관련된 규제들을 적용받고 있다. 세 번째 유형은 방문취업(H-2) 비자를 소지한 재외동포[1] 외국인 근로자들이다. 이들은 저숙련 외국인 노동자들이 취업할 수 있는 제조업, 건설업, 어업, 농축산업과 서비스업 등의 단순노무 분야에서 취업이 가능하다. 이들은 대부분 저숙련 · 저임금 노동에 주로 종사하고 있다. 네 번째 유형은 여러 가지 사유로 인하여 불법으로 취업활동을 하고 있는 '서류미비(미등록) 외국인 근로자'이다. 이들은 비전문취업 비자를 받아 합법적으로 국내에서 일을 하다가 체류기간을 초과한 후에도 귀국하지 않고 국내

1) 「재외동포의 출입국과 법적 지위에 관한 법률」에 따르면, 재외동포는 '대한민국 국적을 보유하였던 자(대한민국정부 수립 전에 국외로 이주한 동포를 포함한다) 또는 그 직계비속으로서 외국국적을 취득한 자'로 정의한다.

에서 취업활동을 하고 있는 경우, 체류기간은 남아 있지만 허가 없이 사업장을 이탈하여 다른 곳에서 취업활동을 하고 있는 경우, 관광 또는 단기방문 비자 등을 발급받고 한국에 와서 불법으로 취업활동을 하고 있는 경우를 포함하고 있다(설동훈, 2009; 성정현 외, 2020).

(1) 외국인 근로자 현황

2021년 말을 기준으로 취업자격 체류외국인은 406,669명으로 코로나 시기 이전인 2019년에 567,261명과 비교했을 때보다 감소한 수치이다(법무부, 2022). 2019년까지는 매년 50만 명 이상의 취업자격 외국인들이 한국에 체류하고 있는 것으로 조

표 15-1 취업자격 체류외국인 현황(2021년 12월)

구분		취업자격 체류외국인 수
전문인력	단기취업(C-4)	1,332
	교수(E-1)	2,015
	회화지도(E-2)	13,366
	연구(E-3)	3,635
	기술지도(E-4)	176
	전문직업(E-5)	252
	예술흥행(E-6)	1,830
	특정활동(E-7)	18,180
합계		40,786
단순기능인력	계절근로(E-8)	105
	비전문취업(E-9)	166,853
	선원취업(E-10)	10,616
	방문취업(H-2)	122,433
합계		300,007
미등록외국인 근로자		65,876
총계		406,669

출처: 법무부(2022)를 재구성.

사되었으나, 2020년에 코로나19의 영향으로 급격히 감소하여 아직 코로나19 이전 규모까지 이르지 못한 것으로 나타나고 있다. 2021년에 취업자격 체류외국인 가운데 약 36만 명은 단순기능인력이며(미등록 외국인 근로자 포함), 약 45,000명은 전문인력이다. 취업자격 체류외국인의 자격별 현황을 구체적으로 살펴보면 〈표 15-1〉과 같다. 또한 취업자격 체류외국인의 국적별 현황을 살펴보면 중국 국적이 가장 많았으며(145,136명), 그다음으로 베트남(42,759명), 캄보디아(33,338명), 네팔(32,309명) 순으로 나타났다.

(2) 외국인 근로자의 욕구

외국인 근로자들이 한국 사회로 이주했을 때 경험할 수 있는 어려움들은 각기 다를 수 있겠으나, 정부에서 적극적으로 전문적인 지식과 기술을 가진 우수한 외국인력을 확보하고 국제 경쟁력을 높이기 위한 방안으로 전문인력 외국인 근로자의 유입을 장려하기 때문에 이들에 대한 처우와 혜택은 비교적 좋은 편이다(노호창, 2019). 그러나 단순기능인력 외국인 근로자들의 경우 국내 노동시장에 이들이 미치는 영향을 최소화하면서 내국인들이 기피하는 업종의 부족한 노동인력을 확보하기 위한 방안으로 이들의 유입을 허용하고 있기 때문에 사업장의 이동 제한, 체류기간 제한, 단기순환 로테이션 등 단순기능인력 외국인 근로자에 대한 정부의 정책은 이들에 대한 관리와 제한에 중점을 두고 있다(손윤석, 2013). 이 절에서는 노동시장에서 상대적 취약성을 가진 단순기능인력 외국인 근로자들이 경험하는 어려움을 중심으로 논의를 진행하고자 한다.

단순기능인력 외국인 근로자들이 경험하는 가장 큰 어려움으로 인권침해와 이에 대한 구제의 어려움을 꼽을 수 있다. 단순기능인력 외국인 근로자들은 고용허가제로 인하여 대부분 취업활동 기간이 제한되어 있으며, 사업장의 이동 또한 자유롭지 못하다(전윤구, 2013). 일반적으로 외국인 근로자들은 최초 3년의 취업활동 기간이 주어지며, 사업주가 희망하는 경우에 기간이 만료되는 외국인 근로자의 취업활동 기간을 1회에 한하여 1년 10개월의 범위 안에서 연장신청을 할 수 있다(외국인 고용 관리시스템, https://www.eps.go.kr/eo/main.eo). 또한 예외적으로, 여러 조건이 충족될 때, 재입국 후 최장 10년까지 국내 취업활동이 가능한 경우도 있다(전윤구, 2013). 사업장의 변경 제한이나 취업기간 연장 방식 등은 외국인 근로자의 고용주에 대한 의존도를 높이기 때문에(이한숙 외, 2017), 이들은 사업장 안에서 불합리한 일을 경험하더라도 그냥 감수하면서 일을 해야 하는 상황에 놓이기 쉽다.

실제로, 상당수의 단순기능인력 근로자들은 본국에서 체결한 근로계약과 한국에 입국한 후의 근로조건(예: 임금, 근로시간, 작업내용 등)이 상이했다(국가인권위원회, 2011). 또 한국에서 외국인 근로자들은 내국인과 동일한 권리를 보장받도록 되어 있음에도 불구하고, 외국인 근로자들에게만 차별적인 대우가 발생하는 경우도 많다. 예를 들어, 외국인 근로자들은 「근로기준법」「산업안전보건법」 등 다양한 노동 관련법의 동등한 적용을 받는다. 따라서 외국인 근로자도 「근로기준법」에 따라서 주 40시간의 법정근로시간(제50조), 연장근로에 따른 추가 수당 지급(제56조), 휴게시간(제54조) 및 휴일 보장(제55조), 유급휴가(제60조) 등의 규정이 적용된다. 또한 「근로기준법」 제6조와 「외국인 근로자의 고용 등에 관한 법률」 제22조에 의하면 국적이 다르거나 외국인이라는 이유로 근로조건이나 처우의 차별을 금지하고 있다. 그러나 이러한 법적인 보장에도 불구하고, 외국인 근로자들의 임금이 동일한 조건의 내국인 임금보다 낮은 수준이며(김성률, 이원식, 2017; 전윤구, 2013), 이마저도 '기숙사' 및 '식사제공' 등의 명목으로 임금을 삭감하기도 한다(유승희, 2022; 이한숙 외, 2017). 또 법정근로시간, 휴게시간 및 휴일 보장, 유급휴가 등을 보장하지 않는 고용주들도 있다. 노동자들의 근로조건 향상을 위한 노동3권(단결권, 단체교섭권, 단체행동권)이 외국인 근로자에게도 보장되어 있으나, 이러한 권리는 형식적으로 존재할 뿐, 실질적 행사는 거의 불가능한 상황이다(김성률, 이원식, 2017).

또 다른 문제로 미등록 외국인 근로자의 문제를 꼽을 수 있다. 미등록 외국인 근로자는 취업활동을 할 수 있는 체류자격을 가지지 않았음에도 불구하고 취업한 자(예: 관광 비자나 유학생 비자로 취업활동을 하고 있는 자), 체류 기간이 지났음에도 불구하고 출국하지 않고 여전히 한국에 남아서 취업하고 있는 자, 체류자격의 활동범위를 위반하여 취업하고 있는 자(예: 사업장 이탈, 사업장 변경 횟수 초과 등) 등을 포함한다(전윤구, 2013). 미등록 외국인 근로자들은 자신들이 가지고 있는 약점으로

인하여 등록 외국인보다 더 열악한 조건에서 일하고 있으며, 권리침해문제 또한 더 심각한 수준에서 경험하고 있다(유승희, 2022). 미등록 외국인 근로자들은 구직을 할 때 이들이 가진 취약성으로 인하여 근로계약서를 작성하지 않거나, 임금을 제때 받지 못하는 경우도 있으며, 퇴직할 때 퇴직금도 받지 못하는 등의 피해를 경험한다(유승희, 2022). 또한 정부가 미등록 외국인 근로자에 대한 단속을 실시하는 과정에서 부상이나 사망사고가 발생하고 있으며(이한숙 외, 2017), 여성 미등록 외국인 근로자가 성범죄 등의 피해 신고를 했을 때 강제출국으로 이어지기 때문에 인권침해나 범죄피해 사례가 발생해도 신고를 기피하거나 법적 보호를 요청하지 못한다(김성률, 이원식, 2017). 미등록 외국인 근로자는 건강보험을 가입할 수 없으며, 산재보험은 가입할 수 있으나, 쉼터 이용은 제한하고 있어 산재 발생 후 치료기간 동안의 주거권과 생활권이 보장이 안 된다(이한숙 외, 2017).

3) 북한이탈주민

북한이탈주민은 「북한이탈주민의 보호 및 정착지원에 관한 법률」(약칭 「북한이탈주민법」)을 근거로 "군사분계선 이북지역(북한)에 주소, 직계가족, 배우자, 직장 등을 두고 있는 사람으로서 북한을 벗어난 후 외국 국적을 취득하지 아니한 사람"으로 정의하고 있다. 「북한이탈주민법」에 따르면, 북한이탈주민은 북한을 이탈하여 현재 한국뿐만 아니라, 외국에서 외국 국적을 취득하지 않고 체류하고 있는 모든 북한 사람들을 포함하고 있으나, 통상적으로 이들 가운데 남한에 성공적으로 입국한 북한 주민들을 가리키는 용어로 사용되고 있다(이원종, 백남설, 2021). 지금까지 귀순용사를 비롯하여 탈북자, 새터민 등 북한이탈주민을 일컫는 표현은 정말 다양하였으며, 명칭에서 나타나듯이 시대의 흐름에 따라 이들을 바라보는 남한 정부의 관점 또한 변화하였다.

한국 「헌법」에 기초하여 북한이탈주민은 대한민국 국민의 일원으로 인정받고 있어서, 북한을 이탈하여 남한에 보호 요청을 하게 되면, 입국 후 심사를 거쳐 대한민국 국적을 바로 취득할 수 있다(김현정, 박선화, 2016). 즉, 북한이탈주민은 다른 이주민들과는 달리 입국 후 짧은 기간 안에 대한민국 국민으로서 체류자격이 주어져, 한국에서의 체류자격으로 인한 어려움을 경험하지 않는다. 반면에, 북한이탈주민을 우리 사회에서 어떻게 바라볼 것인가에 대한 관점의 차이들이 존재한다. 분단의 역사로 인하여 체제나 사상의 차이, 행동양식 및 사고방식의 차이, 문화의 차이 등이 존재하나, 분단 이전에는 한 나라의 국민으로서 역사와 문화를 한반도에서 함께 공유해 온 한 민족이라는 점에서 다른 이주민들과는 차이점을 보인다(김병연, 정승호, 김성희, 2021; 박영자, 2011). 더 나아가 「헌법」상으로는 대한민국 국민이기는 하나, 그동안의 분단체제하에서는 적대국의 국민이었다는 이중적인 지위를 가지고 있다(박영자, 2011).

(1) 북한이탈주민 현황

통일부에 따르면, 2022년 12월까지 국내에 입국한 누적 북한이탈주민 수는 33,882명이며, 이 가운데 여성 입국자는 24,372명으로 전체 입국자의 72%를 차지하고 있다(통일부, 2023). 북한이탈주민의 입국 변화추이를 살펴보면, 1990년대 후반까지 북한을 이탈하여 남한으로 입국한 사람의 수는 매우 적었으며, 대다수의 입국자는 남성이라는 점을 알 수 있다. 이들 중 다수는 제3국을 거치지 않고, 직접 국경을 넘어 남한으로 온 경우가 많았으며, 탈북의 이유도 정치적인 이유들이 다수를 차지하였다(하나재단, 2022). 그러나 1990년대 '고난의 행군'으로 불리는 극심한 식량난과 기근 이후에는 남한에 입국한 북한이탈주민의 수가 급격히 증가하게 되었다. '고난의 행군' 이후에 여성의 역할이 가족의 생존을 책임지는 방향으로 변화하고, 외부에 대한 정보도 더 많이 접촉하게 되면서 북한이탈주민의 여성화 현상이 가속화되어(권금상, 2021) 매년 입국하는 북한이탈주민 가운데 여성의 비율이 85%까지 증가하였다. 2020년까지 1000명대를 유지하던 북한이탈주민의 입국 현황은 코로나로 인하여 현격하게 줄어든 상황이다.

표 15-2 북한이탈주민 입국 현황

구분	~1998	~2001	2014	2015	2016	2017	2018	2019	2020	2021	2022
남	831	565	305	251	302	188	168	202	72	40	35
여	116	478	1,092	1,024	1,116	939	969	845	157	23	32
합계	947	1,043	1,397	1,274	1,418	1,127	1,137	1,047	229	63	67
여성비율 (%)	12.2	45.8	78.2	80.3	78.7	83.3	85.2	80.7	68.6	36.4	47.8

출처: 통일부(2023).

(2) 북한이탈주민의 욕구

북한이탈주민들이 경험하는 가장 큰 어려움은 신체적 · 정신적 건강으로 꼽을 수 있다. 북한에서 영양실조, 발육부진, 질병 등으로 인하여 건강상태가 상대적으로 좋지 않으며, 제3국에서 도피생활을 하는 과정에서 새로운 질병에 걸리거나 증세가 악화되어도 치료를 받을 수 없어 건강이 더욱더 악화되는 경우가 있다(김석주, 2011). 한 조사에 따르면, 중국에 거주하고 있는 북한이탈주민 가운데 약 70%가 지난 1년간 질병을 앓은 적이 있으며, 대표적으로 위장병, 심장병, 장티푸스나 파라티푸스, 간염 등을 앓았다고 보고하였다(서일, 이윤환, 이명근, 최귀숙, 1999). 북한이탈주민의 남한 거주기간이 길어질수록 이들의 신체적 건강상태는 호전되는 것으로 보이나, 이들의 신체건강과 정신건강의 관계가 일반인들보다 더 밀접한 것으로 나타나 이 둘에 대한 포괄적인 이해와 개입이 필요하다(김석주, 2011).

북한이탈주민들은 북한에서 그리고 제3국에 체류하는 과정에서 다양한 외상을 입게 된다. 북한에 거주하면서는 타인의 폭력 피해 경험을 목격하기도 하였고, 아사로 인한 가족의 사망도 목격하였으며, 본인도 유사한 외상 경험을 겪었을 가능성이 높다(장문선, 손의정, 2014; 홍창형 외, 2005). 또한 중국 등 제3국에서 체류하면서 발각 및 체포에 대한 공포와 불안, 낯선 외국 생활에서 오는 불안과 부적응, 함께 탈출한 가족과의 이별 등 다양한 외상 경험으로 인해(김병창, 유시은, 2010) 외상 후 스트레스 장애(PTSD), 우울증, 알코올 남용 등의 정신건강 문제를 겪게 된다(김석주, 2011). 남한에서 정착하는 과정에서도 문화적응 스트레스, 남한에서의 차별 경험, 경제적 어려움으로 인한 스트레스, 함께 오지 못한 가족에 대한 죄책감 등이 북한이탈주민의 정신건강에 부정적인 영향을 미치며, 남한 사람보다 우울, 불안, PTSD, 불면, 알코올 의존 등의 정신건강 문제를 더 많이 경험한다(심성수, 이소희, 이정빈, 서예은, 이헌정, 2021).

한반도라는 공간을 함께 공유했고, 한민족이라는 단일민족에 대한 유대에도 불구하고 북한이탈주민은 예상보다 남한 사회에 정착하는 과정에서 많은 어려움을 경험한다. 가장 먼저 언어적인 측면에서의 부적응 문제를 꼽을 수 있다. 같은 한국어를 사용하고 있으나, 남한에서는 외래어, 외국어, 신조어, 한자어 등으로 인하여 생소한 어휘를 많이 사용하고 있으며, 억양이나 표현도 다른 부분이 많아서 북한이탈주민이 남한 사람들과 의사소통하는 데 어려움을 겪는다(정창윤, 2020). 또한 북한이탈주민의 의사소통 방식은 비교적 직설적이어서 직접적으로 감정을 표현하는 반면에, 남한은 조금 더 우회적으로 표현을 하거나 간접적으로 자신의 감정을 표현하는 등 의사표현 방식에서도 차이가 있어 서로 소통하는 과정에서 오해나 편견이 생기기도 한다(성정현, 2016).

북한이탈주민에 대한 남한 사람들의 인식은 매우 다양하다. 한반도에서 함께 살아온 형제, 분단체제하에서의 적대국 국민, 기근과 경제난을 경험한 저개발 국가의 경제 난민 등 이들을 바라보는 시각은 매우 다양하며, 각각의 인식에 따른 부정적 인식, 정서, 태도를 갖는다(양문수, 이우영, 2019). 2021년 북한이탈주민 사회통합조사에 따르면, 북한이탈주민 가운데 16.1%는 지난 1년간 차별이나 무시를 당한 경험이 있으며(하나재단, 2022), 차별의 원인으로 말투, 생활방식, 태도 등 문화적 소통방식을 꼽았다. 또한 열등한 사람처럼 대하는 태도(정윤경, 김희진, 최지현, 2015), 채용, 승진, 임금 등 경제활동(장명선, 이애란, 2009), 학교나 직장 등의 사회공동체에서 수행하는 여러 가지 사회적 활동(윤인진 외, 2014; 정윤경 외, 2015)에서 배제하는 등의 차별을 경험한 것으로 나타났다. 이러한 편견과 차별의 경험은 북한이탈주민의 정신건강뿐만 아니라, 전반적인 사회적응력을 감소시켜 남한 사회의 적응을 어렵게 만든다(정윤경 외, 2015).

북한이탈주민도 다른 이주민들과 마찬가지로 한국에서의 취업 및 경제활동에 대한 욕구가 높다. 북한이탈주민들은 남한에 입국 후 우리 정부로부터 경제적 안정을 위해 정착금, 주거지원, 취업지원, 교육지원 등을 받는다(이지영, 최경원, 2021). 북한이탈주민에 대한 대부분의 지원은 처음 입국 후 5년 동안 유지되며, 실제로 지역사회에 적응 및 생활안정에 많은 도움이 되고 있다(성정현 외, 2020). 그러나 초기 정착지원에도 불구하고 북한이탈주민의 약 22.8%(남한 4.6%)가 기초생활보장수급자이며, 실업률 또한 7.5%로 남한의 3.7%와 비교했을 때 약 두 배 정도 높은 편이다(하나재단, 2022). 이는 북한이탈주민의 학력이나 경력 등이 남한의 노동시장에서 경쟁력을 확보하기에 충분하지 않은 측면이 있으며(이지영, 최경원, 2021), 자본주의 체제 자체에 대한 적응도 어려울 뿐만 아니라, 앞서 언급했던 신체 · 정신건강의 문제로 인하여 장시간 치열하게 일하기 어려운 상황이다(박성재 외, 2011). 이들의 경제적 자립을 위한 취업지원의 중요성이 강조되면서, 초기 단계에서부터 다양한 취업 지원 프로그램이 개발되고 있으나, 아직까지 북한이탈주민들이 주로 참여하는 일자리의 형태는 단순노무 서비스직에 치중되어 있어 보다 체계적이고 전문적인 직업훈련이 필요하다(박성재 외, 2011).

4. 한국 다문화 사회통합 정책

한국의 「헌법」에 '외국인은 국제법과 조약이 정하는 바에 의하여 그 지위가 보장된다'(제6조 제2항)고 명시하고 있으며, 이러한 법적 근거에 따라서 여러 법령에서 외국인과 내국인을 동등하게 대우하고 있다. 그러나 외국인과 내국인이 모든 영역에서 동등한 대우를 받는 것은 아니다. 예를 들어, 교육권이나 건강권 등의 권리는 동등하게 보장이 되는 반면에, 참정권 등의 권리는 외국인에게 인정되지 않는다. 연금이나 부동산 소유 등의 특정 사안에 대해서는 상호주의 원칙에 입각하여 해당 국가가 한국 국민에게 인정하는 권리와 같은 수준까지 인정하기도 한다(박민지, 이춘원, 2019).

1) 「재한외국인 처우 기본법」

한국에 거주하는 외국인과 관련된 가장 포괄적인 법안은 「재한외국인 처우 기본법」(약칭 「외국인처우법」)이다. 2007년에 처음 제정된 이 법은 '재한외국인에 대한 처우 등에 관한 기본적인 사항을 정함으로써 재한외국인이 대한민국 사회에 적응하여 개인의 능력을 충분히 발휘할 수 있도록 하고, 대한민국 국민과 재한외국인이 서로를 이해하고 존중하는 사회 환경을 만들어 대한민국의 발전과 사회통합에 이바지함을 목적'으로 하고 있다(제1조). 이 법에는 외국인을 위한 외국인정책 기본계획 수립의 법적 근거를 마련하고 있으며, 재한외국인 등에 대한 처우를 명시하고 있다. 또한 이 법을 통해 다문화에 대한 이해를 증진시킬 수 있는 조치 마련의 법적 근거를 제시하고 있다.

「외국인처우법」은 이주민에 대한 사회통합정책 수립을 위한 기본법을 제시함으로써, 다문화 사회 정책 수립에 이바지하고 있다는 점에서 그 의의를 갖는다. 그러나 사회통합과 관련된 가장 최상위의 법임에도 불구하고, 구체적으로 한국이 지향하는 다문화사회에 대한 비전을 제시하지 못한다는 점을 한계로 꼽고 있으며, 「외국인처우법」의 대상자를 '대한민국 국적을 가지지 아니한 자로서 대한민국에 거주할 목적을 가지고 합법적으로 체류하고 있는 자'로 제한함으로써 귀화 외국인은 보호 대상에서 배제하고 있다는 지적을 받고 있다(박민지, 이춘원, 2019).

2) 「다문화가족지원법」

한국의 이주민 관련법들을 살펴보면, 법의 대상자에 따라서 상이한 법을 수립하고 있다. 그 가운데 가장 대표적인 법으로 「다문화가족지원법」(약칭 「다문화가족법」)을 꼽을 수 있다. 「다문화가족법」은 '다문화가족 구성원이 안정적인 가족생활을 영위하고 사회구성원으로서의 역할과 책임을 다할 수 있도록 함으로써 이들의 삶의 질 향상과 사회통합에 이바지함을 목적'으로 하고 있다(제1조). 이 법에 따르면, 다문화가족은 ① 「외국인처우법」 제2조 제3항의 결혼이민자와 「국적법」 제2조부터

제4조까지의 규정에 따른 대한민국 국적을 취득한 사람으로 이루어진 가족, ② 「국적법」 제3조 및 제4조에 따라 대한민국 국적을 취득한 자와 동법 제2조부터 제4조까지의 규정에 따라 대한민국 국적을 취득한 자로 이루어진 가족을 의미한다. 즉, 「다문화가족법」의 지원 대상은 대한민국 국민과 혼인한 적이 있거나 혼인관계에 있는 자로 결혼이민자 혹은 귀화자와 그 가족의 구성원이다(김종세, 2021; 이도희, 2019). 「다문화가족법」은 집행법으로써 다문화가족 지원을 위한 기본 계획 수립의 법적 근거를 제시하고 있으며, 국가와 지방자치단체가 다문화가족을 대상으로 제공하는 지원 정책들이 구체적으로 명시가 되어 있다. 구체적으로, '국가와 지방자치단체는 다문화가족 구성원이 안정적인 가족생활을 영위하고 경제, 사회, 문화 등 각 분야에서 사회구성원으로서의 역할과 책임을 다할 수 있도록 필요한 제도와 여건을 조성하고 이를 위한 시책을 수립 · 시행하여야 한다'고 나와 있다(제3조 제1항). 또한 이 법에서 다문화가족 지원 기본 계획 수립(제3조의2) 및 실태조사 실시(제4조), 다문화가족지원센터 운영 및 관리(예: 제11조 다국어에 의한 서비스 제공, 제12조 다문화가족지원센터의 설치 및 운영), 다문화가족을 위한 지원(예: 제7조 평등한 가족 관계 유지를 위한 조치, 제8조 가정폭력 피해자 보호 및 지원, 제9조 의료 및 건강관리를 위한 지원, 아동 · 청소년 보육 · 교육), 다문화가족지원 기관 교육(예: 제13조 다문화가족 지원업무 관련 공무원의 교육, 제13조의2 다문화가족지원사업 전문인력 양성 등) 등 다양한 지원 정책들을 제시하고 있다(이도희, 2019; 조항록, 2011).

이에 근거하여 3년에 한 번씩 '전국다문화가족실태조사'를 통하여 다문화가족의 현황 및 실태를 파악하고, 이 결과를 활용하여 다문화가족 지원 정책을 수립하고 있다. 또한 2023년 1월 현재 211개의 가족센터(건강가정지원센터와 다문화가족지원센터의 통합센터)와 20개의 다문화가족지원센터에서 다문화가족을 위한 프로그램(예: 가족관계향상 프로그램, 부모역할교육 프로그램, 자녀교육 프로그램 등), 성평등 · 인권 교육(예: 결혼이민자 대상 인권교육 프로그램, 이주민과 인권 등), 사회통합 프로그램(예: 취업기초소양교육, 한국사회적응교육, 다문화가족 자조모임 등), 상담 프로그램(예: 개인상담, 사례관리, 위기가족 긴급지원 등) 등을 실시하고 있다(여성가족부, 2023).

「다문화가족법」은 2008년에 제정되어 지금까지 변화해 가는 다문화가족의 욕구를 반영하기 위하여 여러 차례의 개정이 이루어졌다. 이에 따라 결혼이주여성 중심이었던 법의 적용 대상이 점차 확대되어 자녀와 가족, 지역사회 등으로 점차 확대되어 나가는 경향을 보이고 있다(김혜영 외, 2021). 그러나 다문화가족의 정의를 한국 국적자와 외국인과의 혼인으로 구성된 결혼이민자 가족과 귀화자 가족으로 국한함으로써 난민인정가족, 외국인 근로자 가족, 해외동포가족 등 다양한 다문화가족이 포함되지 못한다는 한계를 지적하고 있다. 보다 다양한 다문화가족이 「다문화가족법」에 포함될 수 있도록 대상자 확대가 필요하다(김종세, 2021).

3) 「외국인 근로자의 고용 등에 관한 법률」

「외국인 근로자의 고용 등에 관한 법률」(약칭 「외국인고용법」)은 '외국인 근로자를 체계적으로 도입 · 관리함으로써 원활한 인력수급 및 국민경제의 균형 있는 발전을 도모함을 목적'으로 하고 있다(제1조). 동법의 제정 이유를 살펴보면, '내국인 근로자에 대한 고용기회 보호의 원칙하에 외국인 근로자를 체계적으로 도입함으로써 인력수급을 원활히 하여 중소기업 등의 인력부족을 해소하고 지속적인 경제성장을 도모하는 한편, 외국인 근로자에 대한 효율적인 고용관리와 근로자로서의 권익을 보호하기 위한 장치를 마련하려는 것'을 제정 이유로 제시하고 있다. 내국인 근로자의 일자리 보호는 한국 외국인 정책에서 강조하는 사안이며, 특히 비전문직 취업이민자에 대한 관리 및 이들의 정주화 방지 강화를 통한 외국인 근로자의 관리는 외국인 정책 기본 계획에도 잘 나와 있다.

「외국인고용법」은 크게 외국인 근로자의 고용 절차, 외국인 근로자의 고용 관리, 외국인 근로자 보호 등과 관련된 내용들을 규정하고 있다. 「외국인고용법」 제6조부터 제12조에 해당하는 외국인 근로자의 고용 절차와 관련된 법조항(제2장)은 내국인 구인노력을 비롯하여, 외국인 근로자 고용허가 신청 및 고용허가서의 발급 및 관리, 외국인 근로자의 근로계약 등 전반적인 고용절차에 대한 내용을 담고 있으며, 이를 근거로 외국인 근로자의 고용허가제를 실시하게 되었다. 또한 외국인 취업교육의 의무화를 통해 국내 취업활동에 필요한 사항들을 전달할 수 있도록 규정

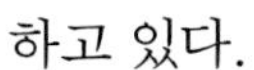

하고 있다.

「외국인고용법」 제3장의 외국인 근로자의 고용 관리에서는 외국인 근로자의 퇴직금 일시지급에 대한 부담을 줄이기 위한 출국만기보험의 가입 의무화, 외국인 근로자의 건강보험 가입, 귀국할 때 필요한 비용을 충당하기 위해 귀국비용보험의 가입 의무화 등 외국인 근로자 관련 보험 등의 규정이 포함되어 있으며, 외국인 근로자의 고용관리 방법 및 취업활동 기간의 3년 제한, 재입국 취업의 제한 등을 명시하고 있다. 또한 외국인 근로자의 원활한 국내 취업활동 및 효율적 고용관리를 위해 ① 외국인 근로자의 출입국 지원사업, ② 외국인 근로자 및 그 사용자에 대한 교육사업, ③ 송출국가의 공공기관 및 외국인 근로자 관련 민간단체와의 협력사업, ④ 외국인 근로자 및 그 사용자에 대한 상담 등 편의 제공 사업, ⑤ 외국인 근로자 고용제도 등에 대한 홍보사업 등의 사업을 법으로 규정하고 있다. 이를 근거로 단순기능인력 외국인 근로자, 특히 비전문취업(E-9)이나 방문취업(H-2)의 체류자격을 소지한 외국인 근로자들을 대상으로 한국외국인노동자지원센터와 상담센터를 운영하면서 이들에게 서비스를 제공하고 있다. 여기서 제공하는 서비스는 상담과 교육지원으로 나눌 수 있으며, 상담서비스는 노동관계법, 4대 사회보험 및 외국인 전용보험, 체류문제 등 이주노동자가 한국에서 일하면서 발생할 수 있는 다양한 문제에 대한 노무 및 법률 상담을 의미한다. 반면에 교육지원은 한국어교육, 컴퓨터교육, 법률 등에 대한 특별 교육 등을 포함한다.

제4장의 외국인 근로자 보호에서는 차별금지 조항을 포함하고 있으며, 외국인 근로자에게 기숙사 제공, 외국인 근로자 단체 등에 대한 예산 지원 등에 대한 법적 근거를 제시하고 있다. 또한 사업자에게 의무적으로 보증보험을 가입하도록 하여 임금체불에 대비하도록 규정하고 있으며, 외국인 근로자에게는 질병 및 사망에 대비한 상해보험을 의무적으로 가입하도록 하고 있다.

「외국인고용법」의 제정을 통해 외국인 근로자의 고용 및 관리를 체계적으로 할 수 있는 법적 근거를 마련하였으며, 특히 고용허가제의 도입을 통해 기존의 산업연수제도가 가지고 있었던 제도적 한계를 극복했다는 점을 그 의의로 꼽을 수 있다. 정주화 방지 원칙을 고수하고 있는 고용허가제는 비전문취업 및 방문취업 외국인 근로자의 취업기간을 제한함으로써 외국인 근로자의 장기체류와 이로 인해 발생할 수 있는 사회적 비용 발생을 방지할 수는 있으나, 한국에서 일을 더 하기를 희망하는 외국인 근로자들의 불법체류 증가를 불가피하게 만든다는 지적이 있다(손윤석, 2013). 외국인 근로자의 사업장 변경의 제한은 외국인 근로자의 직업선택의 자유를 제한할 뿐만 아니라, 사업장에서 부당한 일을 경험하더라도 이를 증명하기가 어려운 상황이면 계속 해당 사업장에 남거나 무단으로 이탈하여 불법체류자가 될 수밖에 없는 상황을 만들기도 한다(성정현 외, 2020).

반면에 「외국인고용법」에 보장되어 있으나 사업장에서는 제대로 지켜지지 않는 사항들이 많아서 외국인 근로자의 노동환경을 더욱더 열악하게 만들고 있다. 일례로, 「외국인고용법」에는 외국인 근로자에게 기숙사를 제공하도록 되어 있으나, 고용주 중에는 가건물이나 비닐하우스 등 사람이 살 수 없는 공간에 기숙사를 만들어서 제공하는 경우도 있어 이들의 주거권을 침해하는 사례도 있다(백인옥, 김경제, 2020). 고용주들은 외국인 근로자를 위해 건강보험과 산재보험을 의무적으로 가입하도록 하고 있으나, 실제로 가입하지 않은 경우도 있으며 외국인 근로자도 이에 대한 정보가 충분하지 않아서 필요할 때 제대로 된 혜택을 받지 못하는 경우도 많다(성정현 외, 2020). 그럼에도 불구하고, 이들의 한국 체류에 고용주가 미치는 영향이 매우 크기 때문에 이러한 열악한 근로환경을 견디거나, 불법체류자로 전락해야 하는 위험이 있다. 따라서 외국인 근로자들이 자신의 권리를 옹호할 수 있는 체계 마련이 시급하다.

끝으로, 외국인 근로자들이 한국 경제에 미치는 영향이 점점 더 증가하고 있음에도 불구하고, 단기적인 미봉책으로서 외국인 근로자의 인력 활용 및 관리에 초점을 맞춘 「외국인고용법」은 한계가 분명하며, 장기적으로 이들도 한국 사회에서 잘 적응하고 건강하게 일을 하며, 생활할 수 있는 제도적 지원책을 보완할 필요가 있을 것으로 판단된다.

4) 「북한이탈주민의 보호 및 정착지원에 관한 법률」

북한이탈주민은 「북한이탈주민의 보호 및 정착지원에 관한 법률」(약칭 「북한이탈주민법」)에 따라 보호 및 지원을 받고 있다. 「북한이탈주민법」은 '군사분계선 이북지역에서 벗어나 대한민국의 보호를 받으려는 군사분계선 이북지역의 주민이 정치, 경제, 사회, 문화 등 모든 생활 영역에서 신속히 적응 · 정착하는 데 필요한 보호 및 지원에 관한 사항을 규정함을 목적'으로 하고 있다(제1조). 북한에서 기근과 경제난으로 인하여 북한이탈주민의 규모가 점차 증가함에 따라, 1962년 「국가유공자 및 월남귀순자 특별원호법」, 1978년 「월남 귀순용사 특별보상법」, 1993년 「귀순북한동포보호법」의 과정을 지나 1997년에 제정되었다. 「북한이탈주민법」의 제정 이유를 살펴보면, '대한민국의 보호를 받고자 하는 북한이탈주민이 급증함에 따라 이들에 대한 종합적인 보호 및 정착지원에 관한 제도적인 기반을 확립하여 북한이탈주민이 자유민주주의 체제에 적응할 수 있도록 각종 보호 · 혜택을 부여하는 등 우리 국민의 일원으로서 정착하여 보람된 삶을 영위할 수 있도록 지원하려는 것'이다.

「북한이탈주민법」에 따르면, '국가 및 지방자치단체는 보호대상자의 성공적인 정착을 위하여 보호대상자의 보호 · 교육 · 취업 · 주거 · 의료 및 생활보호 등의 지원을 지속적으로 추진하고 이에 필요한 재원을 안정적으로 확보하기 위하여 노력하여야 한다.'고 명시되어 있으며, 동법은 해외에서 보호신청을 한 북한이탈주민의 보호부터 대한민국에 입국하여 지역사회에 정착할 때까지 필요한 보호 및 지원에 대한 법적 근거를 제시하고 있다. 또한 보다 체계적인 지원을 위해 북한이탈주민의 보호 및 정착지원에 대한 기본계획 수립(제4조의3) 및 실태조사 실시(제22조)에 대한 법적 근거를 제시하고 있다. 구체적으로, 「북한이탈주민법」을 통해 북한이탈주민은 남한에 입국한 이후 5년 동안 사회적응교육, 정착금, 직업훈련, 취업장려금, 자산형성제도, 특례 편입학, 생계급여, 의료보호, 그리고 국민연금 가입 특례 등의 지원을 받을 수 있다(통일부, 2021).

「북한이탈주민법」은 1997년 제정된 이후에 약 19회에 거쳐 일부 개정되었을 정도로 북한이탈주민의 변화하는 현안들을 법률적으로 반영하기 위해 기민하게 대응해 왔다. 최근에는 북한이탈주민에 대한 남한 사회에서의 경제적 자립에 초점을 맞추어 이들이 한국에서 안정적인 직업을 가지고, 경제적으로 자립할 수 있는 지원책들을 마련하고 있다. 그러나 북한과 제3국에서 살면서 실제로 한국 노동시장에 경쟁력을 발휘할 수 있는 인적 자본 형성이 미흡한 상황에서 자신이 원하는 곳에 취업하기는 매우 힘들며, 북한이탈주민 가운데 대다수가 여성인 점을 고려하여 이들이 직업적 능력을 획득하고, 성공적으로 취업을 할 수 있는 실질적인 취업지원이 필요하다(권숙도, 2018).

5. 결론

한국은 인구 감소로 인하여 외국인의 유입이 지속적으로 불가피할 것으로 전망하고 있다. 그럼에도 불구하고 아직까지 한국은 적용 대상자에 따른 분절적인 이주민 지원체계를 구축하고 있으며, 적용 대상자가 아닌 경우에는 해당 서비스나 지원정책에서 배제된다. 예를 들어, 다문화가족지원센터는 한국인과 결혼한 결혼이민자 가족을 위한 것이며, 외국인 근로자 가족, 북한이탈주민 가족 등 그 밖에 다양한 이주민 가족들은 원칙적으로 서비스 대상자들이 아니다. 반면에 북한이탈주민을 지원하는 하나센터는 북한이탈주민들만 서비스 대상으로 하고 있다. 변화하는 사회적 상황에 따라서 정책을 수립하고 지원체계를 마련하였으나, 이제는 이주민들에 대한 체계적인 사회통합 방안을 구축하고 이에 따른 전달체계의 재정비가 필요하다.

1990년대부터 증가하기 시작한 한국의 다문화 사회로의 전환은 어느덧 20년이 다 되어 가고 있다. 즉, 초창기에 한국로 이주한 이주민들은 한국 사회에서 20년 가까이 살고 있다는 의미이다. 모든 사람과 그 가족들은 변화하는 생애주기에 따라서 필요한 욕구도 달라지기 마련이다. 점차 나이가 들면서 의료 이용이나 돌봄에 대한 욕구가 증가할 수 있으며, 자녀가 성장하여 성인이 되면서 이주민 2세대들이 필요로 하는 욕구들도 발생한다. 그럼에도 불구하고 한국의 이주민정책은 아직까지 초기 정착지원에 주로 초점을 맞추고 있으며, 그 이후 생애주기에 따른 추가적인 지원정책은 거의 없다. 이주민들이 장기적으로 한국에 살면서 변화하는 생애주기에 맞춰서 자신에게 필요한 지원을 받을 수 있도록 이들에 대한 생애주기적 관점에서의 장기적인 지원 방안의 모색이 필요하다.

한국 이주민정책의 방향성은 아직까지 동화주의 모델에 가깝다고 볼 수 있다. 이주민들이 한국 사회에 적응하기 위해서 한국어와 한국 문화를 배워야 하는 것을 당연하게 생각하고 있다. 다문화가족을 위한 이중언어 활성화 등에 대한 논의가 있으나, 사회적 차원에서 한국의 다문화 사회로의 이행에 대한 논의가 조금 더 활발하게 이루어질 필요가 있다. 즉, 점차 인구가 다양해지고 있는 상황에서 사회통합을 위해 국민들이 어떤 노력을 기울여야 하는지에 대한 고민이 필요하다. 또한 다원주의 다문화 정책을 수용할 수 있는 사회적 분위기 형성과 다수집단과 소수집단 간의 원활한 소통 및 이해 그리고 서로를 받아들일 수 있도록 사회 여러 영역에서 다각적인 노력이 필요할 것이다.

요약

통신과 기술의 발달로 인하여 국가 간의 거리는 점점 좁아지고, 사람들은 전 세계를 자유롭게 누비며 살 수 있는 환경으로 변화하고 있다. 이에 따라 사람들은 예전과는 다르게 한곳에서만 정착하여 살지 않고, 다양한 사회 · 문화 환경에서 살게 되었으며, 각 국가에는 다양한 문화적 배경을 가진 사람들이 유입되고 있는 상황이다. 이로 인하여 한 사회에 안에는 하나의 문화가 아닌 다양한 문화, 언어, 가치 그리고 생활양식이 공존하게 되었다.

이미 오랜 기간 동안 다문화 사회를 형성하고, 다른 문화적 배경을 가진 소수집단들에 대한 관점을 가지고 있듯이 주류사회에 잘 적응할 수 있는 방법들을 고민해 왔다. 구체적으로 주류사회의 문화에 대해서 매우 보호적인 태도를 보이면서 이주민들과 그들의 문화의 유입에 대해 매우 소극적인 차별적 배제 모델, 이주민들이 주류문화를 잘 받아들여서 이들이 그 사회에 잘 적응할 수 있도록 돕는 동화주의 모델, 소수집단의 문화에 대해서 인정을 하지만 주류 문화의 중요성도 강조하는 문화다원주의 모델, 소수집단의 사회적 참여를 보장하기 위한 적극적인 노력뿐만 아니라 이들의 문화 보존을 위한 정책적·재정적 지원을 보장하는 다문화주의 모델을 꼽을 수 있다. 각 국가는 이처럼 이주민에 대한 다양한 태도를 기반으로 각기 다른 이주민 정책을 펼치고 있다.

한국은 단일민족 국가로서 강한 자부심을 가지고 여러 가지 역사적·사회적 어려움을 극복해 왔다. 그러나 근래에 저출산으로 인하여 노동인구가 점차 감소하고, 이로 인해 발생하게 되는 여러 가지 사회문제를 극복하기 위한 하나의 방편으로서 이주민의 유입을 조금씩 허용하기 시작하였으며, 필요에 따라 관련 정책들도 하나씩 수립해 나가는 과정에 있다. 한국 다문화 정책을 기준으로 크게 결혼이주여성이 중심이 되는 다문화가족, 국적은 한국 국적을 가지고 있지만, 문화적인 간극을 극복해야 하는 북한이탈주민 그리고 내국인의 기회를 저해하지 않는 범위 내에서 부족한 노동력을 확보하기 위한 방안으로서의 이주노동자 등 세 가지 부류의 이주민을 꼽을 수 있다. 한국은 이들을 대상으로 하는 법령이 따로 존재하며, 이들의 한국 사회 내 적응을 지원하는 사회적 전달체계도 각각 따로 마련되어 있다.

따라서 한국의 다문화 정책은 아직 발달해 나아가고 있는 단계라고 볼 수 있으며, 각 대상자들의 욕구에 따라 관련 정책들이 기민하게 변화하고 있다. 그러나 아직까지 한국의 다문화 정책은 이주민들의 초기 정착 과정에 주로 초점이 맞춰져 있으며, 이들이 장기적으로 한국에서 체류할 때 사회적으로 이들의 다양한 문화를 어떻게 수용할 것인지, 생애주기에 따라서 변화하는 이들의 욕구를 충족시키기 위해 어떠한 서비스들이 제공되어야 하는지, 한국 사회는 다양한 문화적 배경을 가진 여러 집단들을 어떻게 이해하고 통합할 것인지에 대한 사회적 고민이 더 필요하다.

참고문헌

고준기(2011). 외국인 근로자의 사업장변경 실태와 문제점 및 법적개선방안. **노동법논총, 23**, 139-181.

교육통계서비스(2020). 연도별 다문화 학생수(2012-2022).

국가인권위원회(2011). 사업장 내 인권침해 예방 위해 외국인근로자 사업장변경 사유 확대 필요. 국가인권위원회 2011. 12. 16. 보도자료.

권금상(2021). 이주과정으로 (재)구성된 탈북여성 가족의 현재성. **통일인문학, 86**, 293-324.

권숙도(2018). 사회통합을 위한 북한이탈주민 정착지원체계 개선방안 제안. **통일연구, 22**(1), 71-108.

김경식, 권민석, 김원영, 박명희, 박형진, 서봉언, 윤미정, 이현철(2017). **다문화사회와 다문화교육**(2판). 도서출판 신정.

김병연, 정승호, 김성희(2021). 남한 · 북한이탈주민의 국민정체성: 통독 사례와의 비교. **통일과 평화, 13**(1), 293-335.

김병창, 유시은(2010). 북한이탈주민 패널 연구: 경제 · 정신보건 · 신체건강, 북한이탈주민지원재단.

김석주(2011). 북한이탈주민의 신체건강과 정신건강의 관계. **사회정신의학, 16**(1), 3-10.

김성률, 이원식(2017). 외국인 근로자와 관련된 인권문제의 개선방안에 대한 연구: 고용허가제의 내용을 중심으로. **사회복지법제연구, 8**(1), 231-252.

김유경(2009). 다문화가족의 실태와 정책방안. **보건복지포럼, 2009**(5), 29-52.

김유정(2021). 결혼이주여성 체류안정을 위한 법제개선 방안. **강원법학, 63**, 35-85.

김이선, 민무숙, 김경미, 주유선, 이정원(2011). 결혼이민자의 사회적 관계 증진을 위한 정책지원방안. **한국여성정책연구원 연구보고서, 2011**(15-3), 1-228.

김정선(2011). 시민권 없는 복지정책으로서 '한국식' 다문화주의에 대한 비판적 고찰. **경제와 사회, 92**, 205-246.

김종세(2019). 다문화가족지원을 위한 대상자 범위의 문제점과 개선방안. **법학논총, 36**(2), 71-94.

김종세(2021). 다문화가족지원법의 쟁점과 새로운 방향. **법학연구, 21**(2), 31-55.

김지혜, 김지림, 김철효, 김현미, 박영아, 이완, 허오영숙, 박수민(2019). 한국사회의 인종차별실태와 인종차별철폐를 위한 법제화 연구. 국가인권위원회.

김태원, 김유리(2011). 다문화가족정책을 통한 사회통합수준 분석: Castles and Miller의 모형을 중심으로. **인문연구, 62**, 323-362.

김태희(2014). 외국인노동자의 사회통합정책 방안. **한국균형발전연구, 5**(2), 101-115.

김현정, 박선화(2016). 다문화정책 관점에서 본 북한이탈주민 문제. **통일인문학, 66**, 161-196.

김혜영, 신영화, 김성경, 임원선, 최소연, 임은의, 홍나미, 전혜성, 이민영, 이은진, 유진희, 박지현, 양경은(2021). **사회복지와 문화다양성**. 학지사.

김홍영(2003). 외국인 근로자의 노동권과 사회보장권. 法學硏究, 14(1), 247-270.

노호창(2019). 외국인 근로자 고용에 있어서의 법적 · 정책적 쟁점. 노동법학, 70, 179-230.

박민지, 이춘원(2019). 이주민의 법적지위와 관련하여 재한외국인처우기본법의 한계와 개선 방안에 대한 고찰. 법학논총, 32(1), 187-215.

박성재, 김화순, 황규성, 송민수(2011). 북한이탈주민의 직업변동 및 취업지원제도 평가. 노동연구원.

박영자(2011). 북한이탈주민의 정체성과 민족가치의 성찰, 그리고 사회통합. 미드리, 5, 6-21.

박진옥(2012). 다문화가족의 고부갈등에 영향을 미치는 요인. 민족문화논총, 52, 270-308.

백인옥, 김경제(2020). 외국인 근로자 주거권 보장에 관한 연구. 유럽헌법연구, 33, 259-295.

법무부(2022). 출입국 · 외국인정책 통계연보. 법무부.

서일, 이윤환, 이명근, 최귀숙(1999). 중국 내 북한 난민 건강실태. 통일연구, 3(1), 307.

설동훈(2009). 한국사회의 외국인 이주노동자: 새로운 '소수자 집단'에 대한 사회학적 설명. 사림, 34, 53-77.

성정현(2016). 탈북여성들에 대한 남한 사회의 "종족화된 낙인(ethnicized stigma)"과 탈북여성들의 공동체 형성 및 활동. 한국가족복지학, 53(0), 79-115.

성정현, 김혜미, 김희주, 박동성, 이창호, 홍석준(2020). 사회복지와 문화 다양성. 공동체.

손영화(2018). 외국인노동자에 대한 법정책의 연구: 인권침해의 방지 및 사회통합을 중심으로. 법과정책연구, 18(1), 3-33.

손윤석(2013). 이주노동자의 고용허가제 개선 방안. 법학연구, 49, 1-23.

심성수, 이소희, 이정빈, 서예은, 이헌정(2021). 북한이탈주민 임상군의 정신건강지표 및 신체활동지표와의 연관성 연구: 예비연구. 신경정신의학, 60(3), 204-212.

양문수, 이우영(2019). 남한주민과 북한이탈주민의 마음에 대한 비교 연구 상호 간 및 내/외집단에 대해 가지는 인식/감정/태도를 중심으로. 북한학연구, 15(1), 65-103.

여성가족부(2023). 가족사업안내. 여성가족부.

오경석(2007). 다문화와 민족국가: 상대화인가, 재동원인가?. 공간과 사회, 28, 98-121.

유승희(2022). 비전문취업(E-9) 외국인 근로자의 임금체불 문제와 정책 개선방안에 관한 연구. 현대사회와 다문화, 12(2), 165-192.

윤인진, 팽정(2021). 한국인과 대만인의 다문화 수용성: 국민정체성과 국가자긍심의 효과를 중심으로. 아세아연구, 64(1), 245-288.

윤인진, 김춘석, 김석향, 김선화, 김화순, 윤여성, 이원웅, 임순희(2014). 북한이탈주민에 대한 국민인식 및 차별 실태조사. 국가인권위원회.

윤자호(2022). 결혼이주여성 노동실태와 현황－결혼이민자(F-6)를 중심으로. KLSI Issue Paper, 2022-05.

이도희(2019). 다문화가족지원 관련 법제 연구. 한국콘텐츠학회논문지, 19(7), 650-658.

이원종, 백남설(2021). 북한이탈주민 탈남 실태분석 및 대응방안 연구. 한국경찰학회보, 23(3), 49-76.

이정환, 이성용(2007). 외국인 노동자의 이주 특성과 연구동향. 한국인구학, 30(2), 147-168.

이지영, 최경원(2021). 북한이탈주민 직장적응 실태 분석과 제언. 대한정치학회보, 29(1), 55-87.

이한숙, (사)이주민과 함께(2017).이주 인권가이드라인 재구축을 위한 연구. [NHRC] 국가인권위원회 발간자료.

이희성(2016). 외국인 근로자의 사업장변경의 문제점과 개선방안. 원광법학, 32(2), 199-226.

장명선, 이애란(2009). 서울시 북한이탈주민여성 실태조사 및 지원정책방안 연구. 서울시 여성가족재단 연구사업보고서, 1-343.

장문선, 손의정(2014). 북한이탈주민의 복합 외상 후 스트레스 증상과 심리적 문제. 한국심리학회지: 건강, 19(4), 973-996.

전윤구(2013). 차별금지에서 외국인 근로자의 법적 지위. 노동법논총, 28, 387-421.

정기선(2008). 결혼이주여성의 한국이주특성과 이민생활적응: 출신국가별 차이를 중심으로. 인문사회과학연구, 1(20), 68-103.

정도희(2012). 한국의 결혼이주여성 인권보호를 위한 제언. 법학연구, 15(2), 31-57.

정윤경, 김희진, 최지현(2015). 북한이탈주민의 차별경험과 적응의 관계. 사회과학연구, 31(2), 157-182.

정창윤(2020). 제3국을 거쳐 입국하는 북한이탈주민의 탈북 과정을 통한 사회문화 적응 과정 탐색. 한국동북아논총, 25(3), 73-93.

조항록(2011). 이민자 사회통합정책의 실제와 과제. 다문화와 평화, 5(2), 5-31.

채형복(2008). 국제이주노동자권리협약에 대한 고찰. 법학논고, 29, 339-365.

최윤정, 김이선, 선보영, 동제연, 정해숙, 양계민, 이은아, 황정미(2019). 2018년 전국다문화가족실태조사 연구. 여성가족부.

최윤정, 전기택, 김이선, 선보영, 동제연, 양계민, 최영미, 황정미(2022). 2021년 전국다문화가족실태조사 연구. 여성가족부.

최현우(2022). 결혼이주여성의 사회적 관계 향상을 위한 정책 개선 방향. 한국생활과학회지,

31(3), 331-343.
통계청(2020). 2019 인구주택총조사.
통계청(2022). 2021년 다문화 인구동태 통계.
통일부(2021). 2021 북한이탈주민 정착지원 실무편람.
하나재단(2022). 2021 북한이탈주민 정착실태조사.
행정안전부(2020). 외국인주민현황조사.
홍창형, 전우택, 이창호, 김동기, 한무영, 민성길(2005). 북한이탈주민들의 외상경험과 외상 후 스트레스 장애와의 관계. **신경정신의학**, 44(6), 714-720.

Ahn, J. -H. (2012). Transforming Korea into a multicultural society: reception of multiculturalism discourse and its discursive disposition in Korea. *Asian Ethnicity*, *13*(1), 97-109.
APA (2013). *Diagnostic and Statistical Manual of Mental Disorders: DSM-5*. American Psychiatric Association.
Banting, K., & Kymlicka, W. (2004). Do multiculturalism policies erode the welfare state? Queen's University, School of Policy Studies. *Working Paper Series, 33*.
Berry, J. W., Poortinga, Y. H., Breugelmans, S. M., Chasiotis, A., & Sam, D. L. (2011). *Cross-cultural psychology: research and applications* (3rd ed.). Cambridge University Press.
Blount, B. W., & Curry, A. (1993). Caring for the bicultural family: the Korean-American example. *The Journal of the American Board of Family Practice*, *6*(3), 261-268.
Bosniak, L. (2000). Citizenship Denationalized. *Indiana Journal of Global Legal Studies*, *7*, 447-509.
Cashmore, E. (1996). *Dictionary of race and ethnic relations* (1st ed). Routledge.
Chin, M., & Kim, S. (2018). Family Migration Characteristics and Types of North Korean Defectors. *Family and Environment Research*, *56*(3), 317-220. The Korean Home Economics Association.
Guibernau, M., & Rex, J. (2010). *The Ethnicity Reader: Nationalism, Multiculturalism, and Migration*. Polity Press.
Haas, H. D., Castles, S., & Miller, M. J. (2020). *The Age of Migration: International*

Population Movements in the Modern World. Red Globe Press.

Hays, D. G., & Erford, B. T. (2010). *Developing multicultural counseling competence* (2nd ed.). Pearson.

Hays, D. G., & Erford, B. T. (2017). *Developing multicultural counseling competence* (3rd ed.). Pearson.

Hong, Y., Morris, M., Chiu, C., & Benet-Martinez, V. (2000). Multicultural minds - A dynamic constructivist approach to culture and cognition. *The American Psychologist, 55*(7), 709-720.

Johansson, T. R. (2022). In defence of multiculturalism-theoretical challenges, International Review of Sociology, DOI: 10.1080/03906701.2022.2045141

Kymlicka, W. (1995). *Multicultural citizenship: A liberal theory of minority rights.* Clarendon Press.

Lonner, W. J., & Hayes, S. A. (2007). *Discovering cultural psychology: A profile and selected readings of Ernest E. Boesch.* Information Age Publishing, Inc.

Lott, B. (2009). *Multiculturalism and Diversity.* Wiley.

Oyserman, D., Sorensen, N., Reber, R., & Chen, S. X. (2009). Connecting and separating mind-sets: culture as situated cognition. *Journal of Personality and Social Psychology, 97*(2), 217-235.

Raum, J. W. (1995). Reflections on Max Weber's thoughts concerning ethnic groups. *Zeitschrift Für Ethnologie, 120*(1), 73-87.

Sohrabi, H. (2019). A Durkheimian critique of contemporary multiculturalism. *Ethnic and Racial Studies, 42*(8), 1283-1304.

Tishkoff, S. A., & Kidd, K. K. (2004). Implications of biogeography of human populations for "race" and medicine. *Nature Genetics, 36*(Suppl 11), S21-S27.

UN (2019). International migrants numbered 272 million on 2019, continuing an upward trend in all major world regions. Population Facts, 2019/4.

Waters, M. C., Tran, V. C., Kasinitz, P., & Mollenkopf, J. H. (2010). Segmented assimilation revisited: types of acculturation and socioeconomic mobility in young adulthood. *Ethnic and Racial Studies, 33*(7), 1168-1193.

법무부(n.d.). 출입국통계. https://www.moj.go.kr/moj/2412/subview.do

외국인 고용 관리시스템. https://www.eps.go.kr/eo/main.eo

통일부(2023). 주요사업통계. 북한이탈주민정책. https://www.unikorea.go.kr/unikorea/business/NKDefectorsPolicy/archive/?boardId=bbs_0000000000000012%26mode=list%26category=%26pageIdx=

American Psychological Association. (n.d.). APA Dictionary of Ps ychology. https://dictionary.apa.org/cultural-diversity

International Organization for Migration (n.d.). Key Migration Terms. https://www.iom.int/key-migration-terms#Migrationhttps://publications.iom.int/system/files/pdf/iml_34_glossary.pdf

The Canadian Encyclopedia. (n.d.). Multiculturalism. https://www.thecanadianencyclopedia.ca/en/article/multiculturalism

찾아보기

인명

내용

저자 소개

이봉주(Bong Joo Lee)

서울대학교 사회복지학과 졸업

미국 노폭스테이트대학교 사회복지학 석사

미국 시카고대학교 사회복지학 박사

전 미국 보스턴대학교 사회복지대학원 교수

현 서울대학교 사회복지학과 교수

> 주요 저서 및 논문

『사회복지행정론』(공저, 학지사, 2022), 『Social Exclusion in Cross-National Perspective: Actors, Actions, and Impacts from Above and Below』(공편, Oxford University Press, 2019)

「An Evaluation of the Comprehensive Child Protection Support Services in South Korea: Focusing on Preventing Maltreatment Recurrence and Improving Safety」(2022), 「An Evaluation of the Youth Employment Support Program in South Korea: Focusing on the Outcome of Preventing NEET」(2020), 「Family, School, and Community Correlates of Children's Subjective Well-being: An International Comparative Study」(2015)

김혜란(Kim, Hye Lan)

연세대학교 영어영문학과 졸업

미국 일리노이대학교 사회복지학 석사

미국 시카고대학교 사회복지학 박사

현 서울대학교 사회복지학과 교수

> 주요 저서 및 논문

『사회복지실천론』(공저, 학지사, 2023), 『사회복지실천기술론』(공저, 학지사, 2022), 『여성복지학』(3판, 공저, 학지사, 2020), 『가족복지학』(5판, 공저, 학지사, 2017)

「기혼여성의 일-가정 양립 경험의 맥락에서 추가출산의향과 부모효능감에 대한 질적연구」(2021), 「실업급여제도의 성인지적 분석: 제도 규칙과 가입현황을 중심으로」(2010)

구인회(Inhoe Ku)

서울대학교 철학과 졸업

서울대학교 대학원 사회복지학 석사

미국 워싱턴대학교 사회복지학 박사

현 서울대학교 사회복지학과 교수

> 주요 저서 및 논문

『Poverty and Inequality in East Asia: Work, Family and Policy』(공편, Edward Elgar, 2022), 『21세기 한국의 불평등: 급변하는 시장과 가족, 지체된 사회정책』(사회평론아카데미, 2019)

「Declining Family Support, Changing Income Sources, and Older People Poverty: Lessons from South Korea」(2021), 「Decomposition Analyses of the Trend in Poverty among Older Adults: The Case of South Korea」(2020), 「The Role of Family Behaviors in Determining Income Distribution: The Case of South Korea」(2018)

강상경(Sang Kyoung Kahng)

서울대학교 사회복지학과 졸업

미국 미시간대학교 사회복지학 · 심리학 석사

미국 미시간대학교 사회복지학 · 심리학 박사

전 미국 워싱턴대학교 세인트루이스 교수

현 서울대학교 사회복지학과 교수

> 주요 저서 및 논문

『정신건강론』(공저, 학지사, 2023), 『정신건강사회복지론』(공저, 학지사, 2022), 『인간행동과 사회환경』(공저, 학지사, 2021)

「정신질환자의 복지와 권리보장을 위한 정신건강복지법 개정 방안」(2022)

홍백의(Baegeui Hong)

서울대학교 사회복지학과 졸업

서울대학교 대학원 사회복지학 석사

미국 서던 일리노이대학교 통계학 석사

미국 워싱턴대학교 세인트루이스 사회복지학 박사

현 서울대학교 사회복지학과 교수

> 주요 저서

『사회복지 윤리와 철학』(공저, 학지사, 2022), 『사회복지조사론』(공저, 청목출판사, 2012)

안상훈(Sang-Hoon Ahn)

서울대학교 사회복지학과 졸업

스웨덴 스톡홀름대학교 IGS Diploma

스웨덴 웁살라대학교 사회학 박사

전 18대 및 20대 대통령직인수위원

현 서울대학교 사회복지학과 교수

> 주요 저서 및 논문

『기본소득의 사회과학』(편저, 학지사, 2022), 『복지정치의 두 얼굴: 서울대 교수 5인의 한국형 복지국가』(공저, 21세기북스, 2015)

「한국인의 복지태도: 균열구조의 형성과 변화」(2021), 「Social investment effects of public education, health care, and welfare service expenditures on economic growth」(2020)

박정민(Jung Min Park)
서울대학교 사회복지학과 졸업
서울대학교 대학원 사회복지학 석사
미국 펜실베이니아대학교 사회복지학 박사
전 미국 일리노이대학교 사회복지대학원 교수
현 서울대학교 사회복지학과 교수

> 주요 저서 및 논문

『사회적 가치 패러다임』(공저, 박영사, 2023), 『분배적 정의와 한국사회의 통합』(공저, 율곡출판사, 2018), 『The Oxford Handbook of Poverty and Child Development』(공저, Oxford University Press, 2012)

「한국사회 삶의 만족도의 연령-기간-코호트 효과 분석: 2006년~2021년의 변화를 중심으로」(2023), 「채무조정을 통한 가계부채 상환 성공의 영향요인: 행정데이터와 생존분석을 이용하여」(2022), 「청년층의 삶의 질과 사회의 질에 대한 인식이 결혼 및 출산에 대한 태도에 미치는 영향」(2022), 「소셜 빅데이터와 머신러닝을 활용한 가계부채 부실위험의 예측」(2021), 「소득빈곤선과 결핍지수의 정합도: 빈곤 여부와 국민기초생활보장 수급지위를 기준으로」(2015)

유조안(Joan P. Yoo)
서울대학교 사회복지학과 졸업
미국 위스콘신대학교 사회복지학 석사
미국 위스콘신대학교 사회복지학 박사
전 미국 노스캐롤라이나 대학교 교수
현 서울대학교 사회복지학과 교수

> 주요 논문

「Patterns of Time Use among 12-Year-Old Children and Their Life Satisfaction: A Gender and Cross-Country Comparison」(2022), 「Community-based social service utilization of marriage migrants in Korea: Focusing on differences by women's country of origin」(2020), 「Social networks and health-promoting behaviors among North Korean refugees in South Korea」(2020)

하정화(Jung-Hwa Ha)
서울대학교 사회복지학과 졸업
미국 미시간대학교 사회학 · 사회복지학 석사
미국 미시간대학교 사회복지학/사회학(통합전공) 박사
전 미국 시카고대학교 사회복지대학원 조교수
현 서울대학교 사회복지학과 교수

> 주요 저서 및 논문

『호스피스 완화돌봄』(공저, 현문사, 2022)

「Cultural differences in advance care planning and implications for practice」(2021), 「치매 · 인지 기능 저하에 따른 사전 돌봄 계획의 필요성과 실천 과제」(2019), 「Changes in support from confidants, children, and friends following widowhood」(2008)

김수영(Suyoung Kim)
서울대학교 언론정보학과 졸업(사회학 복수전공, 사회복지학 부전공)
서울대학교 대학원 사회복지학 석사
영국 런던정치경제대학 사회정책학 박사
현 서울대학교 사회복지학과 부교수

> 주요 저서 및 논문

『세븐 웨이브: 팬데믹 이후, 대한민국 뉴노멀 트렌드를 이끌 7가지 거대한 물결』(공저, 21세기북스, 2022), 『디지털 시대의 사회복지 패러다임: 네트워크적 접근』(집문당, 2021)

「Digital industrial accidents: A case study of the mental distress of platform workers in South Korea」(2022), 「플랫폼 노동자가 경험하는 시공간 구조와 대응전략」(2022)

한윤선(Yoonsun Han)
미국 웨슬리언대학교 졸업
미국 하버드대학교 공공정책학 석사
미국 미시간대학교 사회복지학/사회학(통합전공) 박사
현 서울대학교 사회복지학과 부교수

> 주요 저서 및 논문

『가족복지론』(공저, 학지사, 2022), 『청소년복지론』(공저, 학지사, 2021)

「Individual-and school-level predictors of latent profiles of bullying victimization: Comparing South Korea and the United States」(2022), 「Neighborhood predictors of bullying perpetration and victimization trajectories among South Korean adolescents」(2019)

사회복지총서

사회복지개론
Introduction to Social Welfare

2023년 8월 25일 1판 1쇄 인쇄
2023년 8월 30일 1판 1쇄 발행

지은이 • 이봉주 · 김혜란 · 구인회 · 강상경 · 홍백의 · 안상훈
박정민 · 유조안 · 하정화 · 김수영 · 한윤선

펴낸이 • 김진환
펴낸곳 • ㈜학지사
04031 서울특별시 마포구 양화로 15길 20 마인드월드빌딩
대표전화 • 02-330-5114 팩스 • 02-324-2345
등록번호 • 제313-2006-000265호

홈페이지 • http://www.hakjisa.co.kr
인스타그램 • https://www.instagram.com/hakjisabook

ISBN 978-89-997-2951-5 93330

정가 24,000원

저자와의 협약으로 인지는 생략합니다.
파본은 구입처에서 교환해 드립니다.

이 책을 무단으로 전재하거나 복제할 경우 저작권법에 따라 처벌을 받게 됩니다.

출판미디어기업 학지사
간호보건의학출판 **학지사메디컬** www.hakjisamd.co.kr
심리검사연구소 **인싸이트** www.inpsyt.co.kr
학술논문서비스 **뉴논문** www.newnonmun.com
교육연수원 **카운피아** www.counpia.com